Revista de História das Ideias 32

ARTES

Apoio:

Os trabalhos assinados são da exclusiva responsabilidade dos seus autores

NOTA DE APRESENTAÇÃO

O tema do presente número da Revista de História das Ideias *afirmou-se por si mesmo. E o facto de as transformações internas da Faculdade de Letras terem ligado esta publicação ao DHAA veio reforçar a convicção de que chegara a hora de indagar as múltiplas manifestações do conceito de Arte(s). No entanto, lançámo-nos nessa tarefa sem quaisquer propósitos de cariz historicista, mas com a consciência de que o resultado final, apesar de inevitavelmente fragmentado, cumprirá o seu papel se suscitar reflexões e desenvolvimentos sobre algo que nos interrogará sempre como o enigma da esfinge.*

Qualquer definição de Arte nunca deixará de enfrentar os limiares que a História, a Instituição, a Filosofia e a praxis *impõem. Porém, será também a partir desses confins que ela emerge na sua mais hábil definição: a Arte como acção demiúrgica. Assumidamente polifónico e sincrético, o fenómeno artístico congrega as constantes e tensionais dicotomias da Humanidade, obrigando ao confronto iterativo – e mais dialéctico do que formalmente se admite – entre o particular e o universal, o belo e o feio, a revolução e a contra-revolução, a tradição e a vanguarda. É no vazio do espaço que o génio do tempo se faz arte e, por isso, a sua objectivação permanece salvaguardada por uma reconhecida vocação para o plural, como se o prolongamento da mão, desdobrando-se em artefactos, matérias, quadros e ideias, reivindicasse o direito à consagração estética. A arbitrariedade da arte é, desta feita, a sua virtuosa linguagem.*

Nem sempre assim foi. Herdeiras da technê grega, as artes liberais concretizaram-se como manipulação sobre as coisas e sobre os homens e como saber rigoroso e geral, apto para reproduzir, enquanto conhecimento, a cadência do universo do ponto de vista mecânico. Porém, elas também eram impulso para acrescentar humanidade à natureza e para serem praticadas e vividas como expressão primeva de liberdade.

Pensar as Artes é inseparável, pois, da sua dimensão performativa e plástica, fazendo da matéria encarnação da ideia, mediada esta pelo critério fantástico do olho do artista. Poética da exterioridade do "Eu" histórico – como o Romantismo não se cansou de enfatizar –, hoje, esse intenso modo de ser individualista *(Oscar Wilde), se nem sempre obtém imediato perdão social, é porque refracta a proliferação de individualidades e gerações dentro da cada vez mais alargada banalização do mundo – e, afinal, da própria Arte.*

O coordenador

Fernando Catroga

João Gouveia Monteiro *

A ARTE MILITAR NA EUROPA DOS SÉCULOS XI-XIII
– UM *VADE MECUM* **

I. Colocar a questão

O nosso conhecimento sobre a arte militar na Idade Média tem registado um progresso assinalável nas últimas décadas. Hoje, os especialistas já não duvidam de que – ao contrário do que fora sugerido por Charles Oman (1898 e 1924), Hans Delbrück (1907/1923), J. F. C. Fuller (1954) ou mesmo, embora de forma mais sofisticada, por Ferdinand Lot (1946) e John Beeler (1971)[1] – a sabedoria dos generais medievais ia muito

---

* Faculdade de Letras da Universidade de Coimbra. Centro de História da Sociedade e da Cultura.
** Agradeço aos meus queridos colegas e Amigos, Doutores Francisco García Fitz (Universidad de Extremadura, Cáceres), Martín Alvira Cabrer (Universidad Complutense de Madrid) e Miguel Gomes Martins (Universidade Nova de Lisboa), a leitura prévia deste texto e as numerosas sugestões de alteração e aprofundamento que o enriqueceram sobremaneira.
[1] Charles W. C. Oman, *A History of the Art of War in the Middle Ages. Volume One: 378-1278 AD; Volume Two: 1278-1475 AD*, Londres, Greenhill Books & California, Presidio Press, 1991 (reproduz a ed. revista e alargada de 1924; ed. orig.: *A History of the Art of War*, Methuen, 1898); Hans Delbrück, *History of the Art of War within the Framework of Political History – Volume III, The Middle Ages*, Londres, Greenwood Press, 1982 (trad. ingl. baseada na ed. de Berlim, 1923; ed. orig.: Berlim, 1907); J. F. C. Fuller, *The Decisive Battles of the Western World and their Influence on History. Volume One*. Londres, Eyre and Spottiswoode & Nova Iorque, Funk, 1954; Ferdinand Lot, *L'Art Militaire et les armées, au Moyen Âge,*

para além da organização de *raids* ou campanhas de cerco relativamente inconsequentes, pontuadas pela eclosão de algumas (raras) batalhas campais em que o acaso e o desempenho individual tinham um papel mais relevante do que a organização das hostes.

Tem sido demonstrado um pouco por toda a Europa, na sequência de estudos devidos sobretudo a autores anglo-saxónicos mas não só, que no universo dos conhecimentos tácticos e estratégicos dos comandantes militares da Idade Média havia muitos recursos para além das batalhas campais. Ou seja, a conquista (ou a defesa) de um território podiam ser objectivos alcançados graças a uma deliberada e paciente articulação de diversos movimentos militares distintos, onde as operações de assédio de castelos ou praças-fortes, a realização de cavalgadas de devastação de espaços sob controlo do inimigo e até a deflagração de combates abertos de pequena escala se podiam articular harmoniosamente[2].

Mas, ao mesmo tempo, o nosso conhecimento sobre a forma como as batalhas se desenrolavam também sofreu uma evolução considerável, sobretudo a partir dos estudos pioneiros de J. F. Verbruggen acerca dos mecanismos de organização e de execução das cargas da cavalaria pesada no Ocidente europeu[3]. Completados pelos ensaios magistrais de

---

en Europe et dans le Proche Orient, Paris, Payot, 1946 (2 vols.); e John Beeler, *Warfare in Feudal Europe, 730-1200*, Londres, Ithaca, 1971.

[2] Destaque-se, a título exemplificativo, os seguintes estudos: Jim Bradbury, *The Medieval Siege*, Woodbridge, The Boydell Press, 1992; John Gillingham, "Richard I and the Science of War in the Middle Ages", in Matthew Strickland (ed.), *Anglo-Norman Warfare*, Woodbridge, The Boydell Press, 1992, pp. 194-207 (ed. orig.: 1984); John Gillingham, "William the Bastard at War", in Matthew Strickland, *Anglo-Norman Warfare...*, pp. 143-160 (ed. orig.: 1989); Stephen Morillo, *Warfare under the Anglo-Norman Kings*, Woodbridge, The Boydell Press, 1994; Matthew Strickland, *War and Chivalry. The Conduct and Perception of War in England and Normandy, 1066-1217*, Cambridge, Cambridge University Press, 1996; John France, *Western Warfare in the Age of the Crusades, 1000-1300*, Ithaca-Nova Iorque, Cornell University Press, 1999; Michael Prestwich, *Armies and Warfare in the Middle Ages. The English Experience*, New Haven e Londres, Yale University Press, 1996; e Francisco García Fitz, *Castilla y León frente al Islam. Estrategias de expansión y tácticas militares (siglos XI-XIII)*, Sevilha, Universidad de Sevilla, 1998.

[3] J. F. Verbruggen, *The Art of War in Western Europe during the Middle Ages. From the Eight Century to 1340*, translated by S. Willard and S. C. M. Southern, Amsterdam-New York-Oxford, North Holland Publishing Company, 1977 (ed. orig.: 1954).

R. C. Smail (e, mais recentemente, de Christopher Marshall e de David Nicolle) sobre as técnicas de combate dos Cruzados na Terra Santa[4], os trabalhos de Verbruggen abriram novas avenidas de investigação que têm sido bem aproveitadas pelos especialistas. Afinal, a forma de combate mais emblemática da cavalaria feudal tinha implicações organizativas, procedimentais e até psicológicas bem mais complexas do que se imaginava. E isso acarretava exigências técnicas, tácticas e de liderança nada despiciendas, que se tornou forçoso conhecer melhor.

Entretanto, nos últimos anos, tem-se afirmado uma nova vaga de fundo que nos remete para um outro patamar, ainda mais interessante. Refiro-me à tese, defendida por autores como Matthew Bennett, John France ou mesmo Stephen Morillo[5], segundo a qual as soluções de combate em batalha campal ao dispor dos comandantes medievais estavam longe de poder reduzir-se às técnicas de choque da cavalaria pesada. Pelo contrário, a ementa de recursos tácticos ao dispor dos generais seria variada e incluiria – já desde muito antes dos inícios do séc. XIV (período geralmente associado à ideia de uma "revolução da infantaria") –, não só movimentações relevantes por parte da tropa apeada, como também desempenhos autónomos (e por vezes decisivos) a cargo de corpos de atiradores especializados (com arco ou com besta) e, sobretudo, soluções combinadas envolvendo as diversas "armas": cavalaria, infantaria e atiradores. O segredo estaria em encontrar para

---

[4] R. C. Smail, *Crusading Warfare, 1097-1193*. 2.ª ed., com uma nova introdução bibliográfica por Christopher Marshall. Cambridge, Cambridge University Press, 1995 (ed. orig.: 1956); Christopher Marshall, *Warfare in the Latin East, 1192-1291*, Cambridge, Cambridge University Press, 1992; e David Nicolle, *Crusader Warfare. Volume I: Byzantium, Western Europe and The Battle for the Holy Land; Volume Two: Muslims, Mongols and the Struggle against the Crusades*, Londres-Nova Iorque, Hambledon Continuum, 2007.

[5] Matthew Bennett, "The Myth of the Military Supremacy of Knightly Cavalry" (ed. orig.: 1998), in John France (ed.), *Medieval Warfare 1000-1300*, Surrey-Burlington, Ashgate, 2006, pp. 171-183; John France, *Western Warfare...*, pp. 150-165; e John France, "A Changing Balance: Cavalry and Infantry, 1000--1300", *Revista de História das Ideias*, vol. 30, 2009, pp. 153-177; Stephen Morillo, "The 'Age of Cavalry' Revisited", in Donald J. Kagay and L. J. Andrew Villalon (eds.), *The Circle of War in the Middle Ages*, Woodbridge, The Boydell Press, 1999, pp. 45-58.

cada desafio concreto – em função dos efectivos, do terreno, do clima, do armamento ou da condição anímica dos homens – a solução mais eficaz.

Vista sob este prisma, a arte militar que se desenvolveu no Ocidente europeu a partir de 1066 (conquista normanda da Inglaterra: batalha de Hastings) poderá, afinal, ser muito diferente daquela que aprendemos a admirar... É justamente esse o problema que gostaríamos de considerar neste ensaio. Para tanto, conscientes de que apenas uma observação cuidadosa de um conjunto representativo de casos concretos nos permitirá elevar-nos a conclusões gerais minimamente fundamentadas, escolhemos 20 'casos de estudo' que correspondem a batalhas travadas no Ocidente europeu (excluímos portanto, logo à partida, os combates na Terra Santa) entre 1066 (quando Guilherme *O Conquistador* se tornou rei de Inglaterra) e 1295 (data de uma vitória *in extremis* de Eduardo I no País de Gales). Desses 20 casos, dois datam da 2.ª metade do séc. XI, nove do séc. XII e os outros nove do séc. XIII.

Procurámos escolher sobretudo casos militarmente representativos, tanto quanto possível politicamente importantes e sobre os quais exista um mínimo de informação segura disponível. Quisemos igualmente abarcar nesta amostra uma geografia variada: assim, consideraremos 5 casos ocorridos em Inglaterra, 5 na Península Ibérica, 3 na Normandia, 2 em Itália, 2 na Flandres, 1 na Alemanha, 1 no Sul de França e 1 em Gales. O nosso olhar teve sobretudo em consideração aspectos como: i) identificação de exemplos de cargas frontais da cavalaria pesada; ii) presença de outras formas de ataque da cavalaria feudal; iii) utilização de cavalaria ligeira; iv) casos de cavaleiros que desmontam para combater a pé; v) formas de utilização da infantaria (sozinha ou em articulação com cavalaria, em posição defensiva ou em atitude ofensiva); vi) papel relevante dos atiradores com arco ou com besta; vii) casos flagrantes de boa combinação de "armas"; viii) exemplos de manobras de fuga simulada; ix) situações de utilização premeditada de reservas; x) exemplos de manobras de envolvimento pelos flancos e/ou de ataque à retaguarda inimiga; xi) descrições relevantes de episódios de fuga ou de perseguição cerrada; xii) casos flagrantes de indisciplina táctica; xiii) exemplos de episódios de bravata (ou de cobardia) com incidência no resultado do combate; xiv) situações em que a (boa ou má) qualidade do comando parece ter tido influência decisiva no desfecho final; xv) circunstâncias específicas de eclosão da batalha (desejada por ambas ou apenas por uma das partes, articulada ou não com acções de cerco ou de devastação do território).

Trataremos agora de sintetizar o essencial da informação recolhida, desde logo facultando ao leitor uma ferramenta de trabalho que lhe poderá ser útil em futuras investigações. Ao mesmo tempo, temos esperança de que, no final do nosso inquérito, a qualidade dos exemplos considerados nos permita elevar-nos a algumas conclusões gerais interessantes sobre cada um dos aspectos referidos (e sobre outros que, entretanto, pareça oportuno considerar também). Naturalmente, o volume (e a qualidade) da informação disponível é muito desigual de batalha para batalha, mas essa é uma limitação com que teremos de viver: não nos foi possível equilibrar mais as sínteses sobre os 20 "study cases" seleccionados.

II. O inquérito

HASTINGS (extremo sul de Inglaterra, 14/Out./1066):
Conquista normanda da Inglaterra. Vitória de Guilherme-o--Conquistador, duque da Normandia, sobre Harold II Godwinson, rei de Inglaterra (que regressou à pressa do norte, onde acabara de derrotar uma invasão norueguesa: batalha de Stamford Bridge).

O monarca inglês, que sabia que o adversário desejava travar batalha, escolheu o terreno e dispôs a sua tropa, toda ela apeada, no cimo da colina de Battle. Formou uma parede de escudos, ligeiramente arqueada, com a tropa pesada (os "Huscarls", guarda real) no centro e as milícias regionais ("fyrd") nas alas. Estavam habituados a combater a pé e armados com elmos, cotas de malha, espadas, lanças e machados. Seriam uns 6 a 7 mil homens (incluindo alguns, poucos, arqueiros e perto de mil "Huscarls").

Guilherme (que dispunha de 6 a 8 mil homens, incluindo mil a dois mil cavaleiros muito experientes e bastantes arqueiros) organizou três corpos de cavalaria (armada de cota de malha, elmo com nasal, escudo, lança comprida e espada) atrás de uma linha de atiradores de infantaria. Foi ele que iniciou a batalha, com um ataque de infantaria e arqueiros pouco eficaz e rapidamente suspenso para permitir à cavalaria entrar em acção. Seguiu-se uma série de cargas da cavalaria normanda pelo monte acima, contra uma parede de escudos anglo-saxónica que se revelou inabalável, os homens bem cerrados uns contra os outros e mutuamente protegidos pelos escudos em forma de lágrima. É impossível determinar quantas cargas foram executadas, mas o processo arrastou-se durante várias horas. A dada altura, um eventual rumor acerca da morte de Guilherme terá obrigado este a retirar o elmo para se mostrar aos seus homens.

Os cavaleiros normandos executam então duas manobras de fuga simulada, graças às quais (pelo menos no 2.º caso) logram atrair muita infantaria adversária em sua perseguição, incluindo dois irmãos de Harold. Subitamente, num movimento estudado, os Normandos fazem meia-volta e caem sobre os seus perseguidores, apanhados de surpresa, que são cilindrados. Harold ainda tenta reagrupar a sua infantaria numa nova parede de escudos, com os homens que tinham permanecido no cume do monte. Mas a manobra é difícil no ambiente criado e com os homens já exaustos. Os arqueiros normandos aproveitam para disparar e desorganizar ainda mais a linha inglesa. Harold acaba por ser morto com uma seta num olho. O resto dos seus homens retira do campo de batalha, dando a vitória a Guilherme. Era o início da conquista da Inglaterra pelos Normandos, naquela que foi talvez a batalha mais importante de toda a Idade Média[6].

SAGRAJAS / ZALACA (P. Ibérica, região de Badajoz-Mérida, 23/Out./1086):

Reconquista ibérica. Vitória de uma coligação muçulmana liderada pelo emir almorávida Yusuf ibn Tashfin sobre o exército cristão do rei Afonso VI de Leão (1065-1109). Em 1085, Toledo (antiga capital da

---

[6] Stephen Morillo (ed.), *The Battle of Hastings. Sources and Interpretations*, Woodbridge, The Boydell Press, 1996; Kelly DeVries, "Hastings 1066", in Michael Spilling (proj. ed.), *Battles of the Medieval World*, Londres, Amber Books, 2006, pp. 18-29; Jim Bradbury, *Medieval Warfare (The Routledge Companion to)*, Oxon, Routledge, 2006, pp. 150-151; Jim Bradbury, "Battles in England and Normandy, 1066-1154", in Matthew Strickland (ed.), *Anglo-Norman Warfare...*, pp. 185-187; Jim Bradbury, *The Battle of Hastings*, Stroud, Sutton Publishing, 1998; Matthew Bennett, *The Myth...*, pp. 176-178; John France, *Western Warfare...*, pp. 156-161; John France, "Crusading Warfare and its Adaptation to Eastern Conditions in the Twelfth Century" (ed. orig.: 2000), in John France (ed.), *Medieval Warfare...*, p. 457; John France, *A Changing Balance...*, p. 156; Stephen Morillo, "Expecting Cowardice: Medieval Tactics Reconsidered", *Journal of Medieval Military History*, vol. 4, 2006, p. 71.

Espanha visigótica) caíra às mãos do rei leonês. O impacto psicológico da queda da 1.ª grande cidade muçulmana alarmou o rei de Sevilha (al-Mu'tamid), que em 1086 solicitou o auxílio dos Almorávidas (a dinastia berbere que reinava sobre Marrocos e uma parte da Argélia). Rapidamente os muçulmanos organizaram uma vasta coligação, que reunia o rei sevilhano, o emir almorávida e os reis de Málaga e de Badajoz. Um enorme exército concentrou-se em Algeciras e partiu depois na direcção de Toledo. Afonso VI abandonou então o cerco de Saragoça e acorreu ao sul, na companhia de auxiliares aragoneses e franceses.

Os dois exércitos encontraram-se em Sagrajas [Zalaca], perto de Badajoz. As fontes não permitem ir muito longe na reconstituição desta batalha, mas parece certo que foi Afonso VI quem iniciou o combate (quebrando um pacto entre as partes quanto ao dia do ordálio). Não sabemos se os muçulmanos foram ou não apanhados de surpresa, mas parece que sim e é certo que estavam divididos em dois corpos: um mais avançado, com o rei de taifa sevilhano; e outro na retaguarda, com o emir almorávida.

Os cristãos, com provável excesso de confiança (apesar de apenas terem conseguido reunir uns 2.500 homens, incluindo 1.500 cavaleiros), atacaram a cavalo a vanguarda inimiga, composta sobretudo por tropas andaluzes. Enquanto esta travava a custo a carga (talvez frontal) cristã, o emir almorávida partiu da retaguarda e executou uma manobra envolvente com os restantes efectivos, tendo destruído primeiro o acampamento cristão (que Afonso VI fortificara, talvez para utilizar como refúgio) e, depois, atacado pelas costas o exército afonsino (que ainda enfrentava os andaluzes). Este movimento decidiu a jornada a favor da coligação muçulmana.

Convém acrescentar que algumas crónicas islâmicas (tardias) que referem detalhes sobre os efectivos de Afonso VI afirmam que, antes do ataque, estes se organizaram em "esquadrões" e se posicionaram de ambos os lados do rei. Ora, isto sugere uma ordenação em linhas articuladas em "conrois" (segundo a definição clássica de Verbruggen: formações de 12 a 24 cavaleiros, dos quais 6 a 8 na linha da frente e os restantes em 2.ª ou 3.ª linhas; a justaposição de "conrois" é que formaria a "az" ou "batalha", i.é, formações rectangulares com uma profundidade de 2 ou 3 homens e uma frente de 50, 60 ou mais cavaleiros e escudeiros). Como quer que seja, Afonso VI foi obrigado a retirar para Toledo, tendo esta batalha assinalado uma viragem da Reconquista: em 1090, Yusuf atacaria Toledo e, depois, anexaria os "reinos de taifas"[7].

TINCHEBRAI (Normandia, zona oeste, região de Avranches, 29/Set./1106):
Guerras anglo-normandas. Vitória de Henrique I de Inglaterra (filho de Guilherme-o-Conquistador) sobre o seu irmão Robert Curthose, duque da Normandia. Foi a primeira batalha relevante da guerra anglo--normanda, 40 anos depois de Hastings. Assinala o agudizar da luta entre os filhos de Guilherme pelo controlo da Inglaterra e do ducado da Normandia.

Robert Curthose invadira a Inglaterra, ambicionando o trono, mas fracassara. Em resposta, Henrique I (1100-1135) invadiu a Normandia em 1105 e cercou o castelo de Tinchebrai, de que era alcaide o duque de Mortain. Este apelou a Robert Curthose, que, como seu suserano, ou admitia a perda da fortaleza ou a contestava no terreno. Robert aceitou o desafio e avançou para Tinchebrai. Henrique I optou por se manter em campo pelo que a batalha acabou por ser travada "diante de Tinchebrai" (carta do rei inglês), em terreno plano.

Henrique formou o seu exército em duas linhas principais, ambas a pé. Segundo uma preciosa carta de um padre de Fécamp, escrita logo após a batalha, na 1.ª linha estava a peonagem das vilas de Bayeux, de Avranches e de Coutances; e, na 2.ª, o rei e os seus barões, todos desmontados. Em cada linha haveria uns 700 homens. Segundo alguns autores, haveria também alguma cavalaria nas alas. Certo é que, mais atrás, num dos flancos (não sabemos bem em qual), foi escondida uma força de cavalaria sob o comando de Hélias de Maine.

A batalha iniciou-se com uma carga maciça do exército de Robert Curthose (que contava com cavalaria e com alguma infantaria, desconhecemos em que quantidades). Segundo a carta do sacerdote, foi uma carga executada por homens bem adestrados nas Cruzadas (logo, talvez interpretada por cavaleiros em formação cerrada e com as lanças deitadas, seguras debaixo das axilas). Todavia, a tropa apeada de Henrique I aguentou firmemente a arremetida do irmão do monarca,

---

[7] J. F. Verbruggen, *The Art of War...*, p. 96; F. García Fitz, *Castilla y León...*, pp. 396-397; F. García Fitz, *Las Navas de Tolosa*, Barcelona, Ariel, 2005, p. 522; John France, *Western Warfare...*, p. 162.

sem se desorganizar. O rei deu então sinal ao corpo de reserva emboscado à distância e Hélias de Maine surgiu no campo de batalha e atacou com todo o ímpeto um dos flancos do exército rebelde. O impacto físico e psicológico desta carga de surpresa rompeu as linhas adversárias e induziu o pânico e a cobardia, causando a derrota de Curthose (que foi ele próprio capturado durante a luta e jamais seria libertado). Henrique I tornou-se, assim, duque da Normandia[8].

UCLÉS (P. Ibérica, região de Toledo-Cuenca, 29/Maio/1108[9]):
Reconquista ibérica. Vitória de Tamin, irmão do novo emir almorávida, Ali ibn Yusuf (1106-1143), sobre o exército cristão liderado pelo infante leonês D. Sancho e pelo conde García Ordónez. No rescaldo da batalha de Sagrajas/Zalaca – 1086 (cf. supra) nada voltou a ser como dantes. Desde 1106, Tamin governa a Hispânia almorávida a partir de Granada. Em 1108, cerca Uclés. Em socorro da praça, acorre um exército cristão comandado pelo infante D. Sancho. Os muçulmanos formaram um dispositivo em linha apresentando cinco corpos: vanguarda, centro, retaguarda, ala direita e ala esquerda. Procederam também à fortificação do seu acampamento.

Tal como em Sagrajas, os cristãos tomaram a iniciativa e lançaram uma carga de cavalaria que uma testemunha ocular descreve de forma expressiva: "Entonces aparecieron los extranjeros en lo negro de la noche y en lo espumoso de la corriente, marchando derechos hacia el que les anunciaba la muerte con escudos como montículos y con lanzas como mástiles, como si echasen ramas por los lados y como si estuviesen

---

[8] J. F. Verbruggen, *The Art of War*..., p. 96; Jim Bradbury, *Medieval Warfare*..., p. 153; Jim Bradbury, *Battles in England and Normandy*..., pp. 187-188; Matthew Bennett, *The Myth*..., pp. 177-178; Matthew Bennett, "Wace and Warfare", in Matthew Strickland (ed.), *Anglo-Norman Warfare*..., p. 247; John France, *Western Warfare*..., p. 159; John France, *A Changing Balance*..., p. 156; Stephen Morillo, *Expecting Cowardice*..., p. 71; Michael Prestwich, *Armies and Warfare*..., pp. 315-316.

[9] Datação proposta por Ambrosio Huici Miranda, *Las grandes batallas de la Reconquista durante las invasiones africanas (Almorávides, Almohades y Benimerines)*, Madrid, 1956; ed. facsímil con estudio preliminar de E. Molina López y C. Navarro Oltra, Granada, 2000, pp. 114-117, pois o dia exacto do combate não é indicado por nenhuma fonte. Agradeço ao meu querido amigo Francisco García Fitz esta informação.

encerrados en hierro. Avanzaban y la muerte los apresaba, cabalgaban y el fallecimiento les señalaba su término; sacaban las lenguas como las sacan las serpientes. Habían jurado que no volverían atrás y se comprometieron a ir unidos" (carta de Abu-l-Tahir).

A carga atingiu a vanguarda muçulmana, que teve dificuldade em aguentar o impacto e que foi obrigada a retroceder até ao momento em que a sua resistência foi secundada pelo corpo central do exército, que absorveu o ímpeto do assalto. Passou-se então ao corpo-a-corpo. Enquanto isso, porém, as alas do exército almorávida envolveram a hoste cristã pelos flancos, assaltaram o seu acampamento e, tal como em Sagrajas, caíram depois sobre as costas do adversário, ao mesmo tempo que a retaguarda muçulmana avançava, com isso fechando o cerco ao exército cristão. No combate, morreria o infante D. Sancho[10].

BRÉMULE (Normandia, região de Rouen, 20/Ag./1119):
Guerras anglo-normandas. Vitória de Henrique I de Inglaterra sobre uma força invasora comandada pelo rei Luís VI de França (1108-1137), aliado com Foulque de Anjou. Os invasores pretendiam fazer William Clito (filho de Robert Curthose, o derrotado de Tinchebrai) duque da Normandia. Apesar do número de efectivos envolvido não ter sido grande (cerca de 900 cavaleiros, segundo Orderico Vital), esta batalha é relevante, pois envolveu os monarcas de França e de Inglaterra e foi um teste à capacidade de Henrique I para conservar a Normandia. Dispomos de boas fontes (de ambos os lados) sobre o evento (Suger, Orderico, Henry of Huntigdon, etc.), que concordam no essencial.

Não se conhece o local exacto do combate, mas sabe-se que Henrique seguiu com cuidado os movimentos do adversário através de batedores colocados no outeiro de Verclives, perto do qual "há um terreno aberto e uma larga planície chamada Brémule" (Orderico). Campo plano, portanto, favorável à cavalaria. E, todavia, quem o escolheu (Henrique I) optou por combater maioritariamente a pé, com as tropas divididas em três ou quatro unidades, escalonadas em sucessivas linhas de defesa.

Apesar de fortemente instado a não o fazer (dada a superioridade numérica do adversário), Luís VI de França, impaciente, decidiu atacar

---
[10] F. García Fitz, *Castilla y León*..., p. 397; F. García Fitz, *Las Navas de Tolosa*..., pp. 522-523.

e ordenou uma carga a cavalo. Todos os cronistas reconhecem o défice de organização e disciplina deste movimento e Orderico Vital explica mesmo: "É certo que os Franceses lançaram o 1.º ataque feroz mas, carregando em desordem, foram batidos e, cansando-se rapidamente, recuaram ignominiosamente" (*Historia Aecclesiastica*). Em consonância, a carga fracassou e 80 cavaleiros franceses tombaram mortos. Uma 2.ª carga falhou igualmente o seu objectivo (a penetração), apesar de Henrique I ter chegado a ser atingido na cabeça (sem consequências, graças ao capuz de malha metálica do seu *hauberk*). Os Franceses desuniram-se e Luís VI acabou por fugir para Andely, através da floresta.

As baixas só não foram mais elevadas porque, como explica Orderico, os cavaleiros "estavam todos revestidos de malha e pouparam-se uns aos outros de ambos os lados por temor a Deus e por camaradagem de armas". Segundo alguns autores, é possível que tenha havido também arqueiros envolvidos nesta vitória da cavalaria desmontada inglesa, dada a forma como Orderico alude aos cavalos de Guillaume Crispin a serem "rapidamente abatidos"[11].

BOURGTHÉROULDE (Normandia, região de Rouen, 26/Março/1124):

Guerras anglo-normandas. Nova vitória inglesa sobre os rebeldes normandos, liderados por Waleran de Meulan. Apesar da ausência dos monarcas, trata-se de um combate muito interessante do ponto de vista táctico e sobre o qual há boas narrativas coevas (design. Orderico Vital). Sobre o local, sabe-se apenas que foi nas imediações da cidade de Bourgthéroulde, numa região bastante plana. Waleran de Meulan, em revolta contra Henrique I, regressava de uma expedição de socorro ao seu castelo de Vateville (a norte, na direcção de Beaumont). Levantou o assédio e, na volta, encontrou o caminho bloqueado por uma força da Casa de Henrique I recrutada nas guarnições das fortalezas vizinhas, sob

---

[11] J. F. Verbruggen, *The Art of War*..., p. 97; Jim Bradbury, *Medieval Warfare*..., p. 148; Jim Bradbury, *Battles in England and Normandy*..., pp. 189-190; John France, *Western Warfare*..., pp. 159-160; John France, *A Changing Balance*..., pp. 156-157 e 159; Claude Gaier, "Témérité et bravade chevaleresques: une composante tactique embarassante", *Revista de História das Ideias*, vol. 30, 2009, p. 126; Michael Prestwich, *Armies and Warfare*..., p. 316.

o comando de Odo Borleng (capitão das tropas da Casa Real), William of Tancarville (capelão de Henrique) e Ralph de Bayeux (alcaide de Évreux).

Apesar dos conselhos prudentes de Amaury de Montfort (conde de Évreux) para evitar o combate contra um adversário superior em número, Waleran decide aceitar a batalha. Então, as tropas realistas, após alguma discussão e sob proposta de Odo Borleng, decidem desmontar uma grande parte dos homens-de-armas para resistirem melhor ao embate e para não lançarem a vergonha sobre o seu monarca recusando a luta (táctica que os adversários consideraram degradante).

Segundo Robert de Torigny, os arqueiros ingleses foram mandados para diante, sobre o flanco esquerdo. Pretendia-se decerto que eles visassem os cavaleiros inimigos do lado direito destes, onde não beneficiavam da protecção dos escudos. Ora, foram estes atiradores que decidiram a jornada: os cavalos normandos em processo de carga foram dizimados, incluindo o de Waleran, que foi capturado. Foi o fim da rebelião normanda.

Embora fosse frequente os peões serem arqueiros, raramente foram tão eficientes quanto em Bourgthéroulde, pedindo meças à prestação dos arqueiros ingleses na Guerra dos Cem Anos. O discurso de Odo Borleng antes da batalha resume o segredo da vitória: "O melhor plano é uma parte dos nossos homens desmontar e aprontar-se para travar a batalha a pé, enquanto o resto permanece montado, pronto para a refrega. Coloquemos também uma força de arqueiros na linha da frente e obriguemos as tropas inimigas a abrandar ferindo os seus cavalos" (O. Vital)[12].

THIELT / AXSPOELE (Flandres, 21/Junho/1128):
Disputa pelo condado de Flandres, com vitória de William Clito (filho de Robert Curthose, o derrotado de Tinchebrai-1106) sobre Thierry da Alsácia. Tanto Clito como Thierry eram pretendentes ao condado de Flandres. Thierry (que dispunha de c. 300 cavaleiros e 1.500 peões) cercara em Axspoele um partidário de Clito. Este acorreu em seu socorro

---

[12] J. F. Verbruggen, *The Art of War*..., p. 97; Jim Bradbury, *Medieval Warfare*..., pp. 147-148; Jim Bradbury, *Battles in England and Normandy*..., pp. 183 e 190; John France, *Western Warfare*..., p. 159; John France, *A Changing Balance*..., p. 156; John France, *Crusading Warfare*..., p. 457; Claude Gaier, *Témérité et bravade*..., p. 126; Michael Prestwich, *Armies and Warfare*..., p. 317.

com um exército de cavaleiros (c. 450): reconheceu cuidadosamente o adversário (quantos auxiliares, quantos verdadeiros soldados, etc.) e decidiu-se pela batalha.

Na manhã de dia 21, Clito dispôs o seu exército em três unidades, duas delas bem à vista do adversário, no cume do monte que dominava a cidade, e a 3.ª escondida atrás do declive. As duas unidades de cavaleiros de Thierry atacaram pelo monte acima, primeiro com as lanças debaixo dos braços e depois com as espadas. Abriram caminho entre o adversário, que cedeu.

Porém, talvez se tenha tratado de uma fuga simulada, uma vez que a unidade de reserva de Clito, composta por cavaleiros frescos, caiu então sobre as forças perseguidoras em desordem de Thierry e atirou-se seguidamente pela infantaria adversária adentro, matando e desbaratando quase a seu bel-prazer (cf. a narrativa de Galbert de Bruges, "The Murder of Charles the Good"). Tratou-se de uma força de cavalaria excepcionalmente bem controlada e que obteve um sucesso assinalável. A batalha de Thielt/Axspoele foi o triunfo da astúcia e do controlo sobre a carga em massa, já de si condicionada pela inclinação do terreno[13].

STANDARD / NORTHALLERTON (norte de Inglaterra, Yorkshire, 22/Ag./1138):

Guerras anglo-escocesas. Vitória de um exército inglês favorável ao rei Estêvão (1135-1154, sobrinho de Henrique I; filho do conde de Blois e de Adela, filha de Guilherme *O Conquistador*) sobre o rei da Escócia, David I, tio da imperatriz Matilde (apoiado por barões dissidentes ingleses que tinham encontrado refúgio na sua corte). Foi a 3.ª invasão escocesa da Inglaterra em 1138.

O rei Estêvão estava ocupado a sul, pelo que foi um exército nortenho, recrutado pelo Arcebispo de York e liderado pelos magnates Walter Espec e William of Aumale, a enfrentar a ameaça escocesa. Juntou-se-lhes um corpo de cavalaria da Casa Real (sob o comando de Bernard of Balliol) e alguns reforços das "Midlands". A batalha travou-se uns

---

[13] J. F. Verbruggen, *The Art of War*..., p. 90; John France, *Western Warfare*..., p. 162; John France, *A Changing Balance*..., pp. 159-160.

4,5 km a leste ou, mais provavelmente, a norte da cidade de Northallerton, numa zona de planície.

A chegada dos cavaleiros de Balliol encorajou os Ingleses a travar batalha. As melhores tropas desmontaram e formaram na linha da frente, reforçando a peonagem das levas locais. O cronista Henry of Huntingdon (*Historia Anglorum*) explica que no meio deles foram intercalados arqueiros ("sagittarii equites inmixti"). Esta tropa apeada inglesa foi firmemente aglutinada em torno de uma carroça com um mastro decorado com bandeiras eclesiásticas nortistas, tendo no topo um cibório de prata que continha a hóstia: o "Standard" (daí o nome por que a batalha também é conhecida). Os cavaleiros ingleses que permaneceram montados e os cavalos dos que se apearam foram enviados mais para trás, a uma certa distância, segundo Richard of Hexham (*Chronicles of the Reigns of Stephen, Henry II and Richard I*) para que os animais não se aterrorizassem com os gritos de guerra dos Escoceses.

Do lado destes, a grande maioria estava a pé, excepto uma pequena força de cavalaria liderada por Henry, filho do rei David. Entre a tropa apeada escocesa destacavam-se os ferozes "Galwegians" (oriundos de Galloway), que forçaram a sua colocação na linha da frente, lugar que consideravam pertencer-lhes por direito. David (que ignorou os conselhos para evitar o combate) parece ter depositado as suas esperanças num ataque de surpresa, ao abrigo do nevoeiro, objectivo que não conseguiu concretizar. Então, os "Galwegians" avançaram, de forma agressiva mas muito indisciplinada, sendo crivados de setas pelos arqueiros ingleses. Um dos chefes foi derrubado e os restantes fugiram, lançando o pânico. De acordo com Ailred, "tal como um ouriço coberto de espinhos, assim estavam os Galwegians com setas" (*Chronicles of the Reigns of Stephen, Henry II and Richard I*).

Henry ainda conduziu uma briosa carga a cavalo sobre um dos flancos, mas foi mal sucedido perante a sólida formação de cavaleiros desmontados e peonagem adversária reunida em torno do seu "Standard". Como explica Henry of Huntingdon (a fonte-matriz desta batalha), ao relatar a investida de David: "Mas os seus cavaleiros montados não podiam de modo algum prosseguir contra cavaleiros couraçados que combatiam a pé, cerrados uns com os outros numa formação imóvel". Os Escoceses acabaram por se desorganizar e fugiram, perseguidos pelos Ingleses. A batalha deve ter durado umas duas horas. David pagou caro o erro inicial de permitir a colocação dos "Galwegians" na sua vanguarda, possibilitando-lhes a abertura das hostilidades[14].

LINCOLN (centro-leste de Inglaterra, 2/Fev./1141):
Trata-se da última grande batalha do período normando. Derrota do rei Estêvão de Inglaterra às mãos do conde Robert of Gloucester. Foi travada em terreno plano, a norte ou, mais provavelmente, a oeste da cidade de Lincoln, cujo castelo tinha sido tomado em 1140, através de um ardil, pelos meio-irmãos Ranulf (conde de Chester) e William de Roumare. O rei Estêvão acorreu ao apelo do bispo e dos cidadãos de Lincoln para recuperar a fortaleza por meio de um cerco. A população franqueou a entrada na cidade ao seu rei, mas os rebeldes mantinham o controlo do castelo.

Então, o conde de Chester e Robert of Gloucester (em nome da imperatriz Matilde de Boulogne, mulher do rei Estêvão desde 1125 e herdeira do trono de Inglaterra) reuniram um exército na zona ocidental da Ilha e vieram tentar o descerco. A sua força era mais numerosa do que a de Estêvão, que se debatia também com problemas de lealdade no seio do seu exército. Por isso, o rei foi vivamente aconselhado a retirar (os de Lincoln resistiriam enquanto o monarca recrutasse mais tropas), mas insistiu em combater para não "manchar a sua reputação com a vergonha de fugir" (*Gesta Stephani*), ou talvez na esperança de conseguir eliminar o seu arqui-rival.

Robert of Gloucester atravessou o rio Whitam e Estêvão, descendo do outeiro onde concentrara a sua força (quiçá para ficar ao abrigo de possíveis surtidas da guarnição), surgiu do lado poente. Ele e alguns cavaleiros desmontaram e colocaram-se no centro, ao lado da peonagem (em especial a milícia de Lincoln), mas nas alas ficou alguma (escassa) cavalaria; alguns Angevinos desmontaram também para combater a pé. Do lado contrário, Robert of Gloucester organizou as suas forças em três divisões, com as tropas de Ranulf na frente, as dos magnates deserdados por Estêvão na 2.ª fila e, por fim, os homens de Gloucester. As fontes são

---

[14] J. F. Verbruggen, *The Art of War*..., p. 97; Jim Bradbury, *Medieval Warfare*..., pp. 86 e 151; Jim Bradbury, *Battles in England and Normandy*..., pp. 191-192; John France, *Western Warfare*..., p. 163; Stephen Morillo, *Expecting Cowardice*..., p. 71; Claude Gaier, *Témérité et bravade*..., p. 126; Michael Prestwich, *Armies and Warfare*..., p. 316; Matthew Bennett, *Wace and Warfare*..., p. 249 (n. 31).

muito pouco informativas quanto à disposição dos arqueiros presentes no campo de batalha.

A cavalaria real começou o ataque e cilindrou a mal equipada infantaria galesa que alinhava do lado dos rebeldes. Porém, os condes retaliaram com um forte ataque a cavalo que derrotou a tropa montada do rei Estêvão. Este viu-se encurralado e sem qualquer mobilidade (a cavalaria real, desbaratada, depressa fugiu do campo de batalha), ao lado das suas forças de infantaria e cavalaria apeada. Rodeado de adversários, lutou com a própria espada até esta quebrar, e depois com uma acha-de-armas dinamarquesa que lhe foi cedida por um cidadão de Lincoln. Segundo as fontes, Estêvão resistiu "como um leão, rangendo os dentes e espumando pela boca como um javali" (*Chronicles of the Reigns of Stephen, Henry II and Richard I*), até ser atingido na cabeça por uma pedra. Acabou capturado, pagando os custos da decisão temerária de aceitar combater contra um adversário muito superior em número[15].

LEGNANO (norte de Itália, 30 Km a SE de Milão, 29/Maio/1176):

Guerras do Sacro-Império Romano-Germânico em Itália. Vitória decisiva da Liga Lombarda sobre o imperador Frederico I *Barba Roxa*. Os aliados movimentaram-se dissimuladamente, em região florestal, de forma a impedir a junção das tropas imperiais reunidas em Como às que actuavam em Pavia. A Liga dispunha de uma força de 2.000 a 3.000 cavaleiros e umas cinco centenas de peões (efectivos oriundos sobretudo de Milão, mas também de Verona, Bréscia, Vercellio, Novara, Piacenza e Lodi), enquanto Frederico podia contar com 500 a 1.000 cavaleiros da sua guarda pessoal (os "Comans") e uns 2.000 cavaleiros que tinham atravessado os Alpes, vindos da Suábia e da Renânia.

O imperador não tinha infantaria consigo e foi de facto interceptado pelos adversários antes de juntar a este exército as forças que estavam em Pavia. Apanhando de surpresa o inimigo, a vanguarda montada milanesa (c. 700 homens) carregou sobre a vanguarda montada germânica (c. 300 homens) e desbaratou-a. Mas esta escaramuça preliminar deu tempo

---

[15] J. F. Verbruggen, *The Art of War*..., p. 97; Jim Bradbury, *Medieval Warfare*..., pp. 152-153; Jim Bradbury, *Battles in England and Normandy*..., pp. 190-191; John France, *Western Warfare*..., p. 159; John France, *A Changing Balance*..., p. 156; John France, *Crusading Warfare*..., p. 457; Michael Prestwich, *Armies and Warfare*..., pp. 316-317.

a Frederico para dispor o seu exército em vários (talvez três) corpos de cavalaria pesada, tudo gente bem equipada e montada. Em face, os aliados italianos organizaram quatro unidades de cavalaria, protegidas na retaguarda por três corpos sólidos de infantaria agrupada em torno da "carroccio" milanesa (um carro cerimonial que simbolizava a riqueza e a independência da cidade). Apesar de aconselhado a evitar o combate, Frederico optou por lutar, já que voltar as costas ao adversário seria indigno da sua condição imperial.

Receoso da chegada de reforços aliados, Frederico assumiu a ofensiva: a cavalaria germânica carregou em força depressa rompendo as linhas da cavalaria milanesa, que na sua maior parte fugiu (salvo alguns que se foram juntar à infantaria agrupada em torno da *carroccio*). Os Alemães chegaram então ao contacto com a infantaria aliada, mas aí depararam-se com uma resistência determinada e corajosa: com os escudos encostados e segurando firmemente os piques, a peonagem e os homens de armas desmontados ao serviço da Liga Lombarda travaram a carga germânica, forçando os cavalos a parar. Ao verem isto, os cavaleiros italianos que haviam debandado voltaram para trás e executaram ataques de flanco sobre a cavalaria germânica. A bandeira da águia imperial foi tomada e o próprio cavalo de Frederico foi abatido, lançando a dúvida sobre se o imperador sobrevivera. Os cavaleiros alemães tentaram retirar mas, na ausência de infantaria para cobrir esta manobra, desorganizaram-se e foi o "sauve qui peut"[16].

ALARCOS (P. Ibérica, região de Calatrava-Córdova, 19/Julho/1195):
Reconquista ibérica. Vitória do califa almóada Abu Yusuf sobre Afonso VIII de Castela. Afonso VIII tinha iniciado uma fortaleza em Alarcos, na fronteira sul de Castela, que o califa veio destruir. Sem esperar pelos reforços leoneses que solicitara, e contra o conselho dos seus comandantes, o monarca cristão ordenou batalha. Neste dia,

---

[16] Kelly DeVries, "Legnano 1176", in Michael Spilling (proj. ed.), *Battles of the Medieval World*..., pp. 30-39; J. F. Verbruggen, *The Art of War*..., p. 95; Jim Bradbury, *Medieval Warfare*..., p. 163; Matthew Bennett, *The Myth*..., p. 179; John France, *Western Warfare*..., pp. 163-164; John France, *Crusading Warfare* ..., pp. 457-458; John France, *A Changing Balance*..., p. 168; Claude Gaier, *Témérité et bravade*..., p. 126.

as duas hostes eram compostas por cavaleiros e peões, mas as crónicas só referem a movimentação da cavalaria.

De acordo com a única fonte cristã que alude ao combate (a *Crónica Latina de los Reyes de Castilla*), o início da batalha terá sido precipitado pelo aparecimento imprevisto do exército muçulmano no campo de batalha, o que terá feito com que os efectivos de Afonso VIII, por bravata, tenham abandonado a sua posição favorável (situada num ponto elevado) e saído ao seu encontro "rapidamente e sem ordem", com isso comprometendo a eficácia de uma manobra (a carga a cavalo) que requeria controlo, coesão e disciplina.

Em Alarcos, houve como que uma fusão dos dispositivos utilizados pelos Almorávidas em Sagrajas-1086 e em Uclés-1108 (cf. supra). O exército almóada foi subdividido em dois corpos: um mais avançado (sob o comando de um xeque almóada e reunindo os efectivos andaluzes, diversas tribos do Magrebe e tropas voluntárias); o outro na retaguarda (sob comando directo do califa e reunindo a maior parte das tropas almóadas e a guarda pessoal do califa). Assim, se o corpo da vanguarda fosse repelido, poderiam encontrar refúgio no corpo mais recuado, que estaria intacto para prosseguir o combate. Entretanto, o corpo da vanguarda foi, por sua vez, subdividido em linha da frente, centro e duas alas. Ao que se sabe, cada um destes corpos era formado por contingentes coerentes do ponto de vista tribal. Como habitualmente, a carga da cavalaria pesada castelhana ("coberta de ferro, de elmos e de malhas brilhantes sobrepostas", segundo Ibn Abi Zar), protagonizada por um grupo selecto de cavaleiros que se adiantou relativamente ao resto do seu exército, visou a linha avançada muçulmana, composta por cavalaria ligeira e por arqueiros turcos ou curdos (a pé e a cavalo). Diz uma fonte muçulmana que os Castelhanos "lançaram-se desde a sua posição como a noite obscura ou o mar encrespado, em grupos aos quais se sucediam outros grupos e em ondas seguidas de outras ondas"! A linha da frente muçulmana, todavia, recorrendo às técnicas do "tornafuye" ('bate e foge') e da fuga simulada, furtou o alvo (dispersando momentaneamente) e lançou um chuveiro de flechas que desbaratou grande parte das forças de Afonso VIII.

Ainda assim, a carga cristã penetrou até ao centro da formação avançada adversária, provocando o corpo-a-corpo. Foi nesse momento que uma fracção da vanguarda muçulmana, entretanto reagrupada com muita ligeireza, cercou os cristãos pelas suas costas, inviabilizando-lhes a retirada, ao mesmo tempo que as alas (com os andaluzes à direita e os berberes à esquerda) atacaram o acampamento inimigo. O *coup de grâce* deu-se quando o corpo da retaguarda, sob o comando directo do califa e até então inactivo, se associou a este ataque ao acampamento cristão. Segundo alguns relatos, na fase final da batalha Afonso VIII pretendeu morrer de armas na mão, mas foi retirado do campo pelos seus próximos e levado para Toledo. As fontes não permitem conclusões quanto aos efectivos envolvidos: as muçulmanas falam, com evidente exagero, em 310.000 combatentes do lado cristão, dos quais 30 a 140 mil teriam sido mortos e 13.000 aprisionados[17]...

LAS NAVAS DE TOLOSA (P. Ibérica, região de Calatrava-Úbeda, 16/Julho/1212):

Reconquista ibérica. Vitória de uma coligação cristã liderada por Afonso VIII de Castela e integrando os reis Sancho VII de Navarra e Pedro II de Aragão sobre o exército do califa almóada Al-Nasir. Depois da derrota de Alarcos-1195 (cf. supra), os cristãos formaram uma nova aliança, a que se associaram até final alguns Cruzados franceses (uns 130 a 150 cavaleiros, sob o Arcebispo de Narbonne).

Al-Nasir pensava estar a salvo atrás das montanhas da Sierra Morena, mas os cristãos, bloqueados no desfiladeiro de Losa, descobriram *in extremis* uma passagem e conseguiram aproximar-se sem perigo e instalar o seu acampamento no sopé da Mesa del Rey. Desta feita foram os muçulmanos a ser surpreendidos com a chegada dos inimigos. Afonso VIII tratou de observar o adversário durante um dia e meio. A vanguarda muçulmana (tropas árabes muito móveis e ágeis) bem tentou provocar uma carga cristã antes do tempo, mas em vão: os arqueiros e besteiros de Afonso VIII repeliam com firmeza os lanceiros muçulmanos que rodopiavam em sua volta.

Quando se certificou de que o exército almóada ofereceria um alvo fixo, o rei castelhano decidiu atacar. A sua hoste comportava três grandes unidades: um corpo central (com o rei de Castela e as Ordens Militares); uma ala direita (com Sancho VII de Navarra); e uma ala esquerda (com Pedro II de Aragão). Estas três azes deviam estar alinhadas entre si

---

[17] F. García Fitz, *Castilla y León*..., pp. 360, 377, 387 e 397-398; F. García Fitz, *Las Navas de Tolosa*..., pp. 523-524 e 533-534; Claude Gaier, *Témérité et bravade* ..., p. 127.

e cada uma delas apresentaria uma subdivisão em três linhas escalonadas em profundidade: dianteira, intermediária e retaguarda (onde estavam os monarcas). É possível que, nos três corpos, as linhas intermediárias estivessem subdivididas em dois blocos (um mais à direita e outro mais à esquerda). Uma carta da rainha Berenguela à sua irmã Branca refere a organização de "conrois" com os reis Pedro e Sancho, decerto com o objectivo de reforçar as laterais com corpos pequenos mas solidários; deste modo, nos flancos, deve ter havido mistura entre tropas de pé e cavaleiros.

Do lado muçulmano haveria, na retaguarda, um dispositivo cerrado de infantaria, e à frente deste um corpo central com o grosso do contingente, completado por uma vanguarda e uma retaguarda; dos lados, estariam duas alas móveis, à base de cavalaria ligeira árabe. O palanque califal devia estar instalado no cimo do outeiro de Los Olivares, pelo que tanto o corpo central como a retaguarda e a vanguarda almóadas estariam espalhadas pelo declive.

Ao raiar da aurora, Afonso deu sinal para as linhas avançadas carregarem a cavalo, bem unidas. Ibn Abi Zar dá conta do poderio desta investida, ao transmitir "a imagem da vanguarda muçulmana completamente desbaratada, desaparecendo debaixo dos pés dos cristãos e alcançando o martírio em massa como consequência da primeira arremetida destes". Os primeiros destacamentos muçulmanos (ginetes árabes desenquadrados do resto da hoste) foram varridos pela carga das primeiras linhas de cada um dos três corpos cristãos, batendo em retirada sem sequer tentar enfrentá-los seriamente. Assim, o exército cristão alcança o vale onde estão as fileiras mais adiantadas do exército do califa (talvez uma vanguarda de voluntários) e desbaratam-nas sem dificuldade. Depois, era começar a subir a colina para chegar ao contacto com o corpo central do exército almóada.

É então no cimo do monte dos Olivares que as primeiras linhas cristãs chocam com a cavalaria norte-africana e andaluz (i.é, com o núcleo duro adversário, entretanto reforçado pelos ginetes árabes em fuga). O combate torna-se muito áspero devido à inclinação do terreno, à força do adversário e ao cansaço acumulado pelos cristãos. Os muçulmanos conseguem absorver a carga e começam a repelir os inimigos. Dá-se então o ataque das segundas linhas (as intermediárias) dos três corpos cristãos, mas o panorama não se altera. A situação torna-se crítica e Afonso VIII é obrigado a jogar o seu último trunfo: a arremetida das linhas da retaguarda, lideradas pelos três reis! Aconselhado por um cavaleiro da sua mesnada a não o fazer de uma só vez, o rei temporiza sabiamente o movimento: numa 1.ª fase, entra apenas em acção uma parte das retaguardas, para reavivar o combate e contrariar as deserções cristãs; pouco depois, arranca o resto das forças. O sucesso da manobra anima os cristãos e possibilita-lhes chegar até ao palanque do califa, que acaba por se pôr em fuga.

Desta feita, os cristãos tinham apresentado um exército suficientemente numeroso (c. 4.000 cavaleiros e 8.000 peões) para tirar partido da carga (só o corpo central castelhano teria uns 300 cavaleiros) e neutralizar as tácticas muçulmanas. O exército almóada mal parece ter esboçado a tradicional manobra de envolvimento, talvez porque não teve coordenação para tanto, ou porque Afonso VIII acautelou bem a protecção das laterais (numa carta ao Papa Inocêncio III, o monarca refere que misturou ali peões com cavaleiros para os inimigos não poderem "molestar de modo algum os extremos das nossas fileiras"). O rei castelhano aprendera a lição de Alarcos e a *Reconquista* entraria uma fase imparável[18].

MURET (sul de França, muito perto de Toulouse, 12/Set./1213):

Cruzada Albigense – guerra contra os hereges e os senhores occitanos acusados pela Igreja de serem seus cúmplices. Vitória de Simão de Montfort (*O Velho*) sobre o exército do rei Pedro II de Aragão, composto pelos seus vassalos catalães, aragoneses e occitanos (incluindo o conde Raimundo VI de Toulouse). Em inícios do séc. XIII, a situação política occitana evoluíra num duplo sentido: por um lado, em consequência do fim da "Grande Guerra Meridional", que terminara com a vitória dos condes de Barcelona (reis de Aragão), aliados dos Plantagenetas, sobre os condes de Toulouse (apoiados pelos Capetíngios); por outro lado, com a hegemonia crescente da Coroa de Aragão sobre o espaço político occitano (circunstância que explica a intervenção do rei Pedro II em auxílio dos senhores occitanos). Em Muret, estava uma guarnição favorável a Simão de Montfort. Nos dias 8 e 9 de Setembro, o rei de Aragão (que tinha

---

[18] F. García Fitz, *Castilla y León*..., pp. 379-380, 387, 393-394; F. García Fitz, *Las Navas de Tolosa*..., pp. 504-534; Martín Alvira Cabrer, "La imagen del Miramamolín al-Nâsir (1119-1223) en las fuentes cristianas del siglo XIII", *Anuario de Estudios Medievales*, vol. 26-2, 1996, pp. 1003-1028; Claude Gaier, *Témérité et bravade* ..., p. 127; Jim Bradbury, *Medieval Warfare*..., p. 224.

evidentes ambições territoriais no sul de França) e o seu exército chegam provenientes do condado de Comminges e, eventualmente depois de terem passado por Toulouse, acampam diante de Muret. No dia 10, chegam as milícias de Toulouse, por via terrestre e fluvial (através do rio Garona), e juntam-se à hoste de Pedro II. Com elas, vêm também as tropas occitanas e catalãs-aragonesas que tinham estado acantonadas em Toulouse desde Janeiro de 1213. Os Toulousanos atacam de imediato Muret e conseguem tomar a cidade amuralhada, obrigando a guarnição cruzada a refugiar-se dentro do castelo. O rei de Aragão, porém, manda parar o assalto e ordena a retirada das tropas toulousanas.

No dia 11, os Cruzados comandados por Simão, provenientes de Fanjeaux e após passarem por Saverdun e Lagardelle, onde se dispõem em ordem de combate, entram em Muret sem qualquer impedimento. A sua hoste teria uns 220 a 500 cavaleiros e cerca de 500 *sergeants* (cavalaria ligeira), ou seja, um total de 700 a 1.000 homens montados. A cavalaria do rei de Aragão, pelo seu lado, seria de uns 2 a 3 (ou 4) mil homens-de-armas, estimando-se em 4 a 12 mil homens (no máximo) a infantaria aliada.

Com a chegada de Simão de Montfort a Muret, o exército de Pedro II de Aragão discute a melhor estratégia a seguir. Pedro II discorda do seu aliado, o conde Raimundo VI de Toulouse, o qual propõe uma táctica defensiva baseada na fortificação do acampamento com barricadas e besteiros e na espera pela carga da cavalaria cruzada (no pressuposto de que esta fracassaria e de que os Cruzados se retirariam para Muret, podendo então a cavalaria real persegui-los e consumar a vitória). O rei aragonês – que sabia que os Cruzados não poderiam resistir ao assédio e teriam de travar combate – insiste e começa a formar em ordem de batalha. Um contingente ataca a Porta de Toulouse, para forçar a saída dos Cruzados, e as milícias toulousanas atacam de novo Muret.

O exército cruzado opta então por uma surtida ao amanhecer, abandonando a cidade pela Porta de Salas, bordejando o Garona e cruzando o rio Louge na Ponte de Saint Cerni. Dispostos em ordem de combate, com três corpos escalonados em linha, os Cruzados avançam depois sobre o acampamento do rei de Aragão. Este, apesar de já ter formado o seu exército, é apanhado de surpresa pelo ataque madrugador. Os Cruzados carregam sobre a vanguarda adversária (formada pelo conde de Foix, Raimundo Roger, e seus homens, para além dos Catalães que vinham com Pedro II), a qual não resiste e se põe em debandada.

Os dois primeiros corpos da hoste de Simão carregam depois sobre o centro do exército catalão-aragonês-occitano (comandado pelo próprio Pedro II e formado quase exclusivamente por tropas aragonesas), provocando a morte do rei Pedro II. Jaime I (filho e sucessor de Pedro II) recorda na sua *Crónica* este momento decisivo: "E então [os Cruzados] saíram para lutar num só corpo. Do lado do meu pai, os homens não sabiam como se dispor para a batalha nem como se movimentar em conjunto; cada um dos barões lutou por si próprio e contrariamente à ordem da guerra. Assim, devido à falta de ordem, aos nossos pecados e ao combate desesperado dos habitantes de Muret (pois não achavam misericórdia nas mãos do meu pai), a batalha foi perdida"[19].

A seguir, Simão executa um movimento lateral com o terceiro corpo cruzado, conduzindo-o contra a retaguarda inimiga, situada por detrás do leito do ribeiro de Saudrune. Perante a debandada geral, os condes de Toulouse e de Comminges batem também em retirada. Entretanto, ao mesmo tempo que a cavalaria lutava, as milícias toulousanas atacavam as muralhas de Muret, pensando que a batalha estava ganha! Passa-se então à última fase do combate. Os Cruzados perseguem o resto do exército de Pedro II, mas depressa dão meia-volta, reagrupam e carregam contra os peões que estão a atacar Muret. Estes desatam a fugir em direcção a Toulouse ou ao rio Garona. Muitos caem ao tentar fugir nas barcaças amarradas nas margens do rio; outros morrem afogados. Obtida a vitória, a infantaria cruzada abandona Muret e passa ao saque dos despojos deixados no campo de batalha e no acampamento dos aliados.

Simão de Montfort e os seus cavaleiros cruzados tinham vencido em toda a linha uma batalha importante e que teve importantes consequências: provocou a derrota da Coroa de Aragão (1213-1215); preparou a extensão do domínio dos Capetíngios sobre o Sul de França

---

[19] A versão original catalã reza assim: "[...] E aquels de la part del rey no saberen rengar la batayla ni anar justats, e ferien cada un rich hom per si e ferien contra natura d'armes. E per lo mal ordonament e per lo peccat que era en ells, hac-se a vençre la batayla, e per la mercè que no y trobaren aquels qui eren dedins. E aquí morí nostre pare. Car aixi no ha usat nostre lynatge totz temps, que en las batayles qu'els an feytes ne nós farem, de vençre o morir".

(1215-1223); e, por fim, facilitou a chegada da monarquia da flor-de-lis até ao Mediterrâneo (1226-1229)[20].

BOUVINES (Flandres, região de Tournai, 27/Julho/1214):
Guerras capetíngias. Vitória de Filipe II *Augusto*, rei de França, sobre uma coligação liderada pelo imperador Otão IV que incluía Flamengos (como o conde de Flandres: o português Fernando), Ingleses (partidários do rei João *Sem Terra*) e barões franceses dissidentes.

O exército de Filipe Augusto (c. 1.350 cavaleiros e 5 a 6 mil peões) reúne conselho de guerra em Tournai. Informados da presença do exército aliado (c. 1.450 cavaleiros e 6.000 a 7.500 peões) nas proximidades, decidem procurar batalha em terreno favorável. Avançam na direcção de Lille (W) e atravessam o rio Marcq em Bouvines. Junto à ponte, encontram um terreno amplo e plano, rodeado pelo rio e por uma zona pantanosa. Filipe dispõe o seu exército em três unidades: nas alas, com cavalaria à frente e infantaria atrás; no centro (reforçado e comandado por ele próprio) com a infantaria à frente e a cavalaria mais recuada.

O exército aliado lança-se numa perseguição em marcha florestal acelerada, que alonga imenso a sua coluna. Sem preocupação de esperar para reagrupar, a ala esquerda aliada (conde de Flandres) enfrenta a ala direita francesa (duque da Borgonha e conde de Champagne) pouco depois de alcançar o campo de batalha: combate de cavalaria, com os opositores a carregarem em simultâneo, munidos de lança deitada. A melhor organização francesa (devida talvez à sabedoria do bispo de Senlis, Guérin, um ex-Hospitalário que optou por pequenas cargas sucessivas interpretadas por mesnadas senhoriais de c. 200 homens) permite-lhe romper e penetrar as linhas adversárias (eventualmente reagrupando depois e carregando em sentido inverso). Os Flamengos viram costas e fogem.

Entretanto, no centro, Filipe retém o seu ataque. Mas Otão, impaciente, investe temerariamente e equilibra a batalha. Com o choque, as linhas francesas recuam e um grupo de peões germânicos consegue mesmo alcançar o rei de França e desarçoná-lo com lanças e ganchos de ferro. Filipe é salvo *in extremis* e consegue remontar. Os peões germânicos

---

[20] Martín Alvira Cabrer, *12 de Septiembre de 1213. El Jueves de Muret*, Barcelona, Universidad de Barcelona, 2002; Jim Bradbury, *Medieval Warfare*..., p. 204; John France, *Western Warfare*..., p. 161; John France, *A Changing balance*..., p. 160.

são liquidados e o batalhão do rei de França enfrenta o esquadrão imperial com o apoio da sua cavalaria, alinhada atrás como uma reserva. Nesta zona central, o combate desenvolve-se pois com participação de infantaria e cavalaria. Os Franceses reconquistam o terreno perdido e empurram os adversários; o cavalo de Otão é ferido e o imperador bate em retirada.

Finalmente, e com algum desfasamento temporal, iniciara-se também o combate no outro flanco: os aliados (com tropas inglesas sob o conde Guilherme de Salisbúria, e bolonhesas sob Reinaldo de Dammartin e o duque de Brabante) tomam a iniciativa e carregam sobre a ala esquerda francesa (condes de Ponthieu e de Dreux e bispo de Beauvais). Graças à chegada a conta-gotas de mais peonagem aliada ao campo de batalha, o combate é aqui sobretudo de infantaria. O equilíbrio é grande, mas a decisão favorável aos Franceses nas outras zonas do terreno acaba por resolver tudo: tropas de Filipe acorrem a reforçar a sua ala esquerda. Aos poucos, a situação dos aliados torna-se desesperada. Reinaldo de Boulogne interpreta ainda uma resistência que se tornou lendária: forma uma dupla fileira circular de mercenários a pé bem armados e bem encostados uns aos outros, com os longos piques apontados para fora. Mas ao fim de algum tempo, exaustos e em número cada vez menor, os piqueiros brabanções acabam por soçobrar.

Estava terminada uma batalha de c. 3 horas que teve consequências internacionais relevantes. As fontes noticiam a morte de 169 cavaleiros aliados e de apenas 2 Franceses, e o aprisionamento de 5 barões aliados (incluindo Fernando, Guilherme e Reinaldo), de 25 outros nobres e de 139 cavaleiros. Números baixos, embora a qualidade das defesas de corpo e a expectativa da cobrança de bons resgates possam ter ajudado a isso[21].

JEREZ DE LA FRONTERA (P. Ibérica, Andaluzia, Abril / 1231):
Reconquista ibérica. Vitória dos Castelhanos comandados por Alvar Pérez de Castro e pelo infante D. Afonso sobre a tropa do caudilho

---

[21] Georges Duby, *Le dimanche de Bouvines. 27 juillet 1214*, Paris, Gallimard, 1988 (ed. orig.: 1973); Kelly DeVries, "Bouvines 1214", in Michael Spilling (proj. ed.), *Battles of the Medieval World...*, pp. 80-89; J. F. Verbruggen, *The Art of War...*, pp. 74 e 94-95; Jim Bradbury, *Medieval Warfare...*, pp. 197-198; Matthew Bennett, *The Myth...*, p. 179; John France, *Western Warfare...*, p. 161; John France, *A Changing Balance...*, pp. 160-162 e 170; John France, *Crusading Warfare...*, pp. 455-458.

muçulmano andaluz Ibn Hud. Na sequência da desagregação do poder almóada, os muçulmanos hispânicos ficaram sozinhos na luta contra os cristãos e trataram de nomear um soberano indígena: Ibn Hud, o rei de Múrcia.

A *Primera Crónica General* refere a batalha campal que teve lugar em 1231, nas redondezas de Jerez de la Frontera, entre tropas cristãs e muçulmanas. O confronto deu-se quando uma cavalgada cristã que tinha assolado o vale do rio Guadalquivir sob o comando conjunto de Alvar Pérez de Castro e do infante D. Afonso de Molina (irmão do rei de Castela e Leão: Fernando III) chegou às proximidades daquela cidade andaluza. Os habitantes, com Ibn Hud à cabeça, saíram para lhes fazer frente. A *Crónica* trata em detalhe este combate, embora se deva ter em conta que o trecho foi escrito quase um século depois do evento, o que lança dúvidas sobre a narrativa, tanto mais que não dispomos de testemunhos presenciais (ou baseados em depoimentos de participantes), tal como sucede nos casos das batalhas de Sagrajas, Alarcos, Uclés ou Las Navas.

Segundo a *Crónica*, as tropas castelhanas não contariam com mais de 1.000 cavaleiros e 2.500 peões (números normais na época). Alvar Pérez ordenou que se separassem os peões dos cavaleiros e que os primeiros ficassem na retaguarda cuidando da "presa" que os cristãos tinham acumulado durante o *raid* feito pela região de Córdova-Sevilha-Jerez. Assim, embora o cronista refira a presença de peões de ambos os lados, relega-os para uma missão acessória e descreve o combate como um recontro entre forças de cavalaria. Um dos bandos (o cristão) terá formado "em azes", que na linguagem da época (p. ex., na *Siete Partidas* do rei Afonso X) significa uma frente ampla, com forças de cavalaria dispostas lado a lado e com diversas linhas de profundidade, de modo a lançar a carga com um grau de coordenação elevado e em vagas sucessivas. O outro lado (o muçulmano) terá formado "em tropel", quer dizer, num sistema de frente estreita mas compacto e com grande profundidade, bom para romper e desorganizar as linhas adversárias (sistema utilizado sobretudo para ataques dirigidos ao flanco do adversário, como querem as *Siete Partidas*, ou contra inimigos numericamente superiores, como defende o infante Don Juan Manuel).

A batalha de Jerez ficou sobretudo marcada pela notável carga da cavalaria cristã, que a *Primera Crónica General* descreve da seguinte forma: "E começaram a entrar pelo meio das azes dos mouros, quebrando logo a primeira, depois a segunda e a terceira, depois todas, assim umas atrás das outras, até que passaram as sete azes, matando e derrubando e fazendo grande destruição neles. E assim se começaram a misturar e a revolver de uma parte e de outra, de maneira que não pôde haver acordo entre os mouros de se ajudarem uns aos outros [...]. Os mouros começaram logo a dispersar e a fugir, e deixaram-se vencer, virando as costas todo aquele que podia"[22].

LEWES (extremo sul de Inglaterra, Sussex, 14/Maio/1264):
Guerra dos barões em Inglaterra. Vitória dos barões rebeldes comandados por Simão de Montfort (*O Jovem*) sobre o rei Henrique III (1216-1272) e o príncipe Eduardo (futuro Eduardo I de Inglaterra). Décadas antes, o reinado de João *Sem Terra* (1199-1216) ficara marcado pela oposição dos barões ingleses à sua governação, expressa na "Magna Carta" (1215) e no patrocínio da invasão francesa de 1215 (príncipe Luís, futuro Luís IX ou S. Luís). Após a morte do rei João, os barões leais ao rei tinham neutralizado a oposição, com vitórias militares em Sandwich e em Lincoln (1217). A guerra interna recomeçaria, porém, mais tarde, com os barões ingleses aglutinados em torno de Simão de Montfort, conde de Leicester e de Chester (1208-1265). O filho de Simão de Montfort *O Velho* (o herói de Muret) viera para Inglaterra em 1230, tendo casado com uma irmã do rei Henrique III.

Os realistas estavam acampados em Lewes quando Simão surgiu, de manhã cedo, disposto a travar batalha. Ambos os exércitos se organizaram em três divisões, face a face, tendo os Montfortianos a vantagem de poderem contar com uma quarta unidade, retida na retaguarda. Neste caso, não parece ter havido a preocupação de preparar sucessivas linhas defensivas (à maneira, p. ex., do que sucedera em Brémule, em 1119: cf. supra), embora pareça provável que a cavalaria tenha sido colocada à frente das forças de infantaria. A ala direita dos realistas, comandada pelo príncipe Eduardo, executou uma carga a cavalo que arrombou autenticamente o flanco esquerdo dos barões rebeldes.

---

[22] F. García Fitz, *Castilla y Léon...*, pp. 351-352, 366, 377-379, 385-386, 390; F. García Fitz, *Las Navas de Tolosa...*, p. 520; Miguel Gomes Martins, *Para Bellum. Organização e prática da guerra em Portugal durante a Idade Média (1245-1367)*, Coimbra, Faculdade de Letras, 2007 (diss. de doutoramento, polic.), pp. 722-724.

Inebriado, o jovem príncipe deixou-se arrastar na perseguição aos adversários, apenas regressando ao campo de batalha cerca de quatro horas mais tarde!

Enquanto isso, noutra zona do campo de batalha, o grosso das tropas reais era derrotado em toda a linha, com Henrique III e o seu irmão Richard of Cornwall (que se refugiara num moinho de vento) a serem capturados. Ao aperceber-se do desastre, Eduardo ainda tentou restabelecer a situação, mas não conseguiu e foi, também ele, capturado. Durante um ano, a Inglaterra seria governada pelo regime dos barões, que implementariam as famosas "Prescrições de Oxford"[23].

EVESHAM (centro-sul de Inglaterra, a nordeste de Gloucester, 4/Ag./1265):

Guerra dos barões em Inglaterra. Vitória do príncipe Eduardo (herdeiro de Henrique III e futuro Eduardo I de Inglaterra) sobre Simão de Montfort (*O Jovem*) e os barões rebeldes. Capturado na batalha de Lewes-1264 (cf. supra), Eduardo conseguiu escapar e reunir um exército fiel ao pai. Entretanto, Simão de Montfort planeou reunir as suas forças com as do seu próprio filho, transportando o prisioneiro Henrique III consigo. Porém, Eduardo armou-lhe uma cilada num cotovelo do rio Avon, no Worcestershire.

Assim, Simão acabou por esbarrar no exército real, que controlava a ponte para prevenir qualquer fuga. Uma trovoada precedeu o combate entre as duas hostes, cujas forças de elite estavam a cavalo. O exército de Eduardo, mais numeroso, flanqueou e cercou o adversário. Um filho secundogénito de Simão de Montfort (também chamado Simão) terá sido o primeiro a ser derrotado. Perante isto, e contra o conselho do seu primogénito (Henrique), Simão de Montfort recusou bater em retirada e avançou para o combate. A sua montada foi abatida e ele viu-se obrigado a lutar a pé (o que terá levado os seus adversários a adoptar a mesma postura). Simão e Henrique foram vencidos e mortos. A cabeça e os membros de Simão de Montfort *O Jovem* foram cortados e o resto

---

[23] Jim Bradbury, *Medieval Warfare*..., pp. 210 e 215; Claude Gaier, *Témérité et bravade*..., p. 129; Michael Prestwich, *Armies and Warfare*..., p. 317.

foi sepultado na abadia de Evesham. O rei Henrique III foi libertado e reassumiu o poder[24].

TAGLIACOZZO (Itália, região leste de Roma, 23/Ag./1268):
Guerras de Carlos de Anjou em Itália. Vitória de Carlos de Anjou (rei da Sicília e irmão do rei Luís IX de França) sobre Corradino (o último Hohenstaufen da Sicília, filho do imperador Conrado IV e neto de Frederico II), que reclamava o trono siciliano com o apoio de Alemães e de aliados Aragoneses.

Dois anos antes (em 26/Fev./1266), Carlos de Anjou vencera já a oposição de Manfredo (filho ilegítimo de Frederico II) na batalha de Benevento, disputada a NE de Nápoles. Nesse combate, Carlos escolhera uma posição defensiva na margem do rio Calor. Manfredo atacou e a cavalaria angevina respondeu desbaratando os arqueiros e envolvendo a cavalaria alemã. Manfredo renovou o ataque abrindo caminho de forma quase imparável com os seus 800 cavaleiros, mas acabou por ser vencido quando os Franceses acometeram de perto, seguindo o grito célebre de Carlos de Anjou: "Golpeiem com a ponta! Espetem-nos com ela!".

Em 1268, Carlos voltou a provar a sua qualidade de bom general. O jovem Corradino invadira a Sicília em 1267 e apoiantes seus na ilha haviam-se revoltado contra Carlos. A batalha de Tagliacozzo, porém, seria travada no centro de Itália, em resultado da marcha de Corradino para sul. Carlos tomou posição atrás do rio Salto. Os homens de Corradino não conseguiram tomar a ponte, mas alguns atravessaram e atacaram os Angevinos pelo flanco. Então, a ponte pôde ser cruzada. Carlos, porém, conseguiu recuperar a iniciativa conduzindo uma carga com uma reserva que permanecera escondida, numa altura em que muitos dos adversários, pensando que a vitória já não lhes fugiria, perseguiam os Angevinos fora do campo de batalha, ou tinham dispersado para saquear os mortos. Neste cenário, Carlos teve talento suficiente para reagrupar os seus efectivos e acabou por esmagar o inimigo quando este regressava da perseguição...

---

[24] Jim Bradbury, *Medieval Warfare*..., p. 213; Claude Gaier, *Témérité et bravade* ..., p. 129; Michael Prestwich, *Armies and Warfare*..., p. 317.

Tratou-se, em grande medida, de uma batalha de cavalaria, com efectivos relativamente volumosos (cerca de 5.000 cavaleiros de cada lado) e o sucesso de Carlos de Anjou foi tudo menos fácil. Segundo uma fonte, "nunca a vitória foi tão sangrenta, pois quase todo o seu exército tinha soçobrado"! Corradino conseguiu fugir, mas foi apanhado e executado cruelmente em Nápoles, em Outubro. A batalha pôs fim ao domínio dos Hohenstaufen na Sicília, deixando a Casa de Anjou no poder[25].

WORRINGEN (Alemanha, região de Colónia, 1288):
Conflito entre o duque de Brabante e o Arcebispo de Colónia. Vitória dos Brabanções, que dispunham de uma força estimável em 2.000 cavaleiros e 3.000 peões, sobre a força aliada, ligeiramente mais numerosa em ambas as armas.

A batalha foi extremamente prolongada (há fontes que referem que ela se arrastou durante uma grande parte do dia) e a vitória dos Brabanções ficou a dever-se à sua melhor formação. Uma fonte preciosa, a *Rijmkronik* de Jan van Heelu, resume deste modo a táctica recomendada aos seus homens-de-armas pelo duque de Brabante (de modo a optimizarem o princípio da 'massa', tanto no processo de carga como na resistência à cavalaria inimiga): "Denso e cerrado! Denso e cerrado! Que cada homem se encoste resolutamente ao seu vizinho, o mais próximo que puder. Assim, obteremos certamente a glória no dia de hoje". Pelo contrário, entre os de Colónia parece ter grassado a indisciplina, com muitos dos homens a optarem por ir saquear o acampamento dos Brabanções antes do tempo.

Segundo Verbruggen, nesta batalha os Brabanções exploraram habilmente as possibilidades de ataque sobre os flancos e a retaguarda adversários. Deve sublinhar-se também uma observação do cronista Jan van Heelu, segundo a qual um "sargento" do exército do duque de Brabante exortou os seus homens a liquidarem preferencialmente os nobres ao serviço do Arcebispo de Colónia: é que, por muito grande que fosse a hoste adversária, eles perderiam a batalha caso os seus nobres fossem abatidos[26]...

---

[25] Jim Bradbury, *Medieval Warfare*..., p. 236; John France, *A Changing Balance*..., p. 170.

[26] J. F. Verbruggen, *The Art of War*..., pp. 94-95; John France, *Western Warfare*..., p. 157; John France, *A Changing Balance*..., pp. 170-172.

MAES MADOG / MOYDOG (País de Gales, 5/Março/1295): Guerras inglesas em Gales (campanha de 1294-95). Vitória de Eduardo I de Inglaterra (1272-1307) sobre o rebelde galês Magog. O monarca inglês avançou temerariamente pelo Norte de Gales e foi apanhado em Conwy por Magog, estando quase sem alimentos. Porém, durante a noite, surgiu em apoio do monarca o conde de Warwick, com uma força de 200 cavaleiros e 2.000 peões.

De acordo com um dos relatos, Warwick combinou atiradores (arqueiros e/ou besteiros) e cavaleiros numa única linha de batalha, mas não temos indicação de que estes últimos tenham desmontado. Os rebeldes galeses, não dispondo de uma cavalaria forte, resistiram formando um círculo com as lanças eriçadas para fora, de modo a travar os cavalos adversários; todavia, Warwick terá chamado os atiradores, que fustigaram os Galeses até estes ficarem tão enfraquecidos que a cavalaria pôde carregar sobre eles com inteiro sucesso.

Sublinhe-se que, como notou Michael Prestwich, o facto de o "pay-roll" (listagem de pagamentos da Coroa) mencionar apenas a presença de 13 arqueiros e besteiros na força inglesa lança algumas dúvidas sobre a versão do cronista. Sendo verídica, trata-se de um excelente exemplo de combinação entre cavalaria e infantaria especializada[27].

III. Comentário

Para finalizar, tentaremos agora sistematizar algumas conclusões gerais, de acordo com o inquérito previamente anunciado:

1. há diversos exemplos relativamente seguros de **cargas frontais da cavalaria pesada** contra tropas montadas inimigas. Alguns deles bem sucedidos: Thielt (Thierry, até aparecer a reserva de W. Clito); Legnano (1.ª fase da batalha, em que Frederico I enfrenta a cavalaria milanesa); Alarcos (Afonso VIII, até ao envolvimento pelos muçulmanos); Las Navas (Afonso VIII, talvez o caso mais emblemático); Muret (Simão de Montfort); Bouvines (ala direita francesa e corpo central de Otão); Jerez (Castelhanos, com descrição fabulosa de fonte cristã); Lewes

---

[27] John France, *A Changing Balance*..., pp. 173-174; Michael Prestwich, *Armies and Warfare*..., p. 317.

(ala direita do príncipe Eduardo); e Worringen (duque de Brabante). De entre os casos mal sucedidos, temos: Sagrajas (Afonso VI); Tinchebrai (R. Curthose e seus homens, talvez com as lanças deitadas); Uclés (mas aqui os cristãos ficaram muito perto da vitória); Brémule (Luís VI); Bourgthéroulde (Waleran de Meulan); e Bouvines (Flamengos da ala esquerda de Otão IV). Em Hastings, a carga da cavalaria normanda de Guilherme sobre a infantaria anglo-saxónica só foi bem sucedida no final da jornada (depois das fugas simuladas), o mesmo tendo sucedido em Maes Madog (onde Warwick precisou primeiro que os atiradores desorganizassem a infantaria galesa).

2. naqueles exemplos, quase sempre foi a cavalaria pesada a tomar a **iniciativa** do ataque, e fê-lo quase sempre **sozinha** (i.é, sem apoio de outras "armas"). Apenas em Hastings se admite que, no final, possa ter havido envolvimento de atiradores, enquanto em Bouvines o corpo central montado de Otão parece ter sido acompanhado por alguma infantaria (que aliás quase liquidou Filipe Augusto).

3. o nível geral do **equipamento** desta cavalaria pesada parece ser bom (em Alarcos, Ibn Abi Zar considera-o mesmo muito bom), facto que o número limitado de baixas em grandes combates (como Las Navas ou Bouvines) parece confirmar.

4. é de admitir também que, pelo menos em alguns casos, as cargas da cavalaria pesada tenham sido organizadas com os efectivos alinhados em "conrois" (esquadrões) do tipo daqueles de que fala Verbruggen. Em Sagrajas, as fontes muçulmanas apontam nesse sentido; em Las Navas isso está documentalmente comprovado pela carta da rainha Berengária; em Bouvines, é muito provável que o bispo Guérin assim tenha procedido; e, em Worringen, a instrução do duque de Brabante para se combater "denso e cerrado" também sugere o mesmo. De igual modo, temos exemplos de agrupamentos de cavaleiros explorando **afinidades** familiares, vassálicas, vicinais ou regionais nas batalhas de Hastings (os "Huscarls"), de Las Navas (os três reis ibéricos, as Ordens Militares, as mesnadas dos grandes senhores, etc.) e de Bouvines (as pequenas mesnadas senhoriais na ala direita francesa), entre outras.

5. em todos os movimentos de carga analisados, parece ter havido realmente **penetração ("break-through")** em Thielt (Thierry da Alsácia), Legnano (Frederico I), Las Navas (Afonso VIII), Muret (Simão de Montfort), Bouvines (ala direita francesa e centro germânico), Jerez (Castelhanos) e Lewes (ala direita realista: príncipe Eduardo).

Nestes dois últimos casos, o efeito parece ter sido devastador desde o início. Já no que diz respeito a exemplos de **cargas sucessivas, com adequada temporização**, só há rasto delas em Las Navas (em especial na fase final: o ataque das linhas reais) e em Bouvines (ala direita francesa: bispo Guérin), mas é possível que em Hastings isso tenha sucedido também. Em todo o caso, os exemplos são escassos, o que enfatiza a grande dificuldade técnica da manobra. São mais numerosos os casos em que da carga pesada resultou apenas a tradicional *mêlée*: em Hastings (provavelmente); e decerto em Uclés, em Alarcos, em Las Navas (quase até final) e em Bouvines (na zona central), para citar apenas alguns exemplos. Mais raros ainda são os casos de reagrupamento depois da penetração, seguido de **carga em sentido inverso**: só em Bouvines (ala direita francesa) isso pode, eventualmente, ter sucedido. Não era uma técnica nada fácil, pois pressupunha sucesso na primeira fase do movimento, seguido de capacidade para evitar a dispersão e voltar a formar, e disponibilidade psicológica e física para uma nova carga em força.

6. registámos muito poucos casos em que a cavalaria pesada optou por **uma outra forma de ataque, que não a carga frontal**. Em Worringen, segundo Verbruggen, os Brabanções podem ter atacado pelos flancos e pela retaguarda; e, em Muret, Simão de Montfort, na 2.ª fase da batalha, atacou seguramente pelo flanco, tendo talvez atingido um corpo recuado do exército de Pedro II de Aragão. Quanto ao uso de reservas, temos exemplos claros em Tinchebrai (Hélias de Maine), em Bouvines (corpo central de Filipe) e em Lewes (embora aqui Simão *O Jovem* não pareça ter tirado grande partido da sua quarta az).

7. quanto a recurso a **cavalaria ligeira**, a conclusão impõe-se por si: não esteve presente, salvo do lado dos exércitos muçulmanos (e com bons resultados: Sagrajas, Uclés e Alarcos).

8. existem exemplos diversos e inequívocos de **cavaleiros combatendo a pé**: em Hastings (Harold); em Tinchebrai (Henrique I); em Brémule (Henrique I); em Bourgthéroulde (Odo Borleng); em Standard (Ingleses); e em Lincoln (Estêvão). Neste último caso, estavam posicionados no corpo central, e não na linha da frente ou na retaguarda (como parece ter sucedido nos exemplos precedentes). Por vezes, estes cavaleiros apeados estavam misturados com cavaleiros montados (*vide* Brémule, Bourgthéroulde ou Lincoln); noutros casos, com peonagem e/ou com atiradores: Hastings, Tinchebrai, Brémule (possivelmente) e Standard

(onde, além da peonagem das levas locais, havia arqueiros "inmixti"). A atitude desta cavalaria apeada foi quase sempre defensiva e, na maior parte dos casos, foi bem sucedida: apenas fracassou em Lincoln e em Hastings (mas aqui só no extremo final do combate).

9. quanto à **utilização da infantaria** (especificamente e para além dos casos de mistura com cavalaria apeada): ela cumpria sobretudo missões defensivas. As grandes excepções são os "Galwegians" escoceses ao serviço de David I (em Standard) e os peões com lanças e ganchos no corpo central de Otão IV (em Bouvines, aparentemente a par da cavalaria montada aliada). Por vezes, a infantaria surge mesmo associada a funções específicas de resistência: em Standard (o cibório de prata de Estêvão); em Legnano (a *carroccio* milanesa); em Bouvines (os piqueiros brabanções de Reinaldo de Boulogne, em resistência desesperada); e em Maes Madog (mesma situação, mas interpretada pelos lanceiros galeses). Raramente se percebe que a missão defensiva da infantaria possa ter sido facilitada pelo apoio conferido por obstáculos naturais ou artificiais (salvo se considerarmos nesta rubrica a *carroccio* milanesa de Legnano ou o palanque califal de Las Navas). Quase sempre, a infantaria adopta uma **postura de espera**, raramente tomando a iniciativa; isto só se verifica nos citados casos de Standard ("Galwegians") e de Bouvines (mas aqui em articulação com os cavaleiros do corpo central de Otão). Curiosamente, na maioria dos exemplos que citámos, a infantaria foi mal sucedida (em Standard, em Bouvines ou em Las Navas), constituindo Legano a grande e célebre excepção. De um modo geral, não nos parece que o seu nível de equipamento fosse bom (em Standard parece que era até bastante fraco). Quanto à sua **homogeneidade**, ela parece poder ter existido, pelo menos em parte, nos exemplos de Hastings (milícias do "fyrd"), de Standard (peonagem das levas locais integradas num exército nortista), de Legnano (cidades lombardas) e de Las Navas (milícias concelhias). O que não significa que houvesse propriamente especialização de funções: exceptuando o caso dos atiradores (que não estamos a considerar agora), isso só se nota claramente em Bouvines (com os peões munidos de lanças e de ganchos de ferro a tentar desarçonar, com sucesso, Filipe Augusto). Por fim, em pelo menos dois casos parece ter existido **mistura de infantaria com cavalaria montada**: em Las Navas (para protecção dos flancos, conforme se explica na carta de Afonso VIII ao Papa); e em Bouvines (por ambos os contendores, na zona central do terreno).

10. no que diz respeito aos **atiradores com arco ou com besta**, são vários os casos em que tiveram um papel decisivo: em Hastings (provavelmente, na fase final da batalha); em Bourgthéroulde (seguramente, com Odo Borleng a mandar os arqueiros avançar sobre o flanco esquerdo); em Standard (onde Estêvão os misturou habilmente com os cavaleiros apeados e a peonagem); em Maes Madog (foi graças a eles que Warwick conseguiu criar condições para uma carga eficaz de cavalaria); e, claro, nos exércitos muçulmanos que saíram vitoriosos de Sagrajas, de Uclés e de Alarcos. Para além dos exemplos que envolvem os exércitos muçulmanos (onde os arqueiros surgem constantemente articulados com cavalaria ligeira e até mesmo com infantaria), apenas em quatro casos podemos falar do recurso a **atiradores em combinação com outras armas**: em Hastings (com cavalaria montada); em Bourgthéroulde (com cavalaria desmontada e infantaria); em Standard (também com cavalaria desmontada e infantaria); e em Maes Madog (com cavalaria montada). O habitual é os atiradores serem utilizados no início dos combates, como em Bourgthéroulde (neutralizando a carga de Waleran de Meulan) ou em Standard (crivando de flechas a infantaria escocesa dos "Galwegians"), já para não falar nos exemplos muçulmanos de Sagrajas, Uclés, Alarcos ou Las Navas. Contudo, também há exemplos de recurso (aliás, bem sucedido) a atiradores em fases muito mais adiantadas da batalha (*vide* Hastings ou Maes Madog). Frise-se ainda que os atiradores tanto podiam ser preciosos contra forças de cavalaria (Bourgthéroulde) como contra cavalaria apeada e infantaria (Hastings e Standard) ou contra, simplesmente, infantaria (Maes Madog). Obviamente, também eram muito úteis na protecção de pontos específicos (como por exemplo o carro com o cibório de prata inglês, em Standard).

11. uso de **mercenários**: só temos referência explícita à sua utilização em Bouvines (lanceiros brabanções ao serviço de Reinaldo de Boulogne), embora seja muito provável que tenham estado presentes em vários dos outros combates analisados. Decerto a título individual ou em pequenos grupos, e não ainda sob a forma de Companhias, pelo menos nos sécs. XI e XII.

12. como **casos de uma boa combinação de armas**, temos de reconhecer que os mais flagrantes têm uma matriz islâmica: são os exemplos de articulação entre cavalaria ligeira, atiradores com arco e infantaria fornecidos pelos exércitos muçulmanos que actuaram em Sagrajas, Uclés, Alarcos e Las Navas! Do lado cristão, os exemplos mais

expressivos nesta matéria são talvez os de Las Navas (infantaria com cavalaria, para protecção dos flancos), de Bouvines (infantaria com cavalaria no corpo central de Filipe Augusto e de Otão), de Standard (cavalaria desmontada, peonagem e "sagitarii equites imixti", do lado do rei Estêvão) e de Bourgthéroulde (óptima combinação, proposta por Odo Borleng, de cavaleiros apeados e cavalaria montada). Mas não podemos também esquecer os casos em que, no final, o recurso a arqueiros para desestruturar sólidas formações de infantaria (com ou sem cavaleiros apeados no meio) se revelou decisivo: é o que parece ter sucedido com os Normandos em Hastings, e foi seguramente o que valeu o dia a Warwick e a Eduardo I em Maes Madog, contra os Galeses.

13. também merecem especial referência os casos de **fuga/retirada simulada**, que, além de serem genial e correntemente praticados pelos exércitos muçulmanos, foram também utilizados (e com sucesso) por cavalaria cristã em Hastings (Normandos de Guilherme, talvez em dose dupla e contra infantaria) e em Thielt (por William Clito, contra os cavaleiros de Thierry da Alsácia). Apesar de tudo, são escassos os exemplos, mostrando que esta técnica se compaginava muito melhor com os exércitos islâmicos, mais levemente equipados e, por isso, muito mais móveis.

14. em matéria de **uso de reservas**, a situação é diferente: o corpo de reserva (escondida) de Hélias de Maine garantiu o triunfo de Henrique I em Tinchebrai; e foi também assim que William Clito derrotou Thierry da Alsácia em Thielt. Estes são os casos mais claros e espectaculares, mas parece ter sido igualmente graças a uma reserva que Carlos de Anjou pôde inverter o curso dos acontecimentos em Tagliacozzo, face a Corradino.

15. quanto a **ataques sobre o flanco e/ou sobre a retaguarda adversárias**, também aqui constatamos tratar-se de uma manobra corrente no seio dos exércitos muçulmanos: reconhecemo-la em Sagrajas (interpretada pelos Almorávidas de Yusuf ibn Tashfin), em Uclés (por Ali ibn Yusuf) e em Alarcos (pela mão dos Almóadas de Abu Yusuf). Do lado cristão, ela está representada em Tinchebrai (ataque da reserva de Hélias de Maine), em Legnano (via cavaleiros italianos que, depois de desbaratados, regressam ao campo de batalha), em Muret (pelo 3.º corpo cruzado de Simão de Montfort contra um corpo estático de cavalaria, talvez a retaguarda dos condes de Toulouse e de Comminges) e em Evesham (príncipe Eduardo *versus* Simão *O Jovem*). Em todos estes casos estamos

perante exemplos de cavalaria contra cavalaria, mas em Standard observamos uma situação distinta: no final da batalha, deu-se um ataque (mal sucedido) da tropa montada de Henry (filho de David I da Escócia) sobre o exército apeado do rei Estêvão de Inglaterra. Geralmente, estes ataques sobre os flancos ou a retaguarda adversária ocorrem no meio ou até no final das batalhas, como factor desequilibrador, mas em Evesham o príncipe Eduardo usou esta técnica numa fase mais precoce do combate. Significativamente, em todos os casos considerados a manobra foi bem sucedida, salvo no exemplo de Standard (onde Henry da Escócia atacou já em desespero de causa).

16. embora tal deva ter sucedido em mais casos, só conseguimos identificar com segurança três exemplos em que, na mesma batalha, ocorrem **vários combates em simultâneo** sem grande articulação entre si (pelo menos durante um longo período). Foi em Muret, onde os cavaleiros se bateram no terreno plano enquanto as milícias de Toulouse assaltavam a praça defendida pela peonagem cruzada; em Bouvines, onde parece ter havido três batalhas ao mesmo tempo: nas alas e no centro; e em Lewes, onde o príncipe Eduardo perseguiu os seus adversários directos sem sequer se aperceber do resultado da refrega travada pela az paterna (Henrique III).

17. em matéria de **fugas, perseguições ou chacinas**, os exemplos claros também não são abundantes: houve fuga generalizada em Legnano (quando o cavalo de Frederico I foi abatido e correu o rumor da morte do imperador), em Las Navas (quando se iniciou o ataque ao palanque califal) e em Muret (quando a peonagem da milícia de Toulouse que atacava Muret foi "atropelada" pela carga devastadora de Simão de Montfort). Como perseguições mais influentes, registamos sobretudo as de Lewes (onde o príncipe Eduardo levou longe demais o seu entusiasmo: a perseguição durou 4 horas, o que levou à derrota da sua causa) e em Tagliacozzo (com as tropas de Corradino a perseguirem prematuramente os Angevinos de Carlos, o que do mesmo modo lhes valeu a derrota). Como exemplos de chacinas claras temos sobretudo os casos de Thielt, de Muret (com afogamento de fugitivos no rio Garona) e de Taglizacozzo (onde Carlos, inicialmente vencido, dizimou o adversário quando este regressava da sua perseguição).

18. não é fácil estimar o número de **efectivos**, nem o de **baixas** provocadas pelos combates. As fontes contradizem-se muito e algumas avançam com números mirabolantes (*vide* as fontes muçulmanas relativas

a Alarcos). Mas é certo que os efectivos eram geralmente reduzidos, embora variando muito de caso para caso. Em Thielt, William Clito só disporia de uns 450 cavaleiros, e o seu adversário Thierry da Alsácia de 300 (para além de 1.500 peões). Em Jerez, os Castelhanos a cavalo não deviam ser mais de 1.000 (apoiados por uns 2.500 peões). Mas em Las Navas (4.000 cavaleiros e 8.000 peões do lado cristão), em Bouvines (c. 1.350 cavaleiros e 5 a 6 mil peões com Filipe Augusto; c. 1.450 cavaleiros e 6.000 a 7.000 peões com Otão IV) ou em Tagliacozzo (5.000 cavaleiros do lado de Carlos de Anjou e outros tantos com Corradino) os números são muito mais elevados. Em matéria de baixas, vimos como Orderico Vital justifica a sua escassez em Brémule com o argumento de que os cavaleiros se pouparam uns aos outros por amor a Deus e camaradagem de armas. Também em Bouvines parece ter havido poucos mortos e presos entre os cavaleiros: uns 12%, segundo as fontes, que nunca referem a peonagem, decerto muito mais sacrificada.

19. em alguns casos, percebemos que grassou a **indisciplina táctica** e que isso contribuiu decisivamente para a derrota e avolumou o número de vítimas. Foi assim em Tagliacozzo, com os partidários de Corradino a perseguir e a saquear os mortos antes do tempo; e foi também assim em Worringen, com os homens do arcebispo de Colónia a atacarem o acampamento brabanção antes de a vitória estar assegurada, devido à sede de despojos. Em Standard, do lado escocês, a indisciplina revelou-se de uma outra forma, com a infantaria dos "Galwegians" a exigir posicionar-se na linha da frente, apesar de não ser esse o plano do rei David I. Em todos os casos, esta indisciplina táctica teve resultados funestos.

20. também podemos detectar facilmente **exemplos de um demasiado (quase diríamos "temerário") ímpeto ofensivo dos chefes militares**, com repercussões tácticas muito negativas. Quer por excesso de confiança, como parece ter sucedido com Afonso VI em Sagrajas, ou em Bourgthéroulde com Waleran de Meulan; quer por orgulho, sentimento de honra ou pura bravata, como aconteceu com Estêvão em Lincoln (quis combater para não manchar a sua reputação com a vergonha de uma fuga), com Frederico I em Legnano (insistiu no combate porque achou que a sua condição imperial não autorizava uma retirada) e ainda com Afonso VIII em Alarcos (abandonou uma posição favorável por galhardia e, no final, terá querido morrer de armas na mão). Ligeiramente distintos nos parecem ser os casos de Luís VI em Brémule (por impaciência e

individualismo cavaleiresco, precipitou o combate com claro défice de organização interna) e de Simão *O Jovem* em Evesham (sob influência provável da raiva e da dor causadas pela morte do filho diante dos seus olhos, persistiu num combate para o qual não estava preparado). Em todos estes casos, os líderes referidos seriam severamente derrotados no final do dia.

21. no registo oposto, colhemos exemplos de **comportamento cobarde** em Lincoln (onde a cavalaria de Estêvão abandonou o rei antes do tempo) e talvez em Las Navas (onde o califa almóada fugiu). De um modo geral, parece que a cavalaria era mais propensa à fuga do que a peonagem, até porque dispunha de muito maior mobilidade para o efeito...

22. quanto à **qualidade do comando**, são múltiplos os exemplos que atestam a sua enorme relevância no resultado final dos combates. Em Sagrajas, Uclés e Alarcos, foram essenciais as manobras de envolvimento e ataque à retaguarda coordenadas pelos comandantes muçulmanos. Em Hastings, a retirada simulada dos Normandos de Guilherme decidiu a jornada. Em Tinchebrai e Brémule, Henrique I fornece exemplos precoces de cavalaria desmontada (embora Harold, em Hastings, também já tenha utilizado esse recurso). Em Thielt, foi a reserva escondida de Clito que garantiu a vitória sobre um adversário mais numeroso (embora inferior em número de cavaleiros). Em Las Navas, o comando de Afonso VIII foi a vários títulos notável: observação demorada do inimigo; protecção cuidadosa dos flancos; excelente temporização das cargas de cavalaria, em especial na fase final. Em Muret, Simão de Montfort foi genial na surtida dissimulada dos Cruzados, logo ao amanhecer, seguida de uma marcha junto ao rio e de um ataque-relâmpago, em carga ordenada, sobre as forças de Pedro II de Aragão, a que se seguiu ainda um ataque flanqueante do 3.º corpo cruzado sobre a retaguarda inimiga. Em Lewes, Simão *O Jovem* conseguiu apanhar o seu adversário de surpresa, de manhãzinha, no acampamento, e soube também liquidar o resto do inimigo (a coluna do príncipe Eduardo, inicialmente bem sucedida) quando esta regressava de uma longa perseguição. Por fim, em Tagliacozzo, Carlos de Anjou conseguiu o feito (raro) de reagrupar a sua hoste depois do desbarato inicial, o que lhe permitiu igualmente vencer o adversário quando este voltava de uma perseguição descuidada. Carlos, aliás, já em Benevento tinha dado mostras de saber da poda, quando instruiu os seus para atacar de ponta os cavaleiros de Manfredo. Como exemplos negativos,

i.é, de exercício de **mau comando**, podemos citar os casos de Afonso VI em Sagrajas (precipitou o combate por excesso de confiança), de Luís VI em Brémule (aceitou combater contra um adversário superior), de Waleran de Meulan em Bourgthéroulde (ignorou também os conselhos prudentes para não lutar), de David I da Escócia em Standard (permitiu aos "Galwegians" colocar-se na linha da frente), de Estêvão em Lincoln e de Frederico I em Legnano (nunca deviam ter combatido naquelas condições), de Afonso VIII em Alarcos (não esperou pelos reforços leoneses, abdicou de uma posição vantajosa e atacou "rapidamente e sem ordem"), dos aliados em Muret (falta de organização interna na hoste de Pedro II, acrescida de uma liderança divergente entre o rei de Aragão e o conde de Toulouse, que advogava uma táctica mais defensiva), de Otão IV em Bouvines (não esperou pela chegada de toda a hoste ao campo de batalha), do príncipe Eduardo em Lewes (inebriou-se numa perseguição prolongadíssima, desvalorizando o que se passava no resto do campo de batalha), de Simão *O Jovem* em Evesham (não devia ter insistido no combate após a morte do filho) e, por fim, de Corradino em Tagliacozzo (a desorganização depois de uma 1.ª vitória resultou em chacina às mãos de um adversário que conseguira reagrupar). A importância dos comandantes nota-se ainda, bastante bem, na forma como os exércitos parecem ficar perdidos perante as notícias (ou os boatos) das suas mortes ou fugas, tal como se verificou em Hastings (morte de Harold e rumor da morte de Guilherme), em Legnano (rumor da morte de Frederico I) e em Bouvines (fuga de Otão IV). Não é também por acaso que, em Worringen, segundo a *Rijmkronik*, o duque de Brabante deu instruções claras aos seus homens para procurar abater os mais nobres de entre os adversários...

23. a análise dos 20 casos seleccionados permite concluir também que **raramente uma batalha era desejada por ambas as partes**. Só em Hastings (Harold *versus* Guilherme), em Tinchebrai (Henrique I *versus* Robert Curthose) e em Bouvines (Filipe Augusto *versus* Otão IV e seus aliados) isso parece ter sucedido. Curiosamente, são casos de disputas ao mais alto nível, com paradas extremamente elevadas! Muito mais frequentes são os casos de batalhas provocadas por apenas um dos lados, às quais a outra parte não consegue ou não admite furtar-se por variadas razões (também políticas, psicológicas e até morais). Foi assim em Sagrajas (onde os muçulmanos devem ter sido apanhados de surpresa: os cristãos terão, aliás, quebrado um pacto entre as partes quanto ao dia do combate), em Bourgthéroulde (Waleran de Meulan foi apanhado

por Odo Borleng e seus companheiros no regresso de uma expedição de socorro a um seu castelo), em Legnano (Frederico I foi interceptado a caminho entre Como e Pavia), em Las Navas (onde os muçulmanos devem ter sido surpreeendidos pela travessia do desfiladeiro pelos cristãos), em Lewes (Henrique III foi aqui apanhado de surpresa acampado, de manhã cedo, por Simão *O Jovem*) e em Maes Madog (onde Eduardo I foi interceptado por Magog).

24. muitas vezes, as batalhas surgiam **na sequência (directa ou indirecta) de operações de cerco a castelos ou praças-fortes**. Veja-se o que aconteceu em Tinchebrai (Henrique I cercara este castelo e o seu irmão Robert Curthose acorreu para o descercar), em Uclés (o infante D. Sancho foi em socorro da praça cercada por Tamin), em Bourgthéroulde (Waleran de Meulan foi apanhado no regresso de uma expedição de socorro ao seu castelo de Vateville), em Thielt (William Clito acorreu em socorro de um partidário seu, cercado por Thierry), em Lincoln (Estêvão respondeu ao apelo do bispo e da população para cercar e recuperar esta praça; o conde de Chester e Robert of Gloucester partiram então em socorro da guarnição, para tentar o descerco) e em Muret (onde Simão de Montfort se viu sitiado pelas forças aragonesas-catalãs-occitanas).

25. noutros casos, a batalha surgiu **no contexto de uma cavalgada devastadora ou de uma operação de *raid*** lançada por uma das parte. Foi assim em Jerez (onde os habitantes do lugar saíram para fazer frente a Alvar Pérez de Castro e ao infante D. Afonso de Molina, que lhes "corriam a terra") e em Maes Madog (onde Eduardo I foi apanhado durante um *raid* temerário no Norte de Gales). Mas também podia haver autênticas **emboscadas**, como se verificou em Evesham (quando o príncipe Eduardo interceptou Simão *O Jovem* no Worcestershire, no momento em que este pretendia unir as suas forças às do filho).

Estes 25 pontos já respondem, julgamos, ao essencial do inquérito que delineámos na introdução a este trabalho. Resta-nos, por isso, deixar aqui algumas notas finais. A primeira, para sublinhar que o terreno parece não ter sido decisivo em nenhuma das batalhas consideradas. Em algumas, como em Hastings ou em Las Navas, o vencedor até estava em desvantagem neste particular. Mais importantes parecem ter sido as fortificações artificiais, do género das *carroccios* utilizadas pelos Ingleses em Standard e pelos Milaneses e seus aliados em Legnano (também pelo seu valor psicológico e simbólico).

Por outro lado, insistimos na ideia de que só entre os exércitos muçulmanos é que a cavalaria ligeira parece ter desempenhado com regularidade um papel importante. Também por isso, as manobras de envolvimento e de ataque pela retaguarda são mais comuns nas hostes islâmicas. Ao contrário, cavaleiros combatendo a pé surgem sobretudo (ou até quase exclusivamente) nas guerras anglo-normandas. No que toca a boa infantaria, só a anglo-saxónica (Hastings, Maes Madog), a das cidades lombardas (Legnano) e a mercenária (Bouvines: lanceiros brabanções) merecem verdadeiramente esse designativo. Quanto a boa articulação entre várias "armas", isso é muito mais nítido nos casos anglo--normando e, sobretudo, muçulmano. Registe-se também que, embora pouco presentes nos relatos dos cronistas, os atiradores (arqueiros ou besteiros) podiam ter um papel decisivo no desfecho das batalhas (como aliás é patente nos casos de Bourgthéroulde, de Standard e de Maes Madog, já para não falar de Hastings).

Também seria interessante tentar perceber se existiu uma evolução táctica relevante entre os finais do séc. XI (1.º caso considerado: Hastings--1066) e os finais do séc. XIII (último caso analisado: Maes Madog-1295). Sinceramente, não nos parece haver mudanças radicais, desde logo porque a tecnologia não se alterou de forma significativa entre uma data e outra. A cavalaria pesada e o uso da lança deitada já estão documentadas em Hastings, assim como o recurso a atiradores com arco (*vide*, para ambas as situações, a famosa Tapeçaria de Bayeux). O mais importante terá sido, talvez, o uso mais sistemático de cavalaria apeada (designadamente nas batalhas da guerra anglo-normanda: 1.ª metade do séc. XII) e, provavelmente, a consolidação dos mecanismos de carga da cavalaria pesada ao longo do séc. XIII (Las Navas-1212, Muret-1213, Bouvines-1214, Jerez-1231, Tagliacozzo-1268) em consequência da afirmação dos "cavaleiros" no quadro da hierarquia sócio-militar própria da feudalidade. Outros aspectos tácticos, como p. ex. os envolvimentos pelos flancos, os ataques sobre a retaguarda, as fugas simuladas ou o uso de reservas, tudo recursos muitíssimo relevantes, parecem-nos verdadeiramente intemporais (e podem, por isso mesmo, ser também reconhecidos em batalhas do período clássico, nomeadamente nas protagonizadas pelos exércitos macedónios, cartagineses e, sobretudo, romanos).

Uma referência final para sublinhar que a ausência da infantaria (tradicional ou mercenária) dos relatos dos cronistas pode desequilibrar o nosso quadro analítico, que assim não poderá ser entendido senão como meramente provisório. Também mereceria melhor averiguação a questão dos campos de batalha: são na maior parte das vezes terrenos planos (ou quase), mesmo quando são exércitos que utilizam largamente a cavalaria apeada a escolher o local do combate (*vide* Henrique I nas guerras anglo-normandas). De igual modo, a duração dos combates, além de muito variável, parece por vezes desproporcionada relativamente aos efectivos envolvidos e, sobretudo, ao número de baixas deles resultante. A acreditar nas fontes disponíveis, em Hastings, em Legnano, em Muret, em Bouvines, em Las Navas e em Worringen, p. ex., combateu--se durante várias horas. Ora, ou estes combates foram pontuados por intervalos significativos (o que em si mesmo não é uma ideia a rejeitar), ou então não poderiam deixar de se traduzir numa mortandade maior do que aquela que foi possível apurar.

A este propósito, merece igualmente destaque a participação pessoal de reis, de príncipes, de imperadores ou de califas nas 20 batalhas consideradas neste estudo, sendo que vários deles chegaram a ser feridos, ou foram mesmo mortos durante os combates. Foi assim com o rei Harold de Inglaterra em Hastings, com o infante castelhano D. Sancho em Uclés e com Pedro II de Aragão em Muret (todos eles perderam a vida nestas batalhas), mas também com Henrique I de Inglaterra em Brémule, com o rei Estêvão de Inglaterra em Lincoln, com o imperador Frederico I em Legnano e com Filipe Augusto em Bouvines (tudo casos de líderes políticos que passaram maus bocados, sendo feridos e/ou vendo as suas montadas abatidas em plena refrega). Também merecem realce os casos de Henrique III de Inglaterra (feito prisioneiro durante a batalha de Lewes) e de Corradino (capturado em Tagliacozzo e posteriormente executado por Carlos de Anjou). Ao que se vê, o comando militar era ainda muito presencial e temerário, o que denuncia algum retrocesso relativamente ao exemplo herdado dos exércitos romanos dos períodos republicano-tardio e imperial. Tudo conclusões provisórias e que deverão ser aprofundadas em futuros estudos sobre a arte militar dos sécs. XI, XII e XIII. Esperamos, pelo menos, ter ajudado os nossos leitores a arrumar um pouco melhor a suas ideias e oxalá os tenhamos também entusiasmado a partirem à procura de novos elementos sobre uma temática tão apaixonante.

FERNANDO TAVEIRA DA FONSECA *

AS ARTES NO COLÉGIO E NA FACULDADE
(COIMBRA: 1535-1555)

1. A fundação do Colégio das Artes pode justamente considerar-se como o coroamento do processo de transferência da universidade portuguesa para a cidade de Coimbra, concomitante com uma profunda reforma dos estudos levada a cabo sob a égide e com o empenhamento directo de D. João III. Formalmente, esta designação institucional manteve-se até ao decreto de 17 de Novembro de 1836 que estabelecia, em cada capital de distrito, um liceu nacional: o de Coimbra substituiria o Colégio das Artes, mas mantinha-se como uma secção da universidade[1].

Durante os quase três séculos da sua existência, o Colégio das Artes passou por diversas fases: o arranque inicial, em 1548, sob a direcção do Principal André de Gouveia e com um corpo docente constituído, em grande parte, por um conjunto de mestres que ele trouxera consigo

---

* Faculdade de Letras da Universidade de Coimbra. Centro de História da Sociedade e da Cultura da Universidade de Coimbra.

[1] António de Vasconcelos, "Os colégios universitários", in *Escritos vários relativos à universidade dionisina*, reedição preparada por Manuel Augusto Rodrigues, Coimbra, Arquivo da Universidade, 1987, p. 216. Embora a criação dos liceus nacionais date de 1836, na prática, só no ano lectivo de 1840-41 a *Relação e Índice Alfabético dos Estudantes da Universidade de Coimbra* substitui a designação de Colégio das Artes pela de Liceu Nacional de Coimbra, o qual, só nessa altura, entrou em pleno funcionamento (Joaquim Ferreira Gomes, "Do Colégio das Artes a Liceu de Coimbra", *Estudos de História e de Pedagogia*, Coimbra, Livraria Almedina, 1984, p. 52).

do Colégio da Guiana, em Bordéus – e que, por isso, foram designados por "bordaleses" – ao qual se agregaram outros que já leccionavam em Coimbra, muitos deles também formados em Paris como bolseiros do rei (os "parisienses"); o largo período – 1555 a 1759 – em que esteve sob a direcção dos jesuítas que nele exerceram a docência em exclusivo; os anos que vão desde a expulsão destes até à reforma pombalina da universidade, em 1772; finalmente, o período posterior a esta reforma – que extinguiu a Faculdade de Artes – até ao citado decreto setembrista que criava os liceus nacionais. O tratamento historiográfico de cada um destes períodos é desigual[2]. Falta, claramente, um estudo sistemático

---

[2] Referir-nos-emos brevemente ao que se nos afigura essencial a este respeito. É fora de dúvida que a atenção dos estudiosos se centrou primordialmente no processo fundacional e nas vicissitudes dos poucos anos que transcorreram até à entrega aos jesuítas: avultam aqui as obras clássicas de Mário Brandão, *O Colégio das Artes. I (1547-1555)*, Coimbra, Imprensa da Universidade, 1924 e de José Sebastião da Silva Dias, *A política cultural da época de D. João III*, Coimbra, Instituto de Estudos Filosóficos da Universidade de Coimbra, 1969. Ainda Mário Brandão, para além de ter publicado importantes colectâneas documentais que são subsídios incontornáveis para o conhecimento do ordenamento dos estudos nesta época (a que será de justiça agregar a compilação de António José Teixeira, *Documentos para a história dos jesuítas em Portugal*, Coimbra, Imprensa da Universidade, 1899) aborda um problema crucial como foi o processo na Inquisição de alguns professores "bordaleses" (*A Inquisição e os professores do Colégio das Artes*, 2 vols., Coimbra, Universidade de Coimbra, 1948-1969), dando à estampa também, separadamente, os processos dos Mestres João da Costa e Diogo de Teive; e amplia no tempo o estudo do próprio Colégio (*O Colégio das Artes. II (1555-1580)*, Coimbra, Imprensa da Universidade, 1933). Para o lapso cronológico correspondente à regência dos jesuítas parece não haver um tratamento sistemático da instituição em si, embora alguns estudos versem aspectos pedagógicos e científicos, nomeadamente à volta dos comentários a Aristóteles dos denominados "conimbricenses"; por outro lado, a recente tradução para português da *ratio studiorum* de 1599, publicada em edição bilingue com o texto original (*Código pedagógico dos Jesuítas. Ratio studiorum da Companhia de Jesus. Regime escolar e curriculum de estudos*, versão portuguesa de Margarida Miranda, Lisboa, Esfera do Caos, 2009) chama a atenção para o facto de ser necessário rebuscar notícias sobre o Colégio das Artes na abundante historiografia dedicada à Companhia de Jesus, à formação intelectual dos seus membros ou ao impacto que exerceu na educação dos jovens. O período imediatamente posterior à expulsão dos jesuítas foi tratado, com algum pormenor e vasto apoio documental por António Alberto Banha de Andrade, *A Reforma pombalina dos*

que abranja todo o lapso temporal da existência do Colégio das Artes; a sua elaboração permanece como um desafio, dada a relevância de que esta instituição se revestiu ao longo dos séculos. No presente trabalho esboçaremos algumas reflexões, com base em bibliografia existente mas, sobretudo, centradas em alguns textos e documentos cuja exploração entendemos poder trazer alguns elementos novos para a compreensão do contexto cultural e do modo de funcionamento do Colégio das Artes, assim como da sua articulação com a Faculdade de Artes da Universidade de Coimbra (cuja existência, como dissemos, cessa apenas com a reforma de 1772). Centrar-nos-emos no primeiro período atrás referido, prolongando-o um pouco a montante para contextualizar a fundação do Colégio das Artes em Coimbra.

2. No dia 21 de Fevereiro de 1548, "véspera da abertura da escola", Mestre Arnaldo Fabrício – um dos "bordaleses"[3] cooptados por André de Gouveia – pronunciava a oração solene "sobre os estudos das artes

---

estudos secundários, Coimbra, Por Ordem da Universidade, 2 vols., 1981-1984; e uma dissertação de licenciatura em História (Maria Cândida Moura F. Ribeiro Gonçalves, *O Colégio das Artes e a reforma das Escolas Menores (1759-1820)*) vai mais longe no tempo e apresenta elementos interessantes sobre a orgânica interna, o corpo docente e o regime de estudos. Relativamente à orgânica vigente no período imediatamente anterior à transformação do Colégio em Liceu Nacional, conhecem-se as *Instruções de Regulamento para o Real Colégio das Artes de Coimbra*, 1829.

[3] A designação de "aquitano", que ele a si mesmo se atribui, é indicadora da sua origem. São, contudo, poucas as notícias biográficas deste Mestre: terá nascido em Bazas, ou La Réole (as duas povoações são muito próximas uma da outra e ambas na região da Aquitânia), estará provavelmente em Paris, em 1534, e "já devia ser bem conhecido no mundo das letras" pois é aí que André de Gouveia o convida para ir para o Colégio da Guiana em Bordéus (juntamente com Mathurin Cordier, Claude Budin, João da Costa e Junius Rabirius). Era notável como orador e gozava da particular afeição de André de Gouveia. Chegou a Coimbra no primeiro grupo dos mestres bordaleses; a sua permanência, contudo, foi breve e provavelmente em 1549 terá saído de Portugal (Maria José Sousa Pacheco, *A oração inaugural do Colégio das Artes de Arnaldo Fabrício*, Coimbra, Faculdade de Letras, 1959, pp. 11-18; Mário Brandão, *Uma oração académica do Renascimento*, Coimbra, Coimbra Editora, 1926, nota introdutória).

liberais" que marcava oficialmente a inauguração do Colégio Real[4]. O discurso – que teremos de entender no contexto de uma cerimónia inaugural recorrente no início dos trabalhos do ano escolar ou por ocasião de comemorações especiais – obedece, de algum modo, a um estereótipo[5] e, como tal, pode – ou deverá mesmo – entender-se como "um registo fidedigno de um padrão educacional"[6] e um testemunho das concepções culturais vigentes, informando-nos do conjunto de

---

[4] "Arnoldi Fabricii Aquitani de Liberalium Artium studiis oratio Conimbricae habita in Gymnasio regio pridie quam ludus aperiretur IX. Cal. Martii M.D.XLVII.", Conimbricae apud Joannem Barrerium et Joannem Alvarez, M.D.XLVIII. Depois da edição primitiva, esta oração foi publicada em *Quatro orações latinas proferidas na Universidade e Colégio das Artes (século XVI)*. Publicação e prefácio de Luís de Matos, Coimbra, Por Ordem da Universidade, 1937. As outras orações inclusas nesta publicação são a de Belchior Beleago, de 1548 (na abertura do ano escolar de toda a universidade, a 1 de Outubro); a de André de Resende, em 28 de Junho de 1551, no Colégio Real, "no aniversário da sua dedicação"; e a de Hilário Moreira, também de 1 de Outubro de 1552. A oração de Fabrício foi objecto de uma dissertação de licenciatura em Filologia Clássica a que já nos referimos: Maria José Sousa Pacheco, *A oração inaugural do Colégio das Artes de Arnaldo Fabrício*. A autora apresenta uma tradução – cuja lição, contudo, nem sempre seguimos – e abundantes notas de carácter filológico, identificando as fontes textuais que estão na base do discurso do Mestre coimbrão. Mas já anteriormente, Mário Brandão publicara o texto desta oração, precedido de uma breve introdução (Mário Brandão, *Uma oração académica do Renascimento*). Da oração de André de Resende existem também duas traduções, que acompanham a transcrição latina: Gabriel de Paiva Domingues, *Um discurso de André de Resende (pronunciado no Colégio das Artes). Coimbra – 1551*, Coimbra, Coimbra Editora, 1945; Nair Nazaré Castro Soares, *Oração de André de Resende pronunciada no Colégio das Artes em 1551*, reprodução facsimilada, leitura moderna, tradução e notas de [...], Coimbra, Biblioteca Geral da Universidade de Coimbra, 1982.

[5] Cf. Maria Helena da Rocha Pereira, "Prefácio", in Belchior Beleago, *Oração sobre o estudo de todas as disciplinas*, edição facsimilada da de 1548 com introdução, tradução e notas por [...], Porto, Centro de Estudos Humanísticos, 1959. Ao comentar o discurso de Beleago, afirma: "O plano é muito semelhante ao de outros discursos congéneres da mesma época, nomeadamente ao da oração que Mestre Arnaldo Fabrício proferira por altura da inauguração do Colégio das Artes, sete meses antes. Mas as semelhanças não se limitam à ordenação geral da exposição, senão que abrangem grande parte das ideias e dos exemplos citados" (p. 6). Por sua vez, Maria José Sousa Pacheco, nas notas à oração de Fabrício, estabelece numerosos paralelos com as de Resende, Beleago e Hilário Moreira.

[6] Maria Helena da Rocha Pereira, *ibidem*, p. 9.

disciplinas que a denominação de "artes"[7] era susceptível de abarcar. Por isso, parece pertinente a análise de alguns dos elementos fundamentais do seu conteúdo[8].

O encadeamento lógico que conduz Fabrício ao enunciado das sete artes liberais é precedido pela declaração de que as letras e o seu estudo, longe de serem um jogo pueril no qual se gasta o tempo e o esforço inutilmente, como alguns pensam, se devem conceber como o bem mais inestimável concedido por Deus à humanidade (conduzindo à piedade e tutelando a natural comunhão entre os homens): é da excelência e utilidade das letras e dos estudos literários que o Mestre se propõe falar.

O postulado que a seguir enuncia serve de base a todo o seu raciocínio: corpo e alma, o ser humano é dotado de proporção nas partes e membros do corpo, mas nele tem primazia a alma, dotada de uma certa superioridade da mente, na qual existem, inatas (*ingeneratae*), pequenas noções das coisas mais importantes, e mesmo uma razão ínsita, não tão perfeita, contudo, que possa prescindir de algum auxílio fora de si. Foi, de facto, dada ao homem uma mente que apenas possui os elementos da virtude de que é capaz. "Por isso se procuraram e inventaram as artes

---

[7] Na Europa Moderna o conceito de "arte" contrapõe-se ao de "ciência". As artes seriam, principalmente, um conjunto de preceitos, de regras, de invenções e de experiências cuja observância conduz ao êxito das tarefas tornando os resultados úteis e agradáveis. As ciências, por sua vez, seriam o conhecimento seguro e evidente pelas causas. Ao carácter prático das artes, opõe-se assim o conhecimento causal próprio das ciências. As artes poderiam ser manuais ou liberais (próprias de inteligências livres). Uma nomenclatura de raiz medieval organizava as artes liberais em dois grupos: o *trivium* – gramática, retórica, dialéctica – e o *quadrivium* – aritmética, geometria, música e astronomia. O conceito, contudo, ganha outra amplitude, como veremos.

[8] Arnaldo Fabrício pronuncia a sua oração ainda em vida de André de Gouveia mas a morte deste sobrevém a 29 de Junho desse mesmo ano de 1548: confessa o orador que esse infausto acontecimento – que ocorrera quando ele se preparava para dar à estampa a oração que proferira, a convite do mesmo André de Gouveia – o levara inicialmente a querer desistir da publicação. Demovera-o contudo a recordação da amizade que lhe consagrara o Principal e a vontade de mover os ânimos dos jovens estudiosos ao reconhecimento dos benefícios "do ilustríssimo e sapientíssimo Rei" que não se poupava a despesas para que "os agudos engenhos da juventude portuguesa se tornassem mais cultos pelo ensino polidíssimo que lhes chegava de franceses e italianos" (*Oratio*, p. 82).

indicadas e aconselhadas pela própria natureza"⁽⁹⁾. Com o seu auxílio damos seguimento ao que recebemos e completamos o que de mais importante foi em nós começado pela natureza.

É assim que, ao estabelecer a dicotomia entre natureza e arte, o orador pretende demonstrar a indispensabilidade da arte para complementar a natureza; associado a este postulado está o conceito chave de virtude, que deve ser entendida – inseparavelmente da sua dimensão moral – no sentido que aponta para a posse de qualidades ou capacidades levadas até à perfeição: as artes liberais (ingenuae et liberales [...] quod ingeniis liberalibus sint dignae) seriam, deste modo, certas aptidões do espírito para a virtude ("quidam habitus animi ad virtutem"), aptidões essas cultivadas e preparadas por estudos bem orientados. Que estudos? Da gramática, da dialéctica, da retórica, e também o das proporções: dos números, dos sons, da medida, dos astros ("itemque numerorum, sonorum, mensurae, siderum rationes"⁽¹⁰⁾). As sete artes liberais, assim enumeradas, têm, contudo, na sua raiz, como primeira das virtudes, a prudência, a qual, com razão, foi chamada pelos antigos como a arte da vida: acompanhada desse magnífico séquito das outras artes, a prudência aperfeiçoa a razão; atingindo esta a perfeição e "completada pelo coro das virtudes", torna-se sabedoria. E que é a sabedoria senão a razão íntegra e perfeita com toda a espécie de virtudes e de artes?

O estudo da sabedoria é a filosofia, "assim chamada pelo vocábulo grego que a designa" e "causa de uma vida feliz", considerada por Platão como "puro bem e criação dos deuses"⁽¹¹⁾: é a ela que Arnaldo Fabrício presta atenção, em primeiro lugar, no elogio de cada uma das disciplinas.

⁽⁹⁾ Animus quandam habet praestantiam mentis: cui ingeneratae sunt paruae rerum maximarum notitiae, atque ipsa ratio insita quidem, sede non ita perfecta, ut nihil adiumenti extrinsecus requirat. Talis enim mens homini data, quae uirtutis, cuius est capax, non nisi elementa habeat. Quocirca artes exquisitae sunt, atque ex notatione, animaduersioneque naturae inventae: quorum subsidio, ad ea quae accepimus, consequentia adiungeremus, et quod in nobis est praestantissimum ab ipsa natura inchoatum, perficeremus (*Oratio*, pp. 89, l. 14 – p. 91, l. 2). Seguimos, nestas citações, o texto fixado por Maria José Sousa Pacheco (que indica também as variantes de outras versões ou cópias), indicando, em páginas e linhas, o limite inicial e final da citação. Quando nos servimos da tradução desta autora, colocamos o texto entre aspas.

⁽¹⁰⁾ *Oratio*, p. 91, l. 9-10.

⁽¹¹⁾ *Oratio*, p. 91, l. 17 – p. 93, l. 1.

A primazia na ordem e o rasgado encómio que dela faz o orador parecem indiciar que, na sua concepção, ela teria também uma indiscutível primazia de importância. Sem negar que assim seja, será necessário, contudo, assinalar que o desenvolvimento do seu raciocínio nos faz ver que ele utiliza a Filosofia como mais um argumento para demonstrar a dignidade e utilidade das outras artes. Na verdade, se a Filosofia é o cimento da comunidade e da convivialidade humana, vale sobretudo porque ensina o conhecimento de si mesmo, o que é o mais importante e o mais difícil ("quod erat longe maximum, et difficilimum, unumquenque se ipse nosse docuit"[12]). É esse conhecimento, progressivamente adquirido, que nos faz chegar à conclusão – a ideia é vincada mais uma vez – de que, por natureza, possuímos a razão em estado embrionário: e se ela nos distingue dos animais, será necessário que nos esforcemos por todos os meios ao nosso alcance para a elevarmos à perfeição máxima, se quisermos salientar-nos relativamente aos outros[13]. O conceito de emulação aqui introduzido, acompanhado pelo de aplicação esforçada (*studium* entende-se sobretudo como dedicação e interesse) é justificado sempre pela tendência natural da razão para a virtude: a virtude conhece-se pelo agir mas o conhecimento das coisas precede a acção ("uirtus uero in agendo cernitur atqui actionem praecedit rerum cognitio"[14]). Para aqueles que cultivam a razão, aperfeiçoando-a com a doutrina, e que em tudo preferem a dignidade e a probidade, "fica suficientemente claro como é grande o valor destas artes"; aos outros, "os quais, na vida, a nada mais olham senão ao lucro, ao interesse e ao prazer", "ignorantes e iletrados", importa demonstrar, "uma vez que não se deixam impressionar pela excelência das letras", a utilidade de cada uma das artes para o bem comum.

Ao longo do seu discurso, Fabrício parece usar em alternância os termos "artes" e "letras", quase como equivalentes: neste passo explicita que as artes de que seguidamente irá tratar, cada uma de per

---

[12] *Oratio*, p. 93, l. 13-14.
[13] "Quam [rationem] cum inchoatam, nec plane perfectam a primo datam nobis esse sensim nos metipsos cognoscendo perspexerimus: si quemadmodum omnes ea praestamus belluis, sic alii aliis antecellere uoluerimus: dabimus operam, ut eam quibuscumque id fieri poterit adiumentis ad summum perducamus" (*Oratio*, p. 95, l. 4-8).
[14] *Oratio* p. 95, l. 10-11.

si ("sigillatim") e explicitando o contributo de cada uma para o bem comum, são as que pertencem ao continente das letras⁽¹⁵⁾.

A começar pelas denominadas "matemáticas": a Aritmética, cuja utilidade óbvia, no dia-a-dia, todos compreendem – sobretudo os que tratam das realidades económicas e os negociantes – mas que encontra naqueles que passam a sua vida a perscrutar os segredos da natureza os cultores mais dedicados (eles afirmam que os números são o que de mais perfeito existe no domínio do humano, explicam por expressões aritméticas as realidades que não podem captar-se pelos sentidos mas apenas pela razão, e pensam mesmo que a matéria de que é organizada a alma do mundo é constituída por números); depois, a Música, intimamente relacionada com as proporções numéricas, elemento fundamental na educação e na vida política e social dos gregos (pensavam que os espíritos débeis e fracos se formavam para a temperança e para a constância através da disciplina da música), dotada de uma força extraordinária para harmonizar a vida nas mais diversas circunstâncias⁽¹⁶⁾, influindo no espírito de personagens eminentes (demonstram-no os exemplos de Alexandre, entusiasmado para o combate, de Saul, apaziguado na sua fúria, de Aristóteles, recomendando-a como essencial na educação dos jovens), dando o tom à vida política (Platão afirmava interessar à república a austeridade e gravidade da música antiga), estabelecendo mesmo a fronteira entre o *decorum* e o *indecorum* (com uma crítica de Fabrício à substituição da música austera e antiga pela mole e efeminada); a seguir, a Geometria, necessária à boa edificação das casas, à mensuração dos campos, ao equilíbrio das balanças, ao próprio equilíbrio social (define proporções, com o que se pode dar a cada um o que lhe compete),

---

⁽¹⁵⁾ "Quae [utilitas] ut planius, uberiusque a me demonstretur, sigillatim de artibus ipsis, quae litteris continentur, quid quaeque ad fructum communem afferat, dicendum est" (*Oratio*, p. 97, l. 5-7).

⁽¹⁶⁾ Em consonância com o assunto tratado, este parece ser um dos passos estilisticamente mais notáveis da oração de Arnaldo Fabrício: "Et profecto uis eius uariis in rebus magna est: quae animos tum excitat tum remittit: morbos et animi, et corporis lenit ac remouit: molestias abstergit: curas et labores solatio suo leuat. Psalmis, hymnis, canticis, diuini numinis laus celebratur: prouidentia declaratur: rerum futurarum euentus praedicuntur. Milites, tubis, tibiis, cornibus incensi nulla discriminis habita ratione in proelia ruunt; remiges celeusmate admoniti remos agunt, uel sustinent; phreneticorum mentes morbo turbatae symphonia ad sanitatem reuocantur." (Oratio, p. 101, l. 11 – p. 103, l. 1).

essencial para a arte militar (na construção de máquinas de guerra e na fortificação) e para as comunicações viárias, mas, sobretudo sinal da agudeza do espírito (cita-se o mote gravado nas portas da academia platónica: "ninguém entre que não saiba geometria"), dotada de um certo poder divino pois, ao afastar a alma das coisas materiais, coloca perante o espírito, com as suas figuras como num espelho, as imagens das realidades eternas e as daquelas que apenas a inteligência apreende; finalmente a Astrologia, aplicação das proporções geométricas ao estudo racional dos astros e dos seus movimentos (com o que se proporciona a medida do tempo e se vencem os medos que os fenómenos celestes, sobretudo os eclipses, provocam nas populações ignorantes), auxílio imprescindível para aqueles que sulcam a vastidão dos mares, de que são exemplo os "varões lusitanos" que haviam descoberto terras desconhecidas e até ignoradas dos geógrafos ou os que ainda então se aplicavam a "idênticas explorações"[17].

Sem grande transição – refere apenas "como são agradáveis, maravilhosas, úteis e absolutamente necessárias para a vida prática todas estas coisas"[18] – aborda, de imediato, as outras artes que tratam do aperfeiçoamento da linguagem – ou, talvez melhor, do modo de elaborar com arte o discurso ("Ueniamus iam ad eas artes, quae in perficiendo sermone uersantur"[19]).

Primeira, a Gramática, "litterarum scientia", de alcance muito maior do que vulgarmente se julga, porque não é apenas um saber que diga respeito ao modo de falar puro e castigado, mas compreende também a explicação dos autores. Está aqui, em síntese, todo um vasto programa de estudos literários, conjugando a compreensão e interpretação dos textos alheios – para o que a Gramática dispõe de um "copiosa série de

---

[17] A designação de Astrologia, utilizada por Arnaldo Fabrício, terá de entender-se como o estudo e observação científica dos astros (Astronomia), se bem que, na parte final desta secção, o orador pareça abrir também a porta à astrologia judiciária ao mencionar o exemplo dos caldeus que fizeram da ciência dos astros uma arte pela qual se julgava poder observar e predizer, tomando como referencia o dia do nascimento, o destino de cada um e o que lhe haveria de acontecer ("Chaldei porro astrorum scientia artem effecerunt: qua quo quisque fato natus, quid cuique euenturum sit, ex natali die notari praedicique posse putaretur", *Oratio*, p. 113, l. 4-6).

[18] *Oratio* (tradução), p. 112.

[19] *Oratio*, p. 113, l. 13-14.

instrumentos técnicos" que desvendam os "sensus authorum abstrusos et reconditos" – com a utilização correcta da língua. Deste modo, aquilo que nas outras artes se contém de mais notável não poderá subsistir senão com os firmes alicerces desta, sem o que se tornaria mesmo incompreensível.

Próxima à Gramática, a Dialéctica, que Fabrício descreve como a arte da análise sintáctica, do discernimento do que é verdadeiro e falso, da solução das ambiguidades, da clarificação daquilo que está escondido e equívoco, através do labor analítico de dividir o todo nas suas partes. A esta capacidade judicativa alia a invenção – via e método para ir buscar os argumentos aos lugares em que se encontram – o que a torna modelar face às outras artes: todas, para o serem, tiveram que organizar os elementos de se compõem, antes dispersos e soltos, por meio dos processos da Dialéctica.

"Confina com ela a Retórica", ligadas ambas por um tão grande parentesco que lhes é comum a maior parte das características: Zenão dizia que a diferença entre elas era como a das partes de uma só mão – a Dialéctica, mais sóbria, é o punho; a Retórica, mais ampla e florida, mais apropriada para exprimir os sentimentos e convencer, a palma.

Sentimos que Fabrício toca o clímax do seu discurso, desenvolvendo, mais uma vez, uma sequência lógica em crescendo: a excelência da dignidade do homem radica na faculdade de falar, que nos foi dada pela natureza para que, comunicando pela palavra, cada um contribua com mútuos serviços – ensinando, advertindo, exortando – para a edificação da comunidade e da sociedade humana para a qual nascemos; a necessidade de, no cumprimento destes deveres mútuos, utilizar um estilo mais vigoroso, capaz não só de enunciar o que deveria fazer-se mas também de convencer os ouvintes, originou, graças ao engenho e diligência de varões sapientes, "um género de linguagem mais copiosa e mais enérgica na interpretação do pensamento" por meio da qual pudéssemos explicar "clara e doutamente os nossos pensamentos" e igualmente "excitar ou acalmar, por meio da palavra todos os movimentos da alma", conforme as circunstâncias o exigissem; assim é que, apoiada na arte e na experiência e aperfeiçoada pelo exercício, esta faculdade procria e dá à luz a Eloquência, a qual ligando o conhecimento com a virtude, foi definida como não sendo mais que sabedoria eloquente ("copiose loquens sapientia"). É múltipla a sua actividade e enorme o seu poder:

"Ela fomenta a paz e a amizade entre os povos, com os seus conselhos ordena as cidades, os reinos e os impérios, propõe leis sábias para a república, protege os julgamentos, livra dos perigos os oprimidos, descobre e castiga as fraudes e os crimes dos malfeitores. E tem, em qualquer parte, tão grande força para mover os ânimos que não há opinião tão obstinada que não possa ser vencida, ira tão acesa que não possa ser acalmada, nada tão convictamente arraigado na mente que não possa, sob a sua influência, ser mudado ou arrancado".

O elogio da Eloquência não pára por aqui: se, anteriormente, Fabrício havia semeado o seu discurso de alguns exemplos, é neste momento que amplia este recurso, falando com alguma detenção e entusiasmo dos mais célebres modelos da oratória, Demóstenes e Cícero, mais deste último, pormenorizando as diversas séries de discursos que o celebrizaram.

São efectivamente a arte e o poder da eloquência que seduzem e entusiasmam o orador: e se concede algum espaço à Jurisprudência, pela sua proximidade com a Eloquência e pela sua importância como veículo da justiça – que relativamente à divindade se exprime na religião e à sociedade humana na recta ordenação dos comportamentos – já à Medicina faz apenas uma breve referência[20].

Percorrido assim o elenco de todas as "artes que se contêm nas letras", o orador remata, interpelando a sua audiência: sendo assim, ouvintes, bem se poderá compreender quão grande seja não só a dignidade mas também a utilidade destas artes; não me chegaria um dia inteiro se quisesse "enaltecer cada um dos seus predicados (p. 124)".

E parecendo querer concluir, não resiste a tecer outras considerações: apenas acrescentarei, diz, que "há duas coisas que podem elevar os homens até ao mais alto grau da honra e da fortuna, uma que é a ciência militar, a outra o conhecimento das artes e das ciências" (p. 126). E sendo ambas necessárias à conservação das cidades e dos reinos,

---

[20] Importa salientar que é muito frequente o qualificativo de arte aplicado à Medicina: um dos textos fundamentais para o seu estudo era precisamente a Arte Medicinal (tékne iatriké) de Galeno (muitas vezes designada pela sua corruptela de "Tegne de Galeno"; quanto à inclusão da Jurisprudência neste elenco, creio dever-se, como refere Fabrício, à sua proximidade com a Eloquência, transportando-nos assim não para o estudo das leis mas para a prática judicial nos tribunais, onde o verbo desempenha papel central.

deve antepor-se, contudo, o cultivo das letras ao das armas, uma vez que a justiça e a paz são mais consentâneas com a natureza do que a guerra. Nem colhe o argumento de que a delicadeza das letras torna efeminados, tímidos e menos aptos para a guerra os jovens que as estudam: o contrário é demonstrado pela plêiade de grandes chefes militares gregos e romanos que foram também sumamente versados nas letras.

Como um refrão, o raciocínio original reaparece para dar origem a um novo desenvolvimento: rudimentares por natureza, conhecimento e virtude aperfeiçoam-se pelas artes e são depois confiados às letras; assim as letras foram descobertas por causa da posteridade, como antídoto contra o esquecimento. Se a sua luz desfalecesse, perder-se-ia a maravilhosa invenção das artes, mas não só: também o conhecimento da verdadeira piedade e crença em Deus e a memória das coisas passadas; e todo o cultivo da vida humana jazeria nas trevas.

É, de facto, da fixação pela escrita que aqui se fala: a Escritura Sagrada ajuda a discernir os atributos da divindade e fornece um cânon para distinguir a verdade da superstição; e, se dos acontecimentos recentes nem sempre há versões concordantes, como seria incerta a verdade das coisas antigas sem o testemunho da História:

> "Na verdade, se, no que respeita às origens, aos testamentos, às convenções, às leis, às sentenças e a outras semelhantes actividades humanas, os antepassados não tivessem legado aos vindouros a memória de tudo através da escrita, que garantia, que confiança, que segurança poderia haver entre os homens? Seguramente, nenhuma: pelo contrário tudo seria reduzido a dúvida e incerteza, nada permaneceria firme e estável, e seria de esperar que, na confusão de todas as coisas, nada se fizesse com rectidão e ordem, se misturasse o que é mais importante com o que é irrelevante, e tudo entrasse em desordem; e arrecadando cada um para si tanto quando conseguisse pela força e pela rapina, os maus oprimiriam os bons e os poderosos os fracos".

Pela escrita nos chega também outro tipo de memória: a das virtudes dos homens sábios que para nós fixaram, confiando as suas reflexões às letras, "regras para uma conduta boa e feliz" (p. 130), aqui se enquadrando claramente a concepção de História exemplar.

Meio de comunicação, pelo qual informamos de qualquer assunto os que estão ausentes, a escrita tem um raio de acção mais amplo e atinge um público mais vasto que a palavra falada e permanece muito para além do discurso oral, difundida "ao longe e ao largo [...] utilizada, lida e ouvida por muitos em épocas e lugares diversos" (p. 132), ao mesmo tempo que abrange universalmente todas as matérias.

Como refrão também, Arnaldo Fabrício repisa, uma vez mais, a dignidade e a universal utilidade das letras, omnipresentes no negócio e no lazer, infundindo sentimentos de piedade e humanidade, ornamento na prosperidade e consolação na adversidade: para onde quer que nos voltemos, em todos os momentos, elas lá estão: não utilizamos mais a água, o fogo e o ar – elementos constitutivos da realidade material – do que as letras[21].

Na economia da análise que pretendemos realizar inserem-se naturalmente momentos distintos. Um deles, correspondendo ao documento que serviu de base à síntese esboçada, atenderá às grandes linhas, à formulação de um perfil cuja coerência não é posta em causa pelo confronto com a prática e que se insere no domínio do intencional – quer pela construção de uma imagem ideal quer pelo esforço de mover os ânimos a aceitá-la como modelo. Não deixam, contudo, de ser úteis e reveladores alguns dos traços desse perfil: referimo-nos, por exemplo, ao lugar que, na sequência do discurso, o orador destina à Filosofia. Coloca-a antes de falar das Artes, como raiz do conhecimento de si mesmo, o qual conduz à consciência da necessidade de superar a limitação inicial da razão humana; mas podemos também entender que o faz para não interromper a sequência da exposição que gradativamente desenvolve para culminar na Eloquência, estádio máximo do ideal da expressão literária que anima estes humanistas. São as letras – e não tanto a Filosofia – o que realmente importa.

Um segundo momento terá de atender aos textos normativos e às instruções regulamentares, destinados, os primeiros, a traçar o quadro institucional no qual se desenvolve o estudo e, os segundos, a indicar os

---

[21] A parte final do discurso aborda o elogio do monarca mecenas, D. João III, e do Principal André de Gouveia, terminando Fabrício com uma exortação aos estudantes que o ouvem para que não desperdicem – o que seria apenas imputável à sua negligência – as oportunidades que a sua juventude, a excelência dos professores e a comodidade do lugar lhes proporcionam para realizarem com proveito os seus estudos.

modos de actuar e os métodos a pôr em prática. Não nos será possível, a partir deles, aferir com exactidão da sua eficácia ou da adesão dos agentes às suas determinações. Esta última perspectiva só poderá ser captada pelo confronto com os registos que nos dão conta de factos e acontecimentos do quotidiano das instituições ou pelos testemunhos de quem o conhece e o narra ou sobre ele formula um juízo. Mas será indispensável, abordado que foi um primeiro nível, não descurar os restantes.

3. O Colégio das Artes não surge como fundação isolada. Antes se insere num movimento amplo que em si engloba não apenas a transferência da universidade para Coimbra, mas também o surgimento anterior de outras instituições e experiências de idêntico sentido e intencionalidade[22]. Se não nos detemos neste aspecto (já abordado com suficiente amplitude na bibliografia indicada) não poderemos deixar de assinalar que a instituição do Colégio das Artes não representa uma solução de continuidade, antes se situa na sequência de outra experiência pedagógica coimbrã como foi a dos colégios de Santa Cruz com início provável em 1534 ou 1535, num crescendo institucional até 1547. Esse progresso, visível sobretudo a nível do pessoal docente[23] tem,

---

[22] José Sebastião da Silva Dias, *A política cultural da época de D. João III*, pp. 444-
-487 relata as mais importantes dessas realizações, referindo-se aos seus mentores e ao patrocínio régio. Uma das mais notáveis terá sido a do Mosteiro da Costa, junto a Guimarães que mereceu estudo mais pormenorizado, acompanhado da publicação de vários documentos, da autoria de Artur Moreira de Sá, *A Universidade de Guimarães (1537-1550)*, Paris, Centro Cultural Português, 1982. Para a acção de D. Henrique, enquanto arcebispo de Braga e, depois, de Évora pode consultar-se Amélia Polónia, *D. Henrique*, Lisboa, Círculo de Leitores, 2005 e Amélia M. Polónia da Silva, *O Cardeal Infante D. Henrique, Arcebispo de Évora – um prelado no limiar da viragem tridentina*, s. l., 1988 (dissertação policopiada; Fernando Taveira da Fonseca, "A universidade de Évora (1559-1759): história e historiografia", in *Miscelánea Alfonso IX*, 2010, pp. 385-418.

[23] Cf. J. S. Silva Dias, *A política cultural*, p. 495 ss. É a partir do elenco dos professores das diversas disciplinas (que indica, juntamente com os períodos em que se sabe que leccionaram), claramente mais pormenorizado e sucessivamente mais complexo a partir de 1539, que este autor aponta para a data inicial das escolas crúzias e conclui que "foi quase contínuo [...] o progresso do quadro do pessoal docente, de 1535 a 1547" (p. 499). No que respeita especificamente aos cursos das Artes, as informações, segundo afirma, foram colhidas de Mário Brandão, *Os professores dos cursos das Artes nas escolas do convento*

segundo Silva Dias, "uma lógica interna. Prende-se com a evolução do plano de estudos e com o avanço da população escolar, e é um reflexo da tendência política do Estado para fazer de Coimbra um dos grandes centros culturais da Península"[24].

A referência ao plano de estudos[25] é significativa: o mesmo autor declara, na nota introdutória ao *Regimento Escolar de Santa Cruz de Coimbra* – por ele dado à estampa – que detectou este documento em 1969, "mas já não a tempo de nos servirmos dele nos capítulos VI, VII e VIII do nosso livro *A política cultural da época de D. João III*, nesse mesmo ano publicado"[26]. Sendo, segundo afirma, uma "preciosidade", permite-nos agora examinar mais de perto o regime de estudos que vigorou durante cerca de uma década até ao estabelecimento do Colégio das Artes; e dá-nos a ocasião para compararmos o seu conteúdo – mantendo-nos sempre ao nível das estipulações normativas – com o de outros dois textos (o *Primeiro Regimento, que el-rei D. João III deu ao Colégio das Artes no tempo*

---

de Santa Cruz, na Universidade e no Colégio das Artes de 1535 a 1555, Coimbra, Coimbra Editora, 1929.

[24] *Ibidem*, p. 499.

[25] Silva Dias não deixa de apresentar elementos importantes referentes ao outro factor de progresso que menciona, o avanço da população escolar (p. 499).

[26] J. S. da Silva Dias, *Regimento Escolar de Santa Cruz de Coimbra (1537)*, Coimbra, Universidade de Coimbra, 1974. O título original é: *Constituições dos collegios do moesteyro de Santa Cruz de Coimbra as quaes foram aprovadas e confirmadas por o santo padre o papa Paullo terceiro, em o anno de noso senhor Jesu Christo de 1536*. Silva Dias chama a atenção para o facto de a data do título não ser provavelmente correcta, sendo preferível a de 1537. Não havendo nenhum alvará régio a sancionar ou outorgar estas constituições (apenas se refere a confirmação pontifícia), elas terão provavelmente sido redigidas no âmbito do próprio mosteiro e da reforma que então nele se processava sob a direcção do jerónimo Frei Brás de Braga. Algumas expressões do texto parecem indicar isso mesmo: por exemplo, a constituição quinta (do tempo das vacações), ao falar de alguns feriados, inclui o dia "dos martyres cujos corpos repousam em nosso moesteyro, e do dia de noso padre Santo Augustinho tee dia do glorioso Sam Jeronymo" (*Regimento*, p. 10). A referência ao "noso padre Santo Augustinho" aparece logo na constituição primeira, na qual se estabelece que a jurisdição plenária, com poder de delegar, pertence ao prior crasteiro "que por o tempo for" ("E todo poder, domínio, correiçam e administraçam asy das pesoas como dos beens moveis e immoveis que per qualquer vya lhes seja sujeita ou lhes pertença, posa exercitar per sy, per outro ou per outros...", p. 7). O título que lhe é atribuído é o de Reitor.

em que nelle leram os franceses e os *Statuta novi Regii Gymnasii de moribus scholasticis*[27], este último redigido por André de Gouveia e sancionado pelo monarca em 26 de Abril de 1548, com um aditamento de 30 de Abril de 1549) e também com o teor de alguns registos universitários, susceptíveis de nos permitirem formular, pelo menos em parte, um juízo sobre a efectiva concretização das normas exaradas.

Um dos primeiros aspectos que nos interessa examinar nestas *Constituições dos collegios do moesteyro de Santa Cruz*[28] é o que se refere ao elenco de disciplinas que seriam leccionadas: "E queremos que em os ditos collegios se lea a sacra theologia, e as artes liberais, e as três lynguas com que se escreveo em a Cruz o tytullo de Noso Senhor Jesu Christo, ou delas as que per o tempo parecerem mais proveytosas" (p. 7).

Ou seja, três grandes núcleos disciplinares: Línguas (Latim, Grego e Hebraico), Artes e Teologia. Esta associação da Teologia às Línguas e às Artes não é de estranhar, por ser secularmente tradicional e recorrente em outras instituições coevas (lembremos apenas o Mosteiro da Costa, em Guimarães ou, pouco depois, o Colégio do Espírito Santo-Universidade de Évora). O que surpreende mais é a inclusão da Medicina

---

[27] António José Teixeira, *Documentos para a História dos Jesuítas em Portugal*, Coimbra, Imprensa da Universidade, 1899, docs. II e XX, p. 4 e 32; *Documentos de D. João III*, vol. III, docs. CDLXXXIX e DXXI, pp. 108 e 154.

[28] Trata-se evidentemente dos colégios de Santo Agostinho e de S. João Baptista que um texto de 1541 situa "hum aa sestra e outro aa destra deste Moesteyro", denominando-os de "pollidos e concertados" sendo "as aulas ou geraes em elles dez ladrilhados e forrados e provydos de cathedras muy artificiosas"; em cada um destes gerais tinham os religiosos "choros com grades de ferro donde ouvem todas as sciencias apartados dos seculares". Os estudantes, comparados a "enxames de abelhas", convergindo num "tavoleyro ladrilhado de pedras quadradas e cercado de grades de ferro" fronteiro à fachada da igreja, "conferem continuamente entre sy, huns em gramatica, outros em Logica, outros em Rectorica e em as outras artes Liberaes, outros em a santa Theologia, outros em a medicina, da vida e saúde humana reparadora", assim se indicando o elenco de disciplinas leccionadas. Será importante atentar no número de gerais ou salas de aula, 10 ao todo (correspondendo normalmente uma a cada cátedra), e no clima cultural expresso numa anotação interessante: "e a todos he oprobrio falar salvo em a lingoa romana ou grega, o que a todos os caminhantes he hum espectáculo de ver" (*Descripcam e debvxo do moesteyro de Sancta Cruz de Coimbra*. Edição fac-símile do único exemplar conhecido de 1541, com uma introdução de I. S. Révah, Coimbra, 1957, fl. 4).

(pese embora a sua também tradicional ligação estreita com Artes[29]): tal inclusão não vem explícita neste enunciado programático, mas depois, no corpo do texto, onde se reservam as constituições 21 a 23 à regulamentação dos requisitos necessários à obtenção dos graus de bacharel, licenciado e doutor em Medicina. Está aqui espelhada uma realidade que não era corrente mas que resultou da transferência da universidade para Coimbra, com o núcleo das ciências jurídicas localizado no Paço Real da Alcáçova (a passagem pela morada do primeiro reitor, D. Garcia de Almeida, foi efémera) e Artes e Teologia em Santa Cruz: só algum tempo depois se juntou a este último a Medicina, pela sua proximidade com as Artes – "por que aos estudantes de física he muito proveitoso e necesario ouvirem artes e philosofia e terem exercício de letras com artistas e philosofos"[30].

---

[29] Sem termos de sair do documento que estamos a analisar, atentemos na constituição 21: "Porquanto [...] o principal fundamento do medico está em ser bom artista [...] nenhum seja admitido pera cursar em medicina sem prymeiro ao menos ser bacharel em artes, e com esto inda depois que comprir todo o curso das artes. Em outra maneira nom lhe sejam computados os cursos em medicina. E o que ouver de ser admitido pera o grao de bacharel em medicina ouvira per dous annos as lyções cathedratycas dos doutores, se for mestre em artes, pero se for somente bacharel em artes cumprira três annos ouvindo as ditas lyções" (p. 26).

[30] O decreto régio que determina que "as três Cathedras de theologia que ora novamente ordenei" (ou seja, as que constituíam a Faculdade de Teologia incluída na universidade que então se transferia para Coimbra) se lessem nos Colégios de Santa Cruz data de 20 de Abril de 1537 (reiterado, face aos embargos colocados pela Universidade, em 10 de Julho de 1537). A ordem para que Medicina se lesse também em Santa Cruz é de 26 – ou 16 – de Janeiro de 1538 (*Vide* Mário Brandão, *Documentos de D. João III*, Coimbra, Por Ordem da Universidade de Coimbra, vol. I, 1937, doc. XVIII, p. 27; doc. XXII, p. 35; doc. XLII, p. 73). A datação destes documentos e a das *Constituições dos Collegios* – sobretudo no que diz respeito ao facto de Medicina estar já nelas incluída – pode suscitar algum problema, indiciando uma intenção inicial que, de facto, veio a concretizar-se mais tardiamente. Importa, contudo, salientar que algumas intenções régias não tiveram cabal execução, quer por resistências dos intervenientes (o próprio monarca se refere a embargos da Universidade) quer por dificuldades logísticas. Em 9 de Fevereiro de 1537, escreve o rei a Fr. Brás de Braga, referindo-se aos estudos de Santa Cruz: "Eu sempre fiz fundamento quando determiney mamdar fazer eses estudos de fazer universidade e escolas gerais"; acrescenta que manda "ho debuxo da obra das ditas escolas" (os novos edifícios para a universidade)

Os colégios de Santa Cruz foram projectados e começaram a funcionar antes da transferência e destinavam-se primordialmente ao conjunto Artes-Teologia.

Aquele primeiro enunciado das disciplinas a leccionar desdobra-se, em seguida, em estipulações mais concretas:

> "E quanto em boa maneira poder ser, queremos que em as ditas faculdades aja ao menos oyto cadeiras – a saber – duas em theologia e tres em artes liberais e três em as sobreditas línguas, as quais cátedras jamais se faram de propriedade, mas per vya de oposiçam seram sempre providas do sobredito Reytor e dos seus consyliarios, e dos outros canonicos leterados, e asy dos canonicos que forem escollares em a faculdade donde a tal provisam se fizer, e depois de providas nam durara a tal provisam mais que tee pasar hum curso, o qual asi em theologia, artes e em as lynguas será de tres em tres anos" (pp-7-8).

Ressalta, para além do conjunto das cadeiras (temos de pensar neste elenco como um quadro mínimo de disciplinas que poderia ser servido por um número maior de professores se a procura estudantil o justificasse[31]), a forma de provimento dos professores: nunca seriam, em princípio, proprietários da sua cátedra e estariam submetidos a concurso, no qual interviria, para além do reitor e seus conselheiros, um corpo mais alargado de votantes que incluía os que, no mosteiro,

---

"e asy huns apontamentos em que vay declaraçam da largura e altura das paredes"; e, pedindo celeridade nas obras, que não se haveriam de fazer todas de uma vez "somemte peça por peça", ordena: "E a primeira cousa que se fará será um geral de canones e outro de leis: e estes acabados pera que em elles se possa ler se faram as outras peças" (*Documentos de D. João III*, vol. I, doc. XV, p. 22). Mas logo a 1 de Março seguinte, escreve de novo o monarca, dizendo que afinal não manda os referidos apontamentos ("socedeo causa pera loguo nam irem): "E em tanto vos encomendo que façais ordenar casas pera os lemtes lerem as cadeiras e bamcos e todo o mais necesario segundo forma de outra minha carta" (*ibidem*, doc. XVII, p. 26). Mais: ao pedir a Fr. Brás de Braga para despejar alguns gerais de Santa Cruz para as aulas da universidade, refere: "e porque os lentes que ora vem pera começarem ler theologia. canones. leis. Medicina ham ser nesa cidade por todo este mes de Fevereiro…", indicando que o desígnio inicial era mesmo instalar todas as faculdades na órbita de Santa Cruz. Mas tal nunca sucedeu com Cânones e Leis.

[31] Cf. J. S. da Silva Dias, *A política cultural*, pp. 499-500.

fossem letrados, e os estudantes (pelo menos alguns estudantes, uma vez que se faz aqui menção apenas aos "canónicos que forem escollares").

Mais relevante, contudo, é a rotação trienal dos cursos, em qualquer destas "faculdades". Sem que possamos, com toda a certeza, definir qual o alcance desta determinação (sobretudo no que respeita a Teologia e Medicina), não podemos deixar de ver aqui exarado o princípio que se aplicará ao estudo das Artes: um mesmo professor acompanha os seus discípulos ao longo dos três anos do curso[32], leccionando todo o elenco das disciplinas que o compõem, e desempenha um papel protagonista na concessão dos graus. No que diz respeito às línguas – onde se fala apenas de uma cátedra por cada uma das que são mencionadas – há, contudo, de imediato, um desdobramento em três níveis que deverá entender-se como relativo ao Latim: é assim que a constituição segunda fala de regente da primeira, segunda e terceira cátedra, para mais atribuindo a cada um uma

---

[32] Tem-se discutido acerca da duração do curso de Artes – se 3 se 4 anos – e, ao mesmo tempo, não parece de todo consensual o entendimento de "ano de intrância", uma designação que se aplicava aos estudantes do último ano do curso de Artes. A constituição segunda poderá lançar alguma luz sobre esta questão, ao determinar que "os regentes das cathedras das artes liberais sam obrigados [...] depoys de acabado o curso, tee dia de Purificaçam de Nosa Senhora [2 de Fevereiro] primeiro seguinte, a leer em os ditos collegios todo o que ficou por leer em o dito curso, do texto de Aristóteles moral ou natural, metafysica ou mathematicas". Este prolongamento, não remunerado para os professores ("e averam de mantimento cada hum em cada hum anno, durante somente o curso dos ditos três annos, duzentas e cinquenta dobras [30.000 réis]"), terá sido depois assumido como normal, ou mesmo necessário. De facto, nos Estatutos de 1559, encontramos a seguinte formulação referente ao quarto ano: "em todos os meses do quarto anno lerão somente a tarde, as três horas cada dia, como lerão os annos atrás. Ficarão as menhans para poderem os artistas cursar em outra sciencia, e este se chama o Curso de Entrancia, que será levado em conta, constando que também ouvirão todo o curso, que se requere para se fazerem licenciados em Artes" (*Estatutos da Universidade de Coimbra (1559)*, com introdução e notas históricas e críticas de Serafim Leite Coimbra, Por Ordem da Universidade, 1965, p. 319). Vistas da parte dos estudantes, estas formulações supõem que a duração de três anos nunca terá sido rigorosa, prevendo-se desde o início um prolongamento que poderia ir até Fevereiro e incorporando depois um quarto ano, apenas a metade do tempo: entretanto eles poderiam frequentar uma das faculdades maiores (Teologia ou Medicina, para as quais os graus em Artes eram obrigatórios, ou mesmo Direito): daí a designação de "intrância" e "intrantes" nas faculdades maiores.

remuneração diferente[33]. Em concreto, o elenco dos regentes coligido por Silva Dias[34], dá-nos conta de quatro níveis distintos – quatro regras – sendo que a quarta regra apenas aparece a partir de 1544, quando quer as Artes quer as outras faculdades deixaram de ler-se em Santa Cruz e passaram para o paço real[35], provavelmente obedecendo aos novos estatutos da Universidade[36]. Todo o conjunto de disciplinas – Línguas, Artes e as faculdades maiores, Teologia, Cânones, Leis e Medicina ficaram então num único pólo, no palácio cedido pelo rei.

4. As Artes: temos utilizado até ao momento o termo sem lhe explicitarmos, com algum rigor, o conteúdo. O *Regimento* que vimos seguindo é porventura, dos textos normativos, aquele que mais poderá auxiliar-nos nessa tarefa. De facto, a Gramática (com o seu complemento de Retórica e Poética) – que, como vimos no discurso de Arnaldo Fabrício, inclui

---

[33] *Regimento*, p. 8. Embora não referindo explicitamente a língua latina, parece não fazer dúvida que o texto se refere aos seus diferentes níveis, também designados por regras ou classes. Na constituição quarta refere-se: "Do dia de Sam Geronymo tee Pascoa da ressurreiçam entraram as regras os regentes das lynguas e das artes as oyto horas do dia" (*Regimento*, p. 9); na constituição sétima vêm referidos os dois auxiliares do reitor (que por ser religioso e obrigado a clausura "nom pode ser presente nem prover e governar os ditos collegios em as cousas que pertencem de fora"), o chanceler (um doutor teólogo, que dá os graus) e um graduado ou escolar "o qual he guarda moor dos collegios, e os governa, e avemdo mandado do reitor admite a elles os escolares, e lhes asyna a classe em que devem entrar, e sem sua lycença nam pasam a outra". Está aqui presente um elemento fundamental do *modus parisiensis*, a ordem, que implicava a progressão de cada um de acordo com a sua capacidade de aprendizagem verificada regularmente.
[34] *A política cultural*, pp. 495-497.
[35] Por carta de 22 de Outubro de 1544, determinava D. João III "que todos os Lentes que ate ora leram no dito mosteyro asi em theologia, como em medicina artes e outras faculdades e em latenidade vam daqui por diante ler aas escolas para o que lhe mando dar casas nos meus paços pera averem de ler" (*Documentos de D. João III*, vol. II, doc. CCCXXIX, p. 214).
[36] Terá havido nesse ano de 1544 uma mudança normativa substancial, configurada em novos estatutos para a Universidade – até hoje desconhecidos – como se depreende da carta do rei ao prior de Santa Cruz e cancelário, mencionando expressamente que do "caderno dos ditos estatutos per mim asinado" era portador "o padre ffrey Diogo de Murça" (*Documemtos de D. João III*, vol. II, doc. CCCXI, p. 192).

também o estudos dos autores – não conduz à obtenção de qualquer grau: parece conceber-se o percurso do estudante como ininterrupto até ser confrontado com uma primeira graduação como bacharel em Artes. Que se lhe exige então? Que prove "legitimamente ante o Reitor e comsyliarios aver ouvido em estes colégios lógica magna de Aristóteles, e pilosophia natural tee o octavo dos fysicos, inclusive".

A prova é apenas testemunhal – a declaração do próprio é corroborada, em geral, por dois colegas – e representa apenas uma requisito formal para a admissibilidade a exame[37]. O exame para bacharel vem descrito com algum pormenor:

> "Sentar se ha o que ha de ser examinado em lugar humilde e baixo, descuberta a cabeça[38], e o primeiro examinador pergunte lhe per o livro predicabilium de Porfírio, ou texto de algum capitullo ou authoridade ou outra aguma cousa que pertença aquele livro, a a qual questam respondera memoriter o que asy he examinado, e contra a resposta argue somente aquele examinador com soo meo. O segundo mestre preguntara e arguira per o mesmo modo, cerca o livro predicamentorum, e o terceiro cerca o livro perihermenyas. Desy outra vez o primeiro sobre o livro priorum, e asy dahy em diante per toda ordem, asy dos livros como dos mestres. E preguntado dos livros da dialéctica ou logica preguntem dos lyvros

---

[37] Os registos que se conservam destes anos, nos livros de *Actos e Graus*, inserem estas provas de curso, nas quais o testemunho pode ser recíproco. O registo das provas antecede sempre o dos exames e da colação dos graus (*vide* Arquivo da Universidade de Coimbra – AUC – *Actos e Graus*, livros 3, 4 e 5, para o período a que nos reportamos).

[38] A título de exemplo, transcreve-se o registo do exame para bacharel de Henrique Luís: "Em os 5 dias do mes de Fevereiro de 1540 na universidade de Coimbra, Anrique Luís, estudante em Artes na dita Universidade, tendo provado os curssus que curssou e ouvio na dita sciencia e asi os livros necessarios para tomar o grao de bacharel em artes como he de custume entrou em exame para tomar o dito grao de bacahrel em artes o qual assentado em huma pedra humildemente foi examinado rigurosamente pellos mestres elleitos e deputados examinadores para o tal exame, scilicet o doutor mestre Francisco de Monção mestre Joam Fernandes e mestre dom Sancho pellos quaes foi aprovado e admitido para tomar o dito grau de bacharel em Artes em presença de mim bedel e escripvão e Secretario da Universidade que o escrepvi e mestres e doutores muitos que presentes foram" (AUC, *Actos e graus*, livro 3º, caderno 2, fl. XCVIII v.).

de fisica, pero nom seja sobre elles o exame tam rigoroso como sobre os de logica, de modo que per todos os livros dos fysicos somente se faça huma ou duas questões, ou proposyções e asi se acabara o exame"[39].

A lógica e uma parte da física aristotélica são, deste modo o objecto do exame para bacharel[40], com uma clara predominância da lógica, dado que as questões sobre os oito primeiros livros físicos seriam apenas uma ou duas.

Para a obtenção do grau de licenciado, deveria o estudo continuar sob a disciplina do mesmo mestre "tee o fim da filosofia natural e metafysica e de moral a saber da etica, e das mathematicas, arismetica, geometria, perspectiva, sphera". De notar, desde logo, a colocação das disciplinas "científicas" (três das que constituíam o *quadrivium*, não se mencionando aqui a música) na ponta final do ciclo de estudos. Por outro lado, fica mais clara a nomenclatura das matérias filosóficas, a qual aparece completa quando se trata do ciclo avaliativo que conduz ao licenciamento, as *responsiones magnae*, as *responsiones minores* e o exame final, com um calendário rigorosamente estipulado: as primeiras entre a festa da Purificação (2 de Fevereiro) a da Anunciação da Virgem (25 de Março); as segundas entre esta última data e o dia de Santo Isidoro (4 de Abril); e os exames finais a partir desta data.

As *responsiones* fazem-se por grupos de cinco bacharéis, sob a presidência do respectivo regente. Não diferem (as *magnae* e as *minores*) na substância, apenas na solenidade: o primeiro grupo das *responsiones magnae* era constituído por "cinquo dos mays doctos bacharéis"[41] que

---

[39] *Regimento*, constituiçam treze, p. 14.

[40] A descrição não menciona, mesmo assim, todo o conjunto de títulos que deveriam cair sob escrutínio. Um elenco é-nos fornecido por António José Teixeira, *Documentos para a História dos Jesuítas*, reproduzindo o índice, com os títulos em latim, elaborado por Belchior Beleago, em 1549, para o qual remetemos.

[41] A ordem destas provas, como a dos exames, era determinada por um juízo prévio sobre a maior ou menor capacidade dos que a elas se submetiam (no caso vertente das *responsiones*, "a arvidro do guarda moor e regente e do deam da faculdade olhando somente a doutrina de cada hum") e tinha um reflexo directo na prioridade em tomar os graus que, por sua vez, se projectava em termos de precedências ao longo da vida dos graduados. Os incómodos causados pela ordenação dos que se haviam de examinar, ou, já depois de examinados, na precedência com que deveriam tomar o grau (no caso das Artes, a ordenação

defenderiam conclusões no mesmo dia, "dos quaes ho primeiro tenha conclusões em lógica, o segundo em filosofia, a saber em a doutrina dos oyto livros dos fisycos, o terceyro em filosophia natural dos livros que ficam, o quarto em metafysica, o quinto em doutrina moral". A estas conclusões haveriam de argumentar "mestres e doutores em theologia e em Artes e Medicina, de modo que nenhum argua abaixo destes graus"[42]. Já nas *responsiones minores* ("chamadas asy por razam que nam se custumam fazer com tanta solenidade, pero o modo de responder e presydir será em todo semelhante as outras") eram também admitidos a arguir os condiscípulos dos respondentes.

No exame, que é feito individualmente, o acento terá de ser posto "em a fisyca, metafisyca e moral" mais do que na lógica. A duração do interrogatório poderia variar: normalmente começava-se "ante de comer", indo depois "tee vespora"; contudo, se "ouver de ser examinado algum bacharel muy docto, dure o exame per todo o dia". Em qualquer caso, não deveria haver mais do que dois exames em cada jornada. Feito o exame, contudo, havia um complemento, quase lúdico – feito muito provavelmente em dia diferente[43] mas igualmente a título individual – destinado a testar outras capacidades:

> "[...] e feito o exame de todos os que entram o chanceler com os examinadores constrangam os que assi forem examinados a fazer epistollas, versos ou hynos, e inda, para provar sua sufficiencia pregunte os per os livros de humanidade, e pêra provar sua humildade e paciência faça os sentar em terra, e sentados, os tentadores somente poderam provallos com obprobios e desprezos, todo pero se faça sem alguma iniuria e guardando toda a modéstia e temperança, nem se levantem

---

dos licenciados para tomarem o grau de mestre, o único conferido individualmente) levou a que essas precedências fossem sorteadas.

[42] Regimento, constituiçam quatorze, p. 15.

[43] Os *Estatutos* de 1559 (que terão recolhido e sistematizado uma prática anterior) explicitam isso mesmo: "acabados os exames dos bacharéis para lecenciados, o Reitor, num dia à tarde, que será vespora de alguma festa, na qual se hão de dar as Licenças, se ajuntará com o Cancelario e mais examinadores e alli examinarão todos os ditos bacharéis, assentando-se na mesma pedra da grammatica, rethorica e poesia; e para este exame trará cada hum versos e oração composta e depois do sobredito provarão de Humanidade [no manuscrito: humildade] com graças honestas" (pp. 332-333).

da terra tee que se pregunte se apraz a todos os circunstantes que sejam promovidos a aquelle grao, e se algum puser em contrario alguma iniuria que fizesem, nom sejam admitydos tee que satisfaçam a arvidrio do chanceler e examinadores..."[44].

Poderemos assim entender que este complemento se destinava de algum modo a testar a maturidade do candidato, explorando os seus conhecimentos gerais no domínio da expressão literária e da notícia que deveria ter dos autores que eram objecto do estudo das humanidades; mas "tentava-se" também a capacidade de aceitação das críticas (dos "obprobios e desprezos"), a humildade de se sentar na terra[45] e de não se mostrar molestado por ditos que lhe parecessem injuriosos. O binómio ciência-virtude implicava, contudo, não apenas este teste final mas também um juízo sobre e idoneidade moral como condição de admissibilidade ao grau: "e alem desto nenhum que infame for, lytigioso, escamdaloso ou desonesto notavelmente seja admytido para tal grao"[46].

5. Poderá de algum modo surpreender que, face ao pormenor desta regulamentação, não tenhamos conhecimento (no período em que nos movemos) de nenhum texto posterior tão sistemático[47], nem mesmo quando André de Gouveia e os bordaleses iniciam o Colégio das Artes. De facto, os dois textos acima mencionados (*Primeiro Regimento, que el-rei D. João III deu ao Colégio das Artes no tempo em que nelle leram os franceses* e os *Statuta novi Regii Gymnasii de moribus scholasticis*) atendem muito mais a aspectos jurisdicionais, administrativos e disciplinares do que à organização dos estudos.

---

[44] *Regimento*, constituiçam quatorze, pp. 16-17.

[45] O exame para bacharel era tradicionalmente feito com o candidato sentado em uma pedra. O primeiro exame, precedido de um pequeno acto cerimonial confiado a um estudante de particular capacidade, era designado como "primeira pedra".

[46] *Regimento*, constituiçam quatorze, p. 17.

[47] Do mesmo modo que para a Universidade, a gestão institucional do Colégio é feita através de um conjunto de disposições avulsas, muitas vezes suscitadas por dúvidas ou divergências na interpretação das normas, ou dizendo respeito a pessoas ou aspectos particulares. Conforme também já referimos, a única sistematização de que há notícia – os *Estatutos* de 1544 – é ainda hoje desconhecida. Mário Brandão inclui no Apêndice ao seu *Colégio das Artes – I (1547-1555)*, um "Índice dos documentos [...] sobre os quais se baseia o presente estudo".

Lembremos, antes de mais que, quando o Colégio das Artes foi fundado, já há alguns anos (desde 1544) que o ensino deixara de processar-se em Santa Cruz. Da ligação entre o Mosteiro e a Universidade ficara apenas o cargo de cancelário – a quem competia a colação dos graus superiores em todas as faculdades – concedido pelo monarca ao prior crasteiro, em 1539. Mas esta mudança de local não significara a abolição nem do regime de estudos nem da forma de avaliação constantes das constituições que analisámos: o elo de ligação e realidade subjacente – a Faculdade de Artes – não sofrera qualquer modificação, nem irá sofrê-la no futuro. De facto, uma função essencial, o registo das provas de curso, da constituição dos júris para os exames, dos mesmos exames, do vexame[48] dos que a eles se submetiam, e da colação dos graus de bacharel licenciado e doutor (constituindo a memória fundamental dos percursos académicos) continuam a ser feitos nos livros universitários, nos mesmos volumes destinados aos das faculdades maiores. Sejam quais forem os protagonistas da função de ensinar (os mestres parisienses de Santa Cruz ou os bordaleses e depois os jesuítas no Colégio das Artes), o núcleo institucional permanece, estruturalmente ligado à Universidade.

Do *Primeiro Regimento de D. João III*, salientarei apenas alguns aspectos fundamentais, já postos em evidência por Mário Brandão, os quais definem traços característicos que irão, de algum modo, fixar o estatuto institucional do Colégio das Artes, ao longo de todo o seu percurso: o primeiro é, sem dúvida, a autonomia face à universidade, cabendo toda

---

[48] Os resultados da avaliação são, numa primeira fase, explicitados pelas expressões de reprovado, aprovado *nemine discrepante* (por unanimidade) e aprovado *ab omnibus* (apenas por maioria dos membros do júri); muitas vezes aqueles que eram aprovados *ab omnibus*, podiam também ser penitenciados, ou seja, impedidos de tomar o grau – nomeadamente o de mestre – se não continuassem por mais algum tempo o estudo (seis meses, um ano, dois anos, tendo mesmo, num caso extremo sido indicado que determinado candidato se não fizesse mestre senão daí a vinte anos). Um segundo momento, contudo, julgava do mérito relativo dos aprovados, escalonando-os por ordem de suficiência literária com vista ao percurso futuro de exames e colação dos graus. Abolido esse juízo em 1549 e determinando-se a ordem dos graus por sortes, virá a adoptar-se, contudo, para os graduados artistas, a prática do vexame: a cada um dos graduados é atribuído um certo número de "louvores" (L) ou "favores" (F), estes últimos indicando que a aprovação se devera a alguma benevolência do examinador, assim se escalonando o seu mérito.

a autoridade ao Principal, sem interferência do Reitor. Terá sido esta, sem dúvida, uma determinação régia influenciada directamente pela pessoa do primeiro Principal, André de Gouveia. Após a morte deste, essa autonomia foi posta em causa durante um breve período (o Colégio seria visitado semestralmente pelo Reitor da Universidade, o Principal deixaria de poder despedir os professores a seu arbítrio, podendo estes agravar para o Reitor e Conselho universitário, a cujo *placet* deveria também ser submetido qualquer projecto para a elaboração estatutos ou ordenanças necessárias para a "boa governança do ditto collegio"); mas, para além de não haver notícia de que estas disposições tivessem sido postas em prática[49], rapidamente se regressou à situação anterior.

O segundo aspecto prende-se com a exclusividade do ensino das matérias que fossem leccionadas no Colégio ("gramatica, Rethorica, Poesia, Lógica, Philosophia, Mathematicas, Grego e Hebraico") proibindo-se de o fazerem as escolas públicas e privadas da cidade de Coimbra e seu termo: as excepções eram apenas a própria Universidade (as "escolas geraes") onde se ordenava que houvesse "huma lição de Grego e outra de Ebraico, e outra de Mathematicas[50] e outra de Philosophia moral"; e também os conventos de religiosos nos quais "os ditos religiosos somente, e os seus servidores e achegados que elles manteverem à sua custa poderão ouvir e aprender as ditas liçoens e outros alguns não"[51], sendo que os matriculados no Colégio não poderiam ir às escolas gerais ou aos conventos frequentar essas aulas.

Em terceiro lugar importa dar conta do conjunto de docentes em princípio designados para assegurar as disciplinas e cursos acima mencionados:

> "Item. Hei por bem, que haja no dicto collegio dezasseis regentes, a saber: dous para ensinar a ler e escrever, declinar e conjugar; e oito para lerem grammatica, rhetorica e poesia; e três para o curso das artes;

---

[49] Cf. Mário Brandão, *O Colégio das Artes*, I, pp. 208-209.

[50] Do funcionamento na Universidade de cadeiras autónomas, em princípio pertencentes ao núcleo das Artes, é exemplo a de Matemática de que era regente Pedro Nunes, desde 1544, tendo jubilado em 1562. (*Vide* Fernando Taveira da Fonseca, "Pedro Nunes na Universidade. II – Coimbra", *Revista Portuguesa de História*, vol. XXXV, 2001/2002, pp. 297-333).

[51] Cf. Mário Brandão, *O Colégio das Artes*, I, p. 214.

e outros três para lerem hebraico, grego e mathematicas; os quais regentes serão aquelles que eu por minhas provisões nomear, e o dicto Principal terá poder para os suspender, tirar e metter outros em seu logar, cada vez que lhe parecer que convém, para bom governo do dicto collegio"[52].

É evidente, nesta formulação, e relativamente ao que se passava nos colégios de Santa Cruz, o reforço da autoridade conferida à pessoa e função do Principal (aqui, no que respeita à nomeação dos professores, mas que, de facto, se estendia a todos os aspectos da vida do Colégio, desde os científicos, aos económicos e disciplinares) e a ênfase colocada no estudo das letras: dez regentes que se encarregarão de tudo, a começar pelo ensino mais elementar, até à Retórica e Poesia, passando pela Língua e Literatura Latinas; se lhes somarmos o Grego e o Hebraico não será difícil compreender que o cerne do Colégio é mesmo o ideal da expressão literária (como já havíamos anotado ao analisar o discurso de Arnaldo Fabrício). Como se processaria o ensino neste ramo central e prioritário?

6. O documento que mencionámos atrás, da autoria de André de Gouveia – *Statuta novi Regii Gymnasii de moribus scholasticis*[53] – poderá eventualmente fazer uma ponte que nos leve a esboçar uma resposta a esta questão. Não que nele encontremos qualquer disposição a este respeito: como o título indica, trata-se apenas de regulamentar o comportamento dos escolares – de facto, o "primum fundamentum optimae cuiusque scholae ipsa est scholastica disciplina" – e bem assim um conjunto de aspectos da vida quotidiana (horários das lições, organização do dia a dia, calendário dos feriados, ao longo do ano, regulamento dos porteiros). Não passa porém despercebida a semelhança deste texto com o que foi redigido pelo mesmo André de Gouveia – com o título de *Statuta Gymnasii Aquitanici* – apenso a um outro, também de sua autoria, que, sob o título de *Schola Aquitanica*, foi publicado por Elias Vinet em 1583[54]. O pormenor com que, nesse texto, se regulamenta tudo

---

[52] António José Teixeira, *Documentos para a história dos jesuítas*, pp. 4-5.

[53] António José Teixeira, *Documentos para a história dos Jesuítas*, pp. 32-40. A promulgação destes estatutos é de 26 de Abril de 1548, com aditamentos datados de 30 de Abril de 1549. Vide igualmente, Documentos de D. João III, vol. 3, doc. CDLXXXIX, pp. 108-117.

[54] *Schola Aquitanica. Regulamento de estudos de André de Gouveia publicado em Bordéus por E. Vinet*. Texto latino revisto por Alfredo de Carvalho […], Coimbra,

o que diz respeito ao ensino-aprendizagem, desde as primeiras letras atá aos "philosophiae doctores", a língua franca em que está redigido, a similitude de objectivos entre as duas instituições que André de Gouveia regentou, o número elevado de mestres que já tinham praticado aquele método terão tornado desnecessária a redacção de um regulamento de estudos específico para o Colégio das Artes[55].

Aparece clara neste regulamento a divisão em classes – que em tempos haviam sido doze mas que no momento da edição eram apenas nove, sendo, porém, de toda a conveniência, diz Vinet, que se fixassem no número de dez – da décima à primeira, por ordem ascendente. Não nos poderemos deter na análise pormenorizada deste regulamento que obedece aos dois princípios fundamentais do *modus parisiensis* – um que já mencionámos, a ordem na progressão do mais simples ao mais

---

Alves e Mourão, 1947. Apesar da data tardia da sua publicação (1583), o seu editor, Elias Vinet (um dos companheiros de Gouveia no Colégio da Guiana e também no Colégio das Artes de Coimbra) atribui a sua autoria ao humanista português: "André de Gouveia, lusitano, Principal do Colégio de Bordéus, homem talhado para educar virtuosamente a juventude, assessorado pelo conselho de Mathurin Cordier, Claude Budin e outros professores franceses especializados nesse assunto, tinha organizado a sua escola com óptima disciplina e irrepreensível método de ensino". Refere depois Vinet que, com a saída de Gouveia e a sua morte, se tinha deteriorado essa disciplina, o que o levou a propor ao novo Principal João Gélida que publicasse o regulamento, no sentido de repristinar o excelente método que antes vigorara. Tal não foi possível de imediato: "o que ele começara, uma vez que, depois que morreu, me veio por acaso parar às mãos, pensei compará-lo com aquelas normas primitivas que eu conhecia (trabalhei sob a direcção de Gouveia em Bordéus à volta de seis anos) e dá-lo à estampa para utilidade pública, segundo as minhas possibilidades, para que não falte aos vindouros um meio através do qual conheçam e observem um método de ensino que sempre foi julgado excelente" (*Schola Aquitanica*, p. 13).

[55] É esse também o sentir de Nair de Nazaré Castro Soares, "Pedagogia humanista no Colégio das Artes ao tempo de Anchieta", in *Actas do Congresso Internacional "Anchieta em Coimbra – Colégio das Artes da Universidade (1548-1998)*, Porto, Fundação Eng. António de Almeida, 2000, vol. III, pp. 1039-1065, ao afirmar: "O próprio regulamento da Schola Aquitanica, da autoria de André de Gouveia, que elevou o Colégio de Bordéus a um dos mais afamados em França, serviu de base ao magistério dos 'bordaleses' no Colégio das Artes de Coimbra" (p. 1046). O texto deste regulamento serve, de facto, à explanação que esta autora faz do percurso pedagógico.

complexo, o outro a constante exercitação prática, quer no trabalho quotidiano, quer nas apresentações públicas.

A título de exemplo, referirei apenas o modo de iniciação às primeiras letras (lembrando que o Colégio das Artes tinha também dois professores destinados a esse ensino). Os estudantes da décima classe (denominados "alfabetários" ou "abecedários") são ainda crianças, algumas menores de sete anos e tinham dois livros de apoio: um deles com as vinte e três letras do alfabeto, o Pai-Nosso, os sete salmos penitenciais; o outro, que também se chamava o livro dos pequeninos, com as primeiras declinações dos substantivos e dos verbos. Nesta décima classe, havia ainda várias subdivisões, ou bancos, sendo o primeiro banco o dos mais adiantados, os quais tinham a sua lição nos sete salmos. A estes, em grupos de dois ou três, o mestre, sempre pronunciando antecipadamente o que lhes manda repetir, inicia na junção das letras:

> "Por exemplo, se a lição for do princípio do quarto daqueles salmos, o professor diz a primeira palavra, *Miserere*, e os meninos a seguir, *Miserere*. Depois o mestre nomeia as letras, forma as sílabas dessa palavra, *m, i, mi*; e os discípulos, *m, i, mi*. E ele, *s, e, se, mise*; e os discípulos, *s, e, se, mise*. O professor, *r, e, re, miserere*; e os alunos, *r, e, re, miserere*".

Do mesmo modo as restantes palavras, uma a uma, até formar o primeiro versículo que, depois de assim trabalhado, era recitado por todos em uníssono sempre depois de o professor o enunciar: *Miserere mei Deus, secundum magnam misericordiam tuam*.

Se isto se passava com os melhores (da décima classe), já os do segundo banco abordavam o primeiro salmo penitencial, *Domine ne in furore tuo*: sendo mais atrasados, servia-se o professor do auxílio dos do primeiro banco que apontavam com uma vara as letras e as sílabas quando ele as pronunciava. O terceiro banco aprendia o cântico de Maria (*Magnificat*), o quarto o Pai-Nosso, o quinto as letras individualmente. Da prática oral passava-se à escrita – letra, sílaba, palavra, alguma frase que o professor escrevia para eles imitarem, corrigindo de imediato: "e se, por acaso, a algum lhe apetece, o que não é raro acontecer, desenhar no seu papel uma figura humana, um cão, um cavalo, uma árvore, ou outra, não se castigue por isso a criança, tendo ela cumprido o resto que se lhe pedia." (p. 16).

A progressão é depois contínua, baseada na memorização, na leitura em latim e em vernáculo, no exame de textos e de autores que se tornam canónicos[56], transitando os alunos, como já dissemos, de classe em classe, de acordo com o seu progresso pessoal. O princípio que preside é o de estudar a estrutura gramatical, nunca porém descarnada ou desligada da interpretação dos textos, expressão prática e exemplar do uso da língua. Nos quatro últimos níveis começa-se o estudo da Retórica que culminará na primeira classe ("e se esta e as que a precedem são todas classes de gramática, contudo nas quatro superiores e sobretudo nesta primeira, estuda-se a Retórica. Suetónio diz-nos que, no Lácio, os gramáticos antigos tinham esta prática"[57]); e, na segunda e primeira classes, também se lia História à hora do meio-dia e os autores latinos mais exigentes; a prática activa ia agora para o exercício declamatório, privado (na sua própria sala) e também público, a partir do 1 de Novembro na Aula (Gouveia descrevera este espaço amplo, ocupado regularmente pela classe que costumava ser a mais numerosa, a nona), à uma hora depois do meio dia, depois de convocados todos os estudantes pelo som da campainha.

7. Parece não haver um sentido unívoco – nem um uso uniforme – para o vocábulo Artes: para os que se graduam de bacharel, licenciado e mestre, o curso de Artes identifica-se com o estudo da Filosofia, sobre cujos textos são interrogados nos exames de acesso a esses graus. Mas verificámos que nesta fase final se exige igualmente o estudo dos saberes matemáticos. Será impossível, além disso, dissociar esta etapa de todo um percurso anterior que se destina a iniciar e depois a adquirir a mestria na arte da palavra, escrita e oral, naquilo que já enunciámos como o ideal da expressão literária. O Colégio das Artes foi assim uma vasta empresa, inserida no seu tempo e precedida por experiências pedagógicas de idêntico sentido e objectivos, às quais se pode ligar sem solução de continuidade, congregando um leque muito variado de saberes, mas cujo núcleo central é, sem dúvida, constituído pela Gramática, entendida no sentido mais amplo – englobando linguística e literatura – tendo como coroamento a "copiose loquens sapientia", a Eloquência que é Sabedoria.

---

[56] Para o desenvolvimento deste tópico remetemos para o trabalho, já referido, de Nair Castro Soares, "Pedagogia humanista".

[57] *Schola Aquitanica*, p. 24.

José Abreu*
Paulo Estudante*

A PROPÓSITO DOS LIVROS DE POLIFONIA IMPRESSA EXISTENTES NA BIBLIOTECA GERAL DA UNIVERSIDADE DE COIMBRA
Uma homenagem ao musicólogo pioneiro Manuel Joaquim[1]

O património musical português poderá muito bem ser uma das principais riquezas culturais do país. Esta é, no entanto, uma afirmação que, hoje, para poder ser conjugada no Presente, carece ainda de fundamento. De facto, não deixa de ser curioso que, em 2011, a comunidade científica portuguesa não tenha uma ideia minimamente precisa do espólio musical nacional. Neste início da segunda década do século XXI, Portugal não dispõe de um catálogo (ou sequer de um inventário)

---

* Faculdade de Letras da Universidade de Coimbra, Instituto de Estudos Artísticos | Estudos Musicais. Membros do Centro de Investigação em Ciências e Tecnologia das Artes (CITAR), Univ. Católica, Porto.

[1] "A propósito dos livros de polifonia existentes no Paço Ducal de Vila Viçosa" (*Anuario Musical*, 1947) é o título de que nos apropriamos para prestar homenagem a um dos principais pioneiros da Musicologia Portuguesa, Manuel Joaquim. É seguramente graças ao incansável labor deste musicólogo, nos diferentes arquivos do país, que hoje podemos ter uma imagem um pouco mais nítida do património musical nacional. Tal como em 1947 aquele era o artigo preparatório de um catálogo dos livros de polifonia que se encontram no Palácio Ducal dos Bragança, também agora este nosso contributo é o primeiro resultado da publicação a breve trecho do catálogo da música polifónica impressa dos séculos XVI e XVII conservada na Biblioteca Geral da Universidade de Coimbra.

das fontes musicais conservadas a nível nacional, seja qual for o período cronológico considerado.

Esta é uma tarefa que tarda em ter lugar desde um século XIX rico em eventos que conduziram à perda e ao disseminar das fontes. Uma tarefa que tarda face a um positivismo inscrito na actividade científica europeia dos dois últimos séculos mas que teve expressão reduzida na Musicologia portuguesa. Compare-se, a título ilustrativo, com a vizinha Espanha. Neste país, durante todo o século XX mas sobretudo na segunda metade, um punhado de musicólogos pioneiros, fizeram um trabalho continuado de levantamento e identificação das fontes musicais e outros documentos pertinentes para o estudo da actividade musical (actas capitulares, livros de despesa da fábrica e obra, etc.). Um trabalho essencialmente de índole positivista que conduziu a que um número considerável de instituições eclesiásticas espanholas tenham hoje os seus arquivos musicais catalogados e a respectiva publicação disponível[2]. Mesmo que esta grande concentração de trabalhos positivistas seja, actualmente, objecto de crítica por parte de colegas espanhóis[3], a verdade é que a musicologia espanhola pode hoje

---

[2] Muitos desses musicólogos pioneiros espanhóis eram eclesiásticos. Eis a justificação para que uma parte considerável dessa investigação de base tenha sido concentrada em instituições religiosas. Personagens como Higinio Anglès, Samuel Rubio, Josep Maria Llorens, José López-Calo, Dionisio Preciado ou Pedro Calahorra, entre outros, trouxeram a lume catálogos dos arquivos musicais de catedrais, mosteiros ou conventos, compilações das actas capitulares dos séculos XVI, XVII e XVIII relativas à vida musical dessas instituições, ou ainda monografias musicais, mais ou menos detalhadas. Merece particular destaque a acção desencadeada por José López-Calo, sacerdote jesuíta que desde 1953, com o apoio da Fundación Juan March, percorreu dezenas de arquivos de catedrais espanholas levantando sistematicamente a informação de pertinência musical. O trabalho de López-Calo foi de tal forma seminal que a sua metodologia e modelo de monografia (lançado com a sua tese de doutoramento, de 1963, sobre a actividade musical na Catedral de Granada durante o século XVI) foram, durante muito tempo, mimetizados. Para um breve enunciado das publicações de catálogos e monografias referente às instituições musicais espanholas, veja-se por exemplo, mesmo que um pouco desactualizada, a lista publicada em Miguel A. Marín, *Seminario La Catedral como institución musical (1500-1800), Ávila, 10, 11 y 12 de Mayo 1996: dossier bibliográfico*, Ávila, s.n., 1996.

[3] Ver Emílio Ros-Fábregas, "Historiografia de la música en las catedrales españolas: nacionalismo y positivismo en la investigación musicológica",

dar-se ao luxo de reclamar mais trabalhos de reflexão ou interpretativos simplesmente porque tem uma base documental consequente onde assentar essa segunda natureza de trabalho[4].

Os arquivos musicais espalhados por Portugal, para além de alguns exercícios isolados de inventariação (por vezes muito rudimentares), conhecem sobretudo a intervenção da Comissão de Musicologia do Serviço de Música da Fundação Calouste Gulbenkian. Criada em 1958, esta Comissão, animada por Maria Madalena de Azeredo Perdigão e orientada cientificamente por Macário Santiago Kastner, propõe-se, nas palavras deste último, "hacer inventario del património musical esparcido por archivos y bibliotecas". Em 1960, Kastner indica que um "programa harto ambicioso ya se halla en vías de ejecución. [...] se está dando principio a la catalogación, en algunas bibliotecas, de impresos y manuscritos musicales"[5]. Assim, desde 1960 até ao início da década de 1990, a Fundação Calouste Gulbenkian terá empreendido a catalogação de vários acervos nacionais[6]:

CODEXXI. Revista de la Comunicación Musical, vol. 1, 1998, pp. 68-135; ou Maria Gembero Ustarroz, "El patrimonio musical español y su gestión", Revista de Musicologia, XXVIII, 2005, pp. 135-181, em particular a secção 4.1, p. 170 ss..

[4] Em jeito de contraponto, é eloquente recordar o número de monografias musicais de instituições religiosas portuguesas hoje publicadas. Se não considerarmos um pequeno número de opúsculos, de relevância variável, a realidade nacional resume-se a duas publicações, uma sobre a Sé de Évora (José Augusto Alegria, *História da Escola de Música da Sé de Évora*, Lisboa, Fundação Calouste Gulbenkian, 1973) e outra sobre o Mosteiro de Santa Cruz de Coimbra (Ernesto Gonçalves de Pinho, *Santa Cruz de Coimbra: Centro de Actividade Musical nos Séculos XVI e XVII*, Lisboa, Fundação Calouste Gulbenkian, 1981). Ambas têm hoje mais de 30 anos e necessitam, claramente, de serem revistas à luz de novas metodologias e preocupações.

[5] M.S. Kastner, "Veinte años de Musicologia en Portugal (1940-1960)", *Acta Musicológica*, vol. 32, 1960, pp. 1-11; p. 3.

[6] A lista de fundos musicais apresentada foi reunida a partir de (†) Manuel Carlos Brito, "Musicology in Portugal since 1960", *Acta Musicologica*, vol. 56, 1984, pp. 29-47 (p. 30), e (‡) Rui Vieira Nery, "Fundação Calouste Gulbenkian", *Enciclopédia de Música em Portugal no Século XX*, 2010, Vol. 2, pp. 535-48 (p. 546). Foram apenas acrescentados os Arquivos Distrital e da Sé de Viseu os quais, curiosamente, não são mencionados por nenhum dos autores.

- Biblioteca Pública de Braga[†],
- Arquivo da Sé de Viseu,
- Arquivo Distrital da Viseu,
- Arquivo da Sé de Lamego[‡],
- Biblioteca Geral da Universidade de Coimbra[†‡],
- Arquivo da Sé de Évora[†‡],
- Arquivo Distrital de Évora[‡],
- Biblioteca Pública de Évora[†‡],
- Academia de Ciências de Lisboa[†‡],
- Arquivo Musical da Fábrica da Sé Patriarcal de Lisboa[†‡],
- Biblioteca Nacional de Lisboa[†‡],
- Biblioteca do Palácio Nacional de Mafra[†‡],
- Biblioteca Pública Municipal do Porto[†‡],
- Biblioteca do Paço Ducal de Vila Viçosa[†‡].

Uma iniciativa que responde, no início da segunda metade do século XX, àquela que era a primeira necessidade da Musicologia portuguesa: identificar o património musical que sobreviveu às vicissitudes do tempo. No entanto, talvez devido ao falecimento em 1989 da principal fomentadora, Maria Madalena de Azeredo Perdigão, este desígnio não culminou nem na completa catalogação dos acervos empreendidos nem sequer na publicação da totalidade da informação coligida. Para os 14 fundos musicais enunciados acima, o Serviço de Música da Gulbenkian apenas publicou quatro catálogos (sendo o mais recente de 1989)[(7)].

[(7)] Os quatro catálogos publicados pela Fundação Calouste Gulbenkian são: José Augusto Alegria, *Arquivo das Músicas da Sé de Évora: Catálogo*, 1973; Idem, *Biblioteca Pública de Évora: Catálogo dos fundos musicais*, 1977; Idem, *Biblioteca do Palácio Real de Vila Viçosa: Catálogo dos fundos musicais*, 1989; João Maria Borges de Azevedo, *Biblioteca do Palácio Nacional de Mafra: Catálogo dos fundos musicais*, 1985. Muita da informação seguramente levantada durante este período acabou por nunca ter sido publicada aguardando-se até hoje, por exemplo, a saída do catálogo de um dos fundos musicais portugueses mais relevantes, o do Arquivo da Fábrica da Sé Patriarcal de Lisboa (ver "Arquivos, Bibliotecas e Museus", *Enciclopédia de Música em Portugal no Século XX*, Círculo dos Leitores, 2010, vol. 1, pp. 49-72; p. 63). Ressalve-se, no entanto, que a FCG deixou inventários (alguns parciais) como documentos internos em alguns fundos (Biblioteca Geral da Universidade de Coimbra, Sé de Lamego (hoje na Câmara Eclesiástica de Lamego), Sé e Arquivo Distrital de Viseu, Sé Patriarcal de Lisboa). É ainda curioso constatar que a informação comunicada pelo Serviço de Música ao projecto

Mesmo considerando alguns outros catálogos editados aproximadamente na mesma altura, fora do círculo da Gulbenkian⁽⁸⁾, é difícil concordar com as conclusões de Manuel Carlos de Brito no balanço que faz, em 1984, da actividade musicológica portuguesa. Segundo este autor, a tarefa de catalogação dos nossos fundos foi a bem mais sucedida dos últimos vinte anos (1960-1984) afirmando como estando inventariados praticamente todos os acervos abordados pela Fundação Calouste Gulbenkian (Brito refere apenas os arquivos assinalados com † na lista acima)⁽⁹⁾. O autor defende que graças a esse trabalho de inventariação generalizado "já dispomos de uma informação bastante completa sobre as fontes musicais que se conservam nas bibliotecas portuguesas, e sobre aquelas que estão espalhadas por várias bibliotecas estrangeiras e do Novo Mundo, e é pouco provável que se possam esperar surpresas importantes neste campo"⁽¹⁰⁾.

---

internacional *Repértoire International des Sources Musicales* (RISM) ficou muito aquém daquela que sabemos ter sido levantada. Uma situação que é urgente corrigir tendo em conta que o RISM é a principal referência internacional para a localização das fontes musicais anteriores a 1800.

⁽⁸⁾ António A. Ferreira da Cruz, Carlos F. Pimentel, *Inventário dos inéditos e impressos musicais: subsídios para um catálogo*, Coimbra, 1937; Manuel Joaquim, *Vinte livros de música polifónica do Paço Ducal de Vila Viçosa*, Lisboa, Fundação Casa de Bragança, 1953; Mariana Amélia Machado Santos, *Catálogo da Música Manuscrita*, 9 vols., Lisboa, 1958-68; Maria Luísa Lemos, "Impressos musicais da Biblioteca Geral da Universidade de Coimbra", *Boletim da Universidade de Coimbra*, Coimbra, 1980; Luís Cabral, *Biblioteca Pública Municipal do Porto: Catálogo do fundo de manuscritos musicais*, Porto, 1982.

⁽⁹⁾ "[…] musicology in Portugal has been mainly concerned with the country's own musical heritage, and in particular with the tasks of inventorying, cataloging and publishing it. This has certainly been the most successful achievement during the period under consideration [1960-1984], owing mainly to the activity of the Gulbenkian Foundation Music Department. […] It should thus already be possible to form a fairly clear picture of the music that has been preserved in Portuguese libraries.[…]", Manuel Carlos de Brito, "Musicology in Portugal since 1960", *Acta Musicologica*, vol. 56, 1984, pp. 29-47; pp. 30-31.

⁽¹⁰⁾ Ver Manuel Carlos Brito, "As relações musicais portuguesas com a Espanha, a Itália e os Países Baixos durante a Renascença", *Estudos de História da Música em Portugal*, Editorial Estampa, 1989, pp. 43-54; pp. 43-4 (publicado originalmente em 1984 na *Current Musicology*, vol. 37/38, 1984, pp. 113-25).

Esta opinião de Manuel Carlos Brito reflecte um sentimento que parece generalizar-se durante os trinta anos seguintes. A "fase filológica" da Musicologia portuguesa é considerada como ultrapassada e ganha mesmo uma conotação depreciativa. Assume-se que a inventariação das fontes musicais está concluída, pelo menos no essencial, e assiste-se ao afastamento dos investigadores dos arquivos. Consciente ou inconscientemente, saltam-se etapas e procura-se responder a uma agenda internacional com trabalhos de tipo interpretativo ou de reflexão sem, no entanto, ter os reais alicerces de um conhecimento profundo dos nossos arquivos (seja das fontes musicais, seja das documentais em torno das instituições musicais). É indiscutivelmente delicado assegurar a robustez das conclusões de uma reflexão em torno de um compositor ou de uma obra, por exemplo da Sé de Coimbra ou de Lisboa quando, ainda hoje, não dispomos de uma monografia musical sólida de qualquer uma destas catedrais ou ainda não temos a plena consciência de qual o repertório sobrevivente que podemos realmente associar às instituições.

O entusiasmo de Manuel Carlos Brito, seguramente compreensível à luz das promessas associadas ao fervilhar do Serviço de Música da Fundação Gulbenkian, não se confirma, infelizmente, nos anos seguintes. De facto, em 2011, se considerarmos a quase meia centena de fundos musicais nacionais (de música escrita) identificados pela *Enciclopédia de Música em Portugal no Século XX*[11], parece reduzir-se a pouco mais do que uma dúzia o número de catálogos de fontes musicais anteriores a 1800 hoje publicados (muitos deles parciais)[12].

---

[11] VV.AA., "Arquivos, Bibliotecas e Museus", *Enciclopédia de Música em Portugal no Século XX*, Círculo dos Leitores, 2010, vol. 1, pp. 49-72.

[12] António A. Ferreira da Cruz, Carlos F. Pimentel, *Inventário dos inéditos e impressos musicais: subsídios para um catálogo*, Coimbra, 1937; Manuel Joaquim, *Vinte livros de música polifónica do Paço Ducal de Vila Viçosa*, Lisboa, Fundação Casa de Bragança, 1953; Mariana Amélia Machado Santos, *Catálogo da Música Manuscrita* [Biblioteca da Ajuda, Lisboa], 9 vols., Lisboa, 1958-68; José Augusto Alegria, *Arquivo das Músicas da Sé de Évora: Catálogo*, Lisboa, FCG, 1973; José Augusto Alegria, *Biblioteca Pública de Évora: Catálogo dos fundos musicais*, Lisboa, FCG, 1977; Maria Luísa Lemos, "Impressos musicais da Biblioteca Geral da Universidade de Coimbra", *Boletim da Universidade de Coimbra*, Coimbra, 1980; Luís Cabral, *Biblioteca Pública Municipal do Porto: Catálogo do fundo de manuscritos musicais*, Porto, 1982; João Maria Borges de Azevedo, *Biblioteca do Palácio Nacional de Mafra: Catálogo dos fundos musicais*, Lisboa, FCG, 1985; José Augusto Alegria,

Um cenário paupérrimo que parece corresponder à situação descrita acima de afastamento dos arquivos por parte dos musicólogos. Um fenómeno curioso que seguramente, entre as muitas possíveis causas, se encontra a já referida impressão geral que essas "tarefas menores" de inventariação e catalogação dos nossos arquivos musicais estariam hoje praticamente cumpridas. Nem de propósito, é a recente *Enciclopédia de Música* que nos mostra que esse "afastamento" ainda vigora. A redacção da entrada sobre os arquivos e bibliotecas portuguesas enferma, também ela, das consequências de não terem sido consultados directamente os diferentes acervos: a informação sobre o conteúdo de alguns arquivos ou bibliotecas está incompleta ou errada; inventários ou catálogos presentes em diversas instituições enquanto documentos internos (não publicados) mas fundamentais instrumentos de pesquisa não são referidos[13].

Em suma, o tratamento mais elementar dos fundos musicais portugueses, o simples conhecimento de quais foram realmente as fontes

---

Biblioteca do Palácio Real de Vila Viçosa: Catálogo dos fundos musicais, Lisboa, FCG, 1989; Adélio Abreu et al., *Inventário dos manuscritos de cantochão da Biblioteca do Seminário Maior do Porto*, Porto, sep. da revista *Atrium*, n. 9, 1991, pp. 65-118; José Maria Pedrosa Cardoso, *Fundo Musical: Século XVI ao Século XIX*, Lisboa, Santa Casa da Misericórdia, 1995; Owen Rees, *Polyphony in Portugal c.1530-c.1620: sources from the Monastery of Santa Cruz, Coimbra*, London & New York, Garland Publishing, 1995 (apesar de não se tratar propriamente de um catálogo, a segunda parte desta publicação, dedicada aos manuscritos polifónicos do séc. XVI da BGUC, não deixa de ser a descrição mais completa que temos dessas fontes); Rui Lopes Cabral, *Inventário preliminar dos livros de música do Seminário da Patriarcal*, Lisboa, Biblioteca Nacional, Centro de Estudos Musicológicos, 1999; José Maria Pedrosa Cardoso, *Catálogo do fundo musical histórico do Seminário de S. José de Faro* (no prelo). Mais recentemente, bibliotecas como a Nacional ou a BGUC têm procurado oferecer *online* o catálogo dos seus conteúdos incluindo, em certa medida, as fontes musicais (chegando mesmo a facultar a digitalização de algumas dessas obras; vejam-se os projectos *Biblioteca Nacional Digital*, bnd.bn.pt, ou *Alma mater,* almamater.uc.pt). No entanto, estes catálogos electrónicos apoiam-se, de uma forma geral, nos trabalhos já existentes não correspondendo, na realidade, a novos esforços de catalogação.

[13] Não são referidos, por exemplo, o *Inventário da Secção de Música da Biblioteca Municipal de Elvas* de Domingos Lavadinho (1946) ou o *[Catálogo dos] Livros de Coro [e] Livros Pontificais* da mesma instituição elvense; ou os catálogos policopiados da Sé e do Arquivo Distrital de Viseu feitos por Rui Vieira Nery e Miguel Sobral Cid, ou até as famigeradas *Fichas Verdes* relativas aos manuscritos musicais da BGUC.

musicais que sobreviveram, é hoje ainda muito lacunar. Permanece urgente a necessidade de mais "trabalho de terreno", directamente nos arquivos. Era importante que os investigadores reencontrassem o gosto por um positivismo crítico que acautelasse a competente e sistemática identificação e tratamento das fontes de pertinência musical a par com contribuições de carácter mais interpretativo[14].

O espólio musical da Biblioteca Geral da Universidade de Coimbra: resenha da sua constituição e tratamento

A portaria governamental de 9 de Julho de 1834 que coloca à disposição do Vice-Reitor da Universidade os "livros raros" das bibliotecas das extintas ordens religiosas da cidade de Coimbra é seguramente o ponto de partida para a constituição do extraordinário fundo musical da Biblioteca Geral da Universidade de Coimbra (BGUC). Segue-se a formação de um enorme depósito de impressos e manuscritos provenientes do Colégio dos Militares, do Colégio de S. Paulo, do Colégio de S. José dos Marianos, do Colégio de S. Bento e do Mosteiro de Santa Cruz[15].

---

[14] Uma preocupação próxima da que vem sendo expressa, ao longo dos últimos anos, por João Pedro d'Alvarenga. Este investigador, cuja profusa produção científica é seguramente a melhor excepção à situação descrita, enceta a sua tese de Doutoramento com as seguintes palavras: "Não há, creio, introdução ou prefácio a obra historiográfica de maior vulto sobre a música em Portugal que não ressalve, ora a debilidade, ora a escassez da investigação musicológica de base no nosso País [...] Há anos, em texto de circunstância, insisti na necessidade de a musicologia nacional 'regressar, pragmaticamente, à 'fase filológica' e concentrar-se na investigação séria e metódica de fontes primárias, na edição de repertório e na sua inter-relacionação', como condição para a verificação das hipóteses que permitiriam contextualizar globalmente a música em Portugal e obter dela um panorama mais plausível, 'sem os enviesamentos provocados pela despreocupada reprodução de 'factos' e generalizações mais ou menos absolutistas construídas na base de leituras quantas vezes acríticas de corpos documentais desconexos fornecidos pelo acaso ao conhecimento de investigadores e curiosos'." João Pedro d'Alvarenga, *Polifonia portuguesa tardo-quinhentista: estudo de fontes e edição crítica do* Livro de São Vicente, *manuscrito P-Lf FSVL 1P/H-6*, Diss. de Doutoramento, Universidade de Évora, 2005, vol. I, pp. xi-xii.

[15] Florêncio Mago Barreto Feio, *Memoria histórica e descriptiva acerca da Biblioteca da Universidade de Coimbra, e mais estabelecimentos annexos*, Coimbra, Imprensa da Universidade, 1857, pp. 87-8, 92-3.

Os anos que se seguem, amiúde com notícias de desaparecimento e roubo de livros, parecem mostrar uma divisão do espólio entre o edifício do Colégio das Artes e uns espaços anexos à *Livraria* da Universidade (a actual Biblioteca Joanina). Neste último espaço teriam sido recolhidos os itens considerados mais importantes (22822 volumes segundo uma notícia de 1856) com o restante a ser remetido para o depósito geral do Colégio das Artes (102300 volumes segundo uma notícia de 1849). Foram ainda seleccionados alguns livros para "as diversas Faculdades da Universidade [...] formarem livrarias especiaes"[16].

Em Setembro de 1853, quando aparentemente já decorriam alguns trabalhos de inventariação e acondicionamento das espécies, o depósito do Colégio é "tumultuosamente" mudado para o antigo Hospital de Nossa Senhora da Conceição[17]. Deste depósito, agora no antigo Hospital, entendido que a *Livraria* e diferentes Faculdades já se tinham servido, é ordenado em 1855 fazer catálogo, atribuir preços aos diferentes volumes e disponibilizá-lo, nacional e internacionalmente, para vendas e transacções[18]. Não sabemos quantos desses volumes foram efectivamente vendidos, dentro e fora do país, para instituições ou privados[19]. Este imenso espólio proveniente dos antigos colégios religiosos de Coimbra e, sobretudo, do Mosteiro de Santa Cruz, mesmo se apenas parcialmente recolhido sob os auspícios da Universidade, constitui a pedra angular daquele que é hoje seguramente um dos fundos musicais mais relevantes da Europa.

---

[16] *Idem*, pp. 100, 121-133, 162-165.

[17] *Idem*, p. 89. Era necessário preparar o antigo Colégio das Artes para as suas novas funções de Liceu Nacional. Terá sido nesta altura (e com nova mudança em 1871 para o Colégio de S. Bento) que o Liceu (futuro D. João III e José Falcão) acolhe na sua biblioteca os livros antigos que foram dos dois Colégios, Artes e S. Bento. Este fundo antigo será mais tarde (parcialmente?) incorporado pela BGUC.

[18] *Idem*, pp. 162-165.

[19] Regularmente, vão surgindo notícias desses livros de outrora, nomeadamente provenientes do Mosteiro de Santa Cruz de Coimbra, em mãos privadas ao longo de todos estes anos e agora colocados à venda em leilões nacionais e internacionais. O exemplo mais recente foi o de um *Missarum Liber primus* (1546) de Cristóbal de Morales, com título de posse da comunidade crúzia e pertencente à colecção de Alfonso Cassuto, leiloado no passado dia 17 de Outubro 2011 em New York. Apesar da tentativa de aquisição envidada pela Universidade de Coimbra, o livro acabou por ser vendido a uma instituição americana.

Na história da constituição do fundo musical da BGUC, sobretudo no que diz respeito às fontes anteriores ao século XIX, é ainda importante adicionar a acção da associação cultural *Polyphonia*, nomeadamente na figura do seu presidente, Mário de Sampayo Ribeiro (1898-1966). Graças a este pioneiro da musicologia nacional, as décadas de 50 e 60 do século XX vão corresponder a outro importante contributo para a construção do património musical da Universidade. Sampayo Ribeiro localiza vários manuscritos musicais em tempos forjados pela actividade musical do Mosteiro de Santa Cruz. Com o apoio financeiro do melómano e industrial Carlos Aleluia, das cerâmicas *Aleluia* de Aveiro, o musicólogo consegue adquirir esses manuscritos espalhados por colecções privadas e doá-los à BGUC (ver Figura 1).

Entre os muitos manuscritos assim integrados na Biblioteca encontram-se alguns dos mais pertinentes para a História da Música de Coimbra e nacional. Considere-se, a título de exemplo, o conjunto de dezanove manuscritos, os *Catarpácios*, preenchidos com centenas de obras, em grande parte ainda por estudar mas absolutamente fundamentais para a compreensão do nosso século XVII e proeminência do Barroco musical português no contexto europeu (ver Figura 2)[20].

---

[20] O fundo musical e musicológico da BGUC vai ser ainda enriquecido durante o século XX graças à aquisição ou doação de importantes espólios privados. O primeiro entre eles, uma doação de 1942 pelos filhos do proprietário, pertenceu a Francisco Lopes Lima de Macedo Júnior (c1859-1939). Personagem intimamente ligado a Coimbra, lente de música no Liceu José Falcão e organista da Capela de S. Miguel, o seu espólio enriquece a Biblioteca com um património excepcional relativo à vida musical da cidade, em particular da Universidade, durante o século XIX e início do XX. Em 1994, a BGUC decide adquirir o espólio privado de Manuel Joaquim (1894-1986). Quando este acervo for finalmente catalogado, ficará acessível à comunidade científica a correspondência assim como as notas pessoais das muitas investigações deste pioneiro, a maioria delas inéditas, e todas da maior relevância. Quis ainda o acaso que a compra deste acervo permitisse enriquecer um pouco mais o fundo musical proveniente do Mosteiro de Santa Cruz com a entrada de uma importante fonte manuscrita do século XVII (Ms. MJ1), a qual estaria na posse de Manuel Joaquim pelo menos desde 1938. Finalmente, assistimos ainda à entrada dos espólios privados do compositor Manuel Faria (doado pela família em 1983) e da musicóloga Maria Augusta Alves Barbosa (doado pela própria em 1998). O acervo de Manuel Faria compreende as fontes manuscritas de grande parte da produção musical do compositor minhoto. A docente da Faculdade de Letras, Maria Augusta Alves

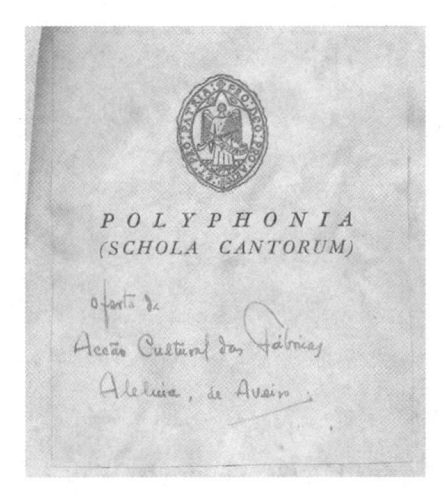

Figura 1 - Exemplo do selo da associação *Polyphonia*
presente em vários manuscritos da BGUC

Assim, quando nos apercebemos da forma como foi constituído, da sua proveniência e, consequentemente, do seu valor verdadeiramente ímpar nos panoramas nacional, ibérico ou mesmo europeu, não deixa de ser absolutamente extraordinário que o fundo musical da BGUC não tenha conhecido até hoje, 2011, uma catalogação sistemática. A primeira tentativa de organização do fundo musical parece ter acontecido sob a direcção de João Providência e Costa (1932-40), ainda no edifício da Biblioteca Joanina. O resultado foi, em 1937, a publicação de um primeiro inventário do espólio musical da BGUC com o *Inventário dos inéditos e impressos musicais*[21]. Incompleta e muito pouco rigorosa, esta obra é

Barbosa, lega à Universidade uma significativa colecção de fontes secundárias, numerosos microfilmes de fontes primárias (algumas delas hoje de acesso difícil) e os resultados das suas investigações, nomeadamente em torno da figura do compositor e teórico quinhentista Vicente Lusitano. Uma última nota para recordar o recente depósito na BGUC de nove volumes manuscritos de cantochão até agora conservados no Museu Machado de Castro e na Capela da Universidade.

[21] António Cruz, Carlos Pimentel, Coimbra, Imprensa da Universidade de Coimbra, 1937.

Figura 2 – Fólio de um dos *Catarpácios* (MM 227) do séc. XVII
(conjunto de manuscritos em grande parte ainda por estudar)

rapidamente objecto de crítica[22] nunca chegando a ser uma referência ou mesmo um bom ponto de partida para trabalhos subsequentes.

---

[22] Ver, por exemplo, Mário de Sampayo Ribeiro, "A Música em Coimbra", *Biblos – Revista da Faculdade de Letras da Universidade de Coimbra*, vol. XV, Coimbra, 1939, pp. 439-466; p. 450, nota de rodapé n. 2.

Os anos seguintes são preenchidos com alguns artigos isolados de carácter relativamente geral ou estudos detalhados sobre um número reduzido de fontes primárias[23]. É necessário aguardar pela década de sessenta para termos uma nova tentativa de catalogação, agora mais consequente e rigorosa. Ao serviço da Fundação Calouste Gulbenkian, Manuel Joaquim empreende a redacção de uma ficha detalhada para cada um dos manuscritos musicais conservados na BGUC. Infelizmente, nem Manuel Joaquim nem o seu sucessor Carlos Dinis Cosme (sempre ao serviço da Fundação Gulbenkian) conseguirão terminar a tarefa ficando-se apenas pelos primeiros 256 manuscritos. Desse período, o único trabalho aparentemente completo foi o *Catálogo dos Impressos Musicais da Biblioteca Geral da Universidade de Coimbra*, pelo mesmo Manuel Joaquim. Os dois exercícios de inventariação que se seguem, o de Maria Luísa Lemos, publicado em 1980, *Impressos Musicais da Biblioteca Geral da Universidade de Coimbra*[24] assim como o documento interno da BGUC de 1992, o *Inventário dos Manuscritos Musicais da Biblioteca Geral da Universidade de Coimbra* de Carlos Travassos Cortez, são essencialmente apoiados nos trabalhos de Manuel Joaquim e Dinis Cosme. Na realidade, para além de tornar público parte do catálogo dos impressos musicais de Manuel Joaquim, estas duas últimas obras não trazem nada de substancialmente novo. Finalmente, a tese de doutoramento do musicólogo inglês Owen Rees, *Polyphony in Portugal c1530-c1620: sources from the Monastery of Santa Cruz*, publicada em 1995[25], não procurando ser um trabalho de catalogação das fontes da

---

[23] Eis os principais exemplos: Mário de Sampayo Ribeiro, "A Música em Coimbra", *Biblos – Revista da Faculdade de Letras da Universidade de Coimbra*, XV, Coimbra, 1939, pp. 439-466; Ugo Berti, *Ensaio com notas biográficas de um Catálogo dos manuscritos musicais da Biblioteca da Universidade de Coimbra*, Publicações da Biblioteca da Universidade de Coimbra, 1940; Mário de Sampayo Ribeiro, "Os manuscritos musicais de Coimbra e a sua catalogação", *Ocidente* 11, n. 31, 1940; Mário de Sampayo Ribeiro, *Os manuscritos musicais ns. 6 e 12 da Biblioteca Geral da Universidade de Coimbra: contribuição para um catálogo definitivo*, Achegas para a História da Música em Portugal, 5, Coimbra, Tipografia Atlântida, 1941; Macario Santiago Kastner, "Los manuscritos musicales núms. 48 y 242 de la Biblioteca General de la Universidad de Coimbra", *Anuário Musical*, Barcelona, 1950, pp. 76-96.
[24] Separata do *Boletim da Biblioteca da Universidade de Coimbra*, 1980.
[25] London & New York, Garland Publishing, 1995.

BGUC constitui, não obstante, a melhor referência bibliográfica para os manuscritos musicais do século XVI conservados na Universidade.

A BGUC conheceu, assim, ao longo de praticamente seis décadas, um conjunto desconexo e descoordenado, com diferentes graus de rigor, de tentativas de inventariação ou catalogação do seu fundo musical. Diferentes vicissitudes não permitiram que, até hoje, surgisse uma descrição sistemática, mesmo que apenas na forma de inventário, da totalidade do património musical da Universidade de Coimbra.

A colecção de livros impressos de música polifónica dos séculos XVI e XVII da BGUC

O presente trabalho, primeiro resultado de um projecto de catalogação sistemática do acervo musical da BGUC[26], concentra-se no fundo de música impressa, nomeadamente nos livros dos séculos XVI e XVII com repertório polifónico.

A BGUC preserva uma notável colecção de livros impressos de música polifónica dos séculos XVI e XVII. Esta colecção é a maior do género existente em Portugal agregando um conjunto de livros que compreende 69 edições. O repertório conservado nestes livros concentra-se no domínio sacro com uma presença mais modesta das esferas quer profana quer instrumental[27]. A quase totalidade destes livros impressos foi publicada num período que abrange cerca de cem anos – desde a edição em 1544 do *Missarum quinque vocibus, Secundus liber* de Cristóbal de Morales,

---

[26] Um projecto lançado sob os auspícios do antigo director da BGUC, Doutor Carlos Fiolhais, e que procura o necessário financiamento para que possa ser convenientemente executado. Os autores aproveitam para agradecer ao Doutor Carlos Fiolhais, ao Dr. Maia Amaral e à Dra. Isabel Ramires, assim como aos restantes colaboradores da BGUC, todo o apoio que lhes tem sido prestado. Os autores gostariam ainda de agradecer a generosa disponibilidade de Fernando Duarte Oliveira, Filipa Meneses e Giulia Tettamanti.

[27] Note-se, no entanto, que esta colecção constitui apenas um dos muitos segmentos do vasto fundo musical preservado na BGUC do qual, e apenas no que respeita ao período e ao repertório em estudo, valerá a pena destacar os valiosos livros manuscritos de música polifónica (cerca de meia centena).

à publicação em 1639 do *Liber missarum II* de Duarte Lobo[28], – tendo sido impressos nas principais oficinas de edição musical deste período, sobretudo as localizadas em Veneza, Roma e Antuérpia, mas também, nas oficinas ibéricas de Madrid, Sevilha e Lisboa.

Dentro deste admirável conjunto de livros de polifonia, podemos encontrar algumas edições *unica*, ou ainda edições das quais se conhece um número muito reduzido de exemplares. Destaca-se ainda as múltiplas nacionalidades dos compositores envolvidos sobressaindo o número de edições de compositores ibéricos (43%). De entre as colecções de livros impressos de música polifónica deste período, actualmente preservadas em diferentes arquivos, a da BGUC possui ainda a singularidade de reunir o maior número de edições de autores portugueses e o maior número de edições publicadas em Portugal no século XVII.

Apesar da enorme relevância e riqueza que a colecção de impressos congrega, o seu estudo específico permanece ainda por realizar. Neste contexto, pretende-se para este primeiro momento circunscrever o presente estudo aos aspectos mais pertinentes da colecção, nomeadamente os relativos à sua caracterização e descrição, à identificação das edições conservadas, tipos de edição (diferentes formatos), autorias, repertórios, impressores, locais e datas. Em suma, o objectivo central deste trabalho é dar a conhecer os aspectos essenciais das edições que constituem esta colecção, procurando fornecer um instrumento de trabalho que contribua para o conhecimento não só das fontes musicais existentes nos arquivos portugueses mas também do repertório musical impresso e respectivo impacto em Portugal.

Breve descrição da colecção dos impressos: edições em livro de coro

Durante os séculos XVI e XVII os livros de polifonia eram impressos em diversos formatos. Neste sentido e de acordo com o formato ou tipo de edição destes livros, esta colecção pode dividir-se em três grupos: edições impressas em formato de livro de coro (in-fólios, de uma forma

---

[28] Existem apenas duas edições mais tardias que não cabem dentro deste período: REBELO, 1657 (MI 67, 68, 318); e PITTONI, 1669 (MI 474 – encadernado com o MM 97).

geral); edições impressas em livros de partes separadas (in-oitavos) e edições de livros de música instrumental.

Os livros de coro adoptam a mesma designação que era atribuída aos livros de grandes dimensões de música manuscrita muito comuns nos finais do século XV e início do século XVI. Estes possuíam um formato que permitia um coro inteiro cantar a partir de um só livro e no qual cada voz aparece identificada numa parte específica de cada fólio. A norma consistia em escrever na parte superior do fólio as vozes mais agudas – *cantus* (esquerda) e *altus* (direita) – e na parte inferior as vozes mais graves – *tenor* (esquerda e *bassus* (direita). Dito de outro modo, no lado do verso do fólio encontramos o *cantus* e *tenor* e no lado do recto do fólio seguinte o *altus* e o *bassus*, como é ilustrado pela Figura 3, reprodução do *Liber missarum* de 1621 de Duarte Lobo. Estes livros contêm geralmente repertório sacro tendo como principal destinatário o coro de uma capela de uma instituição eclesiástica. São normalmente livros pesados tornando por vezes difícil a sua mobilidade.

Este primeiro grupo, constituído pelos livros de coro, de grande formato, reúne 27 edições[29] (ver Quadro 1). Entre estes volumes estão contempladas algumas edições repetidas, a saber[30]: *Liber missarum*, Antuérpia 1621, de Duarte Lobo que reúne 3 exemplares (MI 3, MI 4 e MI 5), *Motecta festorum totius anni*, Roma 1585, de Tomás Luis de Victoria que reúne 2 exemplares (MI 10 e MI 11) e, com a edição do *Cantica*

---

[29] As cotas atribuídas a estes livros estão compreendidas entre a cota MI 1 e a MI 26. Com a excepção da cota MI 24, a cada uma das cotas corresponde uma única edição. O volume com a cota MI 24 tem duas edições encadernadas juntas, ambas de G. P. Palestrina – *Missarum liber secundus*, Roma 1567, e *Missarum liber tertius*, Roma 1570. No sentido de se identificarem melhor estas edições optou-se, no Quadro 1, por acrescentar mais um número à cota existente distinguindo deste modo cada edição – MI 24[.1] *Missarum liber secundus* e MI 24[.2] *Missarum liber tertius*.

[30] As edições com mais de um exemplar estão, no Quadro 1, sinalizadas a cinzento. Como entre as 27 edições existentes se verificam algumas repetições da mesma edição, ao total destas 27 edições correspondem 23 edições diferentes. Para uma informação mais detalhada sobre a colecção de polifonia impressa dos sécs. XVI-XVII da BGUC, seja em livros de partes ou em livros de coro, consultar o quadro geral no Anexo.

Figura 3 – Livro de coro MI 3, ff. 3v-3r, Antífona *Vidi aquam* do
Liber missarum, 1621, de Duarte Lobo

beatissimae Virginis, Lisboa 1636, de Filipe de Magalhães que reúne outros 2 exemplares (MI 16 e MI 17).

A existência de mais do que um exemplar da mesma edição pode eventualmente remeter-nos para proveniências de diferentes instituições. No entanto, entre estes livros apenas o MI 16 (*Cantica beatissimae Virginis*, Lisboa 1636, de Filipe de Magalhães) menciona ter pertencido ao Convento de Santa Cruz conforme se pode ver na Figura 4.

A ausência de semelhantes títulos de posse na maioria dos livros de coro dificulta o exercício de identificação das respectivas proveniências[31].

---

[31] Dentro das 27 edições de livros de coro, e para além do MI 16, podemos encontrar menção da mesma proveniência (Santa Cruz de Coimbra) em apenas mais três livros: o MI 20, *Missarum liber primus* de Morales, 1545/6; o MI 22, *Magnificat* de Morales, 1562; e o MI 25, *Hymni totius anni* de Palestrina, 1589. Como já mencionámos atrás (ver nota de rodapé n. 19), o livro de coro impresso vendido no leilão nova-iorquino do passado dia 17 de Outubro 2011, o *Missarum liber primus* de Morales, de 1545/6, tinha a indicação de ter pertencido ao Mosteiro

Quadro 1 – Colecção de Livros de coro de polifonia impressa da BGUC
(sécs. XVI-XVII)

Cota	Autor	Título	Impressor	Local	Ano	Conteúdo
MI 1	Lobo de Borja, Alfonso	Liber primus missarum	Juan Flandres	Madrid	1602	Missas e motetes
MI 2	Lobo, Duarte	Cantica B. Mariae Virginis, vulgo Magnificat,	Ioannes Moretus	Antuérpia	1605	Magnificat
MI 3	Lobo, Duarte	Liber missarum	Balthasar Moreti	Antuérpia	1621	Missas, antíf., motetes
MI 4	Lobo, Duarte	Liber missarum	Balthasar Moreti	Antuérpia	1621	Missas, antíf., motetes
MI 5	Lobo, Duarte	Liber missarum	Balthasar Moreti	Antuérpia	1621	Missas, antíf., motetes
MI 6	Lobo, Duarte	Liber II. missarum	Balthasar Moreti	Antuérpia	1639	Missas, antíf., motetes
MI 7	Victoria, Tomás Luis de	Cantica B. Virginis vulgo Magnificat	Francisco Zanetti	Roma	1581	Magnificat antífonas B.V.
MI 8	Victoria, Tomás Luís de	Hymni totius anni	Francisco Zanetti	Roma	1581	Hinos e salmos
MI 9	Victoria, Tomás Luís de	Missarum libri duo	Alessandro Gardano	Roma	1583	Missas
MI 10	Victoria, Tomás Luís de	Motecta festorum totius anni	Alessandro Gardano	Roma	1585	Motetes
MI 11	Victoria, Tomás Luís de	Motecta festorum totius anni	Alessandro Gardano	Roma	1585	Motetes
MI 12	Cardoso, Manuel	Cantica Beatae Mariae Virginis [Magnificat]	Pedro Craesbeeck	Lisboa	1613	Magnificat
MI 13	Cardoso, Manuel	Missae de Beate Virgine Maria... Liber Tertius	Lourenço Craesbeeck	Lisboa	1636	Missas
MI 14	Cardoso, Manuel	Missae... liber secundus	Lourenço Craesbeeck	Lisboa	1636	Missas e antífonas
MI 15	Magalhães, Filipe de	Missarum liber...	Lourenço Craesbeeck	Lisboa	1636	Missas, antíf., motetes
MI 16	Magalhães, Filipe de	Cantica beatissimae Virginis	Lourenço Craesbeeck	Lisboa	1636	Magnificat

Cota	Autor	Título	Impressor	Local	Ano	Conteúdo
MI 17	MAGALHÃES, Filipe de	Cantica beatissimae Virginis [Magnificat]	Lourenço Craesbeeck	Lisboa	1636	Magnificat
MI 18	GARRO, Francisco	Opera aliquot [Livro de missas, motetes, antífonas,]	Pedro Craesbeeck	Lisboa	1609	Missas, antíf., motetes
MI 19	NAVARRO, Juan	Psalmi, hymni ac magnicat totius annis	Francisco Coatinus	Roma	1590	Hinos, salmos, magnificat
MI 20	MORALES, Cristóbal de	Missarum liber primus	Jacques Modern	Lyon	1545/6	Missas e antífona
MI 21	MORALES, Cristóbal de	Missarum liber secundus	Jacques Modern	Lyon	1551/2	Missas
MI 22	MORALES, Cristóbal de	Magnificat omnitonum	Antonio Gardano	Veneza	1562	Magnificat
MI 23	ROGIER, Philippe	Missae sex	Juan Flandres	Madrid	1598	Missas
MI 24 [.1]	PALESTRINA, Giovanni Pierluigi da	Missarum liber secundus	Valerio & A. Dorico, eredi	Roma	1567	Missas
MI 24 [.2]	PALESTRINA, Giovanni Pierluigi da	Missarum liber tertius	Valerio & A. Dorico, eredi	Roma	1570	Missas
MI 25	PALESTRINA, Giovanni Pierluigi da	Hymni totius anni	Francesco Coattino	Roma	1589	Hinos
MI 26	PALESTRINA, Giovanni Pierluigi da	Missarum liber quintus	Francesco Coattino	Roma	1590	Missas

Contudo, a existência de um inventário do século XVII dos *Liuros de Canto d'Orgam* (livros de polifonia) da Sé de Coimbra pode eventualmente dar um novo contributo para a identificação da proveniência de alguns dos livros actualmente preservados na BGUC[32]. Com efeito e

---

de Santa Cruz. Assim, acompanhado do MI 20, confirmamos a presença naquela congregação religiosa de dois exemplares de uma mesma edição. Algo que, ainda numa primeira análise, parece contrariar a hipótese inicial de exemplares repetidos sugerirem diferentes proveniências.

[32] Este inventário dos livros de polifonia da Sé conimbricense surge nos ff. 99-99v do *Inuentario de todas as pecas de prata Ornamentos e mais couzas que há no thesouro da see de Coimbra, o qual fez o doutor Fernandes de Carualho Conego da mesma see, e obreyro o anno de 1635*. Este livro foi encontrado e estudado por Manuel

Figura 4 – Título de posse do MI 16, f. [ii]:
Do Real conuento de Santa Crux De Coimbra

como poderemos verificar no facsimile deste inventário (Figuras 5 e 6) e no quadro comparativo (Quadro 3), muitos dos livros nele mencionados poderão eventualmente corresponder a alguns dos actualmente existentes na colecção da BGUC.

No entanto as informações dadas no inventário não nos fornecem detalhes suficientes (por exemplo a data da publicação), que nos permitam identificar com mais rigor essa correspondência e determinar com segurança a possível proveniência da Sé de Coimbra.

Como vimos atrás existem actualmente dois exemplares da edição *Cantica beatissimae Virginis* (ou Magnificat), de Filipe de Magalhães, o MI 16 e o MI 17. Destes dois exemplares, o MI 16 menciona a proveniência de Santa Cruz de Coimbra. Ao aparecer também mencionado no inventário da Sé de Coimbra um livro de Magnificat do mesmo autor, torna-se muito sugestiva a possibilidade desse códice enunciado no século XVII ser o segundo exemplar hoje existente na BGUC, o MI 17. Com efeito, e embora para algumas situações se possa encontrar uma ligação extremamente tentadora, para a qual tudo parece encaixar

---

Joaquim, na Sé Nova de Coimbra. O musicólogo deu a conhecer o documento em *Os livros do Coro da Sé de Coimbra, em 1635* (Coimbra, 1957). Actualmente este *Inventario de todas as pecas de prata* encontra-se no arquivo do Seminário Maior de Coimbra, cota 3-2-1. Os autores gostariam de agradecer ao Cónego Aníbal Pimentel Castelhano, Reitor da instituição, por generosamente ter facultado acesso e autorizado a reprodução do documento. Um agradecimento é ainda devido ao Pe. Pedro Miranda por todo o apoio que nos facultou neste processo.

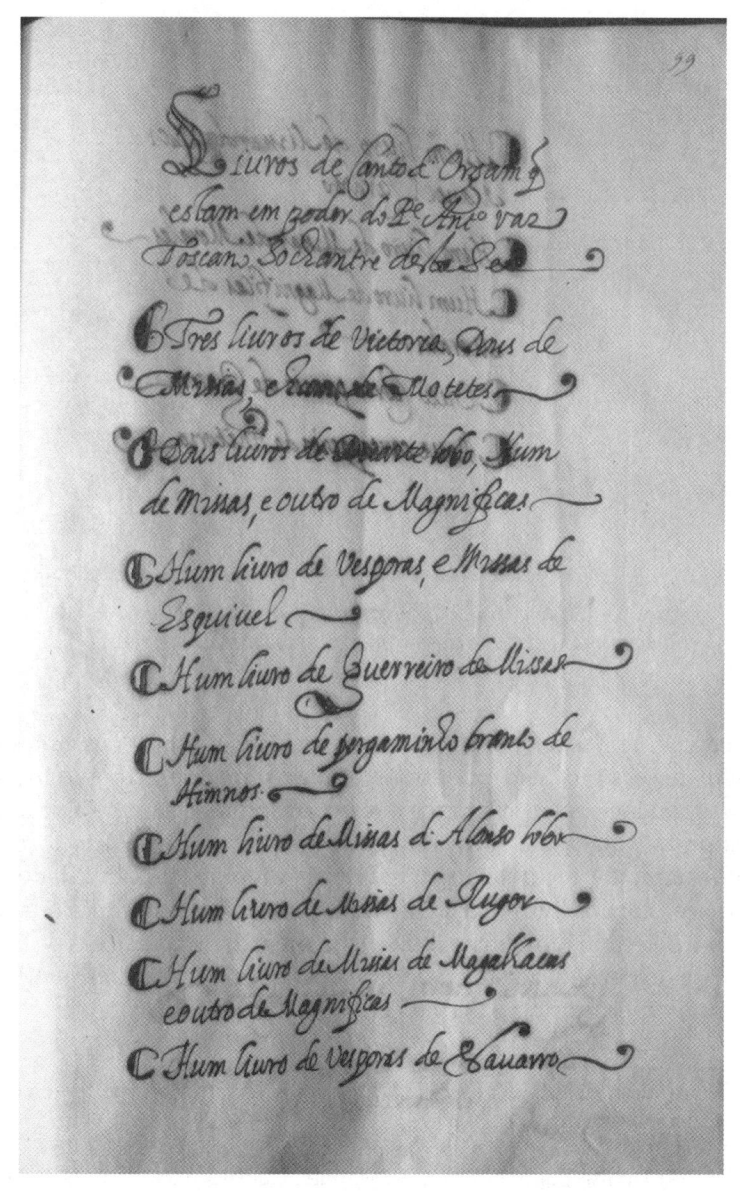

Figura 5 – *Livros de Canto d'Orgam* da Sé de Coimbra (séc. XVII), *Inuentario de todas as pecas de prata Ornamentos e mais couzas…*, Seminário Maior de Coimbra, cota 3-2-1, ff. 99

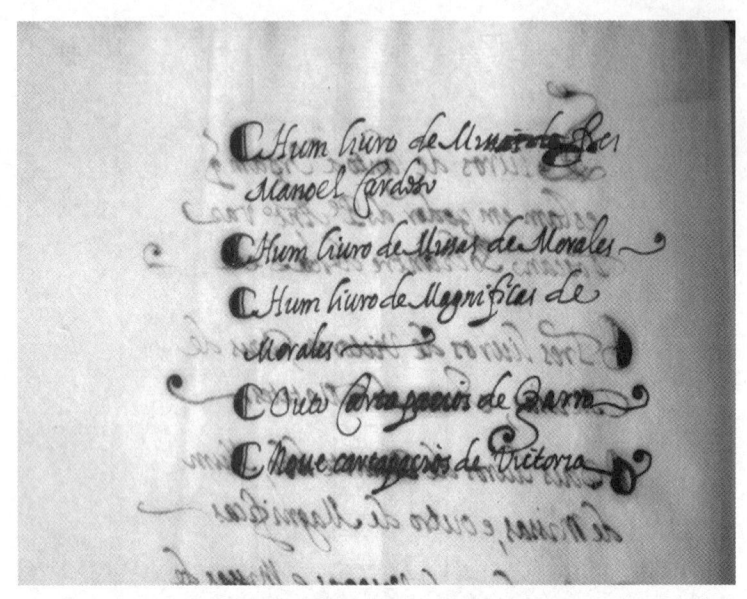

Figura 6 – *Livros de Canto d'Orgam* da Sé de Coimbra (séc. XVII), *Inuentario de todas as pecas de prata Ornamentos e mais couzas...*, Seminário Maior de Coimbra, cota 3-2-1, ff. 99v

perfeitamente[33], a falta de informações mais precisas não nos garantem o rigor necessário para podermos aceitar sem reservas essa mesma correspondência. Noutros casos, essa correspondência revela-se ainda mais problemática e a identificação fornecida no inventário torna-se manifestamente insuficiente ao permitir diversas possibilidades de associação com os livros existentes na BGUC. É o que acontece quando, para um determinado compositor, se conhecem diversas edições de livros de missas e, por seu lado, o inventário apenas refere *Hum liuro de Missas de...* sem especificar qual das edições se trata[34].

---

[33] Para além do MI 17, os casos que nos parecem mais evidentes estão sinalizados no Quadro 3.

[34] Vejam-se por exemplo as diversas edições de livros de missas de Manuel Cardoso ou Duarte Lobo. No caso de Manuel Cardoso para além das edições de missas existentes na BGUC existe ainda uma outra, o *Liber primus missarum* de 1625, o qual poderá ser mais uma hipótese de correspondência com o livro anunciado no inventário.

Quadro 2 – Comparação dos 18 livros de polifonia do inventário (séc. XVII) da Sé de Coimbra e os actualmente existentes na BGUC

Compositor	Inventário da Sé de Coimbra	Edições existentes na BGUC
Anónimo	Hum liuro de pergaminho branco de Himnos	
CARDOSO, Manuel	Hum liuro de Missas	MI 13 *Liber tertius*, 1636
		MI 14 *Liber secundus*, 1636
ESQUIVEL, Juan	Hum liuro de Vesporas, e Missas [1563?]	
GARRO, Francisco	Outo Cartapacios	MI 79 a MI 86 (livros de partes, colecção policoral), 1609. Os livros MI 79 a 82 têm indicação de proveniência da Comunidade de Santa Cruz de Coimbra.
GUERRERO, Francisco	Hum liuro de [...] Missas [1566?]	
LOBO, Alonso	Hum liuro de Missas	MI 1 *Liber primus missarum*, 1602
LOBO, Duarte	Hum de Missas	MI 3, 4 e 5 (3 exemplares) *Liber missarum*, 1621
		MI 6 *Liber II missarum*, 1639
	outro de Magnificas	MI 2 *Cantica...Magnificat*, 1605
MAGALHÃES, Filipe de	Hum liuro de Missas	MI 15 *Missarum liber*, 1636
	outro de Magnificas	MI 16 e MI 17 (dois exemplares) *Cantica... Magnificat*, 1636
		(MI 16 com título de posse do *Do Real Conuento de Santa Crux De Coimbra* (ver Figura 4))
MORALES, Cristóbal de	Hum liuro de Missas	MI 20 *Liber primus*, 1545/6 (este exemplar tem indicação de proveniência de Santa Cruz de Coimbra)
		MI 21 *Liber secundus*, 1551/2
	Hum liuro de Magnificas	MI 22 *Magnificat*, 1562 (este exemplar tem indicação de proveniência de Santa Cruz de Coimbra)
NAVARRO, Juan	Hum liuro de vesporas	MI 19 *Psalmi, hymni ac magnificat totius annis*, 1590
ROGIER, Philippe	Hum liuro de Missas	MI 23 *Missa sex*, 1598
VICTORIA, Tomás Luis	Dous de Missas	MI 9 *Missarum libri duo*, Roma, 1583
	outro de motetes	MI 10 e 11 (2 exemplares) Roma, 1585
	Noue cartapacios	

Remetendo-nos novamente aos livros de coro actualmente preservados e no que respeita às autorias dos mesmos distingue-se, de imediato, uma presença forte de edições de compositores ibéricos. De facto, dos dez compositores aqui representados, e exceptuando Palestrina, todos os outros são ibéricos: Duarte Lobo, Manuel Cardoso, Filipe de Magalhães, Francisco Garro, Alonso Lobo de Borja, Tomás Luis de Victoria, Juan Navarro, Philippe Rogier, Cristóbal de Morales. Destes dez compositores, quatro estão representados com uma edição – Alonso Lobo de Borja, Francisco Garro, Juan Navarro e Philippe Rogier – e os restantes seis com mais do que uma edição – Filipe de Magalhães (2 ed.), Cristóbal de Morales (3 ed.), Duarte Lobo (3 ed.), Manuel Cardoso (3 ed.), Tomás Luis de Victoria (4 ed.) e Giovanni Pierluigi da Palestrina (4 ed.).

A colecção dos livros de coro evidência assim uma presença muito expressiva, mesmo esmagadora, de edições de compositores ibéricos (23 das 27 edições existentes). Esta situação confirma-se novamente no inventário do séc. XVII dos livros de polifonia da Sé de Coimbra. Neste, a totalidade dos livros com autoria pertence a compositores ibéricos (para além dos autores já mencionados estão aqui também representados Francisco Guerrero e Juan Esquivel).

Como veremos mais adiante, esta situação irá inverter-se nas edições em livros de partes. Quanto ao repertório contido nestes livros de coro ele é exclusivamente sacro contemplando os principais géneros litúrgicos (missa, magnificat, salmos, hinos, motete e antífonas). Entre estas edições destacam-se, no entanto, e de forma expressiva, os *Liber missarum* e os livros consagrados aos géneros polifónicos cantados nos ofícios de Vésperas, nomeadamente as colecções de magnificat e de hinos. Merece também especial atenção referir que seis destas edições foram impressas em Lisboa na oficina de Craesbeeck[35], nove foram publicadas em Roma

---

[35] Esta oficina publicou em Lisboa, entre 1609 e 1648, dez edições de livros de música polifónica – oito em livro de coro, uma em livros de partes e uma de música instrumental (ver Quadro 5). Exceptuando duas edições em livro de coro, de Manuel Cardoso – *Missae...Liber primus*, 1625 e *Livro de vários motetes*, 1648 – todas as outras se encontram preservadas na BGUC. A edição de 1609 foi a primeira edição musical impressa em Portugal utilizando caracteres móveis. Nesse mesmo ano foi publicada na mesma oficina uma edição em livros de partes do mesmo Francisco Garro da qual daremos notícia um pouco mais adiante. Para um pouco mais de informação sobre os Craesbeeck, ver João José Alves

e apenas uma em Veneza. Também aqui o cenário será bastante diferente na colecção de livros de partes.

Edições em livros de partes

As edições em livros de partes caracterizam-se pelas suas pequenas dimensões e pelo facto de existir um livro impresso separadamente para cada voz ou parte. De um modo geral, para uma edição que reúna peças a quatro vozes iremos encontrar quatro livros, ou seja, um livro para cada voz. Normalmente, cada livro assume a designação da voz a que corresponde como podemos verificar na Figura 7 onde são reproduzidas as capas de dois livros de partes (*superius*) e (*superius II*) da colecção *Opuscula* de Duarte Lobo.

Este tipo de edição é bastante mais flexível em termos de mobilidade e, seguramente, foi responsável pela enorme disseminação, transmissão e circulação do repertório polifónico no século XVI. Os destinatários desta edições são mais diversificados que o das edições em livros de coro – às instituições eclesiásticas junta-se também a corte, a aristocracia e alguma burguesia[36] – assim como o repertório que contêm, para além dos géneros sacros contempla também repertório profano, nomeadamente madrigais. Contudo, e atendendo às edições que nos chegaram, o facto destas serem impressas em livros separados facilitou que um ou mais livros de determinada edição se extraviasse. Deste modo, e não raras vezes, muitas das edições de livros de partes que se preservam nos arquivos encontram-se hoje incompletas. Actualmente podemos encontrar estas edições preservadas de duas formas distintas: (1) a forma mais simples, apenas uma edição em partes separadas, (2) ou na forma de compilação, ou seja, várias edições diferentes encadernadas juntas (obedecendo, no entanto, ao mesmo critério de uma parte/voz por livro).

Dias, *Craesbeeck, uma dinastia de impressores em Portugal: elementos para o seu estudo*, Lisboa, Associação Portuguesa de Livreiros Alfarrabistas, 1996.

[36] Sobre o impacto da edição musical no século XVI, ver Jane A. Bernstein, *Print Culture and Music in Sixteenth-Century Venice*, Oxford, Oxford University Press, 2001; e Iain Fenlon, *Music, Print and Culture in Early Sixteenth-Century Italy*, London, British Library, 1995.

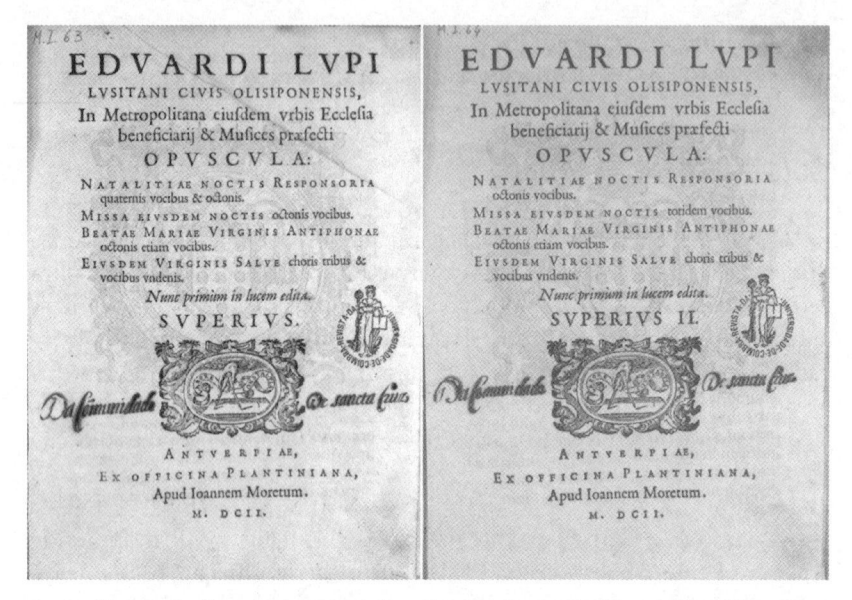

Figura 7 – Livros de partes da colecção *Opuscula*, Antuérpia 1602, de Duarte Lobo, MI 63 (*superius*) e MI 64 (*superius II*); note-se o título de posse do Mosteiro de Santa Cruz de Coimbra

O grupo constituído por edições de livros de partes, preservado na BGUC, compreende 39 edições (ver Quadro 3[37]) todas elas incompletas, ou seja, para cada uma destas edições conserva-se apenas uma ou mais partes mas não a totalidade das partes da edição original. As cotas atribuídas a estes livros sugerem dois momentos temporais distintos. O primeiro momento, provavelmente anterior a 1937[38], corresponde às cotas MI 54 a MI 86; o segundo momento poderá corresponder às cotas MI 204, MI 251, MI 252, MI 253, MI 256, MI 259, MI 261 a MI 318, e deverá situar-se no período que marca o funcionamento do novo

---

[37] Para uma informação mais detalhada sobre a colecção de polifonia impressa dos sécs. XVI-XVII da BGUC, seja em livros de partes ou em livros de coro, consultar o quadro geral no Anexo.

[38] Esta é a data da primeira publicação onde surgem cotas atribuídas aos manuscritos (de MM 1 a MM 70) e impressos musicais (de MI 1 a MI 150); ver António Cruz, Carlos Pimentel, *Inventário dos inéditos e impressos musicais: subsídios para um Catálogo*, Coimbra, 1937.

edifício da BGUC e certamente a congregação num só local de várias fontes até então dispersas por diferentes locais da Universidade[39]. Algumas destas últimas cotas correspondem à adição de uma nova parte a edições já existentes na BGUC (veja-se o caso do MI 56 parte de *Superius* da edição de Contino, 1561, à qual se vem juntar a parte de *Tenor* com o MI 252. Situação idêntica verifica-se com os MI 256, MI 261 e MI 318. As restantes cotas (MI 204, 251, 253 e 259) correspondem a livros de partes de edições que não existiam na colecção).

A colecção de edições em livros de partes da BGUC conhece as características habituais associadas à circulação neste tipo de suporte; tanto temos livros de partes individuais pertencentes a uma única edição como temos compilações, num único livro, de partes (em geral de uma mesma voz) pertencentes a diferentes edições. No Quadro 3 as compilações encontram-se identificadas com sombreado cinzento. Estas compilações possuem uma cota única não identificando as edições que contêm. Deste modo, e para melhor identificação destes livros, optou-se por fornecer uma referência mais completa de forma a distingui-los enquanto compilações e identificar cada edição (esta referência é dada em parênteses rectos na coluna da cota). Assim a referência [I.54.2] fornece as seguintes informações: o número romano identifica a compilação I, o 54 a cota existente, o 2 identifica a segunda edição desta compilação[40].

No que respeita às autorias representadas nestas edições, deparamos agora, e ao contrário do que acontece nos livros de coro, com uma presença mais reduzida de compositores ibéricos. Por outro lado, a presença de compositores não peninsulares é bastante significativa. Com efeito, das 39 edições existentes apenas 7 são de compositores portugueses e espanhóis – Duarte Lobo, Francisco Garro, João Lourenço Rebelo, Pedro Álvares de Moura[41], Francisco Guerrero e Cristóbal de

---

[39] Grande parte destes livros pertencia ao *Instituto de Estudos Históricos* da FLUC (aparentemente incorporados em 1944/45) onde permaneceram até à sua transferência para o novo edifício da Biblioteca da Universidade. Estas últimas cotas surgem sinalizadas a negrito no Quadro 3.

[40] As edições com as cotas MI 55 a MI 58 foram unidas num único livro provavelmente pela mão do encadernador Gabriel Antunes, já na década de 1940. São por isso aqui consideradas como livros de partes individuais e não como compilação.

[41] Considera-se neste grupo Pedro Álvares de Moura apesar de uma boa parte da sua actividade se ter desenvolvido em Roma. Sobre a permanência deste

Quadro 3 – Colecção de livros de partes de polifonia impressa da BGUC
(sécs. XVI-XVII)

Cota	Autor	Título	Impressor	Local	Data	Partes existentes
MI 54 [I-54.1]	GOMBERT, Nicolas	Motectorum... Liber primus	Antonio Gardano	Veneza	1551	A
MI 54 [I-54.2]	WILLAERT, Adrian	Motecta ... Liber primus	Antonio Gardano	Veneza	1545	A
MI 54 [I-54.3]	MORALES, Cristóbal de	Missarum quinque vocibus. Secundus liber	Antonio Gardano	Veneza	1557	A
MI 55 [1]	DONATO, Baldassare	Il primo libri di madrigali et a sei voci	Antonio Gardano	Veneza	1553	6
MI 56 [2] e MI 252	CONTINO, Giovanni	Hymni per totum annum	Girolamo Scotto	Veneza	1561	S, T
MI 57 [3]	LASSUS, Orlando de	Il terzo libro de madrigali a cinque voci	Antonio Gardano, figliuoli	Veneza	1570	B
MI 58 [4]	MARENZIO, Luca	Il primo libro de madrigali a cinque voci.	Angelo Gardano	Veneza	1587	5
MI 59, 60, 61 e MI 261 [II-59.1, 60.1, 61.1 e 261.1]	ANTOLOGIA	Harmonia celeste	Pierre Phalèse & Jean Bellère	Antuérpia	1583	A56B
MI 59, 60, 61 e MI 261 [II-59.2, 60.2, 61.2 e 261.2]	ANTOLOGIA	Symphonia angelica	Pierre Phalèse & Jean Bellère	Antuérpia	1585	A56B
MI 62	MORALES, Cristóbal de	[Missarum quinque... secundus liber]	[Girolamo Scotto]	[Veneza]	[1544]	A
MI 63, 64, 65 e 66	LOBO, Duarte	Opuscula...	Ioannes Moretus	Antuérpia	1602	I: S; II: SAB
MI 67, 68 e MI 318	REBELO, João Lourenço	Psalmi tum Vesperarum, tum Completorii ...	Maurizio & Amadeo Belmonti	Roma	1657	II: AB; III: B
MI 69	GUERRERO, Francisco	Motteta...	Antonio Gardano	Veneza	1570	5
MI 70 e MI 256 [III-70.1 e 256.1]	NANINO, Giovanni Bernardino	Motecta... Singulis, Binis, Ternis Quaternis & Quinis Vocibus. Liber secundus	Giovanni Battista Robletti	Roma	1611	SS2

Cota	Autor	Título	Impressor	Local	Data	Partes existentes
MI 70 e MI 256 [III-70.2 e 256.2]	NANINO, Giovanni Bernardino	Motecta... Singulis, Binis, Ternis, Quaternis, Quinisq. Vocibus, Liber tertius	Bartolomeo Zannetti	Roma	1612	BS2
MI 70 [III-70.3]	AGAZZARI, Agostino	Sacrae cantiones. Binis, Ternisq... Liber quartus	Ricciardo Amandino	Veneza	1612	B
MI 256 [III 256.3]	AGAZZARI, Agostino	Sertum roserum... Singulis, Binis, Ternis...	Ricciardo Amandino	Veneza	1612	T
MI 70 e MI 256 [III 70.4 e 256.4]	AGAZZARI, Agostino	Sacrarum cantionum que Binis, Ternis, Quaternis ... Liber II	Ricciardo Amandino	Veneza	1613	BS2
MI 256 [III- 256.5]	AGAZZARI, Agostino	Sacrae cantiones. Binis, Ternisq... Liber quartus.	Ricciardo Amandino	Veneza	1609	S2
MI 71 e MI 75	ANIMUCCIA, Giovanni	Il secondo libro delle laudi.	Antonio Blado, eredi	Roma	1570	S1S2
MI 72	PALESTRINA, Giovanni Pierluigi da	Motectorum quae part... Quinis ... Liber secundus	Girolamo Scotto	Veneza	1572	A
MI 73 [IV-73.1]	PALESTRINA, Giovanni Pierluigi da	Motectorum Quatuor Vocibus, Liber secundus	Girolamo Scotto, eredi	Veneza	1588	T
MI 73 [IV-73.2]	ROMANO, Alessando	Il primo libro delle villanelle	Girolamo Scotto, eredi	Veneza	1579	T
MI 74 [V-74.1]	PALESTRINA, Giovanni Pierluigi da	Motectorum... Liber primus...	Angelo Gardano	Veneza	1590	A
MI 74 [V-74.2]	PALESTRINA, Giovanni Pierluigi da	Motectorum... Liber secundus	Angelo Gardano	Veneza	1594	A
MI 74 [V-74.3]	PALESTRINA, Giovanni Pierluigi da	Motectorum... Liber tertius...	Angelo Gardano	Veneza	1594	A
MI 74 [V-74.4]	PALESTRINA, Giovanni Pierluigi da	Motectorum... Liber quartus	Angelo Gardano	Veneza	1601	A
MI 74 [V-74.5]	PALESTRINA, Giovanni Pierluigi da	Motectorum...Liber quintus...	Angelo Gardano	Veneza	1595	A
MI 74 [V-74.6]	MOURA, Pedro Álvares de	Liber primus motectorum	Nicolo Mutii	Roma	1594	A
MI 75 (ver MI 71)						

Cota	Autor	Título	Impressor	Local	Data	Partes existentes
MI 76 e MI 77	PALESTRINA, Giovanni Pierluigi da	Liber primus motectorum	Valerio & A. Dorico, eredi	Roma	1569	A6
MI 78 [VI-78.1]	MANTUA, Jachet de	Motteti ... a quattro voci libro primo	Girolamo Scotto	Veneza	1565	T
MI 78 [VI-78.2]	MONTE, Philippe de	Il secondo libro delli madrigali, à sei voci	Herede di Girolamo Scotto	Veneza	1582	T
MI 78 [VI-78.3]	PRIMAVERA, Giovanni Leonardo	Il settimo libro de madrigali a cinque voci	Herede di Girolamo Scotto	Veneza	1585	T
MI 79 a 86	GARRO, Francisco	Missa quatuor octonis vocibus tres,.. [Colecção policoral]	Pedro Craesbeeck	Lisboa	1609	I:B/T(S); II:SAB; III: SAB;*guiam*
MI 204	ANTOLOGIA	Missa septem ...	Pierre Phalèse	Antuérpia	1611	T1
MI 251 [VII- 251.1]	PALESTRINA, Giovanni Pierluigi da	Motecta festorum totius anni... Liber primus	Angelo Gardano	Veneza	1585	B
MI 251 [VII-251.2]	PALESTRINA, Giovanni Pierluigi da	Il primo libro de madrigali a quattro voci	Giacomo Vincenti	Veneza	1588	B
MI 252 (ver MI 56)	CONTINO, Giovanni					
MI 253	CONTINO, Giovanni	Introitus et haleluiah...	Girolamo Scotto	Veneza	1560	B
MI 256 (ver MI 70)	NANINO / AGAZZARI,					
MI 259	AGAZZARI, Agostino	Madrigali... a sei voci	Pierre Phalèse	Antuérpia	1600	S
MI 261(ver MI 59 a 61)	ANTOLOGIA					
MI 318 (ver MI 67 e 68)	REBELO, João Lourenço					

Morales –, e 32 (nas quais estão incluídas três antologias com peças de diversos autores) são de compositores não ibéricos – essencialmente italianos (ver Quadro 4).

---

compositor em Roma, ver Owen Rees, "Printed Music, Portuguese Musicians, Roman Patronage: Two Case Studies, Iain Fenlon and Tess Knighton (eds.) *Early Music Printing and Publishing in the Iberian World*, Edition Reichenberger, 2006, pp. 275-298.

Quadro 4 – Distribuição do número de edições por compositor e tipo de edição
(o sombreado indica os compositores ibéricos; o negrito e o negrito itálico distinguem,
respectivamente, os Portugueses editados em Portugal e fora do país)

Nº	Compositores	Ed. Livros de coro	Ed. Livros de partes	Ed. Música inst.	Total
1	AGAZZARI, Agostino (1579/81-1641/42)		5		5
2	ANIMUCCIA, Giovanni (c1520-1571)		1		1
3	**CARDOSO, Manuel** (1566-1650)	3			3
4	**COELHO, Manuel Rodrigues** (c1555-c1635)			1	1
5	CONTINO, Giovanni (c1513-1574)		2		2
6	DONATO, Baldassare (1529?-1603)		1		1
7	FUENLLANA, Miguel de (fl1553-1578)			1	1
8	**GARRO, Francisco** (†1623)	1	1		2
9	GOMBERT, Nicolas (c1465-c1560)		1		1
10	GUERRERO, Francisco (1528-1599)		1		1
11	LASSUS, Orlando de (1530/32-1594)		1		1
12	LOBO DE BORJA, Alfonso (1555-1617)	1			1
13	***LOBO, Duarte*** (1564/9-1646)	3	1		4
14	**MAGALHÃES, Filipe de** (c1571-1652)	2			2
15	MANTUA, Jachet de (1483-1559)		1		1
16	MARENZIO, Luca (1553/4-1599)		1		1
17	MONTE, Philippe de (1521-1603)		1		1
18	MORALES, Cristóbal de (c1500-1553)	3	2		5
19	***MOURA, Pedro Álvares de*** (fl1594)		1		1
20	NANINO, Giovanni Bernardino (c1560-1618)		2		2
21	NAVARRO, Juan (c1530-1580)	1			1
22	PALESTRINA, Giovanni Pierluigi da (1525/26-1594)	4	10		14
23	PITTONI, Giovanni (c1635-1677)			1	1
24	PRIMAVERA, Giovan Leonardo (c1540//5-dep1585)		1		1
25	***REBELO, João Lourenço*** (1610-1661)		1		1
26	ROGIER, Philippe (c1561-1596)	1			1
27	ROMANO, Alessandro (1533?-1592)		1		1
28	VICTORIA, Tomás Luís de (1548-1611)	4			4
29	WILLAERT, Adrian (c1490-1562)		1		1
	ANTOLOGIAS (Vários autores)		3		3
	TOTAL	23	39	3	65

Também o repertório que encontramos nestas edições se diferencia do dos livros de coro. Dentro da esfera sacra, se as missas eram predominantes nas edições em livro de coro, o motete parece sobressair nos livros de partes (23 edições), isto apesar dos outros géneros sacros se encontrarem igualmente presentes. Muito embora o repertório sacro seja claramente dominante em toda a colecção dos impressos, o repertório profano está aqui surpreendentemente representado com sete edições de madrigais[42].

Um dos principais centros de impressão no século XVI foi seguramente Veneza, em particular no que diz respeito a edições em livros de partes. Entre as diversas oficinas de impressão musical ganharam especial destaque as firmas Scotto e Gardano as quais, durante várias gerações, publicaram mais de duas mil edições[43]. Reflectindo esta mesma realidade, a maior percentagem de impressos musicais reunida na BGUC foi publicada em Veneza, especialmente as edições de livros de partes, tal como se pode verificar nos Quadros 5 e 6.

Quadro 5 – Distribuição por locais de impressão

Locais	Ed. livro de coro	Ed. livro de partes	Ed. música inst	Total
Antuérpia	3	5		8
Bolonha			1	1
Lisboa	6	1	1	8
Lyon	2			2
Madrid	2			2
Roma	9	6		15
Sevilha			1	1
Veneza	1	27		28
Total	23	39	3	65

---

[42] Para uma visão mais completa dos diversos géneros presentes na colecção, ver quadro geral no Anexo, coluna 11.
[43] Sobre estes dois impressores, ver Jane Bernstein, *Print Culture and Music in Sixteenth-Century Venice*, Oxford, Oxford University Press, 2001, pp. 115-146.

Quadro 6 – Distribuição do número de edições por locais e impressores
(o ano distingue o tipo de edição: a negrito, livros de coro; em itálico, livros de
música instrumental; os restantes correspondem a livros de partes)

Locais	Impressores	N° ed	Edições
Antuérpia (8 ed.)	Ioannes Moretus	2	Lobo 1602, Lobo **1605**;
	Balthasar Moreti	2	Lobo **1621**, Lobo **1639**;
	Pierre Phalèse	2	Agazzari 1600, Antologia 1611;
	Pierre Phalèse & Jean Bellère	2	Antologia 1583, Antologia 1585;
Bolonha (1 ed.)	Giacomo Monti	1	Pittoni *1669*;
Lisboa (8 ed.)	Pedro Craesbeck	4	Garro 1609, Garro **1609**, Cardoso 1613, Coelho *1620*;
	Lourenço Craesbeck	4	Cardoso **1636**, Cardoso 1636, Magalhães **1636**, Magalhães **1636**;
Lyon (2 ed.)	Jacques Moderne	2	Morales 1545/6, Morales **1551/2**;
Madrid (2 ed.)	Juan Flandres	2	Rogier 1589, Lobo de Borja 1602;
Roma (15 ed.)	Francesco Zannetti (Domenico Basa)	2	Victoria 1581; Victoria **1581**;
	Alessandro Gardano (Domenico Basa)	2	Victoria 1583, Victoria **1585**;
	Francesco Coattino	3	Palestrina **1589**, Navarro 1590, Palestrina **1590**;
	Valerio & A. Dorico, eredi	3	Palestrina **1567**, Palestrina 1569, Palestrina **1570**;
	Maurizio Balmonti & Amadeo Belmonti	1	Rebelo 1657;
	Antonio Blado, eredi	1	Animuccia 1570;
	Giovanni Battista Robletti	1	Nanino 1611;
	Bartolomeo Zannetti	1	Nanino 1612;
	Nicolo Mutii	1	Moura 1594;
Sevilha (1 ed.)	Martin Montesdoca	1	Fuenllana *1554*;
Veneza (28 ed.)	Antonio Gardano	6	Willaert 1545, Gombert 1551, Morales 1557, Donato 1553, Morales **1562**, Guerrero 1570;
	Angelo Gardano	7	Marenzio 1587, Palestrina 1585, Palestrina 1590, Palestrina 1594, Palestrina 1594, Palestrina 1595, Palestrina 1601;
	Antonio Gardano, figliuoli	1	Lassus 1570;
	Girolamo Scotto	5	Morales 1544, Contino 1560, Contino 1561; Mântua 1565, Palestrina 1572;
	Girolamo Scotto, eredi	4	Palestrina 1579, Palestrina 1588, Monte 1582, Primavera 1585;
	Giacomo Vincenti	1	Palestrina 1588;
	Ricciardo Amandino	4	Agazzari 1609, Agazzari 1612, Agazzari 1612, Agazzari 1613;

Edições de livros de música instrumental

O desenvolvimento da música escrita especificamente para instrumentos é uma das características distintivas do século XVI. Esta mesma escrita assume muitas vezes uma notação muito própria distinta dos tipos notacionais que encontramos mais ligados à música vocal. Essa especificidade notacional está, de uma forma geral, associada a determinados grupos de instrumentos nomeadamente os de corda dedilhada (viola de mão ou vihuela, alaúde, tiorba) e os de tecla. Nas edições impressas de livros de música instrumental, e de acordo com o tipo de notação utilizada, destacam-se dois grupos centrais, um primeiro que recorre à notação em tablatura, e um outro que utiliza a *partitura* (*open score*), mais associada aos instrumentos de tecla[44] (podemos ver exemplos dos dois tipos de notação nas Figuras 8 e 9).

No quadro da Península Ibérica, este tipo de edições foi extremamente rico durante o século XVI, conhecendo-se um conjunto proeminente de repertório impresso, grande parte dele em tablatura[45]. Na realidade, os primeiros livros de música polifónica impressos na Península Ibérica foram livros de música instrumental. Só durante o período compreendido entre 1536-1576 foram publicados sete livros para vihuela – Luys de Milan *Libro de musica de vihuela de mano. Intitulado El maestro*, Valencia 1535/1536; Luís Narváez, *Los seys libros del Delphin de musica de cifras para tañer Vihuela*, Córdoba, 1538; Alonso Mudarra, *Tres libros de musica en cifras para vihuela*, Seville, 1546; Enríquez de Valderrábano *Libro de musica de vihuela, intitulado silca de sirenas*, Valladolid, 1547; Diego Pisador, *Libro de musica de vihuela*, Salamanca, 1552; Miguel de Fuenllana, *Libro de musica para vihuela. Intitulado Orphenica lyra*, Sevilha, 1554 e Esteban Daza, *Libro de musica en cifras para vihuela, intitulado el Parnasso*, Valladolid 1576.

---

[44] É importante salvaguardar que estas edições, independentemente do tipo notacional utilizado, apesar de remeterem para instrumentos precisos, poderiam, dentro das práticas musicais da época, ser utilizadas por diversos instrumentos.

[45] Sobre o conjunto dos sete livros de vihuela impressos em tablatura, em Espanha, ver John Griffiths, "Printing the Art of Orpheus: Vihuela Tablatures in sixteenth-Century Spain", in Iain Fenlon and Tess Knighton (eds.), *Early Music Printing and Publishing in the Iberian World*, Edition Reichenberger, 2006, pp. 181--214. Para uma bibliografia e inventários mais detalhados, ver Howard Mayer Brown, *Intrumental Music Printed before 1600: A Bibliography*, Cambridge, Mass., Harvard University Press, 1965.

Figura 8 – FUENLLANA, Miguel de, *Libro de musica para vihuela. Intitulado Orphenica lyra* (Sevilha, 1554), f. i

Figura 9 – COELHO, Manuel Rodrigues, *Flores de musica para o instrumento de tecla & harpa* (Lisboa, 1620), f. 32

Para além destas edições, mais especificamente dirigidas para a vihuela, podemos ainda acrescentar as dirigidas também para *tecla* – Luís Venegas de Henestrosa, *Livro de cifra nueva para tecla, harpa y vihuela* (Alcalá de Henares, 1557); Hernando de Cabezón, *Obras de música nueva para tecla, harpa y vihuela* (Madrid, 1578) e Tomás de Santa Maria, *Arte de tañer fantasia* (Valladolid, 1565). Não deixa de ser igualmente muito curioso o facto de a primeira fonte de música polifónica impressa em Portugal ter sido exactamente um livro de música instrumental. Impresso em Lisboa em 1540, na oficina de Germão Galharde, trata-se da *Arte nouamente inuentada pera tanger* de Gonzalo de Baena[46].

A reduzida colecção de música instrumental impressa dos sécs. XVI e XVII hoje conservada na BGUC limita-se apenas a 3 edições, duas em tablatura e uma terceira em *partitura*, publicadas em Espanha, Itália e Portugal (ver Quadro 7). No entanto as edições aqui preservadas, em particular a de Miguel Fuenllana e de Manuel Rodrigues Coelho, constituem exemplos bastante representativos da prática instrumental na Península Ibérica.

Quadro 7 – Colecção de edições impressas de música instrumental da BGUC (sécs. XVI-XVII)

Cota	Autor	Título	Impressor	Local	Data
MI 262	FUENLLANA, Miguel de	Libro de musica para vihuela. Intitulado Orphenica lyra	Martín de Montesdoca	Sevilha	1554
MI 474 (encad. com MM 97)	PITTONI, Giovanni	Intavolatura di tiorba ...	Giacomo Monti	Bolonha	1669
Fundo Manuel Joaquim (sem cota)	COELHO, Manuel Rodrigues	Flores de musica para o instrumento de tecla & harpa	Petrus Craesbeeck	Lisboa	1620

[46] Conhece-se apenas um exemplar desta edição recentemente localizada em Madrid (E-Mp); ver Tess Knighton, "A Newly Discovered Keyboard Source (Gonzalo de Baena's *Arte nouamente inuentada pera aprender a tanger,* Lisboa, 1540): A Preliminar Report", *Plainsong and Medieval Music,* vol. 5/I, 1996, pp. 81-112.

Considerações finais

O mosaico da constituição do fundo musical da Biblioteca Geral da Universidade de Coimbra ainda está longe de estar completo. Os elementos avançados na primeira parte do presente trabalho são, em grande medida, apenas pistas para trabalho futuro. É ainda necessário, por exemplo, aprofundar as investigações em torno do comércio do livro antigo em Portugal, nomeadamente em Coimbra, durante os séculos XIX e XX. O percorrer dos catálogos dos leilões realizados, dos alfarrabistas e das bibliotecas privadas de então trará com certeza nova luz sobre a história recente de muitos dos livros produzidos ou adquiridos no contexto da actividade musical das instituições eclesiásticas conimbricenses.

Apesar de todas as desventuras que esses códices de outrora possam ter padecido, a realidade é que hoje a BGUC alberga um dos mais relevantes fundos musicais do espaço europeu. A sua catalogação sistemática, como vimos, tem sido o objectivo de alguns impulsos isolados ao longo das últimas décadas. Por serem essencialmente o trabalho de uma única pessoa, esses impulsos não chegam a culminar em trabalhos completos ou satisfatórios dos diferentes requisitos que um catálogo de fontes musicais deve responder (em plena intersecção das esferas da Biblioteconomia e da Musicologia). A história parece apontar, perante a dimensão e qualidade do fundo, e a necessidade dos melhores instrumentos de pesquisa, que um tal projecto de catalogação sistemática do acervo musical da BGUC seja implementado por uma equipa multidisciplinar. É nesse sentido o projecto que foi definido sob a direcção do Doutor Carlos Fiolhais e do qual o presente trabalho pretende ser um primeiro resultado.

Considerada apenas a colecção de livros impressos de música polifónica dos séculos XVI e XVII, procurou-se ter em atenção fundamentalmente os aspectos centrais que permitissem caracterizar e circunscrever melhor o contingente. Ao identificar, reunir e sistematizar os dados nele disponíveis pretendeu-se constituir um instrumento de trabalho que pudesse servir de ponto de partida, tanto para aprofundar conhecimentos como para prosseguir este e outros estudos que se venham a desencadear. Neste contexto, a informação coligida, nomeadamente nos diferentes quadros, pretende fornecer múltiplas possibilidades de leitura da colecção, quer como um todo – apresentada no quadro em Anexo –, quer de forma parcelar, de acordo com o tipo de edição.

Assim, a colecção é constituída por 27 edições em livro de coro[47], publicadas entre 1545/6 e 1639, e numa hegemonia quase total de compositores ibéricos (a única excepção sendo Palestrina). Uma maior diversidade chega com as edições em livros de partes. As 39 edições, de 1544 a 1657 e nenhuma delas completa, invertem o cenário. Agora, menos de um quinto das edições pertencem a compositores ibéricos com o protagonismo a pertencer aos italianos. A colecção completa-se com 3 edições de música instrumental que, curiosamente, estendem-se pelos espaços cronológico (1554, 1620, 1669) e geográfico (Espanha, Portugal, Itália).

Um estudo preliminar como o agora apresentado tende a deixar o leitor (e os autores) com muito mais questões do que realmente trazer algum elemento conclusivo. Um primeiro ensejo seria procurar identificar a quem terão pertencido estes impressos musicais. Considerando directamente as fontes, é relativamente reduzido o número de títulos de posse presentes, – seis nos livros de coro, dois nos livros de partes e um nas edições de música instrumental –, e todas a remeterem para a mesma instituição, o Mosteiro de Santa Cruz de Coimbra. O levantamento em curso sobre a constituição do fundo musical da BGUC aponta algumas direcções ao identificar como principal origem do acervo a incorporação das livrarias das instituições eclesiásticas conimbricenses extintas em 1834. Finalmente, a análise de documentos semelhantes ao inventário dos *Liuros de Canto d'Orgam* do séc. XVII da Sé de Coimbra pode igualmente ajudar a encontrar correspondências entre os inventários de então e a colecção de impressos hoje conservada na BGUC. São significativos os indícios que sugerem que o essencial do património musical hoje na BGUC, em particular a colecção dos impressos que agora nos ocupa, terá tido como primeiros proprietários as várias instituições religiosas da cidade de Coimbra, com particular destaque para a comunidade crúzia. No entanto, estas são ainda primeiras impressões que necessitam mais estudos para ganharem rigor e solidez.

---

[47] Número absolutamente invulgar no quadro dos arquivos nacionais, ibéricos e mesmo internacionais. Por exemplo, a colecção mais vasta de música impressa dos séculos XVI e XVII em Espanha, preservada no arquivo musical da Catedral de Valladolid, possui apenas seis destes livros de coro (ver Soterraña Aguirre Rincón, "The formation of an exceptional library: early printed music books at Valladolid Cathedral", *Early Music,* vol. 37/3, 2009, pp. 379-399; pp. 379 e 388).

De facto, esclarecer a questão das proveniências seria um passo fundamental na compreensão dos processos de aquisição destes impressos e das respectivas funções musicais. Ao percorrer as obras musicais conservadas na colecção é notória a hegemonia do repertório sacro (Missas, Motetes, Magnificats, Hinos, Motetes, etc.). Um facto que parece corroborar a hipótese lançada atrás que estas são fontes provenientes de instituições religiosas. Assim sendo, não deixa de ser curioso constatar que entre estes impressos encontramos sete edições de música profana, a saber, madrigais do século XVI (Agazzari, Lassus, Marenzio, Donato, Palestrina, Monte, Primavera) e duas obras destinadas a instrumentos de cordas dedilhadas, tiorba e vihuela. Partindo do pressuposto que estas obras são igualmente provenientes das mesmas instituições religiosas (como aliás se confirma pelo menos para o livro de vihuela, o *Orphenica Lyra* de Miguel de Fuenllana, no qual encontramos o título de posse do Mosteiro de Santa Cruz), fica por responder como e porquê entraram estas fontes nas ditas livrarias eclesiásticas. Terão sido realmente adquiridas pela instituição ou serão consequência da doação de um privado?[48]

Em jeito de nota final, seria ainda importante salientar que a BGUC conserva, entre os seus impressos musicais dos séculos XVI e XVII, não só livros bastante raros como alguns *unica*. Assim é com o *Missae liber secundus* (Lisboa, 1614) de Manuel Cardoso e com algumas das partes das obras de João Lourenço Rebelo (*Psalmi tum Vesperarum*, Roma, 1657) ou ainda com o *Opera aliquot* (Lisboa, 1609) de Francisco Garro. Mas, sobretudo, não se conhecem mais exemplares de algumas das partes das obras Duarte Lobo (*Opuscula*, Antuérpia, 1602), de Pedro Álvares de Moura (*Liber primus motectorum*, Roma, 1594), de Francisco Garro (*Missa quatuor octonis vocibus*, Lisboa, 1609).

Saber a quem pertenceram estas fontes, porque foram adquiridas, quais seriam os circuitos de compra nacionais e peninsulares que fizeram

---

[48] Sobre a prática de doações de livros de música de privados para instituições religiosas, ver Soterraña Aguirre Rincón, "The formation of an exceptional library: early printed music books at Valladolid Cathedral", *Early Music*, vol. 37/3, 2009, pp. 379-399; p. 383. Michael Noone, "Printed Polyphony acquired by Toledo, 1532-1669", in Iain Fenlon and Tess Knighton (eds.), *Early Music Printing and Publishing in the Iberian World*, Edition Reichenberger, 2006, pp. 241-274, 251.

chegar estas obras até Coimbra, como foram estas obras utilizadas, qual seria o espaço das fontes profanas nas instituições eclesiásticas, qual poderá ter sido o impacto deste repertório não ibérico, nomeadamente italiano, na produção musical local ou nacional? Este é apenas um pequeno novelo de questões que este estudo preliminar suscita. Haverá muitas mais, todas a implicarem uma investigação mais aprofundada em torno desta colecção de impressos musicais. Este é, com efeito, o principal objectivo do presente trabalho: fornecer uma ferramenta de pesquisa que possa servir de base de apoio na catalogação sistemática desta parcela do fundo musical e na investigação musicológica do extraordinário acervo musical da Biblioteca Geral da Universidade de Coimbra.

Anexo – Colecção dos livros impressos de música polifónica da BGUC (sécs. XVI-XVII)

(o sombreado identifica edições com mais de um exemplar; cotas a negrito identificam edições incorporadas depois de 1937. A sigla RISM (*Répertoire International des Sources Musicales*) utilizada é a da série A/1 para as obras de um único autor e a B/1 para as antologias com vários autores.

N.	Cota	Autor	Título	Vozes	Local	Impressor	Ano	RISM	Partes existentes	Conteúdo	Outros exemplares em arquivos port.
Edições em Livros de Coro											
1	MI 1	Lobo de Boria, Alfonso	Liber primus missarum	4, 5 e 6	Madrid	Juan Flandres	1602	L 2588		Missas (6) e motetes (6).	
2	MI 2	Lobo, Duarte	Cantica B. Mariae Virginis... Magnificat,	4	Antuérpia	Ioannes Moretus	1605	L 2590		Magnificat (16).	P-Ln C.I.C. 4R.
3	MI 3	Lobo, Duarte	Liber missarum IIII. V. VI. et VIII. vocibus.	4, 5, 6 e 8	Antuérpia	Balthasar Moreti	1621	L 2591		Missas (8), antifª (2) e motetes (2).	P-LA Lv. 111; P-Ln (2 ex.) C.I.C. 3R, e C.N. 1R (com ff. ms.);
4	MI 4	Lobo, Duarte	Liber missarum IIII. V. VI. et VIII. vocibus.	4, 5, 6 e 8	Antuérpia	Balthasar Moreti	1621	L 2591		Missas (8), antifª (2) e motetes (2).	P-EVc LIP5 (muito mutilado); P-Em n. 387
5	MI 5	Lobo, Duarte	Liber missarum IIII. V. VI. et VIII. vocibus.	4, 5, 6 e 8	Antuérpia	Balthasar Moreti	1621	L 2591		Missas (8), antifª (2) e motetes (2).	(muito mutilado; com ff. ms).
6	MI 6	Lobo, Duarte	Liber II. missarum IIII. V. et VI. vocibus.	4, 5 e 6	Antuérpia	Balthasar Moreti	1639	L 2592		Missas (7), antifª (2) e motete def.	P-LA Lv. 112; P-VV J5/A.F7; P-EVc LIP4 (mutilado).
7	MI 7	Victoria, Tomás Luis de	Cantica B. Virginis vulgo Magnificat...	4, 5 e 8	Roma	Francisco Zanetti	1581	V 1430		Magnificat (16), antifª (4)	

A propósito dos livros de polifonia impressa existentes na Biblioteca Geral da Universidade de Coimbra

N.	Cota	Autor	Título	Vozes	Impressor	Local	Ano	RISM	Partes existentes	Conteúdo	Outros exemplares em arquivos port.
8	MI 8	VICTORIA, Tomás Luis de	Hymni totius anni.. quatuor psalmis... octo vocibus	4, 8	Francisco Zanetti	Roma	1581	V 1428		Hinos (32), salmos vésp (4).	
9	MI 9	VICTORIA, Tomás Luis de	(1)Missarum libri duo	4, 5 e 6	Alessandro Gardano	Roma	1583	V 1431		Missas (9)	P-BRp BA 282
10	MI 10	VICTORIA, Tomás Luis de	(2)Motecta festorum totius anni	4, 5 e 6	Alessandro Gardano	Roma	1585	V 1433 / 1585[6]		Motetes (37)	
11	MI 11	VICTORIA, Tomás Luis de	Motecta festorum totius anni	4, 5 e 6	Alessandro Gardano	Roma	1585	V 1433 / 1585[6]		Motetes (37)	
12	MI 12	CARDOSO, Manuel	Cantica Beatae Mariae Virginis	4 e 5	Pedro Craesbeeck	Lisboa	1613	C 1038		Magnificat (16)	P-Em n. 386; P-EVp Novo Res. N° 481
13	MI 13	CARDOSO, Manuel	Missae de Beate Virgine Maria... Liber Tertius	4, 5 e 6	Lourenço Craesbeeck	Lisboa	1636	C 1041		Missas (8)	P-BRc 40[.2] (faltam ff., e tem ff. mutilados); P-EVp Novo Res. N° 479.
14	MI 14	CARDOSO, Manuel	Missae... liber secundus	4, 5 e 6	Lourenço Craesbeeck	Lisboa	1636	C 1040		Missas (7), e antíf[a] (2)	P-BRc 40[.1] (faltam alguns ff., tem ff. mutilados);
15	MI 15	MAGALHÃES, Filipe de	Missarum liber...	4, 5 e 6	Lourenço Craesbeeck	Lisboa	1636	M 122		Missas (8), antíf[a] (2) e motete def.	P-EVc LIP3; P-LA (? não local.); P-Va Cod. 7
16	MI 16	MAGALHÃES, Filipe de	(3)Cantica beatissimae Virginis	4	Lourenço Craesbeeck	Lisboa	1636	M 123		Magnificat (16)	P-LA (? não localizado); P-Va Cod. 8
17	MI 17	MAGALHÃES, Filipe de	Cantica beatissimae Virginis	4	Lourenço Craesbeeck	Lisboa	1636	M 123		Magnificat (16)	

N.	Cota	Autor	Título	Vozes	Impressor	Local	Ano	RISM	Partes existentes	Conteúdo	Outros exemplares em arquivos port.
18	MI 18	GARRO, Francisco	(4)Opera aliquot [Livro de antífonas, missas e motetes]	4, 5 e 6	Pedro Craesbeeck	Lisboa	1609	sem sigla RISM		Missas (4), antfª (2) e motetes (3)	P-Ln C.I.C. 1R.
19	MI 19	NAVARRO, Juan	Psalmi, hymni ac magnicat totius annis	4	Francisco Coatinus	Roma	1590	N 283		Hinos (29), salmos (12), magnificat(8), antfª(4).	P-EVc LIP 7; P-PO s/c; P-VV J1/A.F3;
20	MI 20	MORALES, Cristóbal de	(5)Missarum liber primus	4, 5 e 6	Jacques Moderne	Lyon	1545/6	M 3581		Missas (8) e antífona	
21	MI 21	MORALES, Cristóbal de	(6)Missarum liber secundus	4 e 5	Jacques Moderne	Lyon	1551/2	M 3583		Missas (8)	P-LA Lv. 143 (ff. ms. de Manuel Mendes: *Asperges me* 5vv e *missa pro defunctis*).
22	MI 22	MORALES, Cristóbal de	(7)Magnificat omnitonum	4	Antonius Gardanus	Veneza	1562	M 3597 / 1562²		Magnificat (16 + 4)	
23	MI 23	ROGIER, Philippe	(8)Missae sex	4, 5, 6 e 7	Juan Flandres	Madrid	1598	R 1937 / 1581¹		Missas (6)	P-LA Lv. 132; P-La 44-XV-59¹⁻⁶; P-Ln C.I.C. 2R.; P-VV J2/A.F4.
24	MI 24 [MI 24.1]	PALESTRINA, Giovanni Pierluigi da	Missarum liber secundus	4, 5 e 6	Valerio & A. Dorico, eredi	Roma	1567	P 660		Missas (6)	
25	MI 24 [MI 24.2]	PALESTRINA, Giovanni Pierluigi da	Missarum liber tertius	4, 5 e 6	Valerio & A. Dorico, eredi	Roma	1570	P 664		Missas (8)	
26	MI 25	PALESTRINA, Giovanni Pierluigi da	(9)Hymni totius anni	4	Franciscus Coattino	Roma	1589	P 737		Hinos (45)	
27	MI 26	PALESTRINA, Giovanni Pierluigi da	Missarum liber quintus	4, 5 e 6	Franciscus Coattino	Roma	1590	P 670		Missas (8)	P-LA Lv. 140 (ff. ms. no início e final)

A propósito dos livros de polifonia impressa existentes na Biblioteca Geral da Universidade de Coimbra

N.	Cota	Autor	Título	Vozes	Impressor	Local	Ano	RISM	Partes existentes	Conteúdo	Outros exemplares em arquivos port.
Edições em Livros de Partes - edições separadas											
28	MI 55 [1]	Donato, Baldassare	Il primo libri di madrigali et a sei voci.	6	A. Gardane	Veneza	1553	D 3411	6	Madrigal	
29	MI 56 [2] e **MI 252**	Contino, Giovanni	Hymni per totum annum	3, 4, 5, 6 e 7	Girolamo Scotto	Veneza	1561	C 3541	S, T	Hinos	
30	MI 57 [3]	Lassus, Orlando de	Il terzo libro de madrigali a cinque voci	5	Figliuoli di A. Gardano	Veneza	1570	L 841 / 1570[26]	B	Madrigal	
31	MI 58 [4]	Marenzio, Luca	Il primo libro de madrigali a cinque voci...	5	Angelo Gardane	Veneza	1587	[10]M 533	5	Madrigal	
32	MI 62	Morales, Cristóbal de	[11][Missarum quinque cum quatuor vocibus, secundus liber]	4	[Girolamo Scotto]	[Veneza]	[1544]	[12]M 3584	A	Missa	
33	MI 63, 64, 65 e 66	Lobo, Duarte	[13]Opuscula... [Responsórios e Missa de Natal, antífonas BVM]	4, 8 e 11	Officina Platiniana, Ioannem Moretum	Antuérpia	1602	L 2589	I: S; II: SAB	Resp. de Natal (8+8), Missa e antifª (4)	[14]P-EVp Novo Res. nº 334 (B1).
34	MI 67, 68 e **MI 318**	Rebelo, João Lourenço	[15]Psalmi tum Vesperarum, tum Completorii. Item Magnificat, Lamentationes, Miserere	3 a 16 (2, 3 e 4coros)+ inst. + Bc	Typographia Mauritii, & Amadei Balmontiarum	Roma	1657	R 508; RR 508	II: AB; III: B	Salmos Vesp. (14), Magnif.(4), Completas (12 peças), Lament (2) Miserere.	[16]P-Ln RES. 2232 V. a 2235 V. (II: SATB).
35	MI 69	Guerrero, Francisco	Motteta...	4, 5, 6 e 8	Antonio Gardano	Veneza	1570	G 4871	5	Motetes	

N.	Cota	Autor	Título	Vozes	Impressor	Local	Ano	RISM	Partes existentes	Conteúdo	Outros exemplares em arquivos port.
36	MI 71 e 75	ANIMUCCIA, Giovanni	Il secondo libro delle laudi... motteti, salmi, et altre diverse cose spirituali vulgari, et latine.	2 a 8	eredi di Antonio Blado (Camerali)	Roma	1570	A 1238	S1S2	Motetes salmos, laude (19 peças são a 8vv)	
37	MI 72	PALESTRINA, Giovanni Pierluigi da	[17]Motectorum... Liber secundus.	5, 6 e 8	Hieronymum Scotum	Veneza	1572	P 705 / 1572[1]	A	Motetes	
38	MI 76 e 77	PALESTRINA, Giovanni Pierluigi da	Liber primus motectorum	5, 6 e 7	Valerio & A. Dorico, eredi	Roma	1569	P 700	A6	Motetes	
39	MI 79 a 86	GARRO, Francisco	[18]Missa quatuor octonis vocibus tres... [Colecção policoral]	8 e 12 + bc	Petrus Craesbeeck	Lisboa	1609	G 430 (inf. inc.)	[19]I:B/T (S); II:SAB; III:SAB +*guiam*	Missa, 3 alleluias e 3 motetes (lições defuntos)	[20]P-BRp BA 71 -78 (I:A, B/T(S); II:TB; III: ATB; *guiam*
40	MI 204	ANTOLOGIA (vários autores)	Missa septem ex praestantissimis Italiae musicis...	8		Antuérpia	1611	sem sigla RISM	T1	Missa	
41	MI 253	CONTINO, Giovanni	Introitus et haleluiah...	5	Girolamo Scotto	Veneza	1560	C 3534	B	Introitus e alleluia.	
42	MI 259	AGAZZARI, Agostino	Madrigali... a sei voci	6	Pietro Phalesio	Antuérpia	1600	A 381	S	Madrigal	
EDIÇÕES EM LIVROS DE PARTES - VÁRIAS EDIÇÕES ENCADERNADAS JUNTAS (COMPILAÇÕES)											
43	MI 54 [1-54.1]	GOMBERT, Nicolas	Motectorum... Liber primus	4	Antonio Gardane	Veneza	1551	G 2980 / 1551[2]	A	Motetes	
44	MI 54 [1-54.2]	WILLAERT, Adrian	Motecta ... Liber primus	4	Antonio Gardane	Veneza	1545	W 1107	A	Motetes	
45	MI 54 [1-54.3]	MORALES, Cristóbal de	[21]Missarum quinque vocibus. Secundus liber	5	Antonio Gardane	Veneza	1557	M 3586 / 1557[1]	A	Missa	

A propósito dos livros de polifonia impressa existentes na Biblioteca Geral da Universidade de Coimbra

N.	Cota	Autor	Título	Vozes	Impressor	Local	Ano	RISM	Partes existentes	Conteúdo	Outros exemplares em arquivos port.
46	MI 59, 60, 61, **MI 261** [II-59.1, 60.1, 61.1 e 261.1]	ANTOLOGIA (vários autores)	Harmonia celeste di diversi eccellentissimi musici a iiii. V. Vi. Vii. et VIII. voci...	4, 5, 6, 7 e 8	Pietro Phalesio & Giovanni Bellero	Antuérpia	1583	(22) 1583[14]	A56B	Motete	
47	MI 59, 60, 61, **MI 261** [II-59.2, 60.2, 61.2 e 261.2]	ANTOLOGIA (vários autores)	Symphonia angelica di diversi eccellentissimi musici a iiii. v. vi. vii. et viii. voci...	4, 5, 6, 7 e 8	Pietro Phalesio & Giovanni Bellero	Antuérpia	1585	(23) 1585[19]	A56B	Motetes	
48	MI 70 e **MI 256** [III-70.1 e 256.1]	NANINO, Giovanni Bernardino	Motecta... SingulisBinis, Ternis, Quaternis... Liber secundus.	1, 2, 3, 4, 5 + bc	Ioannes Baptista Roblectum	Roma	1611	N 16	SS2	Motete	
49	MI 70 e **MI 256** [III-70.2 e 256.2]	NANINO, Giovanni Bernardino	Motecta... SingulisBinis, Ternis, Quaternis... Liber tertius.	1, 2, 3, 4, 5 + bc	Bartholomaeum Zannettum	Roma	1612	N 17	BS2	Motetes	
50	MI 70 [III-70.3]	AGAZZARI, Agostino	(24)Sacrae cantiones. Binis, Ternisq Vocibus... Liber quartus.	2, 3 + bc	Ricciardum Amadinum	Veneza	1612	A 345	B	Motetes	
51	**MI 256** [III 256.3]	AGAZZARI, Agostino	Sertum roserum ex plantis...	1, 2, 3, 4, + bc	Ricciardum Amadinum	Veneza	1612	A 364	T	Motetes	
52	MI 70 e **MI 256** [III 70.4 e 256.4]	AGAZZARI, Agostino	Sacrarum cantionum... Liber II opus V	2, 3, 4 + bc	Ricciardum Amadinum	Veneza	1613	A 355	BS2	Motetes	

N.	Cota	Autor	Título	Vozes	Impressor	Local	Ano	RISM	Partes exis-tentes	Conteúdo	Outros exemplares em arquivos port.
53	MI 256 [III-256.5]	AGAZZARI, Agostino	[25]Sacrae cantiones. Liber quartus.	2, 3 + bc	Ricciardum Amadinum	Veneza	1609	A 344	S2	Motetes	
54	MI 73 [IV-73.1]	PALESTRINA, Giovanni Pierluigi Da	Motectorum Quatuor Vocibus, Liber Secundus.	4	Haeredem Hieronymi Scoti	Veneza	1588	[26]PP 733A	T	Motetes	
55	MI 73 [IV-73.2]	ROMANO, Alessandro	Il primo libro delle villanelle & Secondo suo....	4	Haeredem Hieronymi Scoti	Veneza	1579	[27]M 2332	T	Villanelle	
56	MI 74 [V-74.1]	PALESTRINA, Giovanni Pierluigi da	Motectorum... Liber primus...	5, 6 e 7	Angelum Gardanum	Veneza	1590	P 703	A	Motetes	
57	MI 74 [V-74.2]	PALESTRINA, Giovanni Pierluigi da	[28]Motectorum... Liber secundus	5, 6 e 8	Angelum Gardanum	Veneza	1594	P 710 / 1594[1] Clas. PP 710	A	Motetes	
58	MI 74 [V-74.3]	PALESTRINA, Giovanni Pierluigi da	Motectorum... Liber tertius...	5, 6 e 8	Angelum Gardanum	Veneza	1594	P 715	A	Motetes	
59	MI 74 [V-74.4]	PALESTRINA, Giovanni Pierluigi da	Motectorum... Liber quartus	5	Angelum Gardanum	Veneza	1601	P 722	A	Motetes	
60	MI 74 [V-74.5]	PALESTRINA, Giovanni Pierluigi da	Motectorum...Liber quintus...	5	Angelum Gardanum	Veneza	1595	P 731	A	Motetes	
61	MI 74 [V-74.6]	MOURA, Pedro Álvares de	Liber primus motectorum	4, 5, 6 e 7	Nicolaum Mutium	Roma	1594	M 3953	A	Motetes	[29]
62	MI 78 [VI-78.1]	MANTUA, Jachet de	Motteti ... libro primo	4	Girolamo Scotto	Veneza	1565	J 13	T	Motetes	

A propósito dos livros de polifonia impressa existentes na Biblioteca Geral da Universidade de Coimbra

N.	Cota	Autor	Título	Vozes	Impressor	Local	Ano	RISM	Partes existentes	Conteúdo	Outros exemplares em arquivos port.
63	MI 78 [VI-78.2]	MONTE, Philippe de	Il secondo libro delli madrigali...	6	Herede di Girolamo Scotto	Veneza	1582	M 3347	T	Madrigal	
64	MI 78 [VI-78.3]	PRIMAVERA, Giovanni Leonardo	Il settimo libro de madrigali a cinque voci	5	Herede di Girolamo Scotto	Veneza	1585	P 5455 / 1585[31]	T	Madrigal	
65	MI 251 [VII-251.1]	PALESTRINA, Giovanni Pierluigi da	Motecta festorum totius anni... Liber primus.	4	Angelum Gardanum	Veneza	1585	P 693	B	Motetes	
66	MI 251 [VII-251.2]	PALESTRINA, Giovanni Pierluigi da	Il primo libro de madrigali a quattro voci	4	Giacomo Vincenzi	Veneza	1588	P 757	B	Madrigal	
EDIÇÕES DE LIVROS DE MÚSICA INSTRUMENTAL											
67	MI 262	FUENLLANA, Miguel de	[30]Libro de musica para vihuela. Intitulado Orphenica lyra		Martín de Montesdoca	Sevilha	1554	FF 2093			
68	MI 474 (encad. com MM 97)	PITTONI, Giovanni	Intavolatura di tiorba ...		Giacomo Monti	Bolonha	1669	P 2482			
69	Fundo Manuel Joaquim, s/c	COELHO, Manuel Rodrigues	Flores de musica para o instrumento de tecla & harpa		Petrus Craesbeeck	Lisboa	1620	C 3263			P-EVp Novo Res. nº 796; P-La 38-XII-26; P-Ln (2 ex.) C.I.C. 95 V.; RES. 1583 V.; P-Pm X1-2-85

(1) Faltam ff. no princípio e no final.
(2) A ed. inclui dois motetes de F. Guerrero a 6 vv e um de F. Soriano a 8vv.
(3) Título de posse (MI 16): Mosteiro de Santa Cruz de Coimbra.

(4) Faltam ff. iniciais no *Asperges me* e parte de *Vidi aquam*.
(5) Título de posse: Mosteiro de Santa Cruz de Coimbra.
(6) Motete ms. *De profundis*, anónimo, anexado no final do livro.
(7) A ed. inclui ainda quatro Magnificat de Carpentras, Jachet e Richaford. Anexo ms. no início de Magnificat de F. Guerrero. Título de posse: Mosteiro de Santa Cruz de Coimbra.
(8) A edição inclui uma missa a 7 de Géry de Ghersem (falta a p. final).
(9) Título de posse: Mosteiro de Santa Cruz de Coimbra.
(10) O MI 58 não está mencionado no RISM.
(11) Outra ed. (1557) ver MI 54[.3] (A).
(12) O MI 62 não está mencionado no RISM.
(13) Título de posse: Mosteiro de Santa Cruz de Coimbra.
(14) Encontram-se algumas partes em Valladolid - E-V (I:AB; II: STB).
(15) A edição inclui dois motetes a 6 vv de D. João IV dos quais se conhecem apenas duas partes.
(16) Encontra-se uma edição completa em Münster - D-brd MÜs.
(17) Outra ed. (1594) ver MI 74[.2] (A).
(18) Título de posse (MI 79 a 82): Mosteiro de Santa Cruz de Coimbra.
(19) A parte do coro I contém a parte grave (B ou T) para as missas e lições e o S para as 3 alleluias.
(20) Encontram-se 6 livros de partes em Londres - GB-Lbl.
(21) Ed. de 1544 ver MI 62.
(22) O MI 261 não está mencionado no RISM.
(23) O MI 261 não está mencionado no RISM.
(24) Ed. de 1609, ver MI 256 (S2).
(25) Ed. de 1612 ver MI 70 (B).
(26) Está classificado incorrectamente no RISM: clas. em PP 733 (ver ADDENDA RISM... Vol 13, ref. apenas uma ed. em E-Vacp).
(27) Entrada RISM em MERLO, Alessandro (Alessandro Romano). Sobre a confusão entre Alessandro Merlo e Alessandro Romano ver LA VIA, Stefano, 'Alessandro Romano', *Grove Music Online*. *Oxford Music Online*. O MI 73 parece estar mal mencionado no RISM - MM 2332 P-Cm).
(28) Ed. de 1572 ver MI 72 (A).
(29) Encontram-se algumas partes em Valladolid, E-V (TB5).
(30) Título de posse: Mosteiro de Santa Cruz de Coimbra.

SCHOPENHAUER E A METAFÍSICA DA MÚSICA

Entre os inúmeros (e por vezes desconcertantes) arroubos de originalidade que distinguem a filosofia de Arthur Schopenhauer (1788-1860), talvez nenhum tenha exercido tanto fascínio em gerações posteriores de artistas como o lugar adscrito à música na obra fundamental do filósofo alemão, *Die Welt als Wille und Vorstellung* (*O Mundo como Vontade e Representação*, doravante *MVR*).

Richard Wagner, Friedrich Nietzsche, Gustav Mahler e Thomas Mann contam-se entre os espíritos criativos que encontraram na abordagem schopenhaueriana à música uma resposta para as suas próprias interrogações[1] – um pouco como se Schopenhauer viesse virar ao contrário a famosa frase de Platão (*Fédon* 61a), segundo a qual a filosofia seria a mais alta forma de música, contrapondo-lhe a ideia de que, afinal, a música não seria mais do que a mais alta forma de filosofia. Em rigor, não é bem essa a noção que Schopenhauer defende; mas a sua interpretação do lugar da música não andará muito longe dela, como veremos.

---

* Faculdade de Letras da Universidade de Coimbra.
[1] Cf. Lydia Goehr, "Schopenhauer and the musicians: an inquiry into the sounds of silence and the limits of philosophizing about music", in Dale Jacquette (ed.), *Schopenhauer, philosophy and the arts*, Cambridge University Press, 2007, pp. 200-228. Sobre a influência de Schopenhauer sobre Thomas Mann, leia-se Børge Kristiansen, "Thomas Manns Schopenhauer-Rezeption", in Helmut Koopman (hrg.), *Thomas Mann Handbuch*, Frankfurt am Main, Fischer, 2005, pp. 276-283.

Que a música tem uma dimensão filosófica é, claro está, dado assente no ideário schopenhaueriano. Aliás é sintomático que, no capítulo dedicado à música no primeiro volume de *MVR* (Livro III, § 52), todo o desenvolvimento conceptual proposto por Schopenhauer se estruture entre duas balizas, concretamente duas frases em latim: uma delas é da autoria de Leibniz acerca da música, frase essa que pretende relegar a música para o nível de uma aritmética inconsciente; a outra, mais adiante no mesmo capítulo, é o retomar dessa citação, só que desta vez reescrita pelo próprio Schopenhauer e utilizada como ponto de chegada: como síntese, poder-se-ia dizer, do pensamento schopenhaueriano acerca da música. Se a citação literal de Leibniz falava da música como "exercício inconsciente de aritmética do espírito que desconhece que está a contar", Schopenhauer transforma a frase numa formulação bem diversa: "a música é um exercício inconsciente de metafísica do espírito que desconhece que está a filosofar"[2].

Mais tarde, no segundo volume de *MVR* publicado em 1844 – que contém os suplementos ao texto da primeira edição de 1819 –, Schopenhauer retomará a temática musical e voltará a dedicar um capítulo inteiro à questão. Como os capítulos do segundo volume têm títulos (ao contrário do que sucede no primeiro volume), não surpreende que o título escolhido para o capítulo 39 seja "Da Metafísica da Música" (*Zur Metaphysik der Musik*).

Mas antes de entrarmos mais a fundo na argumentação com que Schopenhauer sustenta a sua metafísica da música nos dois capítulos que a ela dedica em cada um dos volumes de *MVR*, convirá recordar que o filósofo não era um leigo em matéria musical e que, segundo o seu mais recente biógrafo, começou a estudar e praticar música em 1799 (portanto com onze anos), actividade que manteria toda a sua vida,

---

[2] A frase de Leibniz ocorre na sua Epístola 154 e tem, no original latino, a seguinte forma: *exercitium arithmeticae occultum nescientis se numerare animi.* Schopenhauer dá à frase esta forma nova: *Musica est exercitium metaphysices occultum nescientis se philosophari animi.* Cf. *Die Welt als Wille und Vorstellung I*, Erster Teilband, Zürich, Diogenes Verlag, 1977, pp. 322 e 332. Trata-se da chamada *Zürcher Ausgabe* ("Edição de Zurique") em dez volumes, que toma como base o texto crítico estabelecido por Arthur Hübscher. Doravante *WWV*.

sendo o seu instrumento de eleição a flauta transversal[3]. Na verdade, a leitura dos dois capítulos dedicados à música em *MVR* (assim como os textos sobre música em *Parerga und Paralipomena* de 1851) confirmam a competência de Schopenhauer em matéria musical: pois comprovam não só conhecimentos de Harmonia, patentes na discussão de diferentes acordes, como conhecimentos de Acústica, nomeadamente no que toca à vibração de harmónicos. Se pensarmos no tipo de música que se fazia na Alemanha na primeira metade do século XIX, o gosto musical de Schopenhauer poderá parecer retrógrado: Mozart e Beethoven faziam evidentemente parte do panteão musical do filósofo, mas o compositor com quem sente maior afinidade é, curiosamente, Rossini – a ponto de ter providenciado a transcrição de grande parte da sua obra para flauta transversal. Quanto a Wagner, que idolatrava Schopenhauer desde que tomou contacto com a sua obra em 1854, nunca despertou pela sua música grande interesse no filósofo, que, apesar de ter assistido a uma récita de *Der fliegende Holländer*, exprimiu a opinião (no mínimo controversa) de que Wagner era melhor poeta do que compositor[4]. No entanto, nem mesmo a poesia de Wagner escapou à crítica do velho filósofo: o exemplar do libreto de *Der Ring des Nibelungen* que Wagner ofereceu a Schopenhauer conserva-se ainda hoje na Houghton Library da Universidade de Harvard; as suas margens estão repletas de comentários cáusticos escritos pelo punho do dedicatário do volume. No fundo, Schopenhauer manteve-se fiel ao século em que nasceu e aos compositores que também nele tinham nascido: musicalmente, era um homem do final do século XVIII.

Este aspecto é relevante para a consideração das próprias qualidades musicais que facilmente se detectam na prosa de Schopenhauer (e às quais Thomas Mann, ele próprio prosador arqui-musical, foi especialmente sensível). Pois não é só a cadência rítmica, a eufonia, a maleabilidade e os efeitos sonoros expressivos que fazem da prosa de Schopenhauer um texto musical: é a própria estruturação musical do pensamento, sobretudo na adaptação do modelo "exposição + desenvolvimento + reexposição" (a chamada "forma sonata") que é timbre da grande música instrumental

---

[3] Cf. David. E. Cartwright, *Schopenhauer: a Biography*, Cambridge University Press, 2010, p. 30.

[4] Para as opiniões musicais de Schopenhauer aqui referidas, cf. Cartwright, *ob. cit.*, p. 533.

de Mozart e Beethoven (e antecipe-se desde já que, para Schopenhauer, a música que mais contava era a exclusivamente instrumental). O exemplo que demos acima do capítulo 52 do primeiro volume de *MVR* é prova cabal disso, no modo como a citação de Leibniz funciona como parte de uma "exposição", que depois é "reexposta", já transformada, após o "desenvolvimento" que corresponde ao próprio desenrolar conceptual do material apresentado na exposição.

Aliás, este "retomar" musical (e Schopenhauer é partidário do *da capo* na música[5]) está logo presente no magnífico parágrafo que abre o Livro I de *MVR*: note-se como a última frase do parágrafo, que ecoa a primeira, opera um efeito que, em termos musicais, poderíamos denominar "regresso à tónica"[6]:

---

[5] *WWV* I/1, pp. 331-332 (§ 52).

[6] Todas as traduções de Schopenhauer são da minha responsabilidade. *WWV* I/1, p. 29: "'Die Welt ist meine Vorstellung': – dies ist die Wahrheit, welche in Beziehung auf jedes lebende und erkennende Wesen gilt; wiewohl der Mensch allein sie in das reflektierte abstrakte Bewußtseyn bringen kann: und thut er dies wirklich; so ist die philosophische Besonnenheit bei ihm eingetreten. Es wird ihm dann deutlich und gewiß, daß er keine Sonne kennt und keine Erde; sondern immer nur ein Auge, das eine Sonne sieht, eine Hand, die eine Erde fühlt; daß die Welt, welche ihn umgiebt, nur als Vorstellung daist, d.h. durchweg nur in Beziehung auf ein Anderes, das Vorstellende, welches er selbst ist. – Wenn irgendeine Wahrheit *a priori* ausgeprochen werden kann, so ist es diese: denn sie ist die Aussage derjenigen Form aller möglichen und erdenklichen Erfahrung, welche allgemeiner, als alle andern, als Zeit, Raum und Kausalität ist: denn alle diese setzen jene eben schon voraus, und wenn jede dieser Formen, welche alle wir als so viele besondere Gestaltungen des Satzes vom Grunde erkannt haben, nur für eine besondere Klasse von Vorstellungen gilt; so ist dagegen das Zerfallen in Objekt und Subjekt die gemeinsame Form aller jener Klassen, ist diejenige Form, unter welcher allein irgend eine Vorstellung, welcher Art sie auch sei, abstrakt oder intuitiv, rein oder empirisch, nur überhaupt möglich und denkbar ist. Keine Wahrheit ist also gewisser, von allen andern unabhängiger und eines Beweises weniger bedürftig, als diese, daß Alles, was für die Erkenntniß daist, also die ganze Welt, nur Objekt in Beziehung auf das Subjekt ist, Anschauung des Anschauenden, mit einem Wort, Vorstellung. Natürlich gilt Dieses, wie von der Gegenwart, so auch von jeder Vergangenheit und jeder Zukunft, vom Fernsten, wie vom Nahen: denn es gilt von Zeit und Raum selbst, in welchen allein sich dieses alles unterscheidet. Alles, was irgend zur Welt gehört und gehören kann, ist unausweichbar mit diesem Bedingtseyn durch das Subjekt behaftet, und ist nur für das Subjekt da. Die Welt ist Vorstellung".

"'O mundo é a minha representação'. Esta é a verdade, que é válida no que respeita a todo e qualquer ser vivo capaz de cognição, embora só o homem a consiga trazer para a consciência reflexiva e abstracta; e quando o faz realmente, entrou nele a reflexão filosófica. Ser-lhe-á então claro e óbvio que não conhece nenhum sol nem nenhuma terra, mas apenas um olho que vê um sol e uma mão que sente uma terra; que o mundo, que o rodeia, só existe como representação, isto é, somente na relação com algo outro, com a entidade que representa, ou seja, ele próprio. Se existe verdade que possa ser expressa *a priori*, é esta: pois ela é a expressão daquela forma de toda a experiência possível e concebível, e que é mais abrangente do que todas as outras, mais do que espaço, tempo, e causalidade; pois todas estas já pressupõem aquela; e se cada uma destas formas, as quais reconhecemos como outras tantas configurações particulares do princípio da razão suficiente, só é válida para uma classe especial de representações, por outro lado é a divisão em sujeito e objecto a forma comum de todas aquelas classes, é a forma sob a qual qualquer representação, seja ela o que for, abstracta ou intuitiva, pura ou empírica, é possível e concebível. Por isso, nenhuma verdade é mais certa, mais independente de todas as outras e menos carente de prova do que esta: tudo o que é do foro do conhecimento, portanto o mundo inteiro, é somente objecto em relação com o sujeito, é contemplação de quem contempla, numa palavra, representação. Isto é naturalmente tão válido para o presente como para todo o passado e para todo o futuro, para o mais longínquo como para o mais próximo; pois é válido para o próprio tempo e para o próprio espaço, as únicas realidades em que tudo isto se distingue. Tudo o que pertença ou possa pertencer ao mundo está incontornavelmente ligado ao sujeito com esta obrigatoriedade e só existe em função do sujeito. O mundo é representação" (pp. 25-26).

Este modo de entender a representação, a que Schopenhauer dedica o Livro I, será relevante para a consideração da música, que surge só no final do Livro III, dedicado a questões de Estética. Antes disso, o Livro II regressara ao tema (já aventado no capítulo 1 do Livro I) do mundo enquanto vontade. Representação e vontade são como que as duas faces da mesma moeda: se representação pode ser vista como explicação empírica do mundo, vontade será a sua explicação metafísica.

Ora a vontade, para Schopenhauer, é algo de intrinsecamente negativo, sendo a causadora de todo o sofrimento que a vida terrena representa. Vontade essa que se exprime na "vontade de viver" (não é a maneira ideal de traduzir *Wille zum Leben*, mas é difícil defender outra solução); na sexualidade que nos escraviza e domina porque é o modo de a vontade se perpetuar a si própria; no egoísmo congénito de todos os seres vivos, que lutam, matam e espezinham para sobreviver. Schopenhauer refinou a verbalização desta ideia em *MVR* II (§ 46), no capítulo intitulado "Da nulidade e do sofrimento da vida" (*Von der Nichtigkeit und dem Leiden des Lebens*), que é um dos pontos altos de todo o tratado, pois sintetiza o "pessimismo" que muitos associam ao ideário schopenhaueriano[7]:

> "Ao despertar para a vida da noite da inconsciência (*Bewußtlosigkeit*), a vontade descobre-se a si própria enquanto indivíduo, num mundo infindável e ilimitado, no meio de incontáveis indivíduos, todos esforçando-se, sofrendo, errando; e como que através de um sonho angustiante apressa-se a voltar ao seu estado antigo de inconsciência. – Mas, até que isso aconteça, os seus desejos são desenfreados, as suas ambições são inesgotáveis, e cada desejo satisfeito gera um desejo novo. Nenhuma satisfação possível no mundo seria suficiente para apaziguar a sua ânsia, para pôr um termo definitivo ao seu desejo e preencher o abismo sem fundo do seu coração".

Da vida propriamente dita, Schopenhauer diz o seguinte[8]: "A vida, com as suas contrariedades pequenas, maiores e enormes a sucederem-

---

[7] *WWV* II/2, p. 670: "Aus der Nacht der Bewußtlosigkeit zum Leben erwacht findet der Wille sich als Individuum, in einer end- und gränzenlosen Welt, unter zahllosen Individuen, alle strebend, leidend, irrend; und wie durch einen bangen Traum eilt er zurück zur alten Bewußtlosigkeit. – Bis dahin jedoch sind seine Wünsche gränzlos, seine Ansprüche unerschöpflich, und jeder befriedigte Wunsch gebiert einen neuen. Keine auf der Welt mögliche Befriedigung könnte hinreichen, sein Verlangen zu stillen, seinem Begehren ein endliches Ziel zu setzen und den bodenlosen Abgrund seines Herzens auszufüllen".

[8] *WWV* II/2, p. 671: "Das Leben, mit seinen stündlichen, täglichen, wöchentlichen und jährlichen, kleinen, größern und großen Widerwärtigkeiten, mit seinen getäuschten Hoffnungen und seinen alle Berechnung vereitelnden Unfällen, trägt so deutlich das Gepräge von etwas, das uns verleidet werden soll, daß es schwer zu begreifen ist, wie man dies hat verkennen können und sich überreden lassen, es sei da, um dankbar genossen zu werden, und der Mensch, um glücklich zu seyn".

se hora a hora, dia a dia, semana a semana, ano a ano, com as suas expectativas goradas e com os seus percalços que frustram qualquer previsão – a vida traz tão claramente a marca de algo que deveria tornar-se-nos repugnante, que é difícil compreender como foi possível não entendermos tal realidade e deixarmo-nos convencer de que a vida existe para ser gozada com gratidão; e o homem, para ser feliz".

Umas páginas mais adiante, Schopenhauer recorre a uma citação de Voltaire, com a qual se declara estar em perfeita sintonia[9]: "le bonheur n'est qu'un rêve... Je n'y sais autre chose que me résigner, et me dire que les mouches sont nées pour être mangées par les araignées, et les hommes pour être dévorés par les chagrins".

Mais à frente ainda, Schopenhauer lembra a célebre frase latina do comediógrafo romano Plauto (*Asinaria* II, 495), *homo homini lupus* ("o homem é um lobo para o homem"), depois de afirmar que a fonte de todo o mal que atinge o homem é o próprio homem[10]: "A verdade é que temos de ser infelizes; e somos. E a principal fonte do mal mais grave, que atinge o homem, é o próprio homem: *homo homini lúpus*".

⁂

Ora este ideário, que constitui aparentemente um voto de desconfiança não só na existência de "felicidade" como na vida humana em si, não é tão pessimista como possa parecer, porque o Livro III do tratado de Schopenhauer abre a possibilidade de um alívio mitigador para o sofrimento humano: a fruição estética. É a arte que salva o homem. E, no topo da hierarquia das artes, está a música, a que Schopenhauer dedica precisamente o capítulo culminante do Livro III. Sigamos, pois, o raciocínio de Schopenhauer na sua primeira abordagem à música em *MVR* – não para o parafrasearmos, mas para lhe sintetizarmos os pontos essenciais.

O capítulo 52 de *MVR* I abre com uma recapitulação da temática estética até aí abordada, recapitulação que estabelece de novo a hierarquia das artes. A arquitectura é considerada por Schopenhauer a

---

[9] *WWV* II/2, p. 674: "Ganz in Übereinstimmung mit der von mir bewiesenen Wahrheit sagt auch der von Natur und Glück so begünstigte Voltaire…".

[10] *WWV* II/2, p. 676: Die Wahrheit ist: wir sollen elend seyn, und sind's. Dabei ist die Hauptquelle der ernstlichsten Übel, die den Menschen treffen, der Mensch selbst: *homo homini lupus*".

arte mais rasteira de todas; a tragédia, a mais excelsa – isto, claro está, dentro da categoria em que cabem todas as artes à excepção da música, que está numa categoria à parte. No que consiste a diferença entre as duas categorias? É que as outras artes correspondem a uma objectivação indirecta da vontade; são imitativas e repetitivas de uma qualquer Ideia (em sentido platónico) – ao passo que a música não. A música, porque está para lá das Ideias, é independente do mundo visível; em certo sentido poderia existir sem ele. A música é objectivação directa e cópia (*Abbild*) da vontade propriamente dita, tal como é o próprio mundo: por isso o efeito da música é mais poderoso do que o das outras artes; por isso as outras artes falam de sombras, enquanto a música fala da essência.

Seguidamente, Schopenhauer embrenha-se numa tentativa de dar dimensão filosófica à altura dos tons, desde os mais graves aos mais agudos, dedicando-se depois à compreensão da harmonia e da melodia. Na melodia, Schopenhauer reconhece o nível mais elevado da objectivação da vontade: a melodia narra a história da vontade iluminada pela reflexão (*Besonnenheit*). Também os vários graus da escala pelos quais a melodia passa e os efeitos de dissonância que produzem espelham a vontade, no sentido em que o movimento próprio da vontade é o alternar entre desejo (= dissonância) e satisfação (= consonância), carência (= dissonância) e saciedade (= consonância). São também considerados os diferentes andamentos, rápidos e lentos (*Allegro* e *Adagio*), os modos maior e menor, assim como a modulação, acerca da qual se tece o seguinte comentário[11]: "A transição de uma tonalidade para outra totalmente diferente, ao anular por completo a relação com o que se ouvira anteriormente, parece-se com a morte, na medida em que nela o indivíduo encontra o seu fim; mas a vontade, que se manifestara nesse indivíduo, continua viva, manifestando-se noutros indivíduos, cuja consciência não tem qualquer conexão com a do primeiro indivíduo".

Esta consideração, porém, leva Schopenhauer a frisar de novo que, ao recorrermos a este tipo de analogia, não devemos esquecer que a música não exprime aparências, mas sim a essência: neste sentido,

---

[11] *WWV* I/1, p. 328: "Der Übergang aus einer Tonart in eine ganz andere, da er den Zusammenhang mit dem Vorhergegangenen ganz aufhebt, gleicht dem Tode, sofern in ihm das Individuum endet; aber der Wille, der in diesem erschien, nach wie vor lebt, in andern Individuen erscheinend, deren Bewußtseyn jedoch mit dem des ersten keinen Zusammenhang hat".

não exprime esta ou aquela alegria, nem este ou aquele sofrimento, mas exprime a alegria em si, o sofrimento em si, a paz de espírito (*Gemüthsruhe*) em si. Exprime-los na sua essência, sem os motivos que os provocam. Mas nós compreendemo-los (aos motivos), mesmo na sua quintessência reduzida ao mínimo, e assim se explica que a nossa imaginação se deixe tão facilmente sugestionar pela música que ouvimos, a ponto de querermos dar-lhe forma palpável, em carne e osso. Esta é, para Schopenhauer, a origem da canção e da ópera, cujos textos nunca deixam de estar numa posição subalterna face à música (afirmação sobremaneira controversa...), dado que a música está acima da poesia e, ao contrário daquela, nada exprime a não ser a quinta-essência da vida. É esta qualidade que faz da música a panaceia de todos os nossos sofrimentos: pois quando a música tenta colar-se demasiado às palavras, esforça-se por falar uma linguagem que não é a sua. Nenhum compositor (opina Schopenhauer) se manteve mais livre deste erro do que Rossini: por isso a sua música fala tão claramente a sua própria linguagem, como se não precisasse das palavras.

Assim, tanto o mundo sensível como a música são apenas duas expressões diferentes da mesma coisa. Como expressão do mundo, a música é por excelência a linguagem universal. Todos os empreendimentos humanos, todos os arrebatamentos e expressões da vontade podem ser expressos pelo número infinito de melodias possíveis. De seguida, Schopenhauer apresenta uma ideia curiosa, que parece antecipar o papel (e o poder) da música no cinema[12]: "Desta relação íntima, que a música estabelece com a verdadeira essência de todas as coisas, pode explicar-se o seguinte: quando a acompanhar qualquer cena, acção, evento, ambiente (*Umgebung*), soa uma música que seja apropriada, esta parece-nos revelar o sentido mais profundo do que estamos a ver [...]".

Schopenhauer volta a repetir algo anteriormente dito (as repetições em *MVR*, as *reprises* tanto *grandes* como *petites*, são um dos traços que permitem falar da prosa schopenhaueriana como prosa musical), mas acrescentando-lhe uma explicitação que sugere a medida em que

---

[12] *WWV* I/1, pp. 329-330: "Aus diesem innigen Verhältniß, welches die Musik zum wahren Wesen aller Dinge hat, ist auch Dies zu erklären, daß wenn zu irgend eine Scene, Handlung, Vorgang, Umgebung, eine passende Musik ertönt, diese uns den geheimsten Sinn derselben aufzuschließen scheint [...]".

devemos entender a dimensão metafísica da música⁽¹³⁾: "Pois a música é, como já foi dito, diferente das outras artes, porquanto não é cópia da aparência ou, mais propriamente, da objectivação adequada da vontade, mas cópia directa da vontade em si e, portanto, apresenta o correlato metafísico de tudo o que é físico no mundo [...]. Por isso tanto poderíamos chamar ao mundo música corporalizada, como vontade corporalizada".

Mais adiante (*WWV* I/1, p. 330), Schopenhauer chama à música "o cerne (*Kern*) anterior a qualquer forma (*Gestaltung*), ou o coração das coisas (*Herz der Dinge*)". Esta visão universal da música leva o filósofo a pôr em causa a noção de música representativa (= descritiva ou programática), como se ela constituísse a degradação de uma arte que nada precisa de exprimir além de si própria. Critica, pois, *As Estações* e *A Criação* de Haydn, assim como todo o género de música imitativa de batalhas, género esse que deve ser completamente rejeitado (*gänzlich zu verwerfen*).

Da parte final da discussão sobre música no primeiro volume de *MVR* há dois aspectos importantes a destacar. O primeiro tem que ver com a relação entre música e filosofia. Diferentemente de Platão, Schopenhauer não vê a filosofia como "a mais alta forma de música" (*Fédon* 61a). Em *MVR*, a música é nem mais nem menos do que aquilo de que a filosofia deveria ocupar-se: a "verdadeira filosofia" (*die wahre Philosophie*) não seria mais do que a "explicação correcta, completa e pormenorizada da música". As formais verbais no condicional são apropriadas, uma vez que, ao apresentar esta ideia extraordinária, Schopenhauer evita ser taxativo⁽¹⁴⁾: "Quem me acompanhou e entrou na minha maneira

---

⁽¹³⁾ *WWV* I/1, p. 330: "Denn die Musik ist, wie gesagt, darin von allen andern Künsten verschieden, daß sie nicht Abbild der Erscheinung, oder richtiger, der adäquaten Objektität des Willens, sondern unmittelbar Abbild des Willens selbst ist und also zu allem Physischen der Welt das Metaphysische [...]. Man könnte demnach die Welt eben so wohl verkörperte Musik, als verkörperten Willen nennen".

⁽¹⁴⁾ *WWV* I/1, p. 332: "So wird wer mir gefolgt und in meine Denkungsart eingegangen ist, es nicht so sehr paradox finden, wenn ich sage, daß gesetzt es gelänge, eine vollkommen richtige, vollständige und in das Einzelne gehende Erklärung der Musik, also eine ausführliche Wiederholung dessen was sie ausdrückt in Begriffen zu geben, diese sofort auch eine genügende Wiederholung und Erklärung der Welt in Begriffen, oder einer solchen ganz gleichlautend, also die wahre Philosophie seyn würde".

de pensar não achará paradoxal se eu disser que, admitindo que fosse possível, a explicação perfeitamente correcta, completa e pormenorizada da música, portanto a repetição completa em conceitos daquilo que ela exprime – coisa que seria simultaneamente uma repetição satisfatória e uma explicação em conceitos do mundo, ou de algo de conforme – [tal explicação da música] seria a verdadeira filosofia".

É a seguir a esta afirmação que Schopenhauer reformula a frase de Leibniz, que referimos mais acima.

O segundo aspecto a destacar é a coda do capítulo. Trata-se, como já dissemos, do último capítulo do Livro III; logo, faz todo o sentido que Schopenhauer nele cristalize a mensagem do livro do seu todo: na visão "pessimista" da vida que o filósofo transmite, a mitigação do sofrimento e o consolo (*Trost*) residem na arte.

⌒∦⌒

Ao retomar o seu pensamento sobre a música no segundo volume de *MVR*, publicado mais de vinte anos após a publicação do primeiro, agora num capítulo explicitamente intitulado "Da metafísica da música" (*Zur Metaphysik der Musik*, WWV II, § 39), Schopenhauer repisa inevitavelmente alguns aspectos já abordados na discussão anterior, mas introduz também novidades.

A consideração inicial com que o capítulo se inicia não é prometedora: trata-se de uma tentativa de fazer equivaler, na harmonia a quatro vozes, o baixo (tónica) ao reino mineral; o tenor (terceira) ao reino vegetal; o contralto (quinta) ao reino animal; e o soprano (oitava) ao ser humano.

Mais interessante é o regresso à ideia da primazia da música sobre a poesia[15]:

---

[15] *WWV* II/2, p. 527: "So gewiß die Musik, weit entfernt eine bloße Nachhülfe der Poesie zu seyn, eine selbstständige Kunst, ja die mächtigste unter allen ist und daher ihre Zwecke ganz aus eigenen Mitteln erreicht; so gewiß bedarf sie nicht der Worte des Gesanges, oder der Handlung einer Oper. [...] Die Worte sind und bleiben für die Musik eine fremde Zugabe, von untergeordnetem Werthe, da die Wirkung der Töne ungleich mächtiger, unfehlbarer und schneller ist, als die der Worte: diese müssen daher, wenn sie der Musik einverleibt werden, doch nur eine völlig untergeordnete Stelle einnehmen und sich ganz nach jener fügen".

"Sendo certo que a música, longe de ser uma mera auxiliar da poesia, é uma arte autónoma, decerto a mais poderosa de todas, sendo por isso que atinge os seus fins com meios exclusivamente próprios; tão certo é também que ela não precisa da letra de uma canção nem do enredo de uma ópera. [...] As palavras são e permanecem para a música um acrescento alheio, de valor inferior, visto que o efeito dos tons é incomparavelmente mais poderoso, mais infalível [sic] e mais rápido do que o das palavras: daí que as palavras, quando anexadas à música, devam assumir uma posição totalmente subalterna e devam adaptar-se por completo à música".

Esta convicção de que a palavra é inferior à música leva Schopenhauer ao extremo de afirmar que, na ópera, não deveria ser a música a adaptar-se ao texto, mas o texto a adaptar-se à música! Um caso absoluto, portanto, de *prima la musica, dopo le parole* (para remetermos para a discussão desta problemática na ópera *Capriccio* de Richard Strauss)[16]: "A música de uma ópera, tal como a partitura a apresenta, tem em si mesma uma existência totalmente independente, separada e ao mesmo tempo abstracta, à qual os acontecimentos e personagens da peça são alheios e a qual segue as suas regras próprias e inalteráveis; é por isso que a música funciona perfeitamente mesmo sem o texto".

Que a música, na sua superior essência (*höhere Wesenheit*), está acima de enredos e palavras é provado, segundo Schopenhauer, pelo facto de se exprimir sempre na sublimidade que lhe é própria, quer a ópera tenha como personagens Agamémnon e Aquiles (Schopenhauer estaria a pensar certamente na *Ifigénia em Áulide* de Gluck) ou se situe na realidade corriqueira de uma família burguesa. Pelo mesmo motivo, até na ópera mais cómica a música salvaguarda a pureza e a elevação que fazem parte da sua essência. Seja por cima da farsa mais burlesca, seja por cima da miséria infindável da vida humana, a música faz pairar o mais profundo e sério significado da existência.

Voltando-se de seguida para a música puramente instrumental, é – como não podia deixar de ser – a obra sinfónica de Beethoven que

---

[16] *WWV* II/2, p. 528: "Die Musik einer Oper, wie die Partitur sie darstellt, hat eine völlig unabhängige, gesonderte, gleichsam abstrakte Existenz für sich, welcher die Hergänge und Personen des Stücks fremd sind, und die ihre eigenen, unwandelbaren Regeln befolgt; daher sie auch ohne den Text vollkommen wirksam ist".

tem honras de abertura. Schopenhauer não menciona nenhuma das nove sinfonias em concreto, mas fala da "sinfonia beethoveniana" como entidade abstracta, de que as nove sinfonias são materializações particulares. Dado o lugar cimeiro da obra sinfónica de Beethoven no topo da pirâmide do sublime musical, transcrevo o parágrafo a ela dedicada[17]:

> "Lancemos agora um olhar sobre a música puramente instrumental. Ora uma sinfonia de Beethoven mostra-nos a maior confusão, à qual subjaz, porém, a ordem mais perfeita; mostra-nos a luta mais renhida, que, no momento seguinte, se transforma na mais bela concórdia: é uma *rerum concordia discors* ['concórdia discordante das coisas', citação de Horácio, Epístola 12 do Livro I, v. 19], uma imitação fiel e perfeita da essência do mundo, mundo esse que se precipita em frente na confusão infinita de formas incontáveis e que, através da destruição permanente, se mantém como é. Ao mesmo tempo falam a partir desta sinfonia todas as paixões e emoções humanas: a alegria, o luto, o amor, o ódio, o medo, a esperança, etc. em nuances sem conta, mas apenas *in abstracto*, sem qualquer particularização, todas na sua forma pura, isentas de conteúdo, como num mundo etéreo e imaterial. Contudo, temos a tendência, durante a audição, de concretizarmos a sinfonia na nossa imaginação, vestindo-a com carne e osso e vendo nela todo o tipo de

---

[17]*WWV* II/2, p. 529: "Werfen wir jetzt einen Blick auf die bloße Instrumentalmusik; so zeigt uns eine Beethoven'sche Symphonie die größte Verwirrung, welcher doch die vollkommenste Ordnung zum Grunde liegt, den heftigsten Kampf, der sich im nächsten Augenblick zur schönsten Eintracht gestaltet: es ist *rerum concordia discors*, ein treues und vollkommenes Abbild des Wesens der Welt, welche dahin rollt, im übersehbaren Gewirre zahlloser Gestalten und durch stete Zerstörung sich selbst erhält. Zugleich nun aber sprechen aus dieser Symphonie alle menschlichen Leidenschaften und Affekte: die Freude, die Trauer, die Liebe, der Haß, der Schrecken, die Hoffnung u.s.w. in zahllosen Nüancen, jedoch alle gleichsam nur *in abstracto* und ohne alle Besonderung: es ist ihre bloße Form, ohne den Stoff, wie eine bloße Geisterwelt, ohne Materie. Allerdings haben wir den Hang, sie, beim Zuhören, zu realisiren, sie, in der Phantasie, mit Fleisch und Bein zu bekleiden und allerhand Scenen des Lebens und der Natur darin zu sehn. Jedoch befördert Dies, im ganzen genommen, nicht ihr Verständniß, noch ihren Genuß, giebt ihr vielmehr einen fremdartigen, willkürlichen Zusatz: daher ist es besser, sie in ihrer Unmittelbarkeit und rein aufzufassen".

cenas da vida e da natureza. Só que isto, no geral, nem promove o seu entendimento nem a sua fruição, pois acrescenta-lhe algo de estranho e de arbitrário: por isso é melhor apreendê-la no que ela tem de puro e de directo".

Seguidamente, a discussão aborda questões relacionadas com acústica, com a altura dos sons e o efeito que ela provoca. Como é habitual em Schopenhauer, o discurso, por abstracto que seja, não se fecha a observações mais chãs, como por exemplo a constatação de que uma ária cantada por um baixo nunca dá o mesmo prazer que uma ária cantada por um soprano. Uma melodia no baixo assemelhar-se-ia a um bloco de mármore; por isso é tão apropriado, opina Schopenhauer, que o papel do Comendador no *Don Giovanni* de Mozart tenha sido escrito para voz de baixo.

À melodia são dedicadas agora menos explicações do que sucedera no capítulo congénere em *MVR* I, mas o ritmo é alvo de considerações interessantes, no contexto das quais as noções de tempo (*Zeit*) e espaço (*Raum*) adquirem especial importância. O ritmo é no tempo aquilo que a simetria é no espaço. Isto dá azo a uma justaposição das duas artes "opostas", arquitectura e música, as quais, segundo o filósofo, se encontram nos antípodas uma da outra. Pois a arquitectura existe apenas no espaço, sem qualquer ligação ao tempo, ao passo que a música existe apenas no tempo, sem qualquer ligação ao espaço. As outras artes, segundo se diz em nota, são mais híbridas, pois a escultura e a pintura, sendo primacialmente artes do espaço, têm também uma ligação indirecta com o tempo, na medida em que podem exprimir movimento ou narrar uma história; e a poesia, por seu lado, não pertence apenas ao tempo, porque o seu assunto é tudo o que existe, portanto tudo o que tem espacialidade (*ihr Stoff ist alles Daseiende, also das Räumliche*: WWV II/2, p. 533). Mas na correlação ritmo/simetria, Schopenhauer admite que, apesar de tudo, na música e na arquitectura *les extrêmes se touchent* (como ele escreve em francês). O que não o inibe, porém, de manifestar o seu supremo desprezo pela arquitectura, pois a correlação apontada é apenas superficial, e nada tem que ver com a essência das duas artes[18]:

---

[18] *WWV* II/2, p. 534: "Es wäre sogar lächerlich, die beschränkteste und schwächste aller Künste mit der ausgedehntesten und wirksamsten im Wesentlichen gleich stellen zu wollen".

"seria até ridículo querer comparar na sua essência a mais limitada e débil de todas as artes [a arquitectura] com a mais abrangente de todas e de efeito mais poderoso [a música]".

Seguem-se considerações sobre o ritmo na sua relação com a harmonia, com os graus da escala e com os tempos do compasso (tempos fortes ou fracos) em que graus da escala – como a tónica – podem surgir e que efeito isso pode causar no ouvinte. É analisado o modo como o jogo entre melodia e harmonia produz certas reacções no ouvinte, destacando-se o comentário interessantíssimo que Schopenhauer oferece sobre o papel dos retardos (voltaremos a este passo mais adiante). A dissonância prolongada que se resolve em consonância é vista em termos consentâneos com a doutrina schopenhaueriana da vontade – vontade essa que busca incessantemente a satisfação dos seus desejos, como a música busca a consonância, só que, uma vez satisfeito esse desejo, somente uma nova busca conducente a nova satisfação evita a sensação de vazio que é parte integrante de toda a satisfação alcançada. Daí que[19] "um encadear de acordes exclusivamente consonantes seria saturante, cansativo e vazio, como o tédio que a satisfação de todos os desejos provoca. Por isso têm de ser introduzidas dissonâncias – ainda que tenham um efeito inquietante e quase penoso – mas tão-só com a finalidade de, mediante preparação adequada, se resolverem em consonâncias. Na verdade, na música só existem dois acordes básicos: o dissonante acorde de sétima e o consonante acorde perfeito, acordes que estão na base de todos os outros".

Este dualismo – que, no caso do acorde perfeito e do acorde de sétima, talvez assente melhor no sistema metafísico de Schopenhauer do que na realidade pragmática da música tal como é praticada na vida real – é também destacado no respeitante aos dois modos, maior e menor.

---

[19] *WWV* II/2, pp. 536-537: "Eine Folge bloß konsonanter Ackorde würde übersättigend, ermüdend und leer seyn, wie der *languor*, den die Befriedigung aller Wünsche herbeiführt. Daher müssen Dissonanzen, obwohl sie beunruhigend und fast peinlich wirken, eingeführt werden, aber nur um, mit gehöriger Vorbereitung, wieder in Konsonanzen aufgelöst zu werden. Ja, es giebt eigentlich in der ganzen Musik nur zwei Grundackorde: den dissonanten Septimenackord und den harmonischen Dreiklang, als auf welche alle vorkommenden Ackorde zurückzuführen sind".

Para finalizarmos esta síntese do pensamento musical schopenhaueriano em *MVR*, atentemos na observação com que o filósofo conclui a sua discussão da metafísica da música. Trata-se de uma observação da maior importância, pois corrige a sensação cumulativa que se vai instalando no nosso espírito ao lermos ambos os capítulos cujo conteúdo procurámos aqui sintetizar: a sensação de que toda esta discussão acerca da música está eivada de uma contradição incontornável. Pois se a música, tão positiva na visão de Schopenhauer, representa a essência da vontade (como se repete novamente no final do capítulo), como é que tal noção se coaduna com o facto de a vontade ser em si própria algo de tão negativo?

A resposta não é animadora. É que, afinal, o carácter luminoso e positivo que pensámos sentir na música é meramente ilusório[20]: "Talvez este ou aquele [leitor] possa sentir incómodo perante o facto de a música, cujo efeito em nós é tantas vezes tão arrebatador do espírito, a ponto de nos parecer falar de outros mundos melhores do que o nosso, não fazer mais do que, de acordo com a presente metafísica da mesma, lisonjear a vontade, na medida em que representa a sua essência, lhe traça os seus êxitos e lhe exprime, por fim, a sua satisfação e contentamento".

A citação altamente enigmática dos *Upanishads* com que Schopenhauer conclui o capítulo (citação que, de resto, não ocorre naquela forma na obra citada) pouco ou nada faz para desfazer no leitor um sentimento insistente de desânimo.

⁓✳⁓

Sintetizado o pensamento de Schopenhauer em *MVR* acerca da metafísica da música, impõe-se agora uma avaliação crítica do mesmo. E reconheça-se, à partida, que é fácil apontar-lhe defeitos e limitações.

Para a contradição inerente que lhe é própria, já chamámos a atenção. Como afirmou Brian Magee[21], para desfazer tal contradição

---

[20] *WWV* II/2, pp. 537-538: "Vielleicht könnte Einer und der Andere daran Anstoß nehmen, daß die Musik, welche ja oft so geisterhebend auf uns wirkt, daß uns dünkt, sie rede von andern und besseren Welten, als die unsere ist, nach gegenwärtiger Metaphysik derselben, doch eigentlich nur dem Willen zum Leben schmeichelt, indem sie sein Wesen darstellt, sein Gelingen ihm vormalt und am Schluß seine Befriedigung und Genügen ausdrückt".

[21] Brian Magee, *The Philosophy of Schopenhauer*, Oxford University Press, 2009 (revised and enlarged edition), pp. 240-241.

"Schopenhauer would have had to contend that there is something inherently terrible about music, something infernal, something nightmarish. Interestingly enough, there have been people who subscribed seriously to the view that music was inherently bad – and they include no less a philosopher than Plato – but Schopenhauer was not one of them. As it is, his theory is so starkly self-contradictory that one is at a loss to understand how he could have failed to notice".

No entanto, a meu ver a limitação principal, que enviesa toda a discussão, é que Schopenhauer não aborda a música enquanto música, de forma isenta e objectiva, porque a sua intenção é dar-lhe um lugar no seu sistema filosófico, consentâneo com os pressupostos desse mesmo sistema. Isto leva-o a rejeitar a ópera e a música programática e/ou descritiva por estas "falsearem" a vocação pretensamente autêntica da música, que seria de exprimir a vontade e não o mundo (visto que o mundo seria, já de si, expressão da vontade: portanto a música, ao exprimir o mundo na música operática e programática, degradar-se-ia ao tornar-se expressão indirecta da vontade e não expressão directa, como seria próprio da sua natureza essencial). Schopenhauer sente-se, assim, justificado no opróbrio que lança sobre compositores da craveira de Haydn e Beethoven, por estes não terem resistido à tentação de "pintarem" o mundo sensível com sons musicais. É certo que Beethoven não é criticado por esta razão em *MVR*, mas sê-lo-á na colectânea *Parerga und Paralipomena* (§ 218), onde Schopenhauer repisa muitas das mesmas ideias sobre a música que surgem em *MVR*. No capítulo referido de *P&P*, Schopenhauer rejeita a "música pictórica" (*malende Musik*), lamentando que Haydn e Beethoven a ela tenham cedido, ao passo que Mozart e Rossini ter-lhe-iam resistido. Ora para percebermos como esta afirmação é altamente tendenciosa, não precisamos de ir mais longe do que *O Barbeiro de Sevilha*, que contém um célebre interlúdio orquestral vivamente descritivo de uma tempestade.

Não deixa de ser estranho, de resto, que Schopenhauer, tão crítico em relação à ópera (e a linguagem polémica anti-operática sobe de tom em *P&P*...), enalteça como compositor de eleição nada menos do que Gioachino Rossini (1792-1868), compositor de óperas por excelência! Aquilo que, sob outro ponto de vista, seria um defeito da ópera rossiniana – o facto de a música não ter como prioridade exprimir o texto – é visto como qualidade por Schopenhauer. Como ele diz em *P&P* (§ 219), "dai-me a música de Rossini: essa fala sem palavras!"[22]. Por outro lado, aquilo que tantos ouvintes e musicólogos têm apreciado na ópera de Christoph Willibald von Gluck (1714-1787) – a relação íntima e inextrincável entre texto e música – é visto por Schopenhauer como defeito[23].

Até que ponto o melómano Arthur Schopenhauer (assíduo frequentador, em Frankfurt am Main, de óperas e concertos) partilharia estas opiniões do filósofo Schopenhauer é algo que não podemos determinar. Uma coisa é certa, porém: apesar do discurso anti-ópera, vai transparecendo, mesmo em *MVR*, que Schopenhauer gostava de ópera: as palavras que lemos sobre a *Norma* de Bellini em *MVR* II (§37) são disso testemunho eloquente.

Outro defeito, relacionável com o anterior, que facilmente podemos apontar à discussão schopenhaueriana sobre a música, é o facto de estar limitada pelos gostos musicais francamente retrógrados do filósofo. Schumann e Wagner – para mencionar apenas esses dois génios revolucionários – deixaram-no indiferente; Rossini nunca caiu do seu pedestal. Falta, por isso, à metafísica musical schopenhaueriana abrangência e universalidade de aplicação. Não deixa de ser curioso, por isso, que um discurso que se atém, no fundo, à linguagem musical do século XVIII (no que toca ao entendimento de modos, acordes, efeitos harmónicos etc.), tenha inspirado a subversão estilhaçadora dessa linguagem que foi a música composta por Wagner após a leitura de *O Mundo como Vontade e Representação* no outono de 1854. Na verdade, o que Schopenhauer diz sobre o retardo (*Vorhalt*) em *MVR* II (§ 39) avulta quase como programa estético de *Tristan und Isolde*[24]: "O efeito do retardo merece ainda ser considerado. Trata-se de uma dissonância, a qual retarda a esperada consonância final, assim aumentando o anseio pela resolução, o que leva a que a sua ocorrência satisfaça ainda mais".

---

[22] "Gebt mir Rossinische Musik, die da spricht ohne Worte!", *Parerga und Paralipomena*, II/2, Zürich, Diogenes Verlag, 1977, p. 475.

[23] Cf. *P&P* II/2 (§ 220), p. 477.

[24] *WWV* II/2, p. 536: "Noch verdient hiebei die Wirkung des Vorhalts beachtet zu werden. Er ist eine Dissonanz, welche die mit Gewißheit erwartete, finale Konsonanz verzögert; wodurch das Verlangen nach ihr verstärkt wird und ihr Eintritt desto mehr befriedigt".

A recepção, na ópera wagneriana, da metafísica da música schopenhaueriana seria o suficiente para pensarmos duas vezes antes de a relegarmos para o plano de mera curiosidade filosófica. Mas, depois de pensarmos três e quatro vezes, somos forçados a chegar à conclusão de que, no seu conjunto, a abordagem de Schopenhauer à música não é satisfatória.

Porquê? Talvez o principal problema seja mesmo a questão *metafísica*. Por muito atraente (e bela...) que nos pareça a ideia de a música ser "o correlato metafísico de tudo o que é físico no mundo" (*WWV* I/1, p. 330), não é líquido que assim seja, já que a música é ela própria uma realidade física. No fundo, a metafísica da música de Schopenhauer enferma do mesmo problema que assola a metafísica de Schopenhauer no seu todo, a qual (como diz aquele que é actualmente o maior especialista sobre o filósofo e o *scholar* que mais tem feito para renovar os estudos schopenhauerianos) "collapses under the gentlest analytical probing"[25]. Se, nas restantes secções de *MVR*, somos confrontados com a dificuldade manifestada por Schopenhauer em sustentar a equivalência da vontade à "coisa em si própria", nas secções sobre música é a tentativa de fazer equivaler a música à vontade que o arrasta para posições imediatamente refutáveis, cujo artificialismo ficou patente na síntese que acima oferecemos.

Mas é óbvio que *O Mundo como Vontade e Representação* é uma obra-prima absolutamente genial do pensamento e da literatura, cujo valor incontestável é independente da insustentabilidade do seu sistema metafísico. E entre os inúmeros aspectos que fazem desta obra um marco singular, avulta o lugar de primazia dado à música. Se isso fez com que tantos músicos se sentissem enaltecidos na sua vocação através da leitura de Schopenhauer – saborosa é a história de Gustav Mahler ter oferecido a Bruno Walter um exemplar de *Die Welt als Wille und Vorstellung* como presente de Natal – outros, como Richard Strauss, reagiram com menos entusiasmo[26].

---

[25] Christopher Janaway (e outros), *German Philosophers*, Oxford University Press, 1997, p. VI. Na p. 256, Janaway é ainda mais incisivo: "As an exercise in metaphysics, Schopenhauer's doctrine of the will as thing in itself is so obviously flawed that some people have doubted whether he really means it".

[26] Para a informação sobre presente de Natal oferecido por Mahler a Walter, cf. ensaio de Lydia Goehr (referido na nota 1), p. 214. Alguma reserva em relação

Valiosa é, no balanço final, a insistência schopenhaueriana no elo inextrincável entre filosofia e música, na inter-relação profícua entre as duas, assim como a noção de que oferecer uma explicação (*Erklärung*) da música de forma completa e pormenorizada é tarefa própria da "verdadeira" filosofia. Apesar do exagero que lhe é intrínseco, não é descabida a pergunta mais tarde formulada por Friedrich Nietzsche, um dos mais fervorosos leitores de Schopenhauer: "já se reparou que nos tornamos tanto mais filósofos quanto mais nos tornamos músicos?"[27].

Em última análise, talvez a mensagem mais promissora para reflexões futuras, susceptível de ser extraída da discussão sobre a música em *O Mundo como Vontade e Representação*, é que a música permite um vislumbre de verdade – que cabe à filosofia clarificar[28].

---

a Schopenhauer adivinha-se numa carta que Richard Strauss escreveu a Hugo von Hofmannsthal a 1 de Junho de 1925, em que Goethe, Schiller, Wagner e Nietzsche são eleitos como interlocutores ideais no que toca à criação artística, mas não Schopenhauer: "Mit wem könnte man sich denn ernsthaft über die Art künstlerischen Schaffens unterhalten? Höchstens mit Goethe, Schiller, Richard Wagner, Nietzsche (dessen 'Geburt der Tragödie' ich gerade wieder mit genießender Freude lese!). Kaum schon mit Eckermann, Schopenhauer!" Cf. Richard Strauss und Hugo von Hofmannsthal, *Briefwechsel*, Zürich, Atlanta Verlag, 1955, p. 467.

[27] "Hat man bemerkt... daß man um so mehr Philosoph wird, je mehr man Musiker wird?", Friedrich Nietzsche, *Der Fall Wagner* § 1.

[28] Cf. Paul Guyer, "Pleasure and knowledge in Schopenhauer's Aesthetics", in Dale Jacquette (ed.), *Schopenhauer, philosophy and the arts*, Cambridge University Press, 2007, p. 129.

JOANA DUARTE BERNARDES*

A ETERNA REPETIÇÃO DE ÍCARO.
PARA UMA POÉTICA DA DANÇA

"L'impossible peut être accessible, mais tout ce à quoi on arrive, est passage".

Serge Lifar

"The mirror is not you. The mirror is you looking at yourself".

George Balanchine

Introdução

Incluída, comodamente, nas chamadas artes em dois tempos, a dança – e dentro desta, o ballet –, é, entre as artes performativas, aquela que parece escapar à óbvia fixação verbal. Feita sob um imperativo silenciamento da palavra, ela é, todavia, a mais afoita ao silêncio, já que, diante da ausência de outra expressão, é da concentração do gesto que deve resultar o preenchimento do espaço que dita o seu traço primordial: a dança é o corpo para lá do físico. Talvez seja por esta razão que a sua irrepetibilidade seja mais trágica do que qualquer outra, na medida em que a sua transcendência depende directamente do seu suporte imanente: é do corpo visível que deve resultar o seu *duplo*, o seu *efeito*, o seu *belo*. Por outras palavras, parece, pois, que a forma natural com que Hegel designa a neutralidade estética do mundo antes de artisticamente convertido, é desafiada no que pode ter de transposição: na dança, o Belo será sempre a sublimação do Mesmo.

* Doutoranda da Faculdade de Letras da Universidade de Coimbra.

E, assim, o horror ao silêncio obriga ao que o ballet russo denomina de *cantilena*, forma subtil de completar a grande narrativa dos passos através do discreto movimento permanente do corpo, já que é apenas este – equilibrado pelo trabalho sobre a música e sobre o espaço – que se torna expressão. A *figura* encontra, na dança, desde as suas conhecidas formas ancestrais até à sofisticação artística contemporânea, o seu reconhecimento. Com efeito, seja através da pureza clássica, seja através da desestruturação técnica, a definição da figura enquanto forma que resta entre significante e significado[1] obriga à relativização do movimento enquanto narrativa. Figura e significante sobrepõem-se, criando e desfazendo infinitesimais esculturas do ser, numa provocação da desejada eternidade do corpo através da memorial arquitectura do instante. Porém, outra provocação é assim feita: a de que a esteticização é uma condição inata – o que faz da dança, dir-se-ia quase, um universal estético.

Por esse motivo, deve perguntar-se se é possível construir uma poética da dança sem que por égide se eleja, antes dela, mais do que estética, uma história da relação do corpo com a temporalidade. O contrário significará sempre a inoperância do olhar coreográfico e da visão pública. Não por acaso, uma periodologia do ballet clássico dificilmente entroncará nos cânones estabelecidos para o texto literário, o que, se, por um lado, obriga a pensar o significado de que se reveste a coexistência de fenómenos artísticos de matriz díspar, por outro, indicia o particularismo do ballet: de entre as artes performativas, através dele é narrada a arbitrariedade da(s) história(s) da estética[2] quando ancorada(s) em sistemas classificatórios que, tendencialmente,

---

[1] Gérard Genette, *Figures I*, Paris, Seuil, 1966, p. 207.

[2] Importará dizer que, se, por um lado, campos de investigação tais como os estudos históricos e antropológicos datam a sua reflexão de épocas anteriores à fixação da dança enquanto disciplina académica, é mais recente – e, no entanto, incontestável – a atenção dada por disciplinas filosóficas tais como a fenomenologia e a estética (Janet O'Shea, "Roots/routes of dance studies", in *The Routledge Dance Studies Reader*, ed. by Alexandra Carter and Janet O'Shea, Routledge, Oxon, 2010, pp. 1-15). Destacam-se os trabalhos de M. Sheets-Johnstone, *The Phenomenology of Dance*, 1966, G. McFee, *Understanding Dance*, 1992, T. DeFrantz, *Dancing Revelations: Alvin Ailey's Embodiment of African American Culture*, 2004, S. Langer, *Feeling and Form*, 2006, Philippa Rothfield, *Differentiating Phenomenoly and Dance*, 2010.

são pensados, não *a partir de*, mas *para a* História. Mesmo se tomarmos por exemplo o caso de Nietzsche, que cunha aquela que é, talvez, a mais célebre declaração sobre a dança – "Nunca poderia acreditar num Deus que não soubesse dançar" –, a verdade é que é correlacionando-a com o drama e o trágico que o autor escreve *Also sprach Zarathustra* (1885). Assim, é da articulação entre o jogo, o tempo, a História que este estudo partirá.

Interessa-nos, pois, pensar o ballet enquanto manifestação da dança e enquanto espectáculo, o que nos obrigará a partir do palco para o público – e não o contrário. E se tal parece indiciar uma exploração do estético enquanto efeito, também permitirá o reconhecimento da antecâmara da dança enquanto criação e, no seu caso, recriação constante: o corpo e as suas histórias. Desta feita, restar-nos-á perguntar se a passagem do corpo entre a coreografia e o holograma *espectacular* não significará, precisamente, a dissolução do estético em poética, como se aquele fosse máscara do invisível que é possível dizer.

A Morte do Cisne: evidência de volume sob o signo da luz

Criada em 1905 por Michel Fokine, sobre *O Cisne*, composição de Camille Saint-Saëns integrada na obra *O Carnaval dos Animais* (1886), *A Morte do Cisne*[3] confunde-se com a celebração de Anna Pavlova, para quem foi concebida. Com isto, consciente ou inconscientemente, a arte da dança não apenas continuava a dialogar com uma sua velha metáfora, que *O Lago dos Cisnes* havia explorado, como mantinha a suscitação de intertextualidades com outros campos estéticos, mormente o literário.

Na verdade, quanto a este último, recorde-se que a figura do cisne acompanha a escrita literária do século XIX e da permanência deste no século XX. Se, antes, a encontramos em sonetos como "O cisne, quando sente ser chegada", de Luís de Camões, ou como mitema de um dos perdidos quadros de Leonardo Da Vinci, *Leda e o Cisne*, foi a expressão moderna que, quer através da sua transformação em *topos*, quer através do recurso a esta figura enquanto comparação, a consagrou como metáfora. No edifício poético de autores tão díspares como Sully Prudhomme,

---

[3] Leia-se a entrada que Balanchine e Mason a esta obra dedicam. Cf. G. Balanchine and Francis Mason, *101 Stories of the Great Ballets*, New York, Anchor Books, 1989, pp. 137-139.

Théophile Gautier, Baudelaire e Mallarmé, o cisne é apresentado como protagonista e chamamento, paradigma da solidão poética e do império da forma. Também a ele Michelet, na sua obra *L'Oiseau*, se dedica: o cisne é o signo da distância, incomestível e raro, desejado e inatingível. Mais do que substituto do objecto que se deseja, ele sobreviveu à morte de todas as Musas[4]. Em De Musset, ele é "l'amour, ce cygne passager" e melancólico[5] e, mais tarde, em Verlaine, símbolo de candura e de feminilidade. E, se Gabriele d'Annunzio retomará o mitema acima mencionado (*La Leda senza cigno*), a síntese desta figura enquanto reflexo da crise das temporalidades em Oitocentos e, como que maldita, a agudização da mesma no século seguinte, pertencerá sempre a Marcel Proust e a Swann. Em Rilke, manter-se-á a matriz da distância e de dúvida em torno da figura do cisne, ensimesmado agora como sempre. Pairando sobre todas as referências, a socrática evocação do canto último do cisne.

Regressando agora a Mikhail Fokine, tenha-se em conta, antes de mais, que ele é considerado, após a coreografia clássica romântica, o primeiro inovador da chamada dança académica. Propalando o diálogo com as demais artes – entre as quais se destacavam a música e a pintura –, o acento da sua inovação recaiu na aliança entre a dança e o que deveria ser expressão do *seu* tempo. No Manifesto que publica, a 6 de Julho de 1914, no *The Times*, Mikhail Fokine defende como princípios constituintes de uma nova dança: a criação de novas formas de movimento não alienadas da música; a expressividade dramática através da dança; a totalidade do corpo enquanto manifestação mímica; a elevação do grupo a protagonista; o regime de igualdade entre as artes integrantes do espectáculo[6]. A sua arte será, pois, o triunfo da estilização das formas e o seu horizonte a dança como expressão do homem seu contemporâneo.

---

[4] Cf. Jules Michelet, *L'Oiseau*, Paris, Hachette, 1858, pp. 61-62.

[5] Cf. Alfred de Musset, *Oeuvres complètes*, Paris, Alphonse Lemerre, 1876, p. 29.

[6] Cf. Tomaz Ribas, *A dança e o ballet no passado e no presente*, Lisboa, Arcádia, 1959, pp. 127 ss.; Lynn Garafola, *Diaghilev's ballets russes*, Da Capo Press, 1998, p. 21. O papel reformador de Fokine abrange o próprio estilo do guarda-roupa utilizado – e que os *Ballets Russes* de Diaghilev haveriam de revolucionar por completo, até ao advento de uma caracterização que deveria ser, ela também, a *performance*. Vide Sarah Woodcock, "Wardrobe", in Jane Pritchard (ed.), *Diaghilev and the golden age of the Ballets Russes 1909-1929*, London, V&A Publishing, 2010, pp. 129-150.

Mas *A Morte do Cisne*, remontando a 1905, não contendo ainda as marcas da cisão estética, também já não é o academicismo clássico. Sempre sob o paradigma da interpretação de Pavlova, o mundo da dança retomará, vezes sem conta, a composição coreográfica e que o grande público, graças à existência de fotografias e registos videográficos, a ela terá acesso[7].

A incipiente qualidade do vídeo – e modo preto e branco – acabam por ditar, do ponto de vista da recepção, parte do seu impacto. O jogo de luz e sombra do qual se destaca o corpo de Anna Pavlova, ainda que por motivações fortuitas, e também, como veremos, por estar circunscrito a um palco e, depois deste, a um ecrã, acabará por *delinear* a figura da bailarina, conferindo-lhe luz e volume. A aparente ausência de narrativa cénica, concentrando na protagonista o duplo papel de intérprete e de significante único, não apenas contribui para a emergência do cisne enquanto figura extrema da melancolia (e, por isso, limiar da solidão), como permite a sua *aparição* enquanto personagem.

Falamos, pois, do intocável volume enquanto condição do corpo que dança, condição essa que tem na tensão entre luz e distância a possibilidade de metamorfose do corpo feminino numa Beatrice movente e em fuga incessante – também porque sempre em queda. *A Morte do Cisne*, reunindo a representação da melancolia enquanto luto de si mesmo diante de uma morte anunciada e da própria morte enquanto exílio, fixa na figuração da luz e do volume a distância, não privilégio do divino mas condição performativa do humano[8]. No entanto, não deve ser esta condição cerceada pela verosimilhança da figura; ao contrário do que se passa na linguagem literária, aqui, o contrato ficcional tem ao seu serviço o efeito da *inquiétante étrangeté* (*Unheimliche*)[9], como se a distância fosse veículo para uma experiência que do ficcional conserva

---

[7] *Vide* Rosita Boisseau, *Panorama des Ballets Classiques et Néo-classiques*, Paris, Éditions Textuel, 2010, pp. 317-323.

[8] Não admira que Fokine venha a defender que "Il faut commencer par s'étudier soi-même, par connaître son corps, par s'en rendre maître, par sentir intensément le moindre de ses propres gestes, chaque ligne, chaque courbe, chaque tension des muscles... Après, seulement, on peut s'adapter à des mouvements donnés" (M. Fokine, *apud* Serge Lifar, *Histoire du Ballet Russe. Depuis les origines jusqu'à nos jours*, Paris, Nagel, 1950, p. 187.

[9] S. Freud, "L'Inquiétante Étrangeté", document produit en version numérique par Jean-MarieTremblav:www.classiques.uqac.ca/classiques/

apenas o que esta de mais redondamente humano pode ter – e que é a narração. Simplesmente, as clássicas e repetitivas sucessões de *entrechats* e *arabesques* são substituídas por uma espécie de ofício da fragilidade da vida sobre a integralidade do corpo[10].

A aurática figura do cisne aparece, metáfora de toda a dança e de todo o movimento, para desaparecer. E, por isso, o cisne, fundindo o pensar e a figura inclinada[11], faz suceder sobre o palco a morte lenta de uma natureza ideal que tem, no limiar entre cena e plateia, a possibilidade do luto enquanto empobrecimento do mundo[12] e um trabalho paradoxal: a indulgência perante o declínio e a vontade antecipada de *representificação* diante da morte que se desenrola no palco.

Não por acaso, Jean Starobinski identificou Andromaque, no poema "Le Cygne" de Charles Baudelaire, como "la figure penchée" que "c'est d'abord l'être – lointain, imaginaire – vers lequel se tourne la pensée du 'moi lyrique' […], habitée par la pensée réminiscente d'un pays perdu, pensée devenue douleur – douleur qui ne peut que s'accroître en se penchant sur le simulacre d'une terre d'Orient, sur la copie amoindrie du fleuve qui traversait la plaine de Troie"[13]. O cisne é, no poema do autor de *As Flores do Mal*, a constante evocação do passado (o luto) e a invariável mutação do presente (a melancolia). Uma ausência iminente é consagrada, assim, num espectro erótico em que no objecto de desejo se confundem a intangibilidade da mulher-estátua[14] e a progressiva decadência deste corpo até à morte – a coroação da beleza.

O ideal estético de uma morte que, até ao fim do movimento, é impossibilidade, porém prematuramente anunciada[15], fica modelado através da metamorfose perpétua *mulher-ave-mulher*, como se a

---

freud_sigmund/essais_psychanalyse_appliquee/10_inquietante_etrangete/inquietante_etrangete.pdf (11-10-2011)

[10] Cf. Jean Pierre Pastori, *Renaissance des Ballets Russes*, Lausanne, Favre, 2009, p. 10.

[11] Cf. Jean Starobinski, *La Mélancolie au miroir. Trois lectures de Baudelaire*, Paris, Julliard, 1989, p. 54 ss.

[12] Cf. Sigmund Freud, *Deuil et mélancolie*, Paris, Payot, 2011.

[13] Jean Starobinski, *ob. cit.*, p. 56.

[14] Beryl Schlossman, "Mademoiselle de Maupin en noir et blanc: le deuil, la mélancolie et le cygne", in *Relire Théophile Gautier: le plaisir du texte*, Rodopi, 1998, p. 195.

[15] Sobre a estética da morte na era romântica e a dificuldade de encenar, nas artes performativas, os motivos a ela associados, veja-se a fundamental obra de

construção da personagem passasse, sobretudo, por um princípio de fascinação – mais do que de verosimilhança. Isto acabará por traduzir--se na omnipresença da forma por oposição à promessa de finitude – e de ausência – como condição estética de *A Morte do Cisne*. Dever-se-á perguntar, pois, se o espectador deseja morrer *com o outro*, assim dando corpo a uma estética que é, acima de tudo, transgressora, ou se se mantém como *voyeurista* da morte, enformando a exterioridade da dança enquanto acto. Em ambos os casos, contudo, a *branca aparição*[16] da figura preenche a emergência da distância *aos olhos de quem vê*[17], num processo *halográfico* em que a figura em destaque, por ser *figura* e por preencher a profundidade do distante, instala no palco a experiência da aura.

Impostura alucinatória[18], dir-se-ia, usando as palavras de Merleau--Ponty. E a verdade é que a ficção disposta aos olhos do espectador desafia o seu próprio suporte perceptivo na medida em que ela enfraquece as significações do *mundo exterior*, fazendo convergir para a figura da bailarina o poder de *despossessão* do *Eu* que vê. Também por isso, o ser o cisne, por tradição, a figura do hermafroditismo. Como ensina Gaston Bachelard, "Le cygne est féminin dans la contemplation des eaux lumineuses; il est masculin dans l'action. Pour l'inconscient, l'action est un acte. Pour l'inconscient, il n'y a qu'un acte... Une image qui suggère un acte doit évoluer, dans l'inconscient, du féminin au masculin"[19]. Por isso, ela tem na obra de Fokine expressão exemplar. O cisne é o substituto da bíblica mulher que se banha, ao mesmo tempo que corporifica a sedução pela morte. Contudo, não se trata apenas da morte do canto como desejo. Com efeito, trata-se da encenação do instante final enquanto concentração do excesso, aqui entendido como o

---

Michel Guiomar, *Principes pour une esthétique de la mort. Les modes de présences, les présences immédiates, le seuil de l'Au-delà*, Paris, Corti, 1967.

[16] *Idem*, p. 191.

[17] Georges Didi-Huberman, *Ce que nous voyons, ce qui nous regarde*, Paris, Minuit, 1992.

[18] Merleau-Ponty, *Œuvres*, Paris, Gallimard, 2010, p. 1042: "Le monde perçu a perdu sa force expressive et le système hallucinatoire l'a usurpée. Bien que l'hallucination ne soit pas une perception, il y a une imposture hallucinatoire et c'est ce que nous ne comprendrons jamais si nous faisons de l'hallucination une opération intellectuelle". Deverá, pois, perguntar-se, até que ponto é possível pensar a alucinação como operação estética.

[19] Cf. Gaston Bachelard, *L'Eau et les Rêves. Essai sur l'imagination de la matière*, Paris, Livre de Poche, 2007, p. 47.

que não pode ser epistemologicamente apreendido, e, portanto, apenas esteticamente realizável – e vivido.

A verticalidade da morte no *espaço vazio*

A *Morte do Cisne* é, assim, o espectáculo da escatologia, o acre regozijo pela morte; é esta que proporciona o estético, na medida em que opera na duração, fazendo da passagem do tempo – o da criação coreográfica e o do confronto com o fim – condição para o cenário da morte como aprisionamento do vivo e, depois, libertação. Pássaro prisioneiro, a figura do cisne obrigará o espectador a confrontar-se com a finitude do voo, construindo-se através da semântica coreográfica o limiar entre o fim da possibilidade do voo (o grau zero do referente) e a finitude enquanto liberdade original.

A dissimbologia do cisne acaba por acentuar o carácter aurático da aparição da figura e, assim, também o paradoxo da sua *in*-visibilidade: ele é o prodígio e o simulacro confundidos na monstruosa visão de uma morte hiperbólica (porque cada instante corresponde a uma derrota acumulada). Aquela encontra, na substituição da amplitude das asas pela permanente queda, a força pressaga e, nesta, a percepção sensível do efeito aurático. O espectáculo oferece, assim, "o suplemento fenomenológico de toda a definição trivial de espaço"[20], fazendo surgir, da dialéctica entre fluidez dos *pas-de-bourrés*, sobre os quais toda a coreografia parece estar firmada, e a geometrização luminosa do corpo (do volume fazendo a distância próxima e quente), a *aura*.

A luta do *branco contra o branco*[21] conhece no cisne, enquanto signo e enquanto signo saliente posto em movimento num palco, uma identidade hiperbólica, distante do mudo e mímico animal d'*O Lago dos Cisnes*. Para ele conflui toda a comunicabilidade possível do cenário – reduzido à branca figura – como se a ficção à disposição do espectador resultasse do terror do espaço vazio e a luta contra a morte mais não fosse do que a

---

[20] Georges Didi-Huberman, *ob. cit.*, p. 121.

[21] A expressão é de Richard Goodwin, surgindo, não por acaso, acerca do *Cisne* de Mallarmé. Cf. Richard Goodwin, *The symbolist home and the tragic home: Mallarmé and Oedipus*, vol. 1, John Benjamins Publishing Company, 1984, p. 87 ss. Acerca da problemática da casa, pensada à luz da metáfora do cisne, leia-se, em particular, o capítulo "The house of life and the house of dead".

inscrição no espaço da recusa do cenário romântico como caminho novo da possibilidade sígnica da dança. O poder da comunicação coreográfica passa a desafiar o corpo que dança e o olhar que vê, fazendo daquele reificação de todos os signos e, deste, visionário[22].

A *Morte do Cisne*, com efeito, transforma a metáfora romântica do declínio numa psicologia da verticalidade[23], em que o isolamento do signo provoca o solipsista homem romântico através da redução unitária do signo à sua mais ínfima unidade[24] – o corpo atomizado pela morte. A solidão passa a estar, não ao serviço da expressão egótica do sujeito, mas, antes, repartida entre a *averbalidade* do signo e a interpelação da morte em palco dirigida ao espectador. Com efeito, como ninguém pode viver a sua própria morte, esta é sempre um nada epistemológico[25].

Lenta extinção do signo romântico, como Sol morrente sob as águas[26], *A Morte do Cisne* encena a anunciada saturação do visível, antes mesmo do advento do ecrã enquanto *tirania da visibilidade*[27], matando, à maneira de Vasari, a própria morte. Sob o olhar do espectador, a obra de Fokine permite que a morte persista na imagem, fazendo de cada passo sintoma de mortalidade: "c'est qu'il fallait mourir pour pouvoir ressembler"[28]. Com efeito, bem mais do que ícone, a figura do cisne hesita na volátil dialéctica do *figurar* e do *desfigurar*, oferecendo a virtualidade do "atrás

---

[22] Segundo o próprio Michel Fokine, sobre *A Morte do Cisne*: "It is a dance of the whole body and not the limbs only; it appeals not merely to the eye but to the emotions and the imagination", in G. Balanchine and Francis Mason, *ob. cit.*, p. 138.

[23] Gaston Bachelard, *L'Air et les songes. Essai su l'imagination du mouvement*, Paris, Livre de Poche, 1992, p. 118.

[24] Cf. Robert Champigny, *Sense, antisense, nonsense*, University of Florida Press, 1986, p. 146: "Swan, Cygnus, sign, can be considered as figures against backgrounds".

[25] Cf. Fernando Catroga, *O Céu da Memória. Cemitério romântico e culto cívico dos mortos*, Coimbra, Almedina, 1999, p. 9.

[26] *Vide* Gaston Bachelard, *L'eau et les rêves. Essai sur l'imagination de la matière*, Paris, Livre de Poche, 2007, *passim*; Jean Chevalier e Alain Gheerbrant, *Dicionário dos Símbolos*, Lisboa, Teorema, 1994, pp. 41-46.

[27] Didi-Huberman, *Devant l'Image*, p. 64.

[28] *Idem, ibidem*, p. 268.

da imagem"[29] como dúvida metódica ao espectador: quem duvidará da ressurreição do cisne, mesmo que apenas através do fascínio pela imagem que dele se desprende?

O *ballet* romântico fica, assim, contido, ultrapassado e conservado em um *événement*. Seguindo Didi-Huberman, estamos diante da imagem como diante da exuberância visível de um acontecimento que é visual[30]. De facto, e ainda que *A Morte do Cisne* tenha impulsionado, em muito, as metamorfoses modernas da dança, o exotismo e o mistério por que o público de *La Sylphide* ou de *Giselle*[31] ansiava orienta ainda as coordenadas coreográficas da obra de Fokine. No entanto, a permanência do tema encontra no efeito de isolamento cénico expressão do que só mais tarde poderá ser coreograficamente explorado. Com efeito, *La Mort du Cygne* rompe com a tradicional cena sobrecarregada de signos e, ao fazê-lo, convida o público *a ver melhor*[32]. A imaginação do espectador passa a ser privilegiada, assim como a própria coreografia. O cenário não é ainda rasto do movimento mas já não é apêndice narrativo: o *espaço vazio* na obra de Fokine será a manifestação íntima da criação coreográfica, posta diante do mundano público do teatro francês de um século XX que se iniciava sem ter deixado nunca de ser século XIX.

O *corpo enquanto dança* ou o desdobramento alado do Mesmo

Tudo isto nos conduz a pensar-se o corpo como espaço de si mesmo situado em espaço cénico que é necessário preencher[33] e cuja existência reivindica o *outro* que é o espectador. Como pensar, pois, o espaço da

---

[29] Utilizamos, aqui, a expressão cunhada por Federico Zeri, na sua obra *Derrière l'Image – conversations sur l'art de lire l'art*. Apud Didi-Huberman, *Devant l'Image*, p. 268.

[30] Didi-Huberman, *ob. cit.*, p. 269.

[31] Cf. Deborah Jowitt, "In pursuit of the Sylph. Ballet in Romantic Period", in Alexandra Carter and Janet O'Shea, *The Routledge Dance Studies Reader*, New York, 2010, pp. 209-219.

[32] João de Lima Mendes Ribeiro, *Arquitectura e Espaço cénico. Um percurso biográfico*, dissertação de Doutoramento em Arquitectura, Coimbra, Universidade de Coimbra, 2008, p. 222 ss.

[33] Peter Brook, *L'espace vide. Écrits sur le théâtre*, Paris, Éditions du Seuil, 2003, *passim*.

dança se esta é, por excelência, uma transformação permanente? O espaço cénico mudará a cada passo que compõe a coreografia? Ou a aparente fixação espacial, por oposição ao corpo que se move é condição para que o efeito de aura seja posto em cena?

Partindo da matriz desenvolvida por Edwin Denby[34] e que concebe, como fundamento estético da dança, a observação dos transeuntes na rua e o carácter *événementiel* do gesto, o espaço vazio potencia a emergência do acontecimento[35]. A virtude do espaço vazio será, pois, a de obrigar a uma leitura imediata do corpo, veículo para que a cena – e, portanto, o conjunto corpo-espaço –, propicie o advento da singularidade no espaço cénico. A dança torna-se, pois, narrativa depositária[36] de um encadeamento de saltos, a que F. Proust chama de *tempo*. Assim, a máscara mimética da dança é o próprio tempo, mais do que a reconversão deste em acções. Ela é, poder-se-ia, arriscadamente, dizer, a trágica identidade do tempo pensada como fénix, como ave prodigiosa – como prodígio. A ausência de sobrecarga cenográfica evidencia a cadeia temporal, como se o corpo se tornasse morte e salvação, grito perpétuo de Pã enquanto presente ultrapassado, porém, quente ainda. Esse será o mais desesperado invisível que nos é dado a ver diante do corpo coreografado – o que faz da dança a contra-utopia.

O acontecimento, e somente ele, torna-se condição visível da narrativa e a sua eclosão gestual, filha sempre da expressão da temporalidade, irrupção sempre do novo e, portanto, *devir*. A dança desafia a concepção de acontecimento que o considera como perturbador da ordem do tempo[37], na medida em que a singularidade do gesto e do todo

---

[34] Cf. Edwin Denby, *Dance Writings*, University of Florida Press, 2007. Cf. Huberman, *Le Danseur des solitudes*, Paris, Éditions de Minuit, 2006, p. 23.

[35] Cf. Michel Foucault, *Dits et écrits I, 1954-1975*, Paris, Gallimard, 2001, pp. 950-951.

[36] F. Proust, "L'expérience-fantôme", *Archives de Philosophie*, n° 60, juillet-septembre, pp. 400-414, "La doublure du temps", *Rue Descartes*, n° 33, pp. 105-119 (116); Maria Eugénia Morais Vilela, *Silêncios tangíveis. Corpo, resistência e testemunho nos espaços contemporâneos de abandono*, Faculdade de Letras da Universidade do Porto, 2004, p. 337.

[37] Cf. Maria Eugénia Vilela, *ob. cit.*, p. 389; Michel de Foucault, *ob. cit.*, pp. 788-789. Leia-se ainda a definição de François Dosse, que recorda a necessária contextualização do acontecimento, impossível de separar do universo social que o envolve e que serve de matriz à construção do sentido. Definição válida não apenas para a abordagem historiográfica do autor mas, outrossim, para os

coreográfico, emergentes do espaço vazio, parece tornar saliente a passagem do tempo. A fissura aberta converte o tempo em linguagem, actualizando-o enquanto energia. Em última análise, o corpo dança – ou, melhor e finalmente, *o corpo enquanto dança* – materializa a dialéctica presença/ausência, fazendo de si *lugar* para, dessa forma, acolher-se enquanto acontecimento.

Ao invés de falarmos, pois, dos limites do corpo enquanto possibilidades estéticas, valerá a pena considerar o incessante desterritorializar-se no instante em que o acontecimento surge – para que, precisamente, possa cumprir-se a assunção do corpo enquanto eixo do espaço-tempo – fora de qualquer limite porque limiar, fora de qualquer território porque vontade. De onde, dançar é resistir, como se a recriação do *devir*, através do corpo, brotasse do desejo de criar uma temporalidade alternativa – tragicamente *imitada*.

Dir-se-ia, pois, que a dança, mais do que pôr em palco o imaterial, articula a precária presença do corpo com a ausência enquanto manifestação da imperceptibilidade da sua imanência[38]. Desta feita, a presença do corpo em palco é síntese desse jogo de ausências em cadeia em que cada um se torna risco e, na iminência do risco, resistência ao fim. Experiência e expectativa parecem, pois, fazer-se figura através do gesto, vocacionado para todas as direcções, um só norte porém: a vertical vontade de ser ave, contra a inevitável queda dos corpos.

E, por isso, o corpo enquanto dança é o desdobramento alado do Mesmo, resistência à perpétua condenação ao cadafalso do simulacro, no platónico desejo – e socrática provocação – de habitar a ideia despindo, através do gesto, o corpo. A coreografia será, pois, o necessário jogo para a despersonalização e a repetição (o ensaio) o caminho para a ilusão transcendental. O seu lugar é a representação[39]. Cada *performance* pontua, pois, uma sequência de repetições, sendo ainda repetição mas

---

diferentes campos de reflexão. Vide François Dosse, *Renaissance de l'Événement. Un défi pour l'historien: entre sphinx et phénix*, Paris, PUF, 2010, p. 11.

[38] José Gil, *O Imperceptível Devir da Imanência. Sobre a filosofia de Deleuze*, Lisboa, Relógio d'Água, 2008, p. 260; Gilles Deleuze, *Mille Plateaux*, Minuit, Paris, 1980, p. 343.

[39] Gilles Deleuze, *Diferença e Repetição*, Lisboa, Relógio d'Água, 2000, p. 424.

colocando-se já no patamar transcendente da obra de arte[40]. Ela é, para usar os termos-chave de Deleuze, a *diferença*.

Tomando a repetição como potência da linguagem[41], a série coreográfica está votada à gestualidade sinónima, liberta apenas no acto performativo quando se torna, finalmente, repetição ontológica[42]. Ela *acontece* da superficial repetição dos elementos que a alinham e, por ser *acontecimento*, da "repetição profunda das totalidades internas de um passado sempre variável da qual ela é o nível mais contraído"[43]. Arte da memória e filho do hábito, o *corpo enquanto dança* é iteração anamnética e repetição *pathologica*. Entende-se, pois, que "Cada arte tem as suas técnicas de repetições imbricadas, cujo poder crítico e revolucionário pode atingir o mais elevado ponto para nos conduzir das mornas repetições do hábito às profundas repetições da memória e, depois, às repetições últimas da morte, onde se joga a nossa liberdade"[44].

O aurático carácter da *performance*

Assim, se a aura é, como temos vindo a sublinhar, a aparição emergente da distância e se o seu efeito resulta na diferença – e, por isso, no *événement* – a *performance*, enquanto culto, é o fenómeno originário da imagem e, consequentemente, sempre inacabado, sempre aberto mas, no entanto, mais próximo, idealmente, da perfectibilidade. Explicando um pouco melhor. Tem sido sublinhado que é na ordem da reminiscência que W. Benjamin coloca a questão da aura, para além de toda a oposição cindida entre um presente olvidoso que triunfa e um passado revolvido

---

[40] Gérard Genette, *L'œuvre de l'art. Immanence et Transcendance*, Paris, Seuil, 1994, p. 185. Segundo o autor, a transcendência é o modo de existência das obras de arte que "recouvre toutes les manières, fort diverses et nullement exclusives les unes des autres, dont une œuvre peut brouiller ou déborder la relation qu'elle entretient avec l'objet matériel ou idéal en lequel, fondamentalement, elle 'consiste', tous les cas où s'introduit une sorte ou une autre de 'jeu' entre l'œuvre et son objet d'immanence".
[41] Gilles Deleuze, *Diferença e repetição*, p. 460.
[42] *Idem*, p. 462.
[43] *Idem*, p. 453.
[44] *Idem, ibidem*, p. 463.

que perdeu ou está perdido⁽⁴⁵⁾. Ganha assim sentido a conhecida definição avançada por Benjamin: [a aura] como manifestação única de uma lonjura, por muito próxima que esteja"⁽⁴⁶⁾.

A dança como *diferença* – pode ainda conservar o carácter aurático da *performance* pois depende do *aqui* e do *agora* (contrariamente, Benjamin diria, à maquinal representação cinematográfica⁽⁴⁷⁾). Porque o efeito de aura somente pode permanecer em virtude da efemeridade da origem, é, pois, sob o signo da morte que a distância que a "aura" pressupõe deve ser lida. Não se trata tanto, por isso, de uma estética presa à recepção da obra coreográfica, mas, sim, de uma poética da distância que tem no palco – ou no espaço onde acontece – a sua matriz aurática: longe, porém presente; próxima, porém ausente.

A obra de arte coreográfica é, por excelência, o *livro das passagens*. Cristalização de *agoras*, ela traduz a ambiguidade da imagem dialéctica, sendo a sua face visível e, desafiante sempre da memória enquanto reminiscência do anterior e necessária expectativa do seguinte, é a sua síntese. De onde, origem e o *tempo de hoje* (*Jetztzeit*) se amalgamam⁽⁴⁸⁾. Pelo que a dança é um fenómeno da *auto-evidência*⁽⁴⁹⁾ que, pelo seu carácter revelador e, por isso, revolucionário, anula, através da sua involuntária imprecação contra o anterior e o póstero (pois que a imagem dialéctica apenas se joga entre o nascido e o vindouro para, assim, consumar a diferença), a imposição do espaço. Ela é, sobretudo, a *sensação do tempo*⁽⁵⁰⁾.

⁽⁴⁵⁾Didi-Huberman, *Devant le Temps. Histoire de l'Art et anachronisme des images*, Paris, Minuit, 2000, p. 236.

⁽⁴⁶⁾Walter Benjamin, "A obra de arte na era da sua reprodutibilidade técnica", in *Sobre arte, técnica, linguagem e política*, Lisboa, Relógio d'Água, 1992, p. 81.

⁽⁴⁷⁾Walter Benjamin, *ibidem*, p. 92. Leia-se, ainda e, sobretudo, a mais completa síntese do autor: "Mesmo na reprodução mais perfeita falta *uma* coisa: o aqui e o agora da obra de arte – a sua existência única no lugar em que se encontra" (p. 77).

⁽⁴⁸⁾Cf. Didi-Huberman, *Devant le temps*, p. 248.

⁽⁴⁹⁾A expressão que utilizamos é de Barnett Newman: "Here is the self-evident nature of the artistic act, its utter simplicity. There are no subjects – nothing that can be shown in a museu mor even photographed; [it is] a work of art that cannot even be seen, so it is something that must be experienced there on the spot" (*Barnett Newman: selected writings and interviews*, University of California Press, 1992, p. 174.

⁽⁵⁰⁾*Idem, ibidem*: "Suddenly, one realizes that the sensation is no tone of space or [of] an object in space. It has nothing to do with space and its manipulations.

Logo, o sentimento de historicidade individual – ou, talvez melhor, o sentimento da íntima biografia que cada Sujeito traz do Ser.

Com efeito, revelação da evidência que é posse original do real[51] e revolução do instante, a obra coreográfica, discursiva porque não imediata, duplica no corpo do bailarino a primordial condição de averbalidade daquele que vê. Todavia, ela não é redução afásica do humano. Pelo contrário. Através da "autodoação em pessoa"[52], processo único da *evidência que se concretiza*, ela cura da logopatia humana o signo, apelando à sua mais sensível e secular fonte: o corpo.

Sendo o jogo antídoto contra o luto – que eclipsa a gestualidade e denuncia a catatónica implosão do Ser – e a dança, através da permanência da normatividade narrativa (ainda que não da narração), expressão do *homo ludens* enquanto função biológica e potência criadora[53], segue-se que o preenchimento coreográfico do espaço é salvação para o *passado anacrónico* (o *zeitlos* freudiano) que caracteriza o inconsciente[54]. Ela é, finalmente, a *temporalização do luto* (Pierre Fédida; Didi-Huberman).

É urgente pensar a dança, pois, como metamorfose da palavra em éter contra a agressão do esquecimento, por um lado; todavia contra, também, a sua perspectivação enquanto geometria formal do corpo – pois que a parada monumentalidade da memória escultural só temporariamente serve ao *corpo enquanto dança*. Por isso, no halo aurático que circunda e coroa a produção da diferença, o corpo devém luz através da sua própria materialidade. Fragmento sempre e manifestação do instante, ele é, como os seres de Chagall, flama[55] e, como a pintura do criador

---

The sensation is the sensation of time – and all other multiple feelings vanish like the outside landscape" (p. 175).

[51] Cf. Fernando Gil, *Tratado da Evidência*, Lisboa, Imprensa Nacional-Casa da Moeda, 1996, p. 14.

[52] *Idem, ibidem*, p. 17.

[53] Johan Huizinga, *Homo Ludens. Essai sur la fonction sociale du jeu*, Paris, Gallimard, 1995, p. 16 ss; cf. Willem Otterspeer, *Reading Huizinga*, Amsterdam, Amsterdam University Press, 2011, em particular o capítulo intitulado "Contrast and harmony".

[54] Didi-Huberman, *Gestes d'air et de Pierre. Corps, Parole, Souffle, Image*, p. 23-25; Pierre Fédida, "Passé anachronique et présent reminiscent: Epos et puissance mémoriale du langage", *L'Écrit du Temps*, 10, 1985, pp. 23-45; Marie Moscovici, *Il est arrivé quelque chose: approches de l'événement physique*, Paris, Ramsay, 1989.

[55] Gaston Bachelard, *Le droit de rêver*, Paris, PUF, 1970, p. 16: "La vie n'attend pas, la vie ne réfléchit pas. Jamais d'ébauches, toujours d'étincelles. Tous les êtres

dos *blue lovers*, arte da vivacidade. Os fragmentos aéreos da coreografia tornam-se alados. Dança-se, pois, como a ave para, enfim, poder admitir-se que se está sob o olhar do céu. A verticalidade é assumida, pois, como único futuro a alcançar. Dança-se, pois, na tentativa de o corpo se metamorfosear na alma que ele mesmo aprisiona. E, nessa fundação térrea da verticalidade ideal, como numa descoberta democracia feita para os corpos, a obra de Merce Cunningham surge como a possível exploração da coreografia enquanto narrativa universal e, por essa razão, preparação contínua para choque que a liberdade é[56].

Merce Cunningham: o corpo multiplicado

Se partirmos de uma definição de coreógrafo enquanto entidade principesca e maquiavélica, a obra coreográfica dita contemporânea não apenas conduz o corpo do bailarino até ao uso de um corpo natural e naturalizado, para o qual a *fortuna* é o sempre instante seguinte do passo, como apela à *virtù* para abolir o peninsular carácter do palco[57]. É que, pensando bem, "la danse construit une biologie au carré qui instaure ce nouveau corps chorégraphique à la faveur des modes de production éclairés à l'égard de l'histoire de notre corporéité. Ce qui est rassurant dans la description machiavélienne de la *virtù* pour le corégraphe-

---

de Chagall sont des étincelles premières. Dans ses scènes cosmiques. Chagall est le peintre de la vivacité. Son Paradis ne languit pas". Veja-se, ainda e em particular, Marie-Pierre Lassus, *Gaston Bachelard musicien. Une Philosophie des silences et des timbres*, Presses University Septentrion, 2010, pp. 107-132.

[56] Peter Brook, *apud* Roger Copeland, *Merce Cunningham. The modernizing of modern dance*, New York and London, Routledge, 2004, p. 286.

[57] Leia-se, em *The Dancer and the Dance. Merce Cunningham in conversation with Jacqueline Lesschaeve*, London and New York, Marion Boards, 2009, pp. 17 e 18: "What if, as in my pieces, you decide to make any point on the stage equally interesting? I used to be told that you see the center of the space as the most important: that was the center of interest. But in many modern paintings this was not the case and the sense of the space was different. So I decided to open up the space and consider it equal, and any place, occupied or not, just as important as any other [...] And when I happened to read that sentence of Albert Einstein's: 'There are no fixed points in space', I thought, indeed, if there are no fixed points, the every point is equally interesting and equally changing."

-danseur, c'est qu'elle s'apparente à une conscience décidée qui ne peut être théorisée *a priori* mais seulement décrite dans ses effets"[58].

Mais. A clássica geometrização do corpo, reflexo terreno do desenvolvimento absolutista e que a tradição do ballet romântico há-de plasmar[59], conhece, com aquilo a que confortavelmente se chama de contemporaneidade da dança, quer a separabilidade natural do corpo, finalmente integrado na sua índole discreta, quer o carácter mutável e fluído da gestualidade humana.

Ora, a obra de Merce Cunningham (1919-2009) desafiará não apenas o cânone balético aprendido nas cortes e herdado do Romantismo, como também o cânone moderno, resultante do método de Martha Graham, através do uso da verticalidade enquanto poética coreográfica[60]. Não admira, pois, que fosse apanágio do coreógrafo americano a transformação de cada bailarino em solista[61], como se, assim, se prefigurasse a emancipação de cada bailarino enquanto pessoa e salvaguardada ficasse a dança como síntese temporal.

Não admitir a nostalgia do passado significou, em Cunningham, não uma ruptura, mas a consciência de que, criando coreograficamente, ele estaria a tecer no seu presente o futuro do que fora passado. Esta tomada de posse de uma quase historicidade por via positiva acabará por permitir à crítica a consideração do ballet de Cunningham como o encontro da arte coreográfica na ordem de uma metafísica da

---

[58] François Frimat, *Qu'est-ce que la danse contemporaine?* Paris, PUF, 2010, p. 79 ss.

[59] Cf. Jennifer Homans, *ob. cit.*, capítulo I "Kings of Dance", pp. 3-48.

[60] Merce Cunningham, *ob. cit.*, p. 25: "Yes, it's difficult to talk about dance. It's not so much intangible as evanescent. I compare ideas on dance, and dance, itself, to water. Surely, describing a book is certainly easier than describing water. Well, maybe... Everyone knows what water is or what dance is, but this very fluidity makes them intangible. I'm not talking about the quality of the dance, but about its nature"; Roger Copeland, *ob. cit.*, p. 212: "But Cunningham's verticality, the importance his technique places on the back rather than the torso, the speed and complexity of his footwork – all this elements are more than just knee-jerk repudiations of that 'love-affair-with-the-floor' which virtually defined modern dance at the time. Graham emphasizes the tension between spine and pelvis; but Cunningham emphasizes the verticality of the spine. His dancers maintain the essence of their verticality even when they lean against one another. They tend to tilt without bending at the waist".

[61] Merce Cunningham, *ob. cit.*, p. 19.

dança⁽⁶²⁾. Nela se inscreve a revolução da dança (e não *sobre* esta) como duração, buscando-se, através do movimento, a experiência do instante, coreograficamente concebido como o permanente encontro da vida com o tempo. Assim, será o corpo usado como manifesto – mais do que intérprete – do acidente como princípio de todas as coisas.

O espaço de Cunningham é, pois, o espaço vectorial, como se se estivesse perante a ilustração dinâmica desta ideia de Bachelard: "Dans une évolution vraiment créatrice, il n'y a qu'une loi générale, c'est qu'un accident est à la racine de toute tentative d'évolution"⁽⁶³⁾. Para G. Bachelard, como o havia sido para Roupnel (que o primeiro cita), o instante seria a única realidade absoluta do tempo, enquanto que a duração, engodo da memória, resultaria sempre da exterioridade e da humana necessidade de reviver. E é, também, por essa dimensão que o labor do acaso joga um tão importante papel na poética do coreógrafo.

Em última análise, o movimento corporal percebido enquanto uma quase constância do primitivismo (apanágio de Martha Graham) contém em si mesmo, e por um efeito de ironia, a falência do acaso. De facto, o repúdio gradual do primitivismo do inconsciente⁽⁶⁴⁾ levado a cabo por Cunningham haverá de direccioná-lo rumo a uma impersonalização da dança. Todavia, essa impersonalização não é constituída como desprendimento face à idiossincrasia de cada bailarino – de cada *corpo*. Do que se trata é, precisamente, de perceber como o acaso funciona não como dado aleatório, mas, acima de tudo, como superação da individualidade materializável por ordem a ser a dança caminho para o transcendente a partir de um conjunto mortal – mas expansivo – de coordenadas.

Se a coreografia pode ser entendida como pertencendo à duração – pois ela é a acção delimitável e esquemática –, Cunningham virá desafiar o cariz contínuo da dança, para *demo-cratizar* cada instante da coreografia enquanto grande unidade. Desta feita, "la durée n'est qu'un nombre dont l'unité est l'instant"⁽⁶⁵⁾ e, só assim, a dança se aproxima da vida enquanto propulsão (e pulsão) vital. Portanto, a coreografia deixa

---

⁽⁶²⁾Cf. Martha Bremster and Lorna Sanders, *Fifty Contemporary Choreographers*, New York/London, Routledge, 1999, p. 107.

⁽⁶³⁾Gaston Bachelard, *L'Intuition de l'Instant*, Paris, Livres de Poche, 2011, p. 24.

⁽⁶⁴⁾Cf. Roger Copeland, *ob. cit.*, pp. 70-71.

⁽⁶⁵⁾G. Bachelard, *L'Intuition de l'Instant*, p. 38.

de ser a concatenação de elementos rumo a um crescendo (*clímax*) para se tornar[66] acto, como se tivesse rebentado da consciência de crise, e, por essa razão, da impossibilidade da duração enquanto imanência. Só uma poética do acidente e, consequentemente, do instante, pode sustentar um edifício coreográfico no qual a diferença hierárquica que coloca a preparação do passo em regime de subordinação é eliminada. De tal forma que, da sucessão de passos preparatórios – sem que o esforço final do movimento mais amplo seja atingido –, pode resultar uma composição pensada como unidade[67].

Abrir o futuro para resistir ao tempo

Como a poesia, também o instante da dança é poético. Nela se concretiza a simultaneidade fundamental do ser[68], como se encaixasse no devir um suplemento activo e, assim, elucidasse a expressão da dualidade do ser. Compreende-se. Sendo a poesia metafísica instantânea, é da sua manifestação silenciar a prosa e do seu eco narrativo, para que, através da "vazia sonoridade", a poesia se produza como instante. Ela é, pois, a destruição da continuidade temporal. E, tal como no instante metafísico da poesia, também no acto coreográfico de Cunningham a pessoa é visível na forma e a forma assume a sua potência pessoal. No entanto, porque é *acto* e não *acção*, o movimento é o limite natural do corpo para[69], tornando-se um limiar sempre *actual*, ser anguloso e não redondo, o que torna descontínuo o seu tempo. E isto faz de cada passo, seja ele preparatório ou não, a busca do sempre *novo*.

---

[66] Cf. Roger Copeland, *ob. cit.*, p. 77: "In an essay published in 1952, Cunningham suggests that his dances are more likely to evoke the collagelike juxtaposition of seemingly unrelated articles in a newspaper than any sort of crisis or *climax*".

[67] *Idem, ibidem*, p. 78: "Indeed, Cunningham's dances rarely 'build' to any sort of climax: sexual, narrative, or otherwise. In Cunningham's choreographic universe, steps that are conventionally regarded as 'preparatory' are no more or less significant than the steps that precede or follow them".

[68] Cf. Gaston Bachelard, *L'Intuition de l'Instant*, p. 103.

[69] Merce Cunningham, *ob. cit.*, p. 143: "You see, the multiplicity of directions does a great deal to give the art its present lively state [...] There are two legs; the arms move a certain number of ways; the knees only bend forwards. That remains your limit".

A dança não deve ser a figuração do linear: "One reason dances are particularly difficult to see is that they are not constructed linearly. One thing doesn't lead to another"[70]. Ela é, à maneira da gestação de futuros gritada pelas revoluções modernas, a matriz da modernidade, ou, como Merce Cunninhgam a percebe, uma sucessão de nascimentos, em que *habitus* e *energeia* correspondem ao espaço e ao tempo. Nesse eixo, o coreógrafo sustenta um neoclassicismo que, por ser isso mesmo, tem naquilo a que foi já chamado de *claridade*[71] a sua matriz. Essa claridade opera uma superação mais do moderno do que do clássico, verticalizando os movimentos do bailarino por ordem a mostrar a potencial ocupação do espaço e do tempo. De onde ser necessário dar o corpo a ler ao espectador através de, nas palavras de John Cage, compositor incansável de Cunninhgam, uma *claridade perceptual*[72]. Por conseguinte, o espaço e o corpo nunca poderiam ser bidimensionais para quem olha para o palco e vê o movimento.

É de novo a aura e os seus servidores – a luz e o halo – origem e fim do corpo que dança. Porém, como *A Morte do Cisne* prenunciava, a simplificação da cena para que a emergência do corpo se cumpra torna-se, com Cunningham, dialogismo. Este, mais do que polifonia, parte do princípio que o império moderno da naturalidade do gesto (com Graham) poderá sempre deflagrar em ensimesmamento – e nunca na despersonalização necessária para que dançar possa ser participação instantânea na *alma mundi*. Ao coreógrafo caberá, pois, o papel de imperfeito demiurgo em cuja ordem está o resgate da criatura. Ele é, em última instância, voz demonológica e a sua criação demonografia apologética cujas prática e *performance* serão sempre simulacro e o corpo do bailarino – ícone. Reprodutor também de si, o corpo enquanto dança afirma-se agora cindido com a música, que deixa de ser suporte para se tornar significado independente, tal como o próprio corpo. A autonomia face à necessidade de um significado – mais do que de uma narração – marcará, porventura, a chegada da dança contemporânea[73].

Não obstante, Cunninhgam coreografa para que a descoberta da completude física se projecte verticalmente, numa permanente

---

[70] Merce Cunningham, *The Dancer and the Dance*, p. 132.
[71] Roger Copeland, *ob. cit.*, p. 119.
[72] John Cage, *apud* Roger Copeland, *ob. cit.*, p. 119.
[73] Cf. Merce Cunninhgam, *ob. cit.*, pp. 140 e 141.

ultrapassagem do movimento horizontal, a ponto de essa verticalidade poder ficar modelada na quietude. Por palavras suas: "I use this word specifically because it is a word I often heard at the Opera: '*posé*', and it convey a static quality to me. Even when we are still we are moving, we are not waiting for something, we are in action when we are still"[74].

O efeito aurático passa, agora, pela poética do instante enquanto possibilidade renovada de exercício da *virtù* por um corpo que é, ele mesmo, o iconográfico hábito – afinal, condição da matéria. A *fortuna* é o permanente encontro do bailarino com o tempo, o que faz da dança a oportunidade humana de encontrar, neste, o instante descontínuo. E, por isso, a obra coreográfica de Cunningham permite a difícil tarefa de pensar o tempo enquanto, também, descontinuidade[75]. Ora, o risco de uma mecanicidade geométrica é mitigado pelo imparável advento do *novo*, pelo que a esteticamente correcta "viagem ao interior", apregoada por Graham e por Pollock (e cuja defesa do corpo natural só poderia deflagrar na inferiorização do espectador), é substituída pela exterioridade enquanto apelo. Daí que o efeito de aura se revista da irreversibilidade de que a obra de arte depende para se afirmar como tal.

Como se, por fim, a modernidade, na dança, emergisse do seu flagrante paradoxo – e que é o facto de ter sido imposta como um regresso às origens[76] – para assumir um padrão moderno que traduz o que de

---

[74] Merce Cunningham, *ob. cit.*, p. 129. Leia-se, ainda: "A body still is taking up just as much space and time as a body moving. The result is that neither the one nor the other – moving or being still – is more or less important, except it's nice to see a dancer moving. But the moving becomes more clear if the apace and time around the moving are one of its opposite – stillness. Aside from the personal skill and clarity of the individual dancer, there are certain things that make clear to a spectator what the dancer is doing" (Merce Cunningham in *Art performs life: Merce Cunninhgam/Meredith Monk/Bill T. Jones*, Minneapolis, D. A. P. /Distributed Art Publishers, 1998, p. 18).

[75] Bachelard, *L'Intuition de l'Instant*, p. 56.

[76] Roger Copeland, *ob. cit.*, p. 123. "This journey 'back to the source' often took the form of a search for the most natural way of moving, an attempt to uncover the buried 'essence' of all dancing. Consider John Martin's observations about the term 'modern dance'". E, por isso, Isadora Duncan sintetiza a sua linguagem artística através do "eterno retorno" a uma linguagem coreográfica original, primitiva e imutável.

mais premente e sintético tem: a temporalidade[77]. Cunningham resgata o corpo enquanto universal estético – com que iniciámos este estudo – da limitada naturalidade baseada na contracção feita dogma cinético e coreográfico. Com o criador de *Torse*, a fixa dialéctica interior/exterior virá a ser ampliada até à equalização de todas as somas corpóreas em uma unidade viva e em diálogo com os outros corpos. E este objectivo explica o seu programa: "For me, the subject of dance is dancing itself. It is not meant to represent something else. Whether psychological, literary, or aesthetic. It relates much more to everyday experience, daily life, watching people as they move in the streets"[78]. Porque o primitivo regresso que Martha Graham procurou perdia a forma na natureza – inibindo, assim, a emergência do estranhamento enquanto veículo do efeito de aura, com a poética de Cunninhgam o corpo é metamorfoseado em *mimesis* de si mesmo.

Conclusão

A imagem de Ícaro foi odiosa aos primeiros autores cristãos. O carácter transgressor contido no seu castigado acto indiciava certa repulsa diante da ascensão espiritual à *cidade de Deus*. Nem o castigo deixou a descoberto o ímpeto *virtuoso* e o *entusiasmo* perfectivo, transformados então em *hybris* insensata. Mas é também outra, a redenção que Fokine e Cunninhgam aportam. A dança deixa de estar sob o signo de uma Salomé intoxicada pela estética do excesso para, através de uma poética dos elementos, disseminar-se e ser paisagem. Ícaro, pois, resta a imagem do homem-ave, esfinge difícil e momentânea que se dá a ler ao *outro*, não para se substituir à divindade, mas para oferecer ao público a sempre tentada superação do corpo através do corpo. Temeridade que continua a ter no estético a arriscada sorte da repetição.

---

[77] Roger Copeland atribui a Merce Cunningham o papel de *modernizador da dança moderna*. Resta, pois, perceber como, em termos dos chamados regimes de historicidade o papel do bailarino e coreógrafo pode – e deve ser estudado. Daí o sagaz título com que dota a obra que temos vindo a citar: *the modernizing of modern dance*.

[78] Merce Cunningham, *ob. cit.*, p. 139.

A METADE NOCTURNA DO BELO: O HORRÍVEL NAS ARTES
(Subsídios críticos para um estudo diacrónico da *fealdade* artística)

1. Os Primórdios. O *feio* para assustar o "outro"

É muito remota a ideia de *feio* (o horrível), associada a artefactos e manufacturas humanas. Como o é também associada, de modo mais alargado, às frequentes ameaças, potencialmente mortíferas, de uma natureza indomesticada, bravia e hostil, que provocavam o pavor e a impotência nos primeiros hominídeos. Pelos idos primordiais do género humano a ideia é vaga e difusa, instintiva, primária, muito pouco consciente. É, sobretudo, uma noção "sentida", não inteiramente racional, que aparece muito antes do conceito estético de Feio, corolário do juízo de valor correspondente, amanhecido apenas com o pensar inicial dos gregos antigos. A ideia de *fealdade* foi originariamente atribuída a artefactos e objectos toscos, geralmente usados para assustar e amedrontar os "outros". Fossem esses "outros", tanto tribos rivais de hominídeos hostis, como animais de grande porte, predadores dos primeiros indivíduos do género humano, primícias da espécie *sapiens--sapiens*. A par das armas rudimentares concebidas pelos primeiros *homo-habilis*, os arcaicos objectos ameaçadores (as máscaras medonhas, os adereços aterrorizantes feitos de ossos, peles e outros restos de animais) e as pinturas faciais e corporais agressivas, foram a forma

---

* ESEV, Instituto Politécnico de Viseu.

expedita de fazer assustar toda a criatura ou animália vista como ameaça directa às comunidades primitivas. Tais apetrechos faziam parte dos comportamentos deliberados de uma estratégia geral da conservação da espécie, nos alvores da humanidade, em tempos de existência precária, ameaçada que estava por constantes, inesperados e iminentes perigos letais. Os antropólogos chamaram-lhes, com acertada propriedade, "comportamentos de uma economia do conflito", os quais consistiam em substituir o confronto físico directo por manifestações exuberantes de ameaça agressiva. Atitudes de intimidação, conformando uma espécie de "persuasão musculada" a querer conseguir uma "submissão amistosa" dos adversários (predadores, inimigos ou rivais). De modo a inibir a agressividade contrária e a afastar ou adiar, por transferência simbólica, os instantes e reais perigos pressentidos de uma luta corpo-a-corpo, imprevisível quanto ao seu desfecho.

O *feio* esteve sempre associado, desde os mais longínquos tempos iniciais, a primitivos e primários sentimentos extremados entre o espanto e o susto. E, logo, a sensações irracionais de uma tensão ambivalente entre fascínio e (ou) repulsa. *Feio* foi sempre o outro nome dado ao terror, ao temor, ao pavor, ao pânico, às fobias. Pela estranheza, pela perturbação, pela inquietação, pelo desprazer. *Feio* se chamou à adversidade e ao correspondente reactivo desespero. Mas também à ambivalência, ao desconcerto, à perplexidade e à impotência questionadora. O *feio* está associado, em sentido lato e geral, a um medo inato, instintivo, irracional, pulsional, compulsivo, perante qualquer coisa ou fenómeno desconhecido, tido invariavelmente como ameaçador. *Feio* será tudo o que não se conhece, que nos é estranho, que não nos é habitual, que não nos é familiar. *Feio* é a expressão axiológica mais primária e imediata que resulta da fobia persistente perante o *novo*, o *inédito*. Como tal nomeados. Ao princípio, novo e inédito são *feios*, só deixando de o ser com uma paulatina e crescente habituação banalizadora. Hoje como nos mais remotos tempos, a fobia ao que é inédito torna-nos tão próximos dos nossos antepassados mais arcaicos, apesar de tão distantes, tão iguais apesar de tão diferentes. Porque essa habitual nomeação de *fealdade* prolongou-se por todos os séculos e milénios. O *feio* é o juízo estético criado por uma neofobia atávica, que chegou com indesmentível vitalidade aos dias de hoje.

E maior é esse receio visceral ante o grande desconhecido, qual noite escura, breu. Ao *feio* é, associada, pelo eterno questionar existencial, a essa enorme interrogação que acompanha a noção do porvir. Visto como desconhecida e imprevisível ameaça. *Feio* é o nome dado à visão pessimista do caminho fatal para um derradeiro fim, tido mais como entrada directa no Nada, do que como amável redenção num Além paradisíaco.

Feio é ainda, sobretudo, a forma imediata e instintiva de nomear "o outro", o diferente. A (julgada hostil) alteridade. Repetir-se-ão, em todos os tempos do devir humano, nos mais diversos contextos e contingências, os exemplos recorrentes de formulações de *fealdade*, usada por nós para assustar os outros, assim julgada desse modo, pela semelhante experiência sentida, quando procedimentos similares são usados pelos outros contra nós.

2. O *feio* na antiguidade clássica

A antiguidade clássica irá dar-nos inúmeros e repetidos exemplos de assumidos estratagemas de apresentar *fealdade* para assustar inimigos. Tais poderemos considerar as assombrosas ornamentações feitas com crinas espetadas de pelo do pescoço de cavalos a encimar os elmos usados pelos guerreiros *hoplitas*, aumentando-lhes a estatura e dando-lhe um aspecto medonho e assustador, aquando das "Guerras Médicas".

A par, se começam a identificar, na Antiguidade Clássica, em similitude paralela, as categorias axiológicas da estética com as da ética: o Belo com o Bem, o Feio com o Mal. Reconhecidos, tanto os valores positivos como os negativos, como pertencendo inegavelmente à plena mundividência do género humano. A estética e a ética serão as primeiras axiologias formuladas pelas reflexões iniciais da filosofia grega. Na altura imperativamente dirigidas para as práticas do Bem e para a rejeição do Mal, assim como para a contemplação aprazível do Belo e para a exclusão liminar do Feio. Estética e Ética, gémeas axiológicas: o bem e o belo-bonito, o mal e o belo-feio (o horrível na arte). A estética, gémea axiológica da ética, durante muito tempo com semelhantes pressupostos subordinados aos valores edificantes positivos, é por essa altura uma teoria de valores de "geminação verdadeira" (homozigótica).

E só recentemente divergirá desses semelhantes valores teleológicos, quando em tempos mais recentes, por condescendência lúdica permissiva[1], irá integrar a *fealdade* como valor estetizável, o *Feio* incluído numa espécie de sentido valorativo estético em devir, dinâmico, dialéctico[2], que aplica o exemplo edificante de modo "negativo", enfatizando-o pelo paradoxo, que faz ver mais claro o contraste com o positivo, o qual se quer mais eficazmente alcançar[3]. E é a citada condescendência permissiva concedida às actividades subordinadas à estética que irá possibilitar a proliferação artística de uma fealdade ubíqua e hegemónica nas obras de arte mais recentes. É a consciência da liberdade possível no "mundo de fingimento", de paralelismo simbólico com a realidade, actuando com a distância reflexiva *poiética*, que permitirá todas as audácias axiológicas, completamente interditas na

---

[1] Que, contudo, já era referenciada no tempo antigo clássico, como podemos ler em vários trechos da prosa do poeta latino Horácio, como por exemplo: "às crianças, aos loucos e aos poetas quase tudo é permitido"; "os pintores e os poetas sempre gozaram da mesma forma de ousarem o que quisessem" Horácio, *Ars Poética*, 18 a. C. Semelhante argumento é referido a 18 de Julho de 1573, perante o Tribunal do Santo Offício da Inquisição, pelo artista Paolo Cagliari, dito *Il Veronese*, pintor tardo-renascentista. Vários biógrafos do mestre, referem os incómodos sofridos a propósito das liberdades iconográficas pouco canónicas da sua obra *Banquete em Casa de Levi* (hoje na Galleria dell'Academia, Veneza), obra encomendada para o refeitório da *Basilica di Santi Giovanni e Paolo* (que originalmente era dada como uma *Última Ceia*, "Ceia do Senhor"). Por essa pintura foi intimado pelo Snt° Off° a explicar a inclusão de detalhes irrelevantes e indecorosos [sic] naquela grande cena de pintura. Confrontado com a acusação de ter retratado da maneira leviana o tema sacro, defendeu-se invocando a liberdade artística para criar: "É de juízo antigo que nos é concedida a nós artistas grande tolerância e condescendência, e por isso nós, os pintores, permitimo-nos as mesmas liberdades dos poetas e dos loucos".

[2] Tal é a ideia incluidora do *feio* no universo axiológico da estética segundo K. Rosenkranz, um dos primeiros grandes estetas do *Feio*, discípulo de Georg W. F. Hegel: "[...] o feio não é um 'ser' [estático], é um 'devir', não é um estado mas antes um princípio activo: infracção, transgressão, negação da norma, da regra, do cânone. É uma negação (*negierung*): uma forma de estética do não". Karl Rosenkranz, *Estética do Feio*, (*Ästhetik des Haßlichen*, 1853), *Esthétique du Laid*, 2004.

[3] É uma forma de enfatizar "o mundo às avessas", para melhor o combater e reformar. O *feio* é provisório (nunca definitivo e estático). É um sublinhado, uma atenção redobrada, um "retrato a traço grosso" como uma caricatura, uma ênfase pedagógica negativa, para melhor forçar a redenção estética pela nostalgia da beleza perdida.

aplicação linear dos valores da ética na prática social. A Ética e a Estética são, hoje em dia, gémeas axiológicas heterozigóticas (falsas gémeas dos valores). De idênticos fins comuns, em termos de valores positivos, aspirando à mesma manutenção harmoniosa e pacífica do bem comum, mas de diferentes meios de promover as práticas próprias para alcançar esses fins.

3. Assustar no *cinquecento*: Leonardo

Outro conhecido exemplo do uso da *fealdade* como forma ameaçadora virada contra "os outros" é já dos fins do *quattrocento*, princípios do *cinquecento*. É citado na biografia do genial artista do renascimento italiano, Leonardo da Vinci, feita pelo seu mais antigo biógrafo, Giorgio Vasari: "Um dragão barulhento que cuspia fogo e batia violentamente as asas ao modo das de um morcego, fazendo um ameaçador grasnar metálico"[4]. Era um autómato de sincopados movimentos, instrumento mecânico inventado e construído por Leonardo, para afugentar e afastar os intrusos curiosos do seu atelier, onde praticava clandestinamente, furtivamente, dissecações de cadáveres, para estudar pormenores anatómicos e fisiológicos do corpo humano, (que registou em magistrais desenhos rigorosos nos seus célebres "cadernos"), actividade proibida e perigosíssima ao tempo, tendo em conta os anátemas sociais e religiosos e a severidade do tribunal do Santo Ofício da Inquisição. Foi o guardião dos aposentos privados e do atelier pessoal do mestre, qual *Cérbero*, o horrível cão tricéfalo do *Hades*, o mitológico "mundo dos mortos" grego.

4. O *feio* e o Mal, desde os tempos antigos

O *Feio* é ainda, desde sempre, o substantivo encontrado pelos homens de todas as épocas para nomear o conjunto alargado dos seus "demónios", das suas fraquezas, das suas impotências, dos seus desesperos sucessivos e continuados. O *feio*, identificado com a contrariedade e o desprazer

---

[4] Giorgio Vasari, "Vidas", *Le vite de' piv eccellenti pittori, scvlptorie, architettori*..., 1550.

mais elementares e primários, alargados ao temeroso modo de encarar as casuais e contingentes fúrias desmedidas do Mundo Natural, ao qual pertencemos, reduzidos à nossa insignificante escala.

Contra o Feio da vida criámos, parte de nós, uma Providência, a quem recorrer em horas de desespero impotente. O medo impondo sujeições inesperadas e fraquezas indesejadas. Ou, pelo contrário, lúcidos cepticismos, desenganados, descrentes de sobrenaturais companhias que amenizem a gigantesca solidão existencial. O *feio* é o Mal e a sua entidade transcendente o Demónio, enquanto simétrico contrário absoluto do Supremo Bem e do Bom Deus.

O *Feio* e a *Fealdade* estão intimamente relacionadas, também, com as temáticas e géneros relacionados com a expressão explícita do erotismo mais abertamente libidinal e da escatologia mais macabra – *Eros* e *Thanatos*. A figuração "falante" desses dois sentidos temáticos, foi menos bem-vista desde tempos muito arcaicos.

Por agora, em tempos memoráveis da Antiguidade Clássica, alguns desbragados erotismos são considerados temas *feios*, porque moralmente nocivos. Porém, subtraindo-se a esses interditos moralistas generalizados, encontra-se já patente, na arte romana, uma sulfurosa marginalidade permissiva, de vernácula e lasciva afirmação erótica. São exemplos óbvios dessa espécie de *fealdade* clássica, as obras da arte obscena, que retratam, despudoradamente, cópulas de casais nas mais diversas posições, e com os mais díspares e improváveis parceiros, nos frescos pintados, com grande perícia técnica e apurado sentido estético, mas apenas visíveis no recesso das paredes interiores dos bordéis, os *lupanares* da destruída cidade de Pompeia. Ainda da mesma ambivalente temática, deparamos, na mesma cidade destruída, as esculturas de *phalos*, de grandes dimensões, erigidas nos lugares públicos e os baixos-relevos embutidos nas paredes, de um descritivo "naturalismo", colocados em sítios estratégicos, quais "semióticas urbanas", nos cruzamentos dos arruamentos da cidade, para indicar as ruas e vielas onde encontrar os sítios certos da antiga fornicação.

Associados a essa libertina iconografia, estavam também os pequenos objectos de uso doméstico, as lamparinas (*lucernas*), luminárias feitas tanto de terracota como de metal, moldadas as mais ricas em bronze, cobre, e mesmo em prata e ouro, que eram esculpidos com formas de falos alados. Presumíveis sinais de um culto de fertilidade. Porém clandestino, oculto, íntimo, interior.

5. O *feio* e os imaginários fantásticos da Cultura Clássica

Outra *fealdade* se irá encontrar no imaginário colectivo dos povos que forjaram a civilização europeia, os gregos e romanos: nas figurações fantásticas com que exorcizavam os seus medos atávicos. O imaginário dos romanos da antiguidade, na sequência do dos gregos (sua matriz arquetípica-mitológica), era povoado por um bestiário fantasista, nascido da sua imaginação prodigiosa. Criaram arquétipos, figuras idealizadas, transfiguradas a partir de uma fauna mais terrena. São animais fabulosos das suas lendas e gestas mitológicas, matrizes certas de muita narrativa fabulosa europeia, geralmente criaturas consideradas malignas, a saber: a *Esfinge*, o *Minotauro*, os *Centauros Sagitários*, o *Grifo*, o *Basilisco*, as *Górgonas*, as *Harpias*, o *Cérbero*, os *Ciclopes*, as *Sereias (Sirennes)*, a *Hidra* (de Lerna), *Pã*, os *Sátiros*, os *Faunos*, o velho *Sileno*, os *Silvanos* e *Silvestres* ou *Príapo*. A maioria das vezes eram considerados seres malignos e ferozes, desafiando, nas narrativas lendárias primordiais, a coragem, a ousadia, a temeridade, mas também a inteligência e a prudência sensata dos heróis (e semideuses). Contra alguns deles as lendas mitológicas fazem vencer, em doze trabalhos sobre-humanos, o herói semideus grego Héracles (o Hércules romano).

Esta exuberante tradição imaginária de criar fantasias metamórficas e de as fazer figurar nas mais desvairadas narrativas, estranhos animais híbridos, metabiológicos, não nasceu com os romanos, nem com os seus êmulos gregos, mas é, antes, uma sequela de uma continuidade icónica de antiga matriz cultural, adaptada duma realidade imaginária bem mais antiga, das civilizações arcaicas da bacia mediterrânica e do oriente médio, desde as civilizações dos caldeus babilónicos e medos--assírios, de Entre Tigre e Eufrates, à do Egipto faraónico. São modelos remotos do bestiário híbrido das mitologias clássicas gregas e romanas, os animais sagrados do panteão egípcio, fantasiosos seres híbridos, meio-homens, meio-animais, que representavam os deuses dos mortos, estranhas deidades que os guiavam na sua caminhada pelo Além. São os mais conhecidos animais sagrados do Egipto antigo, a saber: *Anúbis*, o deus chacal; *Hórus*, o deus falcão; *Thot*, o deus íbis; *Thot Upu*, o deus babuíno; *Khepra*, o deus escaravelho; *Sebek*, o deus crocodilo; *Taueret*, o deus hipopótamo; *Apópis* e *Uadite*, deuses serpentes; *Nut* ou *Hator*, a deusa vaca; *Sekhmet*, a deusa leoa; *Bastet*, a deusa gata; *Necbet*, o deus abutre; *Ápis*, o deus touro; *Knum*, o deus carneiro.

Também são conhecidos os guardiões híbridos, metade bois, metade humanos, das citadas civilizações arcaicas de entre Tigre e Eufrates.

6. A *fealdade* dos grotescos romanos

São formas iconográficas fantásticas, antepassados certos dos animais metamórficos híbridos do bestiário fabuloso dos grotescos romanos, descobertos que foram, nas campanhas arqueológicas do período renascentista. Os grotescos (ou grutescos), assim chamados por inicialmente serem descobertos na semi-obscuridade das escavações subterrâneas, quais grutas fabulosas, eram pintados (ou esculpidos em baixos-relevos), nos frisos decorativos das diversas divisões e compartimentos dos edifícios recuperados para a luz do dia. Eram formas muitas vezes com parte antropomórfica e parte zoomórfica e mesmo vegetalista, que seguiam um programa de certa regularidade padrão. Os mais relevantes e significativos apareceram por volta de 1480, quando nas primeiras campanhas arqueológicas, organizadas de modo sistemático, no solo da cidade eterna, foi descoberta a *domvs avrea*, a *villa* imperial de Roma, aparatosa residência palaciana do Imperador Nero, construída nos anos finais do seu consulado imperial, no terreno deixado vago e arrasado das construções do casco urbano central de Roma, depois do grande incêndio da cidade ocorrido no ano 64 da nossa era. Foi encontrado no subsolo romano, mesmo debaixo das Termas de Trajano, no centro da cidade de Roma, actual *rione monti*, no terreno circundado pelas encostas dos montes Esquilino, Palatino e Celio. Era coberto parcialmente por ouro, alguns compartimentos com as suas paredes cobertas integralmente de fina folha metálica de ouro, daí provindo o nome do palácio. Muitos outros compartimentos foram decorados com estranhas e bizarras pinturas de frisos com figuras que ficaram conhecidas por grotescos, tendo vindo a inspirar as pinturas dos artistas do renascimento e do maneirismo do *cinquecento*. Mais tarde, a essas criaturas fantásticas, inexistentes na realidade física, vieram a associar-se, nos nossos imaginários, os vários espectros celestiais, com que povoámos um além desejado, modo de suportar as nossas desesperadas angústias de impotentes mortais e preencher o traumático grande nada *post-mortem*.

7. O *feio* da medievalidade

Uma das "fealdades" metafísicas que assombraram toda a medievalidade foi o *Apocalypse*, o fim da humanidade previsto pelo apóstolo João, na Ilha de Patmos, após 69 AD. Nele é descrita a Besta do Apocalipse, (mais tarde identificada com o Anti-Christo), como um grande animal, com um corpo semelhante ao leopardo, mas com pés de urso, cabeça de leão, acompanhada de mais seis cabeças coroadas e com dez chifres, vista a subir do mar, afrontada que foi por um dragão com o mesmo número de cabeças. O *Apocalypse* ilustra o derradeiro culminar das grandes adversidades do tempo medieval: pestes, epidemias, doenças letais súbitas (das quais ficaram impotentes e desconhecedores relatos), a fome generalizada, a morte quotidiana e familiar. Agravadas estas moléstias pelos permanentes e constantes conflitos agressivos entre pequenos grupos e as lutas e combates sanguinários e cruéis entre comunidades pouco maiores que clãs familiares, ou as batalhas maiores provocadas pelas rivalidades senhoriais e pelas mobilizações de migração bélica, as cruzadas, ou ainda a falta de segurança e os perigos frequentes das estradas e caminhos, com emboscadas e armadilhas de salteadores, tudo apontando para uma relação de grande temor perante as visões do sobrenatural e para a necessidade sentida de uma Providência protectora[5].

Parentes iconográficos paralelos e não muito distantes, quanto à sua génese, da fauna fantástica das narrativas mitológicas (o mesmo temor imaginante, semelhantes horrores assombrando sonhos, feitos horríveis pesadelos) são os animais fantásticos das diversas literaturas antigas

---

[5] A alusão às pragas medievais é eloquentemente transfigurada na figuração dos *Quatro Cavaleiros do Apocalipse*, a Peste, a Guerra, a Fome, a Morte, da xilogravura, sobre este simbólico tema, aberta em 1498, por Albrecht Dürer. Imagens a água-forte dos primeiros incunábulos (meados do século XV) ou em outras técnicas e suportes (p. ex. tapeçaria) mostram a horrível Besta do Apocalypse, ou o dragão com o mesmo número de cabeças a ela associado, existem vários exemplos iconográficos, a saber: *L'Apocalypse de Saint Jean*, Tapeçaria do *Apocalypse d'Angers*, encomenda do Duque Louis d'Anjou, 1373; *Cenas do Apocalipse*, pintadas no fresco da abside do Baptistério de Pádua, por Giusto de Menabuoi, 1376; *O dragão de sete cabeças*, monstro associado à Besta do Apocalipse, perante a corte celestial e o Pai Celeste, besta desafiada pela virgem da conceição, conhecida como *mulher apocalíptica*, xilogravura de ilustração do *Apocalipse de João*, aberta em 1498, por Albrecht Dürer.

populares, vernáculas, plebeias: os monstros e peixes gigantes, medonhos e ameaçadores e seres antropomórficos mal-formados, homens silvestres sem cabeça e com as fisionomias do rosto no peito, abencerragens estranhos descritos pelos primeiros navegadores nas histórias trágico--marítimas, os descobridores de "novos mundos"[6], a exemplo das descrições fantásticas dos primeiros viajantes ao Oriente, como o andarilho Marco Pólo. A que mais tarde, já no século XVII, e mesmo no século seguinte, se juntam as aparições medonhas dos monstros avatares, descritos nos folhetos da literatura de cordel. Sucessivas fealdades, de horrível ameaça, sucedendo-se numa singular genealogia da "fealdade".

A par destes fenómenos do imaginário colectivo, são múltiplos e diversos os *exempla* da fealdade transfigurada pela arte, no decorrer paulatino dos longos períodos históricos. Faça-se deles uma resumida mas significativa listagem diacrónica, ordenada sucessão registada nos contextos próprios dos seus respectivos tempos. Depois de findo o longo período da chamada Antiguidade Clássica, os cerca de mil anos do período medieval, trouxeram até aos nossos olhares de hoje alguns escassos e excepcionais exemplos de uma iconografia da *fealdade*. Excêntricos, pouco frequentes, invulgares. O *Feio* é relativamente raro e marginal na Idade Média. Excluído que se encontra do cânone dominante de uma beleza-bonita ideal, subordinada à encomenda teofânica do clero, em curso único. Encontrados sobretudo nas margens e nos detalhes dos reportórios vigentes. Nas curiosas iluminuras que ilustraram alguns estranhos códices manuscritos, em alguns capitéis caprichosamente esculpidos, com figurações de monstros horríveis atacando almas danadas, encontrados na rudeza granítica dos capitéis das grossas colunas das igrejas e capelas do românico e os mesmos ou outros estranhos temas patentes na cachorrada vernácula dos seus beirais de rudes cantarias ou nas gárgulas goteiras monstruosas dos seus telhados. Ou ainda em alguns frescos representando danados ardendo em fogos dos "Infernos", em cenas horríveis em que vários demónios os massacram. Rudes pinturas sombrias, encontradas em alguns lanços parietais de pequenos templos soturnos, que a semi-obscuridade torna ainda mais fantasmáticas.

---

[6] *Monstrous races of Ethiopia*, c. 1460 (Piemont Morgan Library, NY); Jean de Mandeville, *Viagens* (relatos, roteiros, crónicas e tratados) séc. XV; Luigi Pulci, *Il Morgante*, V, 1482; Mestre de Boucicaut, *Livre des Merveilles*, séc. XV.

Ou os seres transcendentes, da metafísica mística, da nossa cultura sagrada milenar: a canónica e tradicional beleza bonita do Pai Celeste, o grande arquitecto cósmico, contrastando com a beleza-*feia* do seu arqui--rival, o Demónio, o Anjo-Mau, Lúcifer, julgado este como ser supremo de uma estranha e paradoxa beleza diferente, a "beleza" diabólica, a "beleza" do mal. O Mal e o seu multiplicado registo *Feio* irá povoar o imaginado Inferno através do(s) Demónio(s), preenchendo de terror as crenças e os imaginários especulativos do tempo. Mas a *fealdade* medieval não se deterá apenas em inexistentes e inventados avatares fantasistas e irá ainda interessar-se pelo Mal, enquanto metade axiológica presente também nos comportamentos humanos, a par do supremo Bem, atormentando as boas almas como uma realidade cruel da inteira mundividência. Os vícios pagãos greco-romanos, serão transformados pelo sentimento de culpa judaico-cristão em pecados, canonizados nos sete PECCATTIS VENIALIBVS, condenados, de modo liminar, aos derradeiros *Apocalipses*, os quais serão representados em horríveis cenários, a parte *feia* da iconografia medieval, cujo apogeu de figuração bizarra é o fatal "Juízo Final", grande cena de trevas, iluminadas apenas pelos fogos-fátuos subterrâneos, e assombrada por medonhas figuras diabólicas.

No outro extremo místico, o da beleza-bonita cristã-católica--apostólica-romana (portanto neoplatónica, via Plotino), no temperado e suave ambiente de brisa celestial das bem-aventuranças, serão também multiplicados os seres de fantasia celestial, numa corte de anjos, arcanjos, querubins, serafins, *puttis* e outros avatares afins. Todos seres alados, ou não fossem necessárias asas para se movimentarem nas alturas. E a zoologia mística dos evangelistas irá completar este bizarro bestiário com novas formas canónicas de animais híbridos: o leão alado de S. Marcos, o touro alado de S. Lucas, o anjo (homem com asas) de S. Mateus, a que apenas se subtrai uma normal e natural águia, no caso de S. João.

Ainda que nas margens toleradas, a arte fantástica da medievalidade tardia, trecentista e quatrocentista, irá dar livre curso às narrativas fantasiosas criadas por um atávico medo receoso, milenarista, que campearam de modo indelével por todo o período longo da alta idade--média, cumprindo uma função principal: aludir a ameaça do Mal, omnipresente na vida. O fantástico ilustrando o Mal por meio dos avatares *feios* do imaginário dos povos, criados desde os mais recuados tempos pelos homens de antanho, para configurar os múltiplos medos e questionamentos sem resposta, que chegaram aos nossos tempos cépticos, vistos agora com bonomia, como extraordinárias "memórias da infância" do género humano.

Outro tema recorrente nos reportórios artísticos medievais, apelando para o imaginário fantástico, é o das "Tentações de St°. Antão". Mais uma forma alegórica de expressar um temor finalista, sentido por altura dos derradeiros idos da medievalidade tardia, em que um futuro caótico é pressentido com horror generalizado. São obras de um reportório peculiar que expressam um exuberante *feio* artístico, que poderemos chamar obviamente de fantástico. Animais medonhos envolvem, ameaçadores, o imaginário delirante do eremita Santo Antão. O tema das Tentações de Santo Antão pertence ao reportório comum de toda uma geração de artistas norte-europeus, flamengos e germânicos. A par dos Juízos Finais, e das visões dos fogos do submundo, Hades multiplicados em aterradores incêndios e lavas incandescentes, mostrando uma imaginação "geológica", expressa em sugestivas alegorias. A arte fantástica flamenga quatrocentista e quinhentista imaginará o *Feio* que preenche todas as comarcas do Inferno, por meio das figuras estranhas e inquietantes dos retábulos dos dois grandes visionários da Flandres, Jerohan (Van Acken) dito Hieronymus Bosch e Pieter Brueghel (Van Breda), o Velho. O *feio* infernal será o tema recorrente dos painéis direitos dos trípticos de Hieronymus Bosch, de que existem vários exemplos coleccionados pelo grande mecenas que foi Filipe II de Espanha, (Filipe I de Portugal) o mais culto e requintado soberano da Dinastia Habsburg-Áustria. O *feio* macabro será o motivo explícito – uma guerra final de esqueletos e de condenados – de uma célebre obra, de Pieter Brueghel, *O Triunfo da Morte*, 1562 (Museu do Prado, Madrid). O *Feio* será também um tema omnipresente nas obras dos chamados proto-expressionistas da velha escola alemã: Martin Schonghaüer, Ürs Graf, Lucas Cranach, Mathias Grünewald, Hans Baldüng Grien, Joachim Patinir, Nicholas Manoel Deutsch. Para além dos animais fantásticos, horríveis e medonhos, como espectros de pesadelo, também a morte e a finitude humana serão motivo de desencantada reflexão icónica, sendo representado o mostrengo final em companhia de raparigas jovens de belos corpos nus, para contrastar absolutamente as belas cores da vida com o fim derradeiro. De Mathias Grünewald é impressionante a tábua com a pintura dos *Amantes Mortos*, representação do casal humano como avatares cadavéricos, em decomposição, as peles secas, enrugadas e lívidas, as faces com esgares, bocas abertas e desdentadas, os corpos trespassados por serpentes, insectos e vermes necrófagos, um sapo junto da zona pélvica da mulher, as mortalhas seguras pelas mãos, mas desnudando o "resultado físico final que nos espera a todos" (obra do acervo do Museu do Prado). Do mesmo mestre, *As Três Idades da Vida e a Morte*, pintura de forte expressão representando a mulher, na infância, na idade madura e na decadência geronte, acompanhadas pelo cadáver antropomórfico segurando uma ampulheta, símbolo da antropofagia feita pelo tempo, significando ao espectro da Morte, (obra do acervo do Museu do Prado, Madrid). O mesmo tema interessou a Hans Baldung Grien que o pintou com notável expressão e com as mesmas efígies, explorando o mesmo grave motivo de severa reflexão existencial, *As Três Idades da Vida e a Morte*, (Kunsthistorisches Museum, Viena). Semelhante interesse de reportório são as gravuras a água-forte *O Beijo da Morte* (a morte abraça e assedia despudoradamente uma jovem mulher), ou a *Alegoria da Morte*, de Nicholas Manoel Deutsch, *La Femme et la Mort* (a morte atacando uma jovem desnuda), as várias associações de uma jovem nua, na plenitude das suas formas físicas e a morte, dos desenhos e gravuras de Hans Baldung Grien, antecipando a notável série de xilografias de Hans Holbein, o Jovem (1497-1543), de que adiante se fala. São as formas encontradas de exorcizar os medos, tão comuns de uma necrofobia generalizada, o horror mórbido e obsessivo à morte e aos corpos dos cadáveres, tão quotidianos por estes tempos.

8. Outro *feio* tardo-medieval: a crucifixão

Ainda notável pintura da *fealdade* artística destes tempos memoráveis, é a terrível Crucifixão do Célebre *Retábulo de Isenheim*, de Mathias Grünewald[7]. Patética exposição do corpo de Xpt°, profundamente tenso, com deformações, feridas, pústulas e chagas, a cor da pele com a lividez de cadáver e pontualmente macerada pelas chicotadas da flagelação, o sangue jorrando das feridas das mãos e do peito, as mãos crispadas pela dor da agonia, os pés retorcidos e deformados pelo peso do corpo morto, os cravos de ferro prendendo mãos e pés, a cabeça coroada de

---

[7] Obra datada de 1515 (Acervo do Musée d'Unterlinden, Colmar, França).

espinhos aguçados e agressivos, escorrendo sangue, pendendo já sem vida, a boca aberta num esgar incontrolado. Com um fundo de um negrume de trevas conforme com o dramatismo da cena, é uma pintura executada com um verismo de cruenta minúcia. Será a matriz exemplar dos inúmeros cristos crucificados, de semelhante e compungente cena de paixão e morte sangrenta, que irão reproduzir-se por toda a Europa barroca.

9. O *feio* nas margens do cânone nos primeiros idos da Idade Moderna

O *Feio* na Idade Moderna, (primeira e segunda modernidades, século XVI ao século XIX), será descoberto nas margens do cânone dominante desde o período de grande apogeu que veio revolucionar a arte dos fins da medievalidade, a Renascença italiana. Um paradoxal *feio* artístico descobre-se, em alguns sinais excepcionais, à revelia do "mundo da perfeita beleza" do *cinquecento*. Uma época de excelência da razão ordenadora apolínea e contudo, tão marcada pelos novíssimos monstros modernos, rivalizando em extravagância perturbante com os, por esses idos redescobertos, grotescos das antigalhas romanas. Um eloquente registo de figuração *feia* excepcional encontra-se, por exemplo, nas caricaturas e nos desenhos grotescos de Leonardo da Vinci. O genial mestre renascentista terá perfeita consciência de dever também representar a fealdade do mundo e dos homens patente na vida. Essa "metade do Belo", o *Feio*, posto a par do Bonito, já era uma realidade considerada relevante e digna de figurar nas suas obras, por vários autores do primeiro renascimento. A introdução do bonito e do feio *vis-a-vis* faz-se segundo uma tradição iconográfica remota, tema recorrente e inúmeras vezes repetido do mundo grego antigo, desde Píndaro, para quem a beleza bonita acompanhava sempre a juventude e a fealdade a velhice. Ágaton representa, no *Simpósio* de Plotino, *Eros*, a deidade do amor como um *putti* eternamente jovem e bonito. E a velhice é vista como decadência, decrepitude e progressão escatológica da beleza bonita da juventude[8].

---

[8] São exemplos paradigmáticos desse interesse iconográfico o *Retrato de velho com o neto*, pintura a óleo sobre tábua, de Domenico Ghirlandaio, (*circa* 1490, Museu do Louvre, Paris), ou o *Velho e jovem afrontados de perfil*, desenho a

Mas, por esses idos, o *feio* artístico apenas irá ganhar protagonismo e agigantar-se, após o choque de espanto estético que trouxe a *terribilitá* do colossal e agónico *Juízo Final* miquelanesco. Também arroláveis como *feio* artístico pela sua estranheza caprichosa serão as decorações quinhentistas de brutescos, grotescos: o feio dos bestiários decorativos renascentistas, um dos resultados mais explícitos do gosto revivalista pelas faunas mitológicas antigas e pelos estranhos híbridos, como referência e citação dos frisos decorativos da *Domus Aurea* romana, na sequência da sua espantosa descoberta durante as campanhas arqueológicas de 1480. As estranhas e bizarras pinturas de frisos com as figuras que ficaram conhecidas por grotescos, incluindo figuras híbridas, parte antropomórfica e parte vegetalista[9]. O *feio* será também "descoberto" pelos surrealistas, nas estranhas obras de bizarria singular, encomendadas pelos Imperadores Austro-Húngaros, os Habsburg, a um maneirista prodigioso, o alegorista singular que foi Giuseppe Arcimboldo. Insólitas e inquietantes composições híbridas, compósitas, metamórficas e metafóricas: as *Quatro Estações do Ano*, os *Cinco Sentidos*, os *Quatro Elementos*, os *Ofícios*, as *Profissões e Ocupações*, os *Cargos*, as *Corporações Guildas*, identificadas por alegorias, antropomórficas, compostas com os mais estranhos elementos, mas com um nexo de associação próprio entre si, em cada composição específica.

---

sanguínea, de Leonardo da Vinci, (1500/1505, Galleria degli Uffizi, Florença). Do genial mestre renascentista é ainda a muito conhecida caricatura de uma mulher muito feia, mas de subida hierarquia social, tendo em conta o requinte das vestes e adereços ricos, desenhada nos seus cadernos, e que serviu seguramente de modelo a uma "pintura do feio" atribuída ao pintor Quentin de Metsys, *Mulher grotesca*, (1525/30, National Gallery, Londres).

[9] Inspiraram os frisos pintados que delimitavam as pinturas de grande aparato das *stanzas*, salas de despacho e de grande cerimonial dos Palácios do Vaticano, da autoria de Raphael, sendo também fonte de inspiração para alguns artistas posteriores, maneiristas, como Júlio Romano, Agnolo Bronzino, ou mesmo Giorgio Vasari, em diversas pinturas parietais, cúpulas e tectos de diversas *villas* patrícias dos arredores de Roma e de Florença.

10. Um *feio* macabro no século XVII

Manifestações de morbidez, representações simbólicas do *fúnebre*, do *tétrico*, do *macabro*, que explicitam a consciência sentida da precária condição humana, patentes nas mais variadas disciplinas artísticas, serão uma significativa manifestação anímica a expressar-se de modo exuberante no século XVII. Iconografias que mostram explicitamente aspectos da finitude humana, geralmente relacionados com o erotismo e o seu contrário anímico, a morbidez agónica, *Eros* e *Thanatos* confrontando-se e complementando-se, são os perfeitos contrários da repetida luta de desígnios dos estados de alma do género humano, sob a forma de *vanitas*, de *memento-mori*, de *danças macabras*. Modelo paradigmático muito recorrente e prolixo, particular forma de encenação retórico-alegórica, foi tema "na moda" pelos fins do século XVI e por todo o século XVII, e mesmo ainda glosado tardiamente no início do século XVIII, por toda a Europa. Teve o género uma enorme divulgação, enquanto "ilustração intelectual" em voga, nos Países--Baixos pelos idos de 1620 e seguintes, interpretado de maneira muito singular pelos artistas da Escola de Leyden. O nome genérico *vanitas* vem directamente do espírito da máxima bíblica VANITAS VANITATUM ET OMNIA VANITAS (Ecc.1:2) (vaidade das vaidades, tudo é vaidade). A reflexão sensata sobre a vaidade das coisas terrenas é uma constante do pensamento humano, mas podemos balizar etapas, a partir da representação da *tête de mort*, o crânio humano, a caveira. O tema *vaidades* é, por excelência, o de Eclesiastes, o texto bíblico que mais claramente acentua o vazio das coisas mundanas, a fatuidade de inúmeras materialidades, o niilismo derradeiro delas que acontece com a morte, de cada um de nós, de nós todos. Ninguém a ela escapa.

As mais remotas *vanitas* (ou melhor o seu "antepassado directo", o *memento mori* – recorda a morte), a representação solitária da caveira, são ainda do século XV, flamengos, executadas em geral no verso dos painéis volantes dos trípticos, sendo depois acrescentadas com os objectos mundanais em sugestivas composições (já verdadeiras *vanitas*), em obras autónomas, com grande divulgação posterior ao Concílio de Trento e às convulsões reformistas e contra-reformistas, acontecidas durante os meados e finais do século XVI, tendo-se desenvolvido o seu gosto estranho, que atravessa os vários estilos por toda a Europa.

Os elementos mais constantes do repertório habitual das *vanitas* são, por um lado, os inúmeros objectos que aludem uma vida racional-contemplativa: as ciências, as letras e humanidades, as artes, citadas ao modo alegórico por meio dos seus objectos/signos (livros, quadros, esculturas, máscaras, instrumentos musicais, máquinas e mecanismos científicos); ou, por outro lado, representando a vida terrestre mais materialista e de imediato hedonismo, mais voluptuosa e sensual, com a sugestiva citação canónica dos cinco sentidos, ou a acumulação caótica de objectos do prazer libidinal e da luxúria do amor profano (espelhos de dama, colares, pérolas, jóias e outros adornos femininos, e ainda flautas e charamelas, símbolos fálicos e rotundos), a citação directa da fortuna (moedas de ouro e prata, objectos preciosos, coisas de grande aparato, de ostentação e fausto, ricos panos de armar com as suas borlas de ouro fino, panejamentos drapeados dos mais requintados tecidos, veludos, sedas e brocados, desdobrando os seus bordados de ornato rico) e do poder (a coluna de ordem clássica, o trono de potestade, os símbolos das hierarquias seculares, coroas, tiaras, mitras, medalhas e outros adereços de honra, ou ainda armas, armaduras, elmos, escudos, emblemas heráldicos, e toda a panóplia de instrumentos bélicos e sinais de subida hierarquia). O que se perde. A glória e a fortuna, os prazeres mundanais que são deixados para trás com a derrota que a morte impõe, provando que sobre os maiores poderes do mundo, um poder maior, cósmico, sobre tudo impera e comanda. Ainda elementos característicos das *vanitas* são toda a sorte de objectos evocando a brevidade da vida física dos prazeres mundanos finados pela velocidade fágica do tempo que tudo traga e envelhece de maneira implacavelmente vil (ampulhetas e diversificados relógios, cronómetros, clepsidras), explicitando enfaticamente a degradação da matéria (flores, símbolos imediatos da efemeridade e finitude, perdendo as pétalas e definhando, frutos apodrecendo, folhas secando e murchando, pedras desgastadas e rachadas, gretadas, velas apagando-se, cachimbos pousados, ainda a fumegar, taças de vinho tombadas). Aquilo em que as coisas se tornam. A efemeridade da vida que mal se mostra exuberante de beleza e cor e de excelência de aroma, logo murcha e se fina. Por último, os objectos de maior protagonismo simbólico no todo das composições, a epifania da morte surgindo gloriosa e triunfante, como derradeira vencedora (a caveira, as tíbias, às vezes o esqueleto completo, erguendo muitas vezes uma gadanha ou alfange tétrica, uma arrepiante foice segadora).

E inscrições de aviso cruel sobre o fim dos fins, quase todas retiradas do *Eclesiastes*.

O género nasce da dupla filiação ideológica. Por um lado dos círculos humanistas centro-europeus e italianos dos séculos XV e XVI, revisitadores das antigas alegorias *memento mori* dos latinos clássicos[10]; por outro lado, da atmosfera intelectual e religiosa de Leyden, bastião calvinista, que condena com severidade puritana tudo o que é considerado excessivamente hedonista e mundano. Mas só a partir do segundo quartel do século XVII o género mais particularmente se tipifica e se consagra. David Bailly pintará em 1651 uma grande composição reunindo o seu auto-retrato, com o pitoresco do seu (outro) retrato (no retrato) "envelhecido" e uma exuberante *vanitas*, com todos os tradicionais objectos constantes. Na mesma época aderem ao género os irmãos Harmen e Pieter Steenwyck, e ainda Pieter Claez, que fixam o estilo: tom geral de paleta fechada, de ocres e terras queimadas, luz razante de forte contraste, desordem complexa mas muito estudada. Outros exemplos: as *vanitas* de J.D. de Heem, de Anvers (1621), as de W. de Poorter e de G. Dou, e mais tarde, em estilo de grande pompa, ostentação e aparato, anunciando já o gosto dominante do século XVIII, as de M. Withoos.

O género pictórico das *vanitas* foi introduzido em França pela importante comunidade flamenga de Saint-Germain de Prés. Philippe de Champaigne chegou a pintar uma *vanitas*. Irá desenvolver-se concorrentemente com o tema dos cinco sentidos, entre os grandes pintores franceses, ou trabalhando na França, J. Linard, Baugin, Sébastian Stoskopff, N. Peschier e S. Bonnecroy, Simon Renard de Saint André e Nicholas de Largillière.

O tema é mais raro em Itália. Aparece, contudo, na obra de Salvatore Rosa, que pintará mesmo uma verdadeira natureza-morta em *vanitas*, ou em Giuseppe Recco.

Em Espanha, António Pereda pintará várias *vanitas*. A mais conhecida é *O Sonho do Cavaleiro* (cerca de 1670). Igualmente cultor das *vanitas*, Juan de Valdés Leal fará grandes composições, as famosas "Alegorias", obras de grande impacto e sentido de monumentalidade, pintadas para o

---

[10] O exemplo conhecido mais remoto é o mosaico de Pompeia, que é do século I da nossa era. Acervo do Museu de Nápoles.

Hospital de la Caridad, de Sevilha. Já Francisco de Zurbaran tinha citado o género, como pormenor no todo, do retrato de *Frei Gonçalo de las Illescas* (1639), obra do acervo do Monasterio de los Jeronimos, Guadalupe.

Em paralelo, registem-se, como formulação simbólica do que poderemos chamar instalações permanentes de uma arte outra, fora das taxinomias (mais) canónicas, num registo de "terra de ninguém", entre o erudito e o popular, as "capelas de reflexão contemplativa penitente" feitas com ossos de mortos – tíbias e caveiras – as "capelas dos ossos" dos mosteiros franciscanos, tanto em Portugal como na restante cristandade europeia, todas datando da época contra-reformista, a segunda metade do século XVI. Magnífica de entre as portuguesas é a "capela dos ossos" do Convento de S. Francisco, de Évora.

11. O *feio* e a Comédia no Século XVII

A comédia será também outra forma sublime de registar as ideias, os pensamentos, os sentimentos, as sensações, os ideais, dos homens dessa centúria. Uma das manifestações seiscentistas mais facilmente identificáveis com um juízo estético do *feio* nas artes. Segundo uma longa tradição filosófica traduzida em juízo categórico muito antigo. É já na antiguidade clássica, na Escola de Atenas que as questões ligadas com o sentido estético da tragédia e da comédia serão dissecadas quanto à desejada sublimação dos valores que as artes devem promover nos seus fruidores. Já no século IV a.C., as formas desses géneros maiores do teatro clássico, eram reflectidas e problematizadas com sentido crítico estético. A reflexão de Aristóteles envolve-se, nas tramas diversas (e aparentemente contrárias, mas complementares e compagináveis) da tragédia e da comédia. E nas questões que se fundem com a diversidade das visões ontológicas do homem e das suas relações existenciais, e daí a ideia distinta que temos dos autores que descrevem os homens piores do que eles realmente são, e daqueles outros que os descrevem melhores do que eles são. "A tragédia é a *mimesis* de homens melhores que nós [...]; importa seguir o exemplo dos bons retratistas os quais, ao reproduzir a forma peculiar dos modelos, respeitando embora a semelhança, os embelezam. Assim também, imitando homens violentos e fracos ou com outros defeitos de carácter, devem os poetas sublimá-los, sem que deixem de ser o que são"[11].

A menoridade do estatuto de excelência dado à *Comédia* vem já, da Grécia antiga. A *Comédia* é, desde os primórdios do pensamento estético, "apoucada" em relação à *Tragédia*, enquanto consideradas as qualidades imperativas de Arte superior. Com efeito, é Aristóteles o primeiro a estabelecer uma hierarquia de excelência artística, em que coloca a *Tragédia* bem à frente da *Comédia*, na procura da *catharsis*, da purificação do ser. É com Aristóteles que "nasce" o estigma de arte menos séria e, portanto, de alguma maneira menor, que persegue a *Comédia*. O humor é desde há vinte e três séculos considerado uma forma inferior de influenciar, pela arte da *Comédia*, a natureza dos homens. O género artístico da comédia, que veicula a crítica histriónica aos costumes, às acções, às paixões, e aos factos comuns da vida, na *polis*, feita pelo modo jocoso, satírico, pelo gracejo espirituoso, pela acentuação do ridículo, desperta o riso, e faz desacreditar o que se vê. A comédia é vítima de preconceito estético antigo. Diz aquele filósofo que a *Tragédia*, pelo seu carácter elevado, é considerada superior à *Comédia*, porque ao representar os homens melhores do que eles são, mais facilmente, por imitação (pela citada *mimesis*) consegue purificar ou atenuar as paixões, assim potenciando a sublimação do ser, ao serenar a alma e conseguir a boa ordem interior[12]. Diz ainda o próprio Aristóteles: "A comédia

---

[11] Aristóteles, *Poética*, século IV a.C.

[12] "A Tragédia representa os homens superiores aos da realidade [...] é imitação duma acção de carácter elevado e completo, [...] suscitando piedade e temor, opera a *catharsis* própria de tais emoções" Aristóteles, *Poética*, século IV a.C. Nos comentários feitos às considerações aristotélicas sobre a comédia, segundo livro da *Poética*, diz Racine (Jean-Baptiste), 1639-1699, dramaturgo francês, num comentário pertinente feito à *Poética*, no prefácio à sua tragédia *Phèdre*, 1677: "A Tragédia ao excitar o terror ou temor (*phobos*) e a piedade, purifica e atenua as paixões, retira-lhes o que elas contêm de excessivo e de vicioso, levando-as a um estado de moderação, adequado à razão. E provoca em nós um movimento que nos incita a purgar, moderar, rectificar, e até a desenraizar em nós a paixão, que diante de nossos olhos mergulha na infelicidade as pessoas que lastimamos". Também diz Corneille (Pierre), 1606-1684, comentando ainda a mesma obra, em notas preambulares à sua obra *Le Cid*, 1637: "A Tragédia consegue mais facilmente a compaixão que purifica, ao fazer comungar connosco a infelicidade dos outros, do que a Comédia, que pelo ridículo nos distancia dos outros, que

vem desde os autores dos cantos fálicos, e representa os homens como inferiores aos homens da realidade, e ao procurar a imitação, não o faz em toda a espécie de vício, mas no domínio do risível, o qual faz parte do que é feio. O risível é um defeito e uma fealdade, sem dor nem prejuízo, e é por isso que a máscara cómica é feia e disforme, e sem qualquer expressão de dor. Não suscita nem temor nem piedade. Antes escárnio"[13].

São portanto remontáveis à idade antiga dos gregos os primeiros juízos estéticos sobre o *feio* artístico, o Belo-feio. A Comédia é, no geral, identificada com um género *feio* das artes. Vêm estas considerações a propósito da caricatura e do seu estatuto artístico considerado irrelevante e precário, ainda hoje. E porque são deste século XVII, as primeiras grandes manifestações caricaturais de superior qualidade estética. Seu autor foi Jacques Callot (1592-1635), excelente desenhador e gravador a buril e água-forte, talentoso "imaginário" satírico, irónico, cáustico, mordaz, mas também possuidor de um desencantado sentido crítico--filosófico, de grande compaixão humanista. Referência primeira de outros grandes autores de caricaturas sublimes, William Hogarth (1697--1764), Francisco de Goya (1746-1828) e Honoré Daumier (1808-1879). Foi autor de numerosos desenhos e caricaturas superlativas, de excepção, subtilmente elevados ao estatuto de espécimes de *Comédia* sublime, exemplares de pleno direito de superior disciplina de belas-artes, contra todos os preconceitos antigos envolvendo aquele género artístico. Inventor de manequins, figurinos e adereços de teatro, criador de figuras quiméricas, extravagantes e burlescas. Foi ainda um espectador atento e repórter fidedigno de outro grande "instrumento" caricatural, de grande

---

vemos criticados". Comentando ainda a *Poética* diz ainda Galvano Della Volpe: "A tragédia é *mimesis* de uma acção importante, completa em si mesma, [...] em forma dramática não narrativa, e que, mediante casos que suscitam piedade e terror, produz a purificação, enquanto a comédia é *mimesis* de assuntos sobretudo ignóbeis, feios, mas não de todas as espécies de fealdade (física e moral), porque apenas daquela que é ridícula. Uma certa espécie de defeito ou fealdade, que não provoca dor nem dano. E porque o riso é uma 'solicitação' útil porque agradável para a alma, e não um transtorno dela, aquele que se compraz como o riso 'faceto', alcança com ele um estado de ânimo sereno e disposto para o bem, que é uma espécie de *catharsis* cómica. Porém, menos eficaz, porque não persuade de modo tão drástico e edificante como a *catharsis* trágica" G. Della Volpe, *Esboço para uma História do Gosto*, 1966.

[13] Aristóteles, *Poética*, século IV a.C.

protagonismo ao tempo, mas este do foro performativo: o magnífico teatro popular italiano, que codificou em tipologia peculiar e original, as particularidades cénicas do velho teatro saltimbanco de comediantes de improviso e pantomina das trupes medievais, à maneira dos jograis e bobos cortesãos, outro eloquente exemplo da exploração artística dos valores do *cómico* (e do *trágico-cómico*) de uma persistente *fealdade* artística: a *commedia dell'arte*.

A primeira metade do século XVII é também a idade do ouro do(s) tenebrismo(s) na pintura, conseguindo alguns expoentes do estilo criar obras de subversiva fealdade, como Miguel Ângelo Merisi, dito Caravaggio, 1571-1610, Francisco de Zurbaran, 1598-1664, Josep de Ribera, 1591-1652; e Juan Carreño de Miranda, 1614-1685. Superando todos estes registos severos, constata-se a veemência expressiva do feio artístico em Velásquez (Don Diego Rodrigues da Silva y Velásquez, 1599-1660) entre "*los locos, los enanos, los bobos, los obesos*" e outros abencerragens da corte espanhola dos Áustrias.

12. Fealdade no oitocentismo

Na *segunda modernidade*, o século XIX, idade do homem político e do cidadão, algumas escassas manifestações de *fealdade* artística verão também reconhecido algum protagonismo estético. Mas é nos primórdios desse século que o *Feio* superlativo da Grande Arte da Pintura atingirá um seu primeiro grande apogeu, na figura de um artista genial, nascido num lugar premonitório Fuente de Todos. Ele que foi a fonte inspiradora de todos os artistas posteriores, o "progenitor de todos os modernos", um proto--expressionista (e proto-surrealista) prodigioso, adiantado de um inteiro século, D. Francisco de Goya y Lucientes, gigantesco visionário, insigne pintor da trágica, desesperada e patética "pintura negra" da *Quinta del Sordo* (*Saturno comendo o filho*, *O Sabath com o grande Cabron*, *Ceia dos Velhos* e a *Ceia da Morte*)[14] e o autor genial das gravuras das séries famosas: *Desastres* (da Guerra), *Caprichos*, *Disparates*. O Belo da Arte, após a experiência prometaica e nocturna de Goya em Manzanares, após a sua

---

[14] Obras que pertencem a uma inteira galeria, *o Goya da pintura negra*, do Museu do Prado.

viagem extrema e agónica pela Pintura Negra com que decorou (?!) a sua *Quinta del Sordo*, nunca mais foi uma generalizada e amável idealização da Vida. Transfigurada tinha sido esta, desde tempos imemoriais, num escapismo formoso de uma beleza bonita reinando omnipresente (quase única, totalmente) em todas as artes. Apesar de algumas escassas obras *feias* que conseguiram subtrair-se aos limites censórios e excluidores impostos pelas normas e pelos cânones vigentes dos diversos tempos sucessivos. Mas esse paradigma do Belo, a beleza antiga, platónica, entrava, precisamente por esses idos (primórdios do século XIX), em instante crepúsculo e ocaso derradeiro. De então para cá os artistas mergulharam na crueldade traumática da vida de olhos bem abertos, testemunhando as suas luzes, mas também, e de modo bem obsceno, as suas sombras. Com cabal consciência do seu sentido trágico. Sem alindamento idealista nem escape redentor. Em alto contraste, *chiaroscuro*. De modo real, verdadeiro, autêntico. Muitas vezes com acentuada ênfase numa fealdade generalizada, que o seu pessimismo estético conseguiu transfigurar em obras de jubilante alteridade. Alguns anos antes, já Emmanuel Kant, a propósito do Sublime (que tanto nomeia o superlativamente bonito como o superlativamente feio), tinha teorizado a transformação que conseguia fazer bonita toda a coisa, objecto, ser, entidade, facto, acontecimento, qualidade, acção, *pathos*, da realidade da vida, feio ou horrível que fosse, quando transfigurados pela elevação transcendente da obra de arte.

O *Feio* "visitará" também e o movimento romântico da pintura. Por exemplo: os íncubos inquietantes do onirismo de pesadelo, delirantes na sua aparencialidade fantasmática, de Heinrich Füssli, 1741-1825; ou a angústia cósmica do homem só, aterrorizado pela natureza (a própria e a humana) feita ameaça medonha (e sublime no seu receado poder) na obra de vários românticos, deles se destacando Caspar David Friedrich, 1774-1840; ou os muito estranhos temas românticos, excepcionalmente executados, com mestria pictórica, por Antoine Wierz, 1806-1865; ou os loucos, os aleijados e os feridos, de Theodore Géricault, 1791-1824; ou ainda as desgraças colectivas registadas, com a instante urgência de actualidade crítica, por Eugène Delacroix, 1798-1863. Ultimando a selecção da *fealdade* romântica, ainda a estranheza melancólica do simbolista Arnold Böcklin, 1827-1901. Dos tempos últimos, finisseculares, do oitocentismo destaque-se a obra de dois simbolistas de excepção, a provocação erótica e sacrílega de Félicien Rops, 1833-1898, ou o mundo macabro de espectros cadavéricos, esqueletos em convívio com mascarados, peculiar mundo crítico do carnaval existencial, imaginado por James Ensor, 1860-1949.

13. O *feio* dos tempos mais recentes. *Fealdade* novecentista

Na *terceira modernidade*, a fealdade artística irá agigantar-se até ao seu predomínio generalizado nas artes plásticas, mormente na pintura. O século XX, a idade do caos e da crise, será a centúria da maior ruptura estética do longo devir da história da arte, feito que é este de continuidades e rupturas, sucedendo-se alternadamente. A arte desenvolve-se e continua-se por ciclos (aliás como o mais alargado devir histórico), ciclos de aceitação e ciclos de recusa, ciclos de fascínio e ciclos de repulsa. Filias e fobias alternado-se continuamente em longa idiossincrasia colectiva. Acrescentada consciência que o devir humano foi feito do longo fluir de momentos de bonança a seguir a desgraças e tragédias, de sinais de glória e sinais de miséria, de luzes e de sombras, espectáculos horríveis e belos ao mesmo tempo.

O *novecentismo* estético irá acompanhar a velocidade intempestiva dos modos, dos comportamentos, dos juízos, das mentalidades, de um século que se mostrou excessivo e trágico, excessivamente trágico, prenhe de intempestivas desgraças e infaustos acontecimentos, mas também esperançadamente prometedor, pelos progressos notáveis que trouxe. Uma centúria excepcional para as artes e para o seu registo fidedigno dos homens e da sua condição, sem descurar o necessário comentário crítico paralelo. Os desígnios da arte que se quis nova e actuante, à altura da circunstância histórica de uma urgente reforma das vontades políticas, das sociabilidades, das condições técnicas e da superação dos *parti-pris* imobilizadores das mentalidades dominantes, apesar da consciência lúcida do contributo "débil" (na eficácia influenciadora) da esfera do simbólico, irão mobilizar todas as energias dos seus protagonistas, os artistas vanguardistas, no sentido de modificar muitos dos pressupostos estéticos dos programas artísticos do passado, e transformar radicalmente muita da substância discursiva, tanto formal como conteudal dos seus reportórios temáticos e dos desideratos estéticos. Quer-se agora retratar a actualidade, o Novo, a originalidade radical. Os artistas darão um fim certo ao antigo proselitismo e ao consequente serviço de causas exteriores aos seus próprios programas iconográficos, aos seus livres imaginários, subordinados apenas à total liberdade criativa, paradigma iniciado com o Romantismo. Apostam na mobilização geral das almas criadoras para dar um fim radical e premente às alegorias escapistas. Dar-se-á o crepúsculo derradeiro do paradigma estético platónico e da sua ditadura total do Cânone único e exclusivo da Beleza-bonita, e consequentemente o termo certo aprazado do predomínio idealista na Arte. O Realismo Desencantado derrotando o Escapismo Idealista. Os tempos estão maduros para a contestação e subversão da Norma, para a recusa liminar do Cânone dominante, para a ruptura radical com a Escola.

Os artistas de vanguarda do dealbar do século XX trazem consigo uma abrupta e intempestiva ruptura com o anterior sentido das manifestações da arte do passado, negando os valores sacralizados, erroneamente julgados intemporais e inultrapassáveis. Propugnam uma atitude realista no registo da vida, que combata sem tréguas o antigo e persistente escapismo idealista. Propõem, com jovial provocação controlada, a subversão das regras estabelecidas e a inversão dos valores por eles julgados perversos (sociais, culturais e políticos), que ainda vão dominando, ainda que perdendo progressivamente a razão pragmática e a eficácia de dominação. Apelam ao policentrismo de modelos e à pluralidade alargada de atitudes estéticas, pretendendo, consequentemente, superar as desigualdades de desenvolvimento social e a superação das contradições persistentes entre centros e periferias. Expressam a consciência plena de ser a vida não apenas feita de luzes, mas também de sombras, de não ter apenas aspectos diurnos, mas também nocturnos. E estes mesmos serão enfatizados por uma estética "outra" que funde beleza com pessimismo, na estratégia de "denúncia de Sísifo" que faz ver as inúmeras iniquidades que fazem com que as sociedades humanas sejam condenáveis "mundos às avessas". Contestação, controvérsia, indignação, revolta, subversão, revolução de mentalidades culturais, reforma radical de valores e combate sem tréguas ao "prestígio" sacralizado da arte antiga. Contudo, se alguns manifestos das primeiras vanguardas, como por exemplo o dadaísta, fazem "tábua rasa" do passado artístico (afirmando categórica e provocatoriamente nos seus Manifestos: "O Museu é um Cemitério, cada quadro é uma Campa), outros, superando radicalismos niilistas, numa sensata perspectiva crítica, fazem perspicazes recuperações de obras do passado, como é o caso do Surrealismo. Este último movimento irá traçar uma peculiar linha genealógica de alegados precursores pioneiros que superaram, por via de uma estética "subterrânea", invariavelmente marginal aos paradigmas canónicos vigentes, os interditos censórios dominantes de cada época do passado. Irá assumir integralmente, como antecessores directos dos seus desígnios artísticos, os fenómenos julgados *feios* do passado, que sempre conseguiram romper, de modo subliminar, as sucessivas disciplinas censórias do tempo longo, cruzando transversalmente as mais diversas idades. E o gosto bizarro dos surrealistas ajudará a construir uma análise diacrónica consistente de uma *Fealdade* superlativa, com detectáveis linhas sequenciais de continuidade, nem sempre exuberantes, mas pontuando com algum significado o longo devir da história da arte. Porque, em boa verdade, a *fealdade* geral dos últimos tempos tem aqueles antecedentes certos. Foi antecipada por aquela série continuada de fenómenos artísticos que, mesmo se excepcionais, episódicos, esporádicos, ocasionais, não deixam de ser indícios significativos de uma certa cripto-modernidade premonitória, espécie de crónica da "modernidade anunciada". Os surrealistas farão um exaustivo cotejo das mais significativas obras de arte dessa *fealdade* artística do passado: uma *fealdade* "nocturna", a *outra* metade do Belo. Mas são esses *acidentes* minoritários no passado, que são alinhados, por alegada origem "familiar", com a generalizada *essência* maioritária do presente (ou do passado mais próximo). Uma recente hegemonia estética que traduz o derradeiro e generalizado triunfo do *Feio*, tenazmente imposto pelas vanguardas artísticas dos primórdios do século XX. E que inúmeras sequelas trazidas por novas correntes artísticas continuaram por todas as outra restantes décadas. Conformando assim uma continuidade singular do *Feio* artístico que define uma fenomenologia estética transtemporal. Sinais inequívocos da afirmação de uma peculiar constante estética, a do Belo-feio, claramente inter-cronológica. Denunciando, com clara evidência, uma subterrânea, mas latente, sensibilidade estética transgressora, anti-apolínea, um pulsar dionisíaco, que se foi afirmando contra a corrente dominante, o persistente cânone apolíneo, a continuada rotina platónica, durante o decorrer paulatino da longa evolução da arte.

Mas o culminar interpretativo deste texto pretende discorrer mais particularmente, sobre as artes mais recentes e sobre as disciplinas da pintura, da escultura, pelas suas manifestações fenoménicas acontecidas nos tempos últimos. Sobre a Arte (dita) Moderna, a arte da nossa contemporaneidade, da *modernidade última*. Idade, que iremos identificar (com alguma provocação teórica) como aquela na qual a categoria estética paradigmática dominante é o *Feio*, um superlativo Belo-feio, expresso em múltiplos, inúmeros e diversificados registos iconográficos. Porque a *fealdade* estética é, seguramente, a realidade dinâmica mais relevante, activa e generalizada da arte mais recente, a arte novecentista, a arte do Século XX. Configura mesmo um novo paradigma estético categorial, o qual tem sido frequentemente nomeado como *pós-moderno*, mas ao qual preferimos designar como *modernidade última, modernidade (mais) recente* ou *terceira modernidade*[15].

O Belo-feio ocupa predominantemente o paradigma estético do singular tempo entrópico (entre a utopia e o apocalipse) do novecentismo. Uma época veloz, em que o tempo acelerou e o espaço encurtou. Uma idade dinâmica e instável, imprevisível, caótica, trágica. É esse o tempo próprio do apogeu estético de uma *fealdade* superlativa que domina todo o alargado panorama das artes. Simultaneamente registo testemunhal e transfiguração sublime da *fealdade* real da vida. A arte mais recente é predominante e hegemonicamente *feia*, de uma *fealdade* geral e omnipresente, enquadrando e interpretando, no seu testemunho, a fealdade desumana que povoa amiúde a barbárie trágica dos últimos tempos.

A *Fealdade* revela-se, plenamente, no seu inédito registo: marginal e indomesticável, alternativa e apocalíptica. Mas também lúcida e desencantada. Questionadora, interpeladora, controversa, contestatária, conflitual. Também inquieta e desassossegada, desconcertante, transgressora, subversiva, dessacralizadora. E ainda ambivalente, ambígua. Inesperada, imprevisível, insólita. Inquieta e inquietante. Provocadora. Perturbadora. Geradora das maiores perplexidades. Desdobrando-se, em multiplicados modos, numa festiva e exuberante sincronia de fenómenos estéticos. Ubíqua. Omnipresente.

O *Feio* comanda o sentido de mudança da arte dos últimos tempos. Promove uma ruptura e consequente transmutação dos valores. Provocando o ocaso final das estéticas de obediência platónica,

---

[15] Seguimos como mais rigorosas as nomeações epocais decorrentes das análises paradigmáticas dos críticos e cientistas sociais Jürgen Habermas, Harold Bloom ou Umberto Eco.

em decadência derradeira. O toque a finados às suas normas imperativas, tornadas obsoletas. O fim súbito da disciplina autoritária e da censura excluidora daquelas estéticas idealistas metafísicas. O término final da obediência obrigatória e exclusiva à tradição e aos modelos do passado que impunha aquele cânone dominante. O fim dos enganadores arquétipos da transcendência absoluta, metafísica.

Trata-se agora do triunfo geral dum Belo paradoxal, o *Feio* estético, o *Belo-feio*, situado nas antípodas do Belo secular, convencional, regular, do *Belo-bonito*, que se queria único e eterno.

O mundo antigo da beleza idealizada ruiu fatalmente! A nova categoria estética agora dominante é o *Feio* – um Belo paradoxal, desdobrado nos múltiplos sinais "estranhos" que povoam os discursos artísticos modernos: o actual, o laico, o secular, o prosaico, o trivial, o banal, o rude, o trágico. Traduzido em múltiplos e plurais valores estéticos: o cómico, o dramático, o patético, o irónico, o mordaz, o sarcástico, o burlesco, o bizarro, o grotesco, o pícaro, o jocoso, o satírico, o paródico. Que são o completo contrário dos valores seculares a que estávamos, há demasiado tempo, habituados: o formoso, o gracioso, o sereno, o solene, o harmonioso. Entediados pela sua continuada rotina.

Irrompe agora, triunfante, o dionisíaco perturbador. A espontânea exaltação dos instintos. A via aberta, escancarada, às pulsões primeiras (primárias) "do princípio do prazer", actuando na subversão do disciplinador "princípio da realidade". Advento do *Eros* jubilante que vence, ainda que episodicamente, a ameaça derradeira de *Thanatos*.

Retrato cabal da vida, ela mesma. Comunhão íntima e inseparável da Arte com a Vida. Contra o alindamento idealista, efabulador, ilusório, evasivo, autista, divorciado das condições materiais da existência. Contra a fuga escapista e o esquecimento da realidade brutal da vida, do mundo e dos homens (e das suas contingentes circunstâncias), tão comum nas artes do passado. Que o irá fazer por meio de um registo verdadeiro e fidedigno. Consciência lúcida de todos os vícios, defeitos, desvios, derrotas, iniquidades, desumanidades (mas também das redenções precárias) do devir dos homens. Como uma espécie de "Denúncia de Sísifo". Um manifesto "mentiroso" de (sublinhada) verdade, verdadeiro na sua "mentira". De múltiplas e contraditórias faces. Tanto de júbilo como de desespero, tanto de entusiasmo como de desânimo, tanto de ilusão e encantamento como de desilusão e desencanto.

Quer-se, agora, a verdade mais testemunhal na arte. Que retrate o mais verista possível a realidade de vida. E a verdade da vida é cruel. Por isso se mostra de modo assustadoramente cruel a arte moderna última.

Os últimos tempos não permitem a perenidade e imutabilidade continuada dos modelos artísticos. A velocidade e a crueldade brutal da moderna idade trágica que é o Século XX, não se compadecem com os decadentes e obsoletos modelos clássicos herdados, e com a sua obediência prolongada do tempo longo. Estilos que duraram séculos no passado, são substituídos, nos últimos tempos, por movimentos que duram uma década. *Fealdades* que sucedem a outras *fealdades*. Velozmente!

O *Feio* irá dominar o discurso artístico em múltiplas "aparições", diversificados fenómenos, que não deixam de ser retratos fidedignos dum real trágico, feito de sombras e de medos! Diziam os vanguardistas dos idos da 1ª Grande Guerra: "Como podemos querer uma arte e uma beleza serenas, se à nossa volta vemos apenas a mais crua fealdade, o lado mais negro dos homens?".

A *fealdade* é o retrato desse *pathos* peculiar que caracteriza toda uma época trágica, marcada por duas sangrentas guerras mundiais, por duas anti-utopias totalitárias, pelo holocausto (*shoah*) e por inúmeros genocídios. Nomeável é esse tempo trágico como *modernidade última*, o século XX, a "Idade do Caos e da Crise"[16].

O *Feio* liderará, por consequência, os discursos estéticos dessa *modernidade mais recente*. Claramente contrários à continuidade regular e (quase) imutável do processo artístico secular. Numa dinâmica afirmação de um devir feito de descontinuidades dialécticas.

Porque em todas as artes, nas suas mais diversas disciplinas, e particularmente nas artes plásticas, já foi o tempo em que os artistas perseguiam o Belo antigo: a Beleza formosa, bonita, solar, luminosa, serena, harmónica, um Belo alegadamente intemporal, perene, imutável, estável, estático, absoluto e transcendente.

Porque de modo alienante tinha sido a vida transfigurada pelo discurso artístico, desde tempos imemoriais, num escapismo formoso de uma beleza bonita reinando omnipresente nas artes, dum secular e persistente Belo-bonito. Clássico. Convencional.

---

[16] Harold Bloom, *O Cânone Ocidental*, 1994.

Mas esses valores estéticos antigos, subsidiários e conformadores da beleza canónica tradicional, não sobreviveram ao dealbar do século XX. Os novos tempos provocarão subitamente o fim imediato e irreversível dos cânones conservadores, censores e excluidores, das estéticas do passado. Os seus valores, tornados obsoletos, apressaram o declínio e termo fatal daquele secular paradigma estético. Que demorara entretanto a finar-se, triunfante e hegemónico desde o *quattrocento* renascentista, a "nova Grécia clássica", até às rupturas finisseculares oitocentistas. E é o *Feio* que faz o *requiem* da convenção secular.

É agora a predominância dionisíaca que lidera o novo paradigma estético. Os vanguardistas amam o *feio* que vem inquietar as retaguardas. Diz o povo: "quem feio ama bonito lhe parece". Os velhos valores não sobreviverão às intempestivas revoluções artísticas das vanguardas emergentes, mas também, em última instância, à velocidade da técnica, à constante mudança nos modos, nos comportamentos, nas ideias, nos ideais, nas crenças, nas mentalidades emergentes nos últimos tempos. Não sobreviverão à súbita e permanente transformação operada na vida, e à crueldade brutal da mais recente idade trágica. Presença generalizada, dominante e hegemónica do universo estético da *modernidade última*, o *Feio* tornou-se a substantiva condição estética caracterizadora do inteiro discurso da contemporaneidade mais recente. Testemunho fidedigno da realidade envolvente.

É essa exemplar fealdade que mais não é que uma alter-beleza, uma beleza "outra", estranha mas fascinante, que irá multiplicar-se infinitamente, perante o espanto deslumbrado dos nossos olhares, frequentemente cúmplices. Um belo paradoxal, fruto da idiossincrasia desconcertante dos artistas vanguardistas, que irá marcar a nossa visualidade mais recente. O processo estético traduz, agora, da maneira mais fiel o devir dos homens e do mundo, nas múltiplas e simultâneas mutações operadas. Feitas em sucessivas rupturas, inovações, curto--circuitos, saltos, hiatos, desvios, mudanças repentinas, diferenças, intempestivos "outros" e, claro, sequelas, numa continuidade descontínua, que sucede à continuidade linear da arte dos antigos.

O *Feio*, julgado em sentido subjectivo, manifesta-se notoriamente na aversão genuína do novo pelo estabelecido, que o nomeia para além de *feio* também como ameaça. O *Feio* é nome dado pela reacção de "estranhamento" provocada invariavelmente pela novidade em todas as comunidades alargadas de fruidores culturalmente absentistas:

feio é tudo aquilo que é novo. *Fealdade* e novidade são sinónimos para as grandes massas recuadas, retaguardas de índices culturais muito baixos, completamente leigos em matérias das artes, letras e humanidades. Porque inundados pelos persistentes preconceitos das suas mentalidades empírico-pragmáticas de visão estreita, conservadoras, excessivamente convencionais, tradicionalistas, reactivas, reaccionárias. Os avessos às actividades contemplativas do ócio criativo, em geral pouco mais que acabados indigentes culturais, são invariavelmente neofóbicos em matéria de juízo sobre as inovações das artes e das literaturas. A novidade radical e intempestiva provoca geralmente uma compulsiva reacção de rejeição primária, denunciando o incontornável atavismo de primata superior da maioria alargada dessas comunidades. Talvez porque a neofobia seja a mais constante e repetida norma comportamental dos primatas superiores, herdada dos arcaicos hominídeos dos quais provêem e descendem, por evolução natural.

A pejoração nomeadora de *"feio"*, assacada a tudo quanto é novo e desconhecido, sai mesmo das mentalidades (que deveriam ser mais próximas das vanguardas) dos críticos de arte dos primeiros idos do Século XX (os quais deveriam ser mais esclarecidos e despreconceituosos, por maioria de razão). "Arte estranha, a pintura, em que toda a novidade, mais violentamente ainda que na música, espanta, repele e irrita não somente o público, mas a maior parte dos amadores e dos críticos"[17].

Os "nomes de guerra", assumidos galharda e ironicamente, pelos artistas vanguardistas, foram inicialmente um sinal inequívoco de choque e consequente rejeição, anátemas lançados para excluir, para nomear *"fealdade"*. E depois, só bastante depois, transformados em realidade tolerada, mais tarde ainda assimilada, e até consagrada. Por fim tornada neutra taxinomia: "Impressionistas" (os "recusados", *refusés*, críticos *salonards*), *fauves* ("feras", Louis Vauxelles, crítico de arte), "arte da sucata" / "arte do ferro-velho", (esculturas dos anos 30 de Picasso, Olga Koklova, 1ª mulher de Pablo Picasso), *entarted kunst* ("arte degenerada" – Joseph Goebbels), "arte decadente pequeno-burguesa do ocidente" (Anton Jdanov), "arte do lixo" (a *Pop-Art*, Leo Castelli, galerista e Pierre

---

[17] Alphonse Daudet, *Recordações Literárias*, *(Souvenirs d'un homme de lettres, mémoires)*, 1888.

Restany, crítico de arte), "arte estuporada" (a *bad-paiting*, "má pintura" – José-Augusto França), "arte excremental" (Vasco Graça-Moura).

Os sinais da *modernidade* são vistos pelos historiadores e críticos da arte como um dicotómico confronto aberto com a antiguidade: os Modernos versus os Antigos (leia-se: os artistas até ao século XX)[18]. Insinua-se a inversão dos desideratos: "os antigos queriam mostrar o grandioso de maneira prosaica, os modernos querem mostrar o prosaico de maneira grandiosa". Uma espécie de "Crepúsculo dos Deuses" a par duma "Emancipação desencantada dos Homens". O fim derradeiro da continuada e rotineira "tradição das gerações mortas"[19], ultrapassada e substituída pela festiva e jovial inovação das gerações vivas. Uma fatal e inadiável sucessão de paradigmas.

A criação artística que sucede às grandes rupturas finisseculares que acompanharam a mudança do século XIX para o século XX torna-se polémica, controversa, avessa a consensos conformistas, apologista de uma lucidez crítica implacável, frontal. A *modernidade última* será a nomeação apropriada para o mais recente estádio de desenvolvimento do processo da Arte. O de uma maturidade jubilante que se libertou definitivamente da canónica tutela secular que demorava a finar-se. Que rejeitou continuar na senda proselitista que tinha sido um dos nefastos estigmas criativos da arte dos tempos antigos. E que se rege agora por um novíssimo paradigma estético. Mais livre e mais próximo da vida, ela mesma, e da sua constante mobilidade. Em tudo contrário à ideia vetusta do Belo e da Beleza intemporais. Perenes, imutáveis, totais, únicos, absolutos, transcendentes. E afastados do homem, considerado espectro grosseiro de Deus. Que tais eram os atributos imperativos do platonismo estético dominante durante séculos.

É, agora, o triunfo do diverso, do novo, do estranho, do não-familiar. Fenómenos que identificam a "*fealdade*" artística como valor dominante de um novo paradigma estético. O Belo-feio comandando discursos estéticos e práticas artísticas. São as rupturas constantes no seio da cultura velha. É o assalto da "juventude do olhar" aos velhos templos

---

[18] O vocábulo modernidade (não confundir com moderno) é de autoria atribuída ao poeta Charles Baudelaire (1849) e nomeia o paradigma novo que emerge na segunda metade do século XIX e se torna hegemónico no século XX, a idade da modernidade última.

[19] K. Marx, *Manuscritos de 1846*.

da "Kultura", num ritual iconoclasta de uma beleza voluntarista e espectral, apocalíptica (e redentora na lucidez do seu desencanto). É a geral laicização dos discursos estéticos, numa procura do vivido, do real, do actual. É a fuga estética de Deus (suprema ficção, agora esquecida!) na comum procura da estética do Homem. A arte deixando o sagrado, a arte perdendo o arrogante A grande. É a inversão total de todos os valores, como preconizou o filósofo Friedrich W. Nietzsche. Praticada em múltiplos rituais de paixão e iconoclastia. O "Feio" é também a enérgica força anímica que move as vanguardas artísticas. O Século XX amanhece com os manifestos panfletários das vanguardas[20], exorcizando os fantasmas grotescos da contemporaneidade. Uma vontade de entendimento cabal dos homens e da sua circunstância. Uma crescentemente lúcida redescoberta interpretadora. Conseguida pela identificação plena da sua precária e frágil condição, do absurdo da sua existência. Mas tendo também presente a visão minguada da relativa superação da sua finitude no horizonte exaltante duma exaltante e nunca esquecida ideia de Utopia! Uma vontade figurada de uma desejável e ansiada redenção humana!

As vanguardas vêm inquietar. A "abjecção" do gosto proposta pelas vanguardas assim como a "perversidade" de juízo que lhe é consequente, ambíguas e ambivalentes que elas se mostram, desconcertantemente iconoclastas, desconstrutoras, têm (e sempre tiveram) um relevante interesse artístico, na medida em que anunciam intempestivamente o advento de um amplo espaço intelectual de liberdade e ousadia, de audácia e inquietude, de irreverência e subversão, de inovação e ineditismo, de visionarismo e anti-convencionalismo. Traduzem também os pressupostos do pensamento dominante dos primeiros idos do século XX: o cepticismo, o relativismo axiológico, a dúvida permanente e sistemática, a subjectividade, o circunstancialismo, o perspectivismo, o determinismo conjuntural e a contingência.

---

[20] A saber: *Manifesto Futurista* (Philippo Tomazzo Marinetti, Vladimir Maiakövski) (1909); *Manifesto Cubista* (Gillaume Apollinaire, Pablo Picasso, Georges Braque) (1913); *Manifesto Suprematista* (Kazimir Malevitch, Vladimir Maiakövski, El Lissitzky) (1915); *Manifesto Expressionista* (Kazimir Edschmid, Franz Marc, Wassily Kandinsky, Egon Schiele, Friedrich Murnau, Otto Dix, George Grosz) (1917); *Manifesto Dadaísta* (Tristan Tzara, Hugo Ball, Francis Picabia, Marcel Duchamp, Man Ray) (1918); *Manifesto Surrealista* (André Breton, Louis Aragon, Paul Éluard) (1924).

Serão considerados "gestos loucos" das vanguardas do novecentismo, desideratos da modernidade última, a saber: criar o novo, o inédito, o "nunca visto", o futurante. Subvertendo, desconstruindo, desenganando, desencantando, inovando, experimentando, mudando, inventando, transformando, desafiando tradições e rotinas, actualizando sempre, visionando antes dos outros, intuindo e adivinhando caminhos de alteridade e diferença.

Mas, também, chocar mentalidades conservadoras, escandalizá-las, propondo-lhe catarses e sublimações reformadoras do sentir[21].

E também "antecipar o futuro", tornar mais veloz o presente, "preterizando-o" com urgência. Provocando as imobilidades entorpecedoras. Activando a estranheza, a perplexidade, o desconcerto, o desassossego, a inquietação, que são sempre os sentimentos mais próximos e imediatamente anteriores à novidade futurante e apelando a uma reacção mobilizadora.

A intuição sensível subvertendo a razão ordenadora. Promovendo o confronto e a tensão inadiáveis entre *apolíneo* e *dionisíaco*. Este último vencendo nas sínteses os confrontos dialécticos do gosto estético. Transgressão (e subversão) dos cânones, das regras, das convenções morais, religiosas, políticas, sociais. Uma invulgar e estranha bonomia, que se compraz na ironia *voyeurista*, que descreve e desmonta a desgraçada comédia humana da existência. Subordinada a uma estética do pessimismo, que sublinha o lado mais escuro da vida, que enfatiza o "mundo às avessas" que nos rodeia. Que denuncia a traço grosso, caricatural, das sombras da vida e dos comportamentos iníquos que o passado nos legou e teimamos em repetir. Que opera uma ridente desconstrução das imagens assustadoras que povoam o nosso imaginário, rindo saudavelmente dos sustos e medos induzidos.

---

[21] Tenha-se em conta a sábia afirmação de Gertrude Stein, escritora americana, de origem askhenazin, radicada em Paris, grande amadora e coleccionadora de arte, mecenas dos vanguardistas Picasso, Braque, Derain e Matisse, perante a obra-prima do vanguardismo picassiano *Les Demoiselles d'Avignon*: "Chaque chef-d'oeuvre est venu au monde avec une dose de laideur en lui. Cette laideur est le signe du créateur pour dire une chose nouvelle d'une manière nouvelle". Traduzindo: *Cada obra-prima vem ao mundo com uma dose de fealdade nela. Essa fealdade é o sinal do criador para dizer uma coisa nova de uma maneira nova.* (declaração registada na imprensa da época).

O Homem é dissecado, aberto, reformulado, deformado, anulado (feito figura fantasmática pela sua ausência nos discursos, sinal implícito da dor que provocaria a presença). Cubismo e homem cúbico, multifacetado e policentrado. Futurismo e homem em movimento, em acção e velocidade, homem/máquina. Dadaísmo e homem absurdo, iconoclasta e niilista. Surrealismo e homem por dentro, onírico e irracional. Expressionismo e homem trágico, desesperado e patético, espectro de si próprio, etc., etc. Sucessivas "lições de anatomia". Exemplares desconstruções simbólicas transfigurando retratos verdadeiros do "humano, demasiado humano".

E as fronteiras do artístico alargaram-se de maneira substantiva com o novo paradigma dominante. É significativo o vocábulo Belo já não nomear tudo o que é artístico. O idealismo alemão (Kant, Schiller) substituiu aquele termo por *Sublime*, Benedetto Croce por *Genuíno, Autêntico, Fidedigno*, Jacques Derrida por *Verdadeiro*.

Do conjunto das obras de arte *horríveis* dos tempos mais recentes é ícone maior da fealdade novecentista, a obra-prima de Pablo Picasso, a *Guernica*. Um grande painel, obra de consideráveis dimensões (350cmx780cm), pintura monocromática (uma *grisaille*), em branco, preto e vários tons de cinzento, e mesmo com grafismos sugerindo folhas de jornal. Terrível cena agónica, de poderoso expressionismo, (ainda que marcadamente cubista), criada de 1 de Maio a 4 de Junho de 1937, para o Pavilhão de Espanha (da república espanhola) da Exposição Universal de Paris de 1937. Uma espécie de revisita destruidora da *Natividade*, tema dos reportórios tradicionais da pintura. Um anti-presépio, uma anti-*epifania*, processo iconoclasta de destruição irónica da tradicional iconografia teofânica da visita dos reis magos[22]. Mas também um tema actualíssimo,

---

[22] Leitura perspicaz feita pelo psiquiatra e psicanalista espanhol Carlos Padron: "[...] na *Guernica* de Picasso descobre-se o desfazer dos elementos simbólicos do presépio de Belém. [...] A *Guernica* é exactamente o anti-presépio de Belém. Tem todos os elementos do presépio: está o burro, o boi, a mãe com a criança morta, o pai morto, os três reis magos, o espírito-santo/pomba-branca, a estrela de Belém... Quando se olha o lado esquerdo do quadro, há um espaço claramente delimitado com umas lajes no solo, que define um compartimento. E os outros personagens estão fora dessa sala. O imaginário clássico do presépio de Belém é um espaço interior, com algumas pessoas do lado de fora – os reis magos – em adoração. É uma cena horrível, na qual todos os elementos de vida são elementos de morte. Afinal foi o que aconteceu em Guernica,

porque forma simbólica de denúncia frontal da muito recente destruição selvagem e brutal da pequena povoação basca de Guernica.

Pablo Picasso, *Guernica*, 1937

Aquela obra de arte superlativa, grande painel de repúdio indignado e total pela violência fratricida gratuita, metáfora denunciadora da realidade brutal da guerra, um dos maiores horrores da vida colectiva, é a marca mais significativa da *fealdade* novecentista, enquanto sublime transfiguração de uma enorme tragédia desumana.

Por esses turbulentos anos de grande resistência e agitação política, Picasso expressa frequentemente uma atitude militante de activista cívico, denunciador das atrocidades inomináveis de desumanidade, a que assistia com total repúdio indignado, chegando a utilizar a sua própria obra como libelo de acusação, frontal e directa, qual série de gritos de revolta contra a violência gratuita e as inúmeras mortes evitáveis da irracionalidade fratricida.

Outros exemplos paradigmáticos da *fealdade* de Picasso, pela estranheza perante o ineditismo, tanto formal como conteudal das obras, são as gravuras de metal a talhe-doce das séries de múltiplos, a ponta-seca e a água-forte, *Sueño y mentira de Franco* e *Minotauromaquias*. Que não deixam de ser, contudo, evidentes provas da excelência gráfica de um genial desenhador.

---

com o bombardeamento da cidade". Carlos Padron, *O Sagrado e o Religioso. Ensaio Psicanalítico*, 1994.

Proliferam no século XX as correntes contemporâneas que poderemos designar genericamente por "artes do feio", das vanguardas das primeiras décadas às sequelas das últimas: o *fauvisme*, o(s) expressionismo(s), *die brucke*, o cubismo, o futurismo, o dadaísmo, *der blaue reiter*, o surrealismo, *die neue sachlichkeit*, a nova figuração do pós guerra, o expressionismo abstracto, o movimento *CoBrA*, a *art brut*, o *neo-dada*, a *pop-art*, a *arte povera*, a nova figuração narrativa, o *ugly realism*, a *art-autre*, o *tachism*, a *new-subjectivity*, a *bad-painting*, os *neue-wilden*, o *new-expressionism*, a *transvanguardia*, a arte plebeia.

Fazendo parte significativa de uma copiosa lista de obras de arte *horríveis* do panteão da arte novecentista, estão a saber: as obras de *ready-made* "A fonte" (um urinol assinado e datado R. Mutt, 1917) ou a litografia da Gioconda com *graffiti* de bigode e a legenda LHOOQ que soletrado em francês dá "Elle à chaud au cul" (ela tem o rabo quente), ambas do dadaísta Marcel Duchamp. Ou o absurdo satírico das "imagens loucas" dos fotógrafos pioneiros (pintores, desenhadores e escultores de objectos) dadaístas/surrealistas, Man Ray (o *"cadeaux"*, banal ferro de engomar com pregos soldados na superfície lisa, o "hipnotizador", aparelho métrico musical com clip prendendo uma pequena foto de um olho humano) e Hans Bellmer (as *bonecas* articuláveis). Os insólitos objectos de Meret Openheimm (a chávena de chá com respectivo pires e colher, tudo forrado a pele de coelho, *s.tt°*). Ou as expressões do automatismo, da irracionalidade mais primária, fruto do inconsciente onírico e libidinal, das obras surrealistas de um Salvador Dali, de um Max Ernst ou de um René Magritte.

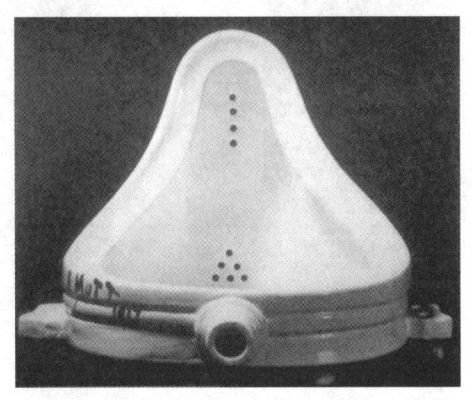

Marcel Duchamp (R. Mutt), *A fonte*, 1917

Marcel Duchamp, *Tableau Dada*, 1920

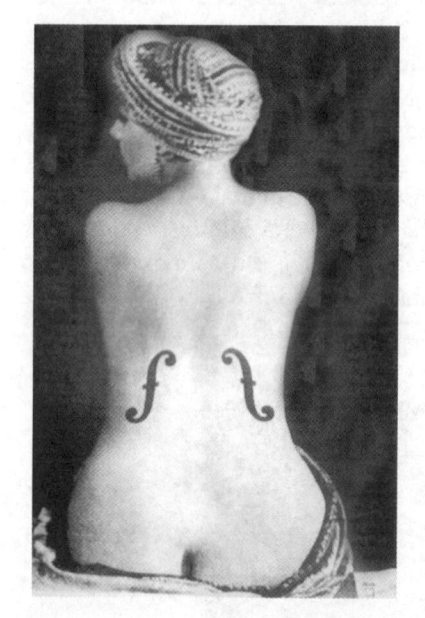

Man Ray, *Violon d' Ingres*, 1924

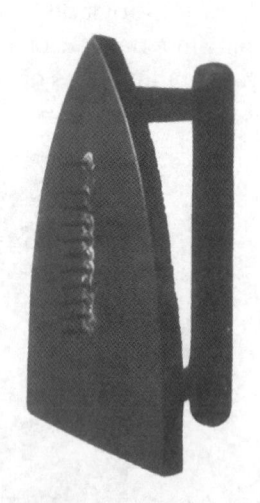

Man Ray, *Cadeau*, 1921

Salvador Dali, *Telefone Lagosta*, 1936

René Magritte, *La philosophie dans le boudoir*, 1947

Ou o expressionismo violento e deformador da Nova Objectividade (*Neue Sachlichkeit*) e o dos seus precursores próximos, os finisseculares Félicien Rops (satírico e sacrílego) e James Ensor (entre a comédia, a ironia e o macabro) ou os pintores secessionistas (da Secessão de Viena), os austríacos Gustav Klimt e Egon Schiele.

Ameaçada, punida e expatriada pela ditadura Nazi, a arte de vanguarda do Expressionismo Alemão, designada pejorativamente como Arte Degenerada, teve a sua derradeira manifestação no período logo posterior à primeira Grande Guerra, anos 20, no movimento da Nova Objectividade, *Die Neue Sachlichkeit* (de Otto Dix, George Grosz e Max Beckmann). Um realismo acirrado, de cru retrato da violência social, a expressão crispada, desesperada e hostil, o último avatar da vanguarda expressionista alemã.

Depois, ainda, aparecerão, no "novo mundo", a América, mas também na Inglaterra, as posteriores sequelas expressionistas: a nova figuração expressionista do pós-guerra, que na década de 40, agrupa os artistas expoentes da Escola Inglesa, Francis Bacon, Lucian Freud (neto do criador da psicanálise) ou o artista sérvio Vladimir Vellikovic, que se afirmam com um desbragado figurativismo, de *fealdade* óbvia, explícita, violenta, registo verista tautológico que traduz, na sua iconografia peculiar, o ambiente desesperado da filosofia existencialista, aparecido como natural reacção do pós-guerra. Ou a revisita desse ambiente angustiante e claustrofóbico, com uma simulação de falsa ingenuidade e de indefinível "maldade", das "histórias e desenhos" de Paula Rego, (pintora portuguesa, mas da *Escola Inglesa*).

Por fim, ainda na última década que assistiu à criação de movimentos artísticos organizados e consistentes, os anos 80, a última sequela expressionista, os "novos expressionismos" agrupando-se segundo as tipologias nacionais. Os *Neue Wilden* (os "Novos Selvagens") alemães; a Transvanguarda italiana; o *Dare-Dare*, a Figuração Livre ou Narrativa francesa, a *Bad-Painting* inglesa, ou a "Arte Plebea" espanhola, a TransVanguarda, todos eles primando por um revivalismo expressionista, destruidor da ordem, da harmonia, da serenidade. Artistas expoentes são Robert Combas, Hervé Di Rosa, A. R. Penck, Julian Schnabel, George Baselitz, Anselm Kiefer, Keith Haring, Jean-Michel Basquiat ou Francesco Clemente, Mimmo Paladino, Sandro Chia, Enzo Cucchi, ou ainda Miguel Barceló.

Também arrolável nas "artes do *feio*" é "outra" produção artística do segundo pós-guerra, na procura jubilante do regressivo da expressão plástica e gráfica, pela estetização das marginalidades (a arte dos primitivos, dos marginais, dos loucos, das crianças), feita por artistas deliberadamente *out-siders* da *inteligentzia* centro-europeia, os do Movimento *CoBrA*, Karel Appel, Asger John, Pierre Alechinsky. Ou pelo movimento (algo paralelo quanto aos desideratos) da *Art Brut*, pelo seu expoente Jean Dubuffet. Por outro lado, ainda no mesmo tempo da consciência traumática do segundo pós-guerra, ao arrepio do alegado exorcismo conseguido pelas figurações escatológicas dominantes, pelo contrário, como uma espécie de nojo prolongado pela desumanidade extrema presenciada e pelo consequente horror traumático de bélico--videntes pela representação da figura humana, dá-se o aparecimento de novas expressões (entre a abstracção e uma referencialidade vaga e difusa da realidade matérica) que originarão o brutalismo informalista do Expressionismo Abstracto, de um Jackson Pollock, de Willelm de Kooning. Ou de autores como Antoni Tapiés, Manolo Millarés e Antonio Saura, estes violentamente ibéricos, hispânicos. Ainda violentamente feia é a irrisão destruidora do neo-expressionista informal-accionista Arnulf Rainer. Ou as *Aranhas* gigantes, os pénis descomunais ou os corpos retalhados esculpidos em cor de carnação, de Louise Bourgeois.

Ou ainda a provocação de suprema escatologia (literalmente fetal) da lata de "merda de artista" (Sic), *Artist's Sheet*, de Piero Manzoni, artista da *arte povera*. Também atingindo semelhantes extremos "excrementais" como a conhecida (e desconcertante) *Cadeira com Gordura*, do artista conceptual singular, de excepcional criatividade "estranha", Joseph Beuys.

Mais tarde, fins dos anos cinquenta e na década seguinte, os *sixties*, anos sessenta, a *fealdade* campeará na atitude *camp*, de ironicamente revalorizar o mau gosto (o *kitsch*), assim como no alargar generalizado dos limites do estetizável, assumida pelos artistas da *Pop Art*. Robert Rauschenberg, Jaspers Johns, Jim Dine, Andy Warhol, Tom Wesselmann, Claes Oldenburg, Peter Phillips, Ronald B. Kitaj, Peter Blake ou Mel Ramos. Ou no correspondente movimento artístico espanhol *Equipo Crónica*, que criou notáveis ícones *pop* com referência satírica à cultura secular espanhola entre os anos de 1964 e 1981, juntando três pintores (e escultores), Manolo Valdés, Rafael Solbes e Juan A. Toledo (este último desertando do grupo, passado o primeiro ano) em Valença, onde se estabeleceu o grupo, sendo seu mentor estético e criador de propostas teórico-programáticas Tomás Llorens. Na esteira da *Pop*, mas já *neo-pop* da geração seguinte, destaca-se ainda Jeff Koons, pelo assumido "banal" mais desconcertante e pelo *Kitsch/Camp* mais despudorado (incluindo a panegírica *porno-arte* serial que testemunhou o seu casamento com a actriz Cicciolina, Llona Starr). E, muito depois do "regresso à pintura" dos já citados *novos expressionismos* da década de 80, na última década do novecentismo, os anos 90, na ausência de movimentos aglutinadores de artistas, mas na proliferação de percursos individuais relevantes. Protagonizado por artistas "sensação e revelação" como, a pintora do corpo humano de excessiva expressão matérica, Jenny Saville, que na esteira de Lucian Freud, desenvolve a obsessão por uma estética da anatomia humana abjecta, desde o corpo cadáver, ao corpo obeso, ao corpo intervencionado com tatuagens, ou ao corpo de género indefinido, do andrógino ao hermafrodita e ao transexual, a *body*-artista, *tunning*-biológica, Orlan, o instalacionista dos animais em formol e das caveiras cravejadas a diamantes, também pintor e escultor Damien Hirst, o escultor "plastinador" de cadáveres (entre o cientista e o artista) Gunther Van Hagens, os instalacionistas-objectuais paródicos abjeccionistas Jack e Dino Chapman, o escultor-instalacionista provocatório Maurício Cattelan ou os *performers* "sanguinários" Paul McCarthy e Marina Abramovich. Sucessivos fenómenos artísticos "apocalípticos".

A fealdade de hoje, como aconteceu com a de todos os tempos, está intimamente associada a um medo ancestral (receio pulsional, persistente neofobia atávica primordial). Associado a um correspondente e paralelo estranhamento ambivalente, entre a curiosidade fascinada e o mais frequente repúdio repulsivo, delirante e imaginativo. E dessa primitiva neofobia não se libertou totalmente, mantendo-se ao longo dos tempos e detectando-se ainda hoje, mesmo após um devir de milénios. Nem se libertará provavelmente nunca (talvez porque esteja "escrita", desde sempre no seu ADN). "O novo sempre despertou perplexidade e resistência" dirá, com perspicácia interpretativa, o Doutor Freud[23].

E essa mesma neofobia é testada recorrentemente, repetidamente, pela fealdade transfigurada dos diversificados discursos artísticos da modernidade mais recente, patente nas mais variadas disciplinas. Fealdade que aparece precisamente como forma de exorcizar esse "medo do desconhecido e do novo", de o controlar pelo processo simbólico, de lhe anular a carga sensível/emotiva condicionadora. Num complexo procedimento etológico a que os psicanalistas chamam de *transfer*,

---

[23] Sigmund Freud, *O mal-estar da civilização*, 1930.

processo compensatório que promove uma espécie de *catarse*, seguida de consequente *sublimação*. Uma impulsiva libertação psicológica dos "esqueletos dos armários", das cargas pulsionais negativas do nosso "inconsciente" mais interior. Uma purga da *psique* que evoca todos os "demónios" (os pessoais e os colectivos) para poder expulsá-los.

Resta-nos concluir estes apontamentos críticos sobre a *fealdade* das artes de um modo questionador, que abra caminhos a novas perspectivas, a novos "olhares", que incentive ainda mais aturadas e inéditas perspectivas de investigação sobre as mudanças estéticas paradigmáticas dos nossos dias, sobre as vias de interpretação da realidade envolvente, abertas pela criação artística que se está a fazer hoje em dia, não esquecendo todas as transformações técnicas e tecnológicas e a inclusão de novos *media*, que contribuíram de maneira significativa e incontornável para as mudanças discursivas das artes dos idos mais recentes. Tanto mudanças formais como mudanças conteudais. Tanto ao nível do significado como do significante dos discursos artísticos.

Será que continuaremos a ver reproduzirem-se, nestes novos tempos que se avizinham, sinais reveladores de um espírito contestador como o que dominou todo o século passado, à maneira da metáfora nietzschiana do leão, ou abrir-se-á uma nova era de valores que recupere o olhar virginal e puro da criança (a outra metáfora nietzschiana)?

O que virá a seguir a este últimos idos, a estes tempos de datas redondas, duplamente finisseculares (fim de século e de milénio)? A seguir ao estranho paradigma estético, subordinado que foi a um relativismo axiológico, que enquadrou o inteiro século passado? No início destes novos tempos do presente século XXI, que agora começou, qual vai ser o devir da Arte? Qual o caminho para que aponta, qual "religião sem deus", na incontornável viagem para um futuro imprevisível, gerador das maiores expectativas?

Nesta nossa época vertiginosa, em que o devir chega subitamente, de modo intempestivo, inesperado e, sobretudo, inimaginável, imprevisível, como revelará a Arte as utópicas "saudades do futuro" de que falava, com retórica visionária, o Padre António Vieira, *historiador do futuro*, quais "ânsias desesperadas" de uma humanidade errática, que guardou indeléveis as nostálgicas lembranças do mítico "paraíso terreal", perdido algures no início dos tempos memoráveis, mas tornadas agora expectativas esperançadas do seu ansiado retorno, em busca derradeira?

A Arte, ou confirma os diagnósticos descabelados de alguns (poucos) coveiros do simbólico, *cassandras* que profetizam o seu fim inadiável, a sua morte anunciada e a prazo; ou, contrariando frontalmente essas escatológicas previsões, prolonga, continua, prossegue, a sua vocação de ininterrupto testemunho. Recorrente, mas renovado. Continuada identificação sublimada, entre espelho de Narciso e revolta de Prometeu. Instrumento de contemplação poética, mas também de especulação filosófica. Proclamação simbólica de uma desejada irmandade fraternal de vontades. Inteira religação das humanas consciências. Identificação cabal da beleza imanente, estético denominador comum das coisas terrenas. Relato de uma transcendência relativa, que promova a superação possível de inúmeras das suas multiplicadas finitudes. Anúncio de um processo imaginante, que tenta ultrapassar contingências e apontar caminhos de (minguada) redenção. Retrato arquetípico. Transfiguração testemunhal da vida, do mundo, dos homens. Expressão do humano, demasiado humano. Registo sublime das perguntas essenciais do seu permanente questionamento existencial. Denúncia amarga, desencantada, da sua fugaz circunstância, da sua precária condição, do desesperado sem--sentido da sua existência.

Dito de outro modo. Ou estiola em discursos redundantes que redizem, sem alma, tudo o que já foi dito. Ou se renova em discursos outros, de novíssimas formas e novíssimos conteúdos!

Mas não sejamos nós também tentados a profetizar.

Bibliografia

AZARA, Pedro, *De la fealdad del arte moderno, el encanto del fruto prohibido*, Barcelona, Ed. Anagrama, 1990.

BARRET, André, *Les Peintres du Fantastique*, Paris, Les Éditions de l'Amateur, 1996.

BATAILLE, Georges, "La laideur belle ou la beauté laide dans l'art ...", Paris, *Critique* 34, Mar. 1949.

BAUDELAIRE, Charles, *A Invenção da Modernidade (Sobre Arte, Literatura e Música)*, Lisboa, Relógio d'Água, 2007.

BLOOM, Harold, *O Cânone Ocidental*, Lisboa, Temas & Debates, 1997.

BORGES, Jorge Luís, *O Livro dos Seres Imaginários*, (*el libro de los seres imaginários*, 1968), Lisboa, Teorema, 2005.

BRION, Marcel, *L'Art Fantastique*, Paris, Editions Albin Michel, 1968.
CALHEIROS, Luís, *A "Desconfiança" Estética dos Últimos Tempos. Reflexões Sobre Estética, Crítica da Arte e História da Arte do Século XX*, Viseu, 1996.
CANGUILHELM, Georges, "La monstruosité et le monstrueux", *Diogène*, nº 40, Out.- Dez. 1962.
CLAESSENS, Bob, "Pourquoi les peintres peignent-ils le laid", *C 40*, Bruxelles, Cercle d'Education Populaire, 1971.
CORTÉS, José Miguel, *Orden y Caos. Un estudio cultural sobre el monstruoso en el Arte*, Barcelona, Anagrama, 1997.
DELLA VOLPE, Galvano, *Esboço para uma História do Gosto*, Lisboa, Editorial Estampa, 1973.
DORFLES, Gillo, *Elogio da Desarmonia*, Lisboa, Edições 70, 1988.
DORFLES, Gillo, *Oscilações do Gosto*, Lisboa, Livros Horizonte, 1974.
ECO, Umberto (dir.) *et al.*, *História da Beleza*, Lisboa, Dífel, 2004.
ECO, Umberto (dir.) *et al.*, *História do Feio*, Lisboa, Dífel, 2007.
FREUD, Sigmund, *O Mal-Estar da Civilização*, Lisboa, Relógio d'Água, 2006.
GABNEBIN, Murielle, *Fascination de la laideur*, Lausanne, L'Âge d'Homme, 1987.
GOMBRICH, Ernst H., "Las cabezas grotescas. El método de análisis y permutación de Leonardo da Vinci", in *El Legado de Apeles*, Madrid, Alianza Editorial, 1982.
HENRIC, Jacques, *La Peinture et le Mal*, Paris, Exils, 2000.
HOBSBAWM, Eric, *Declínio e Queda das Vanguardas do Século XX*, Porto, Campo de Letras, 2001.
JULIUS, Anthony, *Transgresiones. El arte cómo provocácion*, Barcelona, Ediciones Destino, 2002.
KANT, Immanuel, *Crítica da Faculdade do Juízo*, Lisboa, Imprensa Nacional, 1998.
KAYSER, Wolfang, *Lo Grotesco. Su Configuración en Pintura y Literatura*, Buenos Aires, Editorial Nova, 1964.
KRAUSS, Rosalind, *L'originalité de l'avant-guarde et autres mythes modernistes*, Paris, Macula, 1993.
KRESTOVSKY, Lydie, *La laideur dans l'art à travers les âges*, Paris, Éditions du Seuil, 1947.
KRESTOVSKY, Lydie, *Le problème spirituel de la beauté et de la laideur*, Paris, P.U.F., 1948.
LALO, Christian, "La Laideur", in *Notions d'Esthétique*, Paris, 1952.

LASCAULT, Gilbert, *Le Monstre dans l'Art Occidental. Un problème esthétique*, Paris, Éd. Klincksieck, 1973.
MECCHIA, R., "Belo/Feio", in *Enciclopédia Einaudi. 25. Criatividade. Visão*, Lisboa, IN-CM, 1992.
NIETZSCHE, Friedrich Wilhelm, *Estética y Teoría de las Artes*, Madrid, Editorial Tecnos, 1999.
NIETZSCHE, Friedrich Wilhelm, *Origem da Tragédia*, Lisboa, Guimarães Editores, 1972.
PANOFSKY, Erwin; KLIBANSKY, Raymond; e SAXL, Fritz, *Saturno y la Melancolia, Estudios de historia de la filosofia de la naturaleza, la religion y el arte*, Madrid, Ed. Alianza Editorial, 1991.
POLIN, Raymond, *Du laid, du mal, du faux*, Paris, P.U.F., 1948.
ROSENKRANZ, Karl, *Esthétique du Laid*, Belval, Les Éditions Circé, 2004.
TRIAS, Eugenio, "Lo Bello y lo Siniestro", *Revista de Occidente*, n° 4, Enero-Marzo 1981.
VILLENEUVE, Roland, *La Beauté du Diable*, Paris, Ed. Berger Levrault, 1993.

MARIA DE LURDES CRAVEIRO*

ARTE, HISTÓRIA DA ARTE E HISTORIOGRAFIA ARTÍSTICA

A inteligibilidade do mundo e dos objectos extrai-se a partir da pretensão da sua descodificação pela palavra. A fragilidade deste percurso expõe-se, por seu turno, na consciência da imprevisibilidade dos objectos de análise bem como do carácter oscilatório das ferramentas operativas em acção. Nesta relação feita de ambiguidade e incerteza, os historiadores foram reivindicando um estatuto de cientificidade fundado na ilusão de "rigor", "objectividade", "isenção" ou "distância". No complexo processo de construção de conhecimento, pode dizer-se que existem três categorias em interacção: o "objecto", a estrutura (orgânica) de ponderação e a palavra (escrita ou oral). Na realidade, e sem avançar pelos mecanismos (igualmente escorregadios) da comunicação, é evidente a percepção da "contaminação" entre o objectivo e o subjectivo e a eliminação da "independência" discursiva; de tal modo que o subjectivo se infiltra no objectivo (e vice-versa) e o "real" se confunde com a "ficção". A palavra, "a mais alta intensificação da configuração que é possível à humanidade para a configuração do seu mundo e do seu destino, cuja grande sílaba final se chama morte e cuja esperança é Deus"[1], de aparente conotação inviolável e suposto invólucro de uma realidade descodificada, constitui-se como uma das ferramentas mais armadilhadas no culminar de um percurso, todo ele contaminado por afeição, indiferença, desconhecimento de uma "totalidade", manipulação

---

* Faculdade de Letras da Universidade de Coimbra/CEAUCP.
[1] Hans-Georg Gadamer, *Elogio da Teoria*, Lisboa, Edições 70, 2001, p. 17.

de informações... O carácter volátil da palavra materializa-se no patamar da diferença de percepção e não necessita de ser realçado. É assim que ao historiador se exige a vigilância permanente, sobre si próprio e sobre uma "realidade" observada. E é assim, em suma, que a historiografia, no manejo experiente e disciplinado de métodos de trabalho e perspectivas de análise considerados adequados ao processo, se posiciona na mais firme possibilidade do conhecimento[2], ao mesmo tempo que constrói também os potenciais da sua perigosidade. A "realidade" transforma-se, deste modo, no alvo mais ambicionado de uma cadeia montada e simultaneamente capaz de desencadear uma acção conjunta de mecanismos onde o domínio da palavra (com a importância que já lhe reconhecia o estruturalismo) assume uma espécie de tutela direccionada para a suposta resolução dos problemas levantados.

As artes, inscritas no curioso patamar a que Karl Popper designou como "mundo 3"[3], revestem-se de particular significado para um processo que implica e exige a prática historiográfica. A abordagem que veicula, ainda hoje, a ideia (extraída do pensamento de Schopenhauer) que as artes (como a moral) adquirem uma dimensão redentora face aos negros territórios da Natureza e do Homem (porque posicionadas no campo do desinteresse e do alheamento às condições materiais envolventes) obriga agora a um inevitável reposicionamento. De categoria "puramente espiritual" que acompanhava, no século XIX, a euforia burguesa que desembocava nos salões, nos teatros, nos passeios públicos ou, enfim, na descoberta do Património, as artes desenvolveram um

---

[2] Conhecimento que, para Karl Popper, "parte de problemas e desemboca em problemas", Karl Popper, *O Conhecimento e o Problema Corpo-Mente*, Lisboa, Edições 70, 2009, p. 26. No mesmo sentido vai Gadamer, ao proclamar que o "saber e a ciência da modernidade declararam-se cabalmente partidários da forma da pergunta que a si mesma se ultrapassa, dos enigmas e da questionabilidade que está sempre a gerar-se, na medida em que estas palavras adoptaram o eco da inquirição que permanentemente se supera a si própria em perguntas ulteriores", Hans-Georg Gadamer, *Elogio da Teoria*, p. 19.

[3] Distinguindo-se do "mundo 1" (dos corpos físicos e dos seus estados físicos e fisiológicos) e do "mundo 2" (dos estados mentais), o "mundo 3" aparece como o "mundo dos produtos da mente humana. Por vezes estes produtos são coisas físicas, tais como as esculturas, pinturas, desenhos e construções de Miguel Ângelo", Karl Popper, *O Conhecimento...*, p. 19.

dinamismo imparável que a historiografia tentou seguir, socorrendo-se de renovadas e mais amplas ferramentas de análise.

De artista-pensador à maneira vasariana do século XVI, o historiador foi-se desvinculando da execução artística e criou uma profissão. O artista pode demitir-se da racionalização de um processo complexo em que está envolvido; o historiador não pode prescindir da observação crítica dos objectos, das condições "materiais" da sua fabricação, do conjunto de referenciais presentes ou de um contexto. Sobretudo a partir do século XIX, o historiador reivindicou (não sozinho) essa chancela da inteligibilidade do mundo fazendo interferir no seu percurso crítico os ingredientes necessários à descodificação, tanto da matéria plástica como de uma situação envolvente que a promoveu e estimulou.

O problema do contexto não é de fácil resolução. Popper identificou o "mito do contexto"[4] para afirmar a possibilidade de construção científica em situações que implicam a distância cultural e o respectivo domínio e familiaridade com diferente "textura intelectual"[5]. Ultrapassando os postulados kantianos da ininteligibilidade do *em si* das coisas, resulta daqui que a interpretação é válida e útil, se bem que fundada em argumentação que transporte consigo o subjectivo e o falível. A partir do momento em que se assume que os objectos (artísticos ou não) não são "entidades puras" e isoladas, o "contexto" transforma-se numa inevitabilidade que se cola à ânsia de decifração do mundo com os objectos que dele fazem parte. Em 1934, Carl Einstein já tinha, afinal, proclamado que "En considérant l'art comme un phénomène séparé et inconditionné, on lui faisait perdre presque toute force vivement active; désormais il somnolait tel un lointain, tranquille paradis des lâches et des faibles situé au-delà de la vie, des questions et des tempêtes"[6]. A historiografia artística não pode, assim, demitir-se de uma "situação" mais próxima ou mais distante no tempo em causa. Aplicando as velhas formulações historiográficas, também a História, a Sociologia, a Antropologia, a Arqueologia, tanto como a Matemática ou a Química, se convertem em ciências auxiliares da História da Arte, nesses contributos que se assimilam criticamente para a interpretação do artístico. De tal

---

[4] Karl Popper, *O Mito do Contexto. Em defesa da ciência e da racionalidade*, Lisboa, Edições 70, 2009, pp. 67-113.
[5] Karl Popper, *O Mito do Contexto*..., p. 70.
[6] Carl Einstein, *Georges Braque*, Ed. La Part de l'Oeil, p. 13.

modo que, no esgotamento dos pressupostos de "soberania" dos saberes e na sua assumida contaminação, há muito que as "ciências auxiliares de" deixaram de fazer sentido.

Nos modos da percepção em História da Arte interferirão igualmente todas as "indicações mudas"[7] e extraídas das potencialidades sensórias em articulação indefinida com o processo de racionalização cerebral dos "factos". Nas palavras de Merleau-Ponty, para "compreender a obra de arte, porque também ela é uma totalidade carnal em que a significação não é livre, por assim dizer, mas ligada, cativa de todos os sinais, de todos os pormenores que a manifestam, de maneira que a obra de arte, tal como a coisa percebida, se vê ou se escuta; e nenhuma definição, nenhuma análise, por preciosa que de imediato possa ser para fazer o inventário desta experiência, consegue substituir a experiência perceptiva e directa que dela faço"[8]. Em ensaio dedicado a Francis Bacon (1981), Deleuze adiantaria a eficácia da sensação[9], entendida como vibração, mecanismo de descargas sucessivas sobre o corpo e cujas reacções estimulam os processos cognitivos. Hoje, é (quase) pacífico que as estruturas emocionais têm um papel fundamental na gestão e racionalização do conhecimento. Tal como o desenvolvimento das áreas científicas da bioquímica ou da biogenética tem demonstrado a pertinência destes investimentos.

E tudo isto conduz a uma outra questão: a História da Arte é, em suma, História e a historiografia artística convive com objectos, métodos de análise e abordagens específicos. Consagrada a sua independência, o que une as duas encontra-se no patamar dos resultados cognitivos que cruzam o tempo e o realizam numa "materialidade"

---

[7] Maurice Merleau-Ponty, *Palestras*, Lisboa, Edições 70, 2003, p. 58.

[8] Maurice Merleau-Ponty, *Palestras*, p. 56.

[9] "[...] a sensação não é qualitativa e qualificada; a sensação tem somente uma realidade intensiva que já não determina nela dados representacionais, mas sim variações alotrópicas. A sensação é vibração [...] a sensação, quando atinge o corpo através do organismo, assume um aspecto excessivo e espasmódico, rompendo os limites da actividade orgânica. Em plena carne, a sensação é directamente levada pela onda nervosa ou pela emoção vital [...] a sensação é, por assim dizer, o encontro da onda com Forças que agem sobre o corpo, um 'atletismo afectivo', um grito-sopro; a sensação, quando é assim posta em relação com o corpo, deixa de ser representacional, torna-se real", Gilles Deleuze, *Francis Bacon. Lógica da Sensação*, Lisboa, Orfeu Negro, 2011, pp. 94-95.

sentida e visualizada pela escrita. As expectativas de conhecimento dirigem-se a um tempo e espaço em História; ao objecto artístico situado num tempo e num espaço em História da Arte e, portanto, a um tempo artístico. A matéria "objectiva" visada em História da Arte (a escultura, o edifício, o livro iluminado, o desenho, a pintura, o património, a cidade...) transforma-se, em História, na instituição, no Estado, nas faixas sociais, na estratégia política ou económica, na actuação de uma personalidade... Ver a História da Arte como uma espécie de sub-capítulo da História é não saber compreender que aquela exige o domínio de ferramentas próprias a que o "comum" historiador não tem acesso. A historiografia artística actua no terreno da criação e vai ao encontro de uma cultura artística, tanto como a historiografia se envolve com a economia, a política ou a cultura (onde as artes não são, por norma, contempladas). A historiografia artística investe sobre as forças criativas, apreendendo um sentido estético, interpretando-o e racionalizando-o; a historiografia avança sobre uma dinâmica social, descodificando variações demográficas, "golpes de Estado", reconfigurações políticas, práticas de gestão económica, analisando a conjuntura e/ou a longa duração. A História da Arte é, assim, História, mas outra História, mesmo que as duas não possam prescindir de saberes comuns às duas e de outras áreas que deste patamar se autonomizam – o caso da Filosofia é um dos mais evidentes.

Por outro lado, a leitura das artes como mero reflexo de um processo mais global da humanidade implica tanto o não reconhecimento da esfera criativa como a debilidade na construção de uma "realidade" observada. Tome-se como mero exemplo o túmulo de Afonso Henriques (1518-1522) (cuja dimensão artística não pode ser contestada) na igreja do mosteiro de Santa Cruz em Coimbra. Pensar esta iniciativa patrocinada pelo rei D. Manuel como uma espécie de clarão que ilumina um ritmo de poder esclarecido, de carácter messiânico e providencialista, que se socorre do mito fundacional para afirmar o seu próprio poder, tem o mesmo significado que pensar a degradação de valores sociais como resultado das crises económicas (ou vice-versa), ou a recessão da economia como produto das quebras demográficas (ou vice-versa) ou, ainda, a aparente asfixia de um sentido de "liberdade" como extraída de um qualquer poder autoritário (ou uma relação inversa). Na constatação da insuficiência de um modelo determinista, à maneira do cientismo positivista, a "realidade" é sempre mais complexa e os circuitos paralelos

Túmulo de D. Afonso Henriques, Nicolau Chanterene, Diogo de Castilho
e outros, 1518-1522, igreja do Mosteiro de Santa Cruz de Coimbra
(fotografia de Pedro Medeiros, 2010).

que são necessários ao processo de leitura não deixam margem para a estratificação isolada destas supostas "unidades" que, por seu turno, também não podem ser ignoradas. E, em última instância, competirá sempre ao historiador definir e estabelecer uma relação de hierarquização entre as condicionantes envolvidas. O mesmo é dizer que os túmulos do mosteiro de Santa Cruz em Coimbra só podem ser interpretados à luz das condições materiais e espirituais do mosteiro no primeiro quartel do século XVI, das suas expectativas de poder e da sua articulação com os desígnios régios, das pressões culturais que afectam o país e a cidade ou de uma carga de heranças múltiplas avolumadas na transição dos séculos

XV e XVI e coincidentes com o reinado de D. Manuel e os primeiros anos do reinado de D. João III[10]. Mas todo este circuito interpretativo se estende no vazio se o olhar não for direccionado para esse "excesso de presença"[11] em que se transforma o túmulo de Afonso Henriques, acompanhado de seu filho Sancho. Assim, e para além do controlo dos indicadores "externos" aos túmulos, é preciso descodificar uma estrutura plástica que integra uma mão-de-obra específica operando num estaleiro peculiarmente montado, modelos e técnicas de execução próprios e diferenciados no conjunto da obra, vontade e qualidade executiva, em suma, o sistema em tensão no transporte de uma cultura artística, de determinada forma, em determinado local. Deste modo, os túmulos, ao invés de se constituírem como reflexo de um momento "histórico" em particular, reivindicam antes um estatuto de "independência" discursiva através de uma acção materializada, visualizada e descodificada; a captação dos sinais emitidos permitirá apreender a obra como estrutura multifacetada a partir da qual se tem, enfim, acesso à compreensão de uma realidade mais vasta e interactiva. Citando, mais uma vez, Deleuze, o papel da arte não é o de "reproduzir ou inventar formas, mas sim de captar forças"[12], forças que ganham sentido dentro da obra e forças que estruturam e potenciam o sentido da realidade envolvente. A célebre questão do ovo e da galinha não deixa de ter aqui cabimento.

A figura de Afonso Henriques é também útil numa outra dimensão: a dos mitos. José Mattoso estabeleceu já uma linha de entendimento no que se refere aos ritmos da imagem do primeiro rei de Portugal[13], apresentando os vários modos em que, ao longo do tempo, ela foi trabalhada. De santo, a herói guerreiro e estratega político da mais elevada categoria, Afonso Henriques foi ganhando uma aura que, até hoje, não se extinguiu e, com ela, a historiografia continua a dialogar

---

[10] Por 1531-1532, os túmulos foram mudados do corpo da igreja para a capela-mor: Maria de Lurdes Craveiro, *Diogo de Castilho e a Arquitectura da Renascença em Coimbra*, Dissertação de Mestrado polic., Coimbra, FLUC, 1991, pp. 17-20; Maria de Lurdes Craveiro, *O Renascimento em Coimbra. Modelos e Programas Arquitectónicos*, Dissertação de Doutoramento polic., Coimbra, FLUC, 2002, pp. 63-70.

[11] Gilles Deleuze, *Francis Bacon. Lógica da Sensação*, p. 102.

[12] Gilles Deleuze, *Francis Bacon. Lógica da Sensação*, p. 111.

[13] José Mattoso, *Naquele Tempo. Ensaios de História Medieval*, Lisboa, Círculo de Leitores, 2011, pp. 455-485.

num território misto de conhecimento e de pactos⁽¹⁴⁾. Mesmo que, como apurou Mattoso, o conjunto de textos, como a designada *Gesta de Afonso Henriques*⁽¹⁵⁾ (fabricado em Coimbra e, porventura, ainda nos finais do século XII), exponha uma versão alternativa à suposta valentia e vontade indómita de independência do príncipe e rei Afonso, ou a posição mais crítica de Oliveira Martins avance em perspectiva que raia a brutalidade e a obsessão, a visão dominante que permanece do rei vai ainda ao encontro do legado de Herculano e da consagração de uma acção de "fundação" resultante de heroicidade e inteligência política. A compreensível direcção assumida pelos cónegos de Santa Cruz, logo no século XII, no sentido de rodear o rei com aura de santidade foi reforçada ao longo do século XV e atingiu um expoente de visibilidade, precisamente com a construção dos novos túmulos. Dos *Annales domni Alfonsi portugallensium regis* (de factura crúzia) à Crónica de Duarte Galvão vai um percurso de construção do mito a que, ainda no século XVII, Nicolau de Santa Maria (o mais famoso cronista da Ordem de Santo Agostinho) dava empenhada continuidade⁽¹⁶⁾. Transformado num "dos mitos que têm por função primordial sustentar a identidade

---

⁽¹⁴⁾ Veja-se uma das mais recentes monografias sobre o rei onde é evidente a contaminação de um discurso laudatório numa perspectiva de reabilitação humanizada: "Nas suas qualidades e nos seus defeitos, nas suas vitórias e nas suas derrotas, na sua dureza e na sua magnanimidade, na sua solidão de soldado e na sua capacidade de amar os outros como marido, como amante e como pai – D. Afonso Henriques foi, na plena acepção da palavra, um Homem", Diogo Freitas do Amaral, *D. Afonso Henriques. Biografia*, Lisboa, Bertrand Ed., 2000, p. 194.

⁽¹⁵⁾ António José Saraiva, *A Épica Medieval Portuguesa*, Lisboa, ICALP, 1979.

⁽¹⁶⁾ Nicolau de Santa Maria, *Chronica da Ordem dos Conegos Regrantes do Patriarcha S. Agostinho*, Lisboa, Na Officina de Joam da Costa, 1668. "[...] durante o reinado de D. João I [...] O mito de Afonso Henriques tinha ainda uma forte marca profana [...] O rei não se tinha ainda apropriado do halo sagrado com que depois se veio a envolver [...] Os juristas não tinham ainda notado que o retrato resultante das acções contadas na Gesta não era muito conforme com o ideal de monarca que eles tinham começado a impor na prática desde o século XIII. Assim continuou a ser [...] até ao reinado de D. Manuel, visto que Duarte Galvão ainda transmite as duas imagens de Afonso Henriques. Seria preciso que as funções de cronista-mor fossem entregues aos monges de Alcobaça, já no princípio do século XVII, para que, finalmente, o retrato clerical de Afonso Henriques se impusesse como o único verdadeiro e apagasse os que os outros grupos sociais dele tinham traçado quatro séculos antes", José Mattoso, *Naquele Tempo...*, p. 470.

nacional [...] (activou a vigilância de) todos os historiadores modernos (que) se consideraram, em Portugal, movidos pela racionalidade e descrentes do mitos. Inconscientemente, punham a ciência ao serviço do mito"[17]. Ciência e mito têm, neste como na generalidade dos casos, uma relação umbilical que se afirma nos vários tempos em que se reclama quer a sua eficácia quer a ausência de substância para a sua comprovação. É, então, tão interessante verificar que o rei D. Manuel se serviu do mito fundador para alicerçar o novo mito contido na teoria providencialista da origem divina do poder, como perceber a fertilidade do "alimento" que constituiu o reinado do Venturoso para a historiografia portuguesa. E, neste processo de indagação, é aos túmulos que é preciso ir; são eles (na sua expressão formal e espacial concreta e no programa iconográfico montado) que fornecem os indicadores explícitos de uma prática política e cultural em curso nas primeiras décadas do século XVI, como são eles que, clarificando "uma corrente simbólica que une o espaço fúnebre dos fundadores da dinastia de Avis aos panteões régios de Coimbra e de Lisboa"[18], legitimam uma cadeia regeneradora de matriz propagandística que vai ao encontro de fortíssima retórica de poder. A historiografia não podia ficar alheia a esta sedução, enredando-se nela e nela projectando uma ânsia de cientificidade que daria frutos e abriria, até hoje, "feridas" de difícil resolução.

Se a historiografia tem, pois, papel fundamental na sondagem a uma natureza específica dos objectos, com a ambição de fornecer a inteligibilidade ao universo do artístico, posiciona-se, de igual forma, na captação de novas categorias com a missão de identificar cirurgicamente as "unidades" que constituem a suposta decifração de um patamar globalizado. Aqui se encontram os "estilos" e aqui se harmonizam os diferentes circuitos patrimoniais.

Os "estilos" reivindicam ainda hoje um sentido clarificador do mundo, apoiado numa espécie de rede de segurança montada sobre a vigilância de formas e espaços plásticos determinados e reconhecíveis dentro de uma estrutura una e "universalmente" identificada. Mesmo que já a primeira metade do século XX se tenha empenhado em

---

[17] José Mattoso, *Naquele Tempo...*, pp. 470, 456.
[18] Maria de Lurdes Craveiro, *O Renascimento em Coimbra...*, p. 70.

mostrar a fragilidade de um modelo que não é permeável à contaminação e à transgressão, a confiança e a tranquilidade conferidas pela definição das áreas de fronteira entre os objectos e os territórios culturais subjacentes revelou, não apenas a fortuna ímpar do pensamento positivista de Oitocentos, como a enorme dificuldade em fazer vingar uma alternativa credível e capaz de incorporar uma leitura "descomprometida" dos objectos, finalmente libertos dos rótulos estilísticos. De facto, a estratificação científica do mundo e dos objectos, a que o século XIX deu força e substância, reconhece-se também na descoberta dos "estilos", plataformas estáveis de uma metodologia "segura" e de um conhecimento testado. E compreende-se todo um sentido de resistências (até hoje) à ultrapassagem de tal circuito, laboriosamente construído com o apoio de uma estratégia de estabilidade e aversão à perturbação.

Em 1934, ao mesmo tempo que arvorava a "forma" (no rasto das correntes do pensamento formalista dos finais do século XIX) como principal expoente da decifração artística (e em que as artes são ainda universos independentes dos percursos históricos mais ou menos envolvidos), Henri Focillon publicitava (*A vida das formas*) esses mecanismos de reprodutibilidade da forma, com vida própria e com uma capacidade interna de evolução que atravessa o tempo. Assim, mantendo os pressupostos formais na eficácia dirigida à inteligibilidade das artes e dos "estilos", questiona-se também o seu carácter estático e lançam-se as premissas de uma outra abordagem que contempla, simultaneamente, a "metamorfose" e a permanência.

Dois anos depois (1936), Walter Benjamin, num dos seus textos mais divulgados e com objectivos explícitos no âmbito da politização das artes, escreveria que "A autenticidade de uma coisa é a suma de tudo o que desde a origem nela é transmissível, desde a sua duração material ao seu testemunho histórico. Uma vez que este testemunho assenta naquela duração, na reprodução ele acaba por vacilar, quando a primeira, a autenticidade, escapa ao homem e o mesmo sucede ao segundo; ao testemunho histórico da coisa. Apenas este, é certo; mas o que assim vacila, é exactamente a autoridade da coisa (e) o que murcha na era da reprodutibilidade da obra de arte é a sua aura"[19]. Numa abordagem

---

[19] Walter Benjamin, "A obra de arte na era da sua reprodutibilidade técnica", *Sobre Arte, Técnica, Linguagem e Política*, Lisboa, Relógio D'Água Ed., 1992, p. 79.

especialmente direccionada para a fotografia, o cinema ou o teatro, e, na consciência da diferença de percepção das artes em diferentes épocas, Benjamin não deixou de fornecer os ingredientes suficientes ao aniquilamento de uma visão estanque das artes e dos percursos artísticos, ao mesmo tempo que insuflava o debate em torno de um outro "mito" em História da Arte: a questão da "autenticidade" da obra de Arte. Ou seja, nessa projecção inquietante e inquietada da obra no tempo encontram-se, afinal, as condições do artístico, da sua incomensurável diversidade, como dos níveis diferenciados da sua inteligibilidade e respectivas cargas de poder.

Durante anos (demasiados), a historiografia artística socorreu-se das formas para promover a leitura de uma espécie de estratigrafia estabilizada e serena, onde era possível descortinar um sentido formal que dava corpo a uma cultura estética dominante. Pode dizer-se que, e no rasto do pensamento de Althusser, os satélites se desagregavam para assumir os contornos culturais protagonizadores de um tempo artístico identificado por historiadores como Konrad Fiedler, Alois Riegl ou Heinrich Wölfflin. Verificava-se, assim, uma assimilação e uma autoridade explícita das dominâncias sobre a rebeldia marginal. A integração dissolvia o embaraço mesmo que permanecesse o sentido da diferença que também apelava à dimensão da criatividade. O resultado continuava a aceitar os diferentes ingredientes num mesmo recipiente, ao qual se fornecia a etiqueta de "estilo".

O "estilo" era então uma categoria estabilizada mesmo que integrasse a diferença. E a diferença domesticada (o elemento grotesco/grutesco, por exemplo) converter-se-ia, "no matter what", na mesma seiva que alimentava a "ordem universal". Uma variante de leitura consistiu em manter a diferença na orla de uma órbita inacessível; categorias que não se tocam, "centro e periferias" que não se deixam contaminar, mesmo que conscientes da sua alternativa. O absurdo de uma interpretação que dissocia os diferentes comportamentos e os projecta para uma espécie de entidades celulares irredutíveis e inconciliáveis já não é hoje possível manter; tal como também não é aceitável a visão de um "mundo perfeito" e condicionado aos imperativos de uma qualquer "vontade artística" que subjuga os seus pares na construção de um discurso coeso e imutável num lapso de tempo (in)determinado. E se assim não fosse, não veríamos hoje ameaçado o "império" da forma, nessa obrigatória diluição que passa pela consciência de que "Since a form is a disposition of an object's parts it is always a product of complexity. Nothing that is absolutely simple has a form"[20]. E a materialidade da forma esgotou-se também na sua própria indefinição.

A História da Arte encontra os seus fundamentos numa presunção: a do artístico. A historiografia artística (e desde o texto inaugural de Giorgio Vasari) empenha-se na sustentação e credibilização desses fundamentos e constrói uma cultura artística pedagogicamente direccionada e interventiva. É assim que acontece, particularmente, desde o século XIX e é assim que, na actualidade, a História da Arte, com o concurso da historiografia artística, se posiciona de forma tão poderosa em faixas aparentemente distantes ou mais abrangentes como o Património, o Urbanismo, a Museologia, a Etnografia...

Não cabendo na extensão reduzida deste artigo uma incursão sobre as conexões entre a História da Arte e o universo cultural onde ela se movimenta, vale a pena, mesmo assim, instaurar o debate sobre a dimensão "totalitária" do Património que, por seu turno, também acolhe a História da Arte. É hoje tão líquido que todas as áreas do saber (desde as designadas ciências exactas às humanidades) reivindicam (justamente) uma proximidade activa e actuante junto da matéria patrimonial, como a percepção de que o Património se fragmentou em inúmeros (e insustentáveis) suportes que o conduzem a uma espécie de coisa estilhaçada de irreconhecível identidade. As aparentes dicotomias entre o património móvel e imóvel (cuja existência só se justifica na complementaridade), o património documental / literário e o património linguístico, o património artístico e o património cultural, ou uma infinidade de outras categorias, como o património material e imaterial (o tangível e o intangível), apenas consagram uma ânsia desmedida de uma suposta cientificidade na seriação artificial do mundo. De alguma forma, é como se os finais do século XX e o século XXI realizassem, de novo, os pressupostos materiais da ciência positivista de Oitocentos[21].

---

[20] John Hyman, *The objective eye. Color, Form, and Reality in the Theory of Art*, Chicago/London, The University of Chicago Press, 2006, p. 75.

[21] Se o conceito de património é um produto do século XIX, "foi precisamente nos países que reverteram as milenares estruturas sociais em benefício de uma nova conduta ideológica e, sobretudo, nos recentemente reunificados, que se assistiu à imposição de um sistema de defesa do património cultural. Foi nos

Nas pressões de mercado, nas motivações de uma crescente massa laboral envolvida ou numa consciência patrimonial em turbulência encontrar-se-ão, porventura, as chaves da decifração de um contexto patrimonial espartilhado e labiríntico que também promove o ruído e a perturbação interpretativa.

Tome-se apenas como exemplo a questão do património material *versus* património imaterial[22]. Enquanto o primeiro irrompeu na dimensão intelectualizada do século XIX, veiculando e reforçando uma prática de salvaguarda ainda incipiente na cultura racionalista das Luzes, o segundo apenas se haveria de formalizar já na segunda metade do século XX, como resultado do trabalho levado a cabo pela UNESCO (criada em 1946) e de uma conjuntura que (re)descobria, ao mesmo tempo, o turismo de massas, o lazer e o usufruto dos bens patrimoniais. Daí até à multiplicação das estruturas de apoio aos mecanismos de uma oferta mais ou menos qualificada, as engrenagens que disponibilizam publicamente a cultura avançaram a um ritmo vertiginoso e construíram os diferentes patamares na inteligibilidade patrimonial. O imaterial (ou o intangível, expressão com a qual se confunde) impõe-se agora devidamente regulamentado (sobretudo desde o impulso dado pela *Convenção para a Protecção do Património Mundial, Cultural e Natural* - 1972) e auferindo da segurança que provém do seu reconhecimento normativo[23].

Em torno da UNESCO têm-se, justamente, mobilizado os esforços que conferem uma espécie de materialidade ao imaterial. Nesta medida, retenha-se o articulado da *Convenção para a Salvaguarda do Património Cultural Imaterial*, de 2003 (ratificada em 2008, em Portugal),

---

estados inventores do modelo democrático ainda vigente no Ocidente que os museus passaram a servir de autênticas âncoras identitárias, de elo permanente entre poder e memória, como único garante da sua permanência numa sociedade pautada por súbitas mudanças ideológicas e, por isso mesmo, dos apoios sociais de um repositório de um passado que importaria enfatizar, com maior ou menor intensidade", Ana Cristina Martins, "A *memória* da ruína, ou a ruína da *memória*?", *Conservar para quê?* (coord. Vítor Oliveira Jorge), Porto-Coimbra, FLUP/CEAUCP, p. 118.

[22] Françoise Choay, *Le patrimoine en questions, anthologie pour un combat*, Paris, Ed. du Seuil, 2009.

[23] Em Portugal, sobretudo a partir da Lei de Bases do Património Cultural, de 1985.

onde se considera que património cultural imaterial abrange "as práticas, representações, expressões, conhecimentos e aptidões – bem como os instrumentos, objectos, artefactos e espaços culturais que lhes estão associados – que as comunidades, os grupos e, sendo o caso, os indivíduos reconheçam como fazendo parte integrante do seu património cultural". Desta forma, o "património cultural imaterial manifesta-se nos seguintes domínios:
  a) Tradições e expressões orais, incluindo a língua como vector do património cultural imaterial;
  b) Artes do espectáculo;
  c) Práticas sociais, rituais e eventos festivos;
  d) Conhecimentos e práticas relacionados com a natureza;
  e) Aptidões ligadas ao artesanato tradicional"[24].

Não estando, seguramente, em causa a bondade do instituído e a necessidade de preservação de um conjunto patrimonial que vai ao encontro da(s) memória(s) e da(s) identidade(s), vale a pena reflectir (sem pretensões de exaustão destes temas) sobre matéria tão escorregadia e à qual falta ainda uma consistência operativa de que a experiência prática nestes domínios se tem ressentido nos últimos anos[25]. Tomando apenas como exemplo as expectativas portuguesas, a sombra do perigo de extinção sobre o património imaterial foi, em matéria de classificação, uma condicionante em nada harmonizável com as candidaturas do fado, da doçaria tradicional ou do galaico-português. Em suma, "Sem prévia definição crítica, mas já vertido e cristalizado num instrumento legal, o 'património intangível' foi assimilado como uma expressão sem qualquer valor conceptual nem valor heurístico, sujeita a ser interpretada de forma abusiva e indiscriminada pelos políticos da patrimonialização"[26].

Com efeito, e de forma incontornável, o imaterial "vive" da relação dinâmica estabelecida entre um "objecto" (quer seja a língua, a música,

---

[24] http://www.unesco.pt/cgi-bin/cultura/temas/cul_tema.php?t=9: 19 de Outubro de 2011.

[25] Manuel João Ramos, "Breve nota crítica sobre a introdução da expressão 'património intangível' em Portugal", Conservar para quê? (coord. Vítor Oliveira Jorge), Porto-Coimbra, FLUP/CEAUCP, pp. 67-75.

[26] Manuel João Ramos, "Breve nota crítica sobre a introdução da expressão 'património intangível' em Portugal", p. 74.

o folclore, o artesanato, a festa, a paisagem ou a ambiência climática) e o sujeito que o percepciona. A essa relação são chamados a interferir os sentidos que o sujeito incorpora: a visão, a audição, o tacto, o olfacto ou o gosto; e serão estes a estimular a carga de racionalização que desemboca numa estrutura discursiva que lhe confere inteligibilidade. Por outro lado, em torno de uma ideia fabricada associa-se sempre uma duplicação material encontrada na sua própria dimensão ideada: a língua socorre--se dos códigos vertidos na materialidade da escrita ou da sonoridade do oral; a música encontra a sua expressão tanto nas cordas vocais do humano como nos instrumentos que a potenciam; o folclore nos trajes usados e na materialidade do gesto e do movimento; o artesanato na experiência ancestral do *saber fazer* convocada pelos artefactos; a festa num conjunto variável de sentidos culturais assimilados pela comunidade e com expressão material; a paisagem, dominada ou não por características climáticas específicas, na matéria física dos solos a que se associam uma fauna e flora em consonância ou ainda a intervenção humana remetida ao urbano, ao rural, à constância da "permanência", ao efémero...

Mas, tal como acontece na obrigatória relação de forças determinada pelo imaterial, a identificação do património material justifica-se apenas em torno de uma ideia criada e forjada sobre os próprios "objectos". Ou seja, não sendo uma realidade captada exclusivamente a partir dos sentidos da visão ou do tacto, a relevância do material obtêm-se de uma dimensão qualitativa atribuída aos próprios, que lhes é exterior e extravasa o sentido corpóreo que os encerra. A protagonização conferida a um edifício (público ou privado, civil ou religioso ou, ainda, jogando na ambiguidade destas categorias) ou a um objecto extraído das disciplinas da ourivesaria, pintura ou escultura (para não sair dos campos tradicionalmente ligados à História da Arte), tanto como a uma obra de Engenharia, por exemplo, advém, não da materialidade expressa por pedra, madeira, pigmentos vários, metais ou outros (detectáveis, de forma explícita, a partir da visão e do tacto ou mesmo do olfacto, da audição e do gosto), mas de um outro universo que é, em última instância, conceptual.

Escolha-se uma qualquer obra (que entra, a partir do seu reconhecimento como obra de arte, no domínio patrimonial) integrada na "circunscrição" da História da Arte e terá de assumir-se uma completa ausência de sentido patrimonial para o objecto que não seja revestido de um confronto com a cultura e um pensamento teorizado e complexificado pelo conjunto das valências em presença. O mesmo é dizer que a materialidade, enquanto património, só ganha sentido e se justifica a partir do imaterial, tal e qual como o imaterial se reporta sempre ao material do que é captado pelos sentidos humanos. E, por isso mesmo, importa rever os conceitos num outro patamar onde a História da Arte e a historiografia artística têm tão importante papel a desempenhar. Se não foi por acaso que o Património (enquanto conceito) teve o seu registo de nascimento num momento em que a historiografia artística conquistou a sua própria estabilização e credibilidade, a ela competirá agora (com o concurso de outras áreas do saber como a História, a Antropologia, a Sociologia, o Direito…) promover os níveis qualificados de uma compreensão patrimonial de onde se ausente a perturbação gerada por impossível e insustentável artificialidade.

ANABELA BRAVO*

ENSAIO SOBRE O MUNDO DA ARTE E A SUA RELAÇÃO COM A CRÍTICA INSTITUCIONAL

O presente texto visa levantar questões sobre a relação que a arte e as suas instituições mantêm com o artista e o poder político e económico. O percurso inicia-se nas vanguardas históricas e na sua relação com as neovanguardas, o que nos permite pensar toda esta problemática a partir dos anos 60 do século XX até aos dias de hoje. Questiona-se a instituição, essencialmente o Museu e a sua autonomia, mas também a academia e o seu papel na formação do jovem artista, numa relação directa com o mercado e a sociedade.

Convoca-se a Crítica Institucional para reflectir sobre forma como os problemas são levantados pelos artistas e vislumbrar a posição da arte autónoma. Na relação directa que a arte mantém com a política, o artista não é excluído e levantam-se algumas questões éticas e morais a esse respeito. Termina-se com alguns apontamentos sobre o Novo Institucionalismo e a sua viabilidade ou não no mundo da arte actual.

Segundo Peter Burger, crítico alemão e autor do livro *Theory of the Avant-Garde*, as vanguardas históricas ambicionavam o fim da autonomia da arte e a sua redefinição e reintegração na "praxis da vida" (Burger, 1984: 47) mas falharam em ambos os objectivos. No entanto, foi o seu fracasso que, no final do anos 50 e início dos anos 60 do século XX, levou artistas como Broodthaers, Buren, Asher e Haacke a começarem a desenvolver

---

* Mestranda da Faculdade de Belas Artes da Universidade de Lisboa.

uma crítica às convenções dos *media* tradicionais, concretizadas pelas vanguardas históricas, iniciando assim uma investigação às instituições da arte, aos seus parâmetros perceptuais e cognitivos mas também estruturais e discursivos (Foster, 1996: 20), trazendo novo espaço para a crítica e novos modelos de instituição. Como define Hal Foster, crítico de arte moderna e contemporânea, no seu livro intitulado *The Return of the Real*, era um momento em que se pretendia "[...] 'a break with the past' – that concerned to extend the area of artistic competence, favored a spatial, synchronic, or horizontal axis" (Foster, 1995: xi). É neste contexto que surge a Crítica Institucional enquanto prática artística, tal como todos os outros movimentos que constituem as chamadas neovanguardas.

Confrontando a instituição com a sua falta de comprometimento, a Crítica Institucional criou tanto uma visão analítica como política da estratégia interpretativa (Alberro, 2009: 3). A procura da instituição ideal leva a Crítica Institucional a negar as convenções estabelecidas na arte e a intervir no permanente estado das coisas com o intuito de produzir uma real mudança nas relações de poder, expondo a instituição artística como um campo profundamente problemático, onde se tornam evidentes as intersecções entre política, economia e ideologia na produção de cultura (Alberro, 2009: 7). Será a institucionalização defendida pela Crítica Institucional que lhe irá permitir julgar o mundo da arte, assumindo no entanto uma posição contra os seus discursos de legitimação e contra a revolução simbólica (Fraser, 2005: 134) – a instituição torna-se um sistema que possibilita a sua auto-análise e auto-crítica.

Levantam-se assim questões sobre o que se perde quando o espaço do museu é infiltrado por preocupações políticas e corporativas. Nos Estados Unidos da América, os museus já dependiam em grande parte da sua própria capacidade de conseguir angariar fundos, mas, na Europa, o financiamento público, que era dado como garantido e inquestionável, é cortado aquando da chegada do neo-conservadorismo (Schubert, 1999: 67). Não podendo continuar a depender exclusivamente do financiamento público, os museus viram-se para o seu público – um grande número de entradas garante um bom orçamento anual, para além de dinamizar todas as actividades comerciais do museu. A pressão evidencia-se principalmente a nível da curadoria que se vê forçada a atrair o máximo de público possível e, com este, os fundos de investimento privado. Como explica a curadora Lynn Zelevansky, quanto mais o museu está estruturado para servir o campo da arte, mais liberdade é dada aos curadores. Por outro lado, se o museu tem apenas a preocupação de aumentar o seu público, menos poder o curador tem nas decisões da programação (Zelevansky, 2006: 172).

Os museus passam assim de instituições apoiadas pelo Estado para empresas geradoras de capital, envolvidas em questões de *marketing*: como diz João Fernandes, director do Museu de Serralves, no Porto, a função social do museu está invocada para legitimar a sua própria existência, através da definição de estratégias de ampliação do seu público – quanto mais público, mais financiamento, mais cultura acessível ao povo e à comunidade, mais se justificam os custos de construção, funcionamento e publicidade (Fernandes, 2001: 155). As exposições *blockbuster* tornam-se assim programação regular em qualquer museu como forma de balançar as estatísticas e conseguir atingir o número mínimo de visitantes necessários para que os apoios se mantenham. Outro tipo de pressões são feitas sobre os curadores e directores dos museus pelos próprios financiadores privados ou públicos, numa tentativa de determinar o conteúdo ou o tipo de arte que é mostrada nas diversas exposições, o que dificulta ainda mais a capacidade que a instituição tem de se manter autónoma (Schubert, 1999: 89). Ao entrar nos princípios do mercado livre o museu iniciou um caminho de expansão. A relação que se estabeleceu entre o público do museu e o seu financiamento está altamente enraizada e um só pode ser resolvido em função do outro. O modelo actual é baseado na ideia de constante crescimento: cresce a colecção, o espaço arquitectónico, o financiamento, tudo em função de conseguir mais público (Schubert, 1999: 151). Em vez de procurarmos o equilíbrio, continuamos a desenvolver um modelo de crescimento e expansão monetária insustentável no futuro. Na sua raiz, o problema é mais político que institucional.

Os artistas modificaram o conceito de museu no século XX, transformando-o num local de experimentação e de confronto com as suas linguagens, mas "jamais conseguiram no entanto alterar as condições de representação do poder que o espaço do museu sempre simbolizou" (Fernandes, 2001: 155). O mundo da arte massifica-se e estrutura-se sob dois tipos de pressão: a pressão política dos governos e das instituições públicas que usam a cultura como caução, recorrendo à condição de espectáculo para afirmar a visibilidade do seu poder e a pressão pela legitimação e a ocupação de uma posição num determinado domínio artístico por parte de todos os agentes nele envolvidos. Como diz João Fernandes, "pouco importa que as obras expostas ou coleccionadas o [ao museu] possam *inclusive* pôr em questão, ou interrogar os mecanismos sociais do seu poder" (Fernandes, 2001: 155). O museu integra-as na cultura do lazer, característica de uma sociedade do espectáculo, permitindo o crescimento de visibilidade e prestígio da instituição.

É também necessário interrogar o papel da escola num mundo artístico cada vez mais global. O ensino massificado transformou a academia num sistema de produção e circulação, contribuindo para a domesticação dos milhares de alunos que o frequentam (Fernandes, 2001: 154). Esta aparente democratização do ensino artístico entra em confronto com a estreita selecção efectuada pelo mundo artístico. Ainda segundo João Fernandes, "pressupõe-se que o artista, ao aumentar as possibilidades de circulação da sua obra com a aceitação dos convites que as instituições lhe oferecem, aumenta igualmente as possibilidades de obtenção de um rendimento económico pela atenção com que inevitavelmente, mais cedo ou mais tarde, o mercado o terá em conta" (Fernandes, 2001: 156).

Mas não existe uma circulação artística separada das instituições e outra com as instituições, além de que o artista está continuamente dependente desse sistema de circulação e da legitimação por parte delas. O aumento das possibilidades de circulação da obra é efectivamente a única forma de conseguir o aumento da probabilidade de obtenção de rendimento económico. Tal relação não se efectua obrigatoriamente e de uma forma proporcional mas, porque a arte é um sistema que se cria a si próprio, não existe outra forma de o conseguir. A artista conceptual Adrian Piper discute a importância da educação no campo da arte afirmando o poder económico e a classe social enquanto factores importantes neste processo. Segundo a autora, a decisão de alguém se tornar artista é pré-condicionada pela capacidade económica do sujeito em questão (Piper, 1983: 247). Por exemplo, um indivíduo que tenha crescido num ambiente de dificuldades económicas tem menores probabilidades de decidir seguir o ensino artístico optando antes por uma carreira com rendimentos mais estáveis. Piper conclui assim que esta condição resulta num grande número de estudantes nas escolas de artes provenientes de classes sociais altas, o que se espelha inevitavelmente nas obras por eles produzidas, altamente reflectoras dos interesses dessa mesma classe social (Piper, 1983: 247).

Um indivíduo que tenha vivido com problemas económicos pode efectivamente optar por um caminho economicamente mais seguro para o seu futuro em vez de um outro mais incerto, no entanto este paradigma não é uma verdade absoluta. Em Portugal, por exemplo, é muito comum ver o sujeito optar pelo interesse e gosto em detrimento da estabilidade económica ou do futuro fácil e garantido. É possível que estejamos perante uma utopia: o sonho de uma expansão do mundo artístico e por conseguinte da sua selecção, como defende João Fernandes, bem como da possível legitimação por outros meios. A verdade é que a carreira de artista profissional é um sonho realizado a longo prazo, e por poucos, o que leva a maioria a seguir outros rumos ligados à mesma área, depois de terminados os estudos.

No seu livro *Arte Contemporânea: Uma Introdução*, a filósofa Anne Cauquelin explica que o mundo da arte funciona como uma rede de comunicações, num esquema de circuito fechado, onde tudo o que entra na rede é rapidamente divulgado (Cauquelin, 1992: 65). Dentro desta rede, tanto a obra como o artista são tratados como elementos constitutivos (sem eles a rede não existe) e como um produto da própria rede (sem a rede, nem a obra nem o artista têm uma existência visível) (Cauquelin, 1992: 73). Assim, o artista depende do número de ligações de que dispõe e, uma vez inserido na rede, é obrigado a aceitar as regras para lá permanecer. No entretanto, a realidade da obra de arte constrói-se fora das qualidades próprias da peça mas dentro da imagem que a própria suscita nos circuitos de comunicação (Cauquelin, 1992: 81). Para Cauquelin, a ideia da arte enquanto algo autónomo, possuidor de critérios estéticos e valor absoluto, tal como a ideia do artista manifestando a crítica social e os seus valores mercantilistas, contribuem para ocultar esta circularidade da arte (Cauquelin, 1992: 80). Como afirma a artista Andrea Fraser, "art is art when it exists for discourses and practices that recognize it as art, value and evaluate it as art, and consume it as art, whether as object, gesture, representation, or only idea" (Fraser, 2005: 130).

No primeiro capítulo do livro *Inside the White Cube*, escrito no final dos anos 70, Brian O'Doherty fala-nos da evolução dos *Salons* do século XIX até ao arquétipo da galeria do século XX – um espaço amplo, vazio, branco e ideal (O'Doherty, 1976: 14). Este espaço da galeria ideal tem como objectivo a subtracção de quaisquer pistas que possam interferir com a observação da obra de arte por parte do espectador. O trabalho é, por isso, isolado de tudo o que possa afectar a sua avaliação por parte do público. É esta condição que dá ao espaço um determinado sistema de valores onde as convenções são preservadas através da repetição desse mesmo sistema fechado, ou seja, os objectos tornam-se arte quando são inseridos num destes espaços. Neste sentido, a sacralização do espaço torna-se clara – o objecto introduzido na galeria ajuda a definir a própria galeria e vice-versa. A crítica institucional procurou realizar-se fora dos limites confinados do museu e alguns artistas arranjam formas de intervir num campo retirado da instituição artística, alegando que a arte não deve ser pensada apenas para o espaço do museu. Como afirma a curadora e crítica Maria Lind, a arte que se afasta do *white cube* e das instituições é uma arte "[...] that want to interfere with and intervene in the surrounding reality and is oriented towards the everyday" (Lind, 1998: 87). Pode ser considerado absurdo achar que basta os artistas deixarem a instituição e partirem para uma prática reintegrada no quotidiano e na sociedade. Os resultados mostram que alguns dos artistas que seguem este pensamento não atingem verdadeiros resultados sociais. Por exemplo, segundo a opinião de Piper, os artistas que se inserem num movimento político e que utilizam as suas capacidades criativas para servir esses mesmos interesses, são muitas vezes reconhecidos pela sua identidade política e não pelas suas aspirações profissionais a nível artístico, acabando por sacrificar a sua produção artística em detrimento dos valores políticos e sociais defendidos (Piper, 1983: 264). Por outro lado, os artistas que conseguem aliar à sua prática artística uma real preocupação política são muitas vezes acusados de falta de valores morais quando aceitam o seu sucesso e reconhecimento no mundo artístico. Estas atitudes, segundo o autor, são prejudiciais para este tipo de prática artística já que encorajam os artistas a ignorar a dimensão política que o seu papel enquanto artistas acarreta e a perpetuar a contínua dependência para com o mundo da arte (Piper, 1983: 266). Qual é então a responsabilidade do artista no mundo político? A arte tem uma longa relação com a política e, apesar de aparecerem cada vez mais obras de arte com propósitos políticos, alguma coisa mudou na arte contemporânea, principalmente na que é produzida no Ocidente. Segundo Negar Azimi, no artigo que escreveu para a *Frieze 137* (Março de 2011), a arte contemporânea com preocupações políticas é um produto de ideias e não efectivamente da vida, da vivência dos acontecimentos (Azimi, 2011: 112).

Santiago Sierra é um dos artistas contemporâneos que mais tem provocado desconforto e alguma controvérsia não só nos espectadores mas também em alguns curadores e críticos de arte. Os seus trabalhos, usualmente combinações entre instalação e performance documentadas em fotografia e vídeo, exploram o capitalismo e a sua prática em diversos contextos históricos e sociais. Em 2000, o artista pagou a prostitutas viciadas em heroína para que lhes fosse tatuada uma linha nas costas. Em 2001, aquando da sua participação na Bienal de Veneza, Sierra convidou vendedores de rua, em grande parte imigrantes de pele escura e cabelo escuro, para pintarem o cabelo de loiro a troco de um elevado pagamento.

Os trabalhos de Santiago Sierra são talvez inapropriados e demasiado explícitos mas todos servem como um poderoso contraponto aos trabalhos produzidos actualmente, em grande parte obras que descartam a implicação do artista na economia e na sociedade. Sierra levanta assim questões em torno da responsabilidade do artista, caminhando

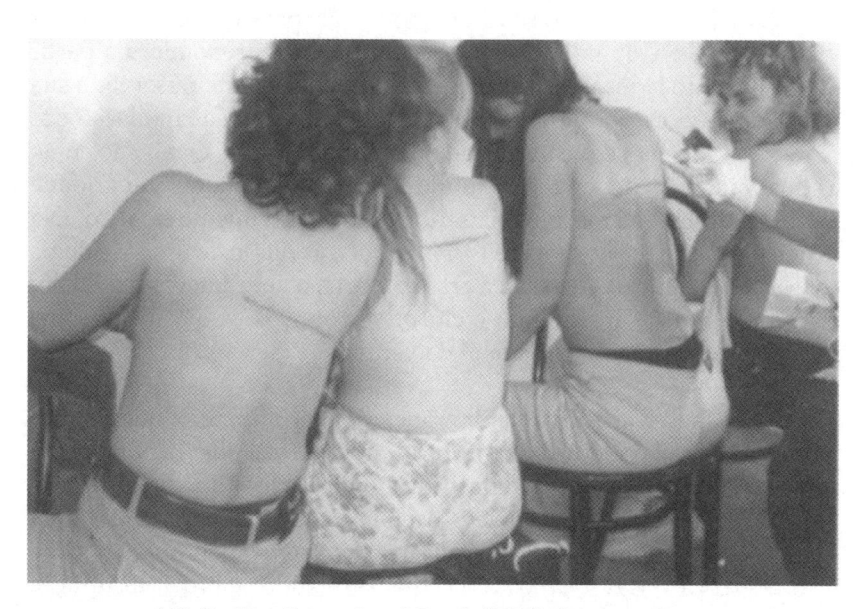

160 Cm Line Tattooed on 4 People (2000), Santiago Sierra

sobre uma fina barreira que se define entre a crítica social, económica e até institucional e a exploração económica e quase "objectual" do ser humano.

Para a artista Tania Bruguera existe uma diferença entre a arte que representa o que é político e a arte que age politicamente – "art can also be used with political purposes, but that is not political art [...]" (Bruguera, 2010: 1). Cria-se assim uma distância confortável entre a obra de arte, produzida por artistas que ocasionalmente deixam o seu percurso artístico normal para fazer uma crítica social e política enquanto cidadãos, e a realidade – segundo Azimi, o Ocidente faz arte politicamente correcta (Azimi, 2011: 113).

A questão que se coloca é: se um artista tem consciência do mundo da arte e produz um trabalho altamente político, tem a obrigatoriedade ética de não se deixar levar pelos meandros do mundo que critica? Piper afirma que, se o artista escolher ignorar esse conhecimento e continuar a aproveitar todas as possibilidades profissionais que lhe são dadas pela instituição, perde automaticamente a sua integridade moral, colocando a sua carreira acima dos seus valores e convicções (Piper, 1983: 269). O artista encontra-se assim num paradoxo: se por um lado precisa de fazer circular o seu trabalho o mais possível para conseguir vislumbrar a possibilidade de obter rendimentos económicos a partir dele, por outro lado vê-se forçado a fazer escolhas para preservar a sua integridade moral, o que inevitavelmente condiciona a circulação das obras, pondo em risco a sua entrada no mundo da arte. Quais são então as possibilidades de vingar no mundo da arte mantendo a integridade moral? É difícil – só mesmo recusando ou o envolvimento político ou a carreira artística (Piper, 1983: 270). Para Piper, a criação de uma ideologia conservadora que desenvolva a arte pela arte, o auto-interesse ou o *free enterprise* apenas vai sustentar o cinismo apolítico e isso é apenas uma forma de auto-protecção racional da verdade (Piper, 1983: 271).

Andrea Fraser, artista contemporânea, acha errado supor que a crítica institucional existe fora da instituição antes de ser institucionalizada (Fraser, 2005: 127). Fraser continua o seu raciocínio dizendo que "Institutional Critique has always been institutionalized. It could only have emerged within and, like all art, can only function within the institution of art" (Fraser, 2005: 131). Apenas estando dentro da instituição os artistas têm a possibilidade de absorver um conhecimento efectivo da instituição para construir um crítica construtiva com o objectivo de melhorar a forma como o sistema da arte funciona.

Têm aumentado o número de tentativas para escapar à institucionalização e ao mundo da arte. João Mourão, no seu artigo para a *L+Arte*, fala-nos de novos projectos de curadoria referenciados como Novo Institucionalismo. Segundo o autor, são espaços activos, parte centro comunitário, parte laboratório, parte academia, e dá-nos como exemplo o seu próprio projecto intitulado *Kunsthalle Lissabon* (Mourão, 2010: 13). Nas palavras do próprio: "impõem-se como organizações progressivas e de crítica, que internalizaram a crítica institucional desenvolvendo a autocrítica e a mudança das estruturas, das hierarquias e das funções" (Mourão, 2010: 13).

Mas voltamos à questão levantada por Fraser e, apesar de os artistas tentarem redefinir a arte e introduzi-la no quotidiano, não conseguem escapar à institucionalização da arte, trazendo cada vez mais do mundo exterior para o seu campo – "[…] just as art cannot exist outside the field of art, we cannot exist outside the field of art, at least not as artists, critics, curators, etc." (Fraser, 2005: 131). É por isso que, sempre que falamos da instituição como algo do qual não fazemos parte, estamos a negar o nosso papel na criação e perpetuação destas condições quando dela não conseguimos escapar, estamos a fugir à responsabilidade (Fraser, 2005: 131). Não é uma questão de estar contra a instituição porque nós somos a instituição. Mas que instituição somos? Que tipo de valores perpetuamos? Que tipo de práticas recompensamos? Estas são as questões a levantar.

Alexander Alberro, professor na área da arte moderna e contemporânea e co-autor de diversas compilações sobre crítica institucional, defende que o problema não está nas instituições em si mas nas convenções da sua actual configuração e gestão (Alberro, 2009: 14). Além disso, como afirma João Fernandes, "os museus dirigem-se cada vez mais aos turistas e não aos artistas, proporcionando o consumo massivo de imagens, mas desfavorecendo o confronto e a reflexão individual sobre as obras que apresentam" (Fernandes, 2001: 155). É preciso então problematizar a actual configuração e gestão das instituições artísticas antes de ambicionar uma alteração de toda a instituição e das suas políticas.

Nos anos 60 as instituições eram um problema para os artistas e a Crítica Institucional pretendia tornar visíveis as relações destes com a instituição bem como a sua estrutura, formas de poder e domínio, violências simbólicas e materiais produzidas pela hierarquia (Mourão, 2010: 12). Esta crítica não deveria ser definida apenas pela instituição, mas também por uma metodologia de reflexão crítica, vinculada acima de tudo na especificidade das relações de sociabilidade aí desenvolvidas (Marão, 2010: 12). O objectivo não era afirmar, expandir ou reforçar a instituição mas sim problematizá-la.

A partir do final de 1960, o trabalho político de Hans Haacke deixa de ser uma reflexão apenas do sistema e da instituição para passar a ser também uma análise e exibição das estruturas sociais, expondo fundamentalmente os tabus existentes no sistema político e artístico.

Na obra *Documenta-Besucherprofil (Documenta Visitors' Profile)*, de 1972, Haacke pedia aos visitantes da Documenta para preencherem um questionário com o intuito de conseguir traçar o perfil tipo dos visitantes. As perguntas eram maioritariamente sobre religião, arte, política e economia. Em *Germania*, realizada em 1993 para a Bienal de Veneza, o artista faz uma alusão directa à história da Alemanha e ao

Germania (1993), Hans Haacke

Nazismo. Haacke coloca uma fotografia do dia em que Hitler visitou aquele mesmo espaço e ordenou a sua reabilitação com influências neo-clássicas. O chão que tinha sido coberto com mármore é completamente destruído por Haacke na sua instalação.

Hoje, as discussões sobre este tipo de prática são estabelecidas pelos próprios curadores e directores dos museus, mais a favor do que contra (Mourão, 2010: 12). A Crítica Institucional já não é encarada como um problema mas sim como uma solução. Mas alguns artistas como Andrea Fraser têm dúvidas em relação à eficácia da Crítica Institucional na actualidade e chegando mesmo a afirmar que "now, when we need it most, Institutional Critique is dead, a victim of its success or failure, swallowed up by the institutions it stood against" (Fraser, 2005: 124).

Actualmente, falta uma real dedicação a este tipo de questões. Todo o sistema da arte está construído de forma a que tudo possa por si ser incluído e o facto de as preocupações dos jovens artistas se prenderem com a sua profissionalização no meio não proporciona o aparecimento de uma crítica construtiva e realmente provocatória. Mesmo os *outsiders*, artistas que procuram ser anti-sistema, estão longe de o conseguir. Se realmente ficarem fora do sistema, não fazendo parte do esquema de circulação de obras de arte, então nunca entram no chamado mundo da arte e, sem esse reconhecimento, o artista e a sua obra não existem para esse mundo. Mas paradoxalmente, a partir do momento em que entram no mundo da arte e aceitam as suas condições, estão a ir contra os seus valores e convicções, o que automaticamente leva à descredibilização do seu trabalho artístico. É importante reflectir nas palavras que Tania Bruguera escreve no seu *Political Art Statement*: "if you enter into the area of political art you must understand that this is not a transitory position in which you only are against power until it absorbs you or that, on the contrary, if you are not absorbed, you will become a wretched, resentful person. Being a political artist has nothing to do with being accepted or with consensus" (Bruguera, 2010: 3).

Bibliografia

ALBERRO, Alexander (2009), "Institutions, critique, and institutional critique", in Alberro, Alexander; Stimson, Blake (2009), *Institutional Critique: An Anthology of artists' writings*, London, The MIT Press, pp. 2-19.
ARAEEN, Rasheed (1987), "Why Third Text?", in Alberro, Alexander; Stimson, Blake (2009), *Institutional Critique: An Anthology of artists' writings*, London, The MIT Press, pp. 302-306.
AZIMI, Negar (2011), "Good Intentions: Art has a long history of engagement with politics. Does recent so-called socially engaged or political art really effect chance?", *Frieze*, vol. 137, Março 2011, pp. 110-115.
BRUGUERA, Tania (2010), *Political Art Statement*. Disponível em: http://www.taniabruguera.com/cms/388--0--Political+Art+Statement.htm [Consultado a: 28 Maio 2011]
BURGER, Peter (1984), *Theory of the Avant-Garde*, Minneapolis, University of Minnesota Press, pp. 1-192.
CAUQUELIN, Anne (1992), *Arte Contemporânea: Uma Introdução*, São Paulo, Martins Fontes, 2005, pp. 9-168
FERNANDES, João (2001), "Born to be famous: a condição do jovem artista, entre o sucesso pop e as ilusões perdidas...", in Bock, Jurgen (2001), *Da obra ao texto: diálogos sobre a prática e a crítica na arte contemporânea*, Lisboa, ProjectRoom, pp. 153-158.
FOSTER, Hal (1996), *The Return of the Real: the avant-garde at the end of the century*, London, The MIT Press, pp. 1-292.
FRASER, Andrea (2005), "From the critique of institutions to an institution of critique", in *Institutional Critique and After*, vol. 2 do SoCCAS Symposium. Europe, JRP I Ringier,2006, pp. 123-135.
GILLICK, Liam (2010), *Contemporary art does not account for that which is taking place. in e-flux jornal, #21, Dezembro 2010*. Disponível em: http://worker01.e-- flux.com/pdf/article_192.pdf [Consultado a: 28 Maio 2011]
GRASSKAMP, Walter (2004), "Real Time: The Work of Hans Haacke", in Grasskamp, Walter; Nesbit, Molly; Bird, Jon (2004), *Hans Haacke*, London, Phaidon Press, pp. 26-81.
GRAW, Isabelle (2005), "Beyond Institutional Critique", in Alberro, Alexander; Stimson, Blake (2009), *Institutional Critique: An Anthology of artists' writings*, London, The MIT Press, pp. 137-151.

LIND, Maria (1998), "Learning from art and artists", in Wade, Gavin (2000), *Curating in the 21th century*, United Kingdom, The New Art Gallery Walsall and University of Wolverhampton, pp. 87-102.

MOURÃO, João (2010), "Crítica institucional em Portugal?", *L+Arte*, n°68, Fev. 2010. pp. 12-13.

O'DOHERTY, Brian (1976), *Inside the White Cube*, London, University of California Press, pp. 7-113.

PIPER, Adrian (1983), "Power Relations within Existing Art Institutions", in Alberro, Alexander; Stimson, Blake – *Institutional Critique: An Anthology of artists' writings*, London, The MIT Press, (2009), pp. 246-274.

ROSLER, Martha (1979), "Lookers, Buyers, Dealers, and Makers: Thoughts on Audience" in Alberro, Alexander; Stimson, Blake (2009), *Institutional Critique: An anthology of artists' writings*, London, The MIT Press, pp. 206-233.

SCHUBERT, Karsten (2000), *The Curator's Egg: The Evolution of the museum concept from the French Revolution to the present day*, London, Ridinghouse, 2009, pp. 7-179.

THORNTON, Sarah (2008), *Seven Days in the Art World*, London, Granta Books, 2009, pp. 3-304

VIDAL, Carlos (1996), "A Obra Anti-Social de Hans Haacke", *Artes e Leilões*, n°34, pp. 46-52, 66.

ZELEVANSKY, Lynn (2006), "From Inside the Museum: Some Thoughts on the Issue of Institutional Critique", in *Institutional Critique and After*, vol. 2 do SoCCAS Symposium, Europe, JRP I Ringier, pp. 171-182.

Maria João Cantinho*

DA FOTOGRAFIA E DOS SEUS EFEITOS

"Daguerre foi o seu messias. E então ela pensou: 'Visto que a fotografia nos dá todas as garantias desejáveis de exactidão (eles acreditam nisso, insensatos que são!), a arte é a fotografia'. A partir deste momento, a sociedade imunda precipitou-se, como um só Narciso, para contemplar a sua trivial imagem no metal! Uma loucura, um fanatismo extraordinário se apoderou de todos esses novos adoradores do sol".

Charles Baudelaire, A Invenção da Modernidade, trad. de Pedro Tamen, Clássicos, Lisboa, Relógio d'Água, p. 155.

A virulência dos ataques de Baudelaire à fotografia, aquando da sua exposição em Paris, acusando-os de "maus pintores", contrasta fortemente com o entusiasmo dos que imediatamente aderiram ao seu fascínio. E a daguerreotopia, que prendeu no seu entusiasmo os salões parisienses dessa época, "tinha para Baudelaire qualquer coisa de perturbador e terrível; o seu fascínio é para ele 'surprendente e cruel'"[1]. Na verdade, um dos efeitos devastadores da época da reprodução técnica, aos olhos de Baudelaire – e que Walter Benjamin tão bem compreendeu – era a repetição[2], que desvirtuava inteiramente a aura da obra de arte.

---

* Instituto de Artes Visuais, Design e Marketing.
[1] Walter Benjamin, *A Modernidade,* Ed. Assírio & Alvim, Lisboa, 2006, p. 140.
[2] A repetição traduz a mais acabada alienação do único e do autêntico, para Baudelaire. É, ainda, a mais alegórica das condições a que se encontra votado o homem. Cito aqui o poema de Baudelaire "Les Sept Veillards". É, sem dúvida, à luz saturnina e melancólica do saber lutuoso, que Baudelaire nos apresenta

A repetição da fotografia esvaziava, aos olhos de Charles Baudelaire, o mistério que envolve a contemplação da obra e que nunca esgota a nossa contemplação da mesma. Em causa, desde logo, encontram-se as inevitáveis aproximações da pintura com a fotografia. Como Benjamin o entendeu, "Torna-se claro, então, o que separa a fotografia da pintura e também a razão pela qual não pode haver um princípio 'formal' único que sirva a ambas: para o olhar que não se sacia perante um quadro, a fotografia representa antes aquilo que a comida é para a fome ou a bebida para a sede". (Benjamin, 2006: 141)

A fotografia reflecte, assim, uma "crise da reprodução artística" (Benjamin, 2006: 141), a qual pode ser, ainda, enquadrada numa "crise mais geral da percepção" (Benjamin, 2006: 141), das quais falaremos adiante, mais detalhadamente. É sempre no quadro da compreensão baudelaireana da arte que Benjamin se situa, aqui, para aceder à repulsa do poeta face à fotografia. A crise da reprodução artística e a da percepção dizem respeito, sobretudo, aos efeitos da crise da experiência, tomando-a como experiência autêntica [*Erfahrung*][3]. A experiência autêntica é a experiência aurática por excelência. E a daguerrotipia "era o olhar para dentro do aparelho (e durante muito tempo), uma vez que o aparelho absorve a imagem do homem sem lhe devolver o olhar" (Benjamin, 2006: 142). Ora, a experiência aurática vive no desejo, na expectativa de que esse olhar seja correspondido: "Quando essa expectativa é correspondida [...] o olhar vive plenamente a experiência da aura (Benjamin, 2006: 142). Ou, dizendo de outra forma: "Aquele que é olhado, ou se julga

---

o hediondo "rosto da morte", sob a forma concreta do velho que eternamente se repete, sem cessar. Poderíamos dizer, então, com toda a justiça, seguindo as pisadas, não apenas de Baudelaire, como também de Benjamin, que a experiência vivida do choque, na modernidade, pode encontrar-se subsumida nessa palavra--chave, que é o conceito de *repetição*, acrescentando, ainda, que a noção de repetição se constitui como o componente fundamental e essencial da *perda da experiência* ou da *experiência vivida do choque*, de que falaremos mais adiante.

[3] Embora Baudelaire nos fale da perda da experiência neste sentido, bem como da emergência da experiência do choque, que se encontra presente na vivência do flâneur, do jogador e das figuras citadinas que exprimem a emergência da modernidade, é apenas em Walter Benjamin, enquanto leitor privilegiado de Baudelaire, que o termo *Erfahrung*, bem como o de *Erlebnis*, aparecem, para dar conta da perda da aura e da experiência aurática, de que nos fala Baudelaire.

olhado, levanta os olhos. Ter a experiência da aura de um fenómeno significa dotá-lo da capacidade de retribuir o olhar" (Benjamin, 2006: 142). Esta dimensão da aura, não só remete para algo de distante e inacessível, como também para a dimensão cultual da obra de arte[4].

Na sua natureza, a obra de arte é distante, evocando uma lonjura, mesmo quando está perto, para remetermos, ainda, para uma outra noção de aura: "Podemos defini-la como o aparecimento único de algo distante, por mais perto que esteja" (Benjamin, 2006: 213). Esta definição, mais aplicada aos objectos da natureza do que à obra de arte, mostra bem como a experiência das massas, ao querer aproximar de si as coisas, de forma espacial e humana, cai na armadilha da destruição dessa tensão que se instala entre o que olha e a obra de arte. Esse valor (cultual) absolutamente singular e irrepetível que a obra de arte irradia dissipa-se na voragem da aproximação.

Desta transformação violenta e irreversível no coração da relação do espectador com a obra de arte – operada pela reprodução técnica – resultam, não apenas uma crise na recepção da obra de arte, como igualmente no modo como percepcionamos a mesma. Doravante, poderíamos, com Baudelaire, falar de "olhos que perderam a faculdade de olhar" (Benjamin, 2006: 144), mas sobretudo no sentido em que perderam a expectativa de uma devolução do olhar, desse encantamento onírico e anterior, que brotava da aura. "Por mais perfeita que seja a reprodução da obra de arte", diz-nos Benjamin, "uma coisa lhe falta: o aqui e o agora da obra de arte – a sua existência única no lugar onde se encontra" (Benjamin, 2006: 210). Tudo aquilo que diz respeito à autenticidade, e Benjamin está a falar da obra de arte, "*escapa à possibilidade de reprodução técnica, e naturalmente não só técnica*" (Benjamin, 2006: 210, sublinhado do autor). A fotografia, na medida em que é "regulável e escolhe livremente o seu ponto de vista" (Benjamin, 2006: 210), sai completamente desta esfera. E sai igualmente da esfera da transmissibilidade, na medida em que a cópia se torna independente do original. Ela passa a ser considerada num outro plano, que é a "sua existência em massa" (Benjamin, 2006: 211).

Porém, a questão importante que é aqui colocada é a seguinte: o que trouxe de tão revolucionário a fotografia? Essa questão não é certamente

---

[4] "O essencialmente distante é o inacessível. De facto, a inacessibilidade é uma qualidade fundamental da imagem de culto". (Benjamin, 2006: 143).

alheia à aversão de Baudelaire perante a mesma. É que, como nos explica Benjamin, compreendendo o mal-estar que ela provoca, a fotografia é o primeiro meio de reprodução verdadeiramente revolucionário (Benjamin, 2006: 215) e Benjamin relaciona o seu aparecimento, e a crise que é por ela gerada, com os começos do socialismo. A fotografia faz vacilar os fundamentos da doutrina da arte pela arte, ela emerge no cerne dessa crise dos fundamentos.

Esta concepção purista da arte, à qual veio contrapôr-se a fotografia, recusava, não apenas toda a função social como também o "ser determinada por qualquer assunto concreto" (Benjamin, 2006: 215). Compreende-se, então, que os puristas da estética como Baudelaire tenham visto na reprodução técnica e na fotografia uma ameaça à intocabilidade do objecto estético. O seu carácter cultural – do objecto estético ou da obra de arte – dava lugar a uma função política (Benjamin, 2006: 216), ou seja, aquilo que garantia à obra de arte a sua "autenticidade" dissipa-se.

Está em causa, nesta concepção da arte, tal como a tomam Baudelaire, Mallarmé e outros, a ideia de que a autenticidade da obra de arte e o seu carácter único assentam sobre o conceito de integração no contexto da tradição. O significado de uma obra de arte depende do contexto tradicional em que se integra. Tomemos o exemplo da Vénus antiga. Se, para os gregos, ela constituía um objecto de culto, para os medievais – dominados pelo contexto religioso e clerical – ela constituiria, certamente, um objecto maléfico. Por isso, o seu significado cultural encerra em si o contexto da tradição. Benjamin dedica várias páginas do seu ensaio *A Obra de Arte na Época da sua Possibilidade de Reprodução Técnica* a mostrar-nos que a obra de arte foi, desde sempre, e até à época da reprodução técnica, objecto de uma relação cultural incontornável e que esta relação foi sendo secularizada ao longo da história. O impacto extraordinário da reprodução e a aproximação inevitável do objecto estético/objecto de desejo das massas faz desaparecer o carácter cultural da obra. Em lugar do "aqui e agora" da obra, o critério da sua autenticidade, observamos, então, que a obra de arte reproduzida "será cada vez mais a reprodução de uma obra orientada para a reprodução" (Benjamin, 2006: 215). Como consequência,

> "[...] no momento em que o critério da autenticidade deixa de ser aplicável à produção de arte, então também a função da arte se

transforma. A sua fundamentação ritualística será substituída por uma fundamentação numa outra prática: a política". (Benjamin, 2006: 216, sublinhado do autor).

E se, anteriormente, a recepção da obra se processava de acordo com o valor de culto, agora, no caso da fotografia (e da reprodução em geral) ela processa-se de acordo com o valor de exposição da obra. E o *"valor de exposição começa a suplantar totalmente o valor de culto"* (Benjamin, 2006: 218, sublinhado do autor). Porém, como reconhece Benjamin, não é por acaso que o retrato ocupa uma posição central nos primórdios da fotografia. É precisamente no retrato que o valor cultual da fotografia encontra o seu derradeiro refúgio. E é na nostalgia e no culto da recordação dos entes queridos "que o valor do culto do quadro encontra o seu último refúgio. É na expressão fugaz de um rosto humano nas fotografias antigas que a aura acena pela última vez. É isto que lhes dá a sua beleza melancólica e incomparável". (Benjamin, 2006: 218). Marca secreta da nostalgia, o rosto conserva o índice aurático. Veja-se a análise que Benjamin consagra à fotografia de Kafka em criança, no texto *A Pequena História da Fotografia,* para se compreender exactamente do que ele nos fala.

Retrato de Kafka em pequeno (4 anos)[5]

---

[5] De acordo com a própria citação de Benjamin, esta fotografia pode ver-se na fotobiografia de Klaus Wagenbach, *Franz Kafka. Bilder aus seinem Leben*, Berlim, Verlag K. Wagenbach, 1989, p. 28.

> "Nela se vê, com um fato de criança sobrecarregado de passamanes, o rapazinho de cerca de 6 anos, numa espécie de paisagem de jardim de Inverno. Ao fundo, folhas de palmeira. E, como se fizesse ainda fazer mais asfixiantes e acanhados estes trópicos acolchoados, o modelo tem na mão esquerda um chapéu desmesuradamente grande, de aba larga, como os que se usam em Espanha. A criança desapareceria certamente no meio deste cenário se não fossem os olhos, de onde sai uma imensa tristeza que domina a paisagem que lhes foi destinada.
> Este retrato, com a sua tristeza sem limites, é um contraponto da fotografia nos seus começos, quando as pessoas ainda não apareciam nela tão desoladas e abandonadas como este rapazinho. Havia uma aura à sua volta, um elemento mediador que dá ao seu olhar, que o trespassa, plenitude e confiança" (Benjamin, 2006: 251).

É o rosto que dá à fotografia o seu carácter cultual, como vimos. O valor da fotografia, aqui, na sua pobreza essencial, está na sua relação com a memória e com o tempo. Mesmo Baudelaire terá reconhecido (Baudelaire, 2006: 157), apesar das suas críticas ao instinto idólatra da multidão (Baudelaire, 2006: 155), da necessidade de proteger da ruína e do esquecimento previsto aquilo que será arruinado. Num texto de Maria Filomena Molder, ao referir-se ao "poder" da fotografia, diz:

> "Não é só a nossa memória daquilo que vemos, é a memória daqueles que virão depois de nós e que poderão já não ter acesso directo àquilo que nós vimos, por deterioração natural, por destruição da guerra, etc. Sendo assim, a fotografia tem um valor não só mnemónico, mas quase rememorativo" (Maria Filomena Molder, 2011: 147).

Mas ela deve conservar, para Baudelaire, esse estatuto de "serva das ciências e das artes" (Baudelaire, 2006: 156), apenas. Mas "ai de nós!", diz Baudelaire, se ela ousa ir para além disso e penetrar no domínio "a que o homem associa a sua alma" (Baudelaire, 2006: 157).

Ultrapassando a posição de Baudelaire, Benjamin foi capaz de reconhecer o que a fotografia foi capaz de trazer ao próprio fotografado: a sua autenticidade ou o seu "aqui e agora", aquilo que ele designa pela própria aura. A fotografia mostra como inequívoca a presença do ser humano no instante de ser fotografado; mostra como esse ser esteve ali e não pode ser nunca, para usarmos as palavras de Maria Filomena Molder, "despedido da fotografia" (Molder, 2011: 148). Este saber da aura é "insusceptível de ser absorvido até ao fim pela imagem fotográfica" (Benjamin, 2006: 147), dando à fotografia um carácter cultual (e insaciável, pois remete para um objecto de desejo que lhe foge constantemente) que escapa completamente ao olhar de Baudelaire.

É, aliás, esse o sentido das palavras de Baudelaire quando ele nos diz que a fotografia "[...] representa [...] aquilo que a comida é para a fome ou a bebida é para a sede", na citação benjaminiana (Benjamin, 2006: 141). A par da sua função de servilidade – claríssima no texto de Baudelaire – o estatuto de objecto cultual e de obra de arte desaparecerá completamente. O olhar de Baudelaire sobre a crise da reprodução artística (no qual ele inclui a fotografia e esta é, com efeito, o seu efeito supremo) denuncia, como já abordámos aqui, uma crise mais geral, que é a crise da percepção. O que tornava "insaciável o prazer do belo é a imagem do mundo anterior *(Vorwelt)*, que Baudelaire refere como sendo velado pelas lágrimas da nostalgia". (Benjamin, 2006: 141).

Para Benjamin, a presença inequívoca do rosto na fotografia, como uma marca indelével, cria uma aura própria do fotografado, à maneira de um vestígio, ou seja, "a aparição de uma proximidade, formando uma nova polaridade", tal como Benjamin a define num excerto da sua obra *O Livro das Passagens:* "Pelo vestígio apoderamo-nos de uma coisa; na aura, é ela que se torna senhora de nós" (Benjamin, 1974: 560)[6]. Se a aura diz respeito ao segredo que emana de um ser, no entanto, por mais próximo que ele esteja de nós, estará sempre longe. Assim, o vestígio é essa proximidade da coisa longínqua, a marca que ela deixa em nós, e nos faz reconhecê-la como próxima. Aquele que persegue os vestígios de um ser, só o faz se a sua aura for reconhecida e, por essa mesma razão, vestígio e aura são inseparáveis entre si, dando conta de uma afinidade recíproca entre aquilo que é olhado e aquele que olha.

Voltemos ao assunto que nos toma: os efeitos nefastos da fotografia e o modo como ela influenciará doravante a percepção do real. Dominada, já não pelo valor cultual e ritualístico da arte, mas sim pelo valor de exposição, *"a sua fundamentação ritualística será substituída por uma fundamentação numa outra prática: a política"*. (Benjamin, 2006: 216, sublinhado do autor). O que domina agora a fotografia é essa

---

[6] Walter Benjamin, *Gesammelte Schriften, V, 1,* "In der Spur werden wir der Sache habhaft; in der Aura bemächtigt sie sich unser".

aproximação das massas, tal como acontece com o cinema. E se, no início, a luta foi renhida, entre pintura e fotografia, com os defensores da primeira a condenarem a fotografia a uma espécie de escravidão ao mundo material, é certo que ela foi conquistando o seu estatuto de expressão artística. É com o fotógrafo Atget que, pela primeira vez, o rosto desaparece da fotografia (antes o retrato fotográfico, com Nadar, entre outros, pretendia para a fotografia esse resíduo aurático e cultual). Atget, como se sabe, fotografou as ruas de Paris completamente vazias. E é precisamente nesse momento, em que o ser humano desaparece da fotografia, que "o valor de exposição se torna superior ao valor de culto" (Benjamin, 2006: 218).

Ouso aqui uma interpretação: num mundo em que o olhar aurático nos aparece arruinado, consciente da perda das correspondências e da afinidade recíproca garantida pelo olhar daquele que ainda se sente protegido pelas correspondências, a fotografia é a expressão, por excelência, de uma nova compreensão do mundo, compreensão fustigada pela trepidação frenética do tempo e da velocidade, da experiência do choque, de que tanto nos fala Walter Benjamin, a propósito de Baudelaire. É uma nova visão, dominada pelo olhar fotográfico, que irrompe das ruínas do olhar aurático, para descobrir um *outro* modo de olhar, de ver (não se trata de um olhar que perdeu a capacidade de ver, como nos dizia Baudelaire). É como se o fotógrafo soubesse *desse* mundo que ficou para trás e se apressasse a *salvá-lo* na fotografia. Este saber, convenhamos, não é apenas rememorativo, como o dissemos anteriormente, mas vai muito mais longe: é um resgate, um desejo de salvar o que se oferece irreversivelmente à morte. É inequivocamente um olhar alegórico, que luta por inscrever na imagem o que já sabe perdido.

Num capítulo do seu belo livro *Sobre a Fotografia*, Susan Sontag fala do "heroísmo da visão". Independentemente do resto, a expressão de Sontag lembra-me uma outra, quando Benjamin se refere ao heroísmo de Baudelaire, em *Zentralpark* (Benjamin, 2006: 166). Esse termo, aplicado a Baudelaire, aparece algumas vezes designando a lucidez baudelaireana do afundamento da aura e o reconhecimento da experiência do choque, como realidade que caracteriza a experiência citadina. Convenhamos que esses conceitos não são senão formas diferentes de designar a emergência da modernidade e o afundamento da experiência autêntica *[Erfahrung]*, tal como ela caracterizava a experiência aurática. O heroísmo da visão, neste contexto alargado, diz respeito ao modo como se consubstanciam todas estas mudanças, que arrastam consigo uma mudança derradeira do olhar. Mas heróico é aquele que, apesar de o saber, não cede minimamente à tentação de desviar o olhar da realidade, aquele que, apesar da nostalgia de uma experiência anterior, reconhece a beleza das formas emergentes. Esse é o olhar alegórico e dúplice, o que reconhece o modo como o dente da morte rói cada rosto, cada ser, é o que fixa e petrifica a imagem, salvando as coisas e delas se despedindo-se na imagem. Veja-se como disso tem perfeita consciência o fotógrafo Clarence John Laughlin, citado por Sontag:

> "Tento, numa grande parte da minha obra, insuflar em todas as coisas, e aí compreendo os objectos pretensamente 'inanimados', o sopro do espírito humano. Vim a compreender, progressivamente, que esta projecção animista extrema resulta, no final de contas, do medo e da inquietude profundas que sinto diante da mecanicização cada vez mais rápida da vida humana, assim como a tentativa que decorre de apagar a marca do indivíduo em todas as esferas da actividade humana, o conjunto deste processo como sendo uma das expressões dominantes da nossa sociedade militar-industrial [...] o artista fotógrafo liberta o *conteúdo humano* [sublinhado do autor] dos objectos e confere uma humanidade ao mundo inumano que o envolve (*Apud* Susan Sontag, 2008: 252).

Bibliografia

BAUDELAIRE, Charles, *A Invenção da Modernidade*, tradução de Pedro Tamen, Lisboa, ed. Relógio d'Água, 2006.
BENJAMIN, Walter, *Gesammelte Schriften, I, 2*, Frankfurt, Suhrkamp Verlag, 1974.
BENJAMIN, Walter, *Gesammelte Schriften, V, 1*, Frankfurt, Suhrkamp Verlag, 1974.
BENJAMIN, Walter, *A Modernidade*, Lisboa, ed. Assírio & Alvim, 2006, p. 140.
MOLDER, Maria Filomena, *O Químico e o Alquimista, Benjamin, leitor de Baudelaire*, Lisboa, Relógio d'Água, 2011.
SONTAG, Susan, *Sur la Photographie*, Paris, Christian Bourgois Éditeur, Éditions du Seuil, 2008.

DELFIM SARDO*

RETROVISOR

O trabalho do artista alemão Tino Seghal pode ser descrito do seguinte modo: constrói situações nas quais actores, profissionais ou amadores representam situações em museus e galerias de arte. Por vezes, estes actores são os próprios guardas ou monitores do serviço educativo da instituição onde Seghal foi convidado a trabalhar, cantando canções, declamando textos críticos ou só estranhos, conversando com os espectadores sobre temas da actualidade, etc. Dessas acções não ficou qualquer registo, nem fotos, nem filmes, nem catálogos, nem folhas de sala, nem nada. Nada que inscreva estas acções fora do fluxo das nossas memórias, nada que permita que elas sejam inscritas nessa narrativa chamada História da Arte.

Poderíamos dizer que Tino Seghal é um artista que não quer ficar na História da Arte, ou que acha que a História da Arte não é importante, ou por ser um enorme frigorífico, ou porque é um repositório de estilos – e quem é que se interessa por estilo, hoje em dia, para além dos profissionais da frivolidade? Tino Seghal é como um actor do século XVII, um daqueles actores que não saberemos nunca como se mexiam ou qual a entoação da sua voz em palco, porque nunca os veremos, mas também porque viveram antes da História da Arte.

* Colégio das Artes e Faculdade de Letras da Universidade de Coimbra.

A vontade do epílogo

A História da Arte parece ser, assim, uma disciplina completamente confinada: alguma coisa que existiu entre o século XIX e a década de setenta do século XX, um século e meio bem medido de narrativas sobre o que é o quê, quando foi feito e por quem, com que estilo e encomendado por quem.

A quantidade de narrativas que se cruzaram nesse período constituiu uma ficção de um modelo único e potencialmente universal – primeiro judicativo, depois inventariador, finalmente interdisciplinar – que une Winckelman a Hans Belting, o último, a par com o filósofo norte-americano Arthur Danto (Danto, 1997), com o estatuto de *posfaciadores*, ou, como o próprio Belting diz (Belting, 2003), "escritores de epílogos" – talvez mesmo com a secreta ambição de serem os redactores da necrologia: faleceu ontem, à noite, depois de doença prolongada, a História da Arte, uma disciplina tão breve como a frenologia e o estudo dos corpos subtis.

A própria diferença temporal entre a produção artística e a construção das narrativas (agora no plural) da História da Arte foi diminuindo, sendo quase contemporâneas.

O carácter do museu como repositório do contemporâneo transformado em laboratório, como é comum hoje dizer-se, a par com uma certa paixão do museu pela efemeridade que tem que ser registada para continuar a cumprir a sua missão e razão históricas, tem contribuído para essa dimensão sincrónica. Por outro lado, as universidades transformaram-se em estruturas que não só estudam a criação artística do passado, mas também a do presente, como ainda avançaram pela formação artística, anteriormente sediada nos ateliês dos pintores ou dos escultores, depois transportada para o interior da academia. Da formação dos artistas passou, a par com a relação de estúdio com um mestre, a fazer parte o conhecimento da História da Arte, depois os estudos graduados universitários, a seguir a absorção das academias pela Universidade e a sua saída das instâncias oficinais do politécnico, o início dos mestrados e, finalmente, os doutoramentos e a longa cadeia de discussões sobre o estatuto da prática artística no interior do ensino de mais elevado nível nas universidades, como precisamente aqui nesta Universidade.

Claro que o caminho que o modernismo traçou de entendimento da atividade artística como um teste, alguma coisa hesitante entre a tragédia e a comédia, a encenação ritual de uma morte encenada e repetida convive mal com o estatuto da autópsia, da dissecção e da exposição seccionada, esquartejada e justificada das razões de ser de um processo que se pretendeu ritual e vital, ou paródico e derrisório.

Ou seja, a profissão de taxidermista – e houve um artista, Jorge Molder, que, convidado a fazer um trabalho sobre a Universidade de Coimbra para a comemoração dos seus 700 anos, realizou um trabalho intitulado *Uma taxidermia de papel*, é bom relembrá-lo – convive mal com a prática arriscada da morte encenada, uma das características fundamentais dos processos artísticos iniciados com o modernismo. Uma pergunta nos assombra permanentemente que poderia ser formulada da seguinte forma: como fazer conviver o formol com o ódio ao bafio?

Para podermos responder a esta pergunta, é necessário pensarmos que a nossa forma de compreendermos o passado das práticas artísticas é e tem sido, ele mesmo, fundador do campo a que chamamos arte e que é hoje particularmente complexo, utilizando-se o termo indiscriminadamente para identificar qualquer forma de produção imagética, qualquer atividade que envolva representação, qualquer atividade expressiva, como qualificativo, como habilidade e/ou técnica (o que, aliás, corresponde mais determinadamente ao campo oriundo da *techné* grega, ou da *ars* latina), ou, em termos sociológicos, como o desenvolvimento de uma determinada instância social de produção simbólica, ou ainda, tautologicamente, como pretende a estética institucional de George Dickie (Dickie, 1997), como aquilo a que os artistas e as instituições que lidam com arte chamam arte. Muitas outras definições desta mesma questão encontramos, desde o simplismo de Janson (Janson, 1977), até à falsa ironia de Ernst Gombrich (Gombrich, 1950), que começa a sua *Story of Art* dizendo que "a arte não existe. Existem artistas" – a que se dedicam, continua a ser a questão.

De facto, na constituição social de um campo do artístico (para fugirmos cobardemente à definição), tem contribuído sobretudo a História da Arte como disciplina claramente autónoma da História geral, com métodos que têm sido suficientemente objecto de debate e polémica.

Na genealogia da História da Arte, é sistemática a referência às *Vidas* de Vasari, publicado em 1550. Normalmente o volume é conhecido como *Vidas de Artistas*, mas de facto o seu título era *Vite de' più eccell.*

pitori, scultori et archit, e foi com este título que foi traduzido para inglês e posteriormente para francês. O que quer dizer que a noção de artista era completamente desajustada no século XVI, o que também significa que o campo da Arte não existia, ou que não estava estabilizado como tal até ao século XIX – o que só acontece por via da constituição de uma disciplina de domesticação e inventariação da produção imagética e representacional. Poderíamos ainda dizer que a História da Arte e o Museu possuem a mesma origem temporal e se constituem mutuamente como dois grandes campos de afirmação da modernidade (e adiante falaremos do ateliê do artista): o Museu, estabelecendo uma relação entre a determinação de que a deslocação das imagens do seu contexto arquitectónico, social e privado de fruição é o campo de excelência de constituição do espaço público, e a História da Arte, definindo os parâmetros cientificizados do que deve ser valorizado enquanto gosto social e parâmetro cultural, precisamente a concretização desse campo de afirmação do moderno que é a razão política do espaço público (Habermas, 1981).

Assim, o dealbar da definição metodológica da História da Arte enquanto tal inicia-se com Winckelmann (Winckelmann, 1764), pesando as suas inconsistências factuais, que criou para a História da Arte uma matriz classicizante que haveria de marcar todo o restante século XVIII e o século XIX alemães, nomeadamente por via de Goethe (Goethe, 1805) que, desprezando o estilo do bibliotecário do Vaticano (se não o comentarem, ninguém mais o lerá), ficou profundamente marcado pelo seu helenismo apolíneo. É a todos os títulos interessante reler a interpretação do Laocoonte que Winckelman produz, o mesmo Laocoonte que faria Warburg (Warburg, 1923; Koener, 2003) mergulhar no Novo México em busca da convulsão ritual: "em todos os músculos e tendões do corpo", de modo que "quase acreditamos sentir em nós mesmos diante do abdómen dolorosamente contraído" a dor de Laocoonte. No entanto, essa dor manifesta-se "sem nenhuma raiva no rosto e na posição como um todo [...] A dor do corpo e a grandeza da alma são distribuídos com o mesmo vigor em toda a construção da figura. Laocoonte sofre, mas sofre como o Filoctetes de Sófocles: a sua desgraça atinge a nossa alma, mas desejaríamos poder suportar a desgraça como esse grande homem".

Nem o seu grito é tolerado na leitura de Winckelmann, que no esgar vê apenas um suspiro, como é notado por Pedro Sussekind (Sussekind, 2008). O que é um facto é que, na genética da História da Arte, está inscrito um modelo, o que consiste numa contradição em termos: a a-historicidade do modelo e o seu carácter paradigmático são claramente contraditórios com a possibilidade de constituição de uma História.

A História da Arte, portanto, inicia-se a partir de uma proposta a-histórica, como repetição dos avatares de um ideal, o ideal grego, para se transformar, no século XIX, numa continuidade de desidérios que atravessa as diferentes expressões, fora de qualquer determinação cultural específica. É o caso da concepção de *Kunswollen* de Alois Riegl (Riegl, 1891) que estabelece um plano de possibilidade para a História da Arte que parte da identificação de similitudes da vontade artística expressa no estilo – curiosamente, o mesmo paradigma de identificação que Claude Lévi-Strauss, num contexto completamente diverso, viria a postular no capítulo "Art" da sua *Anthropologie Structurale* (Lévi-Strauss, 1958), dedicado às similitudes estruturais de produções "artísticas" oriundas de contextos culturais diversos – para construir um plano de isomorfismos voluntaristas. Curiosamente, Riegl, ao contrário do que costuma ser afirmado a propósito da ideia da possibilidade de uma História da Arte Universal, já tinha demonstrado uma clara preocupação com as questões da abertura à diversidade cultural, o que foi suficientemente notado por Wilhelm Worringer (Worringer, 1907).

No entanto, o que é parecido só pode ser oriundo de um mesmo desígnio, que mais uma vez é uma vontade trans-histórica e transcultural, embora já não oriunda de um modelo ideal, mas de uma vontade estética. A História da Arte funda-se, portanto, numa determinada ideia de humanidade transcultural, estando a ela claramente vinculada, como a estética. Este ponto é curiosamente relevante e será notado pelas vanguardas do século XX que associam sistematicamente a crítica aos modelos artísticos universalistas à recusa da estética, como também à recusa do museu como mausoléu.

A tipologia do isomorfismo liga-se determinantemente a uma concepção da História da Arte como uma possível catalogação do semelhante, ou seja, uma inventariação, sequencial evolutiva (original e frequentemente) ou não, do que une – do *estilo*. O estilo é o elo que permite estabelecer padrões de avaliação, porque só a partir do semelhante se pode estabelecer um plano comum do exercício crítico, ou mesmo da inventariação da produção imagética, categorialmente seccionada. Num certo sentido, e como diz Georges Didi-Huberman (Didi-Huberman, 2002), estamos dentro de um paradigma de analogia e sucessão, primado do pensamento de Riegl, como de Winckelman, como seria de Max Dvórac e da sua *Geitesgeschiste*, o último na herança hegeliana, como posteriormente de Erwin Panowsky.

É este o centro da ideia de *Stillgeshichte* de Riegl, da identificação do estilo como a forma de exercício da inteligibilidade sobre o artístico, positivisticamente tomada como uma história evolutiva: depois disto vem aquilo, depois daquilo aqueloutro, frequentemente tomando como linhas evolutivas, desenvolvimentos de problemáticas que, ou são idiossincráticas, ou foram coexistentes no tempo, ou são tão diversas que nenhuma unidade estilística, senão a do exercício retórico, as poderia unir.

De um ponto de vista diverso e particularmente complexo, Aby Warburg, nas primeiras duas décadas do século XX, viria a estabelecer uma outra possibilidade dúbia para a História da Arte, centrada agora, não sobre o isomorfismo das similitudes, mas sobre o intervalo entre as diferenças (Gombrich, 1970). Claro que o estilo de escrita de Warburg é uma sopa de enguias, como o próprio o descrevia (Didi-Huberman, 2002), o que revela a sua permanente noção de que algo lhe escapava permanentemente por entre os dedos. O que é que lhe escapava ou, de uma forma mais ampla, o que nos escapa a todos por entre os dedos, permanentemente, na História da Arte?

História da Arte e volatilidade

Provavelmente, o conceito mais marcante da teorização de Warburg é a ideia de *Nachleben*, muito difícil de traduzir, mas que poderíamos referir como a *vida-depois-da-morte*, o regresso do que mergulhou no Hades da memória colectiva. Existe um evidente halo nietzschiano na proposta de Warburg, mas o que ela traz de central é a ideia de que a História da Arte e das imagens artísticas (o que para Warburg seria muito próximo) é um fluxo e refluxo de ressurgimentos do inactual, ou do intempestivo, do que constrói a história do *pathos* que é a matéria e a forma da arte. Claro que este procedimento de metodologias cruzadas, que parte de uma tentativa de encontrar o que acontece no espaço *entre* as imagens, que passa pelas relações obscuras das boas vizinhanças, seria de muito pouca valia para a construção clara de Ernst Gombrich, que apagou todo o lado patológico e limpou Warburg na sua bibliografia intelectual (Gombrich, 1970), dela sobrando só um fantasma da perda de si do autor de Hamburgo. Repare-se, no entanto, que o próprio Warburg, tendo morrido em 1929 na Alemanha, não conheceu o destino do seu discípulo Erwin Panowsky nos Estados Unidos. O que é curioso é que o pensamento iconológico de Warburg que só poderia ser compreendido como uma disciplina sem nome, como diz Robert Klein (Klein, 1963) e, por outras formas, Giorgio Agamben (Agamben, 1992), necessita de uma *Kunstwissenschaft* e não é o exercício de uma *Kunstgeschichte* no sentido estetizante, um exercício do gosto ou uma profissionalização do Grand Tour. A questão é que na disciplina sem nome de Warburg se cruzam, de forma indiscernível, questões oriundas da história, da teoria da arte e o estudo de práticas sociais, melhor, da inscrição das imagens artísticas em relações sociais entendidas na sua plasticidade. Esta *Plastik*, associada à questão da importância atribuída ao gesto como corporalização do movimento, é, provavelmente, o primeiro sintoma, na Alemanha, do que se viria a desenvolver com Joseph Beuys (ou que poderemos reencontrar na sua formulação ciberespectacular em Mathew Barney).

Curiosamente, a acusação reiterada de que Warburg nunca se interessou pela arte sua contemporânea é totalmente irrelevante. Esse não era o seu campo de interesse, mas a forma como as imagens, os seus gestos fundadores, as suas inscrições se repercutem no vaivém do tempo, emergem e voltam a afundar-se para reaparecerem, construiu um mapa incerto e imperfeito, mas fortemente actuante sobre o pensamento da arte contemporânea.

No universo anglo-saxónico, a iconografia de Erwin Panowsky, como sistema de interpretação das imagens, viria a constituir a matéria central da história da arte, até porque se viria a casar com uma determinada versão da semiologia, cristalizando-se como sistema.

O que é curioso é verificarmos a maneira como a *fantasmática warburguiana* vem a conhecer uma importância enorme num momento no qual a história da arte, já tendo passado pelas questões sociais de Arnold Hauser (Hauser, 1951), já passada a crivo metodológico conservador por Hans Sedlmayr (Sedlmayr, 1958), se vê confrontada com um problema de perda de centro a partir da necessidade política de recuperação, de estudo e de valorização dos desenvolvimentos artísticos fora do contexto europeu. Repare-se que o desenvolvimento das disciplinas artísticas de estudo sobre a arte em países que não tiveram renascimento (renascimento histórico, bem entendido) provoca, no pós-guerra, uma eclosão de interesses antropológicos e sociológicos, a breve trecho sedimentados na ideia de nova história e abertos a estudos parcelares e sectoriais, claramente ideologizados.

A questão central que quero, portanto, trazer é a de que a história da arte é, em primeiro lugar, um processo de construção de *Acontecimentos artísticos*, mas esses Acontecimentos são produzidos a partir de *microficções* internas ao próprio processo de criação artística que podem viver mergulhadas na obscuridade do caminho projectual, ou podem ser guindadas à categoria de *grandes ficções* da modernidade sob a matriz da dissidência e da deslocação, o que não corresponde à matriz a-histórica e estetizante, mas a uma outra possibilidade de deteção de continuidades e familiaridades, de *linhagens de procedimentos* – um termo repescado ao léxico de um artista português contemporâneo, Francisco Tropa – e, portanto, distantes da questão estilística *per se*.

Uma pequena estória

Entre 1929 e 1932, o artista russo Vladimir Tatlin desenvolveu um projecto intitulado *Letatlin*. O nome vem da contração de duas palavras: *letat* (voar) e Tatlin, o seu próprio nome, bem como de um interesse pela ornitologia certamente resultado da influência de um poeta russo (também nascido em 1885, como Tatlin), chamado Velimir Khlebnikov. Esta influência cruza-se com o interesse do artista por Leonardo – que faleceu em 1519, 366 anos antes do nascimento de Tatlin, o que, para o russo, possuía uma componente mística, já que Khlebnikov imaginava a história em ciclos de 365 anos.

De qualquer forma, o fundamental é perceber que Tatlin dedicou intensamente três anos da sua vida a desenvolver uma estrutura para voar. Repare-se: estamos em 1929, a aviação já tinha efectuado o primeiro voo transatlântico em 1922, Lilienthal já tinha conseguido voar sem motor em 1896, mas Tatlin encontra, no desenvolvimento de uma máquina de voar, o centro da sua ambição artística.

A construção de Tatlin não assenta sobre os princípios da aeronáutica, nem sequer sobre princípios genéricos de engenharia, mas da exploração até às "últimas consequências" das potencialidades do corpo humano, associado a uma observação ornitológica, bem como uma atenção à especificidade de um material, a madeira dobrada a quente – que usava nas suas aulas de escultura na Vkhutein de Moscovo. A partir de um grupo de cientistas, reunidos no Laboratório de Pesquisa Científica Experimental de Moscovo, Tatlin desenvolveu o projeto, em estreita colaboração com um cirurgião, de construir uma máquina de voar que permitisse, nas suas próprias palavras, "devolver ao homem a sensação de voar pelos seus próprios meios", através da "observação do princípio da vida, das formas orgânicas" (Tatlin, 1932).

Claro que o projecto de Tatlin é absolutamente inadequado a qualquer uso pragmático, configurando uma experiência, no sentido de John Dewey (Dewey, 1934), mas o artista pretende conferir ao seu *aparatus* uma função social. Na exposição de 1932, na qual o *Letatlin* se encontrava exposto, o artista sofreu um sério revés porque pretendia que o dispositivo estivesse em uso público, cumprindo uma função social, a de proporcionar a todos a experiência libertadora do voo, o que não viria a acontecer.

A experiência que configura o *Letatlin*, com a sua utopia de participação social e de criação de uma arte a partir de um uso atemporal da tecnologia – ou, pelo contrário, a produção de um objecto a contratempo, inadequado e obsoleto (embora absolutamente *hightech* no seu curto âmbito) –, choca com uma segunda contradição: a de o seu sentido ser, especificamente, estético, na medida em que a experiência sensível da sua utilização, a devolução do utilizador a um estádio pré-mecânico e a clara ficção de um sentido social só possuem sentido dentro do universo artístico, como proposta de *acontecimento artístico*. O seu relevo, no entanto, não possui qualquer mensurabilidade absoluta (não há um "antes" e um "depois" do *Letatlin*, em qualquer sentido, porque a História da Arte não o erigiu em Acontecimento, não o transformou numa altercação no hipotético fluxo temporal.

Nesse sentido, a sua razão de ser reside, inolvidavelmente, na sua condição de microacontecimento, sedimentado no carácter inadequado da sua relevância enquanto mudança paradigmática, porque o próprio sentido de paradigma é desadequado ao pensamento sobre arte – ou só pode ser interessante na economia do metadiscurso artístico.

Protocolo e microacontecimento

Por outro lado, a contradição de possuir uma valência estética que deriva de uma dimensão de uso (e de uma economia do uso) suscita um outro bloco de questões, derivadas da protocolarização do universo artístico, centradas na relação entre o carácter endógeno e exógeno dos processos da arte a partir do modernismo.

Isto é: desde as primeiras vanguardas que os processos artísticos parecem pretender engolir metodologias, dispositivos, processos e objectivos programáticos de outras dimensões das práticas sociais e culturais – da arquitetura, da psicanálise, da antropologia, da sociologia, da ciência, da política ou de instâncias várias de metadiscursos. Nesse processo, a tentativa dos processos artísticos é o de "sair de si", invadindo outras áreas sociais e assumindo, qual *Zelig*, os seus comportamentos e procedimentos.

A esse processo (que atravessa o século XX), podemos chamar processo exógeno. Trata-se de um caminho de libertação, de um projeto de construir uma liberdade de procedimento e que se insere na procura radical de sair dos cânones das disciplinas e dos géneros.

Claro que é um procedimento que dificulta a função judicativa, na medida em que pulveriza os protocolos artísticos, desvinculando a prática artística da ideia de "qualidade de procedimento" que sedimentou grande parte da história das disciplinas artísticas. Mais curioso é, no entanto, o recentramento sobre um conjunto de ficções em torno da ideia de "boa prática" a propósito de apropriações de metodologias das ciências humanas (frequentemente trucidadas no interior da prática artística, ou tomadas metaforicamente pela teoria), ou esticadas para a noção de *alta performatividade* sem métrica possível. Quer isto dizer que, por exemplo, os componentes do *Letatlin* são, por si mesmos, objetos de elevada exigência singular, quer em termos estéticos, quer da sua função no conjunto da *Faktura*, isto é, no sentido da intrínseca relação entre os materiais e o seu uso, bem como da *Konstruksya*, ou seja, da performatividade global do projeto.

Assim, estamos no seio de uma antinomia contraditória: o sistema de um trabalho artístico, de um projeto, que pretende sair do universo da protocolaridade artística, só encontra a sua razão intrínseca no facto de essa saída se situar num espaço liminal (Victor Turner, 1974), ou seja, num espaço "entre" o interior das artes e o seu exterior, aí jogando microacontecimentos que são relevantes porque no movimento dos seus desajustes se investe uma nova endogenia das práticas artísticas. Ou seja, porque a sua "saída de si" só é relevante na medida em que é uma nova "entrada em si mesmo".

Ainda por outras palavras e a partir de outro exemplo: o facto de Joseph Beuys plantar carvalhos durante a Documenta é relevante enquanto obra de arte porque gera, na total irrelevância da sua pragmática como reflorestação, uma possibilidade de ficção sobre a ideia de transformação de consciência ecológica – que, no entanto, não correspondendo a uma efectiva mudança, mas a uma ficção de uma mudança "como se", desagua numa possibilidade narrativa –, possui a sua efectiva capacidade transformadora na própria metarreflexão sobre o interior da prática artística, ou seja, na sua endogenia, renovando-se no seu interior a partir do exterior. Repare-se que, como evento histórico, mesmo dentro da lógica da História da Arte, estamos fora da lógica do Acontecimento. O seu relevo é gerado a partir dos microacontecimentos que inclui, que intui e que gera, ou seja, nas *performatividades de acontecimento* que convoca.

História da Arte depois do modernismo

Hans Belting, em *Art History After Modernism* (Belting, 2003) levanta uma pergunta realmente importante: como é que podemos conciliar arte e a sua narração hoje? O que equivale a perguntar pela morfologia e capacidade óptica do retrovisor que usamos para configurar o Acontecimento. A sua constatação é a de que a história dos estilos de Heinrich Wölfflin (Wölfflin, 1915), essa forma de entender a sequência da arte como um contínuo estilístico idealmente sem nomes nem autores, já não serve, porque a própria noção de estilo não recobre a maior parte das produções artísticas existentes e porque a arte se tornou num campo heteróclito, heterodoxo, heteroglóssico, heterotópico e idiossincrático, e isto desde a década de sessenta – se quisermos, um momento fundador da derrisão da ideia de estilo, encontramo-lo paradoxalmente no texto seminal da história do dito minimalismo que é "Specific Objects" de Donald Judd (Judd, 1965). De forma curiosa, o fraccionamento da história da arte numa multiplicidade de micronarrativas corresponde às práticas artísticas contemporâneas, sendo evidente que a história da arte contemporânea não pode, de forma alguma, almejar qualquer paradigma de universalidade. Como diz Belting (Belting, 2003), o fim do jogo de sucesso que foi a construção de uma narrativa unificadora do que, por si, não possuía unidade não representa o fim da arte ou, em rigor, da sua história, mas o fim da possibilidade de metodologias baseadas na ideia de evolução, ou de um sentido comum.

A arte do passado, anterior à História da Arte, produziu-se sem noção de que estava a contribuir para uma narrativa que seria exposta, a partir do século XIX, num museu, o lugar da deslocalização por excelência. Repare-se que o museu é um lugar desterritorializado, porque a sua conjugação espacial define uma narrativa, ou uma pluralidade de narrativas sempre contingentes, mas que estabelecem aquilo que se reproduz como a saga da arte, ou, como vimos, a sua sequencialidade de Acontecimentos (em Portugal, temos o exemplo paradigmático de Amadeo de Souza-Cardoso, nunca devidamente inscrito na história de arte do modernismo porque não está nas coleções museológicas de referência, tendo ficado remetido para a categoria de epifenómeno regional, mas a este não-acontecimento poderíamos, evidentemente, adicionar outros). A questão é que, depois de o museu de arte moderna e contemporânea fazer a sua aparição, os artistas passaram a trabalhar conscientemente para a construção da sua inserção nessa grande narrativa, por vezes crítica, derrisória, escatológica e paradoxal, sendo evidente que as estruturas do museu, como da História da Arte, codefinem os processos da inscrição e da narratividade (a par com outras estruturas de "gate-keeping").

Mesmo o século XIX é já sintomático desta necessidade *ante facto*, como o demonstra a história do ateliê de artista.

Histórias de ateliês

O ateliê é uma estrutura burguesa na sua origem: no século XIX, o estúdio do artista é uma estrutura híbrida. Por um lado, é o local de trabalho, mas, por outro, é também uma simbiose entre loja, salão e museu privado, frequentemente também tertúlia, dependendo do momento histórico da sua fixação, bem como do lugar e da época.

Sem fazer uma efetiva história da tradição burguesa do ateliê e das suas origens na transição da Idade Média para o Renascimento, é claro que o surgimento do dispositivo "ateliê" está intimamente ligado a uma definição da missão do artista, liberto de puros processos de encomenda de imagens artesanais. Por outras palavras, o ateliê é uma marca de modernidade na prática artística, muito próximo, na sua génese, dos processos de nascimento da exposição como dispositivo de apresentação pública.

É interessante verificar, como afirma Véronique Rodriguez (Rodriguez, 2002, 2005), que as exposições públicas de obras de arte foram interditas em França até 1789, data em que, como consequência da Revolução, esse exclusivo privilégio real foi revogado – e, nesse sentido, o papel da academia deveria ser revisto.

Como espaço híbrido, o estatuto do estúdio tanto pertence ao domínio do privado como, num certo sentido do termo, também ao domínio público. Em última instância, a sua dimensão, arquitetura e opulência são, também, a marca do estatuto do artista, pelo menos num determinado circuito de relações sociais de produção. Se o ateliê romântico vive de uma austeridade que não é consentânea com a exibição de qualquer tipo de ostensivo poder – sendo o ateliê uma zona da casa, ou um lugar ermo e isolado onde o artista pode trabalhar, como é reconhecível nas descrições do ateliê de Caspar David Friedrich –, é, por outro lado, interessante observar a construção da visão do artista como génio na sequência do romantismo tardio e a extraordinária teatralidade do ateliê de alguns artistas, como é o caso de Makart, de Klimt ou, em França, de Rodin.

Assim e saindo da tradição austera do ateliê romântico dos países da Europa Central no início do século XIX, o local de trabalho do artista vai ganhando contornos cada vez mais vinculados a funções que não são puramente da produção, mas que derivam da complexificação do sistema artístico, nomeadamente em França, onde as vicissitudes da Academia, a crescente insatisfação em relação ao sistema seletivo, a inadequação dos processos de instalação dos "Salons" e o surgimento de um mundo artístico no qual artistas, críticos (estes últimos com uma importância crescente), colecionadores e comissões de compras de museus necessitam de ter um contacto com o trabalho artístico anterior à sua exposição pública. Num certo sentido, poderíamos mesmo dizer que o sistema artístico tem no ateliê – mais do que no museu – a sua origem.

É neste contexto que é interessante integrar a pintura de Gustave Courbet, *L'Atelier du peintre, allégorie réelle déterminant une phase de sept années de ma vie artistique*, peça que rematava a primeira grande operação de exposição individual da obra de um artista de que existe registo. Não que não exista menção de outros projetos similares – de facto, o uso do estúdio como espaço de exposição é a primeira grande alternativa ao sistema salonístico da academia –, mas o projeto de Courbet implicou uma simultaneidade em relação à Exposição Universal de Paris de 1855, sabendo que o artista, cuja pintura não tinha sido aceite para o certame, decidiu alugar um estúdio nas imediações da exposição e fazer uma grande retrospetiva do seu trabalho. *L'Atelier du peintre* era, então, o corolário dessa forte presença do artista, sendo o espaço de apresentação também um estúdio, numa tautologia a que hoje chamaríamos conceptual, mas que é, sobretudo (no seu jogo de proximidades, reconhecimentos e distâncias), moderna. Sabendo que existe uma autorreferencialidade na obra, a sua importância surge como acrescida, até porque a declaração da dilatação temporal que a pintura cobre representa uma tentativa de produzir uma espécie de cinemática pictórica, montada a partir de temporalidades diferidas que se cruzam no mesmo sistema de representação.

Obra sobre o tempo, ela é também uma proposta de *compte rendu* da atividade do pintor, apresentada num espaço que é, ao mesmo tempo, lugar originário da obra e declaração sobre a localização do Artista (com maiúscula) e dele mesmo no seio do tecido social, bem como das suas afinidades eletivas. Curiosamente, o quadro não é absolutamente descodificável na sua iconografia, sendo clara uma intenção que cruza o processo alegórico (a compressão temporal, a organização espacial dividida, o autorretrato, a ninfa, o plano frontal) com uma plausível reconhecibilidade dos outros retratados, bem como de alguns eventos sociais. Assim, o seu plano alegórico é inerente à função tautológica – num ateliê, uma apresentação de obras que são representadas numa imagem do ateliê que representa o período mesmo das outras obras expostas – mas pretende, também, ser "realista", isto é, dar conta de que a realidade é uma representação (eventual lição a ser devidamente analisada por muitos discursos sobre arte e realidade...).

A crescente importância social do artista na Europa Central vem a transformar esta visão do ateliê num lugar de origem e também de mediação num espaço teatral de encenação da atividade artística. Neste campo, o exercício de poder pelo artista, suportado por uma concepção de génio que implica uma teatralização do ateliê como cenário, vem a ter uma particular expressão nos estúdios de Makart, em Viena, de Wagner (a Villa Wahnfried), ou de Rodin, em Paris. Segundo Jost Hernand[1]

---

[1] U. Krempel, *ob. cit.*

(Krempel, 2000), na Alemanha esta é a época do *Grunderzeit*, na qual estes artistas atingem um estatuto e uma posição social, mesmo um estilo de vida similar ao dos grandes patrões da indústria, reforçados pelo culto da genialidade. O ateliê de Makart, em Viena, foi desenhado para ser, efetivamente, mais uma galeria de exposições da obra do artista e encenar a situação criativa do que para pintar – e, de facto, o ateliê e o gigantismo da casa eram mais conhecidos do que a pintura –, embora determinadas zonas do estúdio estivessem atulhadas dos mais variados objetos, como que adereços para uma interminável *masquerade*. Klimt, por seu turno, preenche uma outra zona do imaginário do artista como um hedonista, permanentemente rodeado de mulheres belíssimas, modelos que povoam o ateliê, *nymphae* que, no lugar licencioso em que o outrora austero estúdio se transformou, garantem a imagem do artista como libertino – e o estúdio como "garçonnière".

No entanto, uma outra componente do imaginário do estúdio se desenvolve, conectada com uma valorização do trabalho, da força transformadora, frequentemente mais relevante no caso da escultura do que na pintura. O ateliê, no final do século XIX e no início do século XX, torna-se um lugar no qual o carácter caótico do furor criativo pode ter a sua expressão, sendo mesmo esperado que o sinal do trabalho (e da desordem esperada do trabalho criativo) seja guindado à condição de espetáculo. Isto é, o ateliê é, também, um lugar no qual se teatraliza a arte como manipulação da matéria, onde se dá ao gesto criativo a dimensão mítica do gesto fundador, mas agora a partir da encenação do trabalho – mais tarde, instalar-se-ia um imaginário do ateliê como lugar da consciência alterada, ou do desvio – ou, mais recentemente, do arquivo e da catalogação.

Um exemplo interessante de organização do ateliê como lugar no qual o trabalho adquire uma dimensão cenográfica, a organização dos objetos e a vernacularidade dos desperdícios definem uma estética própria, é o ateliê Brancusi do Impasse Ronsin. As descrições do ateliê do escultor são-nos fornecidas por muitos dos seus amigos íntimos, sendo, provavelmente, o artista no qual a mística do ateliê conheceu uma expressão mais derradeira – ao ponto de ser reconstruído como museu do próprio ateliê.

Existe uma convicção generalizada entre os especialistas de Brancusi que o ateliê era por ele considerado como uma obra de arte total, o que estaria claramente explícito na sua determinação de que o conteúdo do estúdio não fosse separado depois do seu falecimento. De facto, nas várias descrições que possuímos do ateliê, é comum a ideia de que que se tratava de um organismo, como uma casa, muito próximo da ideia de habitação. Marcel Duchamp, Katherine Dreier ou Erik Satie eram visita regular e são conhecidos os almoços nos quais um soco de gesso era usado como mesa. Quando a mesa era levantada, Brancusi lixava o soco e soprava o gesso em pó para o chão. A "toalha" era o próprio método escultórico, e tudo estava recoberto de um fino pó branco, como conta Calvin Tomkins (Tomkins, 1998).

A luta travada posteriormente para localizar o ateliê Brancusi no Beaubourg iniciou-se com Pontus Hulten, quando este foi Diretor do Centre Pompidou, e só veio a ter o seu desfecho em 1997, implicando um enorme esforço de investigação, batalhas judiciais e um significativo investimento, num reconhecimento público do valor do ateliê de Brancusi como metáfora espacial da sua poética e do holismo do seu pensamento. Sobretudo como concretização da ideia de transformação do processo em espetáculo do Acontecimento, cenografado e cristalizado.

História da Arte e performatividade

O que quer dizer que a construção de uma História da Arte que se encena a partir do museu chegou ao ponto de reproduzir a circunstância hipoteticamente criativa do artista, fazendo simbolicamente a arte voltar a casa, ou seja, mostrar a arte no seu próprio ambiente criativo recriado como espetáculo.

Aquilo a que a História da Arte se pode adaptar é ao seu estatuto como narrativa ficcional a partir da tentativa de compreensão das linhagens criativas e produtivas num determinado mecanismo de produção de sentido, compreendendo que o campo dessa produção de sentido se joga tanto na exposição como momento ideológico e cultural, biográfico e estético, teórico e sensorial. A consequência, que noutra ocasião poderia também ser analisada no campo da teoria da arte, parece re-abrir a possibilidade da disciplina sem nome de Warburg.

Finalmente, lembremos uma obra de Joseph Beuys, *Arena – where would I have got if I had been intelligent!* (1970/72).

É um trabalho autobiográfico, que hoje pode ser visto no DIA Center, em Beacon. Consiste num conjunto de pranchas com desenhos, pinturas, colagens e fotografias que possuem uma clara componente autobiográfica. A *memorabilia* que Beuys erege como a sua obra não é outra coisa senão uma enorme operação de suspensão de descrença – desde o episódio tártaro, passando pelas performances históricas, como a famosa *Como explicar pinturas a uma lebre morta?*, de 1965.

Todos esses microacontecimentos se tecem para construir uma ficção sobre uma *persona* paradoxal, uma combinatória indecifrável entre *shaman* e médico, visionário e charlatão, pastor e cientista exotérico. Claro que a forma final da sua exposição, a que foi proposta na exposição de 1979 no Museu Guggenheim de Nova Iorque, nem sequer mostrava já as imagens. As pranchas estavam pura e simplesmente encostadas umas às outras, como se no não-acontecimento da sua apresentação se jogasse a sua mais elevada performatividade, ou seja, a possibilidade de, na recusa da sua mostra, não se afectar a sua função mostrativa e demonstrativa.

Assim, a condução do microacontecimento artístico para uma certa forma de *epochê*, de suspensão, é um dos mais interessantes caminhos de afirmação da performatividade da pequena alteração, o que poderia ser analisado em Cage, como em Raushenberg, em Reinhardt como em Reyman, em Becket como em Bruce Nauman, em Trisha Donnelly como em Tino Seghal.

O não-acontecimento é, de facto, a produção de uma suspensão a partir de uma expectativa, ou seja, uma fissura na suspensão da incredulidade que a catapulta para uma outra instância: a da suspensão da incredulidade no contexto do protocolo *qua* protocolo.

E, assim, a transformação da História da Arte numa pesquisa sobre os processos liminais de afirmação, suspensão ou reificação dos microacontecimentos e as suas epifanias negativas é um caminho possível contra a lógica da decepção do grande Acontecimento.

Foi o caminho de Aby Warburg, terminado com a sua morte no mesmo ano em que Tatlin começou a pesquisar o *Letatlin*. Como em *Finnegans Wake*, a última frase é sempre o início da primeira.

FAUSTO CRUCHINHO*

CINEMA E PORTUGAL: NÃO RECONCILIADOS

O tema desta conferência, "Cine e Nación"[1], constitui-se como ponto de partida para a problematização e discussão da existência de uma relação causal entre o cinema e a nação. Isto é, quer interrogar a identidade da nação que o cinema fornece a essa nação e também saber até que ponto a nação se constitui como identidade desse cinema. Dito de outro modo, quer questionar a existência de um cinema nacional, distinto de outros cinemas nacionais pela sua reiterada referência à nação ou da existência de uma nação que o cinema enforma.

Sabemos como as cinematografias nacionais afirmam a identidade nacional: muito especialmente as nações do terceiro mundo, mas também as do primeiro mundo, constituíram-se também através de valores que o cinema impôs através de modelos de comportamento, afirmação das leis, estratificação social amplamente representada no cinema, géneros cinematográficos históricos que procederam à revisão e fundamentação dessas nações independentes.

Sabemos como as novas nações africanas e asiáticas precisaram do cinema para afirmação da sua língua natural, da organização do estado e da sociedade, da cultura nativa própria, do diálogo entre etnias e da pacificação pós-colonial da nação. De igual modo, os géne-

---

* Faculdade de Letras da Universidade de Coimbra.
[1] Conferência apresentada no âmbito do Curso de Verão 2006 – Universidade de Santiago de Compostela – Centro de Estudos Fílmicos – Departamento de História da Arte.

ros cinematográficos dominantes mantiveram-se intactos, apenas adaptados às novas circunstâncias, a fim de não perturbar o processo de comunicação instituído pelos colonizadores e também para que o cinema se mantivesse como língua franca.

É possível um cinema nacional?

O tema deste curso vem interpelar também o tema do cinema nacional em Portugal. Para responder cabalmente a esta questão teremos de a dividir em duas partes: uma primeira parte em que faremos um inquérito sobre a existência da nação; um segundo momento em que debateremos a existência do cinema. Finalmente, tentaremos juntar cinema e nação e ver de que modo ambos se juntam num só momento, o cinema português.

A própria noção de nação aparece como problemática na actual conjuntura portuguesa. Ao longo das últimas décadas, para não recuar muito no tempo, o conceito de nação foi sendo alterado: primeiro, com a revolução do 25 de Abril de 1974, que colocou a ideia de nação entre aquela que foi defendido pelo Estado Novo desde 1933 e que correspondia simultaneamente ao de um território que começava no Portugal continental, ilhas dos Açores e Madeira, e as províncias ultramarinas de Cabo Verde, Guiné, São Tomé e Príncipe, Angola, Moçambique, Macau e Timor e ainda as possessões na Índia que foram anexadas em 1958 pelo governo indiano. Assim, nação é, até 1974, um território sem fronteiras: na prática do discurso político e imaginário, Portugal ocupa todos os continentes, partindo do princípio bastante oportuno de que o Brasil também é Portugal. O discurso do Estado Novo assenta na noção de nação pluricontinental, com capital em Lisboa. Dito de outro modo, o imaginário dos portugueses não é ocupado com a ideia de que uma nação corresponde a um território com fronteiras fixas e definidas, mas sim que a nação portuguesa é aquela e toda onde se fala a língua portuguesa, incluindo o Brasil e parte da Índia.

Ora, esta noção de identidade que enforma a nação é suficientemente diluída para nela caber tudo, incluindo Olivença, perdida para Espanha antes das invasões francesas e sua resposta pelo governo inglês que se instalou em Portugal no século XIX. Esta perda de soberania sobre um território português a que se acrescentou toda a propaganda salazarista contra a ocupação espanhola entre 1580 e 1640, levou a uma noção entrópica e chauvinista do estado português durante todo o século XX, que a revolução de 1974 vem encontrar. A guerra colonial, que durou entre 1961 e 1974, tornou evidente e obsoleta esta concepção de nação, já que o estado de então não considerou as lutas pela emancipação como guerra civil, como seria de esperar entre facções da mesma nação, mas guerra imperialista de estado colonial contra povos autóctones que aspiravam a constituir-se como nações independentes.

A revolução de 1974 vem dar razão a esta luta pela autodeterminação e, portanto, negar o estatuto de nação até aí defendida: ao retirar das colónias, Portugal reduz o seu território ao perímetro peninsular e insular. Ao fazê-lo, o novo regime democrático saído da revolução de 1974 vem fechar um ciclo político iniciado quinhentos anos antes com as descobertas portuguesas; simultaneamente, vem fechar Portugal no espaço europeu com o qual não havia relações privilegiadas devido a vários confrontos políticos, o último dos quais por razões que tinham a ver com a questão colonial: o chamado ultimato inglês nos finais do século XIX, que reduziu as ambições expansionistas de Portugal.

De novo confinado ao espaço europeu, para mais com a crescente emigração para países europeus como a França, Alemanha e Luxemburgo, Portugal teve que se debater com o trauma pós-colonial do regresso de colonos portugueses das ex-colónias. O regresso em massa, para a metrópole, de portugueses há décadas vivendo e nascendo em África, constituiu, durante pelo menos duas décadas, o regresso do problema do território no momento em que a nação o queria esquecer, ao abrir portas para a Europa, aquela do mercado comum. Assim, temos o Portugal novo da democracia a querer libertar-se imaginariamente e historicamente do antigo território colonial, mergulhando no novo espaço comunitário europeu, e um problema pós-traumático que ficou por resolver: como continuar a ser nação abandonando as antigas fronteiras e ao diluir as novas nas fronteiras europeias. Este problema poderá estar resolvido, trinta anos depois, do ponto de vista político e histórico, mas permanece por resolver do ponto de vista imaginário. Isto é, Portugal continua, agora através da diplomacia e das instâncias internacionais, a querer um lugar no mundo maior do que o seu território.

Vejamos agora como o cinema português se constitui como nacional. O cinema do anterior regime do Estado Novo sempre acompanhou esta concepção anteriormente exposta, de que a nação portuguesa se espalhava pelos cinco continentes. Não só essa problemática ocupa alguns filmes cuja acção se situa nas colónias, como são frequentes as referências a esses territórios ultramarinos. De igual modo, do ponto de vista da organização da indústria cinematográfica, são vários os produtores e exibidores com interesses nas ex-colónias e que também aí organizaram um cinema de temática local. Para a produção de filmes portugueses também o imaginário colonial funcionou, promovendo a co-produção de filmes com o Brasil e com Espanha, especialmente na década de 40 do século passado. Isto é, os três regimes autoritários (Portugal, Brasil e Espanha) punham-se de acordo em relação a temáticas transfronteiriças que poderiam interessar os respectivos países. O imaginário desenvolvido pelo Estado Novo assentou na glorificação de um passado heróico e exemplar de que o regime era o herdeiro, através de organismos como a Mocidade Portuguesa, a Legião Portuguesa e a cultura embalsamada da Política do Espírito que, criteriosamente, mantinham a nação fora das reformas políticas, sociais, económicas e culturais em que o século XIX e inícios de XX foram férteis.

Os filmes dos cineastas oficiais como António Lopes Ribeiro e Leitão de Barros reflectem a nação tal qual o Estado Novo a via na propaganda oficial: tradicional, ordeira e feliz. Os conflitos artificiais desenvolvidos nos argumentos dos filmes apenas serviam para reafirmar a necessidade da autoridade estatal para os resolver, ainda que bastasse ao argumentista resolvê-los. De igual modo, a considerável produção de documentários e jornais de actualidades engrossaram as fileiras dos patriotas com o discurso optimista sobre as actividades do regime aquém e além Portugal continental.

Poderemos então ser levados a propor que o cinema nacional português manteve intactos os imaginários coloniais, tentando até reforçá-los como língua franca entre povos. No entanto, o chamado Cinema Novo, movimento do cinema português que decorreu dos inícios dos anos 60 até à revolução de 1974, nunca abordou a questão colonial ou sequer a guerra colonial, excepto nos filmes *Catembe*, de Faria de Almeida (1964) e *O mal amado*, de Fernando Matos Silva (1974), ambos proibidos pela censura. O Cinema Novo centra-se exclusivamente na realidade de Portugal continental e particularmente em Lisboa. Este movimento, constituído por ex-alunos das escolas de cinema europeias, não tem no seu imaginário o Portugal colonial, mas o Portugal afastado da Europa. Este cinema não reflecte, portanto, uma ideia de nação enquanto território pluricontinental, mas sim um Portugal completamente imaginário e literário, das elites cultas, portanto.

Não se pode afirmar que qualquer um destes momentos do cinema português (seja o cinema oficial do regime do Estado Novo, seja o Cinema Novo que se constituiu fora do cinema oficial) tenha funcionado imaginariamente como factor de coesão da identidade nacional. A fraca popularidade do cinema português desde sempre constituiu um entrave à prossecução de uma política pró ou contra essa identidade. A rádio e a televisão, hoje como ontem, são os veículos privilegiados da formação de identidade nacional no século XX. O cinema português popular ou cultural sempre deixou de fora uma parte da população e, portanto, sempre se constituiu como uma parte contra a outra. O imaginário do Estado Novo passou muito mais pelas comédias populares, esse sim modelo de imaginário importado do teatro musical e cimento das relações sociais numa base conservadora, que estará de regresso a partir dos anos 80 pela mão dos realizadores do Cinema Novo. Isto é, o filme de género, comédia ou melodrama, trabalharam e continuam a trabalhar no sentido da coesão social para além dos regimes e das ideologias. Esse imaginário corresponde a uma difusa relação entre artistas e público, baseada justamente nos códigos de género, sem referência necessária e obrigatória, porque planetária, a uma qualquer ideia de nação.

O cinema português posterior à década de 80 afastou-se deliberadamente da realidade nacional porque ela surge como traumática: essa ideia de nação aparece já só como alegoria de um país construído pela ficção cinematográfica, em circuito fechado, com que os filmes e os cineastas respondem uns aos outros. Para mais, o enfeudamento da criação cinematográfica à decisão política e estética do estado limita o trabalho dos cineastas à obrigação de contrariar o discurso oficial optimista do financiador. A relação com o público e a crítica não ajuda uma vez que estes não devolvem qualquer eco que pudesse orientar os cineastas. Assim, a nação surge como alegoria de um território perdido algures em África. Neste sentido, a obra de Alberto Seixas Santos é toda ela um sintoma dessa impossibilidade de voltar a juntar o cinema com a nação: *Brandos costumes* (1974), *Gestos e fragmentos* (1982), *Paraíso perdido* (1992) e *O mal* (1999) são a impotência dum cinema que ruiu com o império. Os raros filmes que nos últimos vinte e cinco anos encontraram o público e a crítica não encontraram a nação, já que se baseiam no que anteriormente classifiquei como cinema de género. Mesmo uma cineasta como Teresa Villaverde, muito dependente de uma relação imaginária com os traumas da guerra colonial e da infância e juventude dos seus personagens, tem tendência para a generalização do mal social como associado a culpas originadas na exclusão social, reduzindo o cinema a uma lamentação e a uma raiva.

O mesmo não podemos afirmar da obra de João César Monteiro, toda ela virada para a interrogação do que é Portugal. No seu filme *Le bassin de John Wayne* (1997) afirma "Nasci em Portugal: fui enganado!" e no seu último filme *Vai e Vem* (2003) volta a afirmar "Não se nasce português: fica-se português!". Ora, toda a sua obra interroga o que é isso de ser português ou o que é isso de um país chamado Portugal. Desde o seu primeiro filme *Quem espera por sapatos de defunto morre descalço* (1970) que César Monteiro descreve a situação do país: um povo fascizado ("Um poço onde se cai, um cu donde se não sai") pelos políticos salazaristas e caetanistas; um povo abandonado aos estrangeiros como em *Que farei eu com esta espada?* (1975), um povo maravilhoso como em *Silvestre* (1981) e dividido como em *Veredas* (1978) e, depois de *Recordações da Casa Amarela* (1989), um povo sem futuro, completamente mafioso e fascista. A república e a democracia são uma palhaçada (*As bodas de Deus*, 1998), os políticos são uns corruptos (*Vai e vem*), e o povo está sozinho e entregue a si próprio.

Progressivamente, o país de Monteiro vai-se reduzindo à sua casa e à possibilidade da família e do casal; no limite, nação portuguesa é a língua portuguesa, a de Camões e Pessoa, mas não a de Saramago. Isto é, o seu nacionalismo não tem aceitação em Portugal e, claramente, a nação é já só o cinema, o lugar de inscrição da paisagem.

É possível um cinema-nação?

Depois desta breve abordagem das ideias de nação e de cinema, estudemos a existência do cinema português enquanto cinema nacional, agora a partir de alguns exemplos de relação do cinema português com o imaginário nacional.

Findo o período colonial e com a entrada de Portugal na União Europeia em 1986, abriu-se o campo para a libertação dos fantasmas do império colonial. Se é raro o tratamento do tema no cinema português, com as excepções de *Um adeus português*, de João Botelho (1985) e *Non ou a vã glória de mandar*, de Manoel de Oliveira (1990), ele regressa através do regresso a África de alguns cineastas como Jorge António com *O miradouro da Lua* (1993) ou, mais recentemente, Margarida Cardoso com *A costa dos murmúrios* (2004), para além de documentários sobre a guerra colonial. Porém, estes filmes não se constituem como imaginário remanescente do passado, mas como revisitação do passado colonial ou ex-colonial sem repercussão no imaginário nacional português.

O que caracteriza algum cinema português e que pode consentir uma definição específica do cinema português como cinema nacional é uma obsessão pela criação de lugares imaginários utópicos desterritorializados. Isto é, a partir de cineastas como António Reis, Paulo Rocha, Manoel de Oliveira, José Álvaro Morais e Pedro Costa, podemos designar os locais da acção como os locais da filmagem, sem necessariamente corresponderem a lugares existentes. Apesar da sua preocupação obsessiva pela precisão do lugar, daí não nasce uma consciência do lugar, isto é, não são simultaneamente documentários dos lugares, já que eles nos surgem como não-lugares. Explicando-me melhor, o rigor do lugar apenas contribui para um além do lugar, para uma alegoria da nação de que aquele lugar é a sinédoque. Como se estes cineastas, à força de filmarem um lugar muito preciso, construíssem uma metafísica do lugar, a que podemos chamar nação. Assim, é mais pela denegação do conceito de nação que chegamos à nação: esta já não é mais que um conjunto de lugares imaginários que assim permanecem como tal e que constituem, no seu todo acumulado, um puzzle de imaginários com várias nações lá dentro.

O cinema de António Reis e Margarida Cordeiro foi sempre construído a partir de um lugar nunca nomeado ou, se nomeado, transfigurado: *Trás-os-Montes* (1976), *Ana* (1982), *Rosa de Areia* (1989). Filme após filme, o casal de cineastas foi construindo um território de lendas mirandesas e galegas que fala dum universo poético e fabuloso sem tempo e lugar. A própria estrutura fragmentária dos filmes acentua a descontinuidade espácio-temporal ao negar a causalidade. Mais que um cinema do rosto, temos um cinema da paisagem, um cinema anti-aristotélico donde está ausente o conflito, o drama e onde terra e céu se encontram. Se há que designar o lugar do filme, então ele é o cosmos, em que os elementos terra, água, fogo e ar coabitam com os seres, sejam eles humanos, animais, vegetais ou minerais.

O cinema de Paulo Rocha, ao contrário do de Reis e Cordeiro, é o cinema do lugar. A deriva com que começa a sua obra em *Os verdes Anos* (1963) e *Mudar de vida* (1966) leva-o ao Japão. Mas não é o Japão de 1978-82 em que realizou *A ilha dos amores*, mas o Japão dos finais do século XIX, em que um escritor português, Wenceslau de Moraes, viveu, casou e morreu com saudades da pátria. Isto é, a saudade aqui filmada é o sentimento do lugar – estar cá e lá – retomando o poema *Os Lusíadas* de Camões. Os filmes posteriores de Paulo Rocha não prosseguem esta deriva do lugar, mas sim uma deriva narrativa que toma o *fait-divers* popular como imaginário português cristalizado pronto a filmar. Os seus lugares de filmagem, ora o Porto, ora Lisboa, sem nada pelo meio a não ser a auto-estrada, organizam a nação em dois lugares: dentro do país e fora do país.

O cinema de Manoel de Oliveira é, de todo o cinema português, aquele que assenta a noção de nação no imaginário literário exclusivamente. Isto é, Oliveira só filma o imaginário dos outros, sejam eles o Padre António Vieira, Luís de Camões, José Régio, Camilo Castelo Branco ou Agustina Bessa Luís. Num filme recente, *Um filme falado* (2003), ele faz nascer o imaginário europeu entre Roma, Grécia e África, com isso não estabelecendo lugares, mas imaginários. O seu cinema, ao contrário do de Reis e Cordeiro, conduziu à abolição do espaço, do lugar e do território, esvaziando o cinema da necessidade de se situar em coordenadas geográficas. Os seus filmes são já só personagens, acções, linguagem, construindo um imaginário que desertificou a paisagem – é um cinema do rosto.

O cinema de José Álvaro Morais é, pelo menos no seu início com *Ma femme chamada Bicho* (1976), *O Bobo* (1987) e *Zéfiro* (1993), um cinema do lugar que se incrusta declaradamente no que é a nação portuguesa, ainda que o faça também, à semelhança de Rocha, pela oposição entre dois lugares. No primeiro, entre Lisboa e Paris; no segundo, entre o filme e a rodagem do filme; e no terceiro, entre a história e o historiador. O seu cinema mais recente, *Peixe Lua* (2000) e *Quaresma* (2003), é já um cinema de regresso a um lugar, as suas origens familiares e territoriais. Os seus filmes afirmam o lugar *a priori*, sendo esse lugar em crise porque questionado pelo imaginário literário, plástico e histórico. Essa instabilidade do lugar é resolvida pela estabilidade temporal em que a sua ficção se estabelece: Morais filma obsessivamente o presente ou, quando filma o passado, ele surge-lhe invadido pelo presente.

O cinema de Pedro Costa fala da dor de ser português. *O sangue* (1990), primeiro filme da década de 90, marca o luto pelo pai, pela nação e pelo cinema. Situado todo na periferia de Lisboa, naquilo que é o fim do mundo rural tomado pela tentacular zona industrial, o filme começa logo com uma bofetada que o personagem central recebe do pai, em plena noite escura em que decorre todo o filme. O sujo do filme, acentuado pelo preto e branco da imagem, é o sujo dos rostos, das paisagens urbanas, da natureza morta como a noite de *Aurora* de Murnau. Dificilmente encontramos um filme que tão dramaticamente coloque os personagens sem saída. Teremos que vir atrás até ao *Alemanha ano zero* de Roberto Rossellini, para encontrar uma relação entre pais e filhos e entre filhos e sociedade de tal forma pessimista. À semelhança deste filme, *O sangue* é um filme de uma nação destroçada pelo mal social, destruída pela guerra e pelos pais terríveis. A infância é vítima e aceleradora do fim desse mundo.

Ora, havendo esse corte com as figuras paternais punitivas, com a pátria castigadora e com o cinema com que este filme não se identifica, o filme introduz na obra de Pedro Costa uma população de alienígenas que vai continuar nos filmes seguintes. Neste sentido, a reiterada afirmação de filiação de Pedro Costa em António Reis faz sentido, já que ambos criam uma nação cósmica, em que a comunidade prevalece sobre o espírito do lugar. Tal como em António Reis, os filmes de Pedro Costa filmam obsessivamente o mesmo lugar, ainda que este seja difusamente instituído como lugar de filmagem.

A casa de lava (1994) é Cabo Verde, origem étnica dos seus futuros personagens de *Ossos* e *No quarto da Vanda*. O mesmo carácter de zombies permanece neste filme, no fundo um regresso imaginário a uma nação que se espalhava pelos cinco continentes. O que interessa nos cabo-verdianos não é a sua condição de autóctones, mas a permanente ameaça de submergir na cinza da lava. Isto é, novamente os filhos da noite ameaçados pelos fantasmas pós-coloniais, entregues a si próprios e a quem o pai-pátria abandonou. Daí a imigração maciça para Portugal dos cabo-verdianos, justamente para construir casas. A proliferação de línguas faladas no filme constitui ainda um obstáculo à comunicação, representando o contrário do discurso político oficial de ambos os lados, que falam de uma lusofonia sinónimo de lusocracia. O que o filme faz, à semelhança de *O sangue*, é mostrar os seres humanos como zombies, mortos-vivos que são os restos do império colonial na sua versão mais pessimista, não muito diferente do *Stromboli* de Roberto Rossellini. De resto, os dois primeiros filmes de Pedro Costa constituem a mais radical tentativa de elencar as possibilidades de Portugal continuar a existir como nação soberana, ameaçada pelos pesadelos da história.

Com *Ossos* (1997) e *No quarto da Vanda* (2000), filmes-espelho um do outro (a que Pedro Costa regressa em *Juventude em marcha*, 2006), está encontrada a nação. Num bairro de lata de Lisboa, habitado por cabo-verdianos e alguns mutantes, o cineasta estabelece as bases de identificação cinema-nação. Portugal é o bairro das Fontaínhas, microcosmo e lugar-território onde se consubstancia a nova portugalidade. Quase só filmado nos interiores das barracas e em casas abandonadas, a população desse habitat não é o proletariado, nem os pobres, nem os excluídos, nem as vítimas do capitalismo, da especulação imobiliária, do desemprego ou da imigração ilegal. Longe de um julgamento moral (novamente à semelhança de Rossellini e de Reis), não se desenvolve um discurso miserabilista ou estatístico sobre a pobreza. Os filmes não contribuem nem de longe para a resolução da situação daquelas pessoas. Pelo contrário, os filmes seguintes regressam aos mesmos locais e aos mesmos personagens porque eles são a condição de existência deste cinema que cruelmente os expõe como vedetas deste novo *star-system*. A câmara de Pedro Costa, cada vez mais discreta, exclui-se de intervir, já que a intervenção faria quebrar a unidade deste cinema, unidade de lugar, de tempo e de tom. Digamos que Pedro Costa encontrou a sua família naqueles alienígenas, em que a hierarquia familiar é sólida e organizada como uma nação. Em dez anos, Pedro Costa não saiu do bairro das Fontaínhas porque aí encontrou a comunidade que vem, à semelhança de António Reis que também não saiu de Trás-os-Montes durante treze anos porque aí encontrou a comunidade que não tem nação.

Onde jaz o teu sorriso? (2001) é uma encomenda da série "Cineastas do nosso tempo" para filmar o casal Jean-Marie Straub/ Danielle Huillet. Pedro Costa filma-os como se fossem os personagens de *No quarto da Vanda*, isto é, sempre num local escuro: a sala de montagem. Porém, este casal é filmado como os novos pais adoptivos de Pedro Costa, depois do casal António Reis/ Margarida Cordeiro. Jean-Marie Straub é um pai fascista, dono da palavra, enquanto Danielle Huillet é filmada como mãe comunista, dona do trabalho. Mais uma vez, como em todos os filmes de Pedro Costa até aqui estudados, os filhos não são felizes. A câmara, sempre discreta como em *No quarto da Vanda*, nunca intervém e deixa o espectáculo daquela discussão conjugal entregue a si próprio, como se se tratasse de um filho a quem os pais castigassem no quarto escuro e silencioso. A imagem a cores mas sem cor, assemelha-se à de *O sangue*, como se se tratasse de um gigantesco saco uterino, em que o mundo só nos surge como sombras em movimento.

Conclusões

Aqui chegados, tentemos tirar algumas conclusões. Ao longo desta conferência fui utilizando conceitos como rosto e paisagem, entendendo rosto como o lugar onde se encontra mais concentrado o corpo humano e, portanto, lugar do insondável. Pelo contrário, paisagem define aquilo que é apreensível de uma só vez em movimento. Diremos então que o cinema português foi substituindo a paisagem pelo décor, no sentido teatral, despovoando o território. Este é agora propriedade do rosto e, como tal, insondável. A certeza do território que é próprio do nacionalismo do Estado Novo, esvaziou-se com o esvaziamento do nacionalismo. A nova concepção de nação passa, no cinema português, pela interrogação dos rostos, lugar onde a nação encontra o seu território. A dificuldade em identificar o que é o cinema português passa por esta nova estratégia que só pode ser cinematográfica e não discursiva. Igual é a dificuldade em identificar a nação portuguesa: é o rectângulo ao lado da Espanha e virado para o mar que tem as mesmas fronteiras há tantos séculos, dividido pelo rio que vem de Espanha e desagua em Lisboa? É a nação da língua portuguesa e, portanto, uma nação dos cinco continentes em que se fala português? Será o cinema e a arte em geral comum a todos os territórios da *alma mater portucalensis*? Não sendo Portugal um país que mantém uma posição hegemónica na comunidade lusíada, será que Portugal é uma região e o cinema português é um cinema regional? Por tudo o que ficou dito atrás, inclino-me mais para esta última hipótese, a de que o cinema português é parte de uma paisagem composta de vários cinemas, dentro e fora da nação.

Jorge Seabra *

ANÁLISE FÍLMICA**

Texto e contexto

O texto que se vai apresentar consiste num modelo de análise fílmica. Porém, antes de avançar, gostaria de deixar uma explicação prévia que, no essencial, resume a história do modelo. Começou por surgir durante o período que conduziu à apresentação de uma prova académica de doutoramento em 2007, no qual foi aplicado a um conjunto de onze narrativas, viria desde então a ganhar novas dinâmicas, nomeadamente nos seminários de 2º ciclo, onde as mais diversas obras fílmicas foram analisadas através daquele instrumento. O caminho entretanto adquirido fez com que o modelo fosse testado a diversos níveis, continuando a mostrar a sua eficácia como mecanismo operatório sobre este tipo de obras, possibilitando acima de tudo objectividade e sistematicidade numa área de estudos onde estes dois critérios nem sempre estão presentes.

Porém, tendo em conta particularmente os alunos, era cada vez mais premente a necessidade de reformular o texto apresentado na referida dissertação, para expor o modelo, tornando-o mais detalhado e pedagógico, tendo em conta as finalidades de iniciação ou consolidação de

---

* Faculdade de Letras da Universidade de Coimbra.
** Este texto é parte de uma abordagem mais extensa sobre as relações entre o cinema e a investigação a publicar brevemente.

processos de investigação. É essa a razão deste texto. A terminar esta explicação gostaria ainda de recordar a importância de todos os alunos que frequentaram os seminários, particularmente de Cinema e História, nos quais as dinâmicas desenvolvidas em torno da aplicação do modelo proporcionaram reflexões e contributos importantes.

Modelos de análise e investigação

De forma mais empírica ou sistemática, a investigação está associada a processos de trabalho que, independentemente do nível organizacional, pressupõem sempre a existência de métodos ou modelos de pesquisa, cuja operacionalidade depende do grau de adequação ao objecto de estudo. O caso dos estudos fílmicos não foge a esta regra, sendo certo também que esta área requer o prévio conhecimento e domínio sobre a forma como a obra cinematográfica organiza o seu discurso informativo. Para além disso, aquilo que define a cientificidade de qualquer pesquisa é o rigor metodológico e a objectividade patenteadas, critérios esses igualmente aplicáveis à área dos estudos fílmicos, que no caso significa, o distanciamento de processos impressionistas, e a aproximação às normas de objectividade, rigor e coerência interna, que culminam na produção de conhecimento reconhecido pela comunidade científica.

Análise em recorte

Trata-se de um processo com um potencial de objectividade já salientado por vários especialistas da área de estudos fílmicos. A *découpage* – termo por que a operação é normalmente conhecida – pode ter dois sentidos. Um, anterior à rodagem, significa aquilo que em Portugal se designa por planificação, que consiste na descrição técnica de todos os elementos constituintes dos planos. Outro, refere-se a uma descrição do filme, depois de terminado, com base nas principais unidades que o constituem. É nesta acepção que estamos a utilizar o termo. Segundo Aumont, trata-se de "um instrumento praticamente indispensável se pretendemos realizar uma análise ao filme na sua totalidade, e se nos interessamos pela narração e pela montagem". Para o efeito, é necessário regressar ao lastro constituinte do filme, observando-o sob diversos pontos de vista nas partes que o constituem[1].

Porém, como a informação que se pode retirar de uma película é praticamente inesgotável, no sentido de evitar que alguma recolha se torne fastidiosamente inútil, a operacionalidade desta depende em primeiro lugar da determinação prévia do objecto a pesquisar. Essa definição revela a sua utilidade pelo procedimento selectivo a que nos obriga, efectuando as exclusões que saiam fora do âmbito da recolha.

Definido o objecto da observação, o produto desta é incomparavelmente mais completo e fecundo que aquele que é feito pelo espectador na sala de cinema. Normalmente, este último, privilegia a intriga "tomando por guia o herói", e escolhendo somente os elementos necessários à sua compreensão. Desse modo, com a análise em recorte, o nível, a qualidade e a profundidade do *olhar* é muito maior, uma vez que "permite avaliar o conteúdo dos planos, ter em conta as relações entre os diferentes elementos, fixar o que a memória do espectador não retém e que, no entanto, pode intervir na impressão que um filme deixa"[2].

Em suma, este processo conduz ao recorte da película em diversas unidades, onde cada uma delas é sujeita ao mesmo sistema de recolha previamente definido. Cada um dos segmentos será minuciosamente observado em função de diversos pontos de vista, podendo ainda vir a ser alvo de filtragem, conduzindo à eliminação de alguns deles, caso se revelem secundários relativamente ao objecto em estudo. Ou seja, a análise em recorte consiste em algo semelhante à reescrita do filme *a posteriori*, com a intenção de se construir um banco de dados suficientemente alargado, para futuro tratamento e análise do tema, com elementos objectivamente recolhidos.

---

[1] Jacques Aumont, *A análise do filme*, 1ª ed., Lisboa, Texto e Grafia, 2009, pp. 35-40.
[2] Pierre Sorlin, *Sociologie du cinema*, 1ª ed., Paris, Aubier Montaigne, 1977, p. 155.

A criação de um modelo de investigação

O conceito de análise em recorte está na base do modelo de investigação que propomos, para o qual contribuíram duas questões essenciais. A primeira, e foi por aí que tudo começou, pela intenção de recolher os dados de uma forma completa e coerente, facto que apenas seria atingível se o mesmo processo fosse aplicado sistematicamente a todos os filmes. A segunda, não menos importante, derivou da necessidade de desenvolver uma forma de citação da fonte fílmica, que respondesse aos objectivos de rigor que se colocam a qualquer pesquisa científica.

Na verdade, este segundo aspecto, foi aquele que mais problemas nos suscitou. A interrogação que nos acompanhou durante algum tempo, até que chegássemos ao modelo proposto, passava precisamente por demonstrar aquilo que afirmaríamos. Essa dificuldade quase não se coloca em relação à fonte escrita, aquela que é mais comum na investigação social. Nesta, para além da coerência do processo de citação, basta indicar a página a partir da qual se fundamenta a afirmação. Porém, o mesmo já não se aplicava na citação filmográfica. Como localizar num filme a noção de que uma personagem é preterida em relação a outra? Como situar uma afirmação dos diálogos? Como referir um enquadramento? Como indicar uma escala ou um ângulo? Em suma, como permitir a possibilidade de aferir materialmente a verificação de dados, critério indispensável para que qualquer investigação seja reconhecida como séria e válida? Tendo por base estas duas premissas – como citar a fonte fílmica e como recolher dados de forma objectiva, coerente e sistemática – chegámos a uma plataforma que fomos consolidando, que se concretizou na criação de um modelo de investigação, e que é suficientemente versátil para se aplicar aos diferentes tipos de narrativa fílmica.

Contudo, o primeiro aspecto de que tivemos de tomar consciência, foi o facto de as ficções cinematográficas terem sempre na sua base uma intriga. Esta levava ao desenvolvimento de um enredo que criava um determinado universo diegético, onde as coordenadas espaciais e temporais eram determinantes para podermos acompanhar as peripécias por que os protagonistas passavam para a resolução do problema inicialmente colocado. Ou seja, dito de outra forma, uma ficção cinematográfica utiliza sempre um conjunto de procedimentos narrativos para nos contar a estória que levou à construção da obra fílmica. Saber como é que aquela fora estruturada para se tornar compreensível, constituía o primeiro passo do referido modelo.

Assim, antes de chegar à análise de conteúdos, e sobretudo para lá chegar, era necessário cumprir duas fases concomitantes. Perceber como é que a intriga se desenvolvia e estruturava e, simultaneamente, de que forma se expressava através da linguagem fílmica. Só depois de ultrapassados estes dois momentos, poderíamos contextualizar e compreender a informação que a intriga veiculava.

1. A estrutura narrativa

Esta, em primeiro lugar, será um instrumento de apoio na qual o investigador se apoia sempre que tiver necessidade de se situar na obra, pois, no essencial, aquilo que produz de forma sintética é um esqueleto sobre a forma como a narrativa se organiza através das suas unidades essenciais, reescrevendo o filme depois de terminado na versão que chegou ao público. De maneira fria e material adquire a forma de uma tabela informática para que a sua leitura se torne fácil e rápida, permitindo saltar entre os vários segmentos ou, de outro modo, seguir passo a passo o modo como os autores organizaram a obra, como se lêssemos uma história sem os elementos poéticos e dramáticos, mas apenas com aquilo que de substantivo a constitui, transformando-se, desse modo, numa âncora essencial no trabalho de pesquisa. Perguntar-se-á ainda para que serve este instrumento. No essencial, permite uma organização metódica da narrativa, facto que, em si, não é de somenos importância. Dado que o processo de análise obriga a que a obra seja dividida em partes, tantas quantas aquelas que tematicamente possibilita para o objeto em análise, a sua criação permite-nos uma aproximação ao conjunto sempre que for necessário. Para a sua elaboração elegemos três unidades que nos parecem consensuais e que são, por ordem crescente ao nível da importância diegética, o plano, a cena e a sequência.

O plano

Como é sabido, técnica e fisicamente, o plano é a porção de película impressionada entre dois cortes ou paragens de máquina, constituindo a unidade mínima aparente que é apercebida pelo espectador, apesar de aquele ser constituído por unidades mais pequenas, os fotogramas, que são projectados à velocidade de 24 imagens por segundo para o filme sonoro, mas que são imperceptíveis para o olho humano.

O plano, ao nível do modelo que desenvolvemos, assume dois papéis determinantes. Por um lado, enquanto unidade física autónoma, objectivamente identificável e contabilizável, constitui a chave da nossa solução para a citação filmográfica desde que façamos esse trabalho algo cansativo que consiste em numerar os planos por que a obra é constituída. Do nosso ponto de vista, ao nível da obra cinematográfica, não existe mais nenhum processo citacional que tenha o rigor e a objectividade que a indicação de plano contém. Mesmo que estejamos perante situações onde a pontuação fílmica é usada para diferenciar os momentos da narração, caso dos fundidos, cortinas ou *fade out*, esses momentos para além de dependerem de um critério de autor e não serem uniformes na sua utilização, não conseguem alcançar o grau de inquestionabilidade que a indicação de plano permite. De outro ponto de vista, se estivermos perante obras onde este tipo de unidade prolifera em abundância, como são os casos dos filmes de alguns vanguardistas soviéticos dos anos vinte do século passado, como Eisenstein em *A greve, O Couraçado Potemkin, Outubro*, ou Vertov em *A câmara de filmar*, se a dificuldade de contabilização aumenta, pois por vezes estamos perante planos com tempo inferior ao segundo, existem soluções de visionamento que permitem ultrapassar o problema, mantendo o critério de rigor que se torna necessário à seriedade do conhecimento. Finalmente, apesar de não ser muito comum, podem ainda ser invocadas as obras onde a utilização da unidade plano é substancialmente reduzida, como são os casos de *A corda* (Hitchcock, 1948) ou *A arca russa* (Sokurov, 2001) onde é necessário utilizar referenciais internos ao plano para auxiliar a localização daquilo que se pretende afirmar.

Ou seja, independentemente dos tipos de realização serem mais agressivos ou mais contidos na utilização do plano, são os cortes derivados das paragens de máquina, pela marca física que deixam na película, que constituem o processo mais rigoroso para proceder à citação filmográfica. Tal não significa também que o plano seja o único processo citacional da obra, nomeadamente quando estamos perante unidades narrativas maiores que a seu tempo serão abordadas. Aquilo que de momento pretendemos afirmar é que, mesmo quando estamos perante unidades maiores, a numeração de plano pode ser utilizada para marcar o início e o fim da citação, tal como fazemos quando pretendemos fazer uma afirmação que tenha por base uma ideia expressa entre várias páginas de um livro.

Por outro lado, o plano não é apenas um segmento físico. Em termos narrativos é igualmente a unidade mínima que se pode identificar numa ficção cinematográfica, onde uma pequena parte da estória é expressa, constituindo este o segundo papel significativo que lhe atribuímos, embora ao nível da estrutura narrativa não tenha grande importância. De qualquer forma, embora voltemos ao assunto, o plano, a nível narrativo, é uma unidade com conteúdo que vale por si, pelos vários tipos de informação que a sua organização interna fornece, mas cujo significado pode ser substancialmente aumentado através da montagem, pelo cruzamento com as unidades que lhe antecedem e sucedem.

A cena

Esta veio a constituir a segunda unidade da estrutura narrativa. Trata-se de um segmento maior que o anterior, que poderá envolver apenas um plano, caso estejamos perante um plano-sequência, mas onde o normal será ser constituído por vários planos, tantos quantos os que forem necessários para narrar o assunto autonomizado. Deste modo, ao contrário do plano, que é materialmente identificável, a cena não obedece na sua definição a qualquer elemento físico, os critérios temporais e espaciais poderão ou não auxiliar, o seu desenvolvimento poderá ser contínuo ou interpolado por outras cenas e, principalmente, é a situação diegética narrada o critério aferidor da sua identificação. Recordemos o início de *As cartas de Iwo Jima* (Eastwood, 2006) no qual começamos por ter uma cena inicial com 13 planos, passada em 2005, 61 anos depois da batalha travada entre americanos e japoneses pela posse da ilha de Iwo Jima. A autonomia diegética da cena provém do facto de servir para nos apresentar o espaço onde a acção se vai desenvolver e, simultaneamente, apresentar o carácter heróico da atitude dos japoneses, quer pela melancolia que a melodia tocada em piano nos transmite, quer pelo comentário de admiração que um dos arqueólogos deixa a propósito dos túneis construídos (Eastwood, 2006, pls. 1-13).

Ou seja, acima de tudo deve ser a coerência temática o nosso principal apoio, facto que obriga a analisarmos o narrado não no sentido filmográfico da rodagem, onde o critério espacial é o mais vulgar suporte, mas através do lastro diegético que se mantém entre um conjunto de planos, facto que nem sempre é perceptível num primeiro momento pela utilização recorrente que fazemos do espaço e do tempo para nos situarmos na narrativa. No exemplo aludido, começamos por ter imagens do exterior da ilha, com alguns planos mostrando os destroços de guerra e o lugar de memória entretanto construído, para depois passarmos para a escavação arqueológica, uma situação aparentemente distinta, se utilizássemos como critério de análise o espaço da acção, que no primeiro caso é exterior e no segundo é uma situação montada em estúdio para aparentar o interior dos túneis.

Cartas de Iwo Jima (sequência 1, cena 1 – A ilha de Iwo Jima em 2005)[3]	
Planos	Descrição
1	Iwo Jima. Monte Suribachi
2	Monumento em memória da batalha de Iwo Jima
3	Destroços de um canhão
4	Destroços de um tanque
5	Destroços de um bunker
6	Destroços de canhão
7	Interior de um bunker
8	Interior de um bunker
9	Interior de um bunker
10	Bunker
11	Arqueólogos caminhando entre a vegetação
12	Arqueólogo explorando o interior de uma gruta
13	Arqueólogos em trabalho de pesquisa. Descoberta de achado arqueológico

Deste modo, a cena é um episódio com autonomia diegética, constatável através da identificação do tema narrado na situação e que poderá ser expresso em diferentes espaços, tempos e por várias personagens. Refira-se ainda que, ao contrário do plano, a subjectividade está presente na identificação de cenas, que podem ser condicionadas

---

[3] Clint Eastwood, *Cartas de Iwo Jima*, Warner Bros., 2006, pls. 1-13.

pelo objecto de pesquisa ou o olhar do investigador num mesmo filme. Porém, apesar dessa subjectividade, na base da sua concepção deve sempre existir um critério de coerência defensável para que uma cena possa ser aceite como unidade narrativa.

A sequência

Esta última unidade, a maior das três até aqui apresentadas, tem por função fornecer uma perspectiva global sobre a narrativa, enunciando os grandes temas que a constituem. Desse ponto de vista, esta é a perspectiva mais distanciada que temos sobre a forma como aquela se organiza, não a vislumbrando segundo o ponto de vista saltitante que o olhar plano a plano proporciona ou sob o critério episódico que a análise cena a cena oferece, mas segundo um ponto de vista onde nos centramos nos elementos mais profundos da obra.

Tecnicamente é constituída por várias cenas com afinidades diegéticas entre si, facto que por vezes constitui uma dificuldade, porque obriga a desenvolver um olhar sobre várias cenas em simultâneo, de forma a procurar afinidades temáticas, do qual resultará uma unidade mais global, precisamente a sequência. Ainda do ponto de vista técnico, qualquer estrutura narrativa terá, no mínimo, três sequências, uma para a apresentação da problemática, outra com o seu desenvolvimento e uma final para a resolução da questão inicial. Vejamos o caso de *Lawrence da Arábia* (Lean, 1962) e a sua sequência inicial. Conforme se poderá verificar no quadro abaixo, entendemos que a obra tem uma sequência inicial, constituída por quatro cenas, cada uma com um assunto específico.

O filme consiste num longo *flash back* começando com a morte de Lawrence em consequência de um acidente de mota (1ª cena), da qual resulta a segunda cena, onde são apresentadas as cerimónias fúnebres e surgem vários testemunhos duvidando sobre a sua importância histórica. Apresentada a personagem, recuamos no tempo, vamos para a Iª Guerra Mundial ao encontro de Lawrence que se encontra no Cairo ao serviço da coroa britânica, ficando então a saber do seu destacamento para aconselhar o Príncipe Feisal (3ª cena) e, na sequência dessa decisão, acompanhamo-lo no deserto com o seu guia, cena em que nos apercebemos do respeito, conhecimento e admiração que tem pelos árabes.

Sequência	Cena	Planos	Assunto
1 Lawrence e o deserto	1	1-25	Morte de Lawrence (1935)
	2	26-31	Cerimónias fúnebres. Testemunhos sobre a importância de Lawrence
	3	32-69	Destacamento de Lawrence para aconselhar Príncipe Feisal durante a I^a Guerra Mundial
	4	70-120	A beleza do deserto. A valorização do outro. Travessia do deserto com o guia

Porquê autonomizar estas quatro cenas, de forma a agregá-las numa sequência? O que existe de comum entre elas a nível diegético? Em nossa opinião, estas quatro cenas iniciais estão todas ao serviço do mesmo propósito, que consiste em apresentar a personagem Lawrence e o deserto como espaço diegético da acção. Dito de outro modo, estamos perante a intriga de predestinação que Roland Barthes refere, apresentando a problemática a desenvolver, que consiste em narrar alguns episódios da vida de Lawrence na península arábica de forma a ajuizarmos a importância histórica que os autores lhe conferem.

Assim, organizada a narrativa do ponto de vista sequencial, e como dizíamos há pouco, qualquer obra poderá ser percepcionada apenas do ponto de vista dos temas globais que aborda, sem a presença do sobressalto da narração plano a plano ou da apresentação dos vários episódios que constituem as várias cenas de uma sequência. *A costa dos murmúrios* (Cardoso, 2004) poderá aqui servir-nos de exemplo demonstrativo. Do nosso ponto de vista, a narrativa organiza-se em 4 sequências que estão apresentadas na tabela seguinte:

Sequência	Tema	Cenas
1	O casamento de Evita-Luís. As transformações ocorridas em Luís. A partida para a operação militar no norte de Moçambique	13
2	O quotidiano de Evita durante a ausência de Luís. A descoberta do novo Luís	7
3	A relação de Evita com Álvaro Sabino e a busca do reequilíbrio	8
4	O desmoronar das relações Evita-Luís e Evita-Álvaro	6

No quadro, conforme se poderá verificar, apenas são apresentados os temas que unem as várias cenas que constituem as sequências. Aí podemos depreender que a problemática abordada pela narrativa são as transformações que a guerra colonial produziu no alferes Luís e a desestruturação emocional e familiar que daí resultou. Ambas as situações surgem como metáfora relativa a todos aqueles que directa ou indirectamente se viram envolvidos naquele conflito.

A construção da estrutura narrativa

Apresentadas as unidades através das quais a estrutura narrativa se organiza, olhemos agora para a sua elaboração. Como dizíamos de início, para que se torne um instrumento funcional e útil à investigação convém que adquira o formato de uma tabela informática para que possamos ler a narrativa passo a passo, através das cenas que se vão sucedendo, ou de forma mais global através das unidades sequenciais ou, eventualmente, seguir apenas um aspecto que esteja devidamente identificado.

A elaboração da estrutura narrativa requer sempre, no mínimo, três visionamentos:

a) *Visionamento livre do filme*

É o primeiro contacto com a obra, na qual deve apenas estar presente o prazer sensorial e estético comum a qualquer espectador. Todo o investigador que não se deixe envolver pelo filme, que não comungue do chamado *efeito-cinema*, que o leva a desenvolver mecanismos de identificação primária (imaginar-se dentro do espaço diegético criado pela ficção) e secundária (solidarizar-se com os problemas e angústias por que as personagens passam para resolver os problemas que lhes vão sendo colocados) ficará no exterior do filme, e nunca estará em plenas condições de compreender os sentidos subjacentes à obra. Uma ficção cinematográfica é acima de tudo a narração de uma estória, através da qual nos deixamos voluntariamente manipular a nível sentimental, tal como em todos os outros registos ficcionais. A percepção desta manipulação, o referido *efeito-cinema*, é essencial para que possamos estar plenamente em condições de efectuar qualquer exercício intelectual sobre a obra.

b) *Visionamento cenográfico e sequencial*

É aqui que começa o exercício de distanciação, onde convém estarmos já munidos de um instrumento de registo para começarmos a estruturar e a recolher dados. Nesta fase, aquilo que vamos fazer é dividir cenográfica e sequencialmente o filme, ou seja, identificar e numerar as cenas e sequências, processo que não aconselhamos fazer simultaneamente. Primeiro efectuar os cortes cenográficos, e posteriormente, depois de todo o processo anterior, proceder às cisões sequenciais. Na tabela seguinte apresentamos aquilo que será o princípio da estrutura narrativa, através da qual, as cenas primeiro e depois as sequências, serão progressivamente identificadas. As cenas serão numeradas de um até ao limite que se considerar necessário, de forma seguida ou interpolada consoante forem ou não apresentadas alternadamente com outras cenas, identificando também o assunto tratado em cada uma delas, até ao momento em que nos apercebermos que o assunto entretanto narrado já não diz respeito ao lastro comum às cenas anteriores. Nesse momento procedemos ao corte sequencial, o que significa recomeçar a contar as cenas a partir de um de novo para a nova sequência, porque cada conjunto de cenas identificado como pertencente a uma sequência, deve ser numerado dentro da própria unidade.

Sequência	Cena	Planos	Assunto
1 (título/tema)	1		Identificação do assunto da cena
	2		Identificação do assunto da cena
	3		Identificação do assunto da cena
		2.1	Continuação do assunto começado na cena 2
	4		Identificação do assunto da cena
		3.1	Continuação do assunto começado na cena 3
		2.2	Prosseguimento do assunto continuado na cena 2.1
2	1		Identificação do assunto da cena

c) *Contagem de planos*

Esta é a última fase da estruturação da narrativa. Ao contrário da criação e contagem de cenas, que são enumeradas apenas dentro da sequência para narrar o tema nela identificado, a contagem de planos é efectuada de forma continuada até ao fim da narrativa, numerando todas estas unidades para que possamos afirmar quando começam e acabam as cenas e sequências mas, fundamentalmente, para podermos citar de forma rigorosa e objectiva a obra.

E sobre este aspecto aparentemente simples de contagem destas unidades, aconselha-se que não existam elementos perturbadores, nomeadamente ao nível da banda sonora. Deve haver uma concentração absoluta na banda imagem, particularmente num elemento que esteja em campo quando estamos perante planos demasiado curtos e susceptíveis de desconcentração. Note-se que este último facto não é despiciendo se atendermos ao rigor que se deve ter quando pretendemos efectuar uma citação a partir da obra fílmica. Ou seja, uma deficiente contagem terá consequências negativas na localização de afirmações que pretendamos fazer a partir da narrativa. Ainda a propósito da questão citacional, refira-se ainda que, caso não utilizemos a observação plano a plano de que falaremos mais à frente, a estrutura narrativa é o único instrumento de que nos podemos socorrer para localizar afirmações no filme. Para isso, a contagem de planos efectuada para identificar o início de cenas é preciosa, porque será a partir desse corte que recomeçaremos a contagem para localizar com mais precisão qualquer elemento situado num plano do interior de uma cena.

Aliado à questão da contagem, existe um pormenor relevante a salientar que diz respeito aos momentos de corte cenográfico e sequencial. É através da contagem que decidimos quando começa e acaba cada unidade, sendo necessário utilizar critérios de grande objectividade, nomeadamente diegéticos, para sabermos quando termina ou começa uma cena ou sequência e, ao mesmo tempo, estar atento à possibilidade de essas unidades continuarem a ser desenvolvidas de forma alternada com outras cenas.

Assim sendo, e retomando o exemplo da sequência anteriormente apresentado, a contagem de planos apresentar-se-á como é mostrado no exemplo:

Sequência	Cena	Planos	Assunto
1 (título / tema)	1	1 – 25	Identificação do assunto da cena
	2	26 – 54	Identificação do assunto da cena
	3	55 – 80	Identificação do assunto da cena
	2.1	81 – 120	Continuação do assunto começado na cena 2
	4	121 – 147	Identificação do assunto da cena
	3.1	148 – 179	Continuação do assunto começado na cena 3
	2.2	180 – 214	Prosseguimento do assunto continuado na cena 2.1
2	1	215 – 235…	Identificação do assunto da cena

A estrutura narrativa de *A costa dos murmúrios*

O fim deste processo culmina com a completa estruturação da narrativa que temos por objecto. Peguemos de novo no exemplo de *A costa dos murmúrios*, obra realizada por Margarida Cardoso em 2004 para verificarmos como se concretiza todo este processo.

A narrativa é baseada na obra homónima de Lídia Jorge, sendo um exercício de memória sobre as consequências pessoais e familiares da guerra colonial, feito a partir do ponto de vista feminino, utilizando para o efeito a relação entre Evita e Luís como metáfora, desenvolvendo-se a partir de dois tempos diegéticos. Um, o principal, situado em Moçambique nos inícios dos anos setenta do século XX, durante o qual acompanhamos as transformações que Evita vai descobrindo em Luís, num processo que a vai conduzir ao seu progressivo afastamento do marido até terminar com a morte deste. Outro, secundário, sobre o qual não temos referências espácio-temporais precisas, mas que é posterior ao referido, durante o qual a mesma Evita, em *voz over* sobre as imagens do tempo diegético principal, vai efectuando reflexões sobre o seu passado.

A primeira sequência é nuclear no conjunto da narrativa. Para além de enunciar a problemática a abordar, situando-a no espaço e no tempo, serve também para apresentar as personagens principais, os casais Evita-Luís e Forza Leal-Helena. No caso do par Luís-Evita, a sequência apresenta-nos a chegada de Evita à província moçambicana para casar com Luís, e que, à medida que se vai situando no novo contexto, vai descobrindo um novo marido, diferente daquele que conhecera na metrópole, do qual resultam progressivos cortes afectivos assinalados na estrutura. Estes momentos ora são apresentadas através de situações diegéticas desenvolvidas durante o tempo narrativo principal, ora são apresentadas *a posteriori*, através da *voz over* de Evita que, sobre as imagens, a partir de um futuro não localizado temporalmente, apresenta reflexões sobre aquele passado, assinaladas na estrutura como evocações.

O casal Forza Leal/Helena ajuda-nos a perceber as transformações entretanto ocorridas em Luís, admirador servil do seu capitão, que considera um herói, cujas características sádicas, violentas e autoritárias estão nos antípodas do Luís de juventude com quem Evita escolheu viver. Helena, enquanto esposa do capitão, é o meio através do qual este demonstra a sua personalidade, aparecendo nesta sequência como elemento submisso e sem vontade própria perante o marido.

A costa dos murmúrios Estrutura narrativa			
Realização: Margarida Cardoso – Produção: Filmes do Tejo/Les films de l'après-midi – Ano: 2004			
Sequência	Cena	Planos	Assunto
1 O casamento de Evita O espaço e as personagens	1	1-19	Genérico. Faz o reconhecimento da chegada de militares, de familiares e de Evita a Moçambique
	2	20-29	1ª evocação. Evita recorda o seu casamento com Luís. O espaço: Hotel Stella Maris
	3	30-42	O baile de casamento. Apresentação de Capitão Forza Leal e Helena
	4	43-66	A noite de núpcias de Evita e Luís. A descoberta de problemas na província
	5	67-74	Evita e Luís falam sobre o passado de Luís, do seu gosto pela matemática. Evita constata a mudança de Luís, o desprezo pela sua área de estudo predilecta. 1º corte afectivo entre Evita e Luís

6	75-79	2ª evocação. Evita recorda o que foram os anos passados
7	80-119	Passeio dos casais. Luís e Forza Leal decidem "fazer o gostinho ao dedo". Jogo de submissão entre Forza Leal e Helena. Os dois homens divertem-se a matar flamingos. Luís afirma-se como sombra do seu capitão 2º corte afectivo entre Evita e Luís
5.1	120-121	Evita constatando as mudanças de Luís. 3º corte afectivo Evita/Luís
8	122	3ª evocação de Evita (Evita e Luís no final do baile de casamento)
9	123-128	No quarto do Stella Maris, Evita e Luís acordam com gritos dos vizinhos em virtude de problemas conjugais de infidelidade. Evita fica a conhecer a forma como Forza Leal resolveu um problema semelhante com Helena 4º corte afectivo entre Evita/Luís
10	129-133	Os dois casais na praia. O prazer de Forza Leal em humilhar a esposa
11	134-145	Na marisqueira, Evita enfrenta Forza Leal devido à questão da guerra colonial. Evita afirma-se opositora à guerra e defende a necessidade de uma solução política, enquanto Forza Leal afirma que a terra é portuguesa. Evita recusa ficar numa casa apresentada por Forza Leal, preferindo ficar no hotel quando Luís partisse para a operação militar
12	146-148	4ª evocação de Evita Evita recorda a última noite antes da partida. Forza Leal trata Helena como um objecto, depositando-a no jardim
13	149-160	Luís parte sem conseguir que Evita prometa viver enclausurada até este regressar. Despedida tensa

Análise fílmica

A segunda sequência, abaixo apresentada, serve para percebermos o quotidiano de Evita durante a ausência de Luís, que entretanto partiu para uma operação militar com o seu capitão. Nesse dia-a-dia, duas notas importantes devem ser salientadas para a compreensão global dos sentidos da diegese, conferindo por isso autonomia temática a esta unidade. Por um lado, inicia um processo de conversas com Helena que a levarão a descobrir outras facetas na esposa do capitão, conhece o jornalista Álvaro Sabino após encontrar umas garrafas de álcool metílico que andavam a matar elementos da comunidade indígena, pessoa a quem pede para denunciar publicamente a hipocrisia existente em torno da situação.

Sequência	Cena	Planos	Assunto
2 A ausência de Luís e o quotidiano de Evita	1	161-172	Reconhecimento do quotidiano de Evita e das outras mulheres e crianças na ausência dos militares
	2	173-197	1ª conversa Evita/Helena A promessa de enclausuramento de Helena O receio das baixas militares na operação militar dos maridos
	3	198-216	Evita descobre garrafas de álcool metílico Primeiro encontro com o jornalista Álvaro Sabino
	4	217-253	2ª conversa Evita/Helena Morte do mainato Mateus Rosé Evita conhece novas facetas de Luís através de fotografias de operações militares
	5	254-275	Evita descobre correspondência sua não aberta por Luís Evita confirma junto do colega Góis o novo carácter de Luís. Fica a conhecer novas facetas do marido
	6	276-291	Evita passeando nas ruas à chuva. Encontra Álvaro Sabino e pede-lhe para denunciar as mortes por álcool metílico
	7	292-294	Conhecimento da morte do tenente Fernandes

A terceira sequência merece autonomia porque, em função do prosseguimento das conversas com Helena, Evita virá a conhecer dados que aprofundam a ruptura iniciada relativamente a Luís e, devido a esse corte afectivo, aceita iniciar uma relação com Álvaro Sabino por este se tornar numa espécie de elemento reequilibrador relativamente à perda de horizontes afectivos, e partilhar com Evita as mesmas preocupações sobre a guerra colonial e quanto aos destinos da província. Das conversas com Helena resultará ainda o aprofundamento das razões da submissão desta relativamente a Forza Leal, a revelação do desejo de que este morra na operação em curso, e a tentativa do estabelecimento de uma relação amorosa com Evita que, por sair frustrada, provocam um corte abrupto no relacionamento entre as duas.

Sequência	Cena	Planos	Assunto
3 A relação de Evita com Álvaro Sabino	1	295-319	5ª evocação Evita aceita sair com Álvaro Sabino. Conhece as várias relações que tem
	2	320-325	3ª conversa Evita/Helena A morte do tenente Fernandes não é incluída nas estatísticas
	3	326-346	Evita, Álvaro e o colega no Moulin Rouge Evita passa a noite com o colega e encontra Álvaro de manhã
	4	347-360	Evita lê a "coluna involuntária" de Álvaro Sabino 6ª evocação. Tenente Zurique refere que as operações estão a correr mal. O medo nas ruas
	5	361-365	4ª conversa Evita/Helena Helena preocupada com o número de baixas militares
	6	366-382	A conflitualidade social nas ruas. A revolta portuguesa pela morte de um pianista. Discriminação racial nas ruas. Evita encontra-se com Álvaro
	7	383-412	5ª conversa Evita/Helena História do amante de Helena e a roleta russa Helena confessa a Evita o desejo de que Jaime regresse morto

| 3 (cont.) | 7 | 383-412 | Helena propõe um envolvimento amoroso com Evita |
| | 8 | 413-421 | 7ª evocação. A praga de gafanhotos. A última noite com Álvaro |

Finalmente, a quarta e última sequência consuma a resolução do problema apresentado na primeira unidade relativamente à relação entre Evita e Luís. Iniciada com o regresso dos militares, e não obstante o vazio e o desalento com que Luís regressa, Evita comunica-lhe o conhecimento entretanto adquirido, nomeadamente o carácter sanguinário e sádico do marido. Contudo, de Luís apenas o silêncio recebe porque entretanto este já fora informado da relação da esposa com Álvaro, através da denúncia de Helena como vingança da recusa de Evita em iniciar com aquela a referida relação amorosa. A solução da questão terminará com a roleta russa entre Álvaro e Luís, na qual a sorte escolheria quem ficaria com Evita. Porém, ao contrário do amante que Helena tivera, que morrera durante o mesmo jogo com Forza Leal, é Luís que morre e Evita não volta a encontrar Álvaro.

Sequência	Cena	Planos	Assunto
4 O regresso de Luís. A roleta russa. O desaparecimento de Álvaro	1	422-434	Conferência de imprensa sobre o fim das operações militares. A despedida entre Evita e Álvaro
	2	435-453	Regresso de Luís A frustração pela operação militar. Regresso derrotado
	3	454-457	Evita e Luís passeando. Notícias sobre a falsa paz Leitura da coluna de Álvaro Sabino
	4	458-465	Luís e Forza Leal queimam documentos de guerra Helena recusa-se a receber Evita. Forza Leal parece convencer ou confortar Luís
	5	466-477	Evita revela a Luís conhecer as suas características de militar (sanguinário e sádico). O silêncio de Luís. Sai fardado
	6	478-500	8ª evocação. A roleta russa entre Luís e Álvaro. Evita procura Álvaro. Reconhecimento do corpo de Luís. O amanhecer. Um flamingo levanta voo

Refira-se ainda que estes casais podem ser apresentados sob dois pontos de vista. Por um lado, estabelecendo como oponentes o caos e a ordem, o par Evita/Luís parte da ordem em direcção ao caos à medida que Evita se apercebe das mudanças psicológicas entretanto operadas em Luís e aquela recusa a nova ordem que o marido lhe tenta impor. Já no caso de Forza Leal-Helena é um par que vive no caos, sob a aparente harmonia imposta de forma violenta e sádica pelo marido, e em relação à qual Helena se submete na esperança de um dia se libertar através do desaparecimento do marido em combate.

Por outro lado, ambos os casais podem ser também analisados pela oposição fraco/forte, modificando-se as posições anteriores pelo aparecimento de dois novos pares. Forza Leal/Evita, apesar de ideologicamente oponentes são ambos o lado forte das respectivas relações, representando o primeiro o regime e a autoridade colonial instituída e a segunda a oposição àquele ideário e a busca de uma solução política para o problema da guerra colonial. Já o par Luís/Helena representa o lado derrotado de ambas as relações, apesar de o primeiro se apresentar como uma cópia imperfeita e impotente de Forza Leal, e Helena se assumir como aquela que aceitou as condições impostas, vivendo no silêncio e na subserviência pragmática em nome da sua própria sobrevivência.

Em termos conclusivos, aquilo que paira como lastro mais profundo na estrutura narrativa de *A costa dos murmúrios* é a acusação que fica implícita sobre os danos pessoais que a guerra colonial deixou naqueles que com ela se depararam, quer a nível familiar em função da desestruturação do casamento, devido às modificações que a doutrinação de guerra exerceu sobre Luís, quer do ponto de vista pessoal, nomeadamente através dos casos de Helena e Evita, particularmente esta última, de cujas evocações subjaz um sistemático pessimismo, aprofundado pela noção de que através das evocações que Evita/Eva Lopo faz sobre o passado, o desequilíbrio persiste não obstante o tempo entretanto passado.

Enfim, a estruturação da narrativa pode ser o fim do processo, nomeadamente para quem está em fase de iniciação à investigação, podendo inclusivamente servir de meio citacional. Acima de tudo serve de apoio à análise fílmica, é um recurso operacional para o investigador, através dela pode situar a obra a diversos níveis ou perceber os ritmos por que a narrativa se organiza. Devido ao seu carácter funcional, não terá muito sentido que figure na parte nobre do texto de análise a produzir, pois, não obstante a importância que tem na investigação, é um elemento secundário para o leitor, devendo ser remetida para os anexos do trabalho.

Caso a estrutura não represente o fim do trabalho desenvolvido na obra, e corresponda apenas a uma fase intermédia para nos aproximarmos do filme de forma sistemática, segue-se a observação fílmica ao nível das unidades narrativas que temos utilizado, aconselhável para pesquisas de maior profundidade, caso das dissertações de mestrado ou doutoramento, em relação às quais o volume e o tipo de informação colectado é mais aprofundado, situação que iremos desenvolver de seguida.

2. As unidades e o seu dinamismo

As unidades narrativas em que nos temos baseado têm uma dinâmica própria na sua constituição e aplicação, que as torna tendencialmente polissémicas ao nível do significante, porque o acto criador que está na sua origem assenta na utilização de um conjunto de elementos relativamente alargado, cujo cruzamento pode gerar significações quase ilimitadas.

Essas possibilidades criativas são particularmente evidentes ao nível da elaboração do plano, onde o conjunto de dispositivos que o realizador dispõe é muito alargado, obrigando, agora do ponto de vista da interpretação, a que não possamos atribuir significantes idênticos a procedimentos técnicos iguais porque estes têm de ser analisados em função da confrontação com outros elementos existentes na criação desta unidade. Para além da criação ser ilimitada neste tipo de unidade, elas terão de ser cruzadas com outras, antecedentes e procedentes, bem como ser integradas nas unidades maiores que estamos a utilizar, contribuindo esta ordenação realizada na montagem para gerar novas possibilidades ao nível do significante.

Deste modo, perante este universo de opções que gera a criação cinematográfica, como proceder à análise fílmica? Como identificar na obra preferências e opções da realização que condicionam a leitura da obra? Como construir evidências que demonstrem as preferências e opções anteriores? Aqui estamos perante o momento em que temos a opção de fundamentar a nossa opinião com base em raciocínios impressionistas, baseados em argumentos que giram à volta da sensação, da impressão e da subjectividade, ou construir um processo que nos permita alcançar, com objectividade, regularidades nas opções narrativas da obra que demonstrem as referidas opções e preferências da realização.

Ao optarmos pelo segundo caminho, a fórmula que escolhemos para construir as ditas evidências demonstrativas passou pela criação de instrumentos de recolha, com base em parâmetros uniformemente aplicados à obra ou ao conjunto dos filmes que temos sob escuta. É uma etapa que será de durabilidade variável consoante aquilo que tivermos de observar, podendo circunscrever-se às unidades narrativas mais longas, caso das cenas e sequências ou, por outro, obrigar à observação plano a plano. Por outro lado, é também determinante que antes de avançarmos para a aferição de dados, definamos claramente o nosso objecto, sem o qual toda e qualquer recolha estará destinada ao insucesso. Ou seja, será em função da identificação do tema a estudar que ficaremos prontos a seleccionar dados que consideremos pertinentes para a futura análise fílmica e, simultaneamente, ficamos também aptos a excluir elementos que não tenham interesse. Em última instância, a não determinação desta meta tornará o procedimento disperso, fastidiosamente desinteressante, e sem qualquer vantagem para a investigação.

Por outro lado, desta fase resultará uma situação de enorme importância para a credibilização do estudo a apresentar. Dado que o processo será efectuado em todas as obras através do mesmo instrumento e dos mesmos parâmetros, os dados coligidos obedecem a critérios de objectividade, porque provêm de unidades fisicamente identificadas; sistematicidade, porque daí resulta um conjunto de dados compacto e uniforme; constância, pois todas as obras são sujeitas ao mesmo tipo de aferição. No fim da recolha, aquilo de que dispomos é de um banco de dados que nos permitirá alcançar as referidas regularidades, perceptíveis ao longo do lastro da narrativa, que nos permitem construir as evidências demonstrativas relativamente às opções da realização.

a) *A dinâmica interna dos planos*

Em consequência do êxito que *The jazz singer* (Crosland, 1927) obteve e da consequente implementação do som síncrono, os planos passaram desde então a ser organizados em função de duas bandas, a sonora e a imagem, que funcionam em conjunto e com a mesma finalidade, que consiste na produção de significantes destinados à percepção da intriga que a narrativa nos vai mostrando. Devido a essa realidade, o procedimento que propomos para aferir dados destes dois suportes passa pela recolha separada de informações de cada uma delas, começando pela sonora e posteriormente pela imagem.

Ao nível da banda sonora organizámos a observação em três áreas fundamentais, utilizadas na prática técnica da filmagem: a palavra, a música e o ruído. Desse modo, seleccionados os segmentos onde nos interessa efectuar a observação fílmica, procedemos preferencialmente à recolha dos diálogos e, se forem pertinentes, elementos relativos aos tipos música e ruídos, dados que serão registados numa tabela criada para cada plano, e que poderão ser muito úteis caso pretendamos citá-los no futuro texto da análise, bastando para isso utilizar os procedimentos normais de citação com a indicação do número do plano.

Como exemplo, vejamos o caso de *Mudar de vida* (Rocha, 1966). Em tempos, aquele filme foi por nós utilizado para estudar a ficção cinematográfica sobre o império colonial, neste caso a propósito do regresso, onde tivemos oportunidade de analisar as angústias inerentes ao retorno de África. Vejamos o que, ao nível da banda sonora considerámos pertinente registar nos primeiros planos da chegada de Adelino ao Furadouro:

Pl	Banda sonora	Banda imagem
1	**Música**: guitarra e flauta (tristeza, saudade, regresso)	
2	**Música**: guitarra e flauta (tristeza, saudade, regresso)	
3	**Música**: guitarra e flauta (tristeza, saudade, regresso)	
4	**Música**: guitarra e flauta (tristeza, saudade, regresso)	
5	**Ruído**: mar **Pescadeira**: Iá (espanto)	
6	**Ruído**: mar **Pescadeira**: Olha, olha!...	
7	**Ruído**: mar **Outra**: Que é? **Pescadeira**: O Adelino! Há tantos anos! O que o espera!... **Outra**: A Júlia ao menos, e o Raimundo. Que venha com saúde...	
8	**Música**: guitarra (lamento, reencontro com a casa, tristeza)	

Importa dizer que os três campos da banda sonora são bastante distintos entre si, conferindo, por essa razão alguma imprecisão ao conceito de banda sonora. Por esse facto, Michel Chion, que tem dedicado algumas obras ao estudo deste tema, optou por considerar a voz como o elemento vital e hierarquizador da sonorização, mesmo que existam outros elementos sonoros presentes no registo magnético. Para além disso, aquele autor defende a existência de uma relação de igualdade entre as duas bandas, a do som e a da imagem, propondo que o som fílmico não seja analisado em si mesmo, mas em função de critérios relacionados com o efeito dramático ligado à acção e à imagem, equilíbrio esse, em última instância, elaborado pelas escolhas do espectador no momento da recepção. De igual forma, no sentido de esclarecer esta fluidez da banda sonora, Jacques Aumont e Michel Marie sugerem que a música tem como principal função a acentuação da unidade ao nível da narração e da imagem, aspecto que será pesquisável pela classificação tipológica da música e pela sua caracterização em relação ao filme.

Relativamente aos ruídos, é nos anos 60, com a revolução do som directo, que aqueles passam a ser frequentes nos filmes, dentro e fora do campo da imagem. Aumont e Marie classificam como ruídos os elementos sonoros não verbais. Porém, referem que é uma categoria a usar com cuidado pela fluidez semântica que a palavra ruído pode incluir. Nesse sentido, referem que as fronteiras que separam o verbal ou o musical dos ruídos e das ambiências sonoras são muito variáveis, exemplificando através das bandas sonoras com música electrónica, que transformam sons verbais ou musicais em ruídos.

Finalmente, os elementos verbais do filme têm dado lugar nos últimos tempos a análises centradas em aspectos até aqui pouco visados, como são a palavra, a voz e os diálogos, devido à influência de teorias vizinhas da área da linguística sobre a oralidade e a análise psicanalítica da voz. No caso dos diálogos, ficam sob escuta aspectos formais, como são as hesitações e as repetições na oralidade ou a utilização do gesto ilustrativo. Relativamente à voz, interessa captar o ritmo, o timbre, a musicalidade produzida, facetas por vezes esquecidas, mas que adquirem significado se observarmos um filme nosso desconhecido numa língua que não dominamos, onde aquelas características se tornam claramente informativas.

Já relativamente à banda imagem, os parâmetros pelos quais se efectua a observação serão mais numerosos, porque a informação que esta veicula é substancialmente maior e diferenciada. Serão um total de nove os campos onde será passível registar informação, cujo preenchimento para cada plano, reforcemo-lo de novo, não é obrigatório e dependerá apenas da sua pertinência relativamente ao objecto sob escuta.

Regressemos ao exemplo de *Mudar de vida*. Como dissemos, o foco da nossa atenção naquela obra eram as angústias do regresso do império, neste caso da guerra colonial. Sobre essa problemática, as angústias que a narrativa apresenta são as de Adelino e Júlia, devido a uma relação afectiva que ambos tiveram e que foi interrompida durante a ausência daquele, durante a qual Júlia casou por razões de sobrevivência, não obstante a manutenção dos laços afectivos entre ambos.

Pl	Banda sonora	Banda imagem
120	**Adelino:** Eu não gosto de ti só por seres trabalhadeira e uma sacrificada. Vem de dentro. E tira-me a alegria para tudo. É como se andasse vendido... Não me sai da cabeça o que fizeste! Dois ou três anos não eram nada... Eu que não dava um passo sem ti!	**Campo:** Adelino **Escala:** plano médio do tronco **Ângulo:** perpendicular **Câmara:** frente **Acção:** em contra-luz. Sombrio, tristeza interior. Vai-se aproximando da câmara, ficando, na última fala em plano aproximado do peito
121	Que não tinha olhos para mais ninguém... **Júlia:** E eu tinha? ...Vocês vão por aí fora, e a gente que se governe com a dúvida, com a canastra, a ouvir contar tanta coisa! Se fosse a falar também tinha muito que dizer. E eu era uma rapariga **Adelino:** Eu era mais velho	**Campo:** Adelino e Júlia **Escala:** plano de conjunto (americano) **Ângulo:** perpendicular **Câmara:** lateral **Personagens:** em contra-luz com a luz exterior (reforçar tristeza e angústia interior das personagens) **Espaço:** casa em ruínas/ruínas da relação

Como já dissemos, estes vários critérios não ganham sentido isoladamente mas em função do conjunto diegético para os quais estão ao serviço, da organização dos vários elementos utilizados em cada plano, fazendo com que o significante atribuído a cada item possa variar de plano para plano. Acima de tudo, na linguagem cinematográfica, nem sempre aquilo que é denotado através da banda sonora ou da imagem é o mais significativo, importando estar sempre atento aos sentidos conotados que metaforicamente podem ser exercidos por variadíssimas formas.

Contudo, em termos genéricos, é consensual atribuir significados clássicos a escalas como o grande plano ou o plano geral. Ao serem normalmente organizadas em função do rosto humano, é comum o grande plano ser pensado para o espectador ter acesso à interioridade da personagem, podendo conduzir ao desenvolvimento de importantes ilações sobre o sentido da narrativa, ou possibilitar à realização a manipulação das atenções. Para tanto, socorramo-nos de Alfred Hitchcock, um mestre na condução das preferências, quando afirmou que o "'tamanho da imagem' era talvez o elemento mais importante no arsenal de que o realizador dispunha para 'manipular' a identificação do espectador com a personagem", porque o "jogo das escalas dos planos, associado à multiplicação de pontos de vista", possibilitava uma "alternância de proximidade e distância", criando uma "inscrição particular de cada personagem na rede relacional apresentada em cada situação". Desse modo, apresentando uma personagem como uma "figura entre os demais, como um simples elemento do cenário", não permitia que o espectador desenvolvesse mecanismos de identificação com este último. Pelo contrário, convertendo-o "no verdadeiro foco da identificação", através de uma série de grandes planos, "num tête-à-tête intenso com o espectador", o realizador conduzia-o a focalizar o seu interesse nessa personagem[4].

Recordemos a título de exemplo *Casablanca* (Curtiz, 1943) onde a utilização do grande plano é claramente um meio utilizado pela realização para manipular as preferências do espectador. Ilsa (Ingrid Bergman) e Rick (Humphrey Bogart) reencontram-se em Casablanca em 1941, uns anos depois de aquela ter desaparecido misteriosamente em Paris, aquando da chegada das forças alemãs à cidade luz durante a Segunda Guerra Mundial. Sentindo-se enganado e traído por Ilsa, Rick irá apresentar um grande ressentimento e indiferença relativamente àquela, comportamento presente na personagem quase até ao desfecho

---

[4] Jacques Aumont, *Estética del cine*, 2ª ed., Barcelona, Paidós, 1996, pp. 278-281.

da narrativa. Porém, apesar de moralmente Ilsa não ter agido bem, pois omitiu que já era casada durante a relação que manteve com Rick na capital francesa, a realização apresentará sempre um posicionamento distante relativamente aos ressentimentos de Rick, nunca optando por permitir a aproximação do espectador à personagem através do grande plano. Pelo contrário, relativamente a Ilsa, não obstante o comportamento moralmente incorrecto, a realização irá conduzir as preferências do espectador, possibilitando-lhe vários grande planos de Ilsa onde fica sempre expressa a dor provocada pela separação de Paris. A realização apenas irá possibilitar a aproximação visual a Rick depois de superar os ressentimentos anteriores, quando este decide apoiar a causa do marido de Ilsa, facultando os vistos para viajar para Lisboa.

Este tipo de escala repetir-se-á várias vezes até ao fim da narrativa, exclusivamente em torno da personagem Ilsa, obrigando o espectador a solidarizar-se com a dor desta. Em oposição, Rick não terá igual privilégio, provocando por essa opção o distanciamento inconsciente do espectador, vindo a ter tratamento igual ao nível da escala apenas quando a personagem se coloca do lado das forças que se opõem à Alemanha. Tal opção acontecerá apenas no desfecho da narrativa, quando a realização já permitira por diversas vezes a aproximação aos sentimentos de Ilsa.

No caso da imagem aqui apresentada, estamos perante o primeiro grande plano em que Ilsa aparece, que é facultado enquanto a banda sonora enfatiza a força da imagem através de "As time goes by", interpretada por Sam ao piano[5].

---

[5] Michael Curtiz, *Casablanca*, Warner Bros., 2010, pl. 265.

Já em relação ao plano geral, a sua finalidade é diferente, servindo normalmente para integrar as personagens no espaço em que a acção se desenrola. Por esta via são fornecidos elementos de contextualização significativos, dados esses que se podem revelar determinantes para a compreensão das intencionalidades da obra. Recorde-se por exemplo *Metropolis* (Lang, 1927) e o momento em que Fredersen descobre o submundo em que os operários vivem e constata a escravização que sobre eles é exercida. Então, para nos apercebermos dessas duas situações temos um plano geral, no qual os seres humanos não passam de peças da gigantesca engrenagem, que a qualquer momento são descartados se não estiverem a servir os interesses da máquina, que por sua vez é comandada por seu pai. Ou seja, aquela escala, ao mostrar-nos a enormidade do engenho e a pequenez dos humanos por ela explorados, está a fazer uma alusão à conflitualidade social que na Alemanha existe, precisamente entre o capital e o trabalho, as duas grandes forças políticas que se opõem na Alemanha por essa altura, antagonismo que, segundo Lang, apenas seria ultrapassável pela conciliação entre aqueles contrários, precisamente a perspectiva que a narrativa nos vai fornecer. Para além dessa função, o plano geral pode ser usado com finalidades épicas, exaltando-se o herói na adversidade do meio que o rodeia, como é o comum em muitos *westerns*. Contudo, apesar destas escalas serem normalmente importantes, não significa que não existam outras que, dependendo da sua inserção no decurso da narrativa, não tenham também sentidos pertinentes, casos dos planos de conjunto, de pormenor, médios ou outros. São porém situações que terão de ser ponderadas caso a caso, em confronto com outros elementos do plano, com os anteriores e os posteriores, dependência que já não existe no grande plano e no plano geral, pois a força destes é já de si bastante significativa.

Dois exemplos sobre o poder significante do plano geral. Na imagem da esquerda, Fritz Lang mostra-nos a pequenez do homem perante a força da máquina, na qual os humanos pouco destaque têm tal é a enormidade da engrenagem, força que é agravada pelo ângulo fortemente contrapicado[6]. Na imagem da direita, David Lean também nos mostra a enormidade do deserto perante o carácter diminuto do homem, neste caso valorizando simultaneamente a coragem beduina pela aceitação do desafio inerente ao seu *habitat*[7]

No que se refere aos ângulos, que dizem respeito à colocação da câmara relativamente ao objecto ou personagem enquadrado, eles são de três tipos: perpendicular, picado e contra-picado. No primeiro, se a câmara não tiver nenhuma intenção subjectiva, procura habitualmente reproduzir a normalidade da forma como percepcionamos a figura humana. Nestes casos, aquela é colocada paralelamente ao solo e a 90° da linha imaginária projectada pelo assunto filmado, não se acrescentando, pelo ângulo de captação, nenhum sentido especial à imagem. O mesmo já não se poderá dizer relativamente aos ângulos picados e contra-picados. De facto, o picado, quando aplicado a personagens, por estas serem captadas numa posição abaixo da câmara, adquirem um estatuto de fragilidade. Aquele objectivo poderá ser inclusivamente reforçado se o plano tiver uma finalidade subjectiva, por exemplo, se a câmara estiver no lugar de outra personagem, facto que acrescenta, à inferioridade anterior, a superioridade da outra pressuposta personagem sobre aquela que surge em campo.

Inversamente ao anterior, o ângulo contra-picado confere força ao objecto ou personagem que naquela posição são enquadrados, acrescentando-lhe dignidade e superioridade, facto que poderá reforçar o assunto que na situação esteja a ser abordado.

---

[6] Fritz Lang, *Metropolis*, UFA, 1927, pl. 115.
[7] David Lean, *Lawrence da Arábia*, Columbia Pictures Industries, 1990, pl. 73.

Para terminar esta abordagem aos dispositivos utilizados para produzir significantes, e regressando às duas bandas que compõem qualquer filme, refira-se que estas poderão ser utilizadas de forma criativa, não caminhando como duas forças paralelas que mutuamente se apoiam e reforçam, mas como vectores que produzem significados a partir da oposição entre ambas. Recorde-se um exemplo que aparece em *Brandos costumes* (Santos, 1974), em que o autor, na caracterização que nos vai apresentando do Estado Novo, numa das situações coloca Salazar a discursar sobre as virtualidades do regime. Em *voz off*, o líder do emergente regime afirmava que

> "Nós temos uma doutrina e somos uma força. Como força compete-nos governar. Temos um mandato de uma revolução triunfante sem oposições e com a consagração do país. Como adeptos de uma doutrina importa-nos ser intransigentes na defesa e realização dos princípios que a constituem. Nestas circunstâncias não há acordos, nem transições, nem transigências possíveis".

Porém, em oposição à determinação que emana das palavras de Salazar, a banda imagem irá caminhar em sentido oposto, aparecendo sempre um grande plano do rosto de Salazar morto enquanto ouvimos o seu discurso, negando-se por essa via aquilo que a voz do então Presidente do Conselho dizia, afirmando-se, por via da imagem, que o regime caracterizado em directo pelo seu fundador estava morto[8].

Pl	Banda sonora	Banda imagem
nº	**Diálogos:** (anotação das falas relevantes e respectivas modulações significativas)	**Campo:** (informação genérica que aparece dentro dos limites do quadro)
	Música: (definição qualitativa e função desempenhada na situação diegética)	**Escala:** (variável em função da figura humana: grande plano, plano aproximado do peito, plano médio, plano americano, plano de conjunto, plano geral)

---

[8] Alberto Seixas Santos, *Brandos costumes*, Lisboa, Centro Português de Cinema, 1974, pl. 15.

Análise fílmica

Ruídos: (classificação tipológica e função diegética)	**Ângulo:** (variáveis em função do objecto focado: picado, contra-picado, perpendicular)
Anotações: (elementos para análise)	**Câmara:** (movimentos e posição relativamente ao objecto)
	Personagens: (elementos pertinentes na caracterização física ou psicológica)
	Espaço: (informação sobre o espaço onde decorre a acção, dentro e fora de campo)
	Acção: (descrição dos vectores fundamentais)
	Tempo: (do plano ou de aspectos internos ao plano)
	Anotações: (elementos para análise)

Deste modo, sobre a recolha de dados relativos à organização interna dos planos, e para concluir este aspecto, importa estar atento à dinâmica própria que cada uma daquelas unidades pode adquirir em função dos elementos nela utilizados para produzir significação. Simultaneamente, a necessidade de recolher dados que nos permitam ser demonstrativos quanto às regularidades, permanências e persistências que as obras fílmicas apresentam, deve levar-nos a coligir, de forma contínua e sistemática, elementos relativos à organização da narrativa, nos aspectos que se relacionam com o objecto sob pesquisa.

b) *A dinâmica externa das unidades*

Aqui o olhar já não está centrado na organização interna mas na forma como as várias unidades, planos, cenas e sequências são justapostas e se essa ordenação produz novos significantes. Ou seja, a montagem daquelas unidades pode acrescentar novos sentidos, apenas captáveis pela sua soma e confrontação, e não pela análise interna de cada uma delas. De forma esquemática, a equação define-se dizendo que a aposição da unidade A com a B é igual a C, sendo que este produto C não é igual à simples soma aritmética de A+B, mas a algo que nem A nem B afirmam isoladamente mas apenas através da sua oposição.

Vejamos uma situação que Jorge Brum do Canto desenvolveu em *Chaimite, a queda do império vátua* (1953), obra que evoca um conjunto de acções militares desenvolvidas para eliminar uma revolta que eclodira em Moçambique nos anos de 1894-1895, liderada pelo régulo Gungunhana, e que desafiava a autoridade colonial portuguesa de então. Se observarmos o conjunto das oito unidades que constituem a primeira sequência, cujo tema aglutinador é o ataque dos landins a Lourenço Marques, podemos verificar que, do ponto de vista diegético, a sequenciação das cenas é perfeitamente linear: (1) eclosão da revolta landim; (2) É Domingo e António está a conversar com D. Rosa e Maria enquanto estas trabalham na horta. São surpreendidos pelo alarme que Maueué lhes traz, relativo à revolta em curso; (3) António espalha o alarme pelos colonos. Estes abandonam as actividades agrícolas e colocam-se em fuga para a cidade; (4) Ataque dos landins à cidade; (5) No rescaldo do ataque, D. Rosa e Maria lamentam-se da destruição provável em que a horta se deve encontrar; (6) No dia seguinte ocorre o segundo ataque landim à cidade; (7) num momento de pausa dos ataques, alguns colonos conversam sobre o carácter temível de Gungunhana; (8) Finalmente, durante a ceia de Natal, ocorre o terceiro e último ataque à cidade.

Contudo, do ponto de vista narrativo, a ordenação de cenas que Brum do Canto estabeleceu na montagem permite acrescentar outros sentidos, que vão para além da simples causa-consequência que aparentemente está subjacente aos acontecimentos relatados. A oposição construção--destruição é também um elemento a retirar da sequenciação estabelecida, conotando os colonos com ideias positivas em torno da produção de bens e da ordem, e os landins com situações de destruição da ordem anterior e do estabelecimento do caos, inferindo-se daí um juízo positivo sobre a colonização e negativo sobre a conduta dos rebeldes. Ou seja, da justaposição destas cenas não resulta apenas um quadro explicativo em torno do binómio causa-consequência, surgindo um outro de pendor exaltante sobre a colonização, leitura que se torna possível porque as cenas foram ordenadas de forma a que atingíssemos este raciocínio.

Análise fílmica

Sequência	Cena	Assunto	Leitura/confrontação
1 Ataque dos landins a Lourenço Marques	1	Revolta dos landins	Destruição
	2	Maueué informa António da revolta	Construção
	3	Fuga dos colonos para a cidade	Construção
	4	Ataque dos landins a Lourenço Marques	Destruição
	5	Maria e D. Rosa lamentam-se sobre o abandono da horta	Construção
	6	Segundo ataque dos landins a Lourenço Marques	Destruição
	7	Conversa sobre Gungunhana no Xai-Xai	Destruição
	8	Ceia de Natal. Terceiro ataque landim a Lourenço Marques	Construção/destruição

Deste modo, este tipo de observação exige que a nossa atenção se debruce sobre a montagem, isto é, sobre a forma como as unidades foram ordenadas no período pós-rodagem, quando a narrativa está a ser organizada nas suas unidades constituintes para se tornar compreensível ao espectador, cujo escalonamento poderá proporcionar novos sentidos, significados que normalmente são deduzidos por conotação, conteúdo esse que está para além do que é transmitido isoladamente por cada uma das partes.

Diga-se que este modo de produção de sentidos, concebido a partir da montagem, nem sempre está presente em todas as narrativas fílmicas, particularmente naquelas que optam por apresentar a diegese de forma transparente, de maneira a que o espectador não note a interferência do meio utilizado no processo narrativo, criando neste a ilusão de que a estória ocorre de forma absolutamente linear, não o obrigando a reflectir sobre os procedimentos, nem sobre o facto de que está perante um mecanismo artificial, procurando, pelo contrário, submergir completamente o espectador na ilusão da realidade fílmica.

Apesar de a função criativa da montagem ter sido já esporadicamente usada em alguns filmes produzidos por Edison, nomeadamente em *The execution of Mary, Queen of the Scots* realizado por Alfred Clark em 1895, onde a paragem da máquina permite substituir o actor pelo boneco que virá a ser guilhotinado, e de Méliès ter desenvolvido a técnica para produzir *Le voyage dans la lune* (1902), presente igualmente em todos os seus filmes que assentam no princípio ilusionista, ou Edwin Porter ter sido pioneiro na montagem alternada pelo desenvolvimento de acções temporalmente concomitantes em *The great train robbery* (1903), foi o cinema soviético dos anos vinte do século passado que pela primeira vez teorizou sobre a função da montagem, no qual se podem referir nomes como Eisenstein, Vertov, Dovjenko, Pudovkin e Kbulechov, tendo ficado célebre um efeito desenvolvido por este último, conhecido como o "efeito Kulechov", que servia para demonstrar a capacidade expressiva da montagem. Para tal, usou o mesmo grande plano do rosto de um actor com o objectivo de criar três significados diferentes, unindo-o, respectivamente, a um prato de sopa, a uma criança morta e a uma mulher deitada, levando o espectador a concluir que o primeiro rosto significava fome, o segundo dor e o terceiro amor, sem se aperceber que o rosto era sempre o mesmo, demonstrando por essa via que o significado dado ao grande plano do rosto variava em função da unidade que se lhe seguia.

Efeito Kulechov				
Rosto	+	Prato de sopa	=	Fome
Rosto	+	Criança morta	=	Dor
Rosto	+	Mulher deitada	=	Amor

Os soviéticos, ao mesmo tempo que aprofundavam estas novas virtualidades da montagem, demarcavam-se também daquilo que apelidaram como "narratividade burguesa" desenvolvida no ocidente, particularmente nos EUA, precisamente pela opção cinematográfica que desenvolvia essa falsa transparência, escolhendo um outro tipo de realização que obrigava o espectador a distanciar-se e a reflectir sobre o meio narrativo utilizado, no sentido de o consciencializar que estava perante uma ilusão e, partindo dessa consciencialização, desenvolver uma faceta utilitária ao cinema, colocando-o ao serviço do poder através de uma demopedia que procurava mostrar à população as virtualidades da revolução e do novo regime em instituição.

É já clássico o exemplo de *O Couraçado Potemkin* (Eisenstein, 1925) ao serviço desse ideário, mostrando como, através de uma tentativa revolucionária frustrada ocorrida em 1905, a dialéctica da história colocou em confronto dois contrários que sempre se opuseram, do qual não haveria outra coisa a resultar senão a vitória das classes oprimidas sobre as opressoras. Na obra, a cena da escadaria de Odessa é particularmente evidente desse propósito, quando a população local é reprimida violentamente depois de se ter colocado solidariamente ao lado da tripulação revoltosa do couraçado. Então, durante a referida cena, aquilo que se verifica é uma fragmentação do espaço, prolongando desmesuradamente o tempo da acção com o intuito de mostrar a acção repressora das forças czaristas e a vitimização a que o povo estava a ser sujeito, apresentando sistematicamente as forças do regime como um bloco que caminha frio, impenetrável e indiferente no exercício da sua acção, em oposição à multiplicação de planos com o resultado dessa acção, apresentando profusamente unidades com as consequências da violência exercida.

Em 1925, tempo da produção da obra, a demopedia que se pretendia desenvolver era fundamentar a razão por que fora feita a revolução, para que o povo não fosse mais sujeito às barbaridades mostradas na narrativa, demonstrando assim as virtualidades do novo regime começado a implementar a partir de Outubro de 1917. A ilação da subjugação exercida era alcançada através da amostragem das forças czaristas a caminharem como bloco coeso, em direcção à multidão em fuga, que ia caindo à medida que os militares do regime exercem a repressão, enquanto estas caminhavam indiferentes aos danos causados. Ou seja, na cena existem dois blocos antagónicos, um que exerce a força de forma indiscriminada e outro que a ela é sujeita sem possibilidade de defesa.

Temos aqui um exemplo sobre a dinâmica externa das unidades de *O Couraçado Potemkin*. Do confronto entre a imagem da esquerda (forças czaristas) com as quatro imagens à direita resulta uma pedagogia sobre a revolução, que consistia na demonstração da sua necessidade, eliminando as forças que oprimiam o povo[9].

Com este caminho desenvolvido pelos soviéticos, ficaram abertos dois processos ao nível da escrita fílmica (entendendo a montagem como essa fase) que ainda hoje coexistem, primando um pela invisibilidade do dispositivo e pela transparência narrativa, e outro pela visibilidade do meio, não como capricho criativo mas como processo para acrescentar novas ideias ao que as unidades já demonstram.

Assim, para concluir este aspecto relativo à dinâmica externa das unidades, refira-se que a aferição de informação provém exclusivamente da confrontação entre as unidades, quer estejamos a falar de planos, cenas ou sequências, e que esta via, tal como no caso da análise interna, requer continuidade e treino para alcançar os significados subjacentes, conteúdos esses que são sempre expressos por via conotada, logo atingidos por dedução.

Análise fílmica

O modelo que acabou de ser exposto, assenta em dois princípios básicos que consistem, por um lado, na necessidade de dominar a forma como a narrativa fílmica se organiza, sendo para isso útil a construção da sua estrutura, e por outro, recolher dados sobre a dinâmica interna e externa das unidades que nos permitam caminhar no sentido da objectividade, requisito necessário a qualquer área de conhecimento.

Com este instrumento achamos que é possível cumprir um conjunto de condições necessárias à afirmação da área de estudos fílmicos, que passam pela demonstrabilidade dos raciocínios e pela constância dos processos, requisitos em nossa opinião necessários para nos afastarmos de uma tendência que ainda persiste, onde aqueles dois procedimentos não estão presentes e que assenta numa lógica baseada na subjectividade da opinião.

---

[9] Sergei Eisenstein, *O Couraçado Potemkin*, Films Sans Frontières, 2002, pls. 987, 1014, 1032, 1090, 1094.

Bibliografia

ALLEN, Robert C., *Teoría y práctica de la historia del cine*, Barcelona, Paidós, 1985.
AUMONT, J., *Dicionário teórico e crítico do cinema*, 1ª ed., Lisboa, Texto e Grafia, 2009.
AUMONT, Jacques, *La imagen*, 1ª ed., Barcelona, Paidós, 1992.
AUMONT, Jacques, *Estética del cine*, 2ª ed., Barcelona, Paidós, 1996.
AUMONT, Jacques, *Análise do filme*, 1ª ed., Lisboa, Texto e Grafia, 2009.
BORDWELL, David, *El arte cinematográfico*, 1ª ed., Barcelona, Paidós, 1995.
CASETTI, Francesco, *Teorías del cine*, 1ª ed., Madrid, Catedra, 1994.
CHION, Michel, *El sonido*, 1ª ed., Barcelona, Paidós, 1999.
GARDIES, René, *Compreender o cinema e as imagens*, 1ª ed., Lisboa, Texto e Grafia, 2008.
GRILO, João Mário, *As lições do cinema*, 1ª ed., Lisboa, Edições Colibri, 2007.
HUESO, Ángel Luís, *El cine y el siglo XX*, Barcelona, Editorial Ariel, 1998.
JOURNOT, Marie-Thérèse, *Vocabulário de cinema*, 1ª ed., Lisboa, Edições 70, 2005.
MARTIN, Marcel, *A linguagem cinematográfica*, 1ª ed., Lisboa, Dinalivro, 2005.
SANCHEZ-BIOSCA, Vicente, *El montage cinematográfico*, 1ª ed., Barcelona, Paidós, 1996.
SORLIN, Pierre, *Sociologie du cinéma*, Paris, Aubier Montaigne, 1977.

SÉRGIO DIAS BRANCO*

FILM NOIR, UM GÉNERO IMAGINADO

À memória de Jason Michael Simpkins (1984-2009)

"[...] a existência precede e condiciona a essência [...]"[1].

Jean-Paul Sartre, *O Ser e o Nada*

"Reduzir a imaginação à escravidão, mesmo que fosse o que grosseiramente chamamos de felicidade, é privar-se de tudo aquilo que se encontra, no âmago de si mesmo, de justiça suprema. A imaginação apenas me dá conta do que pode ser, e é suficiente para levantar um pouco o terrível interdito; bastante também para que eu me abandone a ela sem medo de me enganar (como se alguém pudesse enganar-se mais)"[2].

André Breton, "Manifesto do Surrealismo"

---

* Faculdade de Letras da Universidade de Coimbra.
[1] "[...] l'existence précède et conditionne l'essence [...]". Todas as traduções para português cujo original seja dado em nota de rodapé são minhas. Todas as traduções para português de citações são minhas. Em todos os casos, forneço a citação na língua original em nota de rodapé.
[2] "Réduire l'imagination à l'esclavage, quand bien même il y irait de ce qu'on appelle grossièrement le bonheur, c'est se dérober à tout ce qu'on trouve, au fond de soi, de justice suprême. La seule imagination me rend compte de ce qui peut être, et c'est assez pour lever un peu le terrible interdit; assez aussi pour que je m'abandonne à elle sans crainte de me tromper (comme si l'on pouvait se tromper davantage)".

1. Existência e imaginação

A história do uso do termo *film noir* associado a alguns filmes americanos da década de 1940 começa em 1946 com os textos dos críticos franceses Nino Frank em "Um Novo Género 'Policial': A Aventura Criminal"[3] e Jean-Pierre Chartier em "Os Americanos Também Fazem Filmes 'Noirs'"[4]. Posteriormente, como tópico académico delimitado, o *film noir* tem dado origem a um vasto corpo de publicações sobre uma multiplicidade de aspectos. Podemos destacar, de entre eles, a cidade americana[5], o conceito de ansiedade[6], o contexto cultural[7], a estrutura narrativa[8], a paisagem moderna[9], a perspectiva marxista do sub-género *film gris*[10], a problemática da masculinidade[11], e a representação das mulheres[12]. Isto para além dos volumes gerais[13] e

---

[3] Nino Frank, "Un noveau genre 'policier': L'aventure criminelle", *L'Écran français*, n.º 61, 28 Ago. 1946, pp. 14-16.

[4] Jean-Pierre Chartier, "Les Américains aussi font des films 'noirs'", *Revue du cinéma*, n.º 2, Nov. 1946, pp. 67-70.

[5] Nicholas Christopher, *Somewhere in the Night: Film Noir and the American City*, Nova Iorque, Free Press, 1997.

[6] Kelly Oliver e Benigno Trigo, *Noir Anxiety*, Minneapolis, University of Minnesota Press, 2002.

[7] Jon Tuska, *Dark Cinema: American Film Noir in Cultural Perspective*, Westport, CT, Greenwood Press, 1984.

[8] J.P. Telotte, *Voices in the Dark: The Narrative Patterns of Film Noir*, Chicago, University of Illinois Press, 1989.

[9] Edward Dimendberg, *Film Noir and the Spaces of Modernity*, Cambridge, MA, Harvard University Press, 2004.

[10] Thom Anderson, "Red Hollywood", in *Literature and the Visual Arts in Contemporary Society*, ed. Suzanne Ferguson e Barbara Groseclose, Columbus, Ohio State University Press, 1985, pp. 141-96.

[11] Frank Krutnik, *In a Lonely Street: Film Noir, Genre, Masculinity*, Londres, Routledge, 1991.

[12] E. Ann Kaplan, ed., *Women in Film Noir*, Londres, BFI, 1972; Eddie Muller, *Dark City Dames: The Wicked Women of Film Noir*, Nova Iorque, HarperCollins, 2001.

[13] Ian Cameron (ed.), *The Book of Film Noir*, Nova Iorque, Continuum, 1993; Andrew Dickos, *Street with No Name: A History of the Classic American Film Noir*, Lexington, The University of Kentuchy Press, 2002; R. Barton Palmer, *Hollywood's Dark Cinema: The American Film Noir*, Nova Iorque, Twayne Publishers, 1994; Spencer Selby, *Dark City: The Film Noir*, Jefferson, NC, McFarland, 1984.

as colectâneas de ensaios[14] que foram sendo publicados. Como se verá, a investigação posterior foi cortando os laços com o artigo de Chartier e, de alguma forma, com o de Frank. Este desenvolvimento criou um conceito particular de *film noir*, cada vez menos apoiado nesses escritos originais e cada vez mais suportado por um diálogo interior aos estudos do *noir*, legitimamente fixando e ajustando o que no início era volúvel e desordenado. A legitimidade deste processo deve-se ao facto de esta ser uma noção aberta, disputada e moldada no domínio da crítica de cinema de aspiração teórica.

Este ensaio olha para o *film noir* como género, partindo da abordagem conceptual deste termo crítico como ideia que ganhou raízes, de que o trabalho de investigação de James Naremore é representativo[15]. A constatação da existência do *neo-noir* confirma que o *noir* pode ser descrito como género. Obras dentro deste sub-género, como *Chinatown* (1974) e *Body Heat* (*Noites Escaldantes*, 1981), foram produzidas já com a consciência do género que o antecedeu. *The Hot Spot* (*Ardente Sedução*, 1990) foi o primeiro exemplo de um filme explicitamente publicitado como um *noir* que oferece uma nova abordagem ao género[16]. O *film noir* pode ser pensado como um conjunto de *traços*, no sentido evocado por Jacques Derrida, remetendo para aquilo sobre o qual se construiu (como o cinema gótico) e para aquilo que foi construído sobre ele (como o neo-*noir*)[17].

---

[14] R. Barton Palmer (ed.), *Perspectives on Film Noir*, Nova Iorque, G. K. Hall, 1996; Alain Silver and Elizabeth Ward (eds.), *Film Noir: An Encyclopedic Reference to the American Style*, 3.ª ed., Nova Iorque, Overlook, 1992; Alain Silver e James Ursini (eds.), *Film Noir Reader*, Nova Iorque, Limelight Editions, 1996 e *Film Noir Reader 2*, Nova Iorque, Limelight Editions, 1999; Robert Porfirio, Alain Silver, e James Ursini (eds.), *Film Noir Reader 3*, Nova Iorque, Limelight Editions, 2002).

[15] James Naremore, *More than Night: Film Noir in Its Contexts*, Berkeley e Los Angeles, University of California Press, 1998.

[16] Peter Stanfield, "Film Noir Like You've Never Seen: Jim Thompson Adaptations and Cycles of Neo-Noir", in *Genre and Contemporary Hollywood*, ed. Steve Neale, Londres, BFI, 2002, pp. 251-68. Ver também Foster Hirsch, *Detours and Lost Highways: A Map of Neo-Noir*, Nova Iorque, Limelight Editions, 1999.

[17] Ver, e.g., Jacques Derrida, *A Escritura e a Diferença* [1967], trad. Maria Beatriz Marques Nizza da Silva, Pedro Leite Lopes, e Pérola de Carvalho, 4.ª ed., São Paulo, Perspectiva, 2011.

O artigo procede à análise da relação deste género com as obras que nele se inscrevem, contextualizando-o no ambiente que o identificou originalmente. O argumento principal deste estudo é o de que o *noir* é melhor entendido através das suas obras individuais, pondo de lado a *regra* que pode enformar o conceito de género. Nesse sentido, é necessário discutir com rigor o que pode definir uma categoria genérica. Um filme como *Double Indemnity* (*Pagos a Dobrar*, 1944) mostra com uma exactidão visual implacável pessoas que perderam o controlo sobre a vontade e deixaram de sentir. São envolvidas por uma bruma, impelidas de modo inescrutável para o mal, ao ponto do protagonista Walter Neff (Fred MacMurray) comentar a frieza da *femme fatale* Phyllis Dietrichson (Barbara Stanwyck). Para redescobrir filmes como este é preciso regressar a eles com a consciência da génese do género, do que motivou a sua criação, mas reconhecendo a sua indefinibilidade. Podemos ver este carácter indefinível como um mistério tão profundo como aquele de que os próprios filmes se acercam.

O *film noir* partilha a sua história com o existencialismo como abordagem filosófica e com o surrealismo como movimento artístico. O existencialismo exerceu uma intensa influência intelectual nas décadas de 1940 e 50 em França e o "existencialismo foi entrelaçado com um surrealismo residual, e o surrealismo foi crucial para a recepção de qualquer arte descrita como '*noir*'"[18]. O existencialismo vê o indivíduo como existindo em solidão. A realidade da solidão sublinharia a liberdade da pessoa e a responsabilidade dos seres humanos, definindo-os como determinantes em vez de determinados, isto é, como indivíduos exercendo a sua liberdade através da escolha. Os protagonistas destes filmes personificam estas ideias, definidos como são pela acção, pela forma de agir individual agitada pela crise e pelo desejo, pela alienação e pelo poder. A individualidade que está no centro do existencialismo é também fundamental no surrealismo, que pretende libertar o potencial criativo da mente. Os surrealistas pretendiam explorar o inconsciente, propondo-se a revelar o fantástico escondido sob o quotidiano. É uma arte com uma poderosa visão do mundo, uma energia

---

[18] Naremore, "American Film Noir: The History of an Idea", *Film Quarterly*, vol. 49, n.º 2, 1995-96, p. 18: "existentialism was intertwined with a residual surrealism, and surrealism was crucial for the reception of any art described as 'noir'".

revolucionária que procura anular as dicotomias racional/irracional e real/imaginário. Nas obras do *film noir*, a psicologia e a moralidade vacilam, a narrativa confunde, porque muitas vezes os criminosos oferecem os seus sentimentos e pensamentos aos espectadores. Tal aberta resistência, e notória desobediência, às normas pode ser vista como uma atitude surrealista. A existência foi a base do existencialismo e a imaginação foi a força do surrealismo. Consideradas em conjunto, podemos dizer que a imaginação dá existência às coisas imaginadas, uma existência sem essência. Entre o ser e o imaginado, os conceitos de existência e imaginação são fecundos para discutir a relação entre o *noir* e os filmes que a ele pertencem.

Para Naremore, este género é "um importante legado cinematográfico e uma ideia que temos projectado para o passado"[19] – a partir do presente, ou dos sucessivos presentes, podemos acrescentar. Neste contexto, *ideia* é para ele algo que pode ser descrito e entendido, mas não necessariamente enunciado de forma definitiva, fechada, ecoando a citação de Friedrich Nietzsche que abre o seu ensaio: "Apenas aquilo que não tem história é definível". Ou seja, o *film noir* é reconhecido hoje como categoria porque é uma expressão com um significado, que pode ser analisada apenas através da definição do que é um género cinematográfico. Tentando responder à questão da categorização do *noir*, Abílio Hernandez Cardoso conclui que se trata de "uma categoria essencialmente *transgenérica*, capaz de incluir, no seu vasto e variado cânone, filmes de *gangsters* [...], melodramas policiais [...], histórias de crimes passionais e psicologia criminal [...], *thrillers* com vocação de documentário social [...], e até [...] *westerns* [...]"[20]. Esta é uma resposta correcta que tem em consideração a variedade no interior do *noir*. No entanto, pressupõe um entendimento restrito do que é um género cinematográfico – um entendimento que os géneros indicados confirmam. Na verdade, a resposta que não permite explicar como se processa a *delimitação* destes filmes num conjunto artístico. Para delimitar

---

[19] Naremore, "American Film Noir", p. 14: "film noir is both an important cinematic legacy and an idea we have projected onto the past".

[20] Abílio Hernandez Cardoso, "Subjectividade, Desejo e Morte no *Film Noir* Americano", *Cinema Americano*, http://cinemamericano.no.sapo.pt/ARTIGOS/artigo%201.htm, par. 7.

o território específico do *film noir* é preciso apelar a uma noção de género mais complexa e menos limitada.

Tzvetan Todorov distingue entre géneros históricos e teóricos[21]. Um género histórico é necessariamente teórico, porque existe historicamente através de exemplos, mas a sua definição envolve um gesto de teorização. Todavia, um género teórico não é obrigatoriamente histórico. No *film noir*, há uma tensão evidente entre o género entendido teoricamente ou historicamente, tomado como categoria genérica da prática cultural ou como criação teórica de recategorização de obras. Tal como há uma relação tensa em muitos destes filmes entre o modo como apresentam um mundo quotidiano, reconhecível, explorando estados oníricos, estranhos, alimentados pelo erotismo e pelo fetichismo[22].

Como se verá, relacionar o género com os filmes expõe as lacunas na instável concepção deste género – desta forma, reflectindo o negro, aquilo que é vago, sombrio, misterioso, tal como foi identificado pelos que primeiro escreveram sobre ele. Concentrar a atenção na imaginação que criou e estabeleceu esta designação genérica será uma oportunidade para confrontar a singularidade destas obras de cinema e a solidão que eles impuseram desde logo a quem os viu e comentou. Assim se fechará um percurso que vai da constatação da existência do género à imaginação que lhe deu origem, do abstracto das ideias ao concreto das obras. Tal trajecto só pode começar com a reafirmação desta frase de Raymond Borde e Étienne Chaumeton: "O *film noir* é noir *para nós*"[23].

2. O sentido do género

O *film noir* criou um paradoxo documentado pela história do cinema: eis um género imaginado pela crítica, que se tornou reconhecível permanecendo indefinível. O *noir* é também por vezes definido como um estilo cinematográfico com um tom marcadamente pessimista e

---

[21] Tzvetan Todorov, *Genres in Discourse*, Cambridge, Cambridge University Press, 1990, p. 17.

[22] Raymond Borde e Étienne Chaumeton, *A Panorama of American Film Noir: 1941-1953* [1955], trad. Paul Hammond, São Francisco, City Lights Books, 2002, pp. 142-44.

[23] *Ibidem*, p. 5: "Film noir is noir *for us*."

fatalista. A exactidão descritiva desta definição pode ser discutível, mas o seu valor como referência artística e cultural é inquestionável. Daí que o mais relevante seja analisar as partes deste significado comum. *Estilo* é um conjunto de propriedades formais distintas que expressam e dão forma ao *tom*. *Género* não pode ser tomado como um sinónimo de *estilo*, na medida em que um estilo pode estar associado a um género, mas enquanto o género tem a ver com uma delimitação taxonómica, o estilo está relacionado com uma qualificação compositiva. Paul Schrader considera que o *film noir* é um estilo com um tom amargo e desencantado, violento e nocturno. Acrescenta que as suas composições visuais acentuam as linhas oblíquas e verticais dos planos, intensificando a tensão da composição visual com sombras carregadas e personagens que se escondem nelas. Indica ainda que a complexa ordem cronológica de que os filmes fazem uso sublinha o medo do futuro, o assombramento do presente pelo passado, e o sentimento de desânimo pelo tempo perdido[24]. Isoladamente, estas propriedades e elementos não são exclusivos do *noir*. As linhagens artísticas para as quais remetem tiveram uma influência menos localizada e anterior à década de 1940. Marc Vernet relembra como a ficção *hard-boiled*, de escritores como Carroll John Daly e Dashiell Hammett, influenciou o cinema antes da Segunda Guerra Mundial, revelando a clivagem entre os indivíduos e as instituições sociais, com uma tonalidade urbana, pessimista, e sentimental. Recorda ainda que as técnicas "expressionistas" foram usadas em Hollywood pelo menos desde 1910 e que a iluminação *noir* está ligada ao filme gótico nos seus contrastes e delimitações[25]. É a combinação destes aspectos num modo estilístico que o separa de outras categorias que agrupam filmes, isto é, de outros géneros.

Género pode ser definido como um tipo, uma classe, uma espécie, um grupo de coisas – por exemplo, um agrupamento de obras com características ou convenções similares. Os géneros têm sido centrais nas artes, mas a sua definição é instável e aberta. No cinema, têm sido definidos, por vezes, pelo enredo (como o *thriller*) ou por uma tipologia de imagens (como a *ficção científica*), e existem historicamente quando

---

[24] Paul Schrader, "Notes on Film Noir" [1972], in *Film Noir Reader*, ed. Alain Silver e James Ursini, Nova Iorque, Limelight Editions, 1996, pp. 53-64.

[25] Marc Vernet, "*Film Noir* on the Edge of Doom", trad. J. Swenson, in *Shades of Noir: A Reader*, ed. Joan Copjec, Londres, Verso, 1993, pp. 1-31.

são reconhecidos pela indústria, pelo público, e pela crítica. Os géneros cinematográficos situam-se num contexto histórico e cultural através de uma estrutura económica e institucional de produção e interpretação num determinado período e local (que podem ser dilatados). Exactamente por isso, foram centrais no cinema clássico de Hollywood, balizado entre as décadas de 1920 e 50. A divisão de trabalho era racionalmente organizada nos estúdios, orientada para a criação e manutenção de uma maneira de fazer, um padrão ou critério qualitativo a trabalhar em cada filme, independentemente do cineasta – aquilo a que André Bazin chamou o "génio do sistema". Alguns estúdios estavam associados a géneros específicos (a Warner Bros. ao filme de *gangsters* nos anos 1930, por exemplo), embora seja abusivo afirmar que esta era uma prática corrente[26]. Depois deste período, alguns géneros tornaram-se excessivos e paródicos, como a relação entre o *western clássico* e o *western spaghetti* demonstra. Outros quase desapareceram, mesmo que sejam recuperados ocasionalmente – pense-se no musical. Na actualidade, as obras que são declaradamente de género são muitas vezes irónicas acerca das suas convenções, um gesto raro no passado. Ainda assim, uma obra tão central no *film noir* como *Double Indemnity* está estranhamente próximo das noções pós-modernas de pastiche. Os seus jogos verbais e as suas formas visuais são auto-conscientes, revelando uma inteligência perversa que se oferece à audiência desde o início.

Os géneros são uma herança da literatura e da filosofia. É por esta razão que Edward Buscombe regressa à Grécia Antiga para os abordar: "Aristóteles tinha falado de tipos literários em dois sentidos: primeiro, como um número de diferentes grupos de convenções que tinham crescido historicamente e se tinham desenvolvido em formas particulares como a sátira, a lírica, e a tragédia; e em segundo lugar, como uma divisão mais fundamental da literatura no drama, na epopeia, e na lírica, correspondendo a grandes diferenças na relação entre artista, tema, e público"[27].

---

[26] Neale, *Genre and Hollywood*, pp. 240-41.
[27] Edward Buscombe, "The Idea of Genre in the American Cinema", *Screen*, vol. 2, n.º 11, 1970, p. 34: "Aristotle had spoken of literary kinds in two senses: first as a number of different groups of conventions which had grown up historically and had developed into particular forms such as satire, lyric and tragedy; and secondly as a more fundamental division of literature, into drama, epic and lyric,

Segundo Buscombe, o primeiro tipo foi preterido em favor do segundo, mas é o primeiro que permite a descrição da evolução e da permanência das expressões e dos conteúdos em cada género. Temas e arquétipos tendem a ser considerados como menos importantes para ele, porque são difíceis de confinar a apenas um género[28]. As "convenções visuais" que Buscombe identifica estão próximas da noção de iconografia e é por isso que ele elege o *western* como um exemplo de um género coerente e estável. Mas como explica Steve Neale, "é na verdade muito difícil listar as características visuais definidoras de mais de um punhado de géneros, pela simples razão de que muitos géneros [...] carecem de uma iconografia específica"[29]. Ao contrário do *western*, o *film noir* não tem especificidade iconográfica. É certo que a *femme fatale* e a oposição urbano/rural e crime/pureza de *Out of the Past* (*O Arrependido*, 1947) podem ser encontrados noutros filmes *noir*. No entanto, não existem em *Laura* (1944), por exemplo, cuja acção se concentra no apartamento de uma mulher tida como morta (Gene Tierney). Essa mulher é uma *femme salutaire* que encanta um detective (Dana Andrews) através do seu retrato pictórico, das palavras que deixou escritas, e dos depoimentos dos seus amigos. A ausência dela intensifica a fantasia dele.

Por outro lado, Tom Schatz sugere que os géneros não podem ser isolados. O isolamento marginaliza um aspecto fundamental: "o papel do público e do sistema de produção na formulação de convenções e na participação no seu desenvolvimento evolutivo"[30]. Neale leva mais longe esta ideia: "Os géneros não consistem apenas em filmes. Eles consistem também em sistemas específicos de expectativa e hipótese que os espectadores trazem com eles ao cinema e que interagem com

---

corresponding to major differences in the relation between artist, subject-matter and audience".

[28] Buscombe, "The Idea of Genre in the American Cinema", p. 41.

[29] *Ibidem*, p. 16: "it is actually very difficult to list the defining visual characteristics of more than a handful of genres, for the simple reason that many genres [...] lack a specific iconography".

[30] Tom Schatz, *Hollywood Genres: Formulas, Filmmaking and the Studio System*, Nova Iorque, Random House, 1981), p. 15: "the role of the audience and the production system in formulating conventions and participating in their evolutionary development".

os próprios filmes durante o curso do processo de visionamento"[31]. Esta abertura à complexa interacção entre géneros e espectadores permite a ultrapassagem das limitações da crítica e teoria de género convencionais. Os géneros têm diversas dimensões, não sendo simplesmente grupos definidos pelas características comuns dos seus constituintes. Os filmes têm um papel social, cultural, e não poucas vezes, ideológico. A percepção e a interpretação da audiência são moldadas pela influência de factores económicos e decisões industriais, mas o que é decisivo é a criação de aspectos reconhecidos como genéricos e a sua recepção. Uma análise baseada na ideia simplista da fabricação massificada, em vez de produção em massa, deixa de fora a controvérsia e persuasão de algumas obras de Hollywood. Assim como um estudo centrado no simples ganho financeiro ignora a variedade de criadores, filmes, e públicos. Contrastando com estas abordagens, Neale advoga a concentração na esfera cultural a partir de uma aproximação empírica, afirmando a perspectiva da produção de cultura "é muito mais provável que forneça descrições convincentes da importância sócio-cultural de géneros e ciclos do que teorias rituais ou ideológicas"[32]. *Kiss Me Deadly* (*O Beijo Fatal*, 1955) é exemplar segundo esta perspectiva. É um filme inseparável dos seus factores de produção e das suas condições de recepção: o sucesso dos policiais escritos por Mickey Spillane, o enfraquecimento da censura cinematográfica americana, o baixo orçamento do empreendimento, e a libidinosa publicidade.

Neale torna claro o entendimento parcial que Buscombe tem do conceito de género. No entanto, a contribuição do segundo é valiosa no modo como reconhece a heterogeneidade das características de cada obra de género, apontando as limitações de uma exclusiva crítica de autor aplicada a tais obras. Tal como uma restrita crítica de género que se queira totalmente abrangente, de respostas completas e suficientes, é inadequada. De facto, "a teoria do autor não está muito bem equipada

---

[31] Neale, *Genre and Hollywood*, p. 31: "Genres do not consist solely of films. They consist also of specific systems of expectation and hypothesis which spectators bring with them to the cinema and which interact with films themselves during the course of the viewing process".

[32] Neale, *Genre and Hollywood*, p. 229: "is much more likely than ritual or ideological theories to provide convincing accounts of the socio-cultural significance of genres and cycles".

para lidar com a arte popular [...] não pode realmente dar espaço para a contribuição da tradição na qual um filme foi feito"[33] e "é um erro basear o argumento a favor do cinema popular exclusivamente num acaso a favor do autor"[34]. Esta é uma forma de demonstrar a possibilidade da reinvenção das convenções dos géneros – que foi talhando as formas e os sentidos dos filmes da Hollywood clássica, combinando o familiar e o novo. É uma forma de reconhecer que "um género não é uma mera colecção de imagens mortas à espera que o realizador a anime, mas uma tradição com uma vida própria"[35]. No *film noir*, a tradição não vem apenas do filme de detectives mas da literatura *hard-bolied*, não vem apenas do expressionimo alemão mas do filme gótico. Daí que para aqueles que utilizaram o termo *film noir* em relação a um grupo diverso de filmes americanos, os filmes que mereceram este nome mereceram-no por terem combinado, e logo realçado, estas características. Desta forma, os críticos franceses reconheceram algo de único neles, capaz de abrir uma brecha na histórica do cinema.

Se "o género é uma concepção existente na cultura de qualquer grupo ou sociedade"[36], visto segundo este prisma conceptual e tendo em conta o seu contexto cultural, *alguma* consistência emerge do *film noir*. A reconceptualização do conceito de género operada por Stanley Cavell pode contribuir para percebermos melhor esta consistência. Cavell descobriu dois géneros através da leitura crítica de alguns filmes da idade de ouro de Hollywood: a comédia do recasamento e o melodrama da mulher desconhecida[37]. Tal como no *noir*, estes são

---

[33] Buscombe, "The Idea of Genre in the American Cinema", p. 42: "*auteur* theory is not very well equipped to deal with popular art [...] it cannot really make room for the contribution of the tradition in which a film was made".

[34] *Ibidem*, p. 44: "it is a mistake to base the argument for popular cinema exclusively on a case for the *auteur*".

[35] Buscombe, "The Idea of Genre in the American Cinema", p. 45: "a genre is not a mere collection of dead images waiting for the director to animate it, but a tradition with a life of its own".

[36] Andrew Tudor, *Theories of Film*, Londres, Secker and Warburg, 1974, p. 145: "genre is a conception existing in the culture of any particular group or society".

[37] Ver Stanley Cavell, *Pursuits of Happiness: The Hollywood Comedy of Remarriage*, Cambridge, MA, Harvard University Press, 1981 e *Contesting Tears: The Hollywood Melodrama of the Unknown Woman*, Chicago, The University of Chicago Press, 1996.

"grupos de obras nos quais os membros se contestam uns aos outros por adesão, portanto pelo poder de definir o género"[38]. Trata-se de conceptualizar o género como meio artístico e não como ciclo de filmes (ao qual certas obras de cinema pertencem claramente, da mesma maneira que um episódio faz parte de uma série de televisão)[39]. Ou seja, a definição dos géneros do primeiro tipo é sempre elusiva, provisória. Cada novo membro que *diverge* dos outros membros nalguns aspectos conduz a uma revisão e redefinição dos limites do género. Um membro que *negue* um aspecto partilhado pelos outros membros constitui um outro género, adjacente. As obras cinematográficas que pertencem ao *film noir* divergem umas das outras testando a elasticidade do género e tornando manifesta a incerteza que lhe é própria. Consequentemente, não há um filme que destile a essência deste género, mesmo que a sua existência tenha aparecido como evidente aos olhos de Frank, de Chartier, e dos escritores que se sucederam.

3. A contemplação das trevas

Há uma distinção a fazer, "entre termos usados retrospectivamente por críticos e teóricos, e os termos em uso no interior da indústria quando um filme particular – ou quando um grupo particular de filmes – é feito"[40]. *Film noir* é um exemplo do primeiro grupo de termos – um termo crítico usado em França em meados da década de 1940 para descrever alguns filmes americanos lançados alguns anos depois da sua produção e distribuição nos EUA. Os franceses alegaram que o que distingue estas obras é a representação da violência e da morte, o sadomasoquismo, e a ambivalência moral. Os filmes tinham um tom sombrio e azedo, desiludido até, na representação de uma sociedade liberal que estava

---

[38] Cavell, *Contesting Tears*, p. 13: "groups of works in which members contest one another for membership, hence for the power to define the genre".

[39] Género-como-meio (*genre-as-medium*) contrasta com o género-como-ciclo (*genre-as-cycle*). Ver Cavell, "The Fact of Television", in *Themes Out of School: Effects and Causes*, Chicago, The University of Chicago Press, 1984, pp. 242-44.

[40] Neale, *Genre and Hollywood*, p. 46: "between terms used retrospectively by critics and theorists, and the terms in use within the industry's relay when a particular film – or when a particular group of films – is made".

ainda a sarar as feridas infringidas pela Grande Depressão. A expressão *noir* não foi cunhada nessa altura. Era uma palavra com uma história e foi por isso que foi escolhida para designar estes filmes. Daí que o rigor imponha que se fale em *film noir americano*, como o título do artigo de Chartier deixa desde logo bem claro ao declarar que os americanos também fazem filmes *noirs*.

A expressão tal como foi usada nos dois artigos franceses não se refere, por isso, a um sub-género gráfico, seco, não idealizado, dos romances *hardboiled*, associada pelos críticos literários aos escritos de Dashiell Hammett e Raymond Chandler, entre outros – ficções que mudam o foco narrativo do detective, estranho ao crime, para alguém directamente envolvido, como a vítima, o suspeito, ou até o criminoso. O estabelecimento da ligação entre o uso da expressão pelos críticos parisienses e estas obras literárias faz parte da construção do *film noir* como objecto académico e como domínio capaz de engendrar as suas próprias invenções. Frank e Chartier não podiam estar a referir-se à *Série noire* dirigida por Marcel Duhamel, como Alain Silver e Elizabeth Ward defendem[41] (isto é, como se esta colecção já tivesse publicado títulos de Dashiell Hammett, Raymond Chandler, e James M. Cain, autores que estiveram envolvidos ou foram adaptados em muitos filmes *noir*). Duhamel só escreveu uma introdução para a série que estabelece uma relação com um cinema que traduz em gestos, a angústia e a violência dos livros, em 1948, dois anos depois dos dois artigos pioneiros sobre o *film noir* americano terem sido publicados. Chandler só foi publicado pela primeira vez na colecção em 1948 e Hammett e Cain em 1949. Tal não quer dizer que estes autores não fossem conhecidos em Paris já desde os anos 1930 e ainda que Frank e Chartier não mencionem a colecção *Série noire* nos seus textos, é possível que a conhecessem, dado que começou a ser publicada em 1944.

Como Charles O'Brien comprova, ao falarem no *noir* vindo dos EUA, os críticos estabeleciam em vez disso uma relação que só pode ser entendida tendo em conta o contexto da crítica de cinema francesa da época. O termo tinha sido usado em jornais e revistas dos anos 1930 e 40 em relação a filmes como *Crime and Punishment* (*Punição*, 1935), *Les Bas-fonds* (*O Mundo do Vício*, 1936), *Pépé le Moko* (1937), *Le puritain*

---

[41] Cf. Silver e Ward, *Film Noir*, p. 1.

(1938), e *Le Jour se lève* (*Foi uma Mulher que o Perdeu*, 1939)[42]. Usado com um sentido usualmente pejorativo, *film noir* designava filmes considerados tenebrosos, que mostravam fracassos humanos, corrupções e crimes. Eram lamentos pela vida, de atmosfera sombria, sacrílega, alimentados pelo desalento. Esta ligação histórico-crítica foi sendo apagada nos escritos posteriores sobre o *noir*. Mas foi esta mesma contemplação das trevas que Chartier e Frank viram nos filmes americanos que comentaram.

Esta genealogia é esclarecedora, mas não resolve o problema. Como algumas das suas histórias, o *film noir* é um mistério sem solução, um género que resiste à coerência. Com efeito, "como conceito o *film noir* procura homogeneizar um conjunto de fenómenos distintos e heterogéneos"[43]. Schatz demarca-o assim, em termos visual e temáticos, sem o definir com exactidão:

> "*film noir* ("cinema negro") refere-se a dois aspectos inter-relacionados: visualmente, esses filmes eram mais escuros e de composição mais abstracta do que a maioria dos filmes de Hollywood; tematicamente, eram consideravelmente mais pessimistas e brutais na sua apresentação da vida americana contemporânea do que os filmes de *gangsters* do início dos anos 1930 alguma vez tinham sido"[44].

O *film noir* expõe a ansiedade social da época, mas sem revelar uma visão uniforme ou recorrer a formas idênticas. Mecanismos narrativos como o uso de narrações em voz-*off* e *flashbacks* são por vezes considerados como elementos definidores do género, assim como os grandes planos, retratos, reflexos, e distorções, são considerados motivos visuais. A verdade é que, como se concluiu em relação às tradições artísticas, estes elementos narrativos e estes motivos visuais não são prevalecentes

---

[42] Charles O'Brien, "Film Noir in France: Before the Liberation", *Iris*, n.º 21, 1996, pp. 7-20.

[43] Neale, *Genre and Hollywood*, p. 154: "as a concept *film noir* seeks to homogenize a set of distinct and heterogeneous phenomena".

[44] Schatz, *Hollywood Genres*, p. 112: "*film noir* ("black film") refers to two interrelated aspects: visually, these films were darker and compositionally more abstract than most Hollywood films; thematically, they were considerably more pessimistic and brutal in their presentation of contemporary American life than ever the gangster films of the early 1930s had been".

ou exclusivos. *Pickup on South Street* (*Mãos Perigosas*, 1953), por exemplo, é cru e não tem a sofisticação técnica destes efeitos fotográficos. Todavia, o comunista sob o qual se abate a demência e a ansiosa relação com a autoridade dão-lhe um enquadramento político invulgar e pessimista, em pleno McCarthyismo. A aceitação das diferenças evidentes entre os filmes *noir* implica uma reflexão sobre a complexidade da interacção e combinação criativas de elementos genéricos ou convenções, aquilo que permite congregar obras num determinado género. Neale menciona três pontos-chave acerca deste uso inventivo de repertórios de convenções:

> "O primeiro é que o repertório de convenções genéricas disponíveis em qualquer ponto no tempo está sempre *em* produção em vez de ser simplesmente *re*-produzido, mesmo nos mais repetitivos filmes, géneros, e ciclos. [...]. O segundo ponto é que qualquer repertório genérico ultrapassa sempre, e portanto nunca pode ser esgotado por, qualquer filme individual. [...].
> O terceiro ponto, por outro lado, é que os próprios repertórios genéricos podem ser pelo menos parcialmente compatíveis"[45].

Uma prova de como certas convenções foram reintegradas e repensadas nestes filmes é o interesse que o feminismo manifestou pelo *film noir*. Este interesse não pode ser atribuído simplesmente ao contexto histórico, pós-Segunda Guerra Mundial. Esse contexto esclarece porque é que as difíceis, e muitas vezes falhadas, relações amorosas retratadas nestes filmes foram interpretadas como reflexos de uma mobilização militar que destroçou a vida familiar e fez com que o regresso dos homens fosse visto com suspeita. Contudo, directa ou indirectamente, este tema está presente noutros filmes da época como *The Best Years of Our Lives* (*Os Melhores Anos das Nossas Vidas*, 1946). O que está em geral ausente dessas outras obras é o questionamento dos papéis normativos e regulados para os géneros sexuais. A convenção da mulher calculista

---

[45] Neale, *Genre and Hollywood*, p. 219: "The first is that the repertoire of generic conventions available at any one point in time is always *in* play rather than simply being *re*-played, even in the most repetitive of films, genres and cycles. [...]. The second point is that any generic repertoire always exceeds, and thus can never be exhausted by, any single film. [...].
The third point, on the other hand, is that generic repertoires themselves can be at least partly compatible".

e perigosa poderá ter vindo do filme gótico, mas aparentemente a sua função mudou no *film noir*. No entanto, olhando com mais atenção, também aqui unidade (ou consistência) não é sinónimo de uniformidade (ou constância). Ainda que muitos destes filmes tenham questionado a ordem patriarcal, não o fizeram sempre através do uso da mulher fatal, como é patente em *Laura*.

No *film noir*, a investigação policial torna-se menos relevante do que o mergulho no mistério e no perigo. *Murder, My Sweet* (*O Enigma*, 1944) ilustra esta opção, através de uma estrutura que intercala a narrativa com os sonhos e pesadelos do investigador, convertendo a investigação numa pesquisa interior e subjectiva. Cada filme requer um reajuste, uma nova definição do género, desta forma negando qualquer hipótese de homogeneidade. Este género é inseparável dos filmes descritos como tal, mas não um corpo uniforme de filmes similares. Claramente, isto não é verdade em relação a outros géneros cinematográficos, que podem ser mais ou menos abertos, mas são passíveis de ser *conhecidos*. Tem sido esse o trabalho de uma crítica de género que procura estabelecer cânones[46]. Mas o *noir* permanece desconhecido, indomável, em conformidade com o seu universo artístico. Foram os atributos destes filmes que pediram atenção e que levaram a que fossem identificados como um grupo atravessado pela mesma singularidade. Este é, portanto, um género que pertence menos à história do cinema e mais à história da crítica de cinema[47].

4. O reconhecimento da singularidade

A noção de género, como a de autor, desafia as divisões e hierarquias da arte[48]. No cinema, esta aproximação conceptual entre género e autor sobressai através da maneira como a crítica de género se posicionou como uma alternativa, e não como uma mera oposição, à crítica de autor. Por isso, Naremore aproxima a função-autor, definida por Michel Foucault, à função-género[49]. O trabalho do académico americano questiona o

---

[46] Neale, *Genre and Hollywood*, p. 253.
[47] Vernet, "*Film Noir* on the Edge of Doom", p. 26.
[48] Neale, *Genre and Hollywood*, p. 22.
[49] Naremore, *More than Night*, p. 11.

film noir no seu contexto em vez de procurar uma definição definitiva que resolva as suas incongruências. Não se pense, porém, que esta abordagem exclui o conceito de género. O conceito passa antes a ser entendido como parte de um método de interpretação. Foucault nota que apagar o autor revela a função-autor, a função dentro da qual algo como o autor pode existir:

> "Na nossa cultura (e, sem dúvida, em muitas outras), o discurso não era, na sua origem, um produto, uma coisa, um bem; era essencialmente um acto – um acto colocado no campo bipolar do sagrado e do profano, do lícito e do ilícito, do religioso e do blasfemo. Historicamente, foi um gesto carregado de riscos antes de ser um bem preso num circuito de propriedades"[50].

De acordo com o filósofo e historiador francês, os autores passaram a ser nomeados e reconhecidos para controlar as leis da interpretação. No caso do autor, estas leis são regidas pela intencionalidade confessada e pelos dados biográficos, e tornam secundárias a estrutura interna das obras. Logo, substituir "autor" por "género" põe também em causa, até determinado grau, a pluralidade interpretativa, a multiplicidade de sentidos potenciada por cada obra. É disto que a singularidade do *film noir* o resgata. Por ser um grupo sem características unitárias, com obras inscritas também noutros géneros, o *noir* é constituído por filmes que resistem ao fechamento provocado pela nomeação de um autor, numa acepção individual, ou pela menção de um género, numa acepção restrita. Estas obras pedem para ser lidas assumindo a sua abertura e ousadia associativa. Interpretar torna-se uma forma do espectador--crítico responder às intrincadas e ricas camadas das obras – polisémicas e singulares, irredutíveis a apenas uma leitura, profundas como um abismo[51]. Em *The Maltese Falcon* (*Relíquia Macabra*, 1941), o falcão dourado ornamentado com pedras preciosas é um objecto que obceca, que invade

---

[50] Michel Foucault, *O Que é um Autor?* [1969], trad. António Fernando Cascais e Edmundo Carneiro, 2.ª ed., Lisboa, Vega, 1992, p. 47.

[51] Para uma reflexão próxima desta linha de pensamento, sobre a relação entre a vertente regulamentar do género e um *tipo* de leitura particular de uma obra, ver Derrida, "The Law of Genre", trad. Avital Ronell, *Critical Inquiry*, vol. 7, n.º 1, 1980, pp. 55-81. Obrigado a Fernando Matos Oliveira por esta referência.

os sonhos, uma imagem de uma posse material que se apossa das pessoas, pesando na sua existência. O jogo de palavras é fértil, expressando estas ideias sem parecer demasiado elaborado, parafraseando mesmo o Acto IV de *A Tempestade* de William Shakespeare, neste diálogo entre o detectives Tom Polhaus (Ward Bond) e Sam Spade (Humphrey Bogart) quando o primeiro pega na estatueta:

"TOM POLHAUS: Heavy. What is it?
SAM SPADE: The, uh, stuff that dreams are made of".

As relações entre os filmes como obras de arte singulares e as propriedades genéricas são variadas. Logo à partida, "[q]ualquer filme (como qualquer texto, elocução, ou instância de representação) pode participar em vários géneros ao mesmo tempo. De facto, é mais comum um filme fazê-lo do que não o fazer"[52]. Estes filmes não só misturam elementos de diversos géneros como o fazem de um modo tão heterogéneo que inevitavelmente confirmam que o *film noir* é um fenómeno que agrega facetas incongruentes e discordantes[53]. Esta incongruência e discordância torna-se explícita nas discrepantes classificações genéricas dos filmes. Neale, um historiador de cinema, considera *Mildred Pierce* (*Alma em Suplício*, 1945), uma obra considerada por investigadores do género como um *film noir*[54], como um *woman's film*[55]. Podemos argumentar, com Pam Cook[56], que se trata de um filme pertencente aos dois géneros. Lançado pela indústria como uma obra dirigida às mulheres, *Mildred Pierce* coloca em contraste a presença feminina central associada ao *woman's film* com o tom sombreado e carregado do *film noir*, que Cook vê como masculino e hegemónico.

---

[52] Neale, *Genre and Hollywood*, p. 25: "Any film (like any text, utterance or instance of representation) can participate in several genres at once. In fact, it is more common than not for a film to do so."
[53] *Ibidem*, p. 173.
[54] Ver, e.g., Naremore, *More than Night*, pp. 230, 262.
[55] Neale, *Genre and Hollywood*, p. 188.
[56] Pam Cook, "Duplicity in Mildred Pierce", in *Women in Film Noir*, ed. E. Ann Kaplan, Londres, BFI, 1978, pp. 22-34. Ainda que a sua interpretação exagere o modo os dois géneros colidem no interior do filme e a sua análise contenha omissões que põem em causa alguns aspectos da sua leitura – ver David Bordwell, "Cognition and Comprehension: Viewing and Forgetting in Mildred Pierce", *Journal of Dramatic Theory and Criticism*, vol. 6, n.º 2, 1992, p. 195.

Os textos de Nino Frank e Jean-Pierre Chartier reconhecem a singularidade dos filmes que analisam criticamente. É por isso produtivo revisitar estes artigos. Frank começa por referir uma série de obras que admira, incluindo *Citizen Kane* (*O Mundo a Seus Pés*, 1941) e *The Little Foxes* (*Raposa Matreira*, 1941), mas foca-se num conjunto de filmes policiais, que incluem *Laura* e *Double Indemnity*. Para ele, estes filmes pertencem mais precisamente ao género da aventura criminal ou da psicologia criminal, de que ele acha que Dashiell Hammett é um exemplo expressivo na literatura. *Laura* parece-lhe pouco original, mas tem uma narrativa complexa, um escritor perverso, vulgar mas divertido, e tem acima de tudo um detective com uma intensa vida emocional. Nos outros três filmes que ele discute, *Double Indemnity*, *The Maltese Falcon*, e *Murder, My Sweet*, o detective não é um mero mecanismo, mas o centro. Ele observa que os filmes terminam com cenas duras e misóginas, como em muitos romances policiais americanos da época – especialmente *The Maltese Falcon* e *Murder, My Sweet*. Neles encontramos a mesma crueldade punitiva para com as heroínas, que pagam inteiramente pelas transgressões que lhes são atribuídas, mesmo quando a sua responsabilidade é nula. Em *The Maltese Falcon*, Brigid O'Shaughnessy (Mary Astor) é responsabilizada e castigada por ter matado Miles Archer (Jerome Cowan) quando não o fez. Em *Murder, My Sweet*, Grayle (Miles Mander) mata a esposa, Helen Grayle (Claire Trevor) conhecida como Velma Valento, a mulher que Marlowe (Dick Powell) foi contratado para encontrar. Frank vê Brigid e Velma como projecções da insegurança masculina, o que aponta para uma visão que localiza a misoginia não nos filmes em si, mas nos homens com os quais os filmes se alinham narrativamente. Segundo ele, encontramos em *Double Indemnity* uma violência exercida sobre as mulheres semelhante àquela de que Brigid e Velma são vítimas – mesmo se Phyllis é morta por Walter depois de disparar sobre ele, para sermos exactos. O crítico comenta que em *Double Indemnity*, um filme cuja produção foi aceite pela Administração do Código de Produção (PCA) depois desta instituição ter rejeitado diversos argumentos a partir dos escritos de Cain[57],

---

[57] Esta aceitação corresponde a uma abertura da censura americana em relação às produções de Hollywood que aconteceu durante os anos de guerra, que começa com *The Outlaw* (*A Terra dos Homens Perdidos*) em 1943 e termina com *Double Indemnity* em 1946.

não há mistério. A narrativa desenvolve-se em *flashback* a partir das palavras de Walter, focando a atenção dos espectadores, não na expectativa de uma resolução, mas naquilo que cada personagem tem de distinto. Daí o elogio que encontramos no texto à direcção de Billy Wilder e ao argumento de Wilder e Chandler por detalharem habilmente os motivos e as reacções das personagens. Desta forma, o artigo argumenta que estes filmes *noir* não são vulgares dramas policiais. O enredo, a acção violenta e emocional, têm menos importância do que a sucessão de expressões e gestos que dão a ver a verdade das personagens. Em comparação, as figuras de outros filmes policiais parecem bonecos sem vida, ou com uma vida emprestada como se fossem marionetas. Para Frank, este pequeno grupo de filmes mostra a vida na sua crueldade, naquilo que ela envolve de luta pela sobrevivência, dando espessura às personagens através de um realismo psicológico inexorável. Esta descrição liga estes filmes ao realismo gráfico, intransigente, dos *noirs* franceses, embora Frank não estabeleça esta ligação. Chartier viria a fazer esse trabalho três meses depois.

O artigo de Chartier é mais preciso, detalhado, claro, e atento do que o de Frank. A sua utilização da expressão *film noir* é também menos vaga. Os seus três objectos de análise crítica resultam num grupo mais variado que abdica da associação do *film noir* ao filme policial. *Double Indemnity* e *Murder, My Sweet* permanecem no escrito de Frank, mas a lista é completada com um drama sobre um alcoólatra, *The Lost Weekend* (*Farrapo Humano*, 1945), realizado pelo mesmo Billy Wilder que dirigiu o primeiro filme. Falando dos policiais, o crítico nota que neles quase todas as personagens são venais, e as mulheres são particularmente monstruosas, mas que há uma rapariga virtuosa em ambos os filmes, Lola (Jean Heather) em *Double Indemnity* e Ann (Anne Shirley) em *Murder, My Sweet*. Ele chama a atenção para o papel central da atracção sexual, que a censura americana não permitia que fosse consumada no ecrã e que acaba por condenar as personagens, fortalecendo o pessimismo e o desespero que as marcam. A atracção não é apenas carnal, mas tem um sentido obsessivo e fatal direccionado para o crime. Se o modo como Phyllis desapossa Walter do seu livre arbítrio em *Double Indemnity* fosse ainda mais sublinhado no seu erotismo, isso tornaria a relação entre eles demasiado límpida, mostrando-o a ele como presa sob o controlo completo dela. O filme opta pela ambiguidade, preservando zonas de sombra, aspectos incertos. A Velma de *Murder, My Sweet* é uma criminosa, mas Phyllis é uma psicopata, não conseguindo controlar o seu comportamento violento *precisa* de alguém como Walter. Chartier prolonga a sua reflexão discutindo *Murder, My Sweet* como adaptação de *Farewell, My Lovely* de Raymond Chandler. Não se trata de um *whodunit*, um esquema narrativo que oferece pistas com vista à identificação final do criminoso, mas de um *thriller*. Quer dizer, trata-se de uma obra que procura causar ondas repentinas de emoção, neste caso criando uma atmosfera de medo do desconhecido. É precisamente o desconhecimento que torna o perigo mais ameaçador, fazendo os espectadores estremecerem, apreensivos. De modo idêntico, o artigo analisa a progressão narrativa de *Double Indemnity*, co-escrito por Chandler, destacando o seu carácter psicológico. A história contada por Walter em retrospectiva provém de um homem que fala debaixo do peso da culpa e acentua os mecanismos psicológicos através dos quais o protagonista é arrastado para o mundo do crime. A acção torna-se interior, crível, tomando a forma de um conto sórdido de um homem da lei que cede à sedução feminina e ao apelo do crime perfeito, num percurso sinuoso que envolve também um investigador amigo de Walter. Segundo Chartier, a superioridade de *Double Indemnity* deve-se em grande parte ao texto de origem da autoria de Cain. Ele acrescenta que a mão de Wilder é evidente no filme, nomeadamente no uso da narração na primeira pessoa (que o realizador também emprega em *The Lost Weekend*, que será analisado mais à frente). Como já foi indicado, Chartier estabelece uma relação directa entre a escola francesa do *film noir* e a americana, a primeira com uma abordagem mais meditativa, objectiva, e distanciada, a segunda com uma abordagem mais realista, subjectiva, e envolvida. Nas obras francesas como *Le Quai des brumes* (*O Cais das Brumas*, 1938) ainda há lugar para a esperança, para a miragem de um outro mundo, menos atroz. Já as obras americanas são habitadas por monstros aparentemente sem redenção possível, que se parecem comportar simplesmente de acordo com a inclinação para o mal dentro delas. São personagens sem vontade, que não vêem alternativas, que não atraem a nossa compaixão, e para as quais está reservado um castigo imediato. Os filmes americanos não são mais *noir* do que os franceses. Conseguem apenas sê-lo com uma sensibilidade diferente.

5. Uma obra negra

Com base nas publicações de Frank e Chartier, o grupo inicialmente considerado como *film noir* americano em 1946 incluía *Double Indemnity*, *Laura*, *The Lost Weekend*, *The Maltese Falcon*, e *Murder, My Sweet*. *The Lost Weekend* desapareceu na maioria dos escritos posteriores[58]. O influente livro de Borde e Chaumeton não o categoriza como um *noir* canónico, mas sob o título "tendências sociais" na lista geral[59], escrevendo que o filme foi classificado: "um pouco superficialmente, como pertencente ao género *noir*, sem dúvida por causa das cenas de hospital e da descrição do *delirium tremens*. Estranheza e crime, no entanto, estavam ausentes dele, e a psicologia do bêbado ofereceu um dos exemplos mais clássicos que existem da omipotência do desejo rudimentar"[60].

Esta exclusão demonstra o modo como apenas uma década depois das palavras de Chartier, a teorização do *film noir* abafou elementos, aspectos, e obras que não permitiam a estabilização de uma definição do género. Esta tentativa de refrear o selvagem, de acalmar o tempestuoso, de contornar a voragem, é particularmente notória em relação a este filme. É um exemplo de como "em toda a sociedade a produção do discurso é ao mesmo tempo controlada, seleccionada, organizada e redistribuída por um certo número de procedimentos que têm por função esconjurar os seus poderes e perigos"[61]. Esta obra pode ser considerada o *noir esquecido*, aquele que demonstra como o discurso sobre o *film noir* tem sido controlado, exorcizando os seus demónios ferozes.

Este ensaio, cujo propósito é mais teórico do que analítico, aponta a necessidade de uma análise detalhada destas obras. Na tentativa de apresentar um exemplo desta análise, ainda que limitada pelo objectivo geral desta investigação, seguem-se alguns apontamentos de análise

---

[58] Naremore, "American Film Noir: The History of an Idea", p. 15. Na enciclopédia *Film Noir*, Silver e Ward não listam esta obra como *film noir*.

[59] Borde e Chaumeton, *A Panorama of American Film Noir*, pp. 161, 163.

[60] *Ibidem*, p. 114: "somewhat superficially, as belonging to the noir genre, doubtless because of the hospital scenes and the description of delirium tremens. Strangeness and crime, however, were absent from it, and the psychology of the drunk offered one of the most classic examples there are of the all-powerfulness of a rudimentary desire".

[61] Foucault, *A Ordem do Discurso* [1971], trad. Laura Fraga de Almeida Sampaio, Lisboa, Relógio D'Água Editores, 1997, p. 9.

sobre *The Lost Weekend*. Chartier sugere que o filme remete para o *film noir* francês de obras como *La Bête humaine* (*A Fera Humana*, 1938). Aproximando-se do realismo poético desses filmes, Wilder insistiu em filmar todas as cenas exteriores em Nova Iorque, apostando numa dimensão realista expressiva. Isto é notório na sequência em que Don Birnam (Ray Milland) caminha aflito, rua após rua, encontrando todas as lojas fechadas no feriado judaico Yom Kippur. Sem dinheiro, Don não consegue vender a máquina de escrever nem sequer pedir uma bebida fiada. Para além do seu andamento cambaleante, o seu débil e atormentado estado é reflectido no fundido-encadeado dos planos, que se sobrepõem e sucedem sem a sugestão de um ponto de chegada.

O crítico francês afirma que as impressões de insanidade, de um vazio sem sentido, deixadas por este drama sobre um escritor nas garras de um vício o tornam numa experiência deprimente. Acrescenta ainda que o Don é ajudado por uma jovem encantadora, Helen St. James (Jane Wyman), no caminho para a sobriedade – o que permite que o filme encerre, de alguma maneira, com um beijo. Chartier não fala nisso, mas é de observar que o final é ambíguo, não afastando em definitivo a possibilidade de suicídio que o protagonista introduz logo no segundo *flashback* da sua história com Helen. São exactamente opções como esta que justificam a inclusão da obra no *film noir*. Don troca o casaco de pele de leopardo de Helen por uma pistola numa loja de penhores. Ela interrompe a tentativa de suicídio, mas ele retira a arma das mãos dela e guarda-a no bolso. O perigo deixa de estar visível, mas persiste, escondido. A desgraça iminente pode ser mais angustiante do que a desgraça acontecida.

Fig. 1.

Fig. 2a.

Fig. 2b.

Fig. 3a.

Fig. 3b.

Fig. 4.

Há outros detalhes dignos de nota. A figura predominante em *The Lost Weekend* é o círculo. Na primeira visita ao bar de Nat (Howard Da Silva), Don contempla as marcas circulares que o copo deixa no balcão, dizendo que "o círculo é a perfeita figura geométrica, sem princípio nem fim". A imagem dos círculos no balcão é usada duas vezes para assinalar a quantidade de bebida que Don ingeriu: na primeira vez vemos seis círculos, na segunda vez o dobro (fig. 1). Como noutros filmes *noir*, o círculo é vicioso e Don está encerrado nele. Esta prisão que faz com que cada gesto seja um gesto perdido porque repetido é sublinhada através da estrutura circular do filme, que termina como começa.

No princípio, a câmara roda em panorâmica para a direita e avança em *travelling* para a frente, da imensa paisagem citadina (fig. 2a) para a janela de um apartamento com uma garrafa cheia pendurada (fig. 2b). (Don está no apartamento a arrumar uma mala com o irmão, tendo em vista uma viagem que continue uma desintoxicação que não está realmente a decorrer. A ideia dele é esconder a garrafa na bagagem.) No fim, depois de Don decidir escrever acerca do seu fim-de-semana infernal, são as suas palavras em *off* que acompanham imagens semelhantes, mas na ordem inversa: um *travelling* para trás e para baixo mostra Don a fazer a mala e a olhar para a janela (fig. 3a) e depois dá um enfoque maior à garrafa suspensa (fig. 3b), seguido de um fundido para uma panorâmica para a esquerda. A imagem de Nova Iorque que fecha o filme (fig. 4) é exactamente igual àquela que o abre (fig. 2a) depois do genérico. Mas a última sequência demonstra uma outra consciência e é moldada pelo ponto de vista da personagem principal. A fusão de dois planos em vez da utilização fluída de apenas um traz à lembrança a sequência da deambulação pelas ruas e coincide com um destaque dado à garrafa que não acontece no início. Don está condenado à repetição, ao esquecimento, à perdição, mas agora parece estar pelo menos ciente da sua condição. Seja como for, o fantasma da auto-destruição, que paira sobre outros exemplos do *film noir*, surge em The Lost Weekend com uma força desmedida. Porque é uma destruição de si que não se faz por meio de outra pessoa.

6. Existente e imaginado

O *film noir* é um género que emergiu a partir da leitura crítica de alguns filmes, em vez de uma categoria genérica que descreve e enquadra a produção e fruição de obras cinematográficas. A singularidade destes filmes pediu um género que lhes desse sentido. Foi a este pedido que o crítico francês Nino Frank acedeu quando utilizou o termo *film noir* para falar sobre estas obras americanas em 1946 na revista *L'Écran français*. O género nasceu desta necessidade, ou melhor, desta solicitação que pedia uma solução conceptual. Inicialmente, o género não teve como suporte nem os hábitos industriais nem o conhecimento dos espectadores, como viria a acontecer depois com o *neo-noir*. Este conceito genérico não existia para os produtores e espectadores nas décadas de 1940 e 50.

Nessa altura, nenhum estúdio americano produziu um filme deste género como se produzisse um musical, nenhum espectador se dirigiu a uma sala de cinema para ver um filme *noir*. Trata-se de um género imaginado.

Sugerindo esta conclusão, Naremore defende que o *film noir* é um género que faz parte da história do cinema, mas que pertence também à história das ideias[62]. Não admira portanto que não haja um consenso canónico em relação às obras que o constituem. Como Neale elucida, "há uma diferença entre filmes que são delineados para se conformarem, mesmo que de modo geral, a categorias, expectativas, e modelos pré--existentes, e aqueles [...] que não são"[63]. Os filmes deste segundo grupo são *genericamente marcados* e contrastam com os *genericamente modelados* que pertencem ao primeiro agrupamento. Usando esta terminologia, as obras do *film noir* podem ser descritas como genericamente marcadas. Frank e Chartier viram algo de singular nesses filmes ao qual deram um nome evocativo. Não admira que "*noir*" tenha passado para o inglês sem ter sido modificado do francês original, confirmando o seu carácter único. Como ideia, o *film noir* ganhou vida própria e encontrou um lugar na linguagem crítica e técnica do cinema. Consequentemente, tornou-se reconhecida pelos artistas e pelos espectadores, extravasando o seu contexto original, no qual não pode ser fechado, ao qual não pode ser restituído, sem que isso reduza o seu impacto ao longo das décadas seguintes. É esse desenvolvimento que revela este género como uma categoria dinâmica, relacional, entre tempos e lugares, que os filmes redefinem.

Ver estes filmes pelo prisma do género pode conduzir a um fechamento numa categoria normativa, quando tais normas ficam sempre por confirmar dada a diversidade das obras. Pelo contrário, um entendimento daquilo que motivou a imaginação do *film noir* conduz à afirmação de que o que eles representam é o invulgar, o peculiar, o raro. Analisar estes filmes em detalhe, com a consciência deste género criticamente inventado, é uma tarefa que ainda está por fazer. Por agora, o que este ensaio demonstrou é a necessidade premente de tal análise,

---

[62] Naremore, *More than Night*, p. 11.

[63] Neale, *Genre and Hollywood*, p. 27: "there is a difference between films which are designed to conform, however broadly, to pre-existing categories, expectations and models, and those [...] which are not".

de um regresso a estes filmes sombrios e magnéticos[64] – uma análise e um regresso que recaiu sobre *The Lost Weekend*, o filme *noir* excluído exactamente por não encaixar nas normas atribuídas mais tarde ao *film noir*.

No presente, os filmes deste género são identificáveis, nomeadamente no seu interesse pela subjectividade opaca e disjunta dos protagonistas, que se reflecte de forma particular nos aspectos visuais, sonoros, narrativos, e performativos de cada filme. Esta identificação é, numa primeira aproximação, muito útil. Ir mais fundo, até ao negro das obras, põe em causa a noção estável do *noir* como género, revelando diferenças interiores que são confirmadas por indícios históricos e estéticos. Os filmes surgem então na sua particularidade – pertencem a uma categoria com uma contradição central, reconhecida mas indefinível. "Foi sempre mais fácil reconhecer o *film noir* do que definir o termo"[65], escreve Naremore. Foi em consonância com este pensamento que este texto olhou de novo para este género (e para os seus filmes), articulando o modo como a sua existência é inseparável da imaginação que o reconheceu e nomeou[66].

---

[64] Para um exemplo deste trabalho analítico que está a ser conduzido por alguns académicos, ver Andrew Klevan, "The Purpose of Plot and the Place of Joan Bennett in Fritz Lang's *The Woman in the Window*", *CineAction*, n.º 62, 2003, pp. 15-21.

[65] Naremore, *More than Night*, p. 9: "It has always been easier to recognize film noir than to define the term."

[66] Estou profundamente agradecido a Peter Stanfield (Universidade de Kent), especialista neste tópico, pelos perspicazes comentários à versão inicial deste ensaio. Devo-lhe o encorajamento para desenvolver esta investigação, procurando defender a tese de que o *film noir* é um género que é melhor entendido a partir das diferenças irredutíveis dos seus membros – e não como um grupo de filmes com características idênticas. Desde o princípio que se tornou claro que era necessário fazer uma revisão crítica dos escritos sobre o *film noir* americano, revisitando os seus textos precursores. Estou também grato a Andrew Klevan (Universidade de Oxford) pela ajuda que me concedeu.

Abílio Hernandez Cardoso*

CINEMA E POESIA, OU O CORAÇÃO DA MEMÓRIA

A meu lado, pousado na cadeira, tenho um livro, à minha frente um ecrã. Estou, literalmente, entre um poema e um filme. Quero escolher mas hesito na escolha, como tantas vezes me acontece em idêntica circunstância. Poema ou filme? Em boa verdade, sei que nunca poderei escolher entre um e outro. Apesar de tudo, acabo por tomar uma decisão, que sei fugaz, e escolho o rosto de Humphrey Bogart:

"Era a cara que tinha e foi-se embora
mas nunca foi tão visto como agora
O seu olhar é água pura água
devassa-nos dá nome mesmo à mágoa
Ganhámo-lo ao perdê-lo. Não se perde um olhar
não é verdade meu irmão Humphrey Bogart".

Bogart não me responde. Não poderia, nunca, evidentemente. Nem no filme que, afinal, eu não tenho à minha frente, nem no poema que dele fala, já morto, pelas palavras de Ruy Belo. Todavia, é ele, sem dúvida, que eu tenho perante mim na página que o poema, por pequeno, deixa quase toda em branco. Por um brevíssimo instante, desfizera-se, sob o meu olhar, a linha de fronteira entre poema e filme. E eu via o que não estava lá. Eu via Bogart.

---

* Faculdade de Letras da Universidade de Coimbra.

Pouso o livro, por breves instantes, a meu lado. Havia que exercitar o olhar e o olhar pedia-me um filme. Escolho *Esplendor na Relva*, apenas porque está mais próximo da minha mão, e fixo-me em Nathalie Wood e na sua Deanie Loomis:

> "Eu sei que Deanie Loomis não existe
> mas entre as mais essa mulher caminha
> e a sua evolução segue uma linha
> que à imaginação resiste
>
> A vida passa e em passar consiste
> e embora eu não tenha a que tinha
> ao começar há pouco esta minha
> evocação de Deanie quem desiste
>
> na flor que dentro em breve há-de murchar?
> (e aquele que no auge a não olhar
> que saiba que passou e que jamais
>
> lhe será dado ver o que ela era)
> Mas em Deanie prossegue a primavera
> e vejo que caminha entre as mais".

Afinal, enganara-me de novo. Uma vez mais não havia filme mas sim a poesia de Ruy Belo[1], a palavra do poeta e o seu desejo de percorrer um território novo, um espaço que fosse só dela e da mudez do mundo. Lembrei-me então que com outro poeta – António Ramos Rosa – eu aprendera que as palavras amam o seu corpo musical. Talvez, pensei, como as imagens fílmicas amam a sua luz, *uma luz perigosa como água*, segreda-me Alexandre O'Neil[2].

Era imperioso, pois, ouvir e ver, iluminado, o corpo musical da palavra. Apeteceu-me uma palavra antiga. Quis ouvi-la numa língua que não fosse a minha, para que a minha atenção se concentrasse mais na musicalidade e menos no conteúdo. O versículo 17 do capítulo 25 do Livro de Ezequiel, do Velho Testamento, serviu para o efeito. E li:

---

[1] Ruy Belo, *Todos os poemas*, Lisboa, Assírio & Alvim, 2001.
[2] Alexandre O'Neill, *Poesias Completas (1951-1981)*, Lisboa, Imprensa Nacional - Casa da Moeda, 1982.

"The path of the righteous man is beset on all sides by the inequities of the selfish and the tyranny of evil men. Blessed is he who, in the name of charity and good will, shepherds the weak through the valley of the darkness, for he is truly his brother's keeper and the finder of lost children. And I will strike down upon thee with great vengeance and furious anger those who attempt to poison and destroy my brothers. And you will know I am the Lord when I lay my vengeance upon thee".

Quis acabar aqui (era o fim do versículo), mas a voz que o recitava de cor continuou:

"I been sayin' that shit for years. And if you ever heard it, it meant your ass. I never really questioned what it meant. I thought it was just a cold-blooded thing to say to a motherfucker before you popped a cap in his ass. But I saw some shit this mornin' made me think twice. Now I'm thinkin': it could mean you're the evil man. And I'm the righteous man. And Mr. 9mm here, he's the shepherd protecting my righteous ass in the valley of darkness. Or it could be you're the righteous man and I'm the shepherd and it's the world that's evil and selfish. I'd like that. But that shit ain't the truth. The truth is you're the weak. And I'm the tyranny of evil men. But I'm tryin', Ringo. I'm tryin' real hard to be a shepherd".

Pela terceira vez, enganara-me: agora era o poema que me faltava, e em vez dele tinha à minha frente o rosto e a voz de Samuel Jackson, que se apoderara do meu texto e que anunciava, em *Pulp Fiction*, a chegada inevitável da morte num tom apocalíptico. Ou melhor, para ser inutilmente mais rigoroso, parecia o rosto de Samuel Jackson, porque na realidade não era. Eram apenas, como sempre sucede no cinema, sombras e cintilações de luz que se projetavam no ecrã. Tal como Bogart e Nathalie Wood não estavam nos poemas de Ruy Belo, Jackson não estava ali, ainda que eu o visse e ouvisse claramente. Nem ele, nem Tim Roth, nem John Travolta, nem ninguém. No cinema, a luz não tolera outra companhia que não seja a da escuridão. E é ela que ilumina ausências que tomam a forma de sombras fantasmáticas, imagens gravadas de seres e objetos, espetros que em si mesmos se encontram ausentes daquele espaço e daquele tempo, mas que povoam a nossa memória ao ponto de os conhecermos de cor. Tal como Jules Winnfield, a personagem de Jackson, julgava saber de cor o versículo de Ezequiel.

E para todos os efeitos sabia. Ainda que o seu texto não correspondesse ao texto bíblico e se fosse afastando deste à medida que o recitava.

Vou assim saltando fronteiras e descobrindo o que já sabia: que não saberei nunca o que é a literatura, nem hei de saber, verdadeiramente, o que é o cinema. Sei apenas o poema e o filme. E nesta aflição socorro--me de Jacques Derrida e do seu texto, *Che cos'è la poesia?*[3]

O que está em causa quando perguntamos que coisa é a poesia ou, a questão coloca-se-me do mesmo modo, que coisa é o cinema? Em primeiro lugar, aquilo a que Derrida chama o princípio d*a economia da memória*. Um poema, diz-me Derrida, deve ser *breve*. Não porque tenha que ser curto ou de poucas palavras. Mas breve, no sentido em que o poema é *elíptico por vocação*, ou seja, ele é necessariamente *breve*, independentemente da sua *extensão objetiva ou aparente*[4].

Também o filme, como o poema, partilha essa condição da brevidade, é elíptico por vocação, natureza e necessidade, qualquer que se afigure, também, a sua objetiva ou aparente extensão. Na verdade, não conheço nenhum produto de uma prática artística que, afirmando a sua temporalidade essencial, seja mais elítico no seu fundamento do que um poema ou um filme. Descontinuidades puras, eles moldam os seus próprios corpos sobre o fragmento, a elipse e a rutura.

A elipse é um intervalo e o intervalo é aquilo que em regra descartamos, ou fingimos ignorar, como os intervalos brancos entre as palavras do poema ou os intervalos negros que separam os fotogramas do filme. E, no entanto, é nesses espaços intersticiais, nessas falhas, que temos que procurar, sabendo que nunca chegaremos ao fim, os sentidos dos poemas e dos filmes, nesses lugares insituáveis que constantemente erram entre o visível e o invisível, naqueles onde sempre nos perdemos na ânsia de neles encontrar uma razão para as coisas: seja para o poema, para o filme ou para o mundo.

---

[3] Jacques Derrida, *Che cos'è la poesia?*. Tradução de Osvaldo Manuel Silvestre. Coimbra, Angelus Novus, 2003. O texto de Derrida foi inicialmente publicado na revista italiana *Poesia*, em Novembro de 1998.

[4] *Ibidem*, p. 6.

É a elipse, essa forma de rigorosa descoincidência e instrumento vital de todo o cinema e de toda a poesia, que assegura, à imagem fílmica como à palavra poética, uma articulação essencial com o espaço e o tempo, permitindo-lhes caminhar por espaços densos como buracos negros e percorrer tempos que só podem ser medidos pela trajetória das estrelas, ao mesmo tempo que nos falam do não-dito e nos fazem ver o não-visto.

E mesmo quando palavra e imagem se me afiguram transparentes e nuas (o que, como sabemos, é pura ilusão), a elipse aconchega um silêncio que me assegura que o que nunca foi dito ou mostrado permanecerá sempre para além do meu alcance. A elipse move a sucessão das palavras e das imagens e do seu rasto ficará somente um leve esboço do possível, um corpo reinventado em cada plano ou em cada sílaba. Um desejo ou o seu simulacro. *Como se a morte se lhes inscrevesse na pele e a sua memória fosse afinal a memória dos outros*, na palavra poética de António Ramos Rosa[5].

I'm ready for your close-up, Mr. DeMille, proclama Gloria Swanson, destroço de uma mulher, ao descer a escadaria no final de *Sunset Boulevard*. A frase é dita para a eternidade da nossa memória cinéfila. A palavra, escreve Ramos Rosa, *é aos olhos do vento que ela fala*. A imagem, digo eu, expõe-se aos olhos do fogo. Uma busca perder-se no tempo, a outra deixa imolar-se no espaço. Por isso *se escreve sempre ao lado das palavras*, diz o poeta. Por isso se filma sempre ao lado dos corpos, acrescento eu. E por isso, ainda, Eric Von Stroheim sabe que Gloria Swanson, despojo patético de um tempo que passou, nunca estará pronta para esse cruel *close-up*, não porque ela não o deseje já, mas *porque as imagens são máscaras de uma cegueira errante e interminável*.

No cinema, há *cidades cor de pérola onde as mulheres existem velozmente*. São as cidades de Fritz Lang e de Nicholas Ray, mas também os versos de Herberto Hélder. No cinema, há *cidades esquecidas pelas semanas fora*. São de Rossellini e de Antonioni, mas continuam no mesmo poema de Herberto. No cinema, *subo as mulheres aos degraus* com Mikio Naruse, e no entanto não consigo libertar-me de Herberto. Por isso escuto o poeta que me mostra

---

[5] Todas as citações de poemas sem menção de autor pertencem, como estas, ao livro de António Ramos Rosa, *Palavras*, Porto, Campo das Letras, 2001.

"Uma cidade voltada para dentro
do génio, aberta como uma boca
em cima do som.
Com estrelas secas.
Parada"[6].

E vejo em Herberto um filme de Fritz Lang.

É, porém, quando as palavras se cobrem de silêncio e as imagens estremecem, que se revela, na sua comovente tangibilidade, o sorriso inesquecível de Charlot, surpreendentemente materializado aos olhos daquela que só agora via, via na ficção de *City Lights*, num gesto que em definitivo se suspende perante o nosso próprio olhar, fechando-se com lentidão a negro antes do derradeiro acender das luzes. *Tudo afinal se resolve nas linhas do tempo e nos círculos do espaço.*

Shut your eyes and see, grita para dentro de si mesmo um Stephen Dedalus em busca do real, no cenário proteico da praia clara de Sandymount. Afinal, aquilo a que chamamos o real, o que resta dele, no filme ou no poema? *Os seus fragmentos cintilantes*, ensinam-me as palavras de Ramos Rosa e as imagens de Charles Chaplin.

Regresso a Derrida e ao seu texto. Diz ele: depois da economia da memória vem *o coração. Não o coração* – esclarece – *no meio das frases que circulam sem correr riscos pelos cruzamentos e se deixam traduzir em todas as línguas*[7]. Nem, acrescenta, o coração que é objeto de saberes, de técnicas, de filosofias ou de discursos bio-ético-jurídicos. Nenhum deles, mas sim o coração da minha memória, o *cor*, que me faz desejar atingir o âmago do poema, o seu caroço, e desejar aprendê-lo, sabê-lo *de cor* (*par coeur*, *by heart*), isto é, alojá-lo no coração da minha memória. Para que então, e só então, ele possa fazer parte do meu próprio *cor*-po.

Vou assim redescobrindo que poesia e cinema percorrem um trajeto único com destinos múltiplos, como se cruzassem os caminhos que se bifurcam no jardim de Jorge Luís Borges. Percorro-o também, ainda na companhia de Derrida, ainda que dele por vezes me perca. Nesse trajeto parcialmente comum de poema e filme, diz-me Derrida, há alguém que me fala, que não fala apenas *para mim*, mas *me* fala, *me* escreve, a mim, de mim, sobre mim. Há uma marca, um traço, uma fala, que a mim

---

[6] Herberto Hélder, *Lugar. Poesia Toda*, Lisboa, Assírio & Alvim, 1979.

[7] Jacques Derrida, *ob. cit.*, p. 6.

se dirige e, em simultâneo, me constrói e me destrói (e aqui talvez me separe, ou me perca, por momentos, de Derrida). Me constrói porque me constitui em sujeito outro, diferente daquele que eu era antes de, em plena disponibilidade do corpo (essa mesma de que fala Barthes e que exige uma prévia ociosidade), receber ou confrontar poema ou filme, na página aberta do livro ou na penumbra da sala de cinema. Me destrói porque dilui esse sujeito primeiro, social, e faz de mim um sujeito textuante (roubo a palavra a Gabriela Llansol), leitor ou espectador. Me destrói (e de novo reencontro Derrida) porque a origem da marca deste sujeito outro em que me torno permanece invisível do mundo, *inencontrável* ou *irreconhecível*.

A fala que recebo e em mim encontra porto, que porto em mim (Aragon diria *je te porte dans moi comme un oiseau blessé*) é a própria escrita em que o corpo se tornou: *a escrita em si*, chama-lhe Derrida. Sou, portanto, um novo sujeito em que um corpo outro se forma por força da palavra ou da imagem. Derrida escreveu que não há poema que se não abra como uma ferida, mas que não abra ferida também[8]. Nessa dupla ferida se gera, se expõe, esse evento singular, essa palavra, essa imagem, essa palavra-imagem, essa *palimagem*, que desejo receber no corpo, isto é, que desejo aprender de cor, trazer no coração. Tudo em mim se move em função deste desejo e é aqui, nesta ferida, nesta contaminação, que se desenrola o novelo dos sentidos, exatamente aqui, onde a palimagem, desde que o poema é poema e o cinema é cinema, aspira, em palavras que encontro de novo em Ramos Rosa,

> "ao inicial ao puro percurso
> que não corresponde a nenhuma linha do universo".

Esses sentidos não constituem uma essência, um dado primeiro, primordial e imanente. Pela pluralidade de leituras que permite ou suscita, a palavra-imagem difere os sentidos, torna-os potenciais, remete-os para um indefinível *ainda-não*. Como na vertigem que impele o olhar de Carl Dreyer, de Alain Resnais ou de Akira Kurosawa, em busca da luz,

> "a palavra procura e não procura já ela não é o dia
> nem é a noite o seu espaço é o arco
> que não chega a unir a sua corola de sombra
> à corola branca do seu horizonte móvel".

---

[8] *Ibidem*, p. 9.

Por isso, não serei nunca capaz de domar a vertigem dos sentidos, do mesmo modo que, em *Vertigo*, James Stewart não domina a pulsão predadora que o dilacera e move em direção ao abismo. Será a mesma vertigem, ou pulsão, ou energia, que move a mão de Rimbaud, Lorca ou Pessoa, e o olhar de Murnau, Bergman ou Oliveira? Uma vez mais, nunca, em verdade, o saberei. Apercebo-me, é certo, do movimento contínuo da vertigem, mas sei que nunca poderei conhecer o que subjaz a esse movimento. Na sua liberdade volúvel, contingente, a palavra-imagem desfia o seu novelo, não para fugir do labirinto, como Teseu no labirinto de Dédalo, não para revelar a chave do percurso, desapossando-o de todo o mistério, mas, ao contrário, para prosseguir uma viagem interminável e perseguir, até à exaustão, um horizonte móvel. Para se abrir ao insondável.

Ao insondável, isto é, à morte. Verifico pois que a fala inicial, a marca que de mim fez um textuante, a ferida que porto no corpo e sei de cor, carrega em si, inevitavelmente, a possibilidade da morte. Mais do que isso, transporta em si, na sua origem, o próprio desejo da morte, consubstanciado num desejo irreprimível de consumar a sua própria cessação, de se exaurir na última palavra ou na derradeira imagem, ou seja, de pôr um fim a si mesma. *Se nós soubéssemos dar um passo que não fosse para a morte*, diz-me a voz de Ramos Rosa.

Há um navio de sombra que rasga silencioso as águas do mar em busca do primeiro raio de sol da manhã. Nosferatu, que traz consigo a morte e transporta no coração o rosto de Ellen, que sabe de cor, dissolver-se-á em pó, tocado pela luz da paixão. Escrever e filmar visam talvez a criação de um movimento perpétuo, um sulcar de silêncio, em que *tudo é necessário e nada é necessário*, esse gesto que não carece de explicação e em que, por isso mesmo, a palavra busca perder-se no tempo e a imagem deixa imolar-se no espaço. Um movimento que nada altera mas abre um espaço de paixão e de liberdade que permite que o mundo se dissolva em fascinantes cintilações de luz. Na poesia de Ramos Rosa, que porto no corpo e sei de cor, aprendo que se escreve (e se filma) *para que algo aconteça sem acrescentar nada ao mundo*. Que se escreve (e se filma) *para saber onde começa o mundo, onde se encontra o corpo e quando chegaremos.*

Nota: este texto foi escrito segundo as regras no novo acordo ortográfico.

RICARDO REVEZ*

FIALHO DE ALMEIDA E AS CORRENTES ESTÉTICO--LITERÁRIAS NO FINAL DO SÉCULO XIX EM PORTUGAL**

Introdução

Na segunda metade do século XIX assistiu-se a uma proliferação de diversas correntes estéticas no campo das artes e das letras. No âmbito da literatura, basta olharmos para o índice do célebre

---

* Doutorado em História Cultural e das Mentalidades Contemporâneas. Investigador do Instituto de História Contemporânea (FCSH-UNL).

** Este artigo é constituído, na sua quase totalidade e com algumas alterações, por alguns subcapítulos da nossa tese de doutoramento em História Cultural e das Mentalidades Contemporâneas intitulada *A Ideia de Decadência Nacional em Fialho de Almeida*, a qual foi defendida em Setembro de 2010 na Faculdade de Ciências Sociais e Humanas da Universidade Nova de Lisboa. Todas as citações foram submetidas a uma actualização ortográfica. Sempre que colocamos várias referências de fontes ou bibliografia numa única nota de rodapé, e na seguinte surge a indicação *idem, ibidem,* ou apenas *ibidem,* estamos a reportar o leitor apenas para a última dessas referências anteriores. Sempre que colocamos várias referências de fontes ou bibliografia numa única nota de rodapé e esta começa com *vide,* a expressão aplica-se a todas as referências da nota. Os textos de Fialho inseridos nas obras *Os Gatos* e *Vida Irónica* não têm propriamente um título. Têm sim, no índice de cada capítulo, que, no caso d'*Os Gatos,* corresponde a um número da publicação original, uma série de frases que constituem uma espécie de resumo do conteúdo dos textos. Para uma melhor identificação dos textos cada vez que os citamos em nota de rodapé, optámos por lhes atribuir como título a primeira e a última dessas frases que lhes correspondem nos índices, separadas por um travessão. Por vezes, o texto é tão breve que tem apenas uma frase no índice. Nesse caso, só colocámos essa frase.

Enquête sur l'Évolution Littéraire, do francês Jules Huret, publicado em 1891, para tomarmos consciência disso[1]. Portugal não escapou a essa realidade, tendo sido José Valentim Fialho de Almeida (1857-1911) um dos escritores a reflectir sobre algumas dessas correntes, mas também a corporizar, na sua obra, a assimilação dos seus preceitos, embora de uma maneira muito *sui generis*. Neste artigo, procuraremos dar a conhecer essa reflexão, relacionando a sua evolução ao longo do tempo com a das próprias opções estéticas de Fialho enquanto escritor. Com efeito, existe uma íntima relação entre esses dois factores, a qual é necessário ter em conta para compreender a visão fialhiana sobre o assunto. Não obstante Fialho reúna, ao longo da vida, na sua escrita, influências de várias estéticas literárias, parece-nos haver sempre uma delas que é dominante em determinado momento. É esse domínio, em dado momento, de uma estética específica – Romantismo, Realismo-Naturalismo e, na fase madura, uma outra, de um eclectismo subjectivista, difícil de definir, próxima do Expressionismo – que condiciona a sua crítica no âmbito da literatura, como veremos.

A formação romântica: do fascínio ao abandono gradual

A segunda metade da década de 70 e o início da de 80, do século XIX, constituem um período no qual Fialho de Almeida procura libertar-se das influências do Romantismo e abraçar a estética realisto-naturalista.

De facto, a sua formação literária original era sobretudo romântica. Por referência directa e indirecta, temos conhecimento das leituras que Fialho privilegiava na sua juventude e, efectivamente, elas eram, se não todas, quase todas, representantes do género. Eram, também, na maioria, de origem francesa e, muitas, originalmente publicadas em folhetim. Entre os seus autores contavam-se, no campo do mistério e da aventura, Ponson du Terrail, Paul Féval, Xavier de Montépin e Pierre Zaccone, as leituras preferidas dos tempos do colégio, e, na área do romance de

---

[1] Jules Huret (1863-1915) agrupa os escritores franceses de então em Psicologistas, Magos, Simbolistas e Decadentes, Naturalistas, Neo-Realistas, Parnassianos, Teóricos e Filósofos, Independentes. *Vide* Jules Huret, *Enquête sur l'Évolution Littéraire*, Paris, Bibliothèque Charpentier, 1891, pp. 153-155.

costumes, Octave Feuillet e Ernest-Aimé Feydeau[2]. Ernest Capendu é aludido em vários textos[3], e, no catálogo da sua biblioteca, podemos encontrar, ainda Victorien Sardou, Eugène Sue, Alexandre Dumas Pai, Dumas Filho, Victor Hugo, Alfred de Musset, Stendhal e mais de quatro dezenas de volumes de Balzac[4]. Os românticos portugueses também não lhe eram estranhos. Conhecia Camilo Castelo Branco, bem como Almeida Garrett, Alexandre Herculano, Júlio Dinis, Júlio César Machado, entre outros[5]. Sobre esses tempos, escreve o seguinte, demonstrando o desenvolvimento de um espírito sonhador: "Todo eu era escadas de corda, alçapões, raptos, personagens mascarados e juramentos solenes [...] Estes devaneios eram positivamente um estado patológico. Estávamos magros e pálidos, adorávamos as noites de luar e as inglesas de olhos claros e tornozelo másculo, que nos domingos de inverno víamos sair da missa dos Ciprestes, loiras e frescas, apanhando os vestidos. Um piano, uma voz de mulher, qualquer namoro e o menor pormenor da vida das ruas, era para nós um tema de sentimentalidade. Suspirávamos por coisas etéreas e por aventuras trovadorescas"[6].

É durante a colaboração na *Correspondência de Leiria* (1874-1877) que se inicia um processo de tentativa de transformação na tendência estética de Fialho, visível no folhetim "Ellen Washington". Trata-se da primeira tentativa fialhiana conhecida de produzir uma narrativa ficcional de maior extensão. Não obstante as suas lacunas narrativas, "Ellen Washington" tem grande valor enquanto testemunho, enquanto fonte para o conhecimento das experimentações literárias levadas a cabo pelo jovem escritor. De facto, Fialho consegue reunir neste texto influências de

---

[2] *Vide* Fialho de Almeida, "Quatro Épocas", in *Contos*, nova edição – revista e prefaciada por Álvaro J. da Costa Pimpão, s. l. [imp. Lisboa], Livraria Clássica Editora, s.d., pp. 193-194, p. 197.

[3] *Vide idem*, "Ellen Washington", *Correspondência de Leiria*, n° 19, 7 Mar. 1875, p. 1; *idem*, "Ellen Washington", *Correspondência de Leiria*, n° 23, 4 Abr. 1875, p. 1; *idem*, "Eu (Autobiografia)", in *À Esquina (Jornal de um Vagabundo)*, 7ª ed., Lisboa, Livraria Clássica Editora, s.d. [imp. 1960], p. XIII.

[4] *Vide Sala Fialho de Almeida: catálogo geral da livraria legada pelo notável escritor José Valentim Fialho de Almeida à Biblioteca Nacional de Lisboa*, Coimbra, Imprensa da Universidade, 1914.

[5] *Vide* referências um pouco por toda a colaboração fialhiana na *Correspondência de Leiria*.

[6] Fialho de Almeida, "Quatro Épocas", in *Contos*, p. 194.

correntes tão diversas como o Romantismo, o romance gótico, o Realismo, ainda que incipiente, e mesmo, talvez, o Decadentismo. São ingredientes que ele mistura como quem usa um almofariz, utensílio que tão bem conhecia da botica onde trabalhava durante a adolescência. Dentre elas, o Romantismo, ou Ultra-Romantismo, é seguramente dominante, estando presentes uma boa parte dos seus *clichés*: a mulher-anjo, representada por Maria, a irmã do conde, e a mulher-diabo, encarnada por Ellen; o herói aristocrata; o burguês ridículo, oportunista e ganancioso; o bom padre; a regeneração de uma das personagens principais, neste caso do conde, com objectivos claramente moralistas; a forma como as questões do foro emocional são exacerbadas: os suicídios, os raptos por motivos passionais, os desmaios, as mudanças repentinas de humor e de intenções, o sentimentalismo.

Porém, em "Ellen Washington", já é possível vislumbrar uma certa perspectiva realista. Nesses momentos, Fialho procura no passado das personagens a explicação para as suas falhas de personalidade. É uma abordagem ainda ligeira, mas já deixa transparecer algumas preocupações com a influência do meio e da educação e com a crítica social. Podemos encontrá-la, no primeiro caso, quando Fialho nos relata a infância e juventude de Ellen e do conde de Reguengos, no segundo, quando retrata o "mundo elegante" de então, num traço caricatural já indiciador do que o futuro traria[7]. Mas o principal exemplo da influência do Realismo em

---

[7] "O mundo elegante, de que tanto se fala nos romances e nos folhetins, nos poemas revolucionários ou líricos, é considerado em Portugal uma série de famílias, a maior parte arruinadas que levam vida airada, permita-se a frase. Uma cópia perfeita, não tanto como fotografia, com maus tons aqui e ali, e contrastes na verdade bem lastimosos. Exemplo: Dois condes legitimistas bacharelados em Coimbra e arruinados em Lisboa numa "batota" do Arco de Bandeira. Quatro viscondes que frequentaram o Instituto Agrícola e gastaram quatro anos sem uma nota passável na frequência. Vinte barões (até à época em que se escreve, que na fornada nova vieram doze), suíça espessa e curta, cujos pergaminhos não vieram de fonte limpa e cujos brasões não estão no Palácio de Sintra, nem deles são derivados. Duzentos moços fidalgos e suas sapatas ferradas; quatro desembargadores surdos; dois advogados cínicos; um cronista gasto e escorbútico e alguns padres lazaristas de unhas polidas e faces rubicundas. Damas: seis condessas perfumadas e vestidas de preto com véus amplos sobre as frontes maceradamante castas; duas viscondessas românticas e pálidas, franzinas como as Beatrizes dos solarengos da meia-

"Ellen Washington", se bem que ainda ligeira, encontra-se no capítulo XII. Nele, Fialho começa por manifestar algo de muito importante: que tinha consciência do cariz ultra-romântico daquela narrativa, ou seja, aquela já era uma atitude, em parte, deliberada, e que ele próprio começava a questionar[8]. De seguida, disserta sobre as possibilidades do uso da observação no desenrolar de uma narrativa: "São essas pequenas coisas talvez as mais importantes porque mais difíceis se tornam de observar. Por ela podemos quase sempre estudar o estado dum espírito ou a ideia que confrange um cérebro [...] Não desprezemos os pequenos indícios, quase sempre motivados por grandes causas ocultas. As páginas que vão atrás são uma pintura, um desenho tirado por informação unicamente, e informação dum amigo do conde de Reguengos. Desde este momento a informação cessa e a observação principia"[9]. Como Fialho anuncia, segue-se a descrição de um desfile carnavalesco e de alguns dos artistas que o integram. Este excerto demonstra uma vontade da parte de Fialho em introduzir uma nova forma de abordagem à narrativa. No entanto, quando procura materializar essa vontade na descrição do desfile, só em parte é bem-sucedido. Há, de facto, uma atitude observadora, mas as conclusões que dela tira e os comentários que dela resultam são ainda tipicamente românticos: Fialho, por exemplo, não se distancia enquanto narrador, introduzindo passagens autobiográficas e deixando transparecer as suas emoções em relação àquilo que observa. Seja como for, é indiscutível que, em "Ellen Washington", surgem alguns indícios dos primeiros contactos fialhianos com a literatura realisto-naturalista, embora ainda envolvidos pela presença de um romantismo hegemónico.

-idade; vinte baronesas da província do Minho, amigas do tamanquinho de salto polido e elegante; quatro desembargadoras muito bulhentas ao jogo, dez viúvas de moços fidalgos, económicas e sujas, e algumas senhoras ricas admitidas muito especialmente à convivência aristocrática" (Fialho de Almeida, "Ellen Washington", *Correspondência de Leiria*, n° 39, 25 Jul. 1875, p. 1).

[8] "Parece-me que a narrativa vai longa e que nela tenho esboçado uma mulher de costumes calculados, de beleza satânica e cheia de quantas más seduções se têm inventado para enlouquecer os ingénuos. Temos até aqui uma narrativa toda romântica, onde só aparecem os lances mais palpitantes e se deixam muitas vezes na sombra pequenas coisas que os amigos de enredados contos não admitiriam sem bocejar" (*idem*, "Ellen Washington", *Correspondência de Leiria*, n° 68, 13 Fev. 1876, p. 1).

[9] *Vide idem, ibidem.*

Mas não se trata apenas de uma questão de estética. Por essa altura, e no mesmo jornal, a polémica de Fialho com Elisa Curado e J. Pereira J. parece colocar em causa, igualmente, uma mundividência de raiz romântica.

Elisa Curado era filha de José Pereira Curado, negociante e vereador da Câmara Municipal de Leiria[10]. Não foi possível apurar as suas datas de nascimento e morte, mas, em Agosto de 1875, segundo as suas próprias palavras, contava 16 anos de idade[11]. Agostinho José Tinoco, no seu *Dicionário dos Autores do Distrito de Leiria*, refere-a como "folhetinista e jornalista"[12]. Com efeito, distinguiu-se, depois, como directora da revista *A Mulher* (1883-1885), onde assumiu um discurso a favor da emancipação feminina[13]. Quanto a J. Pereira J., apenas sabemos que era primo de Elisa Curado.

A polémica teve três momentos. O primeiro momento de polémica iniciou-se com a publicação do texto de Fialho "Páginas da Miséria – Confissões (À Ex.ma Sr.ª D. Elisa Curado)". A razão por que o escritor terá escolhido dedicá-lo a Elisa parece-nos estar, desde logo, no facto de ter ficado impressionado pela combatividade que a jovem demonstrava quando chamada a polemizar. Por outro lado, é possível que quisesse provocar aquela rapariga burguesa e de espírito romântico (tinha acabado de publicar "Uma Tarde ao Pôr-do-Sol na Praia da Vieira")[14] com uma dose de cinismo injectada num texto autobiográfico. O tom usado por Fialho é semelhante ao de outros dos seus textos em que se queixa da pobreza em que vive ou em que viveu, como "Eu (Autobiografia)", embora neste caso específico transpareça uma certa pose "satânica" que procura chocar. Confessa que outrora era um sonhador, um idealista, mas que as realidades da vida se tinham encarregue de lhe acabar com as doces ilusões: enquanto os outros à sua volta alcançavam o que

---

[10] *Vide* "Secção Noticiosa", *Correspondência de Leiria*, n° 40, 1 Ago. 1875, p. 2; Agostinho José Tinoco, *Dicionário dos Autores do Distrito de Leiria*, Leiria, Edição da Assembleia Distrital, 1979, p. 181.

[11] *Vide* Elisa Curado, "Resposta à Carta do Sr. Júlio Gama – Publicada no n° 37 da *Correspondência de Leiria*", *Correspondência de Leiria*, n° 42, 15 Ago. 1875, p. 1.

[12] *Vide* Agostinho José Tinoco, *ob. cit.*, p. 181

[13] *Vide* Ana Maria Costa Lopes, *Imagens da Mulher na Imprensa Feminina de Oitocentos. Percursos de Modernidade*, s. l., Quimera, 2005, pp. 537-542.

[14] Publicado em *Correspondência de Leiria*, n° 46, 13 Set. 1875, p. 1.

desejavam, ele nada conseguia[15]. Assim, tinha-se tornado num céptico, num pessimista, ambicionando apenas dinheiro e bens materiais[16].

Elisa responde, condenando com veemência aquele "odioso sentimento da ambição do ouro"[17]. Fialho defende-se em "Páginas da Miséria – Confissões (À Ex.ma Sr.a D. Elisa Curado) II". Argumenta com a sua existência difícil e miserável, focando com mais ênfase a pobreza da sua infância e a forma discriminatória como, por esse facto, era tratado pelos seus "companheiros", referindo-se, aqui, provavelmente, aos outros alunos do colégio que frequentara em Lisboa[18].

O segundo momento de polémica principiou com "Sonho Nostálgico...", da autoria de J. Pereira J. e dedicado à sua prima Elisa Curado. Trata-se de uma pequena fantasia ao estilo ultra-romântico, com referências à noite, à Lua, à infância, à melancolia, e outros lugares-comuns semelhantes. Fialho passou ao ataque daquelas "visões do ideal"[19] com "Os Sonhos e os Sonhadores (Carta ao Sr. J. Pereira J.)". O texto de Pereira J. é desmontado por uma abordagem propositadamente

---

[15] *Vide* Fialho de Almeida, "Páginas da Miséria – Confissões (À Ex.ma Sr.a D. Elisa Curado)", *Correspondência de Leiria*, n° 50, 10 Out. 1875, p. 1.

[16] *Vide idem, ibidem*. As seguintes passagens são bem exemplificativas de tudo isto: "Eu pensava na mulher. Deve ser uma coisa bela e feliz a paz da consciência e o brando eflúvio dum amor de esposa. Deve [...] Oh!, dizia comigo. Deixa essa ideia que fica manchada só de pensares nela. Passa como uma maldição, híbrida criação dum capricho insano. Não te é dado tocar o fruto, Tântalo que morres de fome. Ele se transformará em caveira [...] Porque será que o ruído que me fascina, que esmaga o meu orgulho e cega o meu olhar, arremessa, envolvendo-me, o meu espírito para a negra meditação romanesco-alucinada? As quimeras da vida não valem um esforço violento, diz a filosofia. Mas se a quimera é tudo! Se a quimera é tão doce [...] Eles são felizes, alegres, vários na sua descuidosa mocidade, têm dezoito anos como eu e uma família que os adora. Alcançam sempre o que desejam [...] E eu, eu. Oh miserável lei humana, condenação férrea dum absolutismo inquebrantável! É pois certo que há um carrasco que ocultamente nos decepa as aspirações mais santas e mais nobres, como dilacera as mais negras".

[17] *Vide* Elisa Curado, "A Ambição – Duas palavras ao Ex.mo Sr. Fialho de Almeida", *Correspondência de Leiria*, n° 52, 24 Out. 1875, p. 1

[18] *Vide* Fialho de Almeida, "Páginas da Miséria – Confissões (À Ex.ma Sr.a D. Elisa Curado) II", *Correspondência de Leiria*, n° 53, 31 Out. 1875, pp. 1-2.

[19] *Vide* J. Pereira J., "Sonho Nostálgico – A minha prezada prima, a Ex.ma Sr.a D. Elisa Curado", *Correspondência de Leiria*, n° 84, 4 Jun. 1876, p. 2.

realista, anti-romântica e anti-idealista de Fialho, procurando ridicularizar o admirador de João de Lemos e Soares de Passos através da sátira à linguagem e à imagética por ele utilizadas: "As almas contemplativas têm a benção dessa Entidade que dizem presidir aos destinos humanos. O senhor é feliz porque crê. Porque crê e admira. E tantas coisas! [...] De feito os raios da Lua não são para graças quando nos acordam bruscamente, jamais se nos impedem de sonhar em coisas suavíssimas e nostálgicas. O que me arrebatou a mim, sr. Pereira, foi o modo por que os raios do luar se 'reflectiram no seu rosto'. Decididamente, o calor da estação e o abafado do seu quarto, porque o sr. tinha a janela fechada, pelos modos 'fizeram-no suar' [...] Uma vez despertado, o sr. tratou de procurar as recordações. Viu a Lua. E lembrou-lhe Passos Manuel. Porque disse logo: 'Lua, desse áureo trono onde campeias...'"[20] Pereira tentou responder, mas a *Correspondência* recusou-se a publicar o texto, deixando entrever algum excesso de agressividade nessa resposta[21].

No número anterior havia já saído a primeira parte do folhetim "Uma Festa no Campo", da autoria de Elisa Curado. Nele, a jovem ataca Fialho devido ao seu espírito crítico impiedoso e exacerbado, referindo a forma desproporcionada como o escritor alentejano havia tratado o seu primo[22]. O resto do folhetim é uma descrição idealista da vida rural, enfatizando as supostas qualidades dos camponeses: simplicidade, tranquilidade, afabilidade, nobreza, devoção, enfim, felicidade. A mulher humilde do campo é colocada em oposição à mulher da alta sociedade urbana, caracterizada como entediada, descrente, céptica, doente e atormentada[23]. A conclusão é "não ser a riqueza o elemento

---

[20] Fialho de Almeida, "Os Sonhos e os Sonhadores (Carta ao sr. J. Pereira J.)", *Correspondência de Leiria*, n° 85, 14 Jun. 1876, p. 1.

[21] "Recebemos um folhetim do sr. J. Pereira J., que não podemos publicar por dever de boa camaradagem com o nosso ilustrado e obsequioso colaborador o sr. Fialho de Almeida. Os termos em que vem concebido o folhetim não nos pareceram muito lisonjeiros para o sr. Fialho, e por isso nos recusamos a publicá--lo" ("Secção Noticiosa", *Correspondência de Leiria*, n° 88, 2 Jul. 1876, p. 3).

[22] *Vide* Elisa Curado, "Uma Festa no Campo", *Correspondência de Leiria*, n° 87, 25 Jun. 1876, pp. 1-2.

[23] *Vide idem*, "Uma Festa no Campo", *Correspondência de Leiria*, n° 87, 25 Jun. 1876, pp. 1-2, n° 88, 2 Jul. 1876, p. 1, n° 89, 9 Jul. 1876, p. 1, e n° 90, 16 Jul. 1876, p. 1.

da felicidade", sobressaindo uma apologia da pobreza honrada[24]. A nosso ver, esta parte final acaba por ser uma continuação da temática que esteve no centro da polémica iniciada com "Páginas da Miséria...". A própria exaltação da gente do campo pode ser uma reacção ao texto "Nas solidões da província – Por fim de contas", que Fialho havia publicado há pouco tempo.

Segue-se "Minha Senhora", de Fialho, que se foca quase exclusivamente em J. Pereira J.: "O que eu penso, minha senhora, é que seu primo – que continuaremos a chamar astro – anda deslocado nos espaços planetários, deixando portanto de estar sujeito às leis eternas da rotação e aos princípios que a física tão solidamente estabeleceu. [...] Deixe-o girar nas suas formosas cabriolas: se a sua casaca fosse um tanto mais comprida, os astrónomos estudariam um cometa de cauda, como não é estudarão dois, o de barba – que ele tem umas barbas!... – e o de cabeleira – que ele tem uma cabeleira!..."[25]. Mesmo quando critica "A Festa no Campo", o objecto central da sua crítica é sempre o primo da autora[26]. Em ambos os casos, deparamo-nos com uma sátira ao idealismo romântico que caracteriza a escrita de ambos os visados usando como arma o cinismo.

O terceiro momento de polémica tem o seu início com o folhetim "Uma Cena ao Luar", de Elisa Curado. Nele, a autora apresenta um estilo ultra-romântico muito semelhante ao de "Sonho Nostálgico...", de J. Pereira J. Estão presentes a Lua, o ambiente nocturno e melancólico, o tom sentimentalista, mas também uma mulher etérea e chorosa que

---

[24] *Idem*, "Uma Festa no Campo", *Correspondência de Leiria*, n° 90, 16 Jul. 1876, p. 1.

[25] Fialho de Almeida, "Minha Senhora", *Correspondência de Leiria*, n° 100, 24 Set. 1876, p. 1.

[26] "Ultimamente a sua elegância atinge a forma escultural do idealismo. Seu primo, minha senhora, é um *dandy*. E v. ex.ª, segundo creio, ama os *dandys*, não foi isto que disse na *Festa no campo*? Mas com franqueza, o sr. Pereira é muito feio! Porque lhe não aconselha v. ex.ª o leite divino... quero considerá-lo um formoso tipo árabe, audacioso, arrebatado, naturalmente poeta, cuido mesmo que acertei; observo-lhe o tipo escuro, barbado, o olhar amortecido sob a pálpebra descaída, o colarinho posto no domingo passado, com vinco escuro no dorso, e a casaca verde de estilo *Renascença*. Mas subitamente estaco. O árabe é erecto, imponente, ainda mesmo quando *fellah*, e seu primo... tem na espinha dorsal um... arco de serapanela" (*idem, ibidem*).

surge no meio da noite como se fosse um fantasma[27]. Trata-se de terreno fértil para a pena cínica de Fialho lavrar em "A Morte do Ideal". Partindo da concepção da Lua como confidente, que surge no texto de Elisa, o narrador conta, com humor, a sua transformação de jovem idealista em burguês conformado com a tremenda realidade do funcionamento do mundo. Relata que começou por ser um poeta tipicamente romântico, que escrevia "coisas lindas de amores místicos e funestos como o perfume do nenúfar no tépido ambiente duma alcova", mas, de um momento para o outro, sofreu a "morte do ideal", transformando-se num indivíduo "positivista, trivial, ridículo, burguês"[28]. Esse facto, a que chama "desarranjo singular", é atribuído a duas desilusões: uma, relacionada com a mulher, um ser que idealizava como sendo uma espécie de anjo; outra, com a Lua, que simboliza o mistério das coisas, o sonho, o idealismo[29]. A mulher era, no fundo, um ser com os seus defeitos, como todos os humanos: "Os meus interesses, porque se por um lado pensava a mulher como o anjo tutelar da família que estende sobre nós as asas perladas do rossio da felicidade; se a sonhava pura, serena, luminosa de todas as tintas ideais da poesia; se erguia para ela um pedestal cinzelado com todos os primores arrojados do meu... talento; por outro lado era involuntariamente obrigado a pensar que esse ídolo podia bem comer, como qualquer mendigo, duas sardinhas assadas e um pedaço de broa – coisa que em verdade nunca entrou no estômago dum anjo tutelar –; que ele sofreria necessidades mesquinhas, ridículas, como eu sofro..."[30].

Quanto à Lua, não passava de um astro submetido às leis científicas. Nada tinha de enigmático, de transcendente:

> "E tu, ó Lua amiga, porque admirado da tua forma, das tuas metamorfoses, do teu nascimento radioso sobre a linha dos horizontes, do teu ocaso subtil, da tua luz opalina como a dum jacto de gás através dum globo de alabastro, dos teus escurecimentos subitâneos, da tua

---

[27] Vide Elisa Curado, "Uma Cena ao Luar", *Correspondência de Leiria*, n° 128, 8 Abr. 1877, p. 1.
[28] Vide Fialho de Almeida, "A Morte do Ideal", *Correspondência de Leiria*, n° 130, 22 Abr. 1877, p. 1.
[29] Vide idem, ibidem, p. 2.
[30] Idem, ibidem.

atracção pelas águas, pelos ventos, da profunda melancolia em que me mergulhavas durante as noites plácidas em que corrias no céu, quis saber quem eras, a quem obedecias; se tinhas sido um capricho do Criador, se um globo em rotação, obedecendo a leis fatais, imutáveis, burguesmente, sem graça. E tudo se me revelou. Caí do meu idealismo. Entristeceu-me este isolamento das coisas. Disseram-me que o turbilhão te esferizara, e a rotação dos mundos na grande imensidade dos espaços te mandava obedecer às suas leis implacáveis. Confessaram-me que não tinhas alma, nem luz, nem vida; que não eras mais que a massa giganteia dos detrimentos plutónicos, cristalizados pelo resfriamento, reflectores da luz duma estrela da 'Via Lactea' – o Sol; arrastada no movimento do meu planeta, como uma escrava sem querer"[31].

A partir daí, todos os mistérios do mundo se desvaneceram para ele. O funcionamento de todos os fenómenos da Natureza foi-lhe revelado. Até o último golpe no que restava de ideal na sua visão da mulher: "Então, para cúmulo de descrença, um demónio me provou que a mulher, o anjo dos meus arrebatamentos, eu mesmo, com a minha beleza e os meus cabelos, descendíamos do mais tinhoso chimpanzé da África, em linha recta, sem, como fazem os brasileiros que querem ser barões, podermos ocultar a nossa miserável proveniência"[32].

Percebe-se que Fialho tirou grande prazer deste desmontar das crenças ultra-românticas que, à época, ainda subsistiam na literatura e estavam bem instaladas na mentalidade de uma certa burguesia portuguesa, sobretudo a feminina. Não que Fialho tenha alguma vez deixado de ter em si uma base romântica. Manteve-a, em termos literários, embora transmutada, actualizada, e em alguns aspectos da sua mundividência, como a problemática da cidade e do campo. Ao mesmo tempo que escrevia este texto, por exemplo, publicava-se na *Correspondência* "Abadia de S. Cucufate (Página duma Carteira--Álbum)", um folhetim onde estão presentes elementos temáticos e estilísticos de cariz claramente romântico. O que não sobreviveu no romantismo de Fialho foi a sua dimensão idealista mais ingénua. Essa morreu completamente, como nos relata em "A Morte do Ideal". Daí a forma como Jacinto do Prado Coelho o classificou: "romântico

---

[31] *Idem, ibidem.*
[32] *Idem, ibidem.*

materialista, sensorial" ou "romântico realista"[33], algo de que falaremos mais adiante. Mesmo na "Abadia...", o seu relato romântico termina de forma cínica, criando uma espécie de anticlímax. De facto, esta sorte de dicotomia (aspiração ao) ideal – (desilusão com o) real, compreensível numa fase de transição, está patente um pouco por toda a sua colaboração no periódico leiriense[34]. Em "Ellen Washington", por exemplo, uma das personagens afirma ao narrador, o qual é, se não totalmente, pelo menos em parte baseado no próprio Fialho, que o idealismo conduz à doença: "O platonismo é um ninho de aneurismas. É por isso que tu estás magro, velho, raquítico... – Obrigado – respondi eu. – Hoje a vida cifra-se numa coisa, comer"[35]. A solução é, assim, a simplicidade e o prazer proporcionados pelos actos mais básicos da vida, resumidos no acto de comer.

A sua colaboração na *Correspondência de Leiria* constitui, assim, uma boa fonte para compreendermos a maneira como Fialho começou a questionar a sua formação cultural romântica, a qual havia originado um espírito sonhador e idealista. Mas como e porque é que esse questionamento é desencadeado? E para onde é que ele transporta Fialho?

---

[33] Jacinto do Prado Coelho, "Fialho e as Correntes do seu Tempo", in *A Letra e o Leitor*, 3ª ed., Porto, Lello & Irmão Editores, 1996, pp. 189-190.

[34] Um exemplo: "Chegou Hermann, o perito, o dilecto na arte da prestidigitação, Hermann, o famoso; aquele de que falam os romances modernos, as narrativas fantástico-alucinadas, os devaneios satânicos dos cépticos mordentes e todas essas impressões que se escrevem das coisas singulares, únicas, indefiníveis, deslumbrantemente astuciosas. Falavam-me muito nas noites de Hermann, como se fala duma coisa sonhada, em êxtase, quase em segredo. Hermann chegou finalmente e pude vê-lo. Tinha-o sonhado um destes feiticeiros de ópera; amplo roupão de bordaduras pesadas, um carapuço esguio na cabeça, umas barbas compridas e brancas, o olhar agudo, duma mobilidade sinistra, e os cabelos revoltos, crescidos, erriçados. Sob os seus pés, a minha fantasia faiscara centelhas; à sua voz cediam os elementos; o Sol parava em ele querendo; a Lua erguia-se no horizonte, às três da tarde, e toda a ordem de fenómenos celestes, subterrâneos, terrenos, físicos, químicos, se alterava, se exagerava, se reprimia, em Hermann falando. Qual! Hermann apareceu-me de casaca e luva cor de chumbo, calça sal e pimenta encarquilhada sobre o pé, botas inglesas e chapéu-de-chuva. Oh desilusão cruel! Um homem polido, sereno, risonho, falando bem francês, excelentemente alemão, menos mal russo e... pessimamente português" (*idem*, "Correio de Lisboa", *Correspondência de Leiria*, nº 68, 13 Fev. 1876, p. 2).

[35] *Idem*, "Ellen Washington", *Correspondência de Leiria*, nº 72, 12 Mar. 1876, p. 1.

A aspiração ao Realismo-Naturalismo e a crítica do Romantismo

Na verdade, uma série de acontecimentos começam a abalá-lo, colocando-o em contacto com o real, com a sociedade, com a ciência, enfim, com a vida, e afastando-o do Romantismo. Desde logo, quando sai do ambiente protegido do colégio para a botica, onde começa a ter contacto com a realidade nua e crua da cidade, sobretudo com a dos bairros populares[36]. Seguem-se os primeiros contactos com a literatura realisto-naturalista, através d'*As Farpas*[37], e, acima de tudo, da primeira versão de *O Crime do Padre Amaro*. Sobre ele escreveu: "Guardo preciosamente esse texto, a quem devo um reviramento mental, tão intenso que bem poderia ser comparado a um desabamento. Porque escuso dizê-lo: era o primeiro livro da arte nova, que chegava à desconsoladora penumbra em que eu então vivia. Tinha por esse tempo uns dezasseis anos, era admirador fervente do *Eurico* e do *Conde Soberano de Castela*, tão fervente que chegava a declarar inimitáveis e primas as obras supracitadas, o que é uma calúnia, agora sério"[38].

Segundo o seu amigo Fortunato da Fonseca, o romance de Eça abriu-lhe caminho para Proudhon, Renan, Taine, "o seu ídolo", e "todo o naturalismo desde a Bovary"[39]. De facto, se olharmos para o catálogo

---

[36] *Vide*, por exemplo, Fortunato da Fonseca, "Fialho de Almeida – III", *Novidades*, n° 8171, 5 Maio 1911, p. 4. Diz o amigo de Fialho: "A vida atira-o para um balcão de botica num bairro pobre, dando à sua observação a profundidade do sofrimento. Os rótulos das tisanas resumem-lhe capítulos de miséria nos cacifos sem luz, embrutecimentos de álcool, esterilidades suspeitas, promiscuidades fétidas e todos os deboches de salafrários em casas de malta encodeadas de imundície. Espreita do sótão acaçapado os adultérios bestiais, dramas acabando em facadas e a lassidão enorme da raça já sem esforços contra a montanha de infortúnios seculares, como que laminada por um pilão gigantesco. Um torvelinho de alfurjas, de escadinholas, de becos, onde o sol se emporcalha em farrapos, enrosca-se ao casarão lúgubre do hospital e sente-se que toda essa população, corroída de crápula, acossada pela matilha dos vícios, aquele monstro a devorara antes de a vomitar na vala".

[37] *Vide idem*, "Eça de Queirós", in *Figuras de Destaque*, 2ª ed. (revista), Lisboa, Livraria Clássica Editora, s. d. [imp. 1969], p. 108.

[38] *Vide idem, ibidem*, p. 110.

[39] *Vide* Fortunato da Fonseca, "Fialho de Almeida", prefácio a Fialho de Almeida, *Ave Migradora*, 2ª ed. (revista), Lisboa, Livraria Clássica Editora, 1945, pp. 11-12.

da sua biblioteca, verificamos também a existência de obras de Gustave Flaubert, Alphonse Daudet, William Thackeray, Maupassant e dezenas de volumes de Balzac e Zola[40]. Há ainda a passagem pela Escola Politécnica, aperfeiçoadora de alguns conhecimentos que, com certeza, Fialho já tinha adquirido na botica, e o curso de Medicina, este sim, fulcral na mudança da sua forma de encarar o mundo e a literatura. É provavelmente da época da Politécnica um poema de Fialho intitulado "Tristemente", encontrado por Costa Pimpão entre o seu espólio[41]. O tema, sintomático, são as desilusões, mas há um pormenor que é ainda mais significativo: segundo o estudioso fialhiano, no meio da folha na qual o poema foi escrito, encontra-se a palavra "Tomé"[42], ou seja, o santo que só acreditava vendo. É em "Quatro Épocas" que toda esta metamorfose é ficcionada:

> "Aos vinte anos o meu espírito sofrera mais uma transformação. Criara amor pelo estudo e sentira a necessidade de um ponto de vista em ciência, que lhe permitisse sugar dos seus ásperos labores um certo número de noções práticas para a vida de cada dia. O curso de ciências naturais conseguiu destruir todo o mundo romanesco e labiríntico que eu idolatrava em arte, dando-me certo gosto afinal pelos estudos de observação. Comecei por queimar todos os romances inverosímeis dos srs. Terrail, Reynolds, Feval, Montepin e Zaccone. Depois executei os srs. Feuillet e Feydeau; em seguida fui-me aos poetas e vendi-os a oitenta réis o volume – por escárnio [...] Adquiri na frase uma precisão incisiva, de pensador. E cheguei a classificar um homem ao primeiro golpe de vista, como fazia a um insecto posto no foco de uma bela lente de *crown-glass*"[43].

Entre 1878 e 1879, Fialho já colabora em duas das principais revistas difusoras das ideias realisto-naturalistas em Portugal, *A Renascença* e o *Museu Ilustrado*, ambas portuenses[44]. É na segunda que publica

---

[40] *Vide Sala Fialho de Almeida: catálogo geral da livraria legada pelo notável escritor José Valentim Fialho de Almeida à Biblioteca Nacional de Lisboa*, 1914.

[41] *Vide* Álvaro J. da Costa Pimpão, *Fialho. I – Introdução ao Estudo da sua Estética*, Coimbra, Coimbra Editora, 1945, pp. 171-172.

[42] *Vide idem, ibidem*, p. 172.

[43] *Idem*, "Quatro Épocas", in *Contos*, pp. 97-198.

[44] Sobre as revistas realisto-naturalistas em Portugal *vide História Crítica da Literatura Portuguesa*, (coord. Carlos Reis), vol. VI, *Realismo e Naturalismo*,

"A Ruiva"[45] e "As Rãs"[46], talvez dois dos contos fialhianos nos quais a presença do Realismo-Naturalismo é mais forte.

"A Ruiva" é logo considerada pelo amigo de Fialho, então director d'*A Renascença*, Joaquim de Araújo, como "das mais notáveis narrações que a escola realista tem produzido em Portugal [...]. Diálogo profundamente verdadeiro, observação nítida e precisa, a descrição minuciosa, sem cair no monótono, tais são os predicados altamente artísticos que caracterizam o talento do autor da *Ruiva*"[47].

"As Rãs", primeira versão de "Sempre Amigos", e, aliás, muito diferente, constitui um excelente exemplo da tentativa de Fialho em aproximar-se da abordagem naturalista. Começa por ser a história de um grupo de crianças que se dedica a caçar rãs num ribeiro perto de Vila de Frades, mas, a certa altura, transforma-se numa descrição pormenorizada, exaustiva mesmo, da anatomia e fisiologia desses anfíbios, tal qual um manual de zoologia. Como o conto está incompleto, não ficamos a saber onde Fialho pretendia chegar com este interlúdio. A ideia com que ficamos é que, depois de "A Ruiva", Fialho pretendia aumentar o nível de suposto cientificismo da sua ficção, mas sem saber ainda muito bem como o fazer.

Entre 1879 e 1880, surge, nas páginas das *Novidades*, de Jaime Vítor, "Os Decadentes – A Baixa Aventura", romance-folhetim com claras preocupações de caracterização da sociedade e de denúncia moralizadora da sua decadência. Ao que parece, ficou também incompleto. Porém, os anos daquela que parece ser uma espécie de consagração de Fialho enquanto escritor de tendência realisto-naturalista são 1881 e 1882. É num e noutro, respectivamente, que publica as suas primeiras obras em volume, *Contos* e *A Cidade do Vício*, ambos recebidos com críticas, no geral, bastante positivas, sobretudo as do primeiro livro[48]. Muitos

---

da autoria de Maria Aparecida Ribeiro, 2ª ed., Lisboa/São Paulo, Editorial Verbo, s. d., [imp. 2000], pp. 15-16.

[45] *Vide Museu Ilustrado*, vol. I, 1878, pp. 161-165, 188-192, 235-240, 259-264, 279-282 e 301-305.

[46] *Vide Museu Ilustrado*, vol. II, 1879, pp. 128-130, pp. 197-198.

[47] Joaquim de Araújo, "As Novas Revistas Literárias", in *A Renascença*, 1878, p. 112. Ainda assim, pouco antes de publicar "A Ruiva", Fialho lança, na mesma revista, a pequena narrativa "Uma Noite...", imbuída de um certo ambiente romântico. *Vide Museu Ilustrado*, vol. I, 1878, pp. 134-137.

[48] *Vide* Álvaro J. da Costa Pimpão, *ob. cit.*, pp. 193-206.

reconhecem-no já como autor realisto-naturalista, muito preocupado com a observação e claramente influenciado por Eça de Queirós[49]. Até Camilo inclui Fialho "nos postos avançados da nova milícia", ou seja, do Realismo-Naturalismo[50]. O próprio Manuel Pinheiro Chagas, um dos nomes mais proeminentes do Romantismo em Portugal, distingue o seu Naturalismo, que considera um elemento degenerativo na, a seu ver, obra-prima de *Contos*, "Sempre Amigos". Com efeito, desde "As Rãs", a narrativa havia sofrido muitas alterações, mas a referência à anatomia daqueles animais, embora muito mais sumida, era ainda demasiada para o romântico Pinheiro Chagas:

> "O filho do assassino e o filho da vítima, pequenitos ambos, a verem passar esse enterro que devia cavar entre eles um abismo, e que eles contemplam com a indiferença da infância, que ignora a dor moral, que ignora o crime, que tem da morte apenas uma vaga e confusa ideia – soberbíssimo, não há dúvida nenhuma. O naturalismo porém está à espreita, e mete na cabeça de Fialho de Almeida, que nesse momento o que o leitor sentia, era uma necessidade enorme de saber o que faziam as rãs nessa ocasião solene [...] Ora vá para o diabo o sr. Fialho de Almeida com o seu naturalismo, com o seu Zola, com as suas rãs, e com a sua erudição do *Dicionário Zoológico*. Não me importo para nada com os dentes das rãs, entende? [...] Quando eu quiser saber isso, vou ao Bouillet; mas o que Bouillet me não diz é o que fizeram os pequenos quando passou o enterro, e isso é o que me interessa, o que me cativa, o que me prende"[51].

---

[49] *Vide idem, ibidem.*

[50] *Vide* Camilo Castelo Branco *apud* Alexandre Cabral (recolha, prefácio e notas), *Polémicas de Camilo Castelo Branco*, vol. VIII, s. l., Livros Horizonte, 1982, p. 18.

[51] Pinheiro Chagas, "Actualidades", *Jornal do Domingo*, ano I, nº 25, 7 Ago. 1881, p. 194. Na primeira versão de "O Roubo", publicada no *Brinde aos Senhores Assinantes do* Diário de Notícias *em 1881* (1882), Fialho coloca, no seu fim, a seguinte nota, outro exemplo bem revelador do seu esforço "naturalizante": "Quantos fisiologistas e pensadores têm estudado os criminosos, concluem que eles fazem uma classe distinta de seres votados ao mal, por fatalidade física, entregues à intemperança, às rixas, e ao deboche, sem respeito pelas ligações sexuais consanguíneas, e dando origem a toda uma casta de abortos e monstros. Ainda pela observação directa, se constata que a classe criminal, constitui *uma variedade* degenerada e mórbida da espécie humana, cheia de inferioridades físicas e mentais. [...] É necessário fazer dos criminosos doidos, meter os doidos nos

É durante esta fase, de alguma hegemonia da intenção realisto-
-naturalista em Fialho, que este parece desenvolver uma defesa do
Naturalismo, associada, muitas vezes, a uma crítica ao Romantismo.

Logo em 1879, na *Revista Académica Literária*, ataca os folhetins ultra-
-românticos, com as suas "garfadazinhas de amores ilícitos, assassinatos
e venenos; cenas horrísonas de pagens que salvam damas de honor das
garras dum delfim leviano; tragédias de feira onde passam, na escuridão
dos becos, mendigos fatais, com frases proféticas, um punhal nos seios,
nas mãos uma *carteira vermelha* que encerra a honra ou a infâmia de mil
famílias opulentas"[52].

Depois, no texto de apresentação da sua rubrica n'*O Século*, "Zigue-
-Zagues", em 1881, Fialho propõe-se aplicar os preceitos daquela escola
no domínio da crónica:

> "A falar com franqueza não trazemos programa para esta secção.
> Nem programa, nem sequer espírito. Sempre que nos venham dizer:
> – naquela colectividade ali, à esquina, casa amarela, tabuleta roxa e guarda-
> -portão verde-mar, está um indivíduo, uma corporação ou um simples
> caderno de contas tumefacto num abcesso rubro que ameaça ruptura
> purulenta mais tarde ou mais cedo – nós tomaremos o estojo das lancetas,
> o nosso microscópio, o nosso avental de anfiteatro, ou simplesmente um
> canivete e uma pinça, e seguindo o mensageiro chegaremos ao tumor
> para o estirparmos com a máxima impassibilidade. O que às vezes se
> nos afigura inofensivo furúnculo, uma vez picado oferece à observação
> médica e ao golpe cirúrgico caracteres evidentes de proliferação geral e de
> considerável gangrena. A teratologia social é multiplíce e opulentíssima
> em excrecências, como a teratologia do patologista"[53].

---

hospitais, e curar deles como de verdadeiros enfermos" [p. 98]. Esta nota é uma
transcrição traduzida a partir de um artigo publicado no *Journal of Mental Science*,
da autoria de um tal Tomson, provavelmente psiquiatra. Tendo o conto como um
dos temas a criminalidade, a nota demonstra a crença que Fialho tinha nas ideias,
então vulgares, de que os criminosos eram doentes como outros quaisquer, e que
a tendência para o crime era uma degenerescência e um determinismo biológico.

[52] Fialho de Almeida, "O Redactor da 'Renascença'", *Revista Académica
Literária*, nº 2, 1 Jan. 1879, p. 14.

[53] Valentim Demónio [pseudónimo de Fialho de Almeida], "Zigue-Zagues",
O Século, nº 1, 4 Jan. 1881, p. 2.

No mesmo ano, num artigo sobre Eça de Queirós, defende que o romance moderno deveria ser a reprodução exacta das características, dos costumes e dos vícios das várias camadas da sociedade, com especial atenção para os aspectos patológicos[54]. O escritor tinha a missão semelhante à de um cientista, para a qual teria que adoptar um método também científico[55]. Rejeitando a imaginação pura, deveria basear a sua escrita na observação e análise objectiva, paciente, rigorosa e perspicaz da realidade, só depois partindo para as conclusões[56]. Nas suas palavras: "O romance naturalista é pois um livro de fisiologia, vulgarizada sob uma forma fácil, e um perfeito trabalho de classificação, que permite escrever os nomes de Claude Bernard, de Bichat, de Vulpian, de Virchow, de Clauss e Darwin, ao lado dos nomes de Zola, de Droz, de Cladel, de Flaubert, de vários outros. Deixa então de ser uma concepção arbitrária, para se tornar um problema de alto relevo científico e sociológico"[57]. Deixa transparecer convicções de índole determinista quando se refere ao Homem como um ser fatalmente condicionado pelas condições impostas pela hereditariedade e pelo meio[58]. Também demonstra a sua preferência pela segunda versão de *O Crime do Padre Amaro*, a mais fortemente naturalista das três[59], todas já publicadas à época deste artigo. Ao mesmo tempo que se entusiasma com a estética naturalista, ataca o Romantismo. Começa por criticar o idealismo romântico, bem patente em Júlio Dinis, por exemplo[60]. Depois, a partir da acusação dos românticos de obscenidade e imoralidade por parte dos autores realisto-naturalistas, Fialho chama a atenção para o efeito, esse sim, degenerativo, que a obra dos primeiros havia tido na sociedade e na cultura portuguesa

---

[54] *Vide* Fialho de Almeida, "Eça de Queirós", in *Figuras de Destaque*, pp. 113-114.
[55] *Vide idem, ibidem*, pp. 114-115.
[56] *Vide idem, ibidem*.
[57] *Idem, ibidem*, p. 116.
[58] *Vide idem, ibidem*, pp. 115-116.
[59] *Vide* Carlos Reis, "Eça de Queirós: do Romantismo à superação do Naturalismo", in *História da Literatura Portuguesa*, (dir. de Carlos Reis), vol. 5, *O Realismo e o Naturalismo*, (dir. de Carlos Reis), Lisboa, Publicações Alfa, 2001, p. 176.
[60] *Vide* Fialho de Almeida, "Eça de Queirós", in *Figuras de Destaque*, p. 119.

das últimas décadas⁽⁶¹⁾. Eram quase todos bacharéis de Coimbra sem talento literário e que se tinham instalado confortavelmente em cargos políticos, administrativos ou no ensino, dedicando-se a fabricar obras literárias medíocres nas horas vagas e funcionando numa base de "elogio mútuo"⁽⁶²⁾. No fundo, tratava-se dos ultra-românticos com que Antero de Quental e seus companheiros se haviam batido aquando da Questão Coimbrã. Vários anos mais tarde, num texto de homenagem a Cesário Verde, Fialho voltaria a referir-se a estes homens, focando-se exactamente no seu conservadorismo, academismo e mediocridade, assim como na maneira como encaravam a literatura, fazendo dela "um passadiço":

> "Este grupo pois, que chamarei ainda ultra-românticos, parentes já em terceiro grau dos escritores mortos verdadeiramente dignos daquele nome, compunha a poder de chicana política (onde arrebentaram quase todos) e pelo direito de promoção baseado na idade, único seguido em Portugal no ascenso dos títulos e dos cargos, a chamada literatura oficial, literatura do Estado, consistindo em algum romance de imaginação mal conduzido, algum livro de versos fosco, alguma sinecura de história paga pela dotação da Academia ou das Bibliotecas, ou elogio fúnebre, retórico, lido em sessão solene pelo eminente A., quando o eminente B. se lembrava de esticar. Da sua aposentadoria social pode inferir-se, suponho, a sua linha de conduta. A impotência tornava muitos ciumentos, e até alguns velhacos. Inúteis nos seus nichos burocráticos, bonzificados de medalhas, acabando em chefes de secretaria, embaixadores, cônsules, ministros, começando republicanos e acabando miguelistas, bull-dogs do ordenado e com a anasarca da glória a chocalhar-lhes no ventre de antigos plumitivos, a sua produção mental por força devia de ser nula ou dessorada – preto gordo não trabalha – e quanto a conservarem a influência, fictícia embora, forçoso receberem mal os que em vez da fuga ou da venda tinham

---

⁽⁶¹⁾ *Vide idem, ibidem*, p. 121. Num artigo posterior, também sobre Eça, Fialho escreve: "Esta geração nascera, toda a gente o sabe, da bestificação em que caíra, por míngua de criadores originais, a literatura portuguesa, reduzida a traduções de poetas latinos e à imundície do elogio mútuo, causas longínquas da dissidência coimbrã contra o pontificado de Castilho, codificada principalmente no panfleto de Antero, *Bom Senso e Bom Gosto*" (*idem, ibidem*, p. 127).
⁽⁶²⁾ *Vide idem, ibidem*, pp. 121-123.

preferido combater (o caso de Camilo, que eles desonravam) ou irem propositadamente negando o valor das gerações literárias surgidas depois deles. Eu ainda sou do tempo em que os admiradores de Mendes Leal, de Latino Coelho e de Pinheiro Chagas, só viam no *Padre Amaro* um romance impróprio de cavalheiro, e em que os fetichistas de Roussado atiravam as *Farpas*, exclamando – quer-se dar ares!"[63].

Um momento fundamental desta fase de Fialho é a sua breve polémica com Pinheiro Chagas, que decorre, em 1880, em apenas dois artigos. No primeiro, Chagas critica a escola realisto-naturalista portuguesa. Considera os seus escritores excessivamente negativistas e maledicentes na forma como viam e analisavam o país, fazendo muito pouco para tentar mudar aquilo que afirmavam estar mal[64]. Para além disso, achava que estes haviam caído numa contradição: atacavam os românticos por eles, "a pretexto de luar e de sentimentalismo" levarem "à perdição as pálidas mulheres, que aspiram ao perigoso papel de heroínas de romance", mas, em vez de enveredarem por "uma literatura austera e sã, em que se respirem os bons ares higiénicos e purificadores", tomavam como modelo Zola, "o grande corruptor, aquele cujos quadros lascivos inflamam directamente os sentidos, e não procuram para isso as perífrases românticas do luar e das almas irmãs"[65]. Esta literatura à Zola era muito mais perigosa para os costumes, para a moralidade, pelo seu sensualismo e pela sua "descrição voluptuosa e ardente dos amantes em delírio que se estorcem nus", do que a literatura romântica, sentimentalista, idealista, mais ridícula do que propriamente perigosa[66]. Chagas afirma, ainda, que, se as obras realisto-naturalistas tinham a ambição de serem estudos científicos de questões sociais, era escusado escreverem-nas na forma de romance, sendo preferível elaborarem monografias: "As questões científicas cientificamente devem tratar-se"[67]. Finalmente, aponta a falta de originalidade dos realisto-naturalistas

---

[63] *Idem*, "Um Inédito de Fialho. Cesário Verde", in *Fialho de Almeida. In Memoriam*, (org. de António Barradas e Alberto Saavedra), Porto, Renascença Portuguesa, 1917, p. 13.

[64] *Vide* Pinheiro Chagas, "Os Escritores de Panúrgio", *O Atlântico*, n° 6, 13 Abr. 1880, p. 1.

[65] *Vide idem, ibidem.*

[66] *Vide idem, ibidem.*

[67] *Idem, ibidem.*

portugueses, visto que todos imitavam o estilo e as opiniões de Eça, se eram romancistas, e de Ramalho Ortigão, se eram cronistas[68].

Fialho responde-lhe nas páginas da sua efémera revista *A Crónica*. Logo no início, assume-se como um dos seguidores de Eça e Ortigão e declara que a imitação sempre havia sido um hábito no mundo literário português, sendo um dos exemplos, o próprio Chagas[69]. Fialho refere que, num país completamente invadido pela influência da cultura francesa nos mais variados sectores da sua vida – vestuário, mobiliário, *toilette*, ciência, arte, etc – era inevitável que se notasse, também, na literatura, a presença dos autores franceses do momento, ou seja, os realisto-naturalistas e afins, quer directamente, quer através de Eça e Ortigão[70]. Aliás, afirma que o mesmo também aconteceu com Chagas enquanto jovem, embora em relação as autores românticos, exemplificando com Feuillet[71]. Assim, na sua opinião, o problema não estava na imitação. Estava, sim, naqueles que não se libertavam das influências primordiais, nunca encontrando uma voz própria[72]. Às insinuações de falta de empenho dos "novos" num trabalho útil de melhoramento do seu país, e de obscenidade, desmoralização e efeito corruptor das suas obras, Fialho contrapõe com o facto dos românticos, "construindo no romance quiosques de um mérito de pura fantasia, [...] nem ao menos deixaram nos seus livros o estudo dos tipos do seu tempo, dos seus hábitos, opiniões, vícios e linguagem; não fizeram a paisagem, nem acentuaram o carácter. Os seus personagens eram monos polvilhados, falando como se fala nas sessões solenes da academia, vivendo unicamente pelo amor *dela*, não falando senão de amor [...] Simples *bibelots* de curiosidade mulherenga e piegasmente ridícula!"[73]. Diz ainda que a literatura romântica aconselhou "a volúpia disfarçadamente e o adultério mais disfarçadamente ainda" e "rebaixou a moral e a dignidade humana; é a literatura do baixo império e de todo esse mundo devasso de cortesãos vendíveis, de dissolutas elancées,

---

[68] *Vide idem, ibidem*.
[69] *Vide* J. [pseudónimo de Fialho de Almeida], "Os Escritores de Panúrgio. Carta ao Ex.mo Snr. Pinheiro Chagas", *A Crónica*, n° 1, 1880, pp. 79-80.
[70] *Vide idem, ibidem*, pp. 98-99.
[71] *Vide idem, ibidem*.
[72] *Vide idem, ibidem*, pp. 79-80 e 99.
[73] *Vide idem, ibidem*, pp. 100-101.

e de velhacadas colossais"[74]. Para ele, Zola não fazia mais do que ser "o cronista minucioso e fiel da época que os senhores [os românticos] prepararam", os denunciadores dos males do Romantismo, portanto[75]. Ao aplicar o método científico ao romance, e portanto observando a realidade tal como ela era sem cair nos domínios da fantasia e da imaginação, tornava-se uma inevitabilidade que na sua obra surgissem imagens de forte sexualidade[76].

Fialho passa, depois, a explicar o que era para ele o "romance moderno" a partir de uma série de passagens que viria, depois, a usar, por vezes, *ipsis verbis*, no artigo sobre Eça atrás aludido. Assim, para ele, "o romance moderno aspira a ser a fotografia completa de uma sociedade surpreendida no seu labutar incessante ou na sua atonia de decadência: manifestação de arte das mais complicadas e das mais esplêndidas"[77]. Para esse objectivo, eram da maior importância as descrições minuciosas e fiéis de paisagens e interiores (o meio), bem como o perfeito e pormenorizado "desenho dos personagens físicos e psicológicos", de forma a dar a conhecer as personalidades, as qualidades, os vícios, as tendências, etc., e ainda o diálogo, onde se deveria usar a linguagem conforme o meio em que as personagens se moviam[78]. O romancista moderno, afastando-se dos modelos românticos baseados na pura imaginação e fantasia, procurava conhecer os meios em que viviam essas personagens, frequentando-os[79]. No fundo, pretendia-se conhecer a sociedade e os seus membros de uma forma fiel, realista, científica, em toda a sua complexidade e variedade, através da observação minuciosa, pormenorizada, do meio, das pessoas, dos hábitos, tendo por base uma concepção determinista[80]. Surge, também, a analogia do romance naturalista com o livro de fisiologia[81]. Termina, reiterando a necessidade dos escritores nacionais em seguir as influências dos naturalistas

---

[74] *Idem, ibidem*, p. 101.
[75] *Vide idem, ibidem*.
[76] *Vide idem, ibidem*.
[77] *Idem, ibidem*, p. 102.
[78] *Vide idem, ibidem*, pp. 102-103.
[79] *Vide idem, ibidem*, p. 103.
[80] *Vide idem, ibidem*, pp. 102-103.
[81] *Vide idem, ibidem*, p. 104.

franceses, mas só até determinado ponto: depois, era necessário que encontrassem a sua própria individualidade[82].

Apesar destas empenhadas apologias, a verdade é que Fialho raramente consegue realizar num conto, ou na globalidade dos dois volumes então publicados, um genuíno e completo trabalho realisto-naturalista, apesar de, em alguns casos se conseguir aproximar muito dele. Chega mesmo a anunciar, antes de os publicar, esquemas de obra tipicamente realisto-naturalistas, à Balzac e à Zola, como se fosse proceder a estudos profundos e organizados de caracterização da sociedade[83], mas, depois, os livros surgem como um aglomerado de narrativas sem qualquer ligação entre elas, valendo apenas como corpos distintos. Daí dever-se falar em "aspiração", "tentativa", "intenção", sempre que nos referimos à abordagem fialhiana a esta estética. Como veremos, embora a sua escrita nunca perca completamente alguns aspectos naturalistas, quer na ficção, quer na crónica, o seu temperamento e imaginação sobrepor-se-lhes-ão.

Tanto o artigo sobre Eça de Queirós, como a polémica com Pinheiro Chagas, mostram-nos um Fialho interessado em surgir associado aos "novos", ou seja, aos realisto-naturalistas, em oposição aos caquéticos ultra-românticos, algo a que Isabel Pinto Mateus já aludiu na sua tese de doutoramento[84]. A estudiosa considera mesmo que a resposta de Fialho a Chagas é mais uma denúncia do "anquilosamento e vazio ultra-romântico" do que uma defesa do Realismo-Naturalismo[85]. Essa atitude constitui uma tentativa de afirmação de Fialho no panorama literário, uma chamada de atenção para si enquanto escritor. Para tal, nada melhor do que associar-se à vanguarda estética de então. Se nunca o conseguiu realmente, pelo menos o seu opositor interessou-se por ele. Com efeito, no mesmo mês em que a polémica teve lugar, Fialho começou a colaborar no *Diário da Manhã*, dirigido por Chagas. Até pelo menos 1886, a sua

---

[82] *Vide idem, ibidem*, pp. 105-106.

[83] *Vide* Álvaro J. da Costa Pimpão, "Fialho e o Naturismo", prefácio a Fialho de Almeida, *Contos*, p. IX; *idem, Fialho. I – Introdução ao Estudo da sua Estética*, pp. 202-203.

[84] *Vide* Isabel Cristina Pinto Mateus, *"Kodakização" e Despolarização do Real. Para uma Poética do Grotesco em Fialho de Almeida*, Lisboa, Editorial Caminho, 2008, pp. 95-96.

[85] *Vide idem, ibidem*, p. 96.

presença tanto nesse jornal, como no seu sucessor, o *Correio da Manhã*, foi geralmente regular, e, em Fevereiro de 1885, chega a escrever um artigo elogioso do antigo adversário de polémica[86].

Se a defesa do Realismo-Naturalismo tende a desaparecer nos anos subsequentes a 1882, a crítica ao Romantismo, ou melhor, ao Ultra--Romantismo, manter-se-á sempre, até ao fim da sua vida, funcionando sempre entre dois vértices, ambos já falados atrás: o conservadorismo sócio-cultural simbolizado pela geração ultra-romântica, a qual distingue de Garrett e Herculano, por quem mantém sempre a admiração[87], e as questões estéticas propriamente ditas[88]. A propósito da morte de Gomes de Amorim, Fialho deixou-nos uma passagem que, de alguma forma, sintetiza a sua visão sobre aquela literatura de repartição pública:

"De recursos modestos, com uma imaginação oratória e uma ternura lírica apenas glótica, ele foi inteiramente o tipo dessa literatura de monos que se seguiram à eclosão dos Mendes Leais, e de que nunca se pôde fazer senão ministros da marinha e amanuenses. Com a imaginação e uma viagem ao Brasil, fez as poesias navais, dialogadas com manobras de bordo e escorços de batalhas, que tanto agradaram no transcurso romântico-sentimental de 56 a 57, e constituem o esmalte melhor da sua obra. Com a ternura lírica conseguiu escrever dramas, comédias, que tiveram, como as de hoje, a sua aura, e enfim morreram, pois como estudo social nada diziam, e de literatura artística tinham apenas o bastante para entreter a noite, sem perturbar maiormente a digestão"[89].

---

[86] *Vide* Fialho de Almeida, "Pinheiro Chagas", *Correio da Manhã*, n° 61, 15 Fev. 1885, pp. 1-3.

[87] *Vide idem*, "O Íntimo, comédia de Schwalbach, em D. Maria", in *Vida Irónica (Jornal de um Vagabundo)*, s.l., Círculo de Leitores, s. d. [imp. 1992], p. 248.

[88] *Vide*, por exemplo, *idem*, "Esterilidades e tristezas do ano literário – Para fechar", in *Os Gatos – Publicação Mensal de Inquérito à Vida Portuguesa*, vol. 5, nova ed. – revista, prefaciada e anotada por Álvaro J. da Costa Pimpão, Lisboa, Livraria Clássica Editora, s.d. [imp. 1953], pp. 259-260; *idem*, "Carlos Dickens", *O Repórter*, n° 282, 10 Out. 1888, p. 1.

[89] *Idem*, "Mortos da quinzena: A cabeleireira Camila e Gomes de Amorim – Necrológio e história do popular Jaime José, para o caso do mesmo ter morrido", in *Os Gatos – Publicação Mensal de Inquérito à Vida Portuguesa*, vol. 4, nova ed. – revista, prefaciada e anotada por Álvaro J. da Costa Pimpão, Lisboa, Livraria Clássica Editora, 1949, pp. 295-296.

A crítica ao Realismo-Naturalismo

A partir de meados da década de 80, começamos a encontrar no discurso fialhiano frequentes ataques ao Realismo-Naturalismo, os quais, tal, como os que fez ao Romantismo, serão seu apanágio até à morte.

Em Maio de 1886, na sua rubrica d'*O Interesse Público* "Do Chiado ao Martinho", confessa-se farto de "narradores pessimistas e cínicos"[90], que, depois, com o desenrolar do texto, verificamos serem os naturalistas. Considera a sua literatura "enfadonha", mas também "suja"[91]. Isto porque os seus autores, buscando a verdade e a transmissão da realidade tal qual ela era, sem eufemismos, acabavam por analisar a sociedade nos seus aspectos mais patológicos e sórdidos tão aprofundadamente, tão detalhadamente, que "traziam a campo, monstruosidades, excessos, fantasias, calúnias"[92]. Fialho chama, também, a atenção para o facto de ser uma estética importada de França e considera a procura de colocar o "real" em livro uma "pretensão falaciosa"[93]. Ou seja, Fialho parece já convencido de que os processos realisto-naturalistas não eram suficientes para apreender a verdadeira realidade das coisas. Quanto à sua preocupação com o hiper-realismo e até com o que parece ser uma certa derivação decadentista nos escritores naturalistas, constitui uma contradição com aquilo que escreve em diversos outros textos, nos quais defende que o assunto define o estilo[94]. Típico de Fialho.

Cerca de três anos mais tarde, identifica a decadência de muitos escritores portugueses com o facto de não se conseguirem libertar das

---

[90] *Vide* Valentim Demónio [pseudónimo de Fialho de Almeida], "Do Chiado ao Martinho", *O Interesse Público*, n° 48, 9 Maio 1886, p. 2. Este texto foi depois coligido em *Vida Irónica* com o título "Primavera: as *Prosas Simples* e papel salutar dos livros castos".

[91] *Idem, ibidem*.

[92] *Vide idem, ibidem*.

[93] *Vide idem, ibidem*.

[94] "Na literatura, princesas, não há nem pode haver palavras sujas. O que há é assuntos sujos, assuntos pulhas, deletérios assuntos, que os escritores não inventam, e fazem parte do dia-a-dia da cidade, assuntos enfim de que a linguagem escrita é apenas o impreterível sinal gráfico" (*idem*, "Eu (Autobiografia)", in *À Esquina (Jornal de um Vagabundo)*, p. XXI).

imposições da escola realisto-naturalista[95]. Depois, alude aos efeitos danosos que Zola tinha tido nos seus seguidores: "A quantidade de homens de talento que por exemplo Émile Zola tem estragado, na Europa de hoje, por si só daria um batalhão. Vejam-se os discípulos apresentados por ele, aqui há doze anos. Quase todos descambaram em *faiseurs* de folhetim, e o único que fica, Guy de Maupassant, renegou o mestre ao terceiro volume que assinou"[96]. O Realismo-Naturalismo, fundado em preceitos demasiado rigorosos e inflexíveis, não proporcionava o desenvolvimento de uma individualidade literária. Pelo contrário, propiciava a estagnação, ou mesmo a decadência, das capacidades dos escritores.

Todavia, é nas páginas d'*Os Gatos* de que Fialho nos deixa, talvez, duas das mais completas acusações contra o Realismo-Naturalismo.

Na primeira, a partir de um paralelismo entre a literatura e as artes plásticas, foca os efeitos da procura da maior objectividade possível. O Realismo-Naturalismo, ao considerar-se como uma espécie de ramo da ciência, tinha que seguir, no seu processo de escrita, a metodologia científica, baseada na observação, na análise e no cálculo[97]. Incompatíveis com este procedimento, a imaginação e a emoção eram naturalmente renegadas[98]. Ao remover qualquer interferência do "eu" do autor na elaboração da obra, acabava por se transformar aquilo que deveria ser arte em "frios e impessoais exercícios práticos de estética", uma mera "cópia servil da natureza, sem comentários, tendo por ideal a fotografia colorida"[99]. Ao fim e ao cabo, perdia-se aquilo que fazia a diferença entre a imitação e a criação: a subjectividade, o toque pessoal, a presença do sublime, daquilo a que Fialho chama o "temperamento" individual de cada artista[100].

---

[95] *Vide* Irkan [pseudónimo de Fialho de Almeida], "Fumando...", *Pontos nos ii*, vol. V, nº 224, 14 Nov. 1889, p. 280.

[96] *Idem, ibidem.*

[97] *Vide* Fialho de Almeida, "Segunda exposição do Grémio Artístico nas salas da Academia Real das Belas-Artes – Conclusão", *Os Gatos – Publicação Mensal de Inquérito à Vida Portuguesa*, vol. 5, pp. 216-218.

[98] *Vide idem, ibidem*, pp. 217-218.

[99] *Vide idem, ibidem*, pp. 216-218.

[100] *Vide idem, ibidem*, p. 219.

Na segunda, aponta o excesso de atenção dado aos pormenores exteriores e materiais, em detrimento da análise psicológica, e volta a insistir na falta de presença do sonho nas obras realisto-naturalistas, "sem o qual a obra de arte pouco mais é do que uma descorada fotografia"[101]. Mas aqui, tal como em 1886, menciona também as temáticas, classificando-as de pornográficas[102]. Os autores, com o pretexto de retratarem fielmente a realidade, exploravam os aspectos mais torpes da sociedade – adultérios, obscenidades, patologias mentais – os quais eram depois colocados "à pressa numa efabulação tão convencional como a romântica"[103]. Porém, Fialho, apesar de achar que no assunto e no processo de escrita os realisto-naturalistas constituíam mesmo um retrocesso em relação aos românticos, no campo do estilo, da expressão, admite a presença de uma clara inovação[104].

Ao mesmo tempo que se dá esta crítica, há também o abandono do esforço anterior em tentar aproximar-se o mais possível daquela estética.

Quais as razões do aparecimento da rejeição do Realismo-Naturalismo? É o que procuraremos explicar de seguida.

A idiossincrasia estética de Fialho

Como vimos atrás, Fialho demonstrou, por mais de uma ocasião, a ideia de que cada escritor, embora tendo de, necessariamente, começar por seguir modelos literários, naquele contexto específico, realisto-naturalistas, deveria perseguir a obtenção da sua própria individualidade enquanto artista. Escreveu ele: "Que somos um pouco menos banais do que pensam os críticos assolapados, pelo facto de seguirmos este ou aquele, contanto que pela assimilação consigamos um modo literário divergente do dos ídolos a que nos primeiros tempos rendemos culto, e apto a produzir mais sólida, menos abundante e

---

[101] Vide idem, "Esterilidades e tristezas do ano literário – Para fechar", *Os Gatos – Publicação Mensal de Inquérito à Vida Portuguesa*, vol. 5, p. 261.
[102] Vide idem, ibidem.
[103] Vide idem, ibidem.
[104] Vide idem, ibidem, pp. 261-263.

mais duradouramente"[105]. Quase uma década mais tarde, propunha a comparação entre a qualidade dos fiéis seguidores do Realismo-Naturalismo e a dos escritores que haviam conseguido desenvolver a sua originalidade estética, para concluir pela decadência dos primeiros e rematar com a expressão "não há escolas, há capacidades"[106]. De facto, Fialho tinha um espírito demasiado independente para ficar limitado às regras de uma qualquer escola literária. Por outro lado, a sua personalidade, por mais que tenha tentado, não se adequava à observação fria e objectiva da realidade. Nem sequer ganhara o reconhecimento dos principais representantes portugueses do Realismo-Naturalismo quando dera a cara para os defender frente a Pinheiro Chagas. A sua, digamos, "técnica" pessoal de criação será, assim, moldada de acordo com a procura de uma voz própria, esta, por sua vez, altamente influenciada por uma tendência subjectivista extrema.

No final da década de 80, Fialho descreve-nos o seu processo criativo:

> "Há duas semanas saía dos Jerónimos uma procissão do Senhor dos Passos, e como eu passava, não sei se de propósito, entrei na igreja, a ajoelhar junto a uma das pilastras do coro. Da rosácea em vitral, aberta ao alto, como o Sol já se ia obliquando para o ocaso, descia em plena penumbra do templo uma pirâmide cónica de arco-íris, vaga, em poeiras de luz, que, apanhando as caras dos fiéis lhes dava assim uma expressão factícia e torturada, alguma coisa da alucinação cromática que devia ter tido a pupila de Quincey e de Edgar Poe, já nos últimos e irremediáveis períodos de alcoolismo. Evidente que sob aquela luz fantasiosa, as figuras ainda conservavam vida e movimento. Somente a minúcia e a fáscias não pareciam já corresponder às emoções que elas haviam sido chamadas a traduzir cá fora, ao ar, em pleno sol. E havia risos que o feixe azul tornava em carantonhas; cabeças em oração a que o feixe amarelo prestava um ar de caçoada, curiosidades alvares que pareciam êxtases, e caras de sopeiras, lívidas como se estivessem danadas de pecado... Um simples vitral me despolarizara a existência da multidão que enchia a igreja, do seu foco de realidade objectiva, atirando-ma para esses mundos do

---

[105] J. [pseudónimo de Fialho de Almeida], "Os Escritores de Panúrgio. Carta ao Ex.mo Snr. Pinheiro Chagas", *A Crónica*, n° 1, 1880, p. 106.

[106] *Vide* Irkan [pseudónimo de Fialho de Almeida], "Fumando...", *Pontos nos ii*, vol. V, n° 224, 14 Nov. 1889, p. 280.

trágico e do grotesco, que parecem feitos de vapores de delírio, e lembram um pandemónio humano esfacelado por paixões ou inércias mais fortes do que as naturais. A cabeça dum homem de letras é mais ou menos como aquela rosácea dos Jerónimos. Ela despolariza a vida da sua noção de realidade, faz-lhe perder a coerência, e desorienta-lhe a fisionomia própria e individual até tê-la tornado numa sarabanda de criaturas, ou numa avenida de estátuas, que raras vezes conservam a menor reminiscência do modelo que pretendiam fotografar"[107].

O que aqui encontramos é a rejeição radical da abordagem realisto--naturalista. A posição do escritor perante a realidade deixa de ser objectiva, fria, impassível, meramente reprodutora, e passa a ser aberta à invasão dessa realidade e à sua posterior transformação no interior da mente. Porém, a realidade está sempre presente a montante[108]. É da percepção sensorial dela que Fialho parte para o exercício da alucinação. Daí Jacinto do Prado Coelho apelidá-lo de "romântico materialista, sensorial", ou "romântico realista", no sentido em que o real, o material é importante, mas é o "eu", a subjectividade, que é dominante[109]. Como o próprio Fialho nos diz: "O que é um artista? Um homem que viu uma certa vida, experimentou emoções, e no-las conta, transfiltrando--nos o calefrio que as sentiu. A obra de arte é portanto uma porção de sensibilidade visionada, e interpretá-la é historiar a existência interior de quem na subscreve"[110]. Ou seja, o artista transmite-nos não, a realidade

---

[107] Fialho de Almeida, "Tardes de Primavera, Queirós Ribeiro", *Vida Irónica (Jornal de um Vagabundo)*, pp. 113-114.

[108] Situação também detectada por Isabel Cristina Pinto Mateus, *ob. cit.*, p. 208, por Lucília Verdelho da Costa, *Fialho de Almeida – Um Decadente em Revolta*, Lisboa, Frenesi, 2004, pp. 49 e 73, e, de certa forma, por António Sardinha, *Ao Princípio era o Verbo*, Lisboa, Editorial Restauração, 1959, pp. 37-38 e 46.

[109] "Pela exigência do temperamento, Fialho subordinou o realismo de escola (com o pressuposto da concepção materialista da vida, a demora nas descrições e as sedutoras virtualidades do estilo impressionista) ao deleite pessoal e à expressão ou expansão do *eu*. O espectáculo da matéria foi para ele uma fonte de prazer estético (eufórico uma vezes, outras deprime, com laivos de morbidez) e um estímulo para a fuga subjectiva, enquanto, por um lado, o sonho ou a visão fantástica assumem, na sua obra, o relevo palpável da alucinação" (Jacinto do Prado Coelho, *ob. cit.*, pp. 189-190).

[110] Fialho de Almeida, "Os panos de Columbano para o salão de baile do conde de Valenças – A sua preocupação moral, e da natureza caricatural do

como ela é, mas sim como a sente (ainda assim, precisa dela para iniciar o processo). A obra é, assim, a fixação de uma emoção, e, para a entender, é necessário compreender o sujeito criador, o seu temperamento[111]. A emoção é, inclusive, juntamente com a personalidade e o carácter, um dos três "dons essenciais" que, segundo Fialho, devem ser apanágio do artista e que este deve transmitir na sua obra[112]. O autor d'*Os Gatos* chama-lhe mesmo a "base da estética"[113]. No mesmo artigo onde expõe esta ideia, afirma, também, que só é possível criar arte a partir daquilo a que chama a "embriaguez conceptiva que cumula irritabilidade da máquina nervosa"[114]. Citando Nietzsche, Fialho parece advogar uma concepção dionísiaca da criação artística:

> "A excitação sexual que é embriaguez conceptiva, estética, mais velha, diz Nietzche [sic], a embriaguez que acompanha todos os grandes desejos e emoções, actos de bravura, luta, vitória, festa – todos os movimentos externos da crueza e destruição – os de certas influências meteorológicas, o da primavera, o da influência dos narcóticos, o da vontade acumulada e dilatada, tudo isto determina, por um sentimento vertiginal de força e plenitude, o quer que seja dum exaspero cerebral extralúcido, *duma embriaguez que tem em si potência de arte*. 'Sob o império dela, o artista abandona-se às coisas que o rodeiam, força-as a quererem dele, violenta--as, transforma-as até que elas lhe reflictam a força, e sejam o breviário da sua perfeição'"[115].

---

seu desenho", *Os Gatos – Publicação Mensal de Inquérito à Vida Portuguesa*, vol. 4, p. 53.

[111] A propósito de Tourgueniev, disse Bourget "uma maneira de escrever é uma maneira de sentir, e a cada evolução na forma corresponde uma evolução no coração. É por o homem interior se modificar que, por seu turno, se modifica a expressão. Do que resulta haver uma filosofia de vida por detrás da filosofia de toda a composição literária" (*idem* "Camilo Castelo Branco", in *Figuras de Destaque*, p. 79).

[112] *Vide idem*, "Literatura Gá-Gá", in *"Barbear, Pentear" (Jornal de um Vagabundo)*, 4ª ed., Lisboa, Livraria Clássica Editora, 1923, pp. 250-251.

[113] *Vide idem, ibidem*, p. 251.

[114] *Idem, ibidem*, p. 249.

[115] *Idem, ibidem*.

Ainda que Fialho, depois, lhe acrescente a importância da intelectualização das emoções[116], não deixamos de, mais uma vez o dizemos, estar frente a todo um conceito de criação artística radicalmente contrário ao do Realismo-Naturalismo. Encontramos nele uma valorização do sonho, da imaginação, da emoção, da subjectividade, da loucura mesmo, enquanto elementos essenciais para a criação de arte. Não só há uma transformação da realidade, que era, para os realisto-naturalistas, intocável, como há uma criação de novas realidades:

> "Nessas incoerentes jornadas, dia ou noite, quando o delírio da imaginação solitária me põe à estrada, Lisboa vai-me gradualmente abrindo o seu mistério e os seus recantos, e eu tenho-lhe o coração fechado entre os meus dedos, sinto as suas artérias, adivinho-lhe as irritações, os sonhos e os vapores, e como se eu fora o génio das suas ruas e o espírito maléfico das suas multidões, malevolência que eu tenha, transmite-se-lhe, melancolia que eu sofra, empalidece-a – tão estranha identificação prende a minha alma, à alma dela"[117].

Ou seja, a realidade exterior modifica-se conforme a realidade interior do sujeito que a observa, neste caso, o escritor, ou artista. É esta especificidade da realidade interior de cada artista, da sua maneira de sentir e de ver, que constitui a sua originalidade enquanto criador[118].

Estas ideias, quando aplicadas por Fialho, aproximam-no de uma estética expressionista, ou pré-expressionista, tal como demonstrou Isabel Pinto Mateus:

> "[...] quer ao nível da ficção, quer ao nível da crónica, quer ao nível da 'pintura paisagista', a preocupação dominante de Fialho não é a representação da realidade exterior dos Impressionistas, não é o olho físico do pintor que o define [...] mas aquilo a que Leonardo da Vinci chamava, já no século XVI, o 'olho tenebroso', interior, do poeta [...] A preocupação de Fialho é antes a de encontrar a forma de *expressão* da emoção, visível na tensão dramática gerada, na crueza das metáforas e imagens de morte, no recurso à distorção [...] afinal, um dos traços distintivos do estilo fialhiano que, para mantermos a analogia com a pintura, poderíamos

---

[116] *Vide idem, ibidem*, p. 251.
[117] *Idem*, "Lisboa em Farrapos", *Revista Ilustrada*, n° 59, 1892, p. 202.
[118] *Vide idem*, "Guiomar Torresão", in *Figuras de Destaque*, p. 193.

talvez mais legitimamente chamar pré-expressionista – ou mesmo de um modo cronologicamente menos rigoroso – 'expressionista' [...] a poética fialhiana veio questionar o conhecimento racional, positivo, substituindo--lhe uma visão emotiva, intuitiva, e quase sempre delirante do mundo. À representação impressionista do mundo exterior, centrada na reprodução passiva de sensações físico-ópticas, na 'fixação do que se vê', a poética fialhiana procurou contrapor uma arte que encontra o seu fundamento na 'visão interior' e no desejo ou vontade de expressão, uma arte que, como Fialho nos diz a respeito do pintor Sousa Lopes, tem 'a sua gestação na própria alma'"[119].

Assim, tal como atrás dissemos, a base romântica de Fialho nunca desaparece totalmente: actualiza-se. O Expressionismo, com o seu enfoque no "eu", nas emoções e na crença na inspiração, acaba por ser a materialização dessa actualização e não a sua negação total.

Tanto a crónica, como a ficção de Fialho estão repletas de exemplos da presença expressionista desde as suas primeiras experiências literárias, passando mesmo pelo período mais marcado pela aspiração ao Realismo--Naturalismo: na "Abadia de S. Cucufate (Página duma Carteira-Álbum)", as nuvens transformam-se em animais do Jurássico; em "A Expulsão dos Jesuítas"[120], uma caverna ganha a dimensão de uma boca de réptil gigante; em "Abandono do Pombal", a morte da protagonista parece ter um estranho efeito sobre a Natureza: nos fenómenos atmosféricos e nos animais, sobretudo nos pombos; em "O Roubo", o jovem caixeiro julga estar a ser atacado por um monstro meio aracnídeo, meio réptil; em "Madona do Campo Santo", o espaço exterior modifica-se conforme Judite piora ou melhora da sua doença; "O Sineiro de Santa Ágata" é todo ele uma grande alucinação do narrador; "Ao Sol", "As Vindimas", "Ceifeiros", "De Noite" e "Madrugada de Inverno" têm todos um componente expressionista bem marcado.

"O Violinista Sérgio num Café da Mouraria" é, talvez, um dos melhores exemplos. Fialho parte do real, neste caso, do ambiente dum café popular lisboeta, para, influenciado pelas sinestesias provocadas

---

[119] Isabel Cristina Pinto Mateus, ob. cit., pp. 212-213 e 217-218. Vide, também, Maria da Graça Orge Martins, Introdução a Fialho de Almeida, O País das Uvas, s.l., Editora Ulisseia, s.d. [1987], pp. 22-23.

[120] Coligido em Contos.

pela música de Sérgio, entrar na mais completa alucinação. Esta centra-se sobre um ritual de conquista entre um casal que se encontra no café. A certa altura, Fialho alude ao tal "olho tenebroso" de Da Vinci, à "visão interior", de que fala Isabel Pinto Mateus. Mais: associa-o à degenerescência psicopatológica e à ideia de génio como expressão de loucura, ou vice-versa:

> "Evidentemente que se eu possuísse a terceira vista que William Crookes diz que há-de assistir aos últimos homens, quando a degenerescência houver feito dos netos dos nevropatas actuais, raquíticos seres com cabeças de génios e adivinhos, movendo-se irresponsavelmente, por sugestões longínquas e teogónicas, sobre um cadáver de mundo desactuado pela fecundação dos raios solares: essa terceira vista me faria ver sem dúvida, como a Macbeth na sala do banquete, sair um espectro da terra, Mefistófeles, o génio adunco de todas as malevolências psicológicas, cortado em morcego de púrpura, e descrevendo de redor da mulher as suas grandes espirais funestas de impulsor"[121].

Não é por acaso que Fialho se refere a William Crookes. Se as suas referências ficcionais no campo da imaginação e da fantasia são nomes como Edgar Allan Poe, E. T. A. Hoffmann, Gérard de Nerval, Álvaro do Carvalhal, Barbey d'Aurevilly, Villiers de L'Isle Adam, Achim von Arnim, Nikolai Gogol, Adelbert von Chamisso ou Nathaniel Hawthorne[122], também a abordagem científica ao sobrenatural o influenciou. Crookes foi um dos cientistas finisseculares, juntamente com Lombroso e Charles Richet, por exemplo, que estudou o fenómeno do espiritismo, sobre o qual Fialho demonstra o seu interesse no artigo de 1888 "Os Evocadores de Fantasmas". É lá que se refere a *Les Hallucinations Télépathiques*, uma adaptação francesa do clássico *Phantasms of the Living*, de Edmund Gurney, Frederick Myers e Frank Podmore, demonstrando algum conhecimento, e bastante actualizado, dos primeiros passos no campo

---

[121] Fialho de Almeida, "O violinista Sérgio num café da Mouraria – Intervém o Diabo quando eles se resolvem a procriar", in *Os Gatos – Publicação Mensal de Inquérito à Vida Portuguesa*, vol. 1, nova ed. – revista, prefaciada e anotada por Álvaro J. da Costa Pimpão, Lisboa, Livraria Clássica Editora, 1945, p. 145.

[122] *Vide idem*, "O Redactor da "Renascença", *Revista Académica Literária*, n° 2, 1 Jan. 1879, p. 15; *idem*, "Os Evocadores de Fantasmas", in *Pasquinadas (Jornal de um Vagabundo)*, 2ª ed., Porto, Livraria Chardron de Lello & Irmão, 1904, p. 291.

da Parapsicologia, bem como da doutrina teosofista, ou pelo menos da sua existência[123]. De facto, a proposta fialhiana para o processo de criação assemelha-se muito à evocação de um espírito, é uma espécie de alucinação voluntária. É isso que o próprio Fialho nos revela a propósito da actriz Sarah Bernhardt: "Fecho os olhos e vejo, na câmara escura da ideia, surgir como uma evolação do sobrenatural, evocada pela prodigiosa força psíquica dum *medium*, esta aparição en *qui vont les péchés d'un peuple*..."[124].

Tal como Raul Brandão bem notou, ainda em 1903, ele que também partilhava com Fialho as mesmas tendências expressionistas, Fialho só se encontrava quando exagerava, quando distorcia a realidade[125]. Terá sido isso que compreendeu quando, debalde, tentava seguir o modelo realisto-naturalista. Foi aí que encontrou um dos componentes da sua voz pessoal, provavelmente o principal, a voz única e intransmissível de que falava quando polemizou amenamente com Pinheiro Chagas. No fim de contas, Fialho poderia ser o pequeno João, personagem do seu conto "A Ruiva", fascinado com o poliedro que lhe permitia transformar o mundo real, triste e ameaçador, num "mundo de diamante e de luz"[126].

Dizemos um dos componentes, pois a escrita de Fialho acaba por conjugar as várias estéticas que foi experimentando ao longo da vida. Para além da expressionista, a realisto-naturalista mantém-se em diversos textos, assim como o Esteticismo, o Decadentismo, o fantástico, o psicologismo, que terá sorvido dos autores russos e nórdicos[127], e até uma certa

---

[123] *Vide idem, ibidem*, pp. 287-308. No catálogo da biblioteca de Fialho podemos encontrar várias outras obras sobre ocultismo e o sobrenatural. Para além de William Crookes, estão representados autores como Jules Bois, Gérard Papus Encausse, Paul Gibier, Louis Jacolliot, Albert de Rochas, Philip Davis, P. Max Simon e Mrs. Crowe. *Vide Sala Fialho de Almeida: catálogo geral da livraria legada pelo notável escritor José Valentim Fialho de Almeida à Biblioteca Nacional de Lisboa.*

[124] Fialho de Almeida, "Sarah Bernhardt", in *Pasquinadas (Jornal de um Vagabundo)*, 2ª ed., 1904, p. 141.

[125] *Vide* Raul Brandão, *Memórias*, (edição de José Carlos Seabra Pereira), tomo I, 1998, pp. 67-68.

[126] *Vide* Fialho de Almeida, "A Ruiva", in *Contos*, nova edição – revista e prefaciada por Álvaro J. da Costa Pimpão, s. d., pp. 49-50.

[127] Henrik Ibsen, August Strindberg, Fyodor Dostoievski, Leon Tolstoi, por exemplo. *Vide idem*, "Eça de Queirós", in *Figuras de Destaque*, 2ª ed. (revista), s.d. [imp. 1969], pp. 145-146.

fantasia ligeira, próxima do Romantismo. Esta conjugação permite-lhe conseguir efeitos extraordinários, como em "De Noite". Numa das suas passagens, Fialho consegue aliar a alucinação expressionista com a observação naturalista. Distorce a realidade que observa, neste caso, Lisboa à noite, mas, depois, o resultado disso é a visão da cidade como se fosse o interior de um corpo humano[128]. Em "Tragédia dum Homem de Génio Obscuro", esta simbiose também é notória. Depois de uma introdução mais leve, grande parte da narrativa constitui quase uma nosografia, ou seja, a análise da patologia psicofisiológica de Manuel: o seu aparecimento, o seu desenvolvimento, os sintomas, os motivos, etc. Neste aspecto, deriva para o campo do Naturalismo. Porém, para expressar melhor as manifestações da doença, acaba por recorrer constantemente a uma linguagem de índole expressionista[129]. Fialho encontra-se, assim, no centro de um turbilhão de estéticas, que sempre dificultaram a sua classificação enquanto escritor[130], mas que fazem dele um autor de grande modernidade[131].

---

[128] Vide Fialho de Almeida, "De Noite", in *Lisboa Galante (Episódios e Aspectos da Cidade)*, s.d. [imp. 1992], pp. 128-129.

[129] Em "O violinista Sérgio num café da Mouraria" e "O Sineiro de Santa Ágata", o narrador, tal como Poe, procura explicar as suas experiências supostamente sobrenaturais com um discurso racional.

[130] Vide José Augusto Cardoso Bernardes, "Fialho de Almeida: uma Estética de Tensões", in *História da Literatura Portuguesa*, (dir. Carlos Reis), vol. 5, *O Realismo e o Naturalismo*, (dir. Carlos Reis), pp. 293 e 296; Maria Helena Santana, "Crónica, Crítica de Costumes e Sátira Social", in *História da Literatura Portuguesa*, (dir. Carlos Reis), vol. 5, *O Realismo e o Naturalismo*, (dir. Carlos Reis), p. 149; *História Crítica da Literatura Portuguesa*, (coord. Carlos Reis), vol. VI, *Realismo e Naturalismo*, da autoria de Maria Aparecida Ribeiro, p. 317; Óscar Lopes, *Entre Fialho e Nemésio. Estudos de Literatura Portuguesa Contemporânea*, vol. I, s.l., Imprensa Nacional–Casa da Moeda, s.d. [imp. 1987], pp. 176-177; Álvaro Manuel Machado, "Fialho de Almeida", in *Dicionário de Literatura Portuguesa*, (org. e dir. de Álvaro Manuel Machado), Lisboa, Editorial Presença, 1996, p. 24; Jacinto do Prado Coelho, "Introdução", in *As Melhores Páginas da Literatura Portuguesa: Fialho de Almeida*, (introd., selec. de textos e notas de Jacinto do Prado Coelho), Lisboa, Livraria Rodrigues, 1944, p. 25.

[131] António Cândido Franco diz-nos isso mesmo: "O segredo de Fialho está mais na habilidade com que soube cruzar as heranças desencontradas do século, entrançando a análise com a imaginação, a observação com o sentimento, a crítica com o mistério, que no espírito de adequação do novo pelo novo, que passou

Podemos concluir que é a sua modernidade literária que o coloca numa posição crítica perante as principais correntes estéticas da sua época. É nela que encontramos a resposta para os seus ataques aos preceitos caducos do Romantismo e às regras limitadoras impostas pelo Realismo--Naturalismo. É, de igual forma, nela, ou melhor, na incompreensão dela, que surgem muitas das críticas feitas, desde sempre, à obra do escritor alentejano. O carácter fragmentário, subjectivo, heterogéneo, emotivo, diletante, dandesco, assistemático, por vezes, contraditório, da sua obra e do seu pensamento, foi, com frequência, interpretado como um sintoma da falta de uma verdadeira capacidade de escrita e de reflexão[132], quando, na verdade, não passava da expressão de um certo vanguardismo. A questão da fragmentação da sua obra é particularmente reveladora. Sempre pressionado para produzir romances, Fialho nunca o conseguiu fazer. Esse facto sempre foi visto como um sinal de fracasso, mesmo durante a sua vida[133]. Ele próprio assim o sentiu, como nos conta na sua autobiografia[134]. Não porque não tivesse real capacidade para tal, mas porque, mais do que a falta de talento, tempo, dinheiro ou público, estava sintonizado com a sua época. Uma época cujo espírito – veloz, multifacetado, em mudança constante – se coadunava, cada vez mais, com a crónica ou conto, do que com o romance, pelo menos tal como o século XIX o havia concebido. Fialho tinha alguma consciência

---

a ser a fórmula consagrada do aparato literário" (António Cândido Franco, *O Essencial sobre Fialho de Almeida*, s.l., Imprensa Nacional–Casa da Moeda, 2002, p. 14).

[132] *Vide* Castelo Branco Chaves, *Fialho de Almeida. Notas sobre a sua Individualidade Literária*, Lisboa/Porto/Coimbra, "Lumen" – Empresa Internacional Editora, 1923, pp. 6-21; António Sardinha, *ob. cit.*, p. 49; António Sérgio, *Ensaios*, t. III, 2ª ed., Lisboa, Livraria Sá da Costa, 1980, pp. 113-114.

[133] Por exemplo, Fortunato da Fonseca sobre Fialho, em 1881: "Adquirirá ele as fortes qualidades de seguir os gestos e os sentimentos dum personagem através das mil complicações da vida? Transformar-se-á com essa idade fatal dos trinta anos em que surgiram Balzac e Flaubert e entre nós mesmos Eça de Queirós? Ao ver a sua organização tão finamente sensível e por isso mesmo tão facilmente transviável, eu, o seu velho amigo, faço tristemente estas perguntas; porque me aparece na imaginação o medonho sorvedouro da Havaneza e do diletantismo de S. Carlos" (Fortunato da Fonseca, "Fialho de Almeida", *O Contemporâneo*, 8° ano, n° 106, s.d., p. 3).

[134] *Vide* Fialho de Almeida, "Eu (Autobiografia)", in *À Esquina (Jornal de um Vagabundo)*, pp. XIV-XVI.

disso[135], mas as pressões que sofreu por parte do meio, ainda formatado naqueles moldes literários, para produzir "os grandes calhamaços" de que fala na autobiografia[136], sobrepunham-se-lhe.

A crítica aos simbolisto-decadentistas

Assim caracterizadas as opções estéticas de Fialho, como explicar a sua crítica aos escritores simbolisto-decadentistas? Como explicar que o escritor alentejano os tenha atacado quando com eles partilhava o gosto pela fantasia, pelo oculto, pelo macabro, pelo sórdido, pelo patológico, pelo dandismo, pela noite, pela alucinação, pelo "desregramento dos sentidos", pelo forçar dos limites da expressão?[137]

Antes de tudo, convém explicar que optámos por não dissociar "Simbolismo" de "Decadentismo" (Decadentismo apenas enquanto corrente estética, e não como sentimento ou estado de espírito apocalíptico *fin-de-siècle* não necessariamente ligado à literatura ou à arte em geral). Fazêmo-lo, desde logo, porque a crítica de Fialho também não o faz: é comum a ambas, trata-as quase como uma só corrente, variavelmente

---

[135] "Percamos por algum tempo as preocupações da posteridade. Estamos num período em que toda a obra de espírito é transitória, porque ela é ao mesmo tempo o fim dum século, e o começo doutro, bem diferente. Os esforços de nós outros, sábios e artistas, nada podem mirar de cristalográfico e de eterno. São labores de trapeiro, lufalufas de acumulação sem recompensa, informes, obscuras, desesperadas, arquidoidas, de que só as gerações vindouras gozarão fama e proveito" (*idem*, "Ainda o estilo em literatura dramática – Do pitoresco ou estudo externo do personagem: Voz, articulação, dicção, mobilidade e fisiologia artística do olhar, artes de caracterização e guarda-roupa, jogo de cena, mímica, etc", in *Os Gatos – Publicação Mensal de Inquérito à Vida Portuguesa*, vol. 3, nova ed. – revista, prefaciada e anotada por Álvaro J. da Costa Pimpão, Lisboa, Livraria Clássica Editora, 1947, p. 266). Sobre o mesmo assunto, *vide*, igualmente, *idem*, "Loucura do romancista Guy de Maupassant, e sua vida artificial dos últimos dois anos – Uma revolução literária por semestre", *Os Gatos – Publicação Mensal de Inquérito à Vida Portuguesa*, vol. 5, nova ed. – revista, prefaciada e anotada por Álvaro J. da Costa Pimpão, s.d. [imp. 1951], pp. 96-97.

[136] *Vide idem*, "Eu (Autobiografia)", in *À Esquina (Jornal de um Vagabundo)*, p. XV.

[137] Até pela sinestesia, como podemos verificar em "O violinista Sérgio num café da Mouraria".

chamada de simbolista ou "decadista" [sic], havendo apenas distinções entre as duas pontualmente. Muitas vezes, Decadentismo, ou "Decadismo", como lhe chama, parece surgir como designação geral para Simbolismo-Decadentismo, para tudo aquilo que estas significavam. Depois, porque embora não sejam, de facto, uma mesma corrente, têm estreitos laços de parentesco, com um largo terreno de características semelhantes – boa parte dos escritores finisseculares movimenta-se geralmente num espaço comum às duas – e a sua associação facilita uma abordagem mais prática ao assunto[138].

Fialho considerava o Decadentismo como a terceira fase da literatura oitocentista, depois do Romantismo e do Naturalismo, uma fase "descendente" e "nevropata", com origem em Baudelaire, a quem chama o "S. Pedro" da "igreja decadista"[139]. Reconhece na sua obra, nomeadamente n'*As Flores do Mal*, a estética do vício, a apologia do artificial, a estimulação dos sentidos e o interesse pelas "sociedades declinantes", pelo anormal e pelo patológico[140]. No fim de contas, Baudelaire, bem como Paul Verlaine, Stéphane Mallarmé, Jean-Arthur Rimbaud, Tristan Corbière, Jean Moréas, entre outros seguidores, não passava de um ser perturbado, próximo dos loucos e dos criminosos[141]. Fialho mostra-se influenciado pela ideia, então corrente, de que os génios apresentavam uma sintomatologia muito semelhante à de alguns doentes mentais e criminosos. Cesare Lombroso, Sousa Martins e Max Nordau foram as fontes onde a bebeu[142]. Porém, foi possivelmente Jean-Marie Guyau um dos primeiros a estabelecer a relação mais específica entre a

---

[138] José Carlos Seabra Pereira explica as proximidades e diferenças entre Decadentismo e Simbolismo na sua obra *Decadentismo e Simbolismo na Poesia Portuguesa*, Coimbra, s.e. [imp. Coimbra Editora L.da], 1975, e, também, por exemplo, em *História Crítica da Literatura Portuguesa*, (coord. Carlos Reis), vol. VII, *Do Fim do Século ao Modernismo*, da autoria de José Carlos Seabra Pereira, Lisboa/São Paulo, Editorial Verbo, s.d. [imp. 1995], pp. 19-28.

[139] *Vide* Fialho de Almeida, "Esterilidades e tristezas do ano literário – Para fechar", *Os Gatos – Publicação Mensal de Inquérito à Vida Portuguesa*, vol. 5, pp. 259 e 265.

[140] *Vide idem, ibidem*, pp. 265-267.

[141] *Vide idem, ibidem*, p. 267.

[142] No catálogo da sua biblioteca existe também uma outra obra do mesmo género, mas de um autor mais obscuro: Pompeyo Gener, *Literaturas Malsanas – Estudios de Patologia Literaria Contemporanea* (1900).

personalidade e a obra dos simbolisto-decadentistas e as características típicas dos degenerados "comuns" (os loucos e os criminosos). É nele que Fialho se baseia para identificar os sinais da degenerescência desses escritores. São eles o pessimismo; o excesso de análise, desembocando "numa espécie de contemplação ociosa, estéril"; o exibicionismo; o medo da morte; a tendência para a superstição; a obsessão por coisas terríveis, como o crime; "a idolatria da frase", em que, mais do que exprimir uma ideia lógica, se procura criar um efeito sonoro; a intermitência de atitudes, "que lhes faz o carácter antipático, tornando-os alternadamente faladores e misantropos, cínicos e compassivos, leais e pérfidos, e adultos e infantis conforme as emoções que os atravessam"[143].

Baudelaire era, ainda, no seu tempo, um caso isolado, mas, o mundo moderno, com o seu efeito degenerativo na raça, tinha-se encarregado de, rapidamente, nas décadas subsequentes, propagar a sua "doença"[144]. De facto, aquela literatura não passava da expressão da sociedade na qual era produzida, uma sociedade marcadamente em decadência[145]. A obra dos simbolisto-decadentistas era um mero reflexo da realidade em que se inseriam, constituindo o exemplo mais radical da consequência da necessidade geral de qualquer escritor moderno em ser, "fisiologicamente uma expressão vital da época"[146]. Todas as anomalias, perversões, vícios e excentricidades da sociedade finissecular ganhavam, assim, expressão total e amplificada no escritor, o que tinha efeitos, não só na obra, como no homem[147]. Que sociedade era esta? Fialho apresenta-no-la numa imagem quase apocalíptica:

---

[143] *Vide idem, ibidem*, p. 268. Este tipo de abordagem teria os seus seguidores em Portugal. Para além de Sousa Martins, podemos citar José Coelho Moreira Nunes (*O Simbolismo como Manifestação da Degenerescência* (1899), tese em Medicina), José de Lacerda (*Esboços de Patologia Social e Ideias sobre a Pedagogia Geral* (1900)) e Júlio Dantas (*Pintores e Poetas de Rilhafoles* (1900), tese em Medicina).
[144] *Vide idem, ibidem*, pp. 268-269.
[145] *Vide idem, ibidem*, p. 269; *idem*, "Loucura do romancista Guy de Maupassant, e sua vida artificial dos últimos dois anos – Uma revolução literária por semestre", *Os Gatos – Publicação Mensal de Inquérito à Vida Portuguesa*, vol. 5, p. 97.
[146] *Vide idem, ibidem*.
[147] *Vide idem, ibidem*, pp. 97-98.

"A luta pela vida, a degenerescência das raças pelos excessos de trabalho e abusos de prazer, a excessiva cultura mental levando o homem à negação de todas as fés e à consciência da inutilidade de todos os esforços para atingir a perfeição absoluta, criaram (nos países latinos sobretudo, nos bairros de fome das grandes capitais, mencionadamente) sociedades inquietantes, formalistas por cálculo, desabusadas por vício, desejosas de tudo e incapazes de coisa alguma, cujos antros têm por missão social encher as prisões e os hospitais de loucos, impulsionar as greves, dar voga aos cismas científicos mais fantásticos, como a telepatia, a materialização dos espíritos, a demonologia, etc., e finalmente inocular na alma hodierna, por via duma literatura meio incompreensível, desconexa, arquifuriosa, todos os fermentos de revolução capazes de destruir o que está sem maiormente curarem do que há-de ser. Estas sociedades, ou antes esta sociedade, tem pronunciadamente uma feição de *decadência*"[148].

Em relação aos autores simbolisto-decadentistas portugueses, em específico, Fialho aponta-lhes a falta de sinceridade das suas atitudes. Na sua opinião, existia uma clara pose na forma como estes se apresentavam. As facilidades propiciadas pela posição socio-económica de quase todos eles, as suas características de personalidade, a sua ascendência familiar, a sua boa saúde física e mental, e, correlativamente, a ausência de experiências negativas na vida – de pobreza, doença, perda, etc. – levava a que nunca pudessem ser genuínas vozes daquelas correntes literárias em Portugal, mas meros imitadores[149]. Eram jovens a brincar aos decadentes, estruturalmente incapazes de serem nevropatas, e, por isso mesmo, génios[150]. Escreve Fialho:

---

[148] *Idem*, "Esterilidades e tristezas do ano literário – Para fechar", *Os Gatos – Publicação Mensal de Inquérito à Vida Portuguesa*, vol. 5, p. 269.

[149] *Vide idem*, "Os simbolistas e decadistas cá de casa; constatação do carácter literário pelo fascias, hereditariedade, meio social e educação – Em conclusão", *Os Gatos – Publicação Mensal de Inquérito à Vida Portuguesa*, vol. 6, nova ed. – revista, prefaciada e anotada por Álvaro J. da Costa Pimpão, Lisboa, Livraria Clássica Editora, s.d. [imp. 1953], pp. 113-116; *idem*, "Esterilidades e tristezas do ano literário – Para fechar", *Os Gatos – Publicação Mensal de Inquérito à Vida Portuguesa*, vol. 5, p. 258.

[150] *Vide idem*, "Os simbolistas e decadistas cá de casa; constatação do carácter literário pelo fascias, hereditariedade, meio social e educação – Em conclusão", *Os Gatos – Publicação Mensal de Inquérito à Vida Portuguesa*, vol. 6, p. 115.

"De feito, que sabem esses rapazolas de 20 anos, com mesadas de família, cavaqueira amena nas repúblicas escolásticas da *alta*, tricanas prestes, paisagens remansosas, límpidos céus, horizontes musicais, e por toda a parte promessas de fortuna e silhuetas de salgueiros e monumentos históricos, que as baladas do rio melancolizam, as guitarras e as troças juvenescem num evoé de vida imberbe – que sabem eles da grande vida martirizante dos que não podem voar por ter de pôr todos os dias a panela ao lume, e dos que tendo-se feito um nome, rebentam de martírio ignorado para o levarem intacto té ao fronstispício dum livro original? Ingénuos como rapazinhos, bêbedos de petulantes amanhãs como afilhados das ondinas, sem necessidades de metal, acordado às manhãs co'o hálito fresco e a boca sem saburras, não sabendo se há fígado, não sabendo se há talhos, mercearias e pulhas que a gente tem de subornar para ir vivendo – ignorando por cima, os felizes, quantas humilhações custa aos trinta anos dum homem fanado, a noite de amor que uma criatura grácil *vende*, a quem lha pede, embora na divina língua dum poeta grego ou florentino! – como podiam eles, esses sadios e esses mansos, ser os portadores das perversões deste final de literatura pessimista, eroto--mística, inconfidente, epileptizada da dor de viver, com desejos de morte e terrores da sepultura, vaidosa e pusilânime, pregando o amor sem posse e violentando ao mesmo tempo a natureza, niilista e egoísta, hamlética, impulsiva, escorrendo luz e escorrendo pederastia?!"[151].

Com efeito, se olharmos para os principais representantes desta escola em Portugal, como Eugénio de Castro, António Nobre, Alberto de Oliveira, D. João de Castro, Júlio Brandão, Raul Brandão, António de Oliveira Soares, Alberto Osório de Castro, Henrique de Vasconcelos, Júlio Dantas (no início), entre outros, deparamo-nos com um percurso de vida bastante burguês e convencional, conservador mesmo[152]: cursos superiores, carreiras académicas, políticas ou diplomáticas, assentos na Academia das Ciências, etc. No fim de contas, existências muito diferentes das de Baudelaire, Verlaine ou Rimbaud, marcadas pelo alcoolismo, pela vagabundagem, pela miséria humana, pela tragédia, enfim.

---

[151] *Idem, ibidem*, pp. 114-115.
[152] Sobre o percurso posterior de algumas destas figuras, *vide* Luís Trindade, *O Estranho Caso do Nacionalismo Português. O Salazarismo entre a Literatura e a Política*, Lisboa, Imprensa de Ciências Sociais, 2008.

Assim, não conseguindo equiparar-se aos seus mestres franceses na vida, a sua decadência encontrava-se apenas na obra, nomeadamente, nos excessos de preocupação com o seu aspecto formal[153]. O seu amigo Eugénio de Castro era um paradigma. De acordo com Fialho, as suas criações poéticas, tal como a dos simbolistas em geral, e até a dos parnasianos, tinham uma fixação com a forma, sobretudo com a musicalidade, em detrimento do conteúdo[154]. Por esse motivo, os poemas não tinham uma ideia base a transmitir, como os de Antero de Quental, Guerra Junqueiro, Gomes Leal ou Cesário Verde, por exemplo[155]. Eram meros exercícios estilísticos, complicados e de significado obscuro, ou mesmo sem ele, limitando-se a dar "forma rítmica a palavras sem pensamentos"[156]. Tratava-se da materialização da tendência para o exibicionismo, de que Guyau falava, e, também, da incapacidade mental para elaborar obras de maior fôlego e clareza[157]. Num prefácio a *Lírica, Sonetos e Rimas*, de Luís Guimarães, acrescenta ainda a falta de sinceridade, a artificialidade e o individualismo, este último patente nos assuntos, os quais andavam sempre à volta de obsessões individuais[158].

Logo em 1892, Fialho reconhece uma divisão no seio dos simbolisto-decadentistas nacionais. De um lado, coloca os "nefelibatas", como Eugénio de Castro, Oliveira Soares e D. João de Castro, que se mantinham fiéis à estética original, e, do outro, aqueles que viriam, mais tarde,

---

[153] *Vide idem*, "Os simbolistas e decadistas cá de casa; constatação do carácter literário pelo fascias, hereditariedade, meio social e educação – Em conclusão", *Os Gatos – Publicação Mensal de Inquérito à Vida Portuguesa*, vol. 6, p. 122.

[154] *Vide idem, ibidem*, pp. 117-124; *idem*, "Esterilidades e tristezas do ano literário – Para fechar", *Os Gatos – Publicação Mensal de Inquérito à Vida Portuguesa*, vol. 5, p. 276; *idem*, "Alguns Livros", *Pasquinadas (Jornal de um Vagabundo)*, pp. 237 e 257

[155] *Vide idem*, "Ainda o estilo em literatura dramática – Do pitoresco ou estudo externo do personagem: Voz, articulação, dicção, mobilidade e fisiologia artística do olhar, artes de caracterização e guarda-roupa, jogo de cena, mímica, etc", *Os Gatos – Publicação Mensal de Inquérito à Vida Portuguesa*, vol. 3, p. 263, p. 270-271.

[156] *Vide idem*, "Esterilidades e tristezas do ano literário – Para fechar", *Os Gatos – Publicação Mensal de Inquérito à Vida Portuguesa*, vol. 5, p. 276.

[157] *Vide idem, ibidem*.

[158] *Vide idem*, "Luís Guimarães", in *Figuras de Destaque*, pp. 245-246.

a ser chamados de neogarretistas[159]. Estes últimos, bebendo da lição de Garrett, procuravam regressar à simplicidade lírica de raízes populares genuinamente portuguesas[160]. António Nobre e Alberto de Oliveira eram os seus principais nomes. Nacionalistas e ruralistas, recusavam a artificialidade dos nefelibatas e tiveram nas *Palavras Loucas* (1894), de Alberto de Oliveira, o seu texto orientador[161].

Ora, se Fialho tinha, como é visível, bastantes aspectos em comum com os simbolisto-decadentistas, por que razão os criticou? Se repararmos, Fialho faz-lhes três críticas principais. Duas delas têm a ver com a forma como ele próprio encarava a criação artística: a falta de uma ideia condutora e a atitude de pose, esta última, específica do caso português. Ambas têm a ver com a necessidade de partir da realidade para depois criar, mas, se a primeira também estará relacionada com a recusa de um regresso a um certo vazio ideativo típico do Ultra-Romantismo, a segunda remete-nos, exactamente, para a concepção romântica do artista como alguém que, para criar, tem de viver, admirada por Fialho em Camilo[162]. A terceira, pelo contrário, surge exactamente porque Fialho se revia nela. É a que assenta na degenerescência psicofisiológica dos simbolisto-decadentistas genuínos. Fialho, porque se reconhecia, não só em algumas características estéticas do Decadentismo, como nas intermináveis listas de sintomas de patologia mental elaboradas por autores como Guyau ou Nordau ao debruçarem-se sobre as correntes artístico-literárias finisseculares, temia enlouquecer. A crítica acaba por ser uma forma de se tentar libertar desse medo, de se distanciar dessa evidência. É quase como uma emergência ocasional do seu lado mais

---

[159] *Vide idem*, "Esterilidades e tristezas do ano literário – Para fechar", *Os Gatos – Publicação Mensal de Inquérito à Vida Portuguesa*, vol. 5, pp. 257-258.

[160] *Vide idem, ibidem*.

[161] Em carta a Alberto de Oliveira, a propósito de *Palavras Loucas*, escreve Fialho: "Queira aceitar estas coisas pelo que elas representam, isto é, como a expressão dum confrade de letras que muito o aprecia, e que, se não pode comungar da mor parte das suas crenças e adorações, nem por isso deixa de lhe seguir de longe, com interesse e surpresa, os triunfantes passos pela arte" (*idem apud* Alberto de Oliveira, *Vida, Poesia & Morte*, Lisboa/Porto/Coimbra/Rio de Janeiro, "Lumen" – Empresa Internacional Editora, 1926, p. 249).

[162] *Vide* Valentim Demónio [pseudónimo de Fialho de Almeida], "O Vinho do Porto por C. Castelo Branco", *Diário da Manhã*, nº 3346, 11 Jun. 1884, p. 2.

naturalista, até mesmo de médico-cirurgião, procurando extirpar os elementos de decadência que reconhecia em si próprio.

Conclusão

Como vimos, a formação cultural e literária primordial de Fialho de Almeida era essencialmente romântica. A influência do quotidiano da botica, do progressivo conhecimento da realidade crua dos bairros populares lisboetas, a frequência da Escola Politécnica e o curso de Medicina são factores que o terão impulsionado para seguir um outro caminho estético: o do Realismo-Naturalismo. É, no fundo, após anos de internato no colégio, o contacto com a sociedade, a ciência, a vida do dia-a-dia, com o real, enfim. Ao mesmo tempo, o conhecimento da escrita de Eça de Queirós e Ramalho Ortigão, e consequentemente, de todos os autores, sobretudo franceses, que, por sua vez, lhes serviram de referência, terão tido, de igual forma, um papel importante nessa opção, assim como a possibilidade, decerto por si vislumbrada, de poder ser associado com aquela que era considerada, em Portugal, na viragem da década de 70 para a de 80 do século XIX, a vanguarda estética.

Porém, Fialho nunca passou de um aspirante a escritor realisto--naturalista. Polemizou com Pinheiro Chagas em defesa da escola realisto-naturalista contra o Romantismo e conseguiu, até, que Chagas e Camilo o identificassem com ela, mas, mesmo na fase em que há um notório e consciente esforço para que as características desta corrente estejam mais presentes, a sua obra nunca adquire uma feição totalmente circunscrita à observação objectiva da realidade. Fialho cede à sua personalidade, emotiva, imaginativa e sonhadora, e começa a dar-lhe livre expressão a partir de meados dos anos 80. A sua voz própria começa a consolidar-se nessa altura, quando abandona as amarras das escolas literárias, e, fazendo uso do seu diletantismo de sempre, se abre, agora em definitivo, às mais diversas influências, não só estéticas, como filosóficas, científicas, sociológicas, que floresciam com rapidez naquele fim do século, mantendo, ainda assim, o uso de certos contributos do Realismo-Naturalismo – a descrição minuciosa, a preocupação social, a caracterização realista das personalidades de acordo com o meio em que se movimentam, o gosto pelos aspectos mórbido-patológicos da realidade (não obstante, por vezes, o critique em outros...) e uma certa tendência moralista, por exemplo – e do Romantismo, que não desaparece completamente, metaformoseando-se em algo semelhante a um Pré-Expressionismo, ou Expressionismo.

Com efeito, surge, então, uma estética fragmentária, subjectivista, por vezes paradoxal, valorizadora do sonho, da alucinação, da distorção da realidade. A originalidade da estética fialhiana no panorama português da época está exactamente na sintonia entre a personalidade de Fialho e o caminho que a civilização da modernidade estava a tomar, marcado pela contradição, pela incerteza, pela velocidade, pela melancolia, pelo questionamento da realidade visível, pela ânsia do transcendental, pela necessidade de crer na ciência e ao mesmo tempo pela consciência das suas limitações.

Para terminar, é essencial referir que o modo como, enquanto crítico, Fialho olhou para as correntes estéticas dominantes em Portugal na sua época é claramente condicionado pelas suas próprias opções nesse campo, enquanto criador. O crítico estético-literário e o artista coincidem, assim, nos caminhos que tomam. A excepção terá sido o seu posicionamento face ao Simbolismo-Decadentismo. Fialho bebeu dessa fonte, fundamental, tanto na evolução da sua mundividência, como da sua estética, em direcção à idiossincrasia modernizante de que acabámos de falar. Embora Fialho não seja um simbolista e o ponto de chegada dessa sua evolução não deva, também, ser reduzido ao Decadentismo, tanto este último, como até o Simbolismo, embora muito menos, terão tido um papel muito importante na maneira como o autor de *Os Gatos*, a partir de determinada altura, se abriu em definitivo a uma estética que se afasta da tentativa da mera reprodução do real. Porém, para a sua faceta perene de realisto-naturalista e de formado em Medicina com grande interesse na Psiquiatria e suas relações com a arte, assunto muito em moda no *fin-de-siècle*, essa terá sido uma verdade difícil de, por vezes, reconhecer, daí parte da apreciação desfavorável que fez aos praticantes assumidos dessa estética. No fundo, trata-se do resultado da constante tensão fialhiana entre, de um lado, o esteta, o artista, o boémio, o aspirante a dândi, o pessimista, o curioso pelo anormal e pelo sobrenatural, e, do outro, o observador de formação médico-científica, o moralizador e salubrizador da sociedade portuguesa, o leitor de autores como Jean-Marie Guyau, José Coelho Moreira Nunes, Max Nordau ou Pompeyo Gener, que viam naquelas atitudes e nas correntes estéticas a elas ligadas, sinais de patologia mental.

PAULO ARCHER DE CARVALHO*

MITOPEIA.
NOTAÇÕES PARA UMA POIÉTICA DO TEMPO E DA HISTÓRIA NOS ESTILHAÇOS DA ANTROPODICEIA PESSOANA

1. A gramática poiética do mundo

"O mundo não só é sonhado
Mas é dentro dum sonho um [sonho] real
Em que os sonhados são os sonhadores
Também"
Fernando Pessoa[1]

Originada no *gran Teatro del mundo* de Calderón ou no *Auto d'el rei Seleuco* de Camões, na cenografia metafísica desenhada em epígrafe (*life is dream* de Shakespeare) reconhece-se o rasto dramatúrgico Moderno da teoria platónica da representação e o apólogo do desconhecido, que ao constituir a mais enigmática das *artes*, a de articular palavras (Gramática), no vértice paradoxal das *humanidades*, reconduz à comum raiz gramatical da lógica e poesia, da filosofia e matemática, da cosmologia e retórica. "A gramática é mais perfeita que a vida. A ortografia é mais importante

---

* Bolseiro da FCT/CEIS20.
[1] Fernando Pessoa, "O Primeiro Fausto; IV, XI", *Poemas dramáticos*, Lisboa, Ática, reimp. 1997, p. 134. Dado o distúrbio de identidades e a dispersão editorial, não se usa a norma latina de citação: *Idem, ibidem*.

que a política. A pontuação dispensa a humanidade"[2], cartografava assim o *subjetivo universo* (Álvaro de Campos)[3] onde se confinou quatro décadas Fernando Pessoa.

O poeta, ele e os *outr'eus* (escreve Campos), libertando-se da mesmidade para se (poder) pensar, é o tradutor dessa gramática onírica dificilmente traduzível, pois "os sonhos são como a tradução para uma língua de coisas intraduzíveis de outra", cuja complexidade outra redação alguma ousa alcançar[4]. Se a vida, ficção do interlúdio, se instala no intervalo do sonho (*É no intervalo que existo*, responde por todos Álvaro de Campos[5]), a poesia cria a sua própria realidade ou, em antífrase, o "sentimento de irrealidade" de que fala E. Lourenço, e nela se traduz. Apesar de, imerso na Sensação, para mestre Caeiro o *pensamento ser uma doença*[6] (quer dizer: desgarrado da sensação, se ambos se realizam no plano de imanência[7]); e após décadas de incompreensão e pre-juízos, desconstruídos por Eduardo Lourenço em 1973, relendo pistas de Jorge de Sena e Adolfo Casais Monteiro, Fernando Pessoa não é só, todos o sabemos entre nós, o mais genial criador dessa realidade mas o seu mais "cerebral", obstinado, gramático e tradutor. A experiência fantasiosa da *poiesis* e a sua narrativa sempre tentada no poema resultam de "um decorrer fora do Tempo"[8], aspeto elementar também para atender à implosão heteronímica e à despersonalização como experiências outras do tempo ou circunstâncias atemporais, fora do plano cronoscópico da consciência do ser e da proteiforme experiência subjetiva do tempo, pois *Antes de nós nos mesmos arvoredos / Passou o vento, quanto havia vento / E as folhas não falavam / De outro modo do que hoje. // Passamos e agitamo-*

---

[2] F. Pessoa, *Aforismos e Afins* (ed. Richard Zenith), 2ª ed. revista, Lisboa, Assírio & Alvim, 2005, p. 63.

[3] Álvaro de Campos, "A Passagem das horas", trecho 70-16 a 17v, *Livro de Versos* (ed. crítica Teresa Rita Lopes) Lisboa, Referência – Estampa, p. 166, v. 66.

[4] F. Pessoa, *Aforismos e Afins*, ob. cit., p. 51.

[5] Á. Campos, *Livro de Versos*, ob. cit., trecho 65-55, p. 218, v. 68.

[6] F. Pessoa, *Páginas íntimas e de auto-interpretação* (ed. Georg Rudolf Lind e Jacinto do Prado Coelho), Lisboa, Ática, s. d. (1966), p. 349.

[7] Sobre José Gil, *Diferença e negação na poesia de Fernando Pessoa*, Lisboa, Relógio d'Água, 1999, José Martinho, *Pessoa e a Psicanálise*, Coimbra, Almedina, 2001, pp. 62-63.

[8] F. Pessoa, "Na Floresta do Alheamento", excerto para o *Livro do Desassossego*, *A Águia*, II série, vol. II, 1913, p. 40.

-nos debalde⁽⁹⁾. Neste aparente desprezo pela historicidade da consciência – apenas aparente, dir-se-á – o poeta proclama e reinstaura, à maneira clássica, a centralidade gnosiológica para a poética, anulada pela apolínea genealogia vertical das Luzes e pelo império da Ciência que, atarantando Campos, em parte algum romantismo havia superado (Goethe, o mais notório interlocutor ocasionado pelo insistente *überFaust* pessoano). E se Caeiro desprezar o que não seja o real poético, como realidade anterior e primordial, a noeta platónica inspira todos os seus discípulos. O ideal é a *confissão de que a vida não basta*, explicitará Reis. Mas o demiurgo mais de que filósofo (trabalhador sem dados) é um poeta, um artista, o que reintegra no mundo o sentido artístico, embora, no caso de Pessoa-oficina, em distintos momentos e sentidos.

A subjetiva instância do momento (*parte externa de mim em labirintos de Deus*⁽¹⁰⁾) inscreve-se na apreensão arcaica da fluidez, do *continuum* e do *tempus fugit*, não apenas nas "angustiadas" e moderno-clássicas *Odes* de Reis⁽¹¹⁾ mas no "existente" *Dasein* da *Tabacaria* e do Esteves, numa evanescente e perecível temporalidade ôntica na qual a outridade irrompe como única metafísica possível, o mundo mesmo com *outras pessoas* do velho e repetido sonho da infância. A temporalidade do ser enraíza-se como inquietação na árvore do desassossego, na percepção da estranha fisicalidade do momento: improvável metonímia de si mesma, a criação poética enquanto reflexão escrita não é mais do que "uma nota à margem de um texto apagado de todo": "Mais ou menos, pelo sentido da nota, tiramos o sentido do que havia de ser o texto; mas fica sempre uma dúvida e os sentidos possíveis são muitos"⁽¹²⁾. Análogo é o registo da operação historiográfica, ao reconstituir na arqueologia do *texto* a cadeia de significados e a significância, e reescalonar numa ontologia (arquivo) o tempo a-ontológico, infinito e nada semiótico onde sem o sentido da historicidade as vozes humanas se escoam no silêncio ou olvido universal. A correlação da poesia com o tempo, a de Caeiro com um passado intuído e imemorial da Natura, a de Bernardo Soares

---

⁽⁹⁾ Ricardo Reis, *Odes*, Lisboa, Ática, 1970, p. 51.

⁽¹⁰⁾ Á. Campos, "A Passagem das horas", *Livro de Versos, ob. cit.*, p. 166, v. 68.

⁽¹¹⁾ Eduardo Lourenço, *Pessoa revisitado*, 2ª ed., Lisboa, Gradiva, 2003; Maria Helena da Rocha Pereira, "Leituras de Ricardo Reis", *Novos ensaios sobre temas clássicos da poesia portuguesa*, Lisboa, IN-CM, 1988, pp. 260-62.

⁽¹²⁾ F. Pessoa, *Aforismos e Afins, ob. cit.*, p. 14.

no Livro de Horas *quando* a cada segundo o tempo escorrente é puro e agostiniano pensamento, ido ao limite de se erodir a escorrência e restar apenas o arquivo pensado; o estático tempo antiaristotélico, sem unidade (também de acção) ou escoamento, de *O Marinheiro*, no lento ritmo da reminiscência sem duração; a ânsia centrífuga do tempo e a vertigem da velocidade de Campos, do *Ultimatum* e doutros muitos poemas, quando *Minuto a minuto, emoção a emoção / Coisas antagónicas e absurdas se sucedem*[13], inscrevem-se (*incipit*) na Terra *formigueiro de consciências* que rola no espaço abstrato e *na noite mal iluminada realmente*[14] e sintetiza a abissal e empírica subjetivação do poeta (poesia é a mais íntima das artes, só se aproxima do ser que nela habita, na eleição formal da matéria mental[15]): "Tudo para mim é incoerência e mutação" a que apenas a poética, *criação* artística, almeja conferir significados: "Todas as coisas são "desconhecidas", símbolos do desconhecido"[16]. Só operando a partir do conceito de arte poética (tarefa horaciana de Ricardo Reis, corporizando o pensar abstrato nas *três dimensões* da palavra: ideia, imagem, ritmo[17]) se despertam imperceptíveis autorreferentes que as ciências, ou outras artes mecânicas e lógicas de uma racionalidade in-sensível, não detetam: "a finalidade da arte é simplesmente aumentar a autoconsciência humana", por "quanto mais decompomos e analisamos as nossas sensações, tanto mais aumentamos a nossa autoconsciência. A arte tem, pois, o dever de se tornar cada vez mais consciente"[18]. Heine, Goethe, E. Hartmann, Martins, leem na arte dispositivo essencial que arranca da inconsciência primitiva[19], passagem do não-ser ao ser, se o abismo capital do ser, anota Pessoa, não se joga entre vida e morte, mas entre consciência e inconsciência[20].

---

[13] Á. Campos, *Livro de Versos*, ob. cit., p. 213.
[14] Á. Campos, "A Passagem das horas", *Livro de Versos*, ob. cit., p. 167, vs. 89-91.
[15] R. Reis, *Prosa* (ed. Manuela Parreira da Silva), Lisboa, Assírio & Alvim, 2003, frag. 61, p. 221.
[16] F. Pessoa, *Páginas íntimas*, ob. cit., p. 18.
[17] R. Reis, *Prosa*, ob. cit., frag. 63, p. 223.
[18] F. Pessoa, *Páginas íntimas*, ob. cit., p. 186.
[19] Oliveira Martins, *Camões, os Lusíadas e a Renascença em Portugal*, Lisboa, Guimarães Editores, 1986, I, pp. 27-28; IV, p. 151.
[20] Cf. http://arquivopessoa.net/textos/3771, consulta a 4-VIII-2011.

E se o "debate" estético e metafísico entre Álvaro de Campos e Ricardo Reis (ou Pessoa), sobre o "mudar de metafísica como de camisa", ilucida a difícil ou impossível dialogia do cidadão português Fernando Pessoa com a contemporaneidade intelectual – quem entenderia, fora da usual patética pedagogia partidária e da banalidade das escolas mesmas-outras da política literária, o que seja a arte, "matemática sem verdade", "triste" porque elevada abstração "desumanizada"? –, de modo similar aclara como *fazer arte das metafísicas* é o horizonte mais longínquo do poeta dramaturgo e das suas dissimulações. A *emoção do abstrato*, base do sentimento metafísico e em senso oposto do sentimento religioso, tanto do passado "Além" como da "religiosidade laica de uma humanidade futura", é o plano mais fundo na qual convergem e se movem na coreografia criativa, criaturas e criador[21]. Na superrealidade, a superação possível – *ingenium* – da matéria, substância da arte, é a "ciência virtual" quanto metarreal ao superar mutáveis explicações ou a ilusória cientificidade da *physis*, aparente fisicalidade mesma do Mundo. Álvaro de Campos em 1914 antevê na aproximação do furacão da Era científica e das "civilizações guerreiras" o esmagamento do mundo humano, a máquina de costura quebrada e a viúva pobre, a artesã, trespassada por baionetas, o comboio de lata da infância calcado no meio da estrada[22],

> "E tudo doe na minha alma extensa como um Universo [...]
> Mandei, capitão, fusilar os camponeses tremulos
> Deixei violar as filhas de todos os paes atados a árvores
> Agora vi que foi dentro do meu coração que tudo isto se passou"

A crise metafísica vai a par da crescente imposição da tecnologia da guerra; o advento da ciência moderna é a *aparição da catástrofe*, ao subjugar ditatorialmente a filosofia numa *técnica* de pensar, replicará Jaspers quando, após 1945, parecia que o olho do furacão já passara[23].

---

[21] F. Pessoa, "Athena", *Páginas de doutrina estética* (ed. Jorge de Sena, 1946), Lisboa, Ed. Inquérito, 2ªs.d., pp. 102-03.

[22] Á. Campos, "Ode Marcial", *Livro de Versos, ob. cit.*, trecho 70-62, p. 134.

[23] Karl Jaspers, "Science et vérité", *Essais philosophiques*, Paris, Payot, 1970, pp. 74-76.

E porque a metafísica na diagnose pessoana entrara numa crise sem cessar será Campos, o "engenheiro", nome pragmático e o único com sede de poder a querer ser "chefe" (Pessoa não pode ser "chefe", pois *nem sabe estrelar ovos*), quem polariza o debate: a infecundidade metafísica, "em épocas como a nossa, em que a especulação social utópica é o fenómeno marcante", liga-se doutra parte à insuficiência do espírito religioso[24]. Em resposta, o poeta ao encenar dupla via dramática para a dialética do eu e do múltiplo, evidencia, na exploração da aporia platónica[25], como pensamento e criação se podem cindir na aparência da existência sem dela autenticamente se desprender: ficcional dádiva do sendo para o Ser, não é possível afirmar, contra credos realistas e fundamentalismos existenciais, a *identidade* do pensamento (ou da criação) com o Ser, nem, em rigor, o contrário ("o não-Ser não é"). Se, com António Mora e o ortónimo, Reis reconstrói o programa religioso no neopaganismo, Campos, o mecânico da energia abismado *por uma só linha divina / De si para si*, tentando a destruição da metafísica clássica visa, em *lógica hiperracional* e correlacional, destituir tão-só o metafisismo "racional". O que o Decálogo crístico e Declarações humanitaristas não conseguiram, *Cristo absurdo da expiação de todos os crimes e de todas as violências*, Álvaro de Campos "sente", *Custa-me a acreditar no que existe / Pálido e perturbado não me mexo e sofro*[26]. Em 1917 executa um mandato de despejo aos Mandarins da Europa, enumerando-os. Estilhaçado, incongruente, o real não Existe, escreve-o no diálogo Pero Botelho com o professor Serzedas, *a realidade não é mais o que de fundamento há nos nossos pensamentos*; cria-a metafisicamente o poeta na *hominização cognitiva* do sensível, *i. e.*, da poesia, construção, casa da língua e do possível entendimento. Ora, se urge regressarem os deuses, melhor, a eles regressar ("Os deuses não morreram: O que morreu foi a nossa visão deles"[27]) e à coeterna perfeição do cosmos tal como a Filosofia grega a ideara, de igual modo urge ir à fonte platónica subverter a

---

[24] Á. Campos, "O que é a metafísica?", in Pessoa, *Páginas de doutrina estética*, ob. cit., pp. 110-13.
[25] Cf. Karl Jaspers, *Die grossen philosophen*, II, trad. franc., Paris, PUF 10/18, 1970, pp. 102-14.
[26] Á. Campos, "Ode Marcial", *Livro de Versos*, ob. cit., trecho 64-76 e 76a, p. 138.
[27] R. Reis, *Prosa*, ob. cit., frag. 49, p. 181.

dominância aristotélica, revertendo o "exterior" sensível na caverna "interior" pensável e a esta o subjugando[28]. Absurdo desiderato assertivo do microcosmos face ao triunfo sociológico e macroscópico do realismo aristotélico e das versões dialéticas do domínio.

O ricardiano *inútil peso* de sentir é-o assim para o ser[29] não para a meditação, *medium*, espaço aberto para a noite, informe e ôntica ave que invade o Ser. A grande Noite, a noite absoluta, *morte visível* e gémea do silêncio infinito[30], sono letárgico que cobre de esquecimento o momento em que humanidades acordam[31], a noite intacta dos poetas que a interrogam, é lá onde "por fora" as *estrelas cosmopolitas* de Campos se fecham *para nada do céu*[32]. *The Night is Light*[33], por outras palavras, de Pessoa ainda, "if our mind could comprehend eternity or infinity, we should know everything"[34] – e até aí nada saberemos, premeditamos, nem "aproveitamos o tempo"[35]. A arte – poética, em rigor, do primeiro ao último sítio da tábua gnosiológica da oficina de Pessoa e dos que contra ele ali reclamam – é a intuição reminiscente da ignorância, pois se "o homem não difere do animal senão em saber que o não é. É a primeira luz que não é mais que a treva visível", assim "o animal se torna homem pela ignorância que nele nasce"[36].

Lição que irmana sob cutâneas contradições, após o dia inaugural, 8 de março de 1914, companheiros e mestre oficinais, contra o retalhe angustiante dos seus entes. Com razão adverte o hermeneuta: "Não falta muito para que Caeiro e Reis e Campos tenham ficheiro nos registos civis reais do nosso mundo irreal. Sempre tranquiliza um pouco essa aposição de nomes de gente viva nas sublimadas metamorfoses daquele que nunca pôde, em verdade, sentir-se existente, pela violência mesma

---

[28] F. Pessoa, "Apontamentos para uma estética não-aristotélica", *Páginas de doutrina estética, ob. cit.*, p. 120.

[29] R. Reis, *Prosa, ob. cit.*, frag. 37, p. 144.

[30] F. Pessoa, "À Noite", *Novas poesias inéditas*, Lisboa, Ática, 1973, p. 37.

[31] Cf. Á. Campos, "Insomnia", *Livro de Versos*, trecho 70-43, *ob. cit.*, p. 259.

[32] Á. Campos, *Livro de Versos*, trecho 66c-17), *ob. cit.*, 219, vs. 1-2.

[33] F. Pessoa, "The Mad Fiddler", *Poesia inglesa*, Lisboa, Livros Horizonte, 1995, p. 416.

[34] F. Pessoa, *Aforismos e Afins, ob. cit.*, p. 14.

[35] Á. Campos, "Apostilla", *Livro de Versos, ob. cit.*, pp. 242-43.

[36] F. Pessoa, *A Hora do Diabo* (ed. Teresa Rita Lopes), Lisboa, Assírio & Alvim, 1997, p. 25.

com que desejou existir"[37]. A tendência hiperanalítica e a minudência erudita, movidas porém pelo saudável apuro da limpidez da fonte, nas décadas posteriores à observação acentuaram-se, erodindo o enredo, dissipando fantasmas em avulsas coisificações mais do que personalizações, perigando a estranha aura da sua complexa gramática e iluminada grandeza. A narrativa egofânica (e alográfica) perde-se assim em busca dos falsos rastilhos e passadas junto às árvores da densa floresta pessoana na qual não havia *outras clareiras senão os nossos pensamentos*[38], declama no enunciado pré-heideggeriano uma das irmãs do drama *O Marinheiro* (1913). O autor escreve-se a si próprio, num *self* complexo e contraditório, o mais próximo das linguagens do inconsciente[39].

Na lição de Hegel, com Platão, o real é construção do Eu; mas Pessoa desloca-o, num outro espaçotempo, talvez anterior, *para* o Eu, pois é ele mesmo autoconstitutívo de múltiplas abstrações autognósticas, *sê plural como o universo*, para atender à realidade não-euclidiana das coisas e dos seres que (nelas e a eles) se interrogam. Melhor, tempo--momento-duração e espaço-lugar-extensão, indiciam operações lógicas e formulações essenciais do pensamento criador – *tudo o que pensamos é real, porque o pensamos* – no qual "somos o determinante determinando--se a si próprio, sendo livre"[40]. Mesmo correndo o risco da tautologia, *vazio lógico* insubstituível na linguagem platónica[41], o pensar mais abstrato, na convicção deísta do poeta, aproxima-se do "tipo absoluto de inteligência", o Criador, embora Deus não tenha (no tempo) consciência

---

[37] E. Lourenço, *Poesia e Metafísica*, Lisboa, Gradiva, 2002, p. 163.

[38] F. Pessoa, *Poemas dramáticos, ob. cit.*, p. 44: "E os nossos sonhos eram de que as árvores projetassem outra calma que não as suas sombras".

[39] Pessoa compreende emocionalmente como as afeções sinalizam a crise do sujeito moderno face à hegemonização dos discursos científicos e ao apólogo totalizador da Ciência (cf. José Martinho, *Pessoa e a psicanálise, ob. cit.*, p. 29), o que levará os pós-freudianos, mormente discípulos de J. Lacan, a ver, a partir de Pessoa, o inconsciente estruturado como uma linguagem, o que se aproximava da noção lacaniana da linguagem como "aparelho de gozo". Ora, na afloração ao oxímoro, a lógica paradoxal é possível (Roman Jakobson: "Les oxymores dialéctiques de Fernando Pessoa", *Questions poétiques*, 1973), pois o inconsciente freudiano não se estrutura *em* nem conhece contradição (*ob. cit.*, pp. 20 e 28).

[40] F. Pessoa, *"O vencedor do tempo", Textos filosóficos II* (ed. A. Pina Coelho), Lisboa, Ática, 1968, pp. 251-53.

[41] K. Jaspers, *Die grossen Philosophen, II, ob. cit.*, p. 105.

de si: pensar é o instante (*tempo mental*) de aproximação ao emergir no *tempo material*[42] do ser no mundo, autoconsciência do existir. A criação poética, ao libertar da usual função lógica ordenadora da linguagem, fabrica a realidade pensável das coisas, constituindo errantes destinos ontológicos nos rituais das palavras[43] que atam sobretudo o sentido temporal original e originário do ser no mundo. Mas só o pensamento confere realidade a essa irrealidade e a essa ligação.

2. Tempo, Morte, História

"Time and space cannot by themselves make individuality [...] A dead man occupies Time and Space, but has no individuality, no Being"[44], é a lição comum porquanto religa imaginários *compagnons de route* ao solitário e à sua visão trágica do Tempo inscrita na antropologia do domínio. Se, no tempo histórico, a domesticação dos animais (*a*) marcou a primeira fase do domínio antropológico do mundo, é com a distinção social entre a "raça superior" e a "raça inferior" (*b*) que se descobriram os ócios e as artes e por fim (*c*) *"uma raça reproduzindo o fenómeno anterior dentro de si própria, se separou em senhores e escravos ou inferiores. A nossa civilização é isto evoluindo"*[45].

Olhar a ampulheta escoante do tempo

Esta linguagem não é a de Gobineau e do neodarwinismo; é o linguajar libertário e autotélico de Nietzsche (não de Tolstoi, desprezado no imo) da denúncia niilista e, sem o celta-arianismo, a língua ordeira de Oliveira Martins de *O Helenismo e a civilização cristã*. Aqui se recoloca o

---

[42] *Vide* esta distinção na carta a Tomás Ribeiro Colaço, s.d. (1934), F. Pessoa, *Correspondência. 1923-1935* (ed. Manuela Parreira da Silva), Lisboa, Assírio & Alvim, 1999, p. 333.
[43] P. Archer "Heteronomia e heterodoxia. Pessoa como *problema* [...]", *História, suo tempore*, Coimbra, Ed. A., 1995, pp. 40-44; e *Sentido(s) da utopia*, Tomar, O Contador de Histórias, 2002, pp. 67-74.
[44] F. Pessoa, *Textos filosóficos II, ob. cit.*, p. 39.
[45] F. Pessoa, *Páginas íntimas, ob. cit.*, pp. 312-13.

problema central da liberdade da "plebe", "apertada, restrita, para que só os deveras dignos dela possam passar-lhe as malhas", e que solicita contudo "ao escravo contemporâneo a sua libertação" numa visão aristocrática da República que entrega a liberdade de pensar *aos que podem* pensar[46]. A perceção aristocrática de uma teogonia na qual só os deuses – o indecifrado – parecem capacitados para achar uma explicação cósmica da vida, reduz a historicidade ao palco da representação e ao desempenho dos seus actores mais representativos, os que sintetizam (*representative men* de Carlyle) o espírito de uma época: heróis (auxiliados pelos deuses, não está neles "a luz que lhes estrela a fronte"), santos (a quem Deus cegou para não verem o Mal) e génios que, pelo espírito, da *lei da morte se vão libertando*. Génios, santos e heróis fundam ao modo martiniano o simultâneo expoente superador e própria "encarnação da ideia coletiva", não por modificarem os *corsi* históricos mas por favorecerem, aprovidenciais e sem uma mecânica voluntária e causal, a eclosão do acaso no palco trágico[47].

Na extraordinária e comovida evocação de Mário de Sá-Carneiro, com Whitman ("eu sou Teu"), Milton, Camões, *alter ego* que não efabulou, de novo a trindade é usada para entender como "à indiferença que circunda os génios" se aliou "o escárnio que persegue os inovadores, profetas, como Cassandra, de verdades que todos têm por mentira". A transição histórica para as sociedades de massas e os equívocos do horror a que esse processo conduziu, se "hoje, mais do que em outro tempo, qualquer privilégio é um castigo", aclaram o motivo e o modo pelo qual "as plebes de todas as classes cobrem, como uma maré morta, as ruínas do que foi grande e os alicerces desertos do que poderia sê-lo"[48]. Massificação, banalização dos artefactos culturais e artísticos são síndromas do desgaste, qualitativa erosão que é repetição e mimése, a *cultura rápida* proporcional ao ganho que despreza o *imoral* epicurismo da sua formação, descreve-a Nietzsche[49]; o horror do olvido, do anonimato, do vazio massificador, não o da morte (*I know not what tomorrow*

---

[46] R. Reis, *Prosa, ob. cit.*, frag. 31, pp. 128-29.

[47] Oliveira Martins, *O Helenismo e a civilização cristã*, Lisboa, Guimarães Editores, 1985, Int., pp. 8-9.

[48] F. Pessoa, *Páginas de doutrina estética, ob. cit.*, pp. 91-94.

[49] Nietzsche, *Sur l'avenir de nos établissements de l'enseignement*, Paris, Gallimard, 1974, p. 44.

will bring) mas o da morte de pensar, *a estrada inteiramente insubjetiva, branca, branca sem pensamento algum*[50], "um desassossego por saber que a vida não basta"[51], atiram Pessoa para o planeado panteão dos génios, lugar *post mortem* de reunião dos seus entes prospectivos, pela única razão que nele há muito sentia a hiperbólica instância:

> "Que a morte me desmembre em outro, e eu fique
> Ou o nada do nada ou o de tudo
> E acabo enfim esta consciência oca
> Que de existir me resta"[52].

Nalguns textos mais significativos em prosa, assinados ou atribuíveis ao ortónimo, Pessoa procura resolver o problema de achar uma matriz unificante – transcendente unidade – que supere ou confedere os sentidos da fragmentária caoticidade do mundo em que se revê nos seus múltiplos personagens, como, insistindo na leitura de Jacinto do Prado Coelho, mas sem se imiscuir em preconceitos e juízos pedagógicos de escola, claramente sublinhou R. Zenith[53]. Fica por saber se a trascendente unidade, a mística percepção de um "ente supremo", a rebelião anticrística que nos esboços cabalísticos e ocultistas procura, decorria da caoticidade e abismo mesmo no qual se encerrava ou, antes, na insistência nietzschiana, contra a Redenção, de um "retorno" a um Paraíso inicial, talvez iniciático (mas sem mestres vivos que o guiem), que tinha por referente obsessivo a "unidade antecedente e primordial" lida no mundo Grego. Oculto é o signo da atração pelo pensamento mítico, o não-sabido, o indecifrado. Assoma a raiz gnóstica Judaica no poeta sem-terra que nunca renegou a genealogia hebraica da qual herdou o desejo místico do Nada e a "mitologia da vontade criadora" que o transfigura[54].

---

[50] Á. Campos, *Livro de Versos*, frag. 71-33, *ob. cit.*, p. 372.

[51] R. Reis, *Prosa*, *ob. cit.*, frag. 49, p. 186.

[52] F. Pessoa, *Poemas dramáticos*, *ob. cit.*, p. 129.

[53] Richard Zenith, "Em busca do tempo futuro", in F. Pessoa, *Heróstrato e a busca da imortalidade* (ed. R. Zenith), Lisboa, Assírio & Alvim, 2000, p. 16.

[54] Cf. O. Martins, *Systema de mythos religiosos*, 4ª ed., Lisboa, P.ª A. M. Pereira, 1922, p. 161.

Em trechos de *Heróstrato*, o poeta sintetiza a teoria estrutural e ternária do tempo não cumulativo e não linear que ilumina a sua produção literária. *Primo*, reconhece o *tempo* antropológico de duração indefinida, "subjacente a tudo, a humanidade é esse tempo indefinido da sua duração a que a nossa linguagem contingente chama eternidade". Sobre essa temporalidade de fundo agostiniano e hegeliano, Cronos e finito são formas transitórias e coeternas do infinito numa unidade indissolúvel, se inscreve e ergue, *secundo*, civilização e sociedade, cuja duração estrutural (*época*) é determinada ou determinável; por fim, da espuma e na espuma dos dias desenrola-se a temporalidade instante das "pequenas coisas específicas do aqui e agora"[55]. Dado o carácter não necessariamente cumulativo e diacrónico "entre níveis", estes "podem ter uma estrutura semelhante ou diferente", *i. e.*, no caso da Hélade, os três níveis "eram praticamente contínuos", compreensivos e consubstanciais com o conceito de *civilização*, quer no sentido do *locus* (e do tempo) paradigmático da *sociabilidade crítica*, a "mentalidade objetiva" que Reis reclama, quer no sentido do Paraíso inicial do qual os arcanjos expulsaram os homens e "guardaram eternamente as suas portas inúteis"[56]. O retorno, no superCamões (retomado em *Mensagem*), ao estatuto artístico e epopeico, *mitopeico*, que superasse "pelo decurso da sua futuridade"[57] *Os Lusíadas* e *Paradise Lost* de Milton, numa epopeia negativa e da negação (E. Lourenço) conquanto "as epopeias envelhecem como o próprio Deus"[58], e a correlata campanha pela reforma neopagã, que Nietzsche propusera contra os Reformadores do século XVI mas, ao invés do filósofo, não o paganismo nórdico de um *Baco alemão* para a reconstrução do "romanismo", decadente paganismo cristão, regulam a visão de Ricardo Reis, o mais próximo tradutor do Pessoa epopeico[59].

---

[55] F. Pessoa, *Heróstrato, ob. cit.*, p. 75.
[56] F. Pessoa, *Heróstrato, ob. cit.*, pp. 75-76.
[57] F. Pessoa, *"A inutilidade da crítica", Heróstrato, ob. cit.*, p. 249.
[58] F. Pessoa, *Heróstrato, ob. cit.*, p. 120; E. Lourenço, *Pessoa revisitado, ob. cit.*, p. 151; P. Archer, *Sentido(s) da utopia, ob. cit.*, p. 71.
[59] R. Reis, *Prosa, ob. cit.*, frag. 14, p. 81: "O ódio de Nietzsche ao cristismo aguçou-lhe a intuição [...]. Mas errou, porque não era em nome do paganismo greco-romano que ele erguia o seu grito, embora o cresse; era em nome do paganismo nórdico dos seus maiores. E aquele Diónisos, que contrapõe a Apolo, nada tem com a Grécia. É um Baco alemão. Nem aquelas teorias desumanas, excessivas tal como as cristãs, embora em outro sentido, nada devem ao

No prefácio sempre inacabado à obra do mestre Caeiro, o que teve a dor de pensar[60], *livramento, refúgio, libertação* – "Não nos libertámos de nada, de modo nenhum. O nosso medo faz-nos continuar a criar novos deuses, a que a nossa sobreposição de valores dá outros nomes do que deuses. A tirania absurda dos nomes de rei e de nobre não tirou as mãos de cima das nossas almas. Continuamos escravos de preconceitos, medrosos dos ridículos, incapazes de criar novos métodos e novas visões"[61] – aparecem como os corolários (e os signos) dessa leitura literalmente infindável: "Lendo-o participamos da ingenuidade primeva de quem, no espírito da humanidade, nascesse dos primeiros deuses. Recuamos a uma ante--manhã de que Homero foi apenas a aurora e onde jaziam, confidenciais, os segredos da Noite geradora"[62].

Assim, e movendo o latente núcleo conceptual de processo, mutação e resistência, devir, no "fluxo e refluxo eterno"[63], ao pesar em *Impermanence* circunstâncias que asseguram não a duração do artista *post mortem* (mera inadaptação ao meio) mas a da obra de arte literária, requisitos semiológicos e condições históricas da posteridade que intrinsecamente possuiriam (ou não), Pessoa apela de novo ao paradigma clássico da arte grega "profundamente enraizada no solo do Tempo", porquanto a "Grécia antiga foi, de todas as nações, a que mais estava em harmonia com as leis eternas da civilização e da cultura", no sentido "dessa fusão peculiar nunca noutro tempo e local levada a cabo, pois o nacional e o eterno encontram-se na Grécia"[64]. Originalidade e universalidade, o singular e o comum, unem-se em máxima tensão no meridiano estético, se *aisthesis* for a anunciação crítica da diferença sobre o unificante enunciado ético. Aclara-o na crítica ao Camões lírico, regrante do estrito cânone petrarquiano "desnacionalizador" da arte, antepondo-lhe Antero,

---

paganismo claro e humano dos homens que criaram tudo o que verdadeiramente subsiste, resiste e ainda cria adentro do nosso sistema de civilização". Relia a não assimilação meridional da mitologia germânica, sublinhada in O. Martins, *Camões, ob. cit.*, pp. 167-68.

[60] R. Reis, *Prosa, ob. cit.*, frag. 37, p. 144.
[61] R. Reis, *Prosa, ob. cit.*, frag. 49, p. 185.
[62] R. Reis, *Prosa, ob. cit.*, frag. 38, p. 145.
[63] *V. g.*, Á. Campos, "O que é a metafísica?", in F. Pessoa, *Páginas de doutrina estética, ob. cit.*, p. 111.
[64] F. Pessoa, *Heróstrato, ob. cit.*, pp. 213-214.

o referente escondido quase[65], "discípulo da filosofia alemã" cuja poesia "não é discípula de coisa alguma"[66].

No tempo fluxível cabe distinção fulcral, quanto subtil: se o Tempo é o de uma eternidade sem princípio nem fim, a imortalidade *inaugurada* pela arte, atendendo à "substância eterna da alma do homem" – num juízo que arrepia o substancialismo aristotélico a despeito da expressão, e afirma uma alma espiritualizada – a obra de arte destinada à "imortalidade" num mundo impermanente inicia um ciclo de duração sem termo, é marco do que começa mas não cessa, *i. e.*, miliário do mundo especificamente antropológico que excede e supera, numa *intersecção* de temporalidades, "sentimentos de uma civilização", a "língua de um país", os "pensamentos de uma época" e, claro, o "estilo de um estado de espírito passageiro"[67]. É a criação (*faciendum*) e não a criatura (*factum*) que(m) almeja a imortalidade: na subida d'*os mortais da Terra ao Céu*[68], o ser "superior" arde não no desejo da eternidade mas no fogo imortal da sua obra. Toda a réplica do original e profundo salto que reclama para a arte é mimética subordinação, insciente e feliz, escreve-o em "O provincianismo português", à civilização que se pensa integrar sem nela autenticamente participar, porque o acto criativo dela não participa, e na qual se nutre basbaque e superficial admiração do "progresso" e do "moderno", importações decadentes da Europa sem o irónico *detachment* de si mesmo, que faz afinal do pseudoironismo queirosiano a mais provinciana e radical adulação e simulação do "progresso" e do "moderno"[69]. Esse não deixa de ser "o verme cristão" que "tudo adoeceu dentro de nós": "não sabemos mandar nem obedecer; não sabemos querer ou pensar"[70]. Noutras palavras, ditas à beira da morte pelo Barão de Teive (para sempre depositado à beira da morte) em *A Educação do Estóico*: a tradicional educação para a eternidade, cujo veio triste e pessimista é

---

[65] "Para falar com propriedade, não havia literatura portuguesa antes de Antero de Quental: antes o que havia era uma preparação para uma futura literatura, ou uma literatura estrangeira escrita em português" escreve a William Bentley em 1915 – F. Pessoa, *Correspondência. 1905-1922* (ed. Manuela Parreira da Silva), Lisboa, Assírio & Alvim, 1999, p. 197.

[66] F. Pessoa, *Páginas de doutrina estética*, ob. cit., p. 136.

[67] F. Pessoa, *Heróstrato*, ob. cit., p. 215.

[68] Luís de Camões, *Os Lusíadas*, Canto I, 65.

[69] F. Pessoa, *Páginas de doutrina estética*, ob. cit., p. 137.

[70] R. Reis, *Prosa*, ob. cit., frag. 49, p. 183.

"reaccionário" e "retrógrado" sinal de uma *alma decadente*[71], aniquila o sentido original e a pulsão criativa da imortalidade.

Visão cíclica alinear nos estilhaços pessoanos

> "Pesa em nós o passado e o futuro
> Dorme em nós o presente. E a sonhar
> A alma encontra sempre o mesmo muro
> E encontra o mesmo muro ao dispertar"[72].

Se na poesia se dá a hipérbole pessoana da experiência do não-tempo, como evidenciou Eduardo Lourenço, a concepção ternária do tempo é resistente nas páginas do poeta e inspira uma perceção cíclica, amecânica e alinear da historicidade. A apreensão dos grandes ciclos, que a vulgata dos *corsi* e *ricorsi* vicquianos na historiografia oitocentista normativizara, orientam a sua perspectiva e prospectiva: *my hypothesis that all progress is based on a degeneration*[73]. Se a Grécia *é um regresso ao ponto de começo de todos os ciclos civilizacionais*, "as civilizações vão por grandes ciclos, o fim de cada qual é criar na humanidade um tipo cada vez superior de abstração", ou seja "uma oitava a cima" na sinfonia cósmica do saber humano[74]. Mas "as grandes épocas criadoras das grandes nações de quem a civilização é filha", são precedidas ou anunciadas "nas épocas sublimes de uma nação"[75], pelas grandes criações e correntes literárias que à frente vão iluminando a treva. "São eras sobre eras, e tempos atrás de tempos, e não há mais que andar na circunferência de um círculo que tem a verdade no ponto que está no centro"[76]. O desaparecimento espacial (e temporal) do círculo e da circunferência pascaliana não omite o centro (o "princípio") teosófico do mundo, mas as suas epifanias e "demonstrações".

---

[71] F. Pessoa, *Da República (1910-1935)*, ed. Joel Serrão, Lisboa, Ática, 1979, 92C-96/97, pp. 113.
[72] F. Pessoa, "Elegia na sombra", *Novas poesias inéditas, ob. cit.*, p. 125.
[73] F. Pessoa, *Páginas íntimas, ob. cit.*, p. 310.
[74] F. Pessoa, *Páginas íntimas, ob. cit.*, p. 312.
[75] F. Pessoa, "A Nova Poesia Portuguesa Sociologicamente considerada", *A Águia*, II, vol. I, 1912, p. 106.
[76] F. Pessoa, *A Hora do Diabo, ob. cit.*, p. 25.

Vindo do triteísmo e do messianismo, e da tradição profética e hermética da Idade do Ouro projetada em *História do futuro* de António Vieira, valida a lição de E. Gibbon, ligada às historiosofias iluministas, para quem no mundo antigo a sabedoria humana brota das duas irracionais forças, barbárie e religião, que mobilizam subterraneamente a História: o presente instala-se no intervalo entre a Idade do Ouro, perspectivada no passado, ponte com humanistas do Renascimento que acentuavam as teogonias clássicas; e a intuição prospectiva do Apocalipse redentor, a Idade da sabedoria, que não é mais do que o enunciado secularizador do Reino do Espírito. Esta tese condiciona a ideia de "decadência" e degeneração do presente, mote para ulteriores historiosofias românticas aspirarem à "regeneração" burguesa do tempo e do mundo; mas ao contrário do autor inglês, certamente referido e estudado na escola de Durban – numa educação "toda inglesa"[77], "factor de suprema importância na minha vida"[78] –, que vira na *Pax romana* do período antonino a época áurea, Pessoa pensa o *romanismo* como a acentuada degeneração, conceito explicitamente acolhido em Max Nordau, da matriz helénica. Ao alastrar decadente no *cristismo*, "dissolução" a si inerente, o romanismo gera o humanitarismo (o neopaganismo católico de Martins[79]), "último baluarte da doutrina cristã"[80]; e daí que o renascimento pagão anunciado por Reis / Mora, validando a visão martiniana do cristianismo como síntese do espírito iluminado da Hélade e do misticismo judaico[81], evidencie a dúplice criatividade do mito – o mito como história e o mito como fábula na sua estruturante *capacidade mitopeica*[82] – e funde o programa racional domesticador da imaginação e paixão, pois *paganism as corresponding to the religion for a scientific age*. Como corolário, a emoção, irracional explicação da história e da vida, seria diacronicamente comutada, como nas premissas de Vico,

---

[77] Texto (1935) destinado a publicação que não chegou a editar: F. Pessoa, *Textos de intervenção social e cultural*, ed. António Quadros, Mem Martins, Europa--América, 1986, p. 127.

[78] Carta ao *British Journal of Astrology*, 8-II-1918, F. Pessoa, *Correspondência. 1905-1922, ob. cit.*, p. 258.

[79] Oliveira Martins, *Camões, ob. cit.*, IV, p. 149 ss.

[80] F. Pessoa, *Páginas íntimas, ob. cit.*, p. 272 ss. e 282-283.

[81] Cf. Oliveira Martins, *O Helenismo e a civilização cristã, ob. cit.*, Int., 18-19; F. Pessoa, *Páginas íntimas, ob. cit.*, pp. 434-435.

[82] F. Pessoa, *Páginas íntimas, ob. cit.*, p. 285.

Hume, Gibbon, pela filosofia de cariz racional, porquanto deuses são *as ideias humanas em passagem de noções concretas para ideias abstratas*[83]. Compreende-se porque no mito lê o *nada que é tudo*: ele permite criar a endógena visão do tempo sem recorrer ao minucioso conhecimento histórico (poesia não é história), mas servindo-se da história como vestígio hipotético ou estilhaço narrativo de uma mitopoética, quer dizer, de uma construção mítica assente, *inscrita* sobre a mesma construção linguística em que se exprime, deslocando o campo da história como modalidade da arte dramática (a *trama* mais elevada ideada por Nietzsche[84]) para o chão onírico da arte poética ("intelectualização da sensação através da expressão" escrita, mediada pelo pensamento[85]) como processo sintético de *engenhar* uma narrativa histórica ao conferir-lhe sentidos objetivantes, o que não quer dizer significações "autênticas" mas tão-só imperceptíveis pelas lógicas mecânicas da causalidade.

Análoga concepção cíclica, não circular nem linear, encontrava-se já enunciada na inicial colaboração de *A Águia* (1912), quando esboça o confronto das experiências históricas das duas potências hegemónicas europeias (e mundiais), Inglaterra e França. Obstar-se-á que Pessoa ainda milita no saudosismo, do qual se afastará, por morte à nascença do europeísmo "civilizador" que ali esperava[86]; objetar-se-á ainda que esses textos correspondem a básico esquematismo, como esquemática é *History of England* de David Hume[87]. Mas é certo que esta periodização histórica, com nuances, percorre como referente a sua obra, poética e prosaica. Ora, tal como a República de Cromwell afigurou o "período criador" correlato de "um dos grandes princípios civilizacionais", o do *governo popular*, assim a Revolução francesa o iria transformar na *democracia republicana*; mas o 2.º grande período da história política inglesa, o da queda da República (da revolução de 1688 arrastando-se até

---

[83] F. Pessoa, *Páginas íntimas, ob. cit.*, p. 310.

[84] Hayden White, "Nietzsche: defensa de la historia en el modo metafórico", *Metahistoria. La imaginación histórica en la Europa del siglo XIX*, México, FCE, 1992, pp. 332-35.

[85] F. Pessoa, *Heróstrato, ob. cit.*, p. 100.

[86] Jorge de Sena, "Notas" a F. Pessoa, *Páginas de doutrina estética, ob. cit.*, p. 235.

[87] Cf. R. G. Collingwood, *A ideia de História*, Lisboa, Presença, 1981, pp. 104-105.

1780-1832), corresponde à época "absolutamente estéril" na qual nada criou "nem mesmo a sua própria grandeza"; no 3.º período, persistindo porém em "nada criar de civilizacional", a Inglaterra hegemonizou no mundo "a sua própria grandeza". É antiga a denúncia de Charles Robert Anon do imperialismo britânico, sócia, também em Karl P. Effield, da forte consciência social[88].

Algo similar ocorrera, nos mesmos termos mas em épocas e ciclos distintos, no caso francês: se o *Ancien Régime* "nada criou para a civilização", na própria grandeza e hegemonia mundiais, de 1789 a 1870, a França "cria para a civilização a ideia de democracia republicana", tão criativa quanto a da matriz cromwelliana, entrando depois em período de abatimento. Na visão cíclica, além das remissões circulares da cronologia estanque, é muito discutível como debaixo da mesma "ideia" o contrário se vincou (I império, restauração, II império) ou ela mesma se reafirmou (a santa liberdade de 1830, a "primavera dos Povos" de '48) e como se pode deixar de fora a ideia comunalista – e democrática – da Res publica (1871)[89], a não ser que entendamos o *excesso*, na matriz conservadora do poeta, como a raiz da degradação da árvore da vida mas não da árvore da sabedoria. A ideia vitalista, autofágica e ontogénica (nascimento, apogeu e queda) das civilizações não é estranha, mais uma vez, à leitura de Oliveira Martins: nações e povos, no declinar do seu ciclo de crescimento, ao isolarem-se das trocas culturais e do comércio mundial tendem a cristalizar-se e a desaparecer na voragem da História[90].

A enunciação da Modernidade, "da Revolução Francesa [...] até aos nossos dias", sintetiza o "acréscimo da vida científica, das invenções e aperfeiçoamentos constantes da ciência" pois "os progressos da ciência e da aplicação [positiva] da ciência dominam toda a época moderna e dão-lhe o tipo civilizacional"[91]. Ora, a acumulação da mobilidade, de comunicação e transporte, das indústrias e da actividade comercial, conduziram ao acréscimo (cumulativo) do "conteúdo mental da experiência humana" possibilitada "pelo próprio progresso da ciência,

---

[88] R. Zenith, "Karl P. Effield. O pré-heterónimo de Boston", *Ler*, II série, fev. 2011, pp. 36-40.

[89] Cf. F. Pessoa, "A Nova Poesia Portuguesa Sociologicamente considerada", *A Águia*, II.ª, vol. I, 1912, pp. 101-07 e "Reincidindo...", *ibidem*, pp. 137-44.

[90] O. Martins, *O Helenismo e a civilização cristã*, ob. cit., Int., p. 11.

[91] F. Pessoa, *Páginas íntimas*, ob. cit., pp. 193-94.

entendendo não só a ciência positiva, mas as ciências históricas e outras" que traduzem "a maior ânsia de cultura" e a "especialização crescente dos misteres (intelectuais e outros)" que levaram ao "internacionalismo", *cosmopolitismo* no qual ao decair o "sentimento nacional" cada nação paradoxalmente "passou a ser mais rica dentro de si própria", quanto subjugada pela "mentalidade comercialista". E se "a era das máquinas produziu, nos indivíduos da Europa, um individualismo excessivo, uma ânsia feroz de viver em toda a extensão a vida individual, um abandono correspondente e concomitante, resultante do senso moral, das prisões da religião, dos chamados preconceitos que haviam sido a base da vida nos séculos anteriores", no plano social o crescente abismo entre classes, o capital e o trabalho, se traduziu no fosso cultural cada vez mais fundo entre "povo da educação" e "aristocracia do pensamento"[92]. Quanto à "decadência portuguesa", convergente com o início da Modernidade "alógena", seria tipificada pela "corrupção, a desnacionalização e o radicalismo político" e perfuraria três períodos: de D. Manuel I à "anexação espanhola", de 1640 até ao constitucionalismo (1820) e o terceiro coextenso com a monarquia constitucional prolongar--se-ia na República[93].

Estado, classes, religião, civilização, *ficções sociais*, são formações temporárias e artificiais destinadas a desaparecer; a utopia da "sociedade natural" e duma "felicidade natural", a pura anarquia da "abolição de todas as ficções" seria incompatível com o facto de a sociedade ser ela mesma "essencialmente uma ficção"[94]. Na sociologia radical, só indivíduo, nação e humanidade, são realidades sociais: o indivíduo, conceito *biológico* do vértice supremo dessa realidade, de acordo com o ideário liberal do poeta (*libertário* no sentido respublicano de Ph. Pettit, na defesa da clave das liberdades civis, a de pensar); a nação (território, língua, continuidade histórica ou cumulativamente todos), ao modo herderiano é segmento intermédio, historicamente consolidado, mediador e particularizador da ideia de humanidade, cujos contornos reais são mais esbatidos; a humanidade é a espécie, o *conceito zoológico*[95]

---

[92] Cf. F. Pessoa, *Páginas íntimas, ob. cit.*, pp. 195-99.
[93] F. Pessoa, *Da República (1910-1935), ob. cit.*, frgs. 92C-82 a 92C-98, pp. 110-15.
[94] F. Pessoa, *O banqueiro anarquista,* Lisboa, Antígona, 1981, pp. 22-25.
[95] F. Pessoa, *Textos de intervenção social e cultural, ob. cit.*, p. 127.

do segundo vértice mais forte da tríade da realidade social. Como corolário dos vértices da triangulação socio*lógica, em sítio algum* – mesmo na desilusão[96], ou no apólogo autoritário e de soluções ordeiristas de tipo nacionalista, mormente das ditaduras militares no sidonismo e no *Interregno* de 28 de maio de 1926, ele que se afirma no simpósio dos *outr'eus* "nacionalista místico" e "sebastianista racional"[97] – Pessoa abdica da afirmação liberal, de matriz anglo-saxónica[98], dos fundamentos éticos da sua conceção antropológica do ser, se bem que perturbada pela apreensão *primária da antinomia entre "superior" e "inferior"*: a liberdade de consciência e de pensamento e o conceito supremo da dignidade humana, iludidos por intérpretes conjunturais que, ao longo do nacional-situacionismo e depois dele, privilegiaram o terceiro pilar, totem excomungado e adulado, o pilar *nacionalista*, o mais visível mas o mais problemático e complexo de um poeta, até muito tarde, bilingue e desde sempre com uma "distância" crítica e uma proximidade analítica que faz dele o mais europeu e europeísta dos poetas portugueses, precisamente ao recusar o minimalismo dos "sinos da minha aldeia".

O retorno ao paganismo e ao ideal metafísico helénico "o mais trágico e profundo" em oposição à "feliz" metafísica búdica e cristã, incapaz de se acercar da imperfeição da vida[99], é, afim a Martins, tributo à civilização (nome greco-romano da primeira Idade do ser) que descobriu o "homem

---

[96] Escreve (finais de 1931) a J. G. Simões: "Pasmo hoje, com vergonha inútil (e por isso injusta) de *quanto admirei a democracia e nela cri*, de quanto julguei que valia a pena fazer um esforço para bem da entidade inexistente chamada 'o povo', de quão sinceramente, e sem estupidez, supus que à palavra 'humanidade' correspondia uma significação sociológica, e não a simples acepção biológica de 'espécie humana'" – F. Pessoa, *Correspondência. 1923-1935, ob. cit.*, p. 250, *sub. ns*.

[97] Carta a Adolfo Casais Monteiro, 13-I-1935, F. Pessoa, *Correspondência. 1923--1935, ob. cit.*, p. 338.

[98] "O liberalismo substancial inglês corresponde a uma vida de opiniões debatidas e de liberdades individuais autênticas. O liberalismo do continente, e sobretudo o peninsular, corresponde a uma inércia e a uma incapacidade de disciplina. Confundir os dois fenómenos equivaleria a confundir a ânsia de liberdade do homem de génio com a incapacidade de esforço do vadio e do mendigo" – F. Pessoa, *Da República (1910-1935), ob. cit.*, "Interregno", frag. 111--151, p. 382.

[99] F. Pessoa, *Páginas de doutrina estética, ob. cit.*, pp. 52-53

livre"[100] e esse o seu programa de libertação, gémeo do desígnio nietzschiano de individuação face ao "constrangimento social"[101], mesmo quando sob a capa de insincera *política poética*[102] se abriga a plena sinceridade do *gozo de ser nada em liberdade*[103]. E mais discutível ainda resulta que a sua "pátria" seja, tão-só, a língua portuguesa, como queria Bernardo Soares, mesmo se por ela Pessoa optou, senão as línguas (escritas na solidão, a sua "pátria" no sentido nietzschiano[104]) em que se exprimiu na fala universalizante da poesia. Hermenêutica maior falta ainda ao poeta anglo-saxónico e seus entes britânicos. Se Pessoa não inventou uma língua, a sua, criou gramáticas plurais para a sua poética e mítica leitura. Entre entificações, *não sei quantas almas tenho*[105], essas gramáticas asseguram surpreendente coerência ao ente na leitura do tempo e na representação da história. Coerência ida ao limiar da oblação da existência, ou aspectos dela usualmente julgados essenciais, a troco da plena vida das *personae*. O imo criador visaria fiar a posteridade da ficção, existência semiótica do mito, uma *mitopia* que é mitopeia criadora de novas humanidades, para quem, na poesia antimetafísica, a metafísica são os outros. E se, com Herder, só o espírito das artes pode desvelar o futuro pois o *futuro pega em nós como num fruto, tira-nos a casca e fica com a polpa*[106], seria a arte a "criar uma tendência", refazer a cultura: "depois os futuros encontrarão práticas para essa teoria"[107]. Ilimitada literatura aberta, futuro é tempo e mónada da antropodiceia pessoana do persistente achamento da liberdade para pensar,

---

[100] Cf. O. Martins, *O Helenismo e a civilização cristã*, ob. cit., Int., p. 21.
[101] Peter Sloterdijk, *Sobre la mejora de la buena nueva. El quinto "Evangelio" según Nietzsche*, Madrid, Ed. Siruela, Ensayo, 2004, pp. 89-90.
[102] Carta a João de Castro Osório (1932), F. Pessoa, *Correspondência. 1923-1935*, ob. cit., p. 276.
[103] F. Pessoa, "*Servo sem dor de um desolado intuito*", *Novas poesias inéditas*, ob. cit., p. 98.
[104] Cf. Américo Enes Monteiro, *A recepção da obra de Friedrich Nietzsche na vida intelectual portuguesa (1892-1939)*, Porto, Lello Editores, 2000, p. 288.
[105] F. Pessoa, "*Não sei quantas almas tenho*", *Novas poesias inéditas*, ob. cit., p. 48.
[106] J. G. Herder, *Também uma filosofia da história para a formação da humanidade*, Lisboa, Antígona, 1995, II Scç., p. 113.
[107] R. Reis, *Prosa*, ob. cit., frag. 87, 267.

"Não ! Só quero a liberdade [...]
Quero respirar o ar sozinho,
Não quero pulsações em conjunto,
Não sinto em sociedade por quotas"[108].

3. Da Arte para a História: *Mensagem* e o tempo do fulgor pagão

Subvertendo a narrativa poética, épica e epopeica, modalidade arcana da *ars historiae*, em inovadora *ars poetica*, "imposição geral da vida à matéria mental", "idealização humana da palavra"[109], arte do tempo no ritmo do tempo, irmã pobre em palavras da exuberante música, e anteposta à escultura, arte do espaço, em *Mensagem* Pessoa circunscreve todavia um texto clássico em "versos de almas tranquilas", confessa em dezembro de 1934 a Artur Portela. Mas nada tranquila foi a sua receção entre os poucos que liam e admiravam o poeta. É muito conhecido o episódio: Adolfo Casais Monteiro lamenta, nos dias imediatos, a estreita *medida* nacionalista que a inauguração do grande vate em livro português, julgado secundário, dá de si próprio e a resposta desconcertante deste não sem desautorizar o jovem admirador: "concordo com os factos que foi a melhor estreia que poderia fazer", "sou um dos poucos poetas portugueses que não decretou a sua própria infalibilidade, nem toma qualquer crítica, que se lhe faça, como um acto de lesa-divindade. Além disso, quaisquer que sejam os meus defeitos mentais, é nula em mim a tendência para a mania da perseguição"[110].

Pessoa insistia na questão fulcral: génio que não se faça valer em vida, por talento ou argúcia, dispõe apenas da geração imediata para se repescar imortalmente do olvido. Assim, a "posteridade quer que sejamos sucintos e precisos"[111]. Em *Mensagem* deu-se, década e meia, a essa tarefa: é finalmente a sucinta luz plotínica do texto sintético digno do poeta obcecado com o inacabamento e o precário da sua posteridade e imortalidade (a ponto de não conseguir "acabar" em português

---

[108] Á. Campos, *Livro de Versos*, ob. cit., trecho 71'-19, p. 289.

[109] R. Reis, *Prosa*, ob. cit., frags. 61 e 63, pp. 221 e 223.

[110] Carta a Adolfo Casais Monteiro, 13-I-1935, F. Pessoa, *Correspondência. 1923-1935*, ob. cit., p. 337.

[111] F. Pessoa, *Heróstrato*, ob. cit., p. 101.

outro poema), não o Camões da narrativa mítica do achamento mas o superCamões, no mesmo mar interior e anterior, *Ó mar anterior a nós*[112], o da *ilha indescoberta* de "A última nau"[113], o do *porto sempre por achar*[114]. Foi a melhor, a mais completa, estreia em poesia portuguesa que poderia fazer. Tudo hesitou; no demais sobrepujam formas dubitativas às definitivas, de Caeiro, que teve de matar, a Reis, que teve de emigrar; Campos foi um flagelo para publicar a não ser fragmentos, embora imortais; do *Banqueiro anarquista* Pessoa não conseguiu ultimar a edição definitiva. Nem o *Livro* de Bernardo Soares, nem a "novela policiaria" estavam prontas quando patrão e patrono, tradutor de correspondência estrangeira (*Venham dizer-me que não há poesia [...] nos escritórios*, da *Ode Marítima*), entrou no hospital de S. Luís dos Franceses.

Se a sua arte poética é um manual de precisão e teoria técnica, sobretudo a sua posição ética fica nela salvaguardada através da criação mitopeica, mitopoética. É uma experiência de perfuração da opacidade do tempo. A antropomorfização da Europa, de Portugal, do Mostrengo, da mão do Ocidente, antemanhã do passado[115], de nevoeiros e incertezas, dá corpo à ilusão consciente; na reminiscência platónica que é conhecer, na invocação explícita dos pais da pátria, neles Afonso Henriques, *Pai, foste cavaleiro*[116], a espada que numa visão homológica da história passa de mão em mão pelas gerações é a mesma, pode ser o *graal*, a espada de Aquiles ou a do das mil artimanhas; as mães, Tareja, Filipa de Lencastre, cujos seios nutriram sem fim o envelhecido *homem que foi o teu menino*[117], Portugal, amamentam a loucura sem a qual *a besta sadia, é cadáver adiado que procria*; a esfinge sem rosto de Ulisses, o puro começo mítico do (deste) mundo, e a estranha dança da fogueira dos Titãs delindo-se em silêncio pelos vales da Terra, certificam o território e o tempo épicos onde a Teogonia, como em Hesíodo, desagua na mitogonia e se desfaz, antropogónica, como uma onda quebrada, a espuma desvendando e ocultando a orla; deuses ou o Deus da invocação é uma contrução

---

[112] F. Pessoa, *Mensagem* (ed. anotada e int. por António Apolinário Lourenço), Braga-Coimbra, Angelus Novus, 1994, p. 77.
[113] F. Pessoa, *Mensagem*, ob. cit., p. 88.
[114] F. Pessoa, *Mensagem*, ob. cit., p. 78.
[115] Na tradição épica *Oriens* é a antemanhã do devir (*Eneida*, V, 42, 739).
[116] F. Pessoa, *Mensagem*, ob. cit., p. 58.
[117] F. Pessoa, *Mensagem*, ob. cit., p. 78.

platónica arrancada da prospeção do nada que o voluntarismo mosaico propusera; para o militante simpótico, não são mortos ou imortais os que no simpósio dos deuses estão a mais, mas vivos que não alcançam ou entendem o signo imortal da sua existência singular, nem falam humanamente com deidades. Pessoa não é o *Capitão do Fim* no poema mas *esse que regressarei*: as dismorfias da Esperança (*Sperai, 'Sperança consumada, esp'rança*), como se nem a palavra se objetivasse inteira, a aventura e a obra, são vozes que vêm no ressoar das ondas, conferindo--lhes a densidade trágica do impercetível no instante em que se anunciam; acaso e destino, Temporal e Loucura, jogam-se como dados momentâneos no tabuleiro cósmico da História; a circularidade de um tempo quaseperfeito é o estásimo onde a cada instante estilhaçado (*É a Hora!; Não sei a hora, mas sei que há a hora*) se intrometem imagens refratadas do futuro, passado, presente – já anunciado por Campos na *Ode Triunfal, Porque o presente é todo o passado e todo o futuro*, e noutros versos e assinaturas em livros velhos que arquivam

"(Tinta remota e desbotada, aqui presente para além da morte
Ó enigma visível do tempo, o nada vivo em que estamos!,)"[118]

–, presente no qual *É a Magia que evoca / o Longe e fez dele história*[119], num vaivém angustiante de marés e marinheiros que na galeria estática de retratos do tempo faz ressurgir luz de fantasmas de velas ventos e navios, entre o passado mnésico e a aurora espectral, o *despertar* do sol por nascer, primavera adiada em cada vida, cada época, cada *civilização*, senão a primeva que se imaginou, sonhou civilizada.

O mundo e a sua temporalidade cabem em oito versos de um poema, é o velho projeto reenunciado. Na cosmogonia pessoana, se o "mundo é um pensamento" como indicara Martins em Camões[120], o poeta demiurgo, o que usa o *poder de expressão, mediador*[121] (também Pessoa lê em Whitman, "the medium [of] Modern Times"[122]), reinstala-se no espaço clássico agora vazio – um presente vazio se não for preenchido

---

[118] Á. Campos, *Livro de Versos, ob. cit.*, trecho 69-13, p. 314.
[119] F. Pessoa, *Mensagem, ob. cit.*, p. 82.
[120] Oliveira Martins, *Camões, ob. cit.*, IV, p. 151.
[121] F. Pessoa, *Heróstrato, ob. cit.*, frag. 58, p. 111.
[122] Cf. Ludwig Scheidl, "A componente whitmaniana nas Odes de Álvaro de Campos", *Biblos*, vol. LV, 1979, pp. 6-7.

pelas miragens reconstruídas do passado e ilusões prospetivas do futuro –, entre Caos e Cosmos, homens e deuses, o indecifrado e o que se pensa saber. É aquele que reconhece nesse cosmo tanto a criação humana, sonho, não só repetido referente de *Mensagem*[123] mas da obra estilhaçada (também o sonho tem um caráter apocalíptico n'*Os Lusíadas*), quanto movimento regulado por forças e leis que tenta sem cessar descobrir. Os que lêem no poema axioma numerológico da nova *Bíblia*, reduzindo-o a prece escatológica ou a simples tabuada e regra de três simples, apenas fartam a sua mesma sede dogmática de leitores espelhada em versículos alheios. Espelho de sublimes distorções, em *Mensagem* é a arte como história que acha o acabamento, *faz-se história*, reatando em Camões paganismo transfigurador e cristianismo. Relendo-o àquela luz religa duas tendências, hermética e neopagã, em que dividiu a alma; afinal é possível o encontro heterodoxo, esotérico e hermético, de matriz rosacruciana, acossado em crescente intensidade[124] – mas não totaliza um criador[125] que não faz "votos perpétuos" em Deus-pessoa, ou em homens-deuses, como há muito se indicou[126] e testemunhou Caeiro, o gentio de *uma religião universal que só os homens não têm*[127]:

> "Pensar em Deus é desobedecer a Deus [...]
> E Deus amar-nos-á fazendo de nós
> Belos como as árvores e os regatos"[128].

Ora, se a reabilitação gnóstica e mística da tradição judaica e neoplatónica inscreve as Idades do ser nas Idades do mundo; a degeneração é habitada pela esperança do retorno à Idade do Ouro, mas também

---

[123] Da Introdução de A. A. Lourenço a F. Pessoa, *Mensagem, ob. cit.*, p. 38.

[124] Da Int. de A. A. Lourenço a F. Pessoa, *Mensagem, ob. cit.*, pp. 30-33.

[125] Na versão da crítica ao "ideal estético" de António Botto, não a editada em *Contemporânea* (1922) mas por este (1932), a religião, ao disciplinar as emoções por uma unidade intelectual "superior", "não é mais do que uma subordinação dos sentidos a uma regra super-sensual, quer a simbolize o Cristo Crucificado das Igrejas ou o Compasso e Esquadro da Maçonaria" – F. Pessoa, *Apreciações literárias* (reimp. da ed. de Petrus), Aveiro, Estante, 1990, pp. 117-18.

[126] Agostinho da Silva, *Um Fernando Pessoa* (1959), Lisboa, Guimarães, 1996, p. 33.

[127] Alberto Caeiro, *Poemas*, "O Guardador de Rebanhos", VI, 7ª ed., Lisboa, Ática, 1979, p. 29.

[128] Alberto Caeiro, "Poemas inconjuntos", *Poemas, ob. cit.*, p. 84.

instaura, no reverso e de modo mais completo, uma epistemologia poética, não se acha outra expressão para designar essa tensão para inscrever um novo método de conhecer os limites temporais através da poesia, para sair fora do tempo – e caminho para decifrar não o real em si mas as significações que dele se podem eleger, num jogo que fura os limites do tempo e o nexo das Eras numa versão da temporalidade. Paganizando Spinosa, para o poeta que lhe herdara o caráter refratário e insurrecto e talvez o pampsiquismo que Pascoais esquecia, só sob o ponto de vista dos deuses a história seria inteligível: e como a visão *sub specie aeternitatis* parece vedada a mortais, pela intervenção dogmática do arame farpado autoritário, entra em incumprimento a presunção omnicompreensiva de incautos, resguardando-se Pessoa do divã analítico vazio do Ser, usado o cadáver ahistórico para lhe dissecar a alma e a vida.

Na *Mensagem* fundem-se ciclos históricos e os tempos ou Idades do ser (o quinto império é o do triunfo da poesia, como a *História do futuro* o fora da prosa) na Raça dos descobridores, mítica raça forjada pelos aedos gregos[129], pois, se *deuses e homens são uma raça só*, como queria Píndaro-Pessoa[130], o poeta argonauta dos novos tempos aditaria o desprezo por tudo *o que seja menos que descobrir um mundo novo* (dita no *Ultimatum*)[131]: o poema é a descrição fantasiosa desse novo mundo metahistórico e a notícia do achamento gnóstico da incerta hora em que o intuiu. Qualquer referência histórica é contrafação historiográfica: a poesia triunfa sobre a história, como género e evento literário. A invenção é a sua arma de arremesso, mitopeia da órfica descida aos infernos para resgatar das trevas o que resta da divina imperfeição humana trazendo à tona, do fogo a libertando, a elegia da humana imperfeição divina. A falha grosseira de atuais e velhas leituras historicistas de *Mensagem*, que ao sobrevalorizarem a "história" e o "destino nacional" ignoram a historicidade do poema, reside nesse preciso desprezo pela dimensão narrativa da poética como gnose, inventiva capacidade mitopeica. Apesar da claridade redentora, *Mensagem* não nos salva *de* nós próprios: não é promessa de regime, programa de governo, ou receita orçamentada na insciente política da cegueira.

---

[129] F. Pessoa, *Mensagem, ob. cit.*, p. 95, notas 128 e 129.
[130] F. Pessoa, *Páginas de doutrina estética, ob. cit.*, p. 52.
[131] Cf. P. Archer, *Sentido(s) da utopia, ob. cit.*, pp. 72-73.

Antropodiceia em quartos alugados

"Estamos perto de acordar, escreve-o Novalis, quando sonhamos que sonhamos"[132]. É a *Hora*, intui no poema epitáfio, mas hora irrevelada sem a condição histórica da sua visibilidade ou possibilidade temporal. É uma hora no escoamento da ampulheta pessoana, em que o Tempo não assoma como epifania mas tão só intuição dela. A finalidade da arte (aí, como a da historiografia maior ou a da filosofia sem avenças) é a de *aumentar a autoconsciência humana,* por palavras de Pessoa. Mas a imaginação que a faz à arte sem evasivas ou condições, é disciplinada aluna da hipótese compreensiva sem a qual a historiografia se arruína em vaga efémera desaguando na praia.

Esse o trabalho do tempo, no desaguar, no fluir, o grande aliado da oficina do poeta, ou da sociedade de síndicos e tradutores da sua religião poética, que redigem memorandos e poemas teológicos dedicados à Natureza, à máquina, à menina dos chocolates, excertos de uma antropodiceia que invoca mitos e genealogias fabricados à maneira clássica, com a linguagem própria do tempo, para se fazerem acreditar. Se, em 1919, *busca um porto longe uma nau desconhecida* e *É esse todo o sentido da minha vida*; em 1930, exausto da viagem, Pessoa é um *navio que chegou a um porto e cujo movimento é ali estar*[133]. Em duas décadas devorou uma vida *doída* pelo pensamento, fatura saldada conscientemente por à semelhança de Nietzsche intuir em si o génio e suster a intuição, experienciando a dor de a cevar[134]. Mas o seu *tempo mental* superou e expandiu qualitativamente o parco e difícil tempo material que lhe foi dado viver. Perseguia não a eternidade ôntica mas a imortalidade, memória viva de si mesmo que, em tributo a *Ode on the intimations of Immortality,* de Wordsworth, é hermenêutica do existir. Nunca foi Pessoa tão vivo como depois de morto. Quer dizer: não só porque agora é lido e treslido; mas por haver aí, sob o que ele intuía ser uma espécie de superfície do tempo, modal linguarejar tecnológico da superfície, uma temporalidade resistente e funda que não o deixa morrer. E a sua *capacidade mitopeica* é quase inesgotável, enquanto não se escoar o intangível e o ignoto em todo o passado e todo o futuro que o

---

[132] F. Pessoa, *Páginas de doutrina estética, ob. cit.*, p. 141.
[133] Cf. F. Pessoa, *Novas poesias inéditas, ob. cit.*, pp. 33 e 135.
[134] P. Sloterdijk, *Sobre la mejora de la buena nueva, ob. cit.*, p. 58.

instante aspira em cada poema, cada presente. Na mais sublime das artes, a poética, naquela que a si se diz em palavras, Pessoa, ao transfigurar a história e suas leituras, faz o elogio da ignorância no turbilhão do tempo e o apólogo de uma antropodiceia – a justificação da Idade dos homens – para a inteligir. O buraco negro, onde estática, calma, a poiesia respira inteiramente o ser, é o não-tempo em que o ser se dá à (sua) intranquila respiração. O eremita lisboeta, peregrino por tascos e quartos alugados, não descobriu melhor lugar para viver e dizer a vida que não teve senão dentro de si. *Se por acaso a vida é mentira, a morte também o é*, escreveu um poeta seu contemporâneo. Nada melhor se dirá da sede de imortalidade de F. Pessoa,

"Vá. Veja eu o abismo abrir-se entre mim e a costa,
O rio entre mim e a margem,
O mar entre mim e o cais,
A morte, a morte, a morte, entre mim e a vida!"[135]

Nos versos de Caeiro, o poeta sentia *uma alegria enorme / Ao pensar que a minha morte não tem importância nenhuma:* não é pois o cidadão Pessoa, metódico e lento suicidário em geração órfica com Sá-Carneiro para quem a morte teria senso algum senão "um sono mais denso"[136], mas a sua operação poética que ilumina essa alegria póstuma, no gozo antecipado de ter escrito o que pensou, de ter pensando a escrita,

"Se, depois de eu morrer, quiserem escrever a minha biografia,
Não há nada mais simples.
Tem só duas datas – a da minha nascença e a da minha morte.
Entre uma e outra coisa todos os dias são meus"[137].

Claro que haverá sempre quem, indisposto com o poeta, como Álvaro de Campos, envie o recado: "diga ao Fernando Pessoa que não tenha razão". Os dias, ao contrário do que julgam afirmar os senhores do tempo, pertencem a cada um e ninguém.

---

[135] Á. Campos, *Livro de Versos, ob. cit.*, trecho 71'-7, p. 221.
[136] Mário de Sá-Carneiro, *A confissão de Lúcio*, Lisboa, Ática, 1973, p. 164.
[137] A. Caeiro, "Poemas inconjuntos", *Poemas, ob. cit.*, pp. 85 e 86.

Maria António Hörster*
Isabel Pedro dos Santos*

MEMÓRIAS CULTURAIS NA LITERATURA INFANTO-JUVENIL PORTUGUESA CONTEMPORÂNEA O CASO DA SÉRIE "TRIÂNGULO JOTA", DE ÁLVARO MAGALHÃES

Nos finais de 60 do século XX assistiu-se no mundo ocidental a uma ampla revolução das ideias, que arrastou consigo uma rápida alteração do quadro de valores. O cânone literário não resistiu incólume a este processo, encontrando-se em curso uma profunda reflexão, no âmbito da qual se tem procedido à sua revisão, (re)valorizando zonas do sistema literário até então pura e simplesmente ignoradas, não consideradas ou remetidas para lugares periféricos: é esse, por exemplo, o caso da literatura traduzida[1], da escrita de minorias, da literatura produzida por mulheres, de géneros populares como o romance policial, a ficção científica ou as diversas manifestações da escrita (auto)biográfica, bem como – sendo esse o domínio aqui a considerar – da literatura dirigida a crianças e adolescentes[2]. O mundo académico acompanha, nalguns casos ainda hesitantemente, a abertura a estas

---

* Faculdade de Letras da Universidade de Coimbra.

[1] Um dos grandes impulsionadores do estudo da literatura traduzida e do seu lugar de posição nos sistemas literários nacionais foi Itamar Even-Zohar, destacado estudioso de Tel Aviv. Para uma síntese das suas posições neste domínio, cf. Even-Zohar, 2004.

[2] A este respeito, escreve Zohar Shavit: "Há apenas algum tempo, a literatura para crianças nem sequer era considerada um campo de investigação legítimo no mundo académico." (2003: 11).

redefinições do literário, integrando as novas áreas nos seus programas de ensino e/ou nos seus projectos de investigação[3].

A literatura infanto-juvenil, que se situa num ponto de intersecção de múltiplos vectores, desperta actualmente um muito vivo interesse em áreas diversas da sociedade portuguesa – ensino, pedagogia, psicologia, sociologia, literatura, tradução ou edição –, o qual se manifesta, por exemplo, na multiplicação dos estudos e dos encontros científicos que lhe são dedicados. Neste quadro geral de interesse, têm vindo a surgir importantes estudos que, no seu conjunto, contribuem para uma necessária e desejável História da Literatura Infanto-juvenil em Portugal[4].

---

[3] A título de exemplo, refira-se o caso da Faculdade de Letras da Universidade de Coimbra (FLUC): no que se refere à Literatura Infanto-Juvenil (LIJ), foi criado, no âmbito do Programa de Doutoramento em Estudos de Tradução (2006-2011), um Seminário de Tradução de Literatura Infanto-Juvenil (TLIJ), que foi retomado numa edição posterior deste ciclo de estudos. Encontram-se em elaboração seis teses de doutoramento incidindo na área, bem como diversas dissertações de mestrado, algumas das quais já defendidas. Como prova do interesse pela LIJ, nomeadamente na perspectiva da sua tradução, foram organizadas pela Secção de Tradução da FLUC, em colaboração com o Centro de Investigação em Estudos Germanísticos, as Jornadas Internacionais de Tradução de Literatura Infanto--Juvenil (20-21 de Maio de 2010), cujas Actas se encontram no prelo. Igualmente na nossa faculdade, dois investigadores do Centro de Literatura Portuguesa promoveram recentemente duas Acções de Formação, *Têpluquê I. Literatura Infantil e Juvenil* (16 de Janeiro a 13 de Fevereiro de 2010) e *Tepluquê II* (15 de Janeiro a 12 de Fevereiro de 2011), dirigidas a um vasto público: educadores de infância, professores bibliotecários, mediadores de leitura, professores do ensino básico e secundário, entre outros grupos socioprofissionais. Estas acções contaram com a colaboração de professoras e professores da nossa faculdade e de outras faculdades portuguesas, de docentes e doutorandas do referido Programa de Doutoramento em Estudos de Tradução 2006-2011, de escritores portugueses, de um editor e de uma bibliotecária. Para além disso, as e os docentes, alunas e alunos dos cursos de Mestrado e de Doutoramento ligados à Secção de Tradução da FLUC têm nos últimos anos apresentado múltiplas comunicações sobre temas da área. Também as Universidades de Aveiro e do Minho, bem como a Universidade Católica de Lisboa, entre outras, contam com professores e investigadores a produzir trabalho científico nesta matéria.

[4] Vejam-se por exemplo títulos como Cortez (2001), Barreto (2002), Bastos (2006). Maria Teresa Cortez desenvolveu investigação de base sobre a recepção dos Grimm em Portugal e tem publicado numerosos artigos sobre LIJ,

A criação e a atribuição de prémios a autores e ilustradores na área dão conta da crescente atenção votada também pela sociedade em geral aos livros para crianças e adolescentes, com o que sinaliza a importância que lhes atribui na formação das novas gerações.

No nosso país contamos já com um elevado número de notáveis ilustradores e autores de livros para crianças e jovens. Interessa-nos aqui analisar o caso de Álvaro Magalhães, um dos mais representativos escritores portugueses contemporâneos com produção dirigida ao público leitor mais jovem[5]. Das suas obras de maior êxito contam-se os volumes da série "Triângulo Jota", iniciada em 1989 com *O Olhar do Dragão*. Protagonistas são três adolescentes, os dois irmãos Jorge e Joana e o seu amigo Joel, que, seguindo o consagrado modelo de séries como *Os Cinco* e *Os Sete*, de Enid Blyton, se envolvem em sucessivos

---

nomeadamente sobre as relações da literatura infanto-juvenil portuguesa com a cultura alemã, ligada a nomes como os de Teófilo Braga, Adolfo Coelho e Henrique Marques Júnior. Entre os numerosos investigadores portugueses que ultimamente vêm apresentando produção científica neste domínio, mencionem-se, além de M. T. C., António Garcia Barreto, Glória Bastos, António Dias de Deus, Maria Augusta Seabra Diniz, Américo António Lindeza Diogo, A. J. Ferreira, João Pedro Ferro, José António Gomes, Maria da Natividade Carvalho Pires, Maria Laura Bettencourt Pires, Ana Margarida Ramos, Natércia Rocha, Domingos Guimarães de Sá, Sara Reis da Silva, Maria Emília Traça, entre outros. Refira-se, ainda, o nome de Henrique Marques Júnior, autor de *Algumas achegas para uma bibliografia infantil*, Lisboa, Biblioteca Nacional, 1928. Devemos a grande parte destas informações a M. T. Cortez, a quem aqui deixamos o nosso muito obrigadas.

[5] Álvaro Magalhães nasceu no Porto, em 1951. Começou por publicar poesia no início dos anos 80, tendo-se estreado como autor de livros para crianças em 1982. É autor de uma obra vasta e diversificada, que vai além das três dezenas de títulos e cobre diversos géneros, como o conto, a poesia, a narrativa juvenil ou o texto dramático. Quanto às distinções de que foi alvo, refira-se apenas que, logo no início da sua carreira literária, Álvaro Magalhães foi agraciado, por cinco anos consecutivos (entre 1981 e 1985), com o prémio da Associação Portuguesa de Escritores e pelo Ministério da Cultura, tendo, em 2002, sido distinguido com o Grande Prémio Calouste Gulbenkian de Literatura para Crianças e Jovens 2002 (modalidade de texto literário), o mais importante prémio português nestas categorias. Nesse mesmo ano foi nomeado para a Lista de Honra do IBBY (International Board on Books For Young People). Em 2001 integrou a delegação portuguesa ao Salão do Livro de Genebra de 2001, em que Portugal foi convidado de honra.

mistérios e aventuras de contornos detectivescos. Esta ligação aos *Cinco* e aos *Sete* é, mesmo, expressamente estabelecida quando, no volume *Ao Serviço de Sua Majestade*, um agente inglês agradece e exalta a excepcional intervenção dos jovens investigadores portugueses, cuja ajuda, solicitada pelos Serviços Secretos Ingleses, se revelara indispensável para a resolução daquele caso. Recorda então os detectives de Blyton, que lera na adolescência, depreendendo-se das suas observações que não os apreciara em demasia (*Ao Serviço*: 214ss)[6].

Assumindo, por nosso lado, a atitude detectivesca destes jovens heróis, pretendemos lançar-nos na pista dos clássicos – sejam eles autores consagrados da literatura infanto-juvenil ou clássicos da modernidade europeia –, tendo como objectivo localizar a sua presença e apurar relações de transtextualidade. Esta metodologia conduz à identificação de linhas de continuidade e de nexos ideológicos, evidenciando uma dinâmica de recuperação de memórias culturais, de forma a que continuem a fazer sentido – ou a que produzam um novo sentido – no presente. Interessa-nos identificar ligações transtextuais ao nível dos arquitextos[7] e, especialmente, de algumas personagens e motivos, avaliando as funções que assumem nas diferentes obras. Identificaremos

---

[6] Doravante, referiremos os títulos de forma abreviada, conforme as indicações constantes da Bibliografia. As citações são feitas a partir das edições por nós consultadas, inserindo-se sempre a data da primeira publicação, para aqueles casos em que não citámos a partir desta. Chamamos a atenção para o facto de todos os volumes da série terem atingido números de edição muito superiores aos que podem inferir-se da nossa lista bibliográfica. Consulte-se, neste sentido, o sítio da Asa Editora.

[7] Sobre o conceito de transtextualidade, *vide*, por ex., Carlos Reis: "Esclareça--se desde já que o conceito de **arquitextualidade** estabeleceu-se, no âmbito da moderna teoria do texto literário, a partir do trabalho teórico de G. Genette, em torno da questão genérica da **transtextualidade**. Com este último conceito, Genette procurou especificar o objecto geral da poética, referindo-se-lhe como sendo a propriedade de transcendência textual, em função da qual é possível 'saber tudo o que põe [o texto] em relação, manifesta ou secreta, com outros textos'. De acordo com a postulação genettiana [...], a **arquitextualidade** é entendida, então, como um tipo particular de relação **transtextual**, a par da **intertextualidade**, da **paratextualidade**, da **metatextualidade** e da **hipertextualidade**. Assim, a **arquitextualidade** define-se como 'o conjunto das categorias gerais ou transcendentes – tipos de discurso, modos de enunciação, géneros literários, etc. – de onde decorre cada texto singular'." (Reis, 1995: 230).

também, ainda que brevemente, uma série de referências para produtos da cultura não erudita, como músicas e filmes, alguns dos quais sustentados por títulos literários.

É sabido que desde os seus inícios a literatura infanto-juvenil tem como grandes desígnios o instrutivo e o lúdico, podendo, consoante as épocas e os autores, verificar-se o predomínio de um dos vectores sobre o outro. Numa entrevista de 2009, Álvaro Magalhães verbera o excessivo pendor didáctico de muita da actual literatura portuguesa para crianças e afirma categoricamente que os propósitos pedagógicos estão ausentes da sua obra, reconhecendo embora que os leitores os possam aí encontrar[8]. Pela nossa parte, quer-nos efectivamente parecer que, na série em análise, a dimensão instrutiva não está de modo algum ausente e entra num muito eficaz equilíbrio com a capacidade de entretenimento, sustentadas ambas pela qualidade literária que o autor tanto preza e considera imprescindível na literatura dirigida aos mais novos. Para além da sua capacidade para "agarrarem" o leitor, todos os volumes podem ser vistos como auxiliares de iniciação a múltiplas facetas do mundo actual, fornecendo informações e ministrando conhecimentos da mais variada ordem. Essa iniciação vai do confronto de jovens citadinos com o ambiente rural da província portuguesa (*Sete Dias*) à informação sobre o crime internacional organizado (*Rapariga*). Permeando as maiores aventuras, o jovem leitor encontra ensinamentos que podem ir de teorias sobre a origem do universo e o *Big Bang* (*Ao Serviço*: 143-145) a esclarecimentos sobre a sexualidade adolescente (*Beijo*: 5-7; *Assassino*: 64-66) ou sobre o sentido de diversos vocábulos (*Beijo*: 12-13), passando

---

[8] "Infelizmente, a maior parte dos novos livros para crianças são só para crianças porque a nossa literatura infantil se transformou numa autêntica indústria da vulgaridade, prevalecendo o desejo de lucro e o espírito pedagógico. É preciso dar muitas voltas para descobrir livros que sejam bons para as crianças e tenham também carácter literário. Há uma convicção errónea de que as crianças não acedem ao material literário, quando é exactamente o oposto: as crianças acedem naturalmente à literatura". E à pergunta "Nos seus livros não existe essa tentação pedagógica?", responde: "Não, apesar de as pessoas poderem encontrar neles material pedagógico. Por exemplo, podem associar a colecção dos *Contos da Mata dos Medos* à preservação da natureza, mas os meus livros não têm propósitos, nos textos literários nunca existem propósitos. As pessoas encontram-nos lá da mesma maneira que nós encontramos leões e dragões nas formas das nuvens, vemo-los porque queremos ver." (Magalhães, 2009: 30-31).

pela questionação de grandes evoluções no mundo da Biologia e da Medicina e dos negócios com elas relacionados, como sejam as questões da manipulação genética, do transplante de órgãos e da clonagem (*Senhor dos Pássaros*: 171, *passim*), por factos da História Universal (*Ao Serviço*: 121-124), pela explicação de mitos, como por exemplo o da Atlântida (*Lagarto*: 121-122), pela topografia e aspectos característicos de determinadas cidades, como o Porto (*Guardado* 1 e 2) ou Lisboa (*Ao Serviço*), pela arqueologia do antigo Egipto (*Rosa*: 5-10, *passim*) ou por informações sobre a fabricação de perfumes (*Rapariga*) e a alquimia (*Sete Dias*: 86, 117-118), para só citarmos alguns exemplos. Nunca, porém, se tem a impressão de uma lição imposta ao leitor. Não há dúvida de que a opção de Álvaro Magalhães vai no sentido de nunca descurar o prazer da leitura, como decorre da referida entrevista.

Poderemos agora perguntar-nos como é que o escritor concretiza o objectivo de divertir e prender o jovem – e também o menos jovem – leitor.

Sem nos alongarmos nesse aspecto, não gostaríamos de deixar de referir que um dos grandes trunfos de Álvaro Magalhães é o humor, seja sob a forma de cómico de linguagem, como quando uma personagem fala de "paixões pratónicas" (*Guardado* 1: 14)[9], de cómico de personagem, concretizado por exemplo na figura do barrigudo cabo Garcia, um polícia que, nas suas rondas, segue sobretudo o "cheirinho" da comida (*Sete Dias*: 160), ou de cómico de situação, como é o caso do bandido, assustadoramente armado, que está a ouvir um relato de futebol e perde totalmente o autocontrolo quando o Sporting marca um golo (*Rapariga*: 159).

É, no entanto, a nível dos modelos narrativos que Álvaro Magalhães fundamentalmente opera para suscitar e manter o interesse do leitor. De um modo geral, a estrutura de base activada na série é a do romance

---

[9] Dos inúmeros trocadilhos de sentido humorístico, a que por vezes não falta um toque macabro, refiram-se alguns exemplos. Aquando do acidente provocado por uma motoreta que embate contra um caixão, informa o narrador: "Mas outras pessoas acorreram também e instantes depois várias mãos erguiam o morto e devolviam-no à posição horizontal, que é a posição favorita dos mortos." (*Vampiro*: 12). Outro exemplo seria o passo em que os Jotas, preocupados com a falta de notícias do Senhor Coutinho, colaborador do grupo num caso de tráfico de pedras preciosas e marido da temível Dona Esmeralda, imaginam: "À hora a que ele tinha chegado a casa só podia ter tido problemas com a dona Esmeralda, essa mulher preciosa." (*Rapariga*: 203).

de investigação detectivesca, o "policial", nascido numa Europa em que o surgimento das grandes cidades no início do século XIX aliou ao reconhecimento da questão do "crime" como fenómeno dessa nova estrutura social o alargamento do público de leitores, que vinha acontecendo desde o século anterior. As histórias de crimes, os romances de mistério e detecção, os "policiais", continuaram desde então, e até aos nossos dias, a ser cultivados tanto por autores especializados no formato como por grandes nomes da literatura (Hennessy, 1978: 42-43) e a gozar da predilecção de variadíssimas camadas de leitores. Entre os precursores encontram-se nomes tão sonantes como os de Edgar Allan Poe (1809-1849), Wilkie Collins (1824-1889), Émile Gaboriau (1832-1873) ou Anna Katharine Green (1846-1935). Da galeria dos autores que se tornaram clássicos do género constam Sir Arthur Conan Doyle (1859-1930)[10], G. K. Chesterton (1874-1936), Maurice Leblanc (1864-1941), Raymond Chandler (1888-1959), Agatha Christie (1890-1976), Dorothy Sayers (1893-1957), Dashiell Hammett (1894-1961), Ngaio Marsh (1895--1982), George Simenon (1903-1989), Patricia Highsmith (1921-1995), Ed McBain (1926-2005), Ruth Rendell (n. 1930), John Banville - Benjamin Black (n. 1945).

Note-se no entanto que, na série de Álvaro Magalhães, o subgénero romanesco do policial entra em miscigenação com outros paradigmas narrativos, de alguma forma a ele ligados e igualmente eficazes na criação de um ambiente de mistério e de "suspense". De entre esses outros modelos, destacam-se o romance de ficção científica – cultivado por nomes como os de Mary Shelley (1797-1851), H. G. Wells (1866-1946), Arthur C. Clarke (1917- 2008), Isaac Asimov (1920-1992), Ray Bradbury (n. 1920), Kingsley Amis (1922-1995), Anne McCaffrey (n. 1926), Ursula K. LeGuin (n. 1929), Margaret Atwood (n. 1939), Angela Carter (1940--1992), Stephen King (n. 1947) e William Gibson (n. 1948) – ou o romance exótico de sabor orientalista, cujas origens estão ligadas a autores góticos como Clara Reeve (1729-1807), William Beckford (1760-1844) e Charlotte Dacre (1771-1825).

Na impossibilidade de nos debruçarmos sobre os vários modelos arquitextuais mobilizados, geralmente articulados na série portuguesa

---

[10] Em *Sete Dias*, Joel dirige-se a Jorge, exclamando: " – Jorge! Tu és outro Sherlock Holmes." (193).

de forma híbrida, vamos fixar-nos naquele que está na origem de todos os outros e nos parece ter uma presença mais forte no "Triângulo Jota". Referimo-nos ao romance gótico, cujo primeiro exemplo poderá ter sido *The Castle Of Otranto: A Gothic Story* (1764), de Horace Walpole (1717--1797). O romance gótico tem sido identificado por muitos autores como um dos mais importantes géneros de ficção narrativa que influenciaram, em termos de enredo e de motivos – e sobretudo no contexto da produção literária britânica e norte-americana –, o romance de detectives ou o policial. O início dessa influência é normalmente localizado nos finais do século XVIII e ligado a nomes mais ou menos famosos da produção literária da época, sendo *The Mysteries of Udolpho* (1794), da escritora gótica Ann Radcliffe (1764-1823), e *Caleb Williams* (1794), de William Godwin (1756-1836), por muitos críticos considerados como precursores ou protótipos da ficção detectivesca (*vide*, por exemplo, Rzepka, 2005: 10-11; Cohen, 1998).

Foi em clara resistência à racionalidade e ao empiricismo da Idade da Razão e dos seus conceitos neoclássicos de ordem e de bom gosto que nasceu o romance gótico, com os seus excessos e ambivalências, incluindo todo um arsenal de ingredientes criadores do mistério e inspiradores do terror e/ou do horror[11] em geral associados ao sinistro,

---

[11] A oposição entre "terror" e "horror", entendidos por críticos como Botting (1996: 74-76) como duas estratégias do romance gótico, baseia-se na distinção proposta pela própria Ann Radclife no ensaio "On the Supernatural in Poetry" (1826: 151): "Terror and horror are so far opposite, that the first expands the soul, and awakens the faculties to a high degree of life; the other contracts, freezes, and nearly annihilates them. I apprehend, that neither Shakespeare nor Milton by their fictions, nor Mr. Burke by his reasoning, anywhere looked to positive horror as a source of the sublime, though they all agree that terror is a very high one; and where lies the great difference between horror and terror, but in the uncertainty and obscurity, that accompany the first, respecting the dreaded evil?". O horror, ligado às faculdades mentais menores e tendo geralmente por origem o encontro directo, não ambíguo, com manifestações físicas da mortalidade, torna a mente passiva, imobiliza as faculdades e petrifica o corpo; o terror, por seu lado, activa a imaginação e permite-lhe transcender os medos e resolver as dúvidas, sendo seu objectivo a aquisição de meios para transpor o próprio sentimento de terror e levar o leitor na direcção do sublime. Em *The Gothic Flame*, Devendra P. Varma (1966: 130) ilustra a diferença entre estes dois *modi operandi* góticos, terror e horror, como "[...] the difference between awful apprehension and sickening realisation: between the smell of death and stumbling against a corpse".

ao macabro, a lugares exóticos ou diferentes, e a épocas históricas do passado, sobretudo a medieval. O género fixou como estereótipos cenas e motivos como os dos fantasmas e casas assombradas, castelos e ruínas, caves e sótãos, subterrâneos e masmorras, alçapões e passagens secretas, cemitérios e estranhos funerais, falsos mortos e mortos-vivos, urnas com fundos falsos, poções e mortes aparentes, figuras de duplos e identidades trocadas, assassínios, disfarces, seitas com seus rituais e missas negras, espiritismo, profecias e sinais ominosos, maldições ancestrais, donzelas em perigo, vampiros, conjunções astrais, alquimias, entre muitos outros elementos. A lista é longa, mas repare-se que de todos estes motivos, sem excepção, se faz largo uso no "Triângulo"[12].

É, aliás, com plena consciência das suas estratégias narrativas que Álvaro Magalhães instrumentaliza o horror como forma de prender os seus leitores, como se infere do diálogo entre Jorge e Joana, logo no segundo volume da série, *Sete Dias e Sete Noites*:

"– Medo? Claro que tenho medo, não vale a pena negar. Mas o problema é exactamente esse. Quanto mais medo sinto, mais vontade me dá de lá ir. Não percebo!
– Percebo eu – disse Joana. – Tudo o que nos assusta também nos atrai. É como quando estou a ver um filme de terror na televisão. Arrepio-me toda e já sei que não vou dormir nessa noite, mas não consigo tirar os olhos do ecrã até ao fim".
(*Sete Dias*: 87-88)[13]

---

[12] Com maior ou menor visibilidade, em maior ou menor grau, praticamente todos os volumes da colecção acolhem estes motivos: vampiros (*Vampiro*), fantasmas e casas assombradas (*Sete Dias*), seitas com seus rituais e missas negras (*Guardado* 1 e 2; *Rapariga*), sessões de espiritismo (*Vampiro*), profecias e sinais ominosos (*Sete Dias*), cemitérios (*Sete Dias*; *Guardado* 1; *Vampiro*) e estranhos funerais, falsos mortos e mortos-vivos, urnas com fundos falsos (*Vampiro*), figuras de duplos e identidades trocadas (*Guardado* 1; *Corre, Michael*), disfarces (*Vampiro*), poções que induzem a uma morte aparente (*Vampiro*), donzelas em perigo (*Rapariga*; *Corre, Michael*, em que a personagem de Michael Jackson/Peter Pan funciona como figura em perigo, a proteger), caves e sótãos, prisões, alçapões, subterrâneos e passagens secretas (*Sete Dias*; *Guardado* 1 e 2), conjunções astrais (*Sete Dias*), alquimias e magia negra (*Rapariga*; *Guardado* 2), entre outros elementos.

[13] No mesmo volume, o outro "Jota" também já se apercebera do poder de atracção exercido por aquilo que nos aterroriza: "Joel estava confuso. Todas aquelas coisas estranhas que pareciam envolvê-lo desde que saíra de casa naquela

Surgindo por via de regra como desafios sobrenaturais resistentes à capacidade de explicação racional, os "mistérios" que compõem a trama do romance gótico podem ter dois tipos de resolução: ou se mantêm até ao desfecho da obra no mesmo domínio do sobrenatural e do inexplicável ou acabam por ser resolvidos e explicados racionalmente. Terá sido esta última vertente a que inspirou a produção do policial, baseado na capacidade de detecção e explicação (por norma, brilhantes) de informações inicialmente incompletas, confusas e aparentemente inexplicáveis, por parte de uma personagem que é, ou funciona como, detective. No "Triângulo Jota" é sempre esta a modalidade realizada.

Depois de termos chamado a atenção para as relações que aqui se estabelecem com alguns modelos narrativos de referência presentes na ficção narrativa desde o séc. XVIII, passaremos à análise de outro tipo de relações transtextuais recorrentes na série, geradas já não a nível dos arquitextos, mas de relações intertextuais com obras específicas da tradição literária ocidental.

Como fazem notar, entre outros, Sara Reis da Silva e Ana Margarida Ramos, o tema do livro e da leitura atravessa centralmente muita da actual literatura para crianças (cf. Silva/Ramos, 2007). A série em análise corrobora essa observação. Não só Joel, um dos protagonistas, tem paixão pelos livros, como há outras figuras marginais cuja presença se justifica unicamente pela relação que estabelecem com a leitura. Enquanto estudiosas da literatura, este tipo de intertextualidades suscita-nos a maior curiosidade e, sob este aspecto, é-nos particularmente interessante o passo com a lista de livros preferidos de Joel, no volume *O Assassino Leitor*, que constitui, em primeira linha, um elogio da leitura:

---

manhã assustavam-no, mas ao mesmo tempo também o atraíam." (*Sete Dias*: 29). Este tipo de fascínio foi explorado por Freud, que neutraliza a oposição "heimlich/unheimlich" [familiar /não familiar, medonho] e cria, reunindo os dois pólos opostos, a noção ambivalente de "o estranhamente familiar" no seu ensaio "Das Unheimliche", de 1919 (1976: 271-314): "o estranho é aquela categoria do assustador que remete ao que é conhecido, de velho, e há muito familiar" (277); "[...] *heimlich* é uma palavra cujo significado se desenvolve na direcção da ambivalência, até que finalmente coincide com o seu oposto, *unheimlich*." (283). A atracção pelo medo marca uma forte presença na literatura para crianças, por exemplo nos contos populares e nos contos de fadas, e tem a ver com as preocupações infantis relativas ao desconhecido e com a necessidade de segurança.

"Mas também gostava de ler. Era um prazer que nada podia substituir. As histórias que mais o impressionaram e entusiasmaram não tinham sido filmes, mas livros: *Moby Dick, As Aventuras de Alice no País das Maravilhas, O Principezinho, A Ilha do Tesouro, A História Interminável, As Aventuras de Tom Sawyer...* Isto para não falar dos livros do pai que ele surripiava à noite, apesar de estar sempre a ouvir que alguns não eram para a idade dele. Foram livros que leu deliciadamente às escondidas e que o ajudaram a suportar melhor a eterna espera de ser adulto." (*Assassino*: 18).

Na mesma obra, é-nos ainda apresentado um clube secreto de leitura, formado exclusivamente por raparigas, que se embrenham na exploração de livros da literatura cor-de-rosa, da literatura de terror e, sobretudo, de livros "proibidos", entre os quais se encontram títulos famosos da literatura erótica ou de iniciação à sexualidade: *O Crime do Padre Amaro, O Amante de Lady Chaterley* (sic)*, Emanuelle, a Antivirgem, Confissões de uma Adolescente Apaixonada, Confissões de uma Mulher Casada, Os Pecados de Moll Flanders, Crónica da Mais Velha Profissão do Mundo, Cem Poemas de Amor*, para além da *Grande Enciclopédia da Vida Sexual* (64-66). Tanto no caso destas raparigas como no de Joel, a leitura apresenta-se como fonte de prazer e, simultaneamente, como instrumento de aprendizagem e iniciação à idade adulta, em estreita conexão com a ideia do proibido e do transgressor.

Ainda no mesmo volume – e confirmando a já referida estratégia humorística do autor – os nomes dos gatos que vivem na casa do escritor convocam, exceptuando o nome do gato chamado Cão, o cânone dos grandes escritores universais e aparecem providos de epítetos, simultaneamente caracterizadores dos animais e dos escritores homónimos:

"Era realmente um descanso saber que todos aqueles gatos eram gatos. O Ruben Galeano apresentou-os um a um e foi assim que eles ficaram a conhecer pessoalmente, entre outros, o velho *Shakespeare*, o encantador *Melville*, o agitado *Kafka*, o irrequieto *Camões*, o sisudo *Cervantes*, a pachorrenta *Agustina*, o assustadiço *Pessoa*, o vivaço *Tolstoi*, o incansável *Salgari* e o imponente *Borges*. Tudo gente muito famosa. – Olhem! O que vem agora a saltar o muro é o *Hemingway*! Não larga aquela vida!" (*Assassino*: 166).

Nesta lista faltam ainda os nomes de dois outros felinos, que evocam grandes autores: o de uma gata a batizar em breve como *Agatha Christie* e o do *Saramago*, que, diz o dono, anda em eterna briga com a *Agustina* (169).

Entre os intertextos literários mais frequentemente actualizados nos volumes encontram-se, como seria de esperar, obras canónicas da literatura para crianças e jovens. Estão neste caso *Alice no País das Maravilhas* e *Peter Pan*, porventura as duas obras com mais forte presença na série.

O volume *Corre, Michael! Corre!* convoca, como intertexto, um clássico da literatura juvenil: *Peter Pan*, do escocês James Matthew Barrie (1860- -1937). Originalmente publicada em 1911, a partir de uma peça de teatro do mesmo autor, esta obra, que se inicia com a famosa frase "All children, except one, grow up", é aproveitada ostensiva e consistentemente no romance português. *Peter Pan* surge sobretudo ligado à caracterização da personagem que dá nome a esta aventura, o cantor *pop* Michael Jackson, que vem ao Porto realizar um concerto e se vê envolvido em peripécias pelas ruas da cidade, na companhia dos três Jotas.

Transpondo para a ficção a identificação de Michael Jackson com Peter Pan, publicamente reconhecida[14], Álvaro Magalhães trabalha com grande mestria, a partir daí, o motivo do duplo, que atrás identificámos como elemento recorrente do gótico. A ideia do duplo, que estruturalmente está na base de todo o romance, é desdobrada em múltiplos planos, que vão do mais simples ao mais complexo: não são só as trocas de identidades que alimentam o enredo, o duplo é explorado também a nível de caracterização de personagens, sendo ainda fonte de numerosos momentos de humor. Mais interessante se nos afigura, no entanto, o modo como Álvaro Magalhães dele se serve para fazer uma espécie de iniciação dos jovens leitores a questões de natureza ôntica, como sejam as oposições entre o real e o simulacro, o verdadeiro e o falso, o "eu" e o "outro".

---

[14] Num artigo publicado no *JL* em 2009, a propósito da recente morte de Michael Jackson e sob o título "Michael Jackson: Peter Pan ou o paraíso perdido", António Carlos Cortez, discutindo aquilo a que chama "a sociedade televisiva", o reino do virtual, e a decorrente perda da noção de realidade por parte das crianças, refere: "[...] Jackson era também Peter Pan, isto é, o facto de não ter vivido uma infância 'normal' levou-o, com a idade a infantilizar a personalidade em idade adulta construindo um território só seu, no qual era rei e senhor, criança e super-herói: o seu rancho, sintomaticamente denominado *Neverland*". E continua: "É como 'Terra do Nunca' que hoje as crianças vivem a vida, fazendo da adolescência o prolongamento da infância e a [sic] idade adulta o prolongamento da adolescência." (38).

Por sua vez, o romance *Sete Dias e Sete Noites* reserva um papel especial para as obras de Lewis Carroll (Charles Lutwidge Dodgson, 1832-1898) *Alice's Adventures in Wonderland* (1865) e *Through the Looking--Glass* (1871). Apesar de a primeira referência explícita a *Alice* surgir apenas na segunda metade do texto, ela é anunciada desde muito cedo pelas repetidas menções a baralhos e jogos de cartas (14,15). Contudo, são as cartas divinatórias do Tarot que vão ter maior protagonismo e uma função especial no desenrolar da intriga. Ligadas desde o início a uma personagem misteriosa, Edmundo Meneses, a sua origem e a sua simbologia são por este explicados, surgindo as figuras do Diabo, da Morte, do Enforcado e da Estrela (16, 18, 104-106, 111) directamente ligadas aos mistérios e estranhas movimentações com que os Jotas se irão defrontar. A acção desta aventura envolve fantasmas cantores, um segredo de família, uma história de alquimia e a busca de tesouros de valor material e afectivo. É defronte de um espelho, que cobre parcialmente a parede do salão de um velho solar, que Edmundo desvenda aos jovens parte da sua própria história: fora, em criança, adoptado pela irmã do Conde, o proprietário do solar, onde o professor de música, Calvino, lhe lia todas as noites um parágrafo de *Alice no País das Maravilhas*, numa tradução de sua autoria. Ao retirar-se, o professor dizia sempre: "Vou para o outro lado do espelho, como a Alice" (119-120). De facto, o espelho da sala ocultava uma porta que dava acesso ao laboratório secreto de Calvino, onde os Jotas descobrem uma mensagem incompleta: "MUNDO PROCURA NA ALICE" (124), o que os leva a lerem a obra, na busca de uma pista. Mas o romance de Carroll rapidamente ultrapassa para eles o interesse meramente utilitário, passando a proporcionar--lhes um genuíno prazer de leitura: "Enquanto procuravam iam lendo e pouco depois já quase só liam, entusiasmadamente" (129-130). A partir daí, as menções directas à obra tornam-se cada vez mais frequentes, com citações ("Não vale a pena tentar – disse Alice. – Uma pessoa não pode acreditar em coisas impossíveis. – Suponho que não tens ainda muita prática – disse a Rainha. – Quando eu era da tua idade, fazia-o durante meia hora todos os dias. Olha, houve alturas em que cheguei a acreditar em seis coisas impossíveis antes do pequeno-almoço." [159]) e referências a personagens ("Cada qual com seu livro, os três Jotas passaram toda a tarde e parte da noite no País das Maravilhas, com Alice, o Chapeleiro Maluco, o Coelho Branco e a Rainha de Copas." [154]) e motivos ("[...] andaram por aí por trás dos espelhos [191])".

A influência de *Alice* reflecte-se ainda ao nível da estrutura e do desenvolvimento da narrativa: por exemplo, os títulos dos capítulos "Do outro lado do espelho", "Três coisas impossíveis antes do pequeno almoço" e até "A morte do Rei de Espadas" são ecos directos ou indirectos de elementos dos textos de Carroll. O empenho e as capacidades dedutivas e imaginativas do grupo levam os jovens detectives a interpretar correctamente as pistas encontradas em *Alice*, nomeadamente a mensagem criptada de Calvino, que na sua tradução substitui a "canção do morcego" do original de Lewis Carroll por indicações sobre a localização do tesouro que muitos procuravam (162-163). Os Jotas conseguem assim desvendar finalmente os vários mistérios da trama e encontrar o tesouro do senhor Edmundo Meneses, um pequeno cofre que revela a verdade sobre as suas origens: "Ao procurar o rosto da mãe, o velho Edmundo acaba por encontrar a história da sua mãe e do seu pai" (203), os quais se verifica serem afinal a irmã do Conde e Calvino, o professor de música, leitor e tradutor de *Alice*.

Bem diferente se apresenta o testemunho recepcional, algo surpreendente, que passamos a analisar, o qual se distingue dos anteriormente comentados por um conjunto variado de razões: (i) em primeiro lugar, o intertexto convocado provém do cânone da literatura contemporânea para adultos; (ii) remete, não para a literatura de expressão inglesa, mas para a de expressão alemã[15]; (iii) reporta-se a um texto lírico e não a uma obra narrativa; (iv) distingue-se ainda de todos os outros em virtude das funções consideravelmente diferentes que desempenha na história narrada. Referimo-nos ao seguinte poema, transcrito em *Guardado no Coração* 1:

> "Fecha-me os olhos e eu poderei ver-te.
> Tapa-me os ouvidos e eu poderei ouvir-te.
> Mesmo sem pés poderei alcançar-te.
> Mesmo sem boca poderei chamar-te.
> Corta-me os braços, adorar-te-ei
> com o coração e com as mãos.

---

[15] Para uma visão mais alargada deste e doutros testemunhos de recepção da literatura de expressão alemã na série "Triângulo Jota", *vide* Hörster, "De como Kafka, Goethe, Rilke & C.ia entram nas aventuras do 'Triângulo Jota'" (2011: no prelo).

Trespassa-me o coração, latejará o meu cérebro.
E se incendiares o meu cérebro,
mesmo assim levar-te-ei no meu sangue".
(62)

Trata-se de um famoso poema extraído de *Das Stunden-Buch* [O Livro de Horas] (1905), do poeta de expressão alemã Rainer Maria Rilke (1875-1926). Frequentemente interpretado como a manifestação de um veemente amor místico por parte do monge em cuja boca são colocados os poemas deste ciclo, o texto foi, de facto, escrito por Rilke no auge da sua paixão por Lou Andreas Salomé[16], e é nesta qualidade da expressão do amor entre um homem e uma mulher que comparece em *Guardado no Coração*. Guardado num pequeno coração de ouro que Gil, o jovem órfão de mãe que co-protagoniza esta aventura, traz ao peito, o poema começa por ser o testemunho do amor contrariado que no passado unira os seus pais (*Guardado* 1: 94). Na medida em que Gil agora oferece o coração a Joana, o poema intervém no plano da intriga como um instrumento de declaração de amor, com a consequente aproximação das figuras (*Guardado* 1: 94-95). Para além disso, funciona como elemento caracterizador de personagens, sinalizando também a ligação entre elas: ele marca a disposição poética do pai de Gil, que parece tê-la transmitido geneticamente ao filho. O facto de Gil escrever poesia caracteriza-o como jovem sensível e autentica os laços de sangue que o unem a um pai que

---

[16] De acordo com o testemunho de Lou Andreas-Salomé (Rilke, 1955: 851), o poema, publicado em 1901, nasceu no Verão de 1897 e originariamente era-lhe dirigido: "Lösch mir die Augen aus: ich kann dich sehn,/ wirf mir die Ohren zu: ich kann dich hören,/ und ohne Füße kann ich zu dir gehn,/ und ohne Mund noch kann ich dich beschwören. / Brich mir die Arme ab, ich fasse dich/ mit meinem Herzen wie mit einer Hand, / halt mir das Herz zu, und mein Hirn wird schlagen,/ und wirfst du in mein Hirn den Brand,/ so werd ich dich auf meinem Blute tragen." (Rilke, 1955: 313). Do poema existem várias traduções portuguesas. Transcrevemos a versão de Paulo Quintela: "Apaga-me os olhos: inda posso ver-te,/ tranca-me os ouvidos: inda posso ouvir-te,/ e sem pés posso ainda ir para ti,/ e sem boca posso inda invocar-te./ Quebra-me os braços, e posso apertar-te/ com o coração como com a mão,/ tapa-me o coração, e o cérebro baterá,/ e se me deitares fogo ao cérebro/ hei-de continuar a trazer-te no sangue." (Rilke/Quintela, 1942: 114). Sobre a recepção do poeta alemão em Portugal e a sua influência nos destinos da literatura portuguesa do século XX, cf. Hörster, 2001.

nunca conheceu. É interessante que a verdadeira autoria do poema de Rilke não chegue nunca a ser desvendada ao longo da obra, admitindo Gil que ele tenha sido escrito pelo pai e dedicado à mãe:

> "– Foi o teu pai que fez o poema que está guardado no coração?
> – Acho que sim, mas não sei. Eu também faço poemas... às vezes. Mas ainda não consigo escrever coisas assim..."
> (*Guardado* 1: 98)

Os casos analisados estão longe de esgotar as remissões literárias, mais ou menos veladas, mais ou menos explícitas, que atravessam as aventuras dos Jotas. Elas concretizam-se muito frequentemente sob a variante da intertitularidade, como sucede com "Mistérios do Porto" ou "A Manhã dos Prodígios", títulos de capítulos de *Guardado no Coração* (1: 31) e de *O Senhor dos Pássaros* (191), que ecoam respectivamente os do popular romance de Eugène Sue *Mistérios de Paris* e do romance de Lídia Jorge *O Dia dos Prodígios*, ou o do capítulo "A Casa dos Espíritos", no volume *O Vampiro do Dente de Ouro* (145), que cita o do romance homónimo de Isabel Allende, o mesmo se verificando com "O Perfume", título do primeiro capítulo de *A Rapariga dos Anúncios*, que recupera o do *best--seller* do escritor alemão Patrick Süskind. O título do volume *O Senhor dos Pássaros*, por sua vez, evoca *The Lord of the Flies*, de William Golding.

Mas as relações intertextuais podem também concretizar-se sob a forma de reescritas, como na cena intitulada "A Bela Adormecida", do volume *A Rapariga dos Anúncios*, que constitui uma inversão irónica e macabra do final do conto de Charles Perrault, já que, aqui, "a bela", "adormecida" à custa de drogas, está prestes, não a ser restituída à vida com um beijo, mas sim a ser sacrificada num ritual satânico (*Rapariga*: 185-194).

Ainda neste mesmo volume, encontramos outra manifestação de intertextualidade explícita, que remete desta vez para um clássico da literatura universal para adultos. O cabecilha da maléfica seita que intenta sacrificar "a rapariga dos anúncios", Pierre Satan de seu nome artístico, é um perfumista francês que assume algumas características de Fausto, a figura central do drama homónimo de Johann Wolfgang von Goethe (1749-1832). Para além da proximidade com figuras satânicas, logo indiciada no nome, o perfumista tem em comum com o sábio goethiano o facto de se dedicar a experiências de laboratório, apresentando uma das divisões da sua casa algumas semelhanças com o escritório de Fausto na cena inicial do drama alemão (*Rapariga*: 167-170). As duas personagens podem ainda ser aproximadas pelo facto de, encontrando-se numa fase de plena maturidade, apresentarem uma relação mal resolvida entre idade e juventude. É muito intencionalmente que Álvaro Magalhães joga com estes nexos intertextuais, levando os nossos heróis a descobrir como leitura de cabeceira de Pierre Satan um volume intitulado *Fauste*, ou seja, uma versão francesa deste clássico universal. Joel, o intelectual do grupo, identifica a obra e informa os amigos de que ela narra "a história de um homem que vendeu a alma ao diabo", acrescentando que o pai tem uma tradução portuguesa lá em casa e que até existe uma ópera "com essa história" (*Rapariga*: 168), com o que está a referir-se à versão operática que Gounod compôs a partir do drama goethiano[17].

Não sendo possível enunciar de forma exaustiva as referências a filmes e a êxitos da música popular e ligeira que percorrem a série – com o que o autor dá um claro sinal da valorização da cultura popular e da cultura de massas, característica da pós-modernidade –, limitamo-nos a apresentar alguns exemplos.

Para o caso do cinema, refiram-se a coincidência do título do volume *Ao Serviço de Sua Majestade* com o do filme da série James Bond (no original: *On Her Majesty's Secret Service*; 1969), a referência explícita a *Indiana Jones e a Última Cruzada* (no original: *Indiana Jones and the Last Crusade*; 1989 [*Rapariga*: 58]), a comparação humorística de personagens do trio, no caso o Joel, com a personagem que dá o título ao filme de

---

[17] Em causa está, com toda a probabilidade, a tradução de Agostinho de Ornellas, que em 1867 publica uma versão integral da Primeira Parte, completada, em 1873, com a versão, igualmente integral, da Segunda Parte do drama. Esta tradução vem a ser reeditada por Paulo Quintela, em 1953. Existe outra versão oitocentista em português, da autoria de António Feliciano de Castilho, traduzida a partir do francês e publicada em 1872, a qual deu origem a uma famosa polémica literária. (Sobre a recepção do *Faust* na literatura portuguesa do séc. XIX, cf. Delille, 1984). A recente tradução integral assinada por João Barrento, publicada com a chancela da Relógio D'Água Editores, vem a público em 1999. A referência de Joel à ópera de Gounod confirma as observações de Maria Manuela Delille de que, nas décadas de sessenta e setenta do séc. XIX, para o forte interesse pelo drama goethiano no nosso país muito contribuiu o estrondoso êxito da ópera homónima desse compositor, estreada no Teatro de São Carlos em Dezembro de 1865 (Delille, 1984: 91ss).

James Cameron *O Exterminador Implacável* (*Guardado* 2: 197), a inserção no próprio discurso narrativo de títulos famosos, como o do filme de Almodôvar *Mulheres à Beira de um Ataque de Nervos* (*Lindos Olhos*: 46-47), a sugestão da comédia de Woody Allen *A Rosa Púrpura do Cairo* (no original: *The Purple Rose of Cairo*; 1985) presente no título do volume *A Rosa do Egipto* ou, ainda, a alusão ao famoso grito de Victor Frankenstein no filme de James Whale (1931), que aflora na exclamação "Está vivo! Ele está vivo!", lançada por Joana ao dar-se conta da animação de um robô (*Ao Serviço*: 36)[18].

Também a música não erudita tem uma presença fortíssima em "O Triângulo Jota". Os exemplos mais em evidência serão os casos da música *pop* e *rock*, através das figuras dos cantores Michael Jackson e Jim Morrison. O primeiro comparece no já referido volume *Corre, Michael, Corre!*, que tem por epígrafe um excerto, traduzido em Português, da canção "Bless this Soul". Por sua vez, Jim Morrison, o malogrado vocalista dos *Doors*, é explorado, não surpreendentemente, em *O Rei Lagarto*. Neste mesmo volume são ainda mencionados outros cantores, como Elvis Presley (33, 37), Jimmy Hendrix (37), Janis Joplin (37) e outras bandas, como os *Massive Attack* (10) ou as que faziam parte da juventude do pai do Joel, como os *Creedence Clearwater Revival*, e os *Blood, Sweat and Tears* (18). Há ainda referências explícitas a títulos e a versos de canções dos *Doors*, como sejam "Come on baby, light my fire" (10, 18), "Riders on the Storm" (29), "Is Everybody Ready?" (11) e "The Celebration of the Lizard" (30), de um verso da qual ("I am the Lizard King") a obra de Álvaro Magalhães retira o seu título.

Mas há outras modalidades musicais que com frequência comparecem nos textos e que, possivelmente, encontrarão maior ressonância num público adulto. Citam-se expressamente títulos ou fragmentos de canções, como é o caso do capítulo "O Importante é a Rosa", de *A Rosa Púrpura do Cairo* (63), que traduz o da canção "L'Important c'est la Rose", de Gilbert Bécaud, ou da referência à famosa canção "As time goes by", do filme de Michael Curtiz *Casablanca*, composta por Herman Hupfeld em 1942 (*Ao Serviço*: 79). Também o fado de Lisboa marca presença,

---

[18] Por detrás deste episódio reconhece-se, como palimpsesto, o romance gótico homónimo *Frankenstein* (1818), de Mary Shelley (1779-1851).

evocando-se a composição "Bairro Alto", de Carlos Simões Neves e Nuno Aguiar, de que se transcrevem dois versos (*Ao Serviço*: 78-79).

Se grande parte destas referências tem como objectivo proporcionar a empatia e a identificação dos jovens, e também dos menos jovens, leitores, já algumas citações no campo da música erudita nos parecem cumprir sobretudo um intuito didáctico, trazendo aos leitores de finais do século XX clássicos como Mozart, interpretado por Karajan (*Rei Lagarto*: 166), ou a ópera *Faust*, de Gounod (*Rapariga*: 168).

Do exposto parece resultar muito claro o interesse da literatura infanto-juvenil como um indicador privilegiado das preocupações, valores e referências vigentes em determinado período, constituindo um instrumento valioso para a identificação do quadro ideológico de uma época. No domínio específico da literatura, o investigador colhe aqui uma série de elementos que conduzem à reconstituição da lista de leituras em pauta.

A finalizar, sublinhamos o facto de toda esta densa rede intertextual que traveja a série nunca transmitir a sensação de peso ou artifício, fazendo dela um constante diálogo de culturas, informado, fino, inteligente, bem-humorado. Como vimos, as remissões apontam para a cultura de elites, com as suas referências ao cânone ocidental, mas também, e em ampla medida, para a cultura não erudita e a cultura de massas, e verificámos como, por exemplo no caso de Peter Pan//Michael Jackson, estes dois universos são muitas vezes postos a dialogar entre si.

Ao lermos os primeiros volumes da colecção a uma distância de pouco mais de vinte anos sobre a data da sua publicação, demo-nos conta, até mesmo com alguma surpresa, de que, por muito eficazes e empolgantes, as referências à cultura não erudita do momento se tornam mais facilmente presa da usura do tempo, tendendo a perder algum do seu poder de atracção. Pelo contrário, a herança cultural clássica mantém toda a sua vivacidade, confirmando ser capaz de constantemente se adaptar e adquirir novas significações em contextos sempre novos.

Bibliografia

Textos

GOETHE, J. W. (1958), *Fausto*. Tradução de Agostinho D'Ornellas. Reimpressão da nova edição ao cuidado de Paulo Quintela, Coimbra, Por ordem da Universidade.

MAGALHÃES, Álvaro (^{12}1999; ^{1}1989), *O Olhar do Dragão*, Porto, Edições Asa [referido como *O Olhar*].

MAGALHÃES, Álvaro (^{1}1989), *Sete Dias e Sete Noites*, Porto, Edições Asa [referido como *Sete Dias*].

MAGALHÃES, Álvaro (^{1}1989), *Corre, Michael! Corre!*, Porto, Edições Asa [referido como *Corre, Michael!*].

MAGALHÃES, Álvaro (^{1}1990), *A Rapariga dos Anúncios*, Porto, Edições Asa [referido como *Rapariga*].

MAGALHÃES, Álvaro, *Ao Serviço de Sua Majestade* (^{2}1991; ^{1}1991), Porto, Edições Asa [referido como *Ao Serviço*].

MAGALHÃES, Álvaro (^{1}1991), *O Vampiro do Dente de Ouro*, Porto, Edições Asa [referido como *Vampiro*].

MAGALHÃES, Álvaro (^{1}1992), *O Beijo da Serpente*, Porto, Edições Asa [referido como *Beijo*].

MAGALHÃES, Álvaro (^{2}1994; ^{1}1992), *Guardado no Coração* – 1.ª Parte, Porto, Edições Asa [referido como *Guardado 1*].

MAGALHÃES, Álvaro (^{7}1998; ^{1}1993), *Guardado no Coração* – 2.ª Parte, Porto, Edições Asa [referido como *Guardado 2*].

MAGALHÃES, Álvaro (^{5}1998; ^{1}1993), *A Rosa do Egipto*, Porto, Edições Asa [referido como *Rosa*].

MAGALHÃES, Álvaro (^{4}1998; ^{1}1993), *O Assassino Leitor*, Porto, Edições Asa [referido como *Assassino*].

MAGALHÃES, Álvaro (^{4}1999; ^{1}1996), *Pelos Teus Lindos Olhos*, Porto, Edições Asa [referido como *Lindos Olhos*].

MAGALHÃES, Álvaro (^{3}2000; ^{1}1997), *O Rei Lagarto*, Porto, Edições Asa [referido como *Lagarto*].

MAGALHÃES, Álvaro (^{4}2002; ^{1}1998), *A Bela Horrível*, Porto, Edições Asa.

MAGALHÃES, Álvaro (^{1}1999), *O Senhor dos Pássaros*, Porto, Edições Asa.

MAGALHÃES, Álvaro (^{1}2000), *A História de uma Alma*, Porto, Edições Asa.

RILKE, Rainer Maria (1955), *Sämtliche Werke* I, hrsg. vom Rilke-Archiv. In Verbindung mit Ruth Sieber-Rilke, besorgt v. Ernst Zinn, Frankfurt a. M., Insel-Verlag.

RILKE, Rainer Maria/Paulo Quintela (1942), *Poemas*. Prefácio, selecção e tradução de P. Q., Coimbra, Publicação do Instituto Alemão da Universidade de Coimbra.

Bibliografia crítica
"Álvaro Magalhães" (2009), Entrevista com texto de Catarina Pires e fotografia de Reinaldo Rodrigues, *Notícias Magazine*, 31 Maio, pp. 29-34.
BARRETO, António Garcia (2002), *Dicionário de Literatura Infantil Portuguesa*, Porto, Campo das Letras.
BASTOS, Glória (2006), *O Teatro para Crianças em Portugal*, Lisboa, Editorial Caminho.
BOTTING, Fred (1996), *Gothic*, London & New York, Routledge.
COHEN, Michael (1998), "Godwin's *Caleb Williams*: Showing the Strains in Detective Fiction", *Eighteenth-Century Fiction*, vol. 10, Iss. 2, Article 1 (disponível em http://digitalcommons.mcmaster.ca/ecf/vol10/iss2/1)
"Conversa com Álvaro Magalhães – Provocada por Maria Manuela Maldonado" (2009), CRILIJ – Centro de Recursos e Investigação para a Literatura Infantil e Juvenil, 04-06-2009 (http://www.boasleituras.com/alvaro/entrevista.asp).
CORTEZ, António Carlos (2009), "Michael Jackson: Peter Pan ou o paraíso perdido", *JL, Jornal de Letras, Artes e Ideias*, ano XXIX/n.º 1012, 15-28 Jul., pp. 38-39.
CORTEZ, Maria Teresa (2001), *Os contos de Grimm em Portugal. A recepção dos "Kinder- und Hausmärchen" entre 1837 e 1910*, Coimbra, MinervaCoimbra / Centro Interuniversitário de Estudos Germanísticos / Universidade de Aveiro.
DELILLE, Maria Manuela G. (1984), "A recepção do *Fausto* de Goethe na literatura portuguesa do séc. XIX", *Runa. Revista Portuguesa de Estudos Germanísticos*, n.º 1, pp. 89-147.
EVEN-ZOHAR, Itamar (2004), "The Position of Translated Literature within the Literary Polysystem", in Lawrence Venuti (ed.), *The Translation Studies Reader*, second edition (^{1}2000), New York and London, Routledge, pp. 199-204.
FREUD, Sigmund (1976), "O 'Estranho'" [1919], in *Uma Neurose Infantil e outros trabalhos*, Edição Standard Brasileira das Obras Psicológicas de Sigmund Freud, vol. XVII, Rio de Janeiro, Imago, pp. 271-314.

GENETTE, Gérard (1986), *Introdução ao Arquitexto*, Lisboa, Vega.
HENNESSY, Brendan (1978), *The Gothic Novel*, Harlow, Longman for the British Council.
HÖRSTER, Maria António (2001), *Para uma História da Recepção de Rainer Maria Rilke em Portugal (1920-1960)*, Lisboa, Fundação Calouste Gulbenkian / Fundação para a Ciência e a Tecnologia.
HÖRSTER, Maria António (2011: no prelo), "De como Kafka, Goethe, Rilke & C.ia entram nas aventuras do 'Triângulo Jota'".
RADCLIFFE, Ann (1826), "On the Supernatural in Poetry", *The New Monthly Magazine*, vol. 16, pp. 145-52.
RZEPKA, Charles J. (2005), *Detective Fiction*, Cambridge, Polity Press.
SANTOS, Isabel Pedro (2011), "'Todas as crianças do mundo crescem, excepto uma'. Peter Pan & Michel Jackson no Porto: a figura do Duplo (ou o outro do mesmo) em *Corre, Michael! Corre!*, de Álvaro Magalhães" (aceite para publicação).
SHAVIT, Zohar (2003), *Poética da Literatura para Crianças*. Tradução de Ana Fonseca, Lisboa, Editorial Caminho.
SILVA, Sara Reis da/RAMOS, Ana Margarida (2007), "Livros com livros, leitores e leituras: o exercício metaliterário na Literatura para a infância", in António Manuel Ferreira/Maria Eugénia Pereira (coord.), *Ofícios do Livro*, Universidade de Aveiro, pp. 187-196.
REIS, Carlos (1995), "Texto literário e arquitextualidade", in C. R., *O Conhecimento da Literatura. Introdução aos Estudos Literários*, Coimbra, Livraria Almedina.
VARMA, Devendra P. (1966 [1957]), *The Gothic Flame: Being a history of the Gothic novel in England, its origins, efflorescence, disintegration, and residuary*, New York, Russell & Russell.

António Pedro Pita *

DA CENTRALIDADE POLÍTICA DA ARTE
NO SÉCULO XX PORTUGUÊS**

1. Com o acordo da coordenação do Colóquio, o problema que me coloquei a mim próprio foi o seguinte: como é que foi tematizada *em Portugal* a relação entre *arte* e *política*, que em 25 de Abril de 1974 passa a ser vivida e pensada com muito especial intensidade?

A sugestão que desenvolvo é a seguinte: a centralidade política da arte instalou-se na cena cultural portuguesa com a grande reordenação de 1933 e assim vai permanecer, apesar das diferentes reconfigurações da cena cultural e das transformações por que passam as próprias noções de *arte* e de *política*.

Como qualquer revolução, o 25 de Abril português foi *um excesso* (quero dizer: um desses momentos raros em que a realidade parece ultrapassar-se a si própria) vivido como corte, ruptura, começo absoluto. Aliás, como não há revolução sem este imaginário de começo absoluto, o futuro de qualquer uma parece ser incumprimento, desvio, frustração ou traição às aspirações revolucionárias.

---

* Faculdade de Letras da Universidade de Coimbra/Centro de Estudos Interdisciplinares do Século XX – CEIS20.

** Conferência de abertura do II Colóquio da Cátedra Padre António Vieira de Estudos Portugueses, sob o título "Literatura e Revolução. No 35º aniversário do 25 de Abril". Pontifícia Universidade Católica do Rio de Janeiro, 5-6 Maio 2009. Procedi ao acrescento de algumas notas.

Como qualquer revolução *moderna*, o 25 de Abril viveu a arte como *alienação* da história e da política. Um famoso cartaz traduz muito bem a concepção e o sentimento de des-alienação inerente à radicalidade do imaginário revolucionário: refiro-me ao quadro de Maria Helena Vieira da Silva com uma frase (ou um verso?) de Sophia de Mello Breyner: "a poesia está na rua". Em rigor, o quadro são dois. Mas o que importa é que "a poesia está na rua" tem leituras múltiplas. A leitura imediata dirá que "a poesia está na rua" porque deixou de estar nos livros e passa a estar em todo lado, a poesia *deslocou-se* dos livros para a rua. Mas é possível que "a poesia está na rua" tenha uma outra acepção: a rua é a residência da poesia, a poesia é da rua, a rua é o próprio lugar de emergência do poético, é na rua que *habita* a poeticidade[1].

Seja como for, a criatividade artística portuguesa nos dias e meses seguintes a 25 de Abril é modelada pelo imperativo da imediatidade: filmar os acontecimentos como se o real se duplicasse a si próprio e assim fixar *a revolução fazendo-se* (é o trabalho de um conjunto de cineastas portugueses com Glauber Rocha, em Abril e Maio de 1974: *As armas e o povo*[2]); pintar em colectivo, na rua, diante do olhar de todos, um enorme quadro (no dia 10 de Junho de 1974, 48 artistas plásticos pintam uma tela de 24mx4,5m)[3]; dispensar o texto prévio e encenar, por vezes colectivamente, uma peça que é de todos; pôr a escrita literária à prova da oralidade ou da circunstância e, assim, forçar a teoria dos géneros e instituir um devir permanente (do romance para a reportagem, do poema para a crónica, da crónica para o teatro, do teatro para a reportagem, da reportagem para o romance).

Percebe-se de que modo é que a teorização estética *quer* ficar à prova da profundidade estética do momento: imediatidade é, aqui e agora, o momento histórico a recuperar-se como criatividade, a tomar conta das

---

[1] Cf. António Pedro Pita, "O dia inicial: 25 de Abril ou o 'imaginário de revolução'". Conferência de encerramento do III Colóquio de História e Arte: Movimentos Artísticos e Correntes Intelectuais, no âmbito do Programa de Pós-Graduação em História da Universidade de Santa Catarina. Florianópolis, 23-25 Jun. 2010.

[2] Cf. José de Matos-Cruz, *O cais do olhar*, Lisboa, Cinemateca Portuguesa - Museu do Cinema, 2ª ed., 1999, p. 159.

[3] Cf. Isabel Nogueira, *Do pós-modernismo à exposição Alternativa Zero*, Lisboa, Veja, 2007, p. 146

subjectividades individuais daqueles mesmos que por vezes se contestam como artistas e a exprimir-se por elas.

Por outro lado, compreende-se tudo o que, nesta espontaneidade criativa efervescente, vai provocar reserva, distância ou desacordo.

De facto, a imposição da linguagem como instância irredutível do trabalho artístico, a partir dos anos 50, sucede a um período de supremacia do problema da comunicabilidade (condições, meios e finalidades), que é, afinal, o tempo da hegemonia cultural do neo-realismo.

O poeta E. M. de Melo e Castro escreve ainda em 1974 o seguinte: "o advento do estalinismo suprime as verdadeiras vanguardas do esquerdismo russo, onde se encontravam integrados os construtivistas, os produtivistas, os formalistas e os futuristas. [...] É, de facto, a ditadura estalinista que estabelece a dicotomia entre ideologia e criatividade, ao impor o realismo socialista como doutrina estética e literária (coisa que de facto nunca foi). [...] Outra situação de força, provocando a rotura das vanguardas ideológica e literária, é a situação portuguesa na ditadura salazarista. Esta longa ditadura, impedindo durante várias gerações a evolução natural do povo nos sectores da cultura e do acesso à informação, a par da repressão económica e do impedimento da melhoria do nível geral da vida, criou condições óptimas para o florescimento duma 'literatura' neo-realista, que aparecia com todas as virtudes (incontestáveis mas não literárias) da luta pela liberdade e de ser a voz do povo oprimido. Os verdadeiros problemas literários (de que se ocuparam as vanguardas literárias dos anos 40/50 e 60) foram relegados para uma espécie de *ghetto*"[4].

Extinta a ditadura, as condições estavam preenchidas para uma mais original reinvenção das formas e um mais profundo retorno do real, exterior às premissas e às coordenadas dos realismos – mas não para uma recaída nas ilusões do directo e do imediato. Mais ou menos recalcado ou silencioso, o rasto de polémica[5] que percorre a prática artística, o trabalho crítico e reflexão ensaística desses inesquecíveis anos de fogo gira em torno de um velho e sempre renovado problema,

---

[4] Resposta de E. M. de Melo e Castro ao Inquérito "'Vanguarda ideológica' e 'Vanguarda estética'", *Colóquio/Letras*, nº 23, Jan. 1975, p. 9.

[5] Uma análise deste *estado de polémica* (que por vezes deu origem a polémicas efectivas) excede o propósito desta comunicação.

então susceptível de ter respostas inéditas: quais as formas adequadas ao restabelecimento de ligações com o real?

Pode escrever-se uma história das ideias estéticas em Portugal a partir deste ângulo, sublinhando com especial insistência o modo como a relação entre arte e política é instalada na primeira linha das nossas preocupações intelectuais a partir da grande reorganização do campo cultural realizada em 1933.

Com uma veemência inédita reafirma-se, à esquerda e à direita, a centralidade política da arte (e da cultura). Até 1974, não registaremos, em rigor, senão variações, por vezes significativas e, a prazo, fundamentais, mas apesar de tudo variações, da complexa problemática que é desenhada (e delimitada e fortalecida) desde os anos 30.

Por isso, em 1974, não é o facto de o neo-realismo ter já cumprido o seu *ciclo histórico*[6] que põe a relação entre *arte* e *política* fora de cena. Mas é em torno do neo-realismo, quer através das intensas polémicas que ele suscitou ou a que responde quer nas soluções estético-artísticas que dele se demarcam para se afirmarem autonomamente, que a relação entre *arte* e *política* foi mais intensamente (e racionalmente e afectivamente) vivida e elaborada, independentemente dos pressupostos e dos resultados dessa tematização.

É ainda a bagagem conceptual produzida desde os anos 30 – relida, recontextualizada, por vezes mesmo negada – que vai alimentar, à maneira de princípios estruturantes, as problemáticas das décadas de 50 e 60 e que estará disponível, com as actualizações mecessárias, para os artistas de 70 e seguintes.

Esta comunicação sublinha, pois, o modo de instituição de uma problemática, mais do que consiste na abordagem de casos concretos singulares.

2. Um dos aspectos mais interessantes da profunda reconfiguração política e social que decorre em Portugal entre o golpe de Estado de 28 de Maio de 1926 e a sedimentação jurídico-política do Estado Novo em 1933 é a definição da *centralidade política* da arte ou, para tentar ser mais rigoroso, a ocorrência de novos modos de "determinação do sensível",

---

[6] A expressão é de Luís Augusto Costa Dias.

novas formas de "visibilidade e de dizibilidade do que é próprio e do que é comum"[7].

A superfície dessa reconfiguração deixa-se descrever esquematicamente: é a superação do individualismo subjacente ao pensamento republicano e assente na afirmação do indivíduo como célula básica e do contrato como operação fundadora da sociedade.

Não é relevante, para o propósito desta comunicação, analisar os conflitos ideológicos no interior do campo republicano (que não pode reduzir-se a uma modalidade de positivismo, embora o positivismo seja hegemónico) e identificar as linhas de fractura entre a afirmação da política republicana e a oposição larvar mas persistente do Integralismo Lusitano, movimento de recuperação da nostalgia monárquica nas novas condições políticas. Mas a simples referência é útil quer para dotar de passado o corporativismo que é adoptado à direita quer para medir a profundidade do desenlace ideológico que, à esquerda, como corrente dominante, substitui pelo marxismo as várias modalidades de socialismo de extracção proudhoniana.

A descrição da superfície é, no entanto, insuficiente. O *indivíduo* superado no corporativismo e no marxismo é *ideologicamente* substituído pelo *povo* – já não propriamente o povo do romantismo (depositário da origem, fundamento antropológico da nação), por mais significativo que permaneça o seu rasto, e já não, também, o povo republicano (entendido como totalidade de cidadãos). É um povo-totalidade, sujeito de uma história que o corporativismo tende a ler, a imaginar e a reforçar sob a óptica conformista da *naturalização* e que o marxismo valoriza pela óptica optimista da *emancipação*.

Ora, é a cultura, enquanto instância geradora de sentido, que dá consequência política à reconfiguração ideológica. Sem a cultura, os princípios doutrinários da viragem política permanecem num plano virtual. É pela cultura, pelo devir-social que é próprio da cultura, que se *actualiza* o que até aí era virtual.

António Ferro sublinha este ponto quando introduz em Portugal a política do espírito. Primeiro, num artigo, exactamente com esse título, que publica em finais de 1932 com referência a uma resolução do Comité das Letras e das Artes da Sociedade das Nações sobre a

---

[7] J. Rancière, *Políticas da Escrita*, Rio de Janeiro, Editora 34, 1995, p. 8.

necessidade de "examinar e estudar a possibilidade de desenvolver a influência do espírito na vida social, económica e política"[8]. Depois, numa das célebres entrevistas com Salazar: o que verdadeiramente cria *um povo* é da ordem do espírito, é pela "arte, a literatura e a ciência"[9] *que uma nação se torna visível*. António Ferro cita Mussolini a Salazar: "A Arte, para nós, disse ele, é uma necessidade primordial e essencial da vida, a nossa própria humanidade"[10].

É importante situar, perceber e valorizar os pressupostos e as implicações do acordo de Salazar relativamente à importância *política* do espírito. Mas é decisivo perceber que não se trata só de uma questão de orientação política, de regime – mas de um elemento *constituinte* de uma nova problemática.

No novo campo cultural (e político) que está a formar-se, *polarizado* pelo corporativismo e pelo marxismo, concebe-se aquilo a que chamarei o modo de produção de sentido como *um processo integralmente político* – por isso mesmo em polémica com o chamado *subjectivismo*, que caracterizaria a atitude estética da revista *presença*, e com o primado da *reforma das mentalidades*, tópico doutrinário axial da "revista de doutrina e crítica" *Seara Nova*.

Permitam que explicite um pouco mais os meus argumentos em relação a este ponto. António Sérgio traz à revista *Seara Nova* acima de tudo, um pensamento filosófico estruturado, *um sistema* que muito pouco se compagina com o seu proclamado racionalismo crítico e com o pendor ensaístico que quer que seja a singularidade da sua atitude. Correndo o risco da simplificação, direi que uma coordenada nuclear desta imensa obra pode ser o seguinte passo: "a medida de todas as coisas é o pensamento do indivíduo quando o indivíduo realmente pensa criticamente (objectivamente, criticamente, fazendo-se espírito), buscando a coerência consigo próprio e descendo à raiz do seu próprio ser; ora, a raiz de cada um de nós, segundo Sócrates, é a fonte comum de conclusões comuns; é uma razão universal e que por isso nos vincula numa mesma sociedade universal – a sociedade da razão que procuramos concretizar". Quer dizer, o que verdadeiramente importa

---

[8] António Ferro, *Salazar – o homem e a sua obra*, Lisboa, Empresa Nacional de Publicidade, 1933, p. 223.

[9] *Idem, ibidem*, p. 86.

[10] *Idem, ibidem*, pp. 89-90.

numa individualidade é o modo como nela opera a razão universal. Ser racional é afastar-se da imediatidade e construir planos de inteligibilidade capazes de uma cada vez maior unificação porque a Razão é o "pendor a estabelecer uma harmonia, uma ordem, uma coerência, uma unidade em toda a vida da nossa mente", fundamento metafísico que deve conjugar-se com o imperativo prático segundo o qual cada um deve proceder sempre de maneira que possa querer que a máxima da sua acção se torne universal". O tópico verdadeiramente fundante deste racionalismo é exterior às contradições do mundo empírico, situa-se num outro plano, porque o que move o movimento da racionalidade é a objectividade universal, *tornada, simultaneamente, condição e finalidade*.

Quanto a José Régio. Presencista da primeira hora, fundador e doutrinário a quem a estética presencista fica a dever alguns dos seus argumentos-chave, José Régio deixou na sua obra derradeira (e incompleta) *Confissão dum homem religioso* um capítulo que muito nos interessa e que esclarece retrospectivamente um percurso e uma atitude doutrinária e artística. Intitula-se "Os graus do eu". Não se trata de heteronímia: estamos no terreno da heterogeneidade do eu. O poeta cujo "subjectivismo" vai cunhar toda uma atitude, reflecte nessas páginas admiráveis – numa reflexão que é também uma resposta: tardia, definitiva – sobre a complexidade da subjectividade quando é certo que "vários homens há em cada homem"[11]. Entendamo-nos quanto à expressão, para não ficar no limiar da heteronímia: é cada indivíduo que é outros[12] pela exigência da sua atitude intelectual e pela radicalidade que souber imprimir à sua relação com o mundo.

Assim, Régio identifica, primeiro, o "eu particular": "o que no indivíduo há de mais seu próprio como ser único [...] mas de nulo ou muito reduzido interesse para os outros"[13]. Depois, o "eu pessoal": "aquele pelo qual, sem jamais renegar a sua originalidade própria, se eleva o indivíduo acima das suas peculiaridades e particularidades [...] procurando o que nelas possa haver de extensível e ampliável a interesses mais gerais, a posições mais comunicáveis. Dissolvendo-as, digamos, numa comunidade humana criada pela Razão, entrevista pela Intuição,

---

[11] J. Régio, *Confissão dum homem religioso*, Porto, Brasília Editora, 1971, p. 205.

[12] Escreve José Régio: "só imagisticamente se poderá falar numa pluralidade de eus, não havendo senão uma gradação do eu", *ob. cit.*, p. 215.

[13] *Idem, ibidem*, p. 207.

agarrada pela Imaginação e Sensibilidade. Enfim, o "eu transcendente": "intemporal, inespacial, universal"[14].

Se a minha leitura é justa, o movimento de pensamento de Sérgio e o movimento de pensamento de Régio coincidem ou são, pelo menos, análogos. A Razão é o operador que ocorre *na história* mas *não pertence* à história: liberta da imediatidade e estabelece a universalidade em que todos os homens *idealmente* se encontram mas é no indivíduo que se concretiza. Nas palavras de Sérgio, a individualidade é tanto mais forte (quer dizer, autónoma e livre) quanto mais a Razão universal lhe for imanente. Nas palavras de Régio, a subjectividade é tanto mais profunda quanto mais for "eu transcendente".

Gostava que aceitassem a hipótese de que estes dois movimentos de pensamento, nas circunstâncias históricas em que ocorreram, foram literalmente *exemplares*. Assim, distinguirei dois momentos num mesmo processo: o primeiro, de fundamentação metafísica, explícito em Sérgio e implícito em Régio, centra-se na centralidade de uma Razão universal emancipada da História (embora seja uma Razão que só se concretiza no indivíduo); o segundo, de sistematização estética assente naquela fundamentação, institui necessariamente a subjectividade como a instância única de criação, legitimação e critério da obra de arte – mas *uma subjectividade transcendente* e não uma subjectividade pessoal (para manter a distinção regiana e suas consequências), como equivocadamente os neo-realistas irão considerar.

Sem querer simplificar um ambiente cultural extremamente complexo, permito-me destacar duas linhas de força decisivas na sua transformação: em primeiro lugar, a progressiva, mas rápida, substituição, como hegemonia à esquerda, da razão positiva (fundamental no formação e consolidação do ideário republicano) e da razão criticista de base kantiana (eixo do pensamento seareiro nesse período) pela razão histórica (ou histórico-dialéctica); em segundo lugar, com consequência directa nas concepções estéticas, a afirmação progressiva, e também rápida, da *politização do espírito* e da *construção da alma*.

Por mais deslocados, equivocados e mesmo errados que consideremos hoje a argumentos utilizados nas muitas polémicas desse período, é em

---

[14] *Idem, ibidem*, p. 215.

ruptura com o passado próximo que, à esquerda e à direita, a cena cultural e política portuguesa se recompõe entre os meados dos anos vinte e 1933.

Esta recomposição opera em torno de uma questão política de dimensão metafísica. A questão é: dissolvida a ordem política republicana (e gorados que foram os vários movimentos militares, insurreições e revoltas que quiseram repô-la) como estabelecer um (outro) comum, *como gerar comunidade*? De certo, a propósito de uma situação particular, é toda a problemática da instituição da sociedade que regressa, a exigir resposta. Conhecemos *a resposta impossível*: a sociedade de base contratualista, rousseauniana. Então: como gerar comunidade? À direita e à esquerda, é muito severo o diagnóstico da democracia – da experiência democrática portuguesa bem como da ideia democrática.

Para Salazar, "o processo da democracia parlamentarista está feito; a sua crise é universal; supõem ainda alguns que esta é passageira e provocada pelas dificuldades igualmente transitórias do presente momento; os restantes crêem que findou para sempre a sua época"[15].

Podemos identificar, à esquerda, os principais pontos de referência dessa recomposição. Em primeiro lugar, anotemos o modo como jovens (alguns mesmo muito jovens) intelectuais, desligados uns dos outros, desconhecendo-se por vezes ainda em muitos casos, alimentam uma imprensa académica ligada a movimentos juvenis, estudantis ou não: Mário Dionísio em *Prisma* (1933) e *Gleba* (1934-35), Álvaro Salema e Vasco de Magalhães Vilhena em *Gládio* (1935), Armando Bacelar, Fernando Namora e Jofre Amaral Nogueira em *Alma Académica* (1935-38), Armando Bacelar em *Alma Nova* (1935-36), Fernando Namora, Carlos de Oliveira e Egídio Namorado em *Alvorada* (1935-39), José Neiva e Políbio Gomes dos Santos em *Ágora* (1935-36), Leão Penedo e Sidónio Muralha em *Mocidade Académica* (1935-36), Alves Redol em *Mensageiro do Ribatejo* (a partir de 1936), Álvaro Salema, António Ramos de Almeida e Joaquim Namorado em *Manifesto* (1936-39)[16].

Em segundo lugar, deve notar-se o movimento de autonomia conceptual do marxismo relativamente à orientação proudhoniana a

---

[15] A. Ferro, *ob. cit.*, p. 207.

[16] Cf. António Pedro Pita e Luís Augusto da Costa Dias, "Roteiro preliminar da imprensa cultural e juvenil (1933-40), in *A imprensa periódica na génese do movimento neo-realista*, Museu do Neo-Realismo/Câmara Municipal de Vila Franca de Xira, 1966, pp. 57-72.

relacionar com a demarcação política de um Partido Comunista em processo de (re)constituição relativamente a um Partido Socialista em crise.

Um jornal, *Liberdade* ("semanário republicano" e, a partir do nº 188, de Janeiro de 1933, "semanário republicano de esquerda"), publica uma crítica impiedosa à nova Declaração de Princípios do Partido Socialista Português, aprovada na Conferência de Coimbra em 1933 e uma vigorosa condenação da II Internacional (os partidos da II Internacional "chegaram a ser mesmo, na maior parte dos países, o mais fiel apoio da burguesia"[17]).

A crítica – a "autópsia"[18] – da Declaração do Partido Socialista Português[19] tem um ponto prévio que a torna ainda mais significativa. O jornal considera de "bom augúrio" a actualização programática, por estar "a República Portuguesa, até hoje, sem uma Esquerda que constitua uma força capaz de influir de um modo decisivo na orientação da política democrática"[20].

Qual seja esta esquerda esclarece-se quando é a ideia de revolução, tornada contraditória com a ideia de reforma, que se inscreve na ordem de trabalhos dos jovens intelectuais portugueses: "Não somos reformistas. O reformismo é o maior dos obstáculos que se têm oposto à emancipação do proletariado"[21].

Em terceiro lugar, uma famosa conferência, a de Bento de Jesus Caraça intitulada *A cultura integral do indivíduo – problema central do nosso tempo*, pronunciada e editada nesse mesmo ano de 1933, fixa as tarefas da chamada *intelectualidade progressiva*.

Finalmente, importa reconhecer de que importância a arte é investida no processo *político* de gerar comunidade.

Porque, sublinho, é a arte (quer dizer: um modo específico de produção de sentido), é a arte e não a economia, a ciência ou a educação que se considera dispor dos meios para gerar comunidade.

---

[17] F. F. Sorondo, "A derrocada da Segunda Internacional", *Liberdade*, nº 220, 3 Set. 1933.

[18] "A análise do Programa Socialista", *Liberdade*, nº 211, 2 Jul. 1933.

[19] Cf. a documentação relativa à Conferência Nacional em *Pensamento*, nº 47 (ano IV), Fev. 1934, pp. 898-896.

[20] "Editorial – O Partido Socialista", *Liberdade*, nº 180, 6 Nov. 1932.

[21] *Liberdade*, nº 206-207, 28 Maio 1933.

À direita, já no poder que só abandonará em 1968, Salazar declara opor-se a todos aqueles que "tendiam a formar da literatura e da arte, mundos à parte, bastando-se a si próprios, tendo em si mesmos a sua finalidade e razão de ser"[22] e considera ser preciso "encontrar outra funcionalidade, diversa da autonomia baseada na exercitação auto--contemplativa do criador"[23].

À esquerda, a *historicização* da arte (que é, afinal, uma específica *refuncionalização*) está a ocorrer em alguns textos significativos de destacadas personalidades de uma *nova geração*: Álvaro Salema, Vasco de Magalhães-Vilhena e Bento de Jesus Caraça, em 1935 e Alves Redol em 1936.

São, todos eles, conferências[24]. E todas, excepto a de Alves Redol, pronunciadas no âmbito de famosos concertos de *divulgação musical* promovidos, num Salão Artístico, por D. Emma Romero Santos Fonseca da Câmara Reys, esposa de Luís Câmara Reys, director da *Seara Nova*.

Permitam-me que realce a importância excepcional da intervenção de Bento de Jesus Caraça. Caraça, a personalidade chave do processo de estabilização dos princípios de uma nova cultura de referência marxista na conferência de 1933, prolonga (e amplia) a sua intervenção pensando, sucessivamente, a ciência ou as condições sociais da cientificidade (numa conferência sobre Galileu, ainda em 1933), a configuração do aparelho ideológico escolar (numa conferência sobre a escola única, em Abril de 1935) e a importância da arte.

Bento de Jesus Caraça substitui a fácil e falsa oposição entre *cultura popular* e *cultura de elite* pela relação dialéctica entre o trabalho de extensão progressiva do património cultural comum e o trabalho de criação individual, em que um é condição irredutível do outro, num movimento com constantes (a mais importante das quais é o retardamento do

---

[22] Discurso pronunciado na sede do Secretariado de Propaganda Nacional em 21 Fev. 1935, cit. in Jorge Ramos do Ó, *Os anos de Ferro. O dispositivo cultural durante a política do espírito, 1933-1949*, Lisboa, Editorial Estampa, 1999, p. 118.

[23] *Idem, ibidem*, p. 118.

[24] Sobre a importância e o significado da conferência como dispositivo de comunicação e agregação, cf. António Pedro Pita, "Conferência, porquê?", in António Pedro Pita e Luís Trindade (org.), *Transformações estruturais do campo cultural português*, Coimbra, CEIS20, 2008, pp. 291-294.

colectivo relativamente ao individual) e no qual a arte é pensada como "potente aglutinador de sentimentos".

Esta noção, no texto de Caraça, tem a importante consequência de pôr a arte como "agente atenuador do retardamento do colectivo". Não é uma originalidade sua. Ocorre também na conferência de Alves Redol, directamente referida às origens: Tolstoi, para quem a arte é meio de contágio emotivo e Bukharine, para quem a arte é um meio de socialização dos sentimentos.

A tensão que percorre o texto de Caraça é retomada, com formulações várias, em todas as conferências, com destaque para a de Vasco Magalhães-Vilhena, de conceptualização marxista mais explícita, como a retomada do título da obra de Plekhanov, *A arte e a vida social*, bem ilustra, apesar da citação inicial de André Malraux, um belo mote lançado à capacidade reflexiva do jovem filósofo e, ainda que o não soubessem, à apropriação teorizante de uma geração de jovens intelectuais que se pensam como artistas. A tese de André Malraux – "Não creio em nenhuma misteriosa beleza platónica que através dos tempos alguns artistas privilegiados alguns artistas chegassem a atingir, mas a uma relação que se estabelece entre as sensibilidades e a necessidade que elas têm de ser expressas desse modo justificadas. Este problema está no centro de todo o pensamento artístico" – é extraída do discurso pronunciado em Paris em 23 de Outubro de 1934, na reunião que deu conta do I Congresso de Escritores Soviéticos, que se realizara entre 17 e 31 de Agosto do mesmo ano e em que Malraux igualmente participou ("A arte é uma conquista" foi o título do seu discurso)[25].

No entanto, para além de uma aproximação *sociológica*, é preocupação de Caraça aquilo a que poderíamos chamar *o próprio da arte*.

Ora, *o próprio da arte* é a sua capacidade para *gerar comunidade*: para além da oposição entre "razão" e "sentimento" *mas sem a negar*.

A referência a Tolstoi é significativa quando critica todos aqueles que querem "desviar a arte do seu papel de agente de comunhão humana que Tolstoi lhe reclamava com vigor"[26].

---

[25] Ultrapassa os limites desta comunicação, acompanhar com minúcia todas as controvérsias que traduzem esta centralidade política da arte, com realce para a identificação da posteridade nem sempre reconhecida da obra de L. Trotsky.

[26] Bento de Jesus Caraça, *Conferência e outros escritos*, Lisboa, 1970, p. 148.

Mas é conveniente sublinhar, no próprio momento em que entra em cena, que Bento Caraça anota (sempre naquele jeito de observação rápida, típica de uma conferência) o perigo da formulação.

É possível gerar comunidade indo ao encontro do estado *actual* dos conhecimentos, das sensibilidades e das expectativas das pessoas e criar "uma arte de via reduzida, de segundo plano, com grande abundância de literatura de cordel e de fadinho bem medido à torneira da telefonia"[27]. Esta arte *reforça o comum actual*, adormece, é uma evasão do real[28].

Mas é possível gerar comunidade por outra via, mais exigente. Tomando por referência a orientação musical de compositores como Fauré ou Poulenc, cujas peças iriam ser escutadas após a sua conferência, e depois de lembrar os traços mais impressivos daquela nova música ("recusa da sujeição a moldes anteriores", "desejo de se colocarem em continuadores, não em escravos, das tradições do espírito francês em arte"[29]), Bento Caraça escreve: "vejo o maior valor, direi mesmo, a superioridade da música contemporânea na sua feição intelectualizada", que se dirige "mais, talvez, à razão do que ao sentimento, exige do auditor uma concentração de atenção que não permite ao pensamento perder-se sobre coisas distantes"[30].

Distinção decisiva. A "arte de via reduzida" é dispersiva, alimenta as singularidades e as distâncias porque toca o sentimento dos homens num plano de imediatidade que dispensa o trabalho da mediação racional.

Ora dispensar o trabalho da mediação racional significa desvalorizar o trabalho específico da arte – o trabalho da linguagem e a importância da forma, que reaparece na "arte de via longa", intelectualizada e exigente de uma atenção que aproxima os homens e os reúne em torno de uma racionalidade sensível.

Ponto central na argumentação de Caraça é o vínculo que estabelece entre a "arte de via longa" e a integração social: quanto mais exigente for a arte, menos evasiva é e mais aprofunda a relação de cada receptor com os outros, com o mundo e com a história.

Ao mesmo tempo, e nem sequer de um modo muito velado, Caraça distancia-se do princípio de industrialização da cultura, numa crítica

---

[27] *Idem, ibidem*, p. 148.
[28] *Idem, ibidem*, p. 146
[29] *Idem, ibidem*, p. 145.
[30] *Idem, ibidem*, p. 146.

antecipada à emergência de uma cultura de massas e à transformação da comunicabilidade em critério básico da arte.

Ora, é aquilo a que podemos chamar "cultura de massas" que está a nascer em Portugal no interior do salazarismo. O facto de uma cultura de massas emergente (o jornalismo ilustrado de grande circulação, o incentivo ao cinema, o lançamento da Emissora Nacional logo em 1933) estar a desenvolver-se *por dentro* do dispositivo ideológico do Estado Novo é um dado da maior importância e da maior consequência. Num país com 61,8% de analfabetos (em 1930)[31], o modo de produção e de socialização do sentido deve ser um regime da escuta e do olhar, que vai generalizar e uniformizar os valores tradicionalistas que os seus intelectuais mais ou menos orgânicos, os do presente e os do passado, vinham organizando como "imagem de Portugal"[32].

À esquerda, o processo é outro: grande aposta nas instituições populares, de que o programa mais ambicioso é o de Bento Caraça para a Universidade Popular Portuguesa entendida como prefiguração da Universidade do futuro, e iniciativa de colecções de livros em todas as áreas do conhecimento, de que o exemplo paradigmático será Biblioteca Cosmos, com mais de cem títulos editados entre 1941 e 1948.

A convicção de que *a arte gera comunidade* está, pois, disponível desde os meados dos anos trinta. Os jovens intelectuais em processo de tomada de consciência e de organização desencadeado pelas consequências políticas, sociais e artísticas da crise de 1929 e brutalmente acelerado com a Guerra de Espanha vão admiti-la no plano da sua pré-compreensão. Por esta via, pode dizer-se que fica instalada nos pressupostos mais longínquos do neo-realismo.

---

[31] 1940: 49%. 1950: 40,4%. Em trabalhos recentes, de que este texto ainda não se faz eco, Luís Augusto Costa Dias submete estes números a uma análise mais apertada, que permitem distinguir com clareza o peso do analfabetismo rural e interior do que se passa no eixo litoral.

[32] Luís Trindade, "O jornalismo como modernismo. Quotidiano, escrita e massificação", in António Pedro Pita e Luís Trindade (ed.), *Transformações estruturais do campo cultural português, 1900-1950*, Coimbra, Centro de Estudos Interdisciplinares do Século XX, 2008. Relativamente à matéria deste parágrafo, cf. também Manuel Deniz Silva, "'Não aborrecer, nunca aborrecer'. Propaganda e divertimento na programação da Emissora Nacional nos primeiros anos do Estado Novo (1933-1945)", in *idem, ibidem*, pp. 365-397.

De onde, algumas consequências: primeira, para esses jovens intelectuais e depois para a formação e a consolidação do neo-realismo, *a arte não é uma questão derivada*; é *o próprio da arte* que mobiliza politicamente *como artistas* esses jovens intelectuais; segunda, é falso afirmar que há um primeiro momento de afirmação de conteúdo e depois uma preocupação pela forma: a preocupação pela forma e pelo trabalho da linguagem está inscrita no *código genético* do neo-realismo; terceira, é esta tensão, entre o primado da comunicabilidade imediata e o primado da mediatidade das construções formais, que constitui a identidade do neo-realismo.

Nunca foi uma identidade tranquila, esta. No interior do neo-realismo, esta tensão não se limitava ao plano estético. Pelo contrário, quase: concentrava controvérsias de outra ordem, política e filosófica, o que investia a prática artística e a reflexão estética de um longo alcance. Ao mesmo tempo, o neo-realismo era obrigado a responder, no campo da arte, a outros desafios, entre os quais não são menores o progressivo alargamento do surrealismo e a formação de uma plástica não figurativa (ambas as orientações perceptíveis ao longo das dez Exposições Gerais de Artes Plásticas, criadas no Movimento de Unidade Democrática por artistas comunistas) bem como o aprofundamento de uma escrita, poética e ficcional, exterior à problemática neo-realista.

A viragem dos anos quarenta para os anos cinquenta, sobretudo o ano de 1949, é um outro ano-chave, um outro momento de deslocação e de metamorfoses globais da cena cultural e política.

1949 não é só o ano de novas experiências literárias, com Vergílio Ferreira, com Cardoso Pires, com Agustina, com Ruben A., é sobretudo o ano da publicação do primeiro livro de Eduardo Lourenço, intitulado *Heterodoxia*.

À distância de sessenta anos, fica mais claro o que porventura não o era no momento. Se a razão positiva tinha sido, digamos, transformada ou subvertida ou substituída pela razão histórica do marxismo e do neo-realismo, que é uma razão dialética, o que surge em 1949 é, à primeira vista, uma simples demarcação mas, de facto, a *contestação* da razão dialética a partir da razão kierkgaardiana.

Na concentração por isso mesmo clarificadora desse discurso filosófico germinante que *diz o momento* com nitidez percebemos o sentido do que está a acontecer.

Sem abandonar a consciência histórica, a ficção fica permeável (talvez por recepção do existencialismo) à singularidade da afirmação individual: Urbano Tavares Rodrigues, Augusto Abelaira, Maria Judite de Carvalho.

A *razão ardente* (na expressão-título de Nora Mitrani) incendeia a teleologia e a consciência da razão dialéctica e torna-se uma legenda fiel e trágica do surrealismo português.

O cinema, levado pela receita frágil da *comédia lisboeta*, que nem sequer convenceu o ideólogo António Ferro, a uma crise profunda, recupera pelo lado do pensamento (na crítica, nos cineclubes) e por uma prática inesperada (em instituições estrangeiras e na televisão, a partir de 1957) e vai impor uma outra noção de real, um outro modo de representar o real – o que significa aprofundar o debate sobre o realismo[33] a partir de uma nova, e mais radical, perspectiva (recorde-se que o neo-realismo tinha pensado o real a partir da pintura, com Mário Dionísio ou a partir da música, com João José Cochofel).

E Pessoa, esse acontecimento decisivo, ganha horizonte de leitura, fora dos limites estreitos do materialismo histórico e da psicanálise à Gaspar Simões.

Quando a arte quer ser ou se descobre uma *interrogação do real*, que antes de ser o título de um livro de ensaios de António Ramos Rosa é a legenda fiel de uma imensa aventura artística na qual vai rever-se muita da melhor literatura (poesia e ficção) mas também pintura e cinema dos anos 60 e 70, é ainda uma relação com a política que está dizer.

Ou, no devir de intransitividade que foi nesses anos um dos seus caminhos, a ser.

---

[33] É necessário realçar, neste contexto, o livro de Urbano Tavares Rodrigues, *Realismo, arte de vanguarda e nova cultura*, Lisboa, Editora Ulisseia, 1966.

IMPRESSÕES DO SENSÍVEL:
ELOS ENTRE LITERATURA E ESTÉTICA

A relação entre a Literatura e a Estética tece-se numa rede fina, emaranhada ao longo de séculos, sendo fácil nela se perder o leitor desprevenido. A sua história, num sentido mais lato, remonta às primeiras reflexões sobre poesia, entre as quais se contam as de Platão e Aristóteles; noutro sentido, quer a Estética quer a Literatura são conceitos que apenas vão ganhando o sentido actual[1], a partir de meados do século XVIII – primeiro com A. G. Baumgarten e com as teorias do génio e do gosto e, depois, com os românticos que irão aprofundar a sua autonomia conceptual, ao defenderem o valor da arte e da vivência estética.

Abordar as relações entre Literatura e Estética implica levantar várias questões relativas ao campo e objecto de estudo destas disciplinas, ao seu processo de autonomização e à diversidade de formas de pensar a sua especificidade.

Só através de um levantamento, ainda que necessariamente limitado, dos seus questionamentos específicos se poderá discernir com mais clareza o domínio específico da Literatura dentro da Estética, e mostrar os aspectos que ela tem em comum e partilha com outros domínios artísticos – uma proximidade que é muitas vezes esquecida pelos investigadores da obra literária.

---

* Faculdade de Letras da Universidadede Coimbra.
[1] Cf., entre outros, Rancière, 2004: 16-17; D'Angelo, 2004: 35, 111, 227.

Torna-se necessário admitir a complexidade da Estética para abrir caminho para uma melhor compreensão dos contributos recíprocos entre Estética e Poética(s).

1. Autonomia do campo de estudos da Estética e da Literatura

De certo modo, o percurso em direcção à autonomia da Estética é semelhante, e, em alguns passos, contemporâneo da autonomização do campo e do objecto de estudo da Literatura e, mais especificamente, da Teoria da Literatura. É claro que esta situação é de grande interesse, dada a relação de inclusão da Estética Literária na esfera da Estética.

O conceito de *literatura* é recente, pois, embora a acepção moderna comece a emergir "durante a última metade do Século XVIII", ela ainda não surge de forma precisa, por exemplo, na *Enciclopedia* no artigo de Voltaire sobre Literatura (Silva, 1991: 4). Como salienta Silvina Rodrigues Lopes (1994:119), no processo de autonomização da literatura, o seu novo significado "associa-se quer à constituição jurídica de uma nova instância social, o autor, quer à consolidação das identidades nacionais" para as quais concorrem as ideias estéticas. Por isso, é útil atentar na contemporaneidade existente entre a emergência desta sua acepção moderna e a da afirmação do termo Estética, em 1750 e 1758, com a publicação da obra *Aesthetica* de Alexander Gottlieb Baumgarten (*idem*, 155).

Para além de um evidente paralelismo nos movimentos de legitimação da Estética e da Literatura, é indispensável considerar a relação de inclusão autónoma da segunda na primeira, advinda da complexidade intrínseca da Estética, que abarca os vários domínios artísticos.

No que diz respeito à autonomia da Estética, entendida (ou não) como disciplina científica há posicionamentos muito diversos quer sobre o modo de a entender, quer sobre o seu início. De facto, se, para alguns, a autonomia da estética remonta a Baumgarten, com a sua *Aesthetica*, outros estudiosos pensam estar esta autonomia em estado apenas balbuciante. Christian Bouchindhomme, por exemplo, afirma só ser possível considerar a validação específica da Estética a partir do momento em que se separem as águas entre Estética e Filosofia da Arte. Segundo este pensador, considerar que a Estética se encontrava em estado de crisálida ao tempo dos gregos, passando a borboleta com a filosofia alemã moderna, é uma hipótese sedutora, mas falsa (1992: 201). Identifica, então, o problema nodal impeditivo de uma autêntica autonomia: a subordinação da Estética à ideia de verdade[2] – de Platão a Shaftesbury, de Kant a Adorno[3]. A dificuldade de libertação da Estética em relação à Filosofia talvez se explique pelo carácter múltiplo e vário do seu objecto de estudo (constituindo a Arte um *campus* privilegiado, mas não exclusivo da Estética).

Não se pretende negar a afinidade entre a Arte, a Estética e a Filosofia, sendo compreensível a alegoria do parentesco desenvolvida, a partir de textos benjaminianos, na reflexão de Filomena Mónica (2011: 20) quando afirma que "os parentes das obras de arte são os problemas filosóficos". Esta proximidade não pode, porém, obnubilar nem mitigar a reflexão das diferentes poéticas cujos objectivos não se pautam por uma orientação para a verdade.

O reconhecimento da importância da institucionalização das diferentes poéticas manifesta-se vigorosamente nos teóricos contemporâneos[4] que partem essencialmente dos problemas pragmáticos colocados pelas obras de arte recentes. Para eles é necessário e frutuoso o diálogo entre as Poéticas e a Estética que se processa no "mundo da arte" (para utilizar a conhecida expressão de Arthur Danto[5]), se se não esquecer a autonomia de cada domínio artístico.

Por outro lado, convém lembrar que os actos imaginativos e criativos, por si só, também não dão necessariamente origem a obras de arte, como Peter Lamarque reconhece relativamente à literatura:

---

[2] O dilema arte/verdade é também analisado por Maria Teresa Cruz, no artigo intitulado "Experiência estética e esteticização da experiência" (1991: 58).

[3] Esta ligação continua a ser marcante mesmo na inversão operada por Adorno para quem "seul l'art peut encore tutoyer la verité" (Bouchindhomme, 1992: 182).

[4] Inúmeras referências podiam ser aduzidas: a título de exemplo basta pensar nas reflexões de Merleau-Ponty, ou nas obras de Artur Danto, e na recente contribuição de G. Genette.

[5] Embora A. Danto rejeite que a sua ideia de "mundo da arte", erguida em 1964, seja utilizada de forma a dar azo a uma "teoria institucional da arte" (1989: 25), foi neste sentido que ela foi interpretada por G. Dickie, que a identifica com a "vasta instituição social onde as obras de arte tomam lugar", definindo esta instituição como "transmissão de uma herança" (*apud* Chateau, 1994: 63).

"Embora actos de imaginação criativa [...] possam ser necessários para fazer de uma obra 'literatura', eles não são suficientes. Qualquer Estética da Literatura mais precisa deve reconhecer que as obras literárias não são objectos psicológicos em primeira instância tanto quanto são objectos institucionais. Por si só, imaginações inspiradas não fazem de um texto ou excerto discursivo uma obra de arte literária (1997: 9)".

Por sua vez, um posicionamento tendente a radicalizar a autonomia das obras de arte também leva a um beco sem saída, como esclarece M. Teresa Cruz, recordando, a este propósito, a incisiva advertência feita por Gadamer:

"Gadamer alerta para o facto de a insistência na autonomia da arte ser uma *reductio ad absurdum* da arte, conduzindo ao paradoxo segundo o qual aquilo que é absolutamente '*significante por si próprio*' possui uma significação que não pode ser descrita ou enunciada. A reivindicação de uma experiência estética pura é assim preterida em favor da **questão da sua articulação** com outras esferas (Cruz, 1991: 63)".

Segundo M. Teresa Cruz, por entre as duas mais frequentes posturas sobre a experiência estética, ambas utópicas – a da recusa de um conhecimento racional na experiência estética, ou a da identificação da experiência estética à imediaticidade metafísica da intuição de uma verdade institucionalmente definida –, surgem como mais interessantes as perspectivas enformadas numa fusão da Hermenêutica e da Pragmática[6], que advogam para a Estética "uma verdade de dimensão pragmática capaz de reconstruir a interdependência entre 'síntese estética' e 'síntese social'". Para Albrecht Wellmer, por exemplo, a experiência estética "é um fenómeno de interferência das diversas dimensões da verdade" (*apud* Cruz, 1991: 64).

Sobressai, assim, a capacidade articulatória, em termos antropológicos e sociológicos, do estético: "Fundamentar a especificidade [da Estética] só pode ser assim fundamentar a importância da sua articulação, nas actuais formas de vida, com outros modos de experienciar" (*idem*, 1991: 64)

---

[6] Perspectiva visível em autores como Martin Seel e Albrecht Wellmer – a este último pertencem as citações em itálico presentes no texto de M. Teresa Cruz (1991: 64).

Se se pensar, com Paul Ricœur, que esta espécie de apreensão do mundo se processa pela narrativa e pela figuração (Ricœur, 1985: 9), caberá às Poéticas reflectir quer sobre os sentidos quer sobre os processos dessa figuratividade ou desse agenciamento[7] compositivo implicado na narrativa e na ficcionalização.

2. Questões da Estética e do seu campo de estudos

Parecerá algo estranho a estabilização do objecto da Estética ser tão recente se não se tiver em conta a longa ligação da Estética à Filosofia e o predomínio da Filosofia sobre a Estética. Para um autor como Jean-Marie Schaeffer (1992: 343) é mesmo essencial compreender a omnipresença da teoria especulativa da arte nas concepções e vida artísticas dos séculos XIX e XX para medir os efeitos e as consequências negativas da tradição na nossa relação com a Arte.

Por isso é importante levantar uma série de questões que preocupam hoje os teóricos desta disciplina e que podem de alguma forma ajudar à compreensão das relações entre Estética e Literatura. Não se trata de fazer um balanço crítico das teorias estéticas recentes (o que tem vindo a ser feito por estetas e filósofos); pretende-se apenas expor certos aspectos da Estética subjacentes aos diversos domínios, os quais, por isso mesmo, interferem no domínio da Literatura.

Ainda na década de 90 a Estética lutava para ser reconhecida, como afirmava Étienne Souriau (1990: 1376); Plazaola (1991: 281) corroborava esta ideia afirmando que a grande questão colocada a esta disciplina era a determinação do seu objecto, não só devido à sua difícil libertação da Filosofia como também devido à multiplicidade de aspectos a inserir no seu campo de estudos. Este carácter problemático do objecto da Estética está bem patente na entrada "Estética" apresentada no *Vocabulaire d'Esthétique* que dá conta do cruzamento da perspectiva diacrónica com a multiplicidade de aspectos a ter em conta sincronicamente[8]. Aqui se

---

[7] Note-se que *agenciamento* é uma noção que já vem da *Poética* de Aristóteles.

[8] Curiosamente, já F. E Saparshott assumia, em 1936, na obra *The Structure of Aesthetics*, o carácter multiforme das componentes da Estética, a pluralidade de abordagens. Eis por que um dos seus objectivos é dar conhecimento ao leitor das diferentes teorias estéticas e diferentes perspectivas de abordagem para

aplica à Estética a métafora da árvore, considerando-a "una e múltipla". De acordo com esta metáfora há um entendimento genérico da Estética como estudo abstractizante das categorias estéticas ou modalidades do belo, no qual a Filosofia e Ciência da Arte ocupam o espaço nuclear do tronco – numa relação clara de inclusão –, e do qual partem vários ramos de estudo que abordariam a criação estética, as analogias, as formas (estética morfológica), a sensibilidade (estética psicológica), as relações com a sociedade (estética sociológica), etc.

Diferente é a proposta apresentada por Renato Barrilli, na qual o autor, procedendo a uma releitura de Baumgarten, afirma que o posicionamento do filósofo alemão, no concernente ao estabelecimento do *campus* da Estética, era muito menos de unificação que de consórcio[9] (incluindo "quer as *artes liberales* que a *ars pulcre cogitandi*"). Propõe, assim, que esta forma de ligação seja representada diagramaticamente por diferentes círculos não concêntricos dentro do círculo abrangente da Estética (1992: 27).

A reactivação desta ideia de consórcio parece oportuna para salientar a complexidade e diversidade constitutiva da própria estética. A ideia do carácter compósito do objecto de estudo da Estética advém da necessidade de responder às diferentes linguagens da arte, convocando assim a questão da linguagem (tão importante também para a compreensão da especificidade da Literatura). Abre-se aqui um espaço para outra perspectiva, no concernente à delimitação do objecto da Estética: a que se verifica quando alguns autores colocam o problema do objecto como um problema directamente ligado à linguagem. Desta atitude se aproxima, em parte, Croce, que define na sua *Estética* este domínio do saber como "filosofia da arte ou da linguagem", definindo a arte como *expressão*.

---

munir de um saber que lhe permite relacionar as abordagens estéticas com os elementos que trabalham e que visam estudar. (1963: 4). O autor também percorre a questão da relação da obra de arte com a realidade exterior, quer haja ou não intenção mimética.

[9] Esta ideia de consócio pressupunha quer as *artes liberales* (que se distinguiam das artes mecânicas menos nobres), quer a *ars pulcre cogitandi* – distinções que não têm hoje uma equivalência directa.

A translacção do relevo colocado anteriormente nas questões essenciais da Beleza para uma maior importância concedida à linguagem pode observar-se em teóricos como Nelson Goodman, Morris Weitz, Joseph Margolis, George Dickie, os quais põem em causa a própria formulação tradicional dos problemas concernentes à arte[10] (Chateau, 1994: 12). Elucidativo desta atitude é, por exemplo, a mudança da questão *O que é a arte?* para a interrogação goodmaniana[11] *Quand y a-t-il art?* Para além da necessidade de pensar o "problema do objecto da Estética", trata-se de problematizar a própria maneira de formular os problemas estéticos – o que Dominique Chateau (1994: 9) designa por *questão da questão da arte*. Daí a particular atenção que estes autores dedicam à linguagem, ou melhor, às linguagens da arte – o que se torna bem visível e evidente no título goodmaniano *Les Languages de l'Art*.

Em sentido oposto se apresenta a posição, bem radical, de Martin Seel expressa no texto "Le langage de l'art est muet", onde o autor nega que a arte seja uma linguagem, ou possa ser entendida de forma idêntica a um processo de comunicação linguística: "A arte não é uma linguagem entre outras [...], não é uma forma de comunicação entre outras; não se trata, de todo, de comunicação [...]. [O valor das obras de arte] reside antes no seu modo de articulação *para além da linguagem* através do qual elas podem produzir efeitos de comunicação" (1992: 124).

Esta postura chama a atenção para o carácter intransitivo da arte (Barilli, 1992: 34) e a sua opacidade. É neste sentido que M. Seel (1992: 123) define as obras de arte como "configurações articuladas": elas não são simples objectos ou objectos simplesmente articulados, mas "configurações que se mostram no seu acto de articulação". Porém, este mostrar "não adquire o carácter de uma linguagem[12] fundada sobre significações que permanecem invariáveis em qualquer situação" (*idem*).

---

[10] Cf. Chateau, 1994: 12.

[11] Cf. Genette, 1992: 67 e Lories, 1988: 199.

[12] A expressão "linguagem da arte" oculta, segundo este Martin Seel (1992: 123), a diferença categorial que existe entre a articulação da obra de arte e a que caracteriza os sistemas linguísticos.

3. A complexidade da Estética e o interrelacionamento de domínios

O problema da delimitação do objecto da Estética engendra necessariamente um outro, num condicionamento recíproco: a sua complexidade. Seja o objecto da estética definido através da metáfora da árvore ou de uma ideia de consórcio, o que está em causa é sempre a diversidade de elementos, problemáticas ou domínios que ela abrange. Com efeito, o seu campo de estudo compreende, numa visão geral, aspectos que vão da criação estética ou o domínio do "fazer" (onde a figura-chave é a do criador), à recepção estética ou domínio da fruição; da caracterização do objecto estético ao estudo do sujeito experienciador; e ainda da pluralidade das práticas artísticas à essência que eventualmente as possa reunir.

Numa concepção oposta àquela que tenta encontrar a base comum de todos os fenómenos estéticos se encontram os "relativistas", que advogam um entendimento plural da beleza. Indicador deste tipo de posicionamento é a obra de Marc-Mathieu Münch, com o significativo título de *Le Pluriel du Beau*, onde o autor estuda a génese do relativismo estético na literatura e traça o contexto que o determina, indicando o século XVIII, com as teorias do gosto, como marco fundamental para o emergir desta concepção. Nesta perspectiva nega-se a ideia e a possibilidade de definição da beleza, considerando que só há momentos do belo.

As diferentes teorias estéticas têm vindo a alternar entre estas duas tendências: ou se dá a primazia às questões gerais da beleza, ou se acentua a diferença pragmática das diferentes artes.

Ora, segundo Jean-Luc Nancy, o erro reside, justamente, neste ponto neste impulso para optar ou pela pluralidade das suas manifestações ou pela essencialidade que as engloba, precisamente porque o próprio conceito de arte se define num jogo tênsil entre essas duas vertentes:

> "[...] a arte nunca aparece senão numa tensão entre dois conceitos da arte, um técnico outro sublime – e esta tensão ela mesma fica sem conceito. Tal não quer dizer que é necessário, nem, se o for, que é possível, subsumir esta tensão a um conceito. Mas quer dizer que nós não podemos evitar de pensar esta tensão ela mesma" (Nancy, 1994: 16).

Optar por conceber a arte em termos de tensão significa pôr em causa a possibilidade de uma hierarquização, verificando-se assim o que

Remo Badii e Antonio Politi (1997: xii) consideram ser, em determinados contextos[13], a sua condição complexa, pois que "a complexidade está relacionada com uma poderosa condição particular: a falta de convergência de uma abordagem hierárquica".

Confrontamo-nos aqui com a característica organizacional atribuída por Edgar Morin à complexidade desvelada como "unitas multiplex": "A complexidade lógica da *unitas multiplex* obriga-nos a não dissolver o múltiplo no um, nem o um no múltiplo. De sobremaneira, o que é interessante é o facto de um sistema ser ao mesmo tempo mais *e* menos do que o que se poderia chamar a soma das partes" (1991: 285).

Não é nova esta ideia de complexidade aplicada à Estética. Recorde-se que Baumgarten respondia, no § 5, a possíveis objecções à conformação objectual da Estética, apontando como constitutiva a sua multidimensionalidade. No seu entender, ela integra a Poética e a Retórica, mas o seu domínio é mais vasto, pois abarca "o que elas têm de comum entre si" e o que têm de comum com outras artes (Baumgarten, 1993: 96). Não admira, pois, que este filósofo divida a sua Estética em duas grandes partes – teórica e prática –, subdividindo a primeira em Heurística, Metodologia e Semiótica (§ 13). Infelizmente Baumgarten já não escreveu sobre a Metodologia – onde falaria sobre "a ordenação lúcida" das coisas e dos pensamentos –, nem sobre a Semiótica – parte sobre os "signos do pensar e do ordenar de modo belo" (1993: 98).

Embora não saibamos completamente o que Baumgarten incluiria na parte intitulada Semiótica, nem na intitulada Estética Prática, percebe-se o sentido plural que elas teriam e intui-se o vanguardismo da designação Semiótica[14] aplicada ao conhecimento sensível, dada a fortuna alcançada pela Semiótica mais tarde e, em particular, a Semiótica artística.

---

[13] Embora a pesquisa destes autores, se oriente para as possibilidades de formalização da complexidade e seus possíveis modelos, ou seja, aquilo que V. Havelange designa por "exploração positiva das limitações dos formalismos", o estudo dos potenciais modelos de articulação, relacionamento e entrecruzamento entre níveis lógicos diferentes pode trazer contributos de enorme importância à compreensão da complexidade em geral.

[14] Para além de Baumgarten, o termo "semeiotics" surgirá em "Um ensaio sobre o entendimento humano" de John Locke, datado de 1690, sendo aprofundado apenas a partir de 1860 por Charles Sanders Peirce. Existia, porém, a disciplina médica chamada "semiologia" à qual Henry Stubbes (1670) destina

Acresce que esta pluralidade da Estética tem a ver não só com a variedade das formas, mas também com a diferenciação dos sujeitos que as percepcionam e a articulação entre umas e outros.

Com isto se abordam duas outras características reveladas por E. Morin na sua análise da complexidade: a perda da autosuficiência conceptual do objecto[15] e a interdependência sujeito/objecto (1991: 287-288). Ou seja, para além do objecto depender do seu contexto e ao mesmo tempo influir nele[16], o sujeito que o observa não deixa de estar determinado, por sua vez, pelo contexto envolvente. Estes aspectos inserem-se nos imperativos da complexidade que são a "estratégia dialógica" e o "pensar organizacionalmente"[17].

Ora isto implica pensar de uma forma diferente, levando (se se quiser utilizar a conhecida teoria kuhniana) à mudança para um paradigma relacional, em detrimento de um anterior paradigma comunicacional[18]

---

especificamente a interpretação dos sinais (referida também no dicionário de Émile Littré, de 1855).

[15] Este filófoso prefere utilizar a metáfora dos "caminhos" que conduzem à **complexidade** – aliás, caminhos largos, uma vez que fala em oito grandes "avenidas", entre as quais se conta esta aqui referida da perda da autosuficiência do objecto.

[16] Na opinião de E. Morin, isto acarreta como consequência que "l'autonomie se fonde sur la dépendance à l'égard de l'environnement et le concept d'autonomie devient un concept complémentaire à celui de dépendance, bien qu'il lui soit aussi antagoniste" (1991: 288). Este paradoxal relacionamento mostra claramente essa característica identificada por E. Morin como uma das manifestações da complexidade: a perda da autosuficiência do objecto com a concomitante crise dos conceitos fechados e claros (1991: 287).

[17] Por seu turno, V. Havelange (1991: 263) sublinha que o dialogismo é crucial para, dentro da complexidade, revelar "a articulação que ela estabelece entre a ontologia e a epistemologia, o real e o conhecimento científico". Esta articulação está de acordo com essa "revolução cognitiva" que V. Havelange coloca no cerne da problematização nas ciências humanas, no seu balanço das conceptualizações actuais nestes domínios.

[18] Na verdade, parece preferível falar em paradigma relacional em lugar de *paradigma da complexidade* – como propõe Edgar Morin. Com efeito, a colmatar as suas reflexões sobre a complexidade, feitas através da imagem das vias que a engendram e a ela conduzem, E. Morin coloca a hipótese: "Si nous pouvions imaginer un paradigme de la complexité, ce serait un paradigme qui se fonderait sur l'union de la distinction, qui est nécessaire pour concevoir des objets ou phénomènes, et la conjonction, qui est nécessaire pour établir les interrelations

– uma vez que a tónica deve ser posta na capacidade articulatória, ou relacional, ou, ainda, dialógica. Segundo as teorias do pensamento complexo, será em moldes relacionais que se deverão pensar, então, os elos e as ligações entre Poética e Estética.

Esta característica é fundamental para se inteligir, por sua vez, a relação da arte com a realidade[19]. Que exista alguma relação obra-mundo parece facilmente aceitável; já o modo como se processa essa relação tem originado inúmeras discórdias, numa divergência cujos pólos podem ser preenchidos, por um lado, por todas as teorias com base no conceito de *mimesis* e, por outro lado, pelas teorias de criacionistas subjectivistas ou expressionistas.

Aqui enraizam a questão da mimese (conceito para cuja discussão muito concorreram a Crítica literária e a Teoria da Literatura), a dilemática da representação e da expressão e ainda todo o espinhoso problema dos elos entre arte e realidade[20].

3. Estética e Poética e a questão da verdade na arte

Uma vez que a Estética se desenha numa esfera mais lata, que engloba o domínio mais restrito da Arte, ela ajuda, por isso mesmo, a colocar determinados problemas artísticos – entre os quais avulta a ambivalência materialidade/idealidade do objecto artístico. Para além da análise cuidada desta dualidade, o dever de reflectir sobre as diferenças e as equivalências entre a experiência estética natural e a expressão da relação artística obriga a Estética a formular teorias de articulação, teorias

---

et les articulations. [...] Je dirai surtout que ce serait un principe dialogique". (1991: 291).

[19] F. E. Sparshott em *The Structure of Aesthetics* (1936) alerta para o facto de que, mesmo não havendo uma intenção de cariz representativo em certas obras, é preciso sopesar a correlação que elas estabelecem com o exterior.

[20] No plano da recepção estética o conflito entre imaginação e razão anula-se, ou, pelo menos, esbate-se, pois se imaginação e entendimento comparticipam na apreciação, uma "mimese produtiva" vem introduzir instabilidade na mimese reprodutiva (Lopes, 1994: 164). Se se considerar, globalmente, criação e recepção, a complexidade das conexões arte/realidade, arte/verdade instaura-se na referida interferência de diversas dimensões da verdade na experiência estética.

diferenciais, indispensáveis à compreensão do processo artístico na sua complexa tessitura.

Um dos pontos de debate comuns à Estética e à Literatura diz respeito ao relacionamento da arte com a verdade (repercutido no conceito de mimese). Convém a este propósito atentar nas reflexões feitas por Christian Bouchindhomme no artigo intitulado "Naissances de l'esthétique" publicado no volume *L'Art sans Compas*, com o sintomático subtítulo *Redéfinitions de l'Esthétique*. Analisando as posições teóricas daqueles que comummente são apresentados como os pais da Estética – Baumgarten e Kant – Bouchindhomme mostra como, subjacente às teorias estéticas destes filósofos (e de outros), está uma preocupação fundamental, de teor metafísico, que é a procura da verdade como resposta ao sentimento pós-copernicano de perda da unidade do sujeito – como desígnio último surge sempre a *verdade*, sendo a estética *uma* ou *a* via para alcançar essa verdade. Em Baumgarten a verdade estética (realiza-se) atinge-se pelo conhecimento sensível (o sujeito dispõe desta faculdade designada *cognitio sensitiva perfecta*), analogon[21] do conhecimento racional (Bouchindhomme, 1992: 177; Charles, 1985: 295); em Kant, pela capacidade de julgar, através do sentimento do belo e do sublime que é comunicado ao homem por uma Inteligência primordial. Esta subordinação da Estética à Metafísica e à Filosofia perdura sob o enorme peso da influência histórica da Filosofia alemã no pensamento europeu, que arrasta, sobretudo com Hegel, outro conceito-chave que é

---

[21] A postura de Baumgarten é um pouco mais matizada do que à primeira vista pode parecer, pois distingue, no § 423 ss., a verdade metafísica da "verdade esteticológica", a qual é subjectiva, no sentido em que "a mediação estética, ficando no interior do horizonte que é o seu, esforça por obter uma visão fina através dos sentidos e do analogon da razão". Para Baumgarten a verdade estética requer, por um lado, "a possibilidade absoluta de pensar os objectos de modo belo" e, por outro, a possibilidade hipotética dos seus objectos" (cf. § 431). Uma vez estabelecida a destrinça, o filósofo alemão coloca-se explicitamente do lado dos que negam a existência duma fronteira rígida (*idem*) entre a verdade estética e a verdade lógica – fronteira que deverá ser pensada num registo interferencial. Se algo a crítica pode apontar a Baumgarten é o facto de conceder ainda demasiada importância à própria questão da verdade no seio das suas preocupações estéticas – a sua noção de verdade estética.

o de História. No final do arco histórico traçado por Bouchindhomme encontra-se Adorno para quem "seul l'art peut encore tutoyer la verité"[22].

Neste seu esquisso histórico, Bouchindhomme afirma que a Estética não se libertará da Filosofia enquanto for entendida pela via da subordinação à trilogia História, Arte e Verdade. A Arte (tal como a Estética) não pode ser submetida ou dirigida ao conceito de verdade, e só depois de uma teoria pós-metafísica da razão que aceite "que é possível e pensável um pensamento cuja vocação não seja pretender dizer a verdade" (1992: 198), será evidente e possível a libertação da Estética.

Com Bouchindhomme internamo-nos num problema do maior interesse para a compreensão da obra de arte: a confusão entre verdade e validade estética. Ora Literatura há muito tempo que traz um enorme contributo à Estética, no que a este problema diz respeito, porque põe em causa a relação normal da linguagem com o real, introduzindo um "estranhamento" que passa pela não-obediência à orientação para a verdade. Como é sabido, a questão da "mentira" na obra de arte literária recua até ao tempo de Platão, sendo os poetas menorizados por Sócrates n'*A República*[23], quando diz, por exemplo, que Hesíodo e Homero fazem "fábulas falsas". Desde muito cedo, pois, a determinação da validade da literatura e da arte tem sido orientada para a sua relação com a verdade. E, ao longo da História da Literatura, nas mais diversas querelas e polémicas literárias, esta questão tem reaparecido sistematicamente, tomando-se ora o partido duma estreita relação da arte com a verdade – como acontece no Realismo do século XIX –, ora reivindicando a autotelia da arte – propagada pelos defensores da "arte pela arte". Assim, na Literatura, a possibilidade de entender a arte não ligada à necessidade e à verdade surge pela comparação com a utilização utilitária da linguagem

---

[22] Segundo Bouchindhomme, este esteta cai no paradoxo de uma Filosofia que apenas pode sobreviver tornando-se Estética, a qual não tem outro recurso senão tornar-se no seu objecto, a arte, por sinal à beira do abismo.

[23] Platão, aborda esta questão logo no início de *A República*, no Livro II, pois apresenta Sócrates duvidando da validade dos poetas para a construção duma sociedade ideal, afirmando que "no conjunto, as fábulas são mentiras, embora contenham algumas verdades" (1996: 87). Já, porém, em *Fedro*, Sócrates parece valorizar a verosimilhança em detrimento da similitude, pois, na Arte da Oratória, a primeira conseguirá fazer o público acreditar que é verdade o que disse o orador melhor que a segunda, preenchendo assim o seu principal objectivo que é o de convencer o público (1969?: 124).

na comunicação quotidiana (comparação com a Oratória e Filosofia no caso de Platão).

Segundo Bouchindhomme um dos contributos de maior interesse carreado pela conceptualização derridiana (dentro do panorama do pensamento francês) consiste na postulação da "diferância" (différance) entre "arbitrariedade necessária do signo e a sua diferença em relação àquilo que designa" (1992: 192). Ora a obra de arte literária (e, em particular, a poesia) acentua esta diferença e, por isso mesmo, essa diferença sempre intrigou os filósofos e os estetas conduzindo-os ao questionamento desta especificidade para encontrar a especificidade da arte. A Literatura ofereceu e oferece um domínio especial para a reflexão estética – embora partilhe, de forma mais notória hoje, essa especificidade com outros domínios artísticos que também utilizam a linguagem, nomeadamente o cinema. Christian Bouchindhomme conclui que a obra de arte se impõe como oposto da linguagem natural, sendo "uma linguagem artificial e singular na sua essência" e, neste sentido, a linguagem da literatura não é a linguagem natural em que está escrito o romance; é a organização do *material* que constitui a "linguagem natural" (1992: 200). A obra de arte estabelece, assim, a sua própria gramática, não sendo a sua linguagem nem o resultado "de uma actividade teórica do conhecimento" nem o resultado de uma convenção normativa, moral ou política", mas sim o resultado de "uma criação própria de cada artista" (*idem*). A obra de arte tem, pois, com a sua coerência própria, a qual "pode continuar a fazer jogar sentidos novos", sendo, assim, possível pensar uma linguagem "cuja vocação não seja a de pretender dizer a verdade" (*idem*). As obras de arte estarão sempre a ser feitas, pelo que pensar a sua produção e análise "segundo um regime de validação específica é uma tarefa que ainda está nos seus balbuciamentos". Por isso o autor conclui que, "neste sentido, a estética só está a nascer agora" (*idem*, 201).

Na verdade, a legitimação de tipo científico que alguns estetas pretendem ver aplicada à Estética esbarra não só com a pluralidade e com o carácter mutável da obra de arte, mas também com a dificuldade que emerge da noção de "confusão"[24], advinda da célebre antinomia leibniziana, entre conhecimento confuso e conhecimento distinto (*apud*

---

[24] Segundo Luc Ferry, a automonia do sensível, sendo oscilante, tende para o irracionalismo, pelo que constitui "um verdadeiro desafio lançado à lógica" (1994:40).

Ferry, 1994: 96). Neste sentido, os procedimentos e objectivos perseguidos pela ciência são diferentes dos da arte, como esclarece Gilles Deleuze, pois enquanto aquela visa a organização do caos em sistema e variáveis, a "arte apanha um pedaço de caos num enquadramento, para formar um caos composto que se torna sensível, ou de que retira uma sensação caóide enquanto variedade" (1992: 180).

Com efeito, a complexidade e o carácter ao mesmo tempo irredutível e permeável da experiência estética, do juízo estético e do fenómeno estético obrigam a uma reformulação do racional, uma vez que a razão e o racional são chamados à liça sem no entanto funcionarem em predomínio, antes operando em coabitação com o entendimento sensível e a imaginação.

4. Da Estética às Poéticas: contribuições

Conceitos como categoria estética, atitude estética (cf. Beardsley, 1988: 62), valor estético, julgamento estético (ou avaliação crítica), fruição estética, estilo, etc.[25] foram sendo constantemente catapultados para as poéticas e para a crítica artística, mas, por vezes, sem a consciente ou devida reflexão sobre esta permeabilidade de fronteiras.

Longe de uma pretensão de exaustividade será, no entanto, importante observar alguns destes elementos cuja utilidade é evidente para as diversas poéticas, tornando-se coadjuvantes na crítica artística.

O conceito de categoria, ou melhor, predicado estético, por exemplo, aparece mais organicamente teorizado e estruturado na Estética do que na Poética. De facto, na crítica literária utilizam-se muitas vezes designações como "trágico", "cómico", "sublime", "burlesco", remetendo, por vezes,

---

[25] Alguns destes conceitos resultam sobretudo de (ou, ao nível da apreciação, aplicam-se a) características intrinsecamente estruturantes das obras, como, por exemplo, "predicados estéticos", "valores", "juízo de valor", "géneros" ("formas" na música, por exemplo), "temas", "motivos", "estilo" (de autor); outros, como "corrente estética", "movimento estético", "estilo" (de época), aplicam-se a fenómenos estéticos, que visam, as suas relações com os contextos histórico-artísticos; outros ainda, como "paródia", "pastiche", "imitação", aplicam-se sobretudo a fenómenos de interrelacionamento e diálogo entre obras ou entre obras e estruturas.

para o conceito de tom, outras vezes para o conceito de género, sem se definir com precisão que tipo de elemento se trata, e a que nível funciona.

Embora tenha já uma longa história, esta noção foi alvo de diferentes abordagens das quais se salientam aqui apenas alguns aspectos que expliquem o seu processo transformativo e a sua cristalização em géneros e formas. De entre as várias perspectivas e propostas de sistematização sobre as categorias estéticas salienta-se, pela sua capacidade projectiva, aquela realizada por Robert Blanché na obra *Des Catégories Esthétiques*. Este esteta defende a separação analítica das categorias enquanto normativas e valorativas, por um lado, e enquanto conceito descritivo, por outro, e advoga a utilidade de um sistema aberto, dinâmico e capaz de responder às variações históricas.

Analisa criticamente os sistemas de categorias propostos por Lalo, Bayer e Souriau, chamando a atenção para o carácter instável, mutável e inconclusivo destes conceitos fundamentais da Estética, e para a dificuldade de "fixar um limite para lá do qual um predicado deixe de ser propriamente estético" – pois quase sempre os predicados estéticos juntam ao seu sentido descritivo um sentido apreciativo (Blanché, 1979: 22, 33).

Ao invés dos teóricos referidos que pretenderam fornecer *a* lista das categorias, Blanché visa racionalizar a abordagem de tão complexa problemática e, para tal, afirma que apenas é possível "propor *uma* [lista]" a encarar "como uma simples enumeração hipotética e provisória" (Blanché, 1979: 30). Neste caminho, a sua simpatia vai para um método indutivo de levantamento de categorias, procedendo metodologicamente por proximidades e oposições, estabelecendo categorias novas a partir de categorias já teorizadas e comummente aceites – num método onde "conceptualização e estruturação vão a par". Assim, sem abdicar da recusa de um sistema fechado, nem por isso se demite de propor uma sistematização.

Neste sentido, reformula a figuração em rosácea proposta por Souriau[26], a qual, acrescentada com as suas complementações e ajustes, se configura do seguinte modo:

---

[26] Étienne Souriau faz a sua proposta num artigo intitulado "Art et vérité", publicado na *Revue de Philosophie*, em 1933 (*apud* Blanché, 1979: 40).

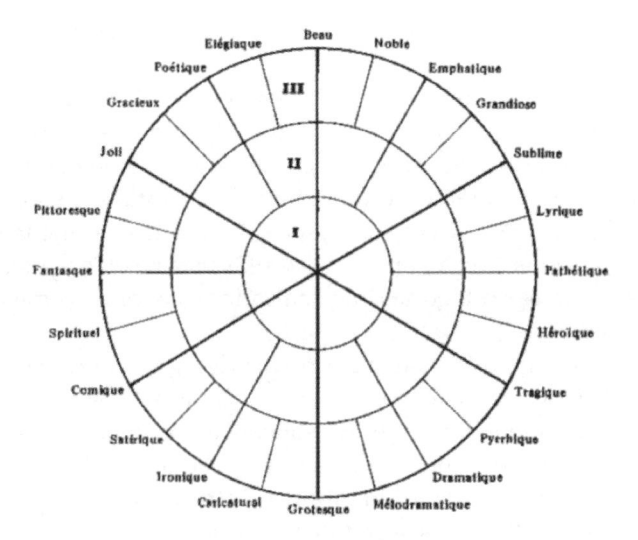

[Diagrama circular com categorias estéticas dispostas em três anéis concêntricos (I, II, III) divididos em setores, com as seguintes etiquetas no anel exterior: Beau, Noble, Emphatique, Grandiose, Sublime, Lyrique, Pathétique, Héroïque, Tragique, Pyrrhique, Dramatique, Mélodramatique, Grotesque, Caricatural, Ironique, Satirique, Comique, Spirituel, Fantasque, Pittoresque, Joli, Gracieux, Poétique, Elégiaque.]

É imprescindível dizer que, apesar dos elementos aduzidos, Robert Blanché remata o seu estudo insistindo na inoperacionalidade e inadequação de considerar um sistema fechado de categorias, afirmando que será sempre possível criar outras categorias (1979: 97).

Sob outro prisma se orienta a abordagem do *Vocabulaire d'Esthétique* onde é concedida uma grande atenção a este conceito com o intuito de estabelecer e descrever as suas componentes, ou condicionantes, a saber:
– um *ethos* – definido como uma atmosfera afectiva específica;
– um sistema de forças estruturado – definido como "o agenciamento dos elementos numa relação e interacção orgânica" e que terá a ver com conceitos como *coerência* e *coesão* utilizados nas teorias do texto, no caso da obra literária;
– um tipo especial de valor estético – ao especificar uma variedade particular de ideal estético, que serve de referencial à apreciação estética[27];

---

[27] Aproxima-se, assim, da noção de *tercidade* [*thirdness*] utilizada por Charles S. Peirce na sua abordagem conceptual das categorias. Explicando o conceito de categoria na filosofia e considerando, em particular, o entendimento peirceano, Fernando Gil afirma que, na determinação da experiência, a tercidade implica para o filósofo americano "la référence à un interprétant, grâce auquel il devient possible d'individuer et de reconnaître Primité et Secondité: l'identification d'une

— a possibilidade de verificação em todas as artes (critério de reconhecimento).

Esta estimulante abordagem evidencia o carácter complexo do conceito, ponderável apenas pelo congregar de aspectos e níveis diferentes. Contudo, reconhecer o conceito de *categoria estética* como uma abstracção resultante de um compósito multidimensional como faz Anne Souriau[28] não explica o processo do que G. Genette designa como "pertencimento categorial" (1997: 197), nem resolve o problema da objectivação dessas categorias ou predicados estéticos, e o modo como ela se processa.

Face às principais teorias explicativas deste conceito, na sua obra *L'Œuvre de l'Art. La Relation Esthétique*, Gérard Genette contradita alguns dos argumentos anteriores e salienta os elementos considerados pertinentes, de forma a fundamentar a sua perspectiva teórica. Depois de analisar pormenorizadamente o estatuto das "categorias" ou "predicados" estéticos, o seu modo de funcionar e as suas aplicações, defende que os predicados estéticos (e ainda mais notoriamente os artísticos) estão na intersecção de uma subsunção categorial (histórica, genológica ou outra) e de uma apreciação estética, orientando-se da "categoria de referência" para o predicado apreciativo" (1997: 197-8). O entendimento genettiano deste conceito conexiona-se, obviamente, com a sua compreensão do fenómeno estético, dado que subscreve uma teoria sujectivista e relativista da relação estética[29]. De acordo com esta

---

qualité et la description d'un fait s'obtiennent par l'intermédiaire d'un jugement et présupposent la mémoire et un code" (Gil, 1985: 375). Porém, a disposição das categorias do ponto de vista do *sujeito* será inversa: surgirá inicialmente uma percepção e sua interpretação (tercidade), depois esta percepção que se interpreta (segundidade) e por último, por abstracção, os sentimentos individuais aos quais reenvia a decomposição da percepção (primidade) (*idem*).

[28] Anne Souriau realiza uma primeira descrição do que entende por categoria estética num texto integrado na entrada dedicada à Estética da *Encyclopædia Universalis*, em 1985. Mais tarde, no *Vocabulaire d'Esthétique*, condensa a sistematização e enfatiza a expressão "valor ideal", em detrimento da escolhida anteriormente – "género ideal" –, como terceira componente do conceito de categoria estética (Souriau, 1985: 299; 1990: 325).

[29] Esta posição relativista surge na esteira do relativismo de Hume indo além do de Kant – filósofo que, segundo G. Genette, contrabalança o seu subjectivismo com a teoria da comunidade de gostos. O esteta francês chega mesmo a qualificar a sua teoria de *hiperkantiana*, "puisque, du subjectivisme assumé et défendu par

sua postura teorética, é então compreensível que este pensador francês considere irrestringível o rol dos predicados estéticos[30] e que prefira o termo "predicado" (e não "qualidade" ou "categoria"), recordando que a designação é kantiana.

Como nas suas reflexões não deixa de se repercutir o seu profundo conhecimento da Poética, G. Genette facilmente diagnostica na predicação estética em geral[31], e sobretudo na predicação artística o processo de objectivação[32] ou cristalização categorial. Tal processo implica a transferência de qualidades apreendidas pelo sujeito para qualidades atribuídas ao objecto – processo que é claramente sinedóquico, pois opera por mudança categorial (cf. Zimmerman, 1989: 36). Os *predicados*, afirma o autor, constituem "eficazes operadores de objectivação"[33] (1997: 114), uma vez que o seu aparente carácter descritivo encobre a relação

---

Kant lui-même, je tire une conséquence relativiste dont celui-ci [...] se gardait pour tous les moyens possibles" (1997: 144).

[30] E assim concorda explicitamente com Arthur Danto (1989: 246), que já dissera ser a lista dos predicados estéticos interminável – ou qualidades estéticas já que A. Danto utiliza este termo como sinónimo daquele.

[31] Pode ainda considerar-se a diferença apresentada por Sparshott entre "modos de percepção de formas" e "modos de expressão". Determinadas "modalidades do sentir" são, de facto, objectiváveis em obras de arte, mas dificilmente o são relativamente aos objectos naturais, no sentido da inadequabilidade de qualificar uma montanha de "cómica", ou uma paisagem de "humorística". No entender de F. Sparshott, não se deve confundir "the tragic *attitude* with the typical form of tragic *event*, and both of these with the *genre* of tragedy as a kind of play" (1963: 153-154).

[32] Para Genette, sendo um fenómeno de psicologia empírica, a objectivação do julgamento "c'est la tendance naturelle à attribuer à un objet, comme une propriété objective, la 'valeur' qui s'écoule du sentiment qu'on éprouve à son endroit." (1997: 86, 101).

[33] Comentando o alcance da dilucidação deste processo, J.-M. Schaeffer afirma: "En mettant au jour le mécanisme de l'objectivation, l'analyse des prédicats développée para Genette permet du même coup de comprendre le statut du jugement esthétique et la confusion entre les propriétés relationelles et propriétés internes qui le caractérise. Étant donné que cette confusion est inscrite dans la structure grammaticale des phrases, elle paraît difficilement évitable. Mais cela n'exclut pas la possibilité d'une prise de conscience du quiproquo" (1996: 223).

apreciativa do sujeito[34]. Mas, mais do que uma simples transferência, este processo ganha, por assim dizer, *opacidade* através da *representação* ou da *presentificação*[35].

Logo à partida, Genette postula como critério diferenciador da relação artística (relativamente à relação estética relativa aos objectos naturais) a "intenção" autoral, que se encarrega, por assim dizer, de propor que um determinado objecto seja considerado como objecto estético; aponta ainda como distintivo da "candidatura artística"[36] a "pregnância dos dados técnicos", sendo "a função artística o lugar por excelência de interacção entre o estético e o técnico" (1997: 190, 192).

Assim, um dos sintomas[37] passíveis de estimular a atenção estética será aquilo que o teórico francês designa por "saturação semântica" (*idem*, 69). Mas, na sua opinião, de acordo com, para além da **atenção** é imprescindível à relação estética a **apreciação**, que ganha contornos específicos no caso da relação artística, por causa da referida pregnância técnica. Relativamente às obras de arte, o "pertencimento categorial", decorrente das suas qualidades intrínsecas, está dependente de propriedades estéticas estabilizadas, mas também de propriedades

---

[34] Para G. Genette são predicados mistos: descritivos e apreciativos (1997: 116). Mas, como este autor se apressa a esclarecer, este processo é mais complexo na relação artística, onde entram outros factores não existentes na relação estética.

[35] Também Genette utiliza a distinção obra representativa *vs* obra presentativa (1997: 244).

[36] Expressão que está em sintonia com a de G. Dickie (1992: 22) que também fala de "candidatura à apreciação" estética, incluindo esta expressão na sua definição de "obra de arte", uma vez considerado o seu "estatuto" e o seu carácter institucional (cf. Genette, 1997: 138, 163). Já em 1940, E. Panovsky falava em "solicitação de uma percepção de ordem estética" (*apud* Genette, 1997: 164, 166). Por seu turno, Bouchindhomme fala em termos de "pretensão" à "validação": "un œuvre d'art est une production humaine à laquelle s'attache une prétension en vertu de laquelle cette production s'inscrira dans l'économie de son registre." (1992: 187)

[37] Genette analisa a teorização de Goodman sobre os sintomas, a noção de *exemplificação*, a de *expressão*, resgatando o sintoma goodmaniano da "exemplificação complexa", que, segundo o teorizador francês, corresponde à *saturação semântica* (Genette, 1997: 59, 63, 69).

não-estéticas *emergentes*[38]. A apreciação artística tem de lidar, por isso, com propriedades padronizadas – seja por subsunção, seja por rejeição inovadora contra o padrão instituído – e também com os factores variáveis permitidos dentro dos modelos.

Em tríade se dispõem estas propriedades na proposta de Kendall Walton, o qual defende que as propriedades estéticas de uma obra "não dependem apenas das suas propriedades não-estéticas, mas variam também conforme estas propriedades sejam padrão, variáveis ou anti-padrão" (1992: 89).

Comentando esta divisão, Genette diz ser preferível reduzir para dois estes tipos de propriedades, pelo que propõe a seguinte dicotomia:

> "[...] os traços *determinantes do género* e os traços *determinados pelo género*. Os primeiros são traços padrão, que determinam a subsunção de uma obra a uma categoria [...], mas também os traços anti-padrão quando determinam [...] uma categoria nova [...]. Os traços determinados pelo género são os traços varáveis de Walton, que são opcionais, e, portanto, esteticamente pertinentes e activos no interior do género que os aceita". (1997: 214).

A apreciação artística funciona, portanto, activando preenchimentos categoriais e genológicos.

Assim, importa pensar a *apreciação* estético-artística com uma componente subjectiva e, também, com uma componente objectiva respeitante à obra em si. Para tal é preciso activar, por um lado, as propriedades inerentes ao predicado ou categoria estética, considerar o valor de uma obra de acordo com esse aspecto, e apreciar a obra tendo em conta se preenche satisfatoriamente ou não as características do predicado a que aspira; por outro lado, é preciso ponderar quais dessas propriedades categoriais são reconhecíveis (ou passíveis de virem a ser reconhecidas) como géneros e, nesse estatuto, serem submetidas à apreciação artística que se deve pronunciar quanto ao cumprimento (ou falta dele) das características correspondentes e quanto ao respeito (ou falta dele) da orgânica estrutural das suas componentes. Dos predicados aos géneros

---

[38] Kendall Walton esclarece ser esta uma designação de Frank Sibley (1965), que estabeleceu este elo de dependência entre propriedades estéticas e não--estéticas (*apud* Walton, 1992: 88).

caminha-se por raciocínio sinedóquico, uma vez que se activa a lógica da generalização das partes para o todo[39].

Muito consciente da relevância da Arte no âmbito da Estética e desperto para o estudo do interrelacionamento entre Poética e Estética, a teorização de Gérard Genette – reconhecidíssimo teórico da literatura, que, ao tempo da publicação da obra *L'Œuvre de l'Art*, não era uma figura de referência para os estetas franceses e muito menos para os estetas anglo-saxões – reveste-se de particular interesse para a Estética exactamente porque se trata de um pensador que parte de um profundo e aturado conhecimento da Poética (e, por isso, bem posicionado para desmontar e deslindar a peculiaridade da estética literária dentro da Estética).

Antes da publicação desta incortornável obra, G. Genette organizara a tradução do inglês para o francês de textos marcantes sobre estas questões[40]. Na introdução desta antologia, G. Genette defende a necessidade de "desvectorizar" a relação estética condensando a sua ideia nesta fórmula magistral: "não há obra de arte a não ser no encontro activo de uma intenção com uma atenção" (1992: 8).

Voltará a esta questão no primeiro volume de *L'Œuvre de l'art*, obra na qual Genette tem como um objectivo fundamental a descrição do objecto artístico. É com este fito que propõe a seguinte definição de obra de arte: *"uma obra de arte é um objecto estético intencional*, ou [...] *uma obra de arte é um artefacto* (ou produto humano) *com uma função estética"*. Basilar é,

---

[39] Remontando às fundações da lógica categorial, Eugenia Zimmerman brilhantemente demonstra como na sua base se encontra o raciocínio sinedóquico: "once we are dealing with 'some' and 'all', we are in the realm of logic, for 'some' and 'all' are the quantifiers governing both traditional categorial logic with, at its heart, the categorial syllogism, and the modern predicate calculus [...] It is this connection with categorial logic that constitutes the 'specialness' of synecdoche" (1989: 36).

[40] Assim, Genette organizou a divulgação, em francês, de textos de problematização moderna da Estética, escritos por autores como Kendall Walton, Nelson Goodman, George Dickie e Charles L. Stevenson num volume, publicado em 1992, com o título *Esthétique et Poétique*. No pequeno texto introdutório, onde justifica a necessidade de divulgar estes textos, explicita este alargamento em direcção à Estética pela utilidade de reconhecer a "distribuição inclusiva entre a teoria da arte em geral e da teoria da literatura em particular" (1992: 7).

portanto, a noção de intenção⁽⁴¹⁾, essencial para a ideia de "candidatura à apreciação estética".

Neste primeiro volume de *L'Œuvre de l'Art*, G. Genette estabelece todo um aparelho descritivo capaz de reflectir a "ontologia" restrita das obras de arte. Quanto aos "modos de existência" da obra de arte, Genette afirma o seu carácter compósito: a existência da obra de arte "consiste em uma imanência *e* uma transcendência" (1994:17) – a insistência neste "*e*", em certa medida, resolve a querela entre duas posições tradicionais: uma professaria "que todas as artes consistem exclusivamente em objectos físicos" e outra, atribuída de forma demasiado simplista a estetas "idealistas", sustentaria que a obra "não existe plenamente senão no espírito do seu criador, *cosa mentale*", sendo os objectos artísticos meras incarnações grosseiras desse ideal – posição que, no entender do autor, tem como escolho negar à obra toda a verdadeira capacidade de comunicação intersubjectiva.

E G. Genette passa a especificar e pormenorizar, distinguindo dois regimes de imanência: o autográfico e o alográfico (designações que entende preferíveis a *material* vs *ideal* por serem menos precisas). No primeiro, o objecto físico é indispensável à sua autenticidade; no segundo, a imanência é ideal e várias ocorrências são possíveis. No que toca ao regime alográfico, passa-se do critério do que é autêntico para o que é pertinente *vs* contingente, prescrito *vs* não prescrito, uma vez que as práticas alográficas se caracterizam pelo emprego dum sistema: a língua, a notação musical, os diagramas de arquitectura. Há assim uma identidade específica (*quiddité*) e uma identidade numérica ou individual (*haeccéité*) (*idem*, 27).

O autor organiza visualmente estas suas destrinças relativas a diferentes domínios artísticos estabelecendo um quadro com estes casos entre outros:

⁽⁴¹⁾Coloca-se, neste sentido, em oposição a M. Beardsley e a W. Winsatt que contestam a operacionalidade do conceito de intenção, almejando uma estética objectiva (*apud* Lories, 1988: 224).

Imanência   Texto literário
Manifestação   Dicção ─────────── Escritura

Imanência   Texto musical
Manifestação   Execução ────────── Partitura

Imanência   Coreografia
Manifestação   Dança ───────────── Notação

Imanência   Obra arquitetónica
Manifestação   Edifício ─────────── Plano

Indipensável à especificação das relações entre Poéticas e Estética é também a destrinça entre **apreciação estética** e **apreciação artística**, apresentada no segundo volume da obra *L'Œuvre de l'Art*, fruto da demarcação analítica entre atenção e apreciação estética. Na verdade, o subtítulo *La relation esthétique* é elucidativo do conteúdo estudado, pois congloba as relações da chamada Estética Natural e as relações artísticas – mas com um claro acento na especificidade desta últimas.

Jean-Marie Schaeffer, para quem a *teoria especulativa da arte* elidiu a distinção entre a esfera da estética e a esfera artística (1992: 344), salienta a importância da destrinça genettiana[42] entre intencional e atencional – a qual permitirá estabelecer diferentes tipos de julgamento estético: por um lado, aqueles que são feitos sobre objectos intencionalmente estéticos ou, então, sobre objectos não intencionalmente estéticos, ainda que utilitária e intencionalmente feitos, mas vistos agora numa perspectiva estética; e, por outro lado, aqueles que são realizados sobre o que não é intencionalmente feito, apenas existe (Schaeffer, 1996: 371).

Alguns aspectos destas diferenças são também considerados por Martin Seel que propõe o conceito de "articulação" e defende a noção de obra de arte como uma "configuração articulada". Partindo destes pressupostos, pode então analisar vários modos de articulação da obra

---

[42] Esta distinção surge já na obra *Fiction et Diction* (1991: 11), mas será precisada posteriormente em *L'Œuvre de l'Art* (cf. Genette, 1994: 10-12; 1997: 137, 267).

de arte com o mundo e estabelecer vários tipos de percepção estética: **contemplativa, corresponsiva** e **imaginativa**. Estas designações, embora algo fluidas ou ambíguas, também podem ser úteis, num sentido operatório, para esclarecer o problema da intencionalidade. Para este filósofo, "são obras de arte aqueles objectos que, devido à sua articulação imaginativa, possuem na maior das vezes uma energia – corresponsiva e/ou contemplativa – intensificada" (Seel, 1992: 136). Contudo, é preciso reter a ideia de que estas diferenças não são entendidas por este autor como excludentes, sendo necessário, pelo contrário, entendê-las como um *continuum* transitável. Se às obras de arte, entendidas como "construções imaginativas" (1992: 131), se acede por percepção imaginativa isso não exclui os outros tipos. Aí reside, de certa forma, a complexidade das obras de arte:

> "Devido à sua unidade estética, a obra de arte permite ao homem encontrar-se a si próprio de acordo com as suas possibilidades fundamentais: a distância contemplativa no concernente ao mundo vivido, a participação corresponsiva relativamente a esse mundo, a percepção imaginativa aberta sobre ele. As obras de arte são objectos estéticos, nos quais estas possibilidades se imbricam de múltiplas maneiras". (Seel, 1992: 136).

Ora esta atitude de compreender a obra de arte e a relação estética na sua capacidade articulatória é fundamental para um entendimento actualizado da Estética, abrindo uma nova perspectiva da relação da arte com o real.

Esta articulação pressupõe esse caminho relacional da intenção à atenção que solicitam as obras de artes e pressupõe a complexidade da relação obra-mundo. Ora a intencionalidade[43] traz um aumento de complexidade à relação artística (se comparada com a relação estética),

---

[43] Como se referiu, de acordo com G. Genette, é o carácter intencional que permite distinguir a relação artística como caso específico da relação estética em geral. A valorização do factor intencional advogada por G. Genette está em explícita oposição relativamente à postura de M. Beardsley (Genette, 1997: 93). Na verdade, Genette contesta veementemente a conhecida postura objectivista de Monroe Beardsley, ao desvalorizar a intenção (Beardsley, 1981: 21; Lories, 1988: 223; Genette, 1997: 173).

devido ao carácter complexo do sujeito no seu compromisso intencional, ao qual se junta ainda a natureza estruturalmente complexa do objecto artístico (1997: 9).

Por seu turno, a consideração da intencionalidade pode impulsionar um entendimento do processo de configuração estruturante das categorias ou predicados estéticos – processo esse da máxima importância para o estudo das Poéticas.

Estudar a predicação pode ser, assim, uma forma de chegar próximo de um entendimento da percepção estética enquanto conhecimento sensível assente no "corpo" – raiz comum do processo criador e da recepção estética. Neste trânsito, pelo qual se passa de um conhecimento ao nível do sensível à expressão e à representação e *vice-versa*, muitos pensadores (filósofos e artistas) atribuem um papel de relevo à imaginação.

Kendall Walton, restringindo-se às obras representativas, afirma que as obras de arte instauram um *fazer-crer – mimesis* imaginativa de atitudes e situações reais – assente gerativamente num *Princípio de Realidade*.

Paul Ricœur, por sua vez, fala de "inovação semântica" ligada à "imaginação criadora"[44], e distingue dois processos por que ela se manifesta: a metaforização e a narrativa (récit) ou a montagem da intriga (recorrendo ao mimetismo temporal, num sentido aristotélico de "agenciamento de incidentes"[45]). No caso específico da narrativa a inovação semântica consiste na transformação operada pela intriga narrativa, ao criar a unidade temporal de uma acção numa "síntese do heterogéneo" próxima da metáfora (Ricœur, 1983: 9). E esta nova "pertinência na predicação", criada pela intriga de ficção, alicerça-se numa disposição criativa da vivência do tempo, que Ricœur estuda sob a designação de "variações imaginativas" do tempo (1985: 229).

Configuração revela-se, então, um conceito-chave em termos produtivos. De facto, na relação artística, de um lado, o criador está consciente de

---

[44] No original: "L'innovation sémantique peut être rapportée à l'imagination productrice et, plus précisément, au schématisme qui en est la matrice significatrice." (Ricœur, 1991: 10).

[45] Para Aristóteles, "o elemento mais importante é a trama dos factos, pois a tragédia não é a imitação de homens, mas de acções e de vida [...] a própria finalidade da vida é uma acção, não uma qualidade. [...] A tragédia é, por conseguinte, imitação de uma acção e, através dela, principalmente [imitação] de agentes. [...] Assim determinados os elementos da tragédia, digamos agora qual deve ser a composição dos actos [...]." (Aristóteles, 1994: 111, 112, 113).

que deve proceder a uma série de escolhas para a configuração da sua obra (de acordo com as convenções ou assumidamente contra elas); do outro lado, o da recepção, estabelecer-se-á uma relação entre um sujeito e a representação ou a expressão que foi configurada. Acresce, porém, que o autor sabe, de antemão, como se desenvolve o processo de recepção, jogando muito vezes humoristicamente com isso; por outro lado, o leitor também se apercebe deste jogo reagindo positiva ou negativamente a esse apelo lúdico-imaginativo.

Para além dos problemas já levantados, convém salientar ainda a importância para a Estética da destrinça entre os conceito de "valor", de *preferência* ou *gosto*: pode pensar-se uma coisa de maior valor que outra (mesmo em termos éticos), mas a nossa preferência pode recair sobre esta última, por razões estéticas, ou afectivas ou outras (Souriau, 1990: 1376). A expressão o "valor de uma obra" implica ver o conceito de valor inserido num conjunto de relações comparativas relativas ao "pertencimento categorial", mas também acciona o modo como se vêem as suas relações com o real empírico.

Com intuito de encontrar a especificidade estética deste conceito Donald McCloskey (1991: 213) propõe a designação de **valor estético conjectivo** (nem subjectivo nem objectivo): "A alternativa às estéreis disputas entre o objectivo e o subjectivo é, para cunhar um termo, o conjectivo. O conjectivo é aquilo que sabemos em conjunto, em sociedade, em virtude de um discurso comum. É tudo sobre que podemos discutir" (*apud* Amaral, 1994: 51).

São evidentes os ecos kantianos nesta ideia de comunidade, mas nela estão também reflectidas as ideias de Stanley Fish sobre "comunidades interpretativas" (*idem*, 52), que se podem aproximar da já aludida noção de "mundo da arte", com toda a sua relevância para o entendimento da apreciação estética.

Em suma, pode afirmar-se que os vários conceitos aqui referidos são cruciais para a compreensão, a análise e a crítica das obras de arte em geral, sendo, por isso, também relevantes para o estudo da Literatura.

Hana Jechova distingue três grandes áreas dos estudos literários: a teoria, a história e a crítica literária. Não deixa de salientar, porém, a falta de ligação que normalmente se verifica entre estes saberes. Poderá a Estética fazer a ponte?

5. Da Poética à Estética

A relevância do estudo das poéticas[46] é hoje admitida no seio dos estetas. Esta perspectiva de abordagem releva de uma mudança que se operou nos domínios da reflexão teórica da estética, ao considerar não só a importância da Poética em geral, mas também das poéticas epocais, no seu pragmatismo e especificidade[47].

Reflectindo sobre as relações entre Estética e Poética, nota-se, como afirma Luciano Ancheschi, uma mudança de atitude face à desconfiança mútua entre estes dois domínios. Se a Estética rejeitava as reflexões poéticas pela sua normatividade ou pelo seu condicionalismo epocal, a Poética suspeitava, na reflexão estética, uma conceptualização abstractizante, alheada e distanciada das suas preocupações concretas. Mas, a verdade é que Estética e Poética comunicam interactivamente dentro dessa esfera da arte, ou seja, como diz A. Danto no "mundo da arte".

Assiste-se, aliás, na investigação da estética fenomenológica[48], a uma revalorização da poética e da capacidade crítico-reflexiva dos próprios artistas, concedendo-se especial atenção aos processos internos que vão de uma "reflexão pragmática (preceitual, normativa, idealizante) nascida

---

[46] As movências, as alterações e as supressões categoriais e estruturais são detectáveis diacronicamente e repertoriadas pela história das diferentes artes. Daí a relevância do estudo das reflexões dos próprios autores/criadores sobre o seu *fazer* artístico – a sua *poïesis* –, e a necessidade de descobrir as novas propriedades reivindicadas na implantação das novas poéticas – propriedades essas que, por sinédoque, se instituem como novas categorias comandantes da apreciação.

[47] Também P. Lamarque (1997: 9), sublinha o peso da complexa prática social nas poéticas, sendo, por isso, muito importante pensar a institucionalização da literatura e das suas convenções. Só assim se pode defender a legitimidade da perspectivação literária, de pleno direito e com autonomia (Lamarque, 1997: 201).

[48] Embora, há muito tempo atrás, já uma ou outra voz se tivesse levantado no sentido de apontar os contributos benéficos e úteis da poética para a estética. Por exemplo, o filósofo T.-M. Moustoxidi, ao estudar e descrever os sistemas estéticos anteriores, afirmava: "La critique et spécialement la critique littéraire, a beaucoup contribué à l'évolution des idées esthétiques vers la science." Como exemplos aponta: Mme de Staël, Victor Cousin, Villemain, Sainte-Beuve (1918: 212).

do interior da vida da arte" até à elaboração mais filosófica (Ancheschi, 1959: 1591). Na crítica fenomenológica "la poética es considerada como una estética pragmática que mantiene relaciones variadas con la estética especulativa" (Pousa, 1994: 149). Como a tónica é posta nas relações entre a reflexão e a experiência poética, nela ganham particular realce as situações auto-reflexivas plasmadas nas próprias poéticas (*idem*, 152).

No que diz respeito à Literatura será importante perceber e repensar as diferenças colocadas por atitudes mais radicais, nomeadamente a da "arte pela arte", a da arte comprometida. Mas, por sobre estas diferenças mais ou menos polarizadas, o que a Literatura permite é a questionação da proximidade entre a linguagem literária e a linguagem quotidiana, pois desta proximidade surgem confrontos e diferenças que suscitam enorme interesse entre os estetas, sobretudo pela potencial novidade que o questionamento teórico-literário sobre estes aspectos pode trazer para a revelação dos procedimentos e processos de diferenciação que caracterizam o objecto artístico relativamente ao objecto comum.

Diferentes correntes da Teoria da Literatura têm contribuído para esta questionação ao perseguir o intuito de legitimação do literário e, portanto, da estética literária, ainda que sob perspectivas diferentes.

O Formalismo Russo, movimento teórico do início do século XX, lançou o conceito de *estranhamento*, – um conceito essencial para a distinção entre a linguagem normal e a linguagem literária, mas passível de ser generalizável à obra de arte em geral e que ainda hoje contém aspectos pertinentes[49]. Para além disso, desenvolve toda uma preocupação com o estudo das formas do objecto de arte considerado em si mesmo, carreando assim uma grande mudança na crítica literária e artística, tradicionalmente muito historicista e biografista. São de salientar, entre outros, os trabalhos de Jakobson (que funcionou como o elo de ligação entre o movimento russo e a Escola de Praga) sobre as funções da linguagem e os trabalhos de Ian Mukarovsky sobre as

---

[49] Sob a perspectivação da Teoria dos Polissitemas, a arte também é entendida como uma construção social de pensamento que "recreates worlds that continue and interruped the world of everyday life" (Pires, 2006: 49).

funções na obra de arte[50] e a obra de arte ententida como objecto de semiose estética[51].

Ainda entre os anos 30 e 40, é fundamental o contributo de Roman Ingarden com a publicação de *A Obra de Arte Literária* que, muito influenciada pela fenomenologia, chama a atenção para os diferentes estratos da composição da obra literária – contributos que podem ser aplicáveis à análise e compreensão de outras obras de artes.

Também foram muito importantes os avanços da Semiótica literária, que trouxe novos instrumentos e processos aos estudos de Semiótica artística em geral. Iuri Lotman merece aqui um destaque especial, nomeadamente através da sua consideração do sistema literário como sistema *modelizante secundário* por sobre o *sistema modelizante primário* que é o da língua[52]. Isto permite considerar a obra de arte literária como dependente não só do sistema linguístico, mas também do sistema literário e do seu conjunto de códigos específicos: os códigos técnico--narrativos e compositivos, os códigos rítmicos, os códigos e estratégias ficcionais e os códigos cénico-dramáticos – referidos pela designação geral de policódigo literário.

Esta postulação de dois níveis de composição para obra de arte literária pode ser aplicada às outras artes. Isto mesmo reconhece Edmundo Balsemão Pires que, no texto, intitulado "Pequena Axiomática Estética para uso de filósofos e consulta de outros artistas", afirma: "cada obra

---

[50] Sob a influência dos estudos da língua, Mukarovski também propõe para a obra literária vários níveis de análise. Já no final da década de 30 distinguia quatro funções na obra de arte: a representação, a expressiva, a apelativa e da "função" estética.

[51] Alguns das seus ensaios foram reunidos mais tarde em volume em traduções alemãs, francesas e inglesas. Em português salienta a publicação de vários textos em colectâneas sobre o Formalismo Russo (como, por exemplo, o texto "A arte como facto semiológico") e o volume de ensaios *Escritos sobre Estética e Semiótica da Arte*.

[52] Todo o segundo capítulo da obra *Teoria da Literatura* de Aguiar e Silva é dedicado ao estudo do sistema semiótico literário e, dentro deste capítulo, no ponto 2.8, o autor divulga o entendimento de Lotman sobre o conceito de *modelo* ("tudo quanto reproduz o próprio objecto, tendo em vista o processo cognoscivo") e de *sistema modelizante*: "por sistema modelizante entendemos o conjunto estruturado dos elementos e das regras; tal sistema encontra-se em relação de analogia com o conjunto dos objectos no plano do conhecimento, da tomada de consciência e da actividade normativa" (1991: 90).

de arte é uma combinação singular de meios e formas da percepção, meios e formas da comunicação e instruções da sua própria decifração para um público possível. Ora, esta singularidade e autonomia deve ser interpretada sob ponto de vista semiótico e, em especial, à luz da distinção entre "sistemas modelizantes primários" e "sistemas modelizantes secundários", iniciada na Escola de Tartu e continuada por T. Sebeok.

Assim, o estudo das gramáticas e dos policódigos das diferentes criações artísticas pode fornecer – e fornece – à Estética todo um conjunto de estudos genológicos e categoriais que preenchem tradicionalmente o seu saber técnico específico, passando a constituir uma parte do seu objecto de reflexão. Por seu turno, esta reflexão abre caminho àquilo que Bernard Vouilloux (1997:16) designa por "relações transestéticas" que pressupõem a passagem, a translação e/ou a adaptação de conceitos e processos de um domínio artístico a outro.

A reflexão metaliterária, de modo particular, pode trazer ainda um conhecimento significativo à Estética na medida em que aborda conceitos menos formais e extensíveis não só a vários domínios artísticos, e aos seus metadiscursos, mas também à análise do discurso em geral nas suas diversas estratégias representativas e comunicacionais. Entre esses conceitos salientam-se o conceito de *composição* de Uspensky, os conceitos de *orquestração, hibridismo, dialogismo* e *polifonia* de Mikaïl Bakhtine e o conceito de focalização proposto por G. Genette.

Todos estes conceitos, com a sua profundidade teórica e com os seus potenciais matizes de sentido, se revelam aplicáveis aos discursos sociais. Eles podem ser coadjuvantes na Análise Crítica do Discurso – tal com a entende Teun van Dijk – facilitando a tarefa de desmistificação e desmontagem dos processos e contextos[53] comunicativos, os quais são, frequentemente, veículos de preconceitos e estratégias demagógicas. Neste sentido, a própria complexidade das composições literárias significa uma mais-valia, para os leitores que dela têm conhecimento, uma vez que os dota de uma maior labilidade de resposta à sociedade actual tal como é caracterizada por Gilles Lipovetsky – uma sociedade

---

[53] Note-se que Teun van Dijk reflectindo sobre o conceito de *modelo de contexto*, defende "que os contextos não são constrangimentos 'objectivos' e 'determinísticos' da sociedade ou da cultura, mas sim interpretações, construções ou definições subjectivas participantes desses aspectos do meio ambiente social." (Van Dijk, 2006: 163).

que se rege pela hipervalorização do presente, com uma dinâmica fundada no excesso e na desmesura, dominada pelo consumismo e pelo domínio do efémero (2011: 62, 63). Para escapar à situação de sujeito-alvo (que facilmente descai para a situação de sujeito-vítima) é crucial para o público-leitor o ser capaz de desconstruir os discursos publicitários, os discursos falaciosos e os discursos facilitistas – ora o leitor habituado à complexidade da Literatura está mais treinado a fazer essa desmontagem. Neste sentido a Literatura é muito mais que um simples tipo de discurso entre outros, como de modo infeliz comummente se pensa, havendo até alguns linguistas que também assim pensam: a Literatura é o discurso mais complexo e, por isssso mesmo, o mais dialógico, o mais completo e o mais harmonioso, como diria Álvaro de Campos.

Intrinsecamente implicada nesta translação de sabedoria está a ideia da própria Literatura poder trazer (ou não) aos seus leitores um determinado conhecimento do mundo: ou seja, levanta-se aqui a questão do valor científico-cognitivo da Literatura, para além do valor estético ou do mérito artístico. David Davies, na obra *Aesthetics and Literature*, salienta como os teóricos cognitivistas defendem que, para além do conhecimento afectivo e do conhecimento prático, as obras literárias "são uma fonte de *entendimento categorial*" (Davies, 2007: 146).

No eixo destas reflexões surge frequentemente uma comparação estabelecida com a Ciência: trata-se de saber se a Literatura é capaz de proporcionar (ou não) um discernimento cognitivo semelhante ou equivalente ao transportado pela Ciência, problema que, amiúde, se liga mais à ficção que à poesia, precisamente porque na primeira surge, de forma mais avassaladora, a questão da mimese. Também, quanto a este conceito os estudos literários têm trazido contributos relevantes para se encontrarem algumas resposta (ou, pelo menos, alguns caminhos a elas conducentes). Na verdade, o conceito de mimese tem sido reequacionado ao longo da história das ideias literárias, permitindo-nos ter, actualmente, ideias mais avançadas sobre as possíveis relações entre a mimese artística e o mundo real que lhe serve de ancoragem. Neste sentido é de salientar a sua revisão dentro da teoria filosófica dos mundos possíveis[54],

---

[54] Como se sabe, esta teoria tem uma origem leibniziana que é retomada, na década de 70, por filósofos como Robert Adams, Alvin Plantinga (*apud* Ryan, 1991: 553).

aplicada à teoria literária[55], a qual, abordando o problema da relação do texto com o mundo actual sob o molde da possibilidade imaginativa, traz nova luz ao problema e novas possibilidades de sistematização. Neste sentido, é valiosíssimo o contributo de Marie-Laure Ryan (1991: 553-576), que propõe uma série de critérios para o estabelecimento de tipologias de relações de acessibilidade entre os mundos possíveis literários e o mundo actual. Nesta tipologia, a ficção fantástica apresenta uma menor quantidade de semelhanças com o mundo actual ao passo que "ficção realista" apresenta características semelhantes às do mundo actual, excepto no que toca ao "inventário de objectos" (nomeadamente a criação de personagens) e no próprio acto enunciativo de ficção[56].

Mais sedutora ainda, muito coerente e de profundo alcance cognitivo e hermenêutico, se revela a proposta de Kendall Walton, respeitante à arte representativa, com a sua teoria da *mimesis* como um faz-de-conta (*make-believe*). Esta teoria presupõe, pela polissemia que a palavra inglesa semeia, quer uma vontade de fazer-acreditar, da parte do autor, quer a vontade de querer-acreditar, da parte do leitor, sendo neste "encontro activo" (na fórmula genettiana já referida) lúdico e contratual, que se engendra a obra de arte ficcional. Esta teoria ultrapassa a repetida fórmula de Coleridge que pensava a ficção como "suspensão da descrença" ("suspension of disbelief"), uma vez que propõe entender o ficcional como um acto corresponsivo de "pretender acreditar" ("make-believe").

Próxima destas perspectivas surge a abordagem de Amie Thomasson que, ao estudar o estudo ficcional das personagens, salienta como elas são "artefactos abstractos" (*apud* Davies, 2007:116), artefactos esses baptizados pelos autores, e propostos como possibilidades que os leitores reconhecem como tal.

---

[55] Por autores como Lubomír Dolezel, Umberto Eco, Thomas Pavel (*apud* Ryan, 1991: 553).

[56] Segundo esta autora, "Fictional universes always differ by at least one property from our own system of reality: even if the sender of the fictional text pretends that every thing is exactly the way it is, the world he selected as the center of fictional universe differs from the actual world in that the intend and act of producing a fiction is a fact of the latter but not of the former. [...] On all points other than its own existence as fiction, however, a fictional text may offer an exact reproduction of reality. Novelist are aware of the possibility when they warn the reader that any resemblance to actual individuals and events should be regarded as purely fortuitous." (Ryan, 1991: 561).

Na mesma ordem de ideias, as ficções também são encaradas pelos cognitivistas como "*hipóteses* sobre a organização geral das coisas no mundo, ou *crenças* sobre aspectos específicos do mundo, ou *potenciais modos de discernimento* categoriais sobre coisas da nossa experiência (*idem*, 160). A Literatura, pela sua complexidade, potencia a agilidade aos seus leitores de se orientarem (ou se desorientarem) na rede complexa dos raciocínios abdutivos e inferenciais[57].

Daqui se passa, por vezes demasiado depressa, para a questão que David Davies, designa por responsabilidade ou responsabilização da Literatura[58]. Com efeito, uma coisa é considerar uma determinada cosmovisão ficcional ou poética como uma hipótese de leitura ou categorização do mundo e, a partir daí, fazer inferências sobre o mundo real, outra coisa bem diferente é realizar aplicações ético-moralizantes directamente dos mundos ficcionais e/ou poéticos ao mundo experiencial e actual.

Na verdade, enquanto fruto do polissistema literário, as obras literárias são "construções de pensamento e não só de sentimento", e, enquanto construção de pensamento a arte moderna "recria mundos que continuam e interrompem o mundo da vida quotidiana", introduzindo "uma subversão poiética [que] consiste numa diferença na orientação da observação" (Pires, 2006: 49). Trata-se de uma diferença que pressupõe a originalidade, concorrendo assim para esse tal *não sei quê* de uma obra de arte que faz dela um artefacto estético inovador e único.

Mais do que um sistema estratificado e funcional, a obra de arte instaura, com efeito, um dialogismo intersubjectivo[59] e relacional (bem visível se pensarmos na obra de arte dramática) que funciona

---

[57] Sobre o desenvolvimento da capacidade inferencial através da leitura integral de textos literários e sobre o leitor proficiente há toda uma vasta bibliografia, de que se pode salientar, a título meramente ilustrativo, os trabalhos de L. Gambrell e de Jocelyne Giasson.

[58] Trata-se da manifestação de "preocupações acerca da responsabilidade (accountability) do autor" (Davies, 2007: 182), arrastando a noção da necessidade de o autor orientar a sua criação para o bem social – ou seja, a antiga questão, já referida, da funcionalidade ético-pragmática de literatura – levantada por Socrates n'*A República*.

[59] O sentido intersubjectivo é também aprofundado por J. Habermas (1987: 116) na sua "teoria do agir comunicacional" estabelecendo relações entre o mundo objectivo, o mundo social e o mundo subjectivo.

internamente, mas que também se estende à sua relação com o mundo externo. É neste sentido que Jacques Rancière (2004: 35) vem defender uma estreita relação entre estética e política, sublinhando a necessidade de uma "estética relacional que rejeita tanto as pretensões à auto--suficiência como os sonhos de transformação da vida pela arte, mas que reafirma contudo uma ideia essencial: a arte que consiste na construção de espaços e de relações para reconfigurar material e simbolicamente o território comum".

A arte literária, ao engendrar construtos imaginários, mimetiza afectos, sentimentos e sensibilidades, que cristalizam em géneros mais ou menos convencionados ou convencionais, com uma estruturação sintagmática que, por sua vez, vai condicionar as produções vindouras, as possíveis relações da obra com o mundo externo e também a sua apreciação estética.

Técnico e estético articulam-se, geram-se reciprocamente. Determinam-se historicamente, dando origem ao que G. Genette designa por "relativismo categorial" (1997: 218) dado o reconhecido "carácter dinâmico" das categorias de genológicas (*idem*, 206). Eis o motivo pelo qual a apreciação artística[60] se revela frequentemente tríplice, comportando "uma condição perceptiva", uma "atribuição genológica" e um "julgamento determinado pelo cruzamento dos outros dois elementos" (*idem*, 201).

Intrinsecamente ligados surgem, em suma, o jogo interno do leitor com a obra, o relacionamento da obra com o mundo e a apreciação avaliativa. Não existem separadamente – condicionam-se. Ao leitor cabe accionar estes elementos e participar na apreciação, e pode fazê-lo com uma maior ou menor disponibilidade de envolvimento e/ou de

---

[60] Para a apreciação artística é indispensável a disponibilidade e predisposição receptiva, mas também são importantes determinados conhecimentos técnicos apreendidos culturalmente. Assim, uma falsa clivagem se coloca, muitas vezes, entre o sentir estético e o olhar informado do conhecedor de uma determinada poética. Um maior conhecimento não impede o sentir. Por exemplo, K. Walton (1990: 273), na sua teoria da representação artística, reconhece a perspectiva dual do apreciador, o qual é capaz de participar no jogo ficcional e, ao mesmo tempo, observar o modo como está montado e como é composto esse jogo.

conhecimento. Ora esta disponibilidade – se não formos irredutivelmente pessimistas – pode ser cultivada e os conhecimentos técnicos podem ser ensinados e aprendidos.

Abre-se aqui o lugar para educação estética – a qual, por sua vez, originará novas propostas culturais com novas formas estéticas. Por isso a Arte é, como diz Fernando Pessoa, essencialmente dinâmica.

Bibliografia

AMARAL, Fernando Pinto (1994), "Os Valores e os Sentidos. (Notas sobre crítica e juízo estético)", *Limiar* (Revista de Poesia), vol. 4, 1994, pp. 51-53.

ANCHESCHI, Luciano (1961), "Le poetiche del Novecento in Italia", in *Momenti e problemi di storia dell'estetica*, Parte Quarta, Milano, Marzorati-Editore, pp. 1581-1733:1599

ANGELO, Paolo e GARCIA, G. (1999), *Dicionário de Estética*, Lisboa, Edições 70, 2004.

ARISTÓTELES (I a.C.) *Poética*, Lisboa, I.N.-C.M. 1994.

BADII, Remo; POLITI, António, *Complexity: Hierarchical Structures and Scaling in Physics*, Cambridge, Cambridge University Press, 1997.

BAKHTINE, Mikhaïl, *Esthétique et Théorie du Roman*, Paris, Gallimard, 1978.

BAUMGARTEN, A. G. (1750), *Estética. A lógica da arte e do poema*, Petrópolis, Vozes, 1993.

BEARDSLEY, Monroe C. (1958), *Aesthetics. Problems in the Philosophy of Criticism*, Indianopolis/Cambridge, Hackett Publishing Company, Inc., 1981.

BEARDSLEY, M.; WINSATT, W. (1954), "L'illusion de l'intention", in LORIES, Danielle (org.), *Philosophie analytique et esthétique*, Paris, Meridiens Klincksieck, 1988, pp. 223-238.

BLANCHÉ, Robert (1979) *Des Catégories esthétiques*, Paris, Librairie Philosophique J. Vrin.

BOUCHINDOMME, Christian (1992), "Naissances et renaissances de l'esthétique", in BOUCHINDHOMME, Ch.; ROCHLITZ, R. (dir.), *L'art Sans Compas. Redéfinitions de l'Esthétique*, Paris, Éd. du Cerf, pp. 173-201.

CHATEAU, Dominique, *La Question de la Question de l'art. Note sur l'esthétique analytique*, Vincennes, Presses Universitaires de Vincennes, 1994.

CRUZ, Maria Teresa (1991), "Experiência estética e esteticização da experiência", *Comunicação e Linguagens*, n° 12/13, Janeiro, pp. 57-65.
DANTO, Arthur (1981), *La Transfiguration du Banal. Une Philosophie de l'Art*, Paris, Seuil, 1989.
DAVIES, David (2007), *Aesthetics & Literature*, London, Continuum.
DELEUZE, Giles (1991), *O que é a Filosofia*, Lisboa, Ed. Presença, 1992.
DICKIE, George (1973), "Définir l'art", in GENETTE, Gérard (org.), *Esthétique et poétique*, Paris, Ed. Seuil (Points), 1992.
DOLEZEL, Lubomír (1986), *A Poética Ocidental. Tradição e Inovação*, Lisboa, F. C. Gulbenkian, 1990.
FERRY, Luc (1990), *HOMO AESTITICUS. A invenção do Gosto na Era Democrática*, São Paulo, Editora Ensaio, 1994.
GENETTE, Gérard (org.) (1992), *Esthétique et poétique*, Paris, Ed. Seuil (Points).
GENETTE, Gérard (1991), *Fiction et Diction*, Paris, Ed. Seuil.
GENETTE, Gérard (1994), *L'Œuvre de l'Art*, vol. I, Paris, Ed. Seuil.
GENETTE, Gérard (1997), *L'Œuvre de l'Art. La Relation Esthétique*, vol. II, Paris, Ed. Seuil.
GIL, Fernando (1985), "Catégories ", in *Encyclopædia Universalis*, Paris, Encyclopædia Universalis, pp. 374-377.
GOODMAN, Nelson (1977), "Quand y a-t-il art?", in LORIES, Danielle (org.), *Philosophie analytique et esthétique*, Paris, Meridiens Klincksieck, 1988; in GENETTE, Gérard (org.), *Esthétique et poétique*, Paris, Seuil (Points), 1992.
HABERMAS, Jurgen (1987), *Théorie de l'agir communicationnel*, Paris, Fayard.
HAVELANGE, Véronique (1984), "Complexité, psyché, société. Introduction", in SOULIÉ, Françoise (dir.), *Les Théories de la Complexité. Autour de l'Œuvre d'Henri Atlan* (Colloque de Cerisy), Paris, Seuil, 1991.
JACQUES, Francis (1985), "Valeurs", in *Encyclopædia Universalis*, Paris, Encyclopædia Universalis.
JECHOVA, Hana *et alii* (1986), *Esthétique Littéraire Comparée, Prépositions, Applications*, Paris, Didier Editeur.
KANT, Immanuel (1790), *Crítica da Faculdade de Julgar*, Lisboa, IN-CM, 1990.
LAMARQUE, Peter (1996), *Fictional Points of View*, Ithaca and London, Cornell University Press.

LOPES, Silvina (1994), *A Legitimação em Literatura*, Lisboa, Cosmos.
LORIES, Danielle (org.) (1988), *Philosophie analytique et esthétique*, Paris, Meridiens Klincksieck.
MOLDER, Maria Filomena (2011), *O Químico e o Alquimista. Benjamin, Leitor de Baudelaire*, Lisboa, Relógio d'Água.
MORIN, Edgar (1984), "De la complexité: complexus", in SOULIÉ, Françoise (dir.), *Les Théories de la Complexité. Autour de l'Œuvre d'Henri Atlan* (Colloque de Cerisy), Paris, Seuil, 1991, pp. 283-296.
MOUKAROVSKY, Jan (1947), "A arte e a concepção do mundo", in *Estudos sobre Estética e Semiótica da Arte*, Lisboa, Editorial Estampa, 1988.
MOUSTOXIDI, T.-M. (1918), *Les Systèmes Esthétiques en France envisagés surtout au point de vue de leur caractère scientifique (1700-1890)*, Paris, Jouve & Cie Éditeurs.
MÜNCH, Marc-Mathieu (1991), *Le Pluriel du Beau. Génèse du relativisme esthétique en littérature*, Paris, Centre de Recherche Littérature et Spiritualité.
NANCY, Jean-Luc (1994), *Les Muses*, Paris, Galilée.
PIRES, Edmundo Balsemão (2006), "The second order observation and the observation of Art", in COSTA, Fernanda Gil (org.), *Theory of Systems Through Literature and Art*, Lisboa, Edições Colibri, pp. 39-59.
PIRES, Edmundo Balsemão (2007), "Pequena Axiomática Estética para uso de filósofos e consulta de outros artistas", Comunicação apresentada no colóquio *O Belo* organizado na Faculdade de Letras da Universidade de Coimbra. Disponível em https://woc.uc.pt/fluc/getFile.do?tipo=2&id=848.
PLAZAOLA, Juan (1991), *Introducción a la Estética. História, Teoría, Textos*, Bilbao, Universidad de Deusto.
POUSA, Silvia Manteiga (1994), "Experiencia y juicio estético: la fenomenología crítica de la escuela de Bologna", in VILLANUEVA, Darío (org.) *Avances en Teoría de la Literatura*, Santiago de Compostela, Universidade de Santiago de Compostela, 1994, pp. 149-164.
PLATÃO (I a. C.), *A República*, Lisboa, Fundação Calouste Gulbenkian, (8ª ed), 1996.
PLATÃO (I a. C.), *Fedro*, Lisboa, Galeria Panorama, [1969?].
RICŒUR, Paul (1985), *"Temps et Récit. 3 Le Temps Raconté*, Paris, Seuil (Points).
RANCIÈRE, Jacques (2004), *Malaise de l'Esthétique*, Paris, Galilée.

RYAN, Marie-Laure (1991), "Possible Worlds and Accessibility Relations: A Semantic Typology of Fiction", *Poetics Today*, vol. 12, n° 3, Fall, pp. 553-576.
SCHAEFFER, Jean-Marie (1992), *L'art de l'âge moderne. L'esthétique et la philosophie de l'art du XVIII siècle à nos jours*, Paris, Gallimard.
SCHAEFFER, Jean-Marie (1996), *Les Célibataires de l'Art. Pour une esthétique sans mythes*, Paris, Gallimard.
SEEL, Martin (1992) "Le langage de l'art est muet", in BOUCHINDHOMME, Ch.; ROCHLITZ, R. (dir.), *L'art Sans Compas. Redéfinitions de l'Esthétique*, Paris, Éd. du Cerf, 1992.
SILVA, Vítor M. de Aguiar e (1991), *Teoria da Literatura*, 8ª ed., Coimbra, Livr. Almedina.
SOULIÉ, Françoise (dir.) (1991), *Les Théories de la Complexité. Autour de l'Œuvre d'Henri Atlan* (Colloque de Cerisy), Paris, Seuil, 1991.
SOURIAU, Anne (1985), "Les catégories esthétiques", in *Encyclopædia Universalis*, Paris, Encyclopædia Universalis, pp. 299-302.
SOURIAU, Anne (1990), "Catégorie", in *Vocabulaire d'Esthétique*, Paris, Puf, pp. 324-326.
SOURIAU, Étienne (1990), *Vocabulaire d'Esthétique*, Paris, Puf. (cf. entrada valor)
SPARSHOTT, F.[rancis] E.[dward] (1963), *The Structure of Aesthetics*, Toronto, University of Toronto Press/ Routledge & Kegan Paul.
VAN DIJK, Teun (2006), "Discourse, context and cognition", *Discourse Studies*, vol. 8(1), pp. 159-177.
VILLANUEVA, Darío (1991), "Fenomenologia y pragmática del realismo literario", in VILLANUEVA, Darío (org.), *Avances en Teoría de la Literatura*, Santiago de Compostela, Universidade de Santiago de Compostela, 1994, pp. 165-185.
WALTON, Kendall (1981), "Appreciating Fiction: Suspending Disbelief or Pretending Belief", *Dispositio*, vol. 5, n° 13, pp. 1-18.
WALTON, Kendall (1978), "How Remote are Fictional Worlds from the Real World?" *Journal of Aesthetics and Art Criticism*, vol. 38, n° 1, pp. 11-23.
WALTON, Kendall (1990), *Mimesis as Make-Believe: On the Foundations of the Representational Arts*, Cambridge Mass., Harvard University Press.

João Maria André*

ARTES E MULTICULTURALIDADE:
O TEATRO COMO CAMPO DE DIÁLOGO INTERCULTURAL

1. As últimas décadas têm proporcionado uma aceleração no contacto entre povos e culturas. Por um lado, a globalização, nas suas diversas vertentes que ultrapassam o domínio estritamente económico, transforma a presença das culturas no mundo numa co-presença que rasga fronteiras espaciais e temporais e potencia a comunicação a uma velocidade de que a Web é o exemplo e o paradigma mais acabado: em qualquer ponto estamos a um toque de estar simultaneamente em todos os pontos. Por outro lado, o fenómeno das migrações transforma o contacto à distância num contacto pessoal e directo, fazendo com que as ruas das nossas cidades, os espaços dos nossos centros comerciais, os lugares dos "não-lugares" em que quotidianamente nos movimentamos, sejam um mapa de diferenças reunidas, uma paisagem de cores diversificadas, uma sinfonia de sons com raízes nos espaços mais distantes e nos instrumentos mais díspares. Além disso, os meios de comunicação à distância, como a televisão, na sua multiplicidade de canais e de vias de acesso, tornam-nos espectadores interactivos com um mundo plural de que somos intérpretes e participantes e ao qual não podemos permanecer indiferentes. É, assim, híbrido o panorama cultural por que somos permanentemente solicitados, desenhando múltiplas configurações na forma como o homem se sente, se pensa e se diz cidadão da polis e cidadão do mundo.

---

* Faculdade de Letras da Universidade de Coimbra.

Esta multiculturalidade de que se tece a nossa existência pode gerar múltiplas atitudes que vão desde a acentuação das identidades locais e regionais, com a consequente rejeição do outro na sua estranheza ameaçadora, à coexistência pacífica, mais ou menos indiferente, com o que insularmente nos rodeia mas que não nos perturba nem nos questiona, ou ainda à interacção e ao cruzamento activo com o que assim nos desafia e ao mesmo tempo nos atrai na sua riqueza e na sua diversidade complementar do nosso enraizamento identitário. Entre os nacionalismos e os cosmopolitismos, entre o "choque de civilizações" e o diálogo intercultural, desenham-se muitos caminhos que podem ser percorridos nesta aventura através da diferença. E, consoante os níveis a que nos situamos, assim se erguem pontes ou muralhas para estruturar as nossas relações com os outros: se ao nível da economia a interacção parece ser incontornável no mercado globalizado em que nos movimentamos, ao nível do pensamento e das ideias, em que se constroem as nossas mundividências e em que se estruturam as nossas relações com o sagrado ou com o transcendente, os obstáculos ao diálogo acentuam--se e a multiculturalidade tende a traduzir-se nas múltiplas formas de multiculturalismo que, como muito bem reconheceu Amartya Sen, muitas vezes não passam de formas de monoculturalismo plural, ou seja, da "existência de uma diversidade de culturas, que podem passar umas pelas outras como navios durante a noite"[1]. A incomensurabilidade entre culturas tende, nestes casos, a substituir o diálogo e a interacção, a mistura e a miscigenação.

Neste contexto, as artes desempenham um papel muito específico e particular. Com efeito, desde há muito que programas de cruzamento se vêm implementando e mostrando a fecundidade de diálogos que não pode passar despercebida: pense-se, por exemplo, na pintura, com Picasso e a arte africana ou Manet e a arte japonesa, pense-se na música, com Cage ou com o Fluxus e a Música oriental, pense-se no teatro, com Artaud e o teatro balinês, mas também com Craig, Brecht, Copeau ou Claudel... Muitas vezes os artistas utilizaram os conhecimentos das artes de outras culturas para incorporarem técnicas, imagens, sonoridades ou conteúdos nas suas próprias obras. Mas, por outro lado, se atendermos

---

[1] Cf. Amartya Sen, *Identidade e violência. A ilusão do destino*, trad. de Maria José de La Fuente, Lisboa, Tinta da China, 2007, p. 205.

bem à noção de "incomensurabilidade", que Thomas Kuhn inscreveu como um dos conceitos centrais na sua análise da "diversidade paradigmática" no seio da história das ciências e que pode facilmente ser transposto para o terreno do pluralismo cultural e das atitudes e relações que engendra[2], um dos domínios em que esse conceito parece ter uma maior aplicabilidade é efectivamente o da estética e o da história da arte. As diferenças entre escolas e correntes facilmente se deixam configurar como diferenças entre paradigmas distintos (num sentido kuhniano alargado) e as relações entre esses diferentes paradigmas parecem ser mesmo relações de "incomensurabilidade interparadigmática", se por essa incomensurabilidade entendermos a impossibilidade de analisar expressões artísticas e técnicas de execução, criadas dentro de uma determinada tendência, no quadro de outra tendência estética. O que é que de comum pode haver entre um quadro impressionista e um quadro cubista, entre um filme do neorealismo italiano e um filme de um realizador como, por exemplo, Alain Resnais ou entre a música de Mozart e a música de Stockhausen? Tudo se passa como se os princípios e a sensibilidade que regem e estruturam uma obra de arte dentro de uma determinada escola fossem incomensuravelmente diferentes dos princípios e da sensibilidade que estruturam uma obra de arte dentro de outra tendência estética, de tal maneira que "a verdade" da obra de arte de uma tendência se torna incomparável com a "verdade" de uma obra de arte de outra tendência. E, no entanto, como os casos acima referidos tão bem documentam, apesar da incomensurabilidade que caracteriza as relações entre "paradigmas estéticos" diferentes, o que é certo é que a miscigenação não deixou de realizar-se com efeitos práticos assinaláveis que vêm demonstrar que o diálogo cultural entre formas de arte enraizadas em culturas diferentes não só é possível mas é mesmo altamente fecundo.

Importa ainda salientar que, no mundo contemporâneo, parecem ser mais fáceis e mais acessíveis os caminhos da interculturalidade no domínio das artes do que no domínio propriamente dito das ideias. Se existem experiências de diálogo intercultural tanto no plano filosófico

---

[2] Sobre o conceito de incomensurabilidade e a sua transposição para o terreno do debate e do confronto entre culturas, cf. João Maria André, "Interpretações do mundo e multiculturalismo: incomensurabilidade e diálogo entre culturas", *Revista Filosófica de Coimbra*, vol. XVIII/35, 2009, pp. 7-42.

como no plano religioso, as dificuldades para a sua concretização não são negligenciáveis, sobretudo porque nesses planos é frequentemente convocada, em primeiro lugar, a dimensão epistémica, sendo justamente na dimensão epistémica que a incomensurabilidade entre culturas mais facilmente se manifesta pela importância que o conceito de verdade assume dentro do respectivo debate. No entanto, como reconheceu lucidamente R. Panikkar, o diálogo intercultural mobiliza simultaneamente a dimensão epistémica e a dimensão afectiva e, por isso, "qualquer aproximação sem amor a outra cultura é uma violação da outra cultura" e "qualquer aproximação sem conhecimento é uma sedução mais ou menos imoral"[3], e é por isso que "a liturgia é um factor essencial dos encontros interculturais", pois "ler um texto hindu é muito distinto de tentar tomar parte numa dança indiana ou participar num festival popular em honra de Ganesa"[4].

O objectivo deste estudo é, assim, demonstrar como o diálogo intercultural que parece ser dificultado pela incomensurabilidade entre culturas no campo do pensamento e das ideias, não só é possível, mas tem sido mesmo uma realidade no campo das artes, merecendo-nos uma atenção especial entre elas, as artes performativas e do palco. Para isso contribuem determinados pressupostos, princípios e operadores que procuraremos explicitar e que podem fazer luz sobre as condições em que esse diálogo acontece e sobre os dispositivos que o permitem concretizar.

2. O primeiro conceito que convirá definir, de uma forma operacional, tendo em conta o contexto em que nos movimentamos é a noção de cultura. Há, evidentemente, muitas definições que têm sido apresentadas sobretudo no âmbito das ciências sociais e dos estudos culturais. Desde a definição de Edward Tylor (1872-1917), segundo o qual "cultura ou civilização, no sentido etimológico mais lato do termo, é esse todo complexo que compreende o conhecimento, as crenças, a arte, a moral, o direito, os costumes e as outras capacidades ou hábitos adquiridos pelo homem enquanto membro da sociedade"[5], às definições estruturalistas,

---

[3] R. Panikkar, *Paz e interculturalidad. Una reflexión filosófica*, trad. de G. Ancochea, Barcelona, Herder, 2006, p. 141.
[4] *Idem, ibidem*, p. 143.
[5] E. Tylor, *La civilisation primitive*, Paris, Reinwald, 1876-1878, 1° vol., p. 1.

funcionalistas ou próprias do interaccionismo simbólico, até à definição de Geertz, segundo o qual a cultura é "um sistema de símbolos, graças aos quais o homem confere uma significação à sua própria experiência", símbolos esses que são "criados pelo homem, partilhados, convencionais, ordenados e evidentemente aprendidos" e que "fornecem aos homens um quadro dotado de sentido para se orientarem uns em relação aos outros ou em relação ao mundo ambiente e a eles próprios"[6], seria possível inventariar muitas propostas para definir este conceito[7]. No âmbito dos estudos do multiculturalismo, poder-se-ia referir a noção de cultura societal apresentada por Kymlicka, que é, para ele, uma cultura que "proporciona aos seus membros formas de vida significativas, através de todo o conjunto de actividades humanas, incluindo a vida social, educativa, religiosa, recreativa e económica, abarcando as esferas pública e privada" e tendendo a "concentrar-se territorialmente "e a basear-se numa língua partilhada"[8].

Procurando articular uma teoria da cultura com uma teoria da encenação, em ordem a estudar o papel do teatro no cruzamento das culturas, Patrice Pavis apoia-se sobretudo na proposta da Camilleri, que define a cultura como "uma espécie de modulações, de inflexões, determináveis que tomam as nossas representações, sentimentos, condutas, em poucas palavras, todos os aspectos do nosso psiquismo e mesmo do nosso organismo biológico sob a influência do grupo"[9]. Esta definição merece-lhe uma atenção especial devido ao carácter dinâmico que a impregna e que permite uma aproximação dos elementos cénicos como elementos culturais, já que, "transposto para a cena, poder-se-ia observar que todo o elemento, vivo ou inanimado, do espectáculo está submetido a uma semelhante inflexão, é retrabalhado,

---

[6] C. Geertz, *The Interpretation of Cultures*, New York, Basic Books, 1973, p. 250.

[7] Sobre a história da noção de cultura em Ciências Sociais, cf. Denys Cuche, *A noção de cultura nas ciências sociais*, trad. de Miguel Serras Pereira, Lisboa, Fim de Século, 2003.

[8] Will Kymlicka, *Ciudadanía multicultural*, trad. de C. Castells Auleda, Barcelona, Paidós, 1996, p. 112.

[9] Camille Camilleri, "Cultures et sociétés: caractères et fonctions", *Les amis de Sèvres*, nº 4, 1974, p. 16, apud Patrice Pavis, *Le théâtre au croisement des cultures*, Paris, José Corti, 1990, p. 14.

cultivado, inscrito num conjunto significante"[10]. Outros traços, reconhecidos pelo próprio Camilleri, permitem completar o carácter operativo e fecundo, neste contexto, da noção, como a dimensão grupal, o carácter artificial, o traço socialmente hereditário e a dimensão apropriadora que as culturas maioritárias apresentam em relação às culturas minoritárias[11].

Reconhecendo as virtualidades desta proposta assumida por Patrice Pavis, sobretudo para o tipo de análise semiótica que ele procura realizar a propósito da forma como o teatro realiza o cruzamento de culturas, parece-me, no entanto, que a noção de Ian Watson, numa introdução ao debate cultural no contexto da Antropologia Cultural de Eugenio Barba, é, pelo carácter sintético que a caracteriza e pela operacionalidade que permite, uma definição bastante fecunda, tendo em conta o quadro em que nos movimentamos e os objectivos deste estudo: "cultura é", diz ele, "um complexo holístico, com um palimpsesto interrelacionado de determinantes, que compreende, ente outras coisas, identidade sócio-histórica, sistemas de crenças mítico-religiosos, rituais, parentescos, etnicidade, herança nacional, sistemas de valores, modos variados de expressão criativa bem como comportamento social"[12].

Conjugando o carácter dinâmico da definição assumida por Pavis com a riqueza de elementos que esta noção de Watson apresenta, pensamos poder encontrar na respectiva síntese uma boa definição que nos permite avançar no estudo do papel que as artes em geral e o teatro em particular podem desempenhar no quadro do debate intercultural.

3. É ainda preciso esclarecer que, quando se fala de interculturalidade ou de "diálogo intercultural" na prática das artes, estas expressões cobrem fenómenos diversos que há que ter em conta na sua especificidade[13]. Em primeiro lugar, aquilo que se cruza nesse diálogo não é sempre e

---

[10] Cf. Patrice Pavis, *ob. cit.*, p. 14.

[11] Cf. *Idem, ibidem*, pp. 15-17.

[12] Ian Watson, "Introduction. Contexting Barba", in Ian Watson (ed.), *Negotiating Cultures. Eugenio Barba and the intercultural debate*, Manchester, Manchester University Press, 2002, p. 2.

[13] Cf., a este propósito, as pertinentes interrogações formuladas por Josette Féral no princípio do seu estudo sobre a interculturalidade no Théâtre du Soleil "L'orient revisité. L'interculturalisme au théâtre", in Josette Féral, *Trajectoires du Soleil. Autour d'Arianne Mnouchkine*, Paris, Éditions Théatrales, 1998, pp. 225-226.

necessariamente o mesmo. Assim, em alguns casos o cruzamento pode realizar-se através da apropriação de um texto, de uma narração, de um mito ou de personagens do património de uma determinada cultura que, através de uma peça de teatro ou de uma *mise en scène* são transportados para outra ambiência cultural, podendo ou não manter-se na sua pureza inicial ou inscrever-se e misturar-se com elementos que fazem parte do património de outra cultura. Noutros casos, o cruzamento pode realizar-se através da transposição de um método de representação ou de trabalho, de uma técnica de interpretação, de elementos cénicos ou cenográficos, de tudo aquilo que, afinal, tem a ver muito mais com o corpo em situação de representação do que propriamente com conteúdos culturais explícitos com a sua semântica própria.

Por outro lado, o processo de interacção nem sempre se concretiza da mesma maneira. Em alguns casos pode dar origem a formas de mestiçagem em que o entrelaçamento é total construindo-se assim um produto final cujo modelo é, afinal, o da própria crioulização da linguagem, de que resulta uma espécie de neocultura que reúne aspectos e características de cada uma das culturas em interacção. Noutros casos, não se chega propriamente a esse estado de fusão, mantendo-se os elementos que são pedidos de empréstimo a uma cultura numa espécie de coexistência paralela à dos elementos de outra cultura, havendo assim lugar a uma mera transposição e transferência, mas não a uma verdadeira inscrição ou mistura de uma cultura noutra cultura. Finalmente, pode dar-se o caso de não chegar propriamente a haver uma transposição de elementos de uma cultura para um produto de outra cultura, mas apenas de uma simples influência ou fonte de inspiração que permitem reconhecer no produto final a cor ou a presença de uma cultura diferente, mas não os elementos culturais específicos nos seus detalhes, nos seus pormenores, na sua lógica própria e na sua consistência específica.

Especial importância assumem ainda as relações que os elementos transpostos mantêm com a cultura de origem: pode dar-se uma absorção total desses elementos na obra de arte final, de tal maneira que se tornam imperceptíveis os seus laços com a cultura de origem ou podem ainda ecoar na forma como essa transposição é realizada todo o horizonte e o pano de fundo da cultura de origem, de tal maneira que sem uma referência a essa cultura o produto final não chega a ser verdadeiramente compreendido e perspectivado.

Sobre a natureza do resultado dos processos de interacção, diálogo e negociação entre as diversas culturas Ian Watson distingue fundamentalmente quatro tipos a que podem conduzir esses processos: o transcultural, o cruzamento cultural ("cross-cultural"), o multicultural e o intercultural[14]. Trata-se, no entanto, de tipos simples ou ideais que, na realidade, muitas vezes surgem combinados uns com os outros. O transcultural diz respeito a um processo em que a natureza específica de cada cultura passa para um segundo plano, desempenhando antes as dimensões pré-culturais o papel central. O objectivo é, então procurar mais aquilo que une do que aquilo que separa e que existindo por detrás de todas as culturas constitui uma componente que se pode dizer universal de um determinado fenómeno ou forma de expressão. O cruzamento cultural, em contrapartida, refere-se a uma situação em que se dá uma coexistência de elementos, fragmentos, símbolos ou aspectos provenientes de diversas culturas reunidos assim num mesmo objecto, produto ou evento, mantendo, no entanto, cada um dos elementos ou fragmentos a sua individualidade e especificidade e furtando-se, desse modo, a uma fusão com os elementos de outras culturas presentes no mesmo evento. O multicultural refere-se a situações em que diferentes culturas se encontram lado a lado, em contacto umas com as outras, numa vizinhança que não é marcada pela interacção profunda, mas apenas pela coexistência pacífica, referindo-se, sobretudo ao fenómeno de proximidade entre grupos étnicos ou raciais sem conflitualidade, mas também sem grande mistura ou cruzamento. O intercultural, finalmente, diz respeito a processos de mistura, mestiçagem ou crioulização, numa interacção dialógica em que se dá a fusão de pelo menos duas culturas através da perda de traços específicos e da assunção de traços de outra cultura dando origem àquilo que se poderá chamar uma neocultura. O caso mais típico do intercultural neste sentido refere-se, naturalmente, à linguagem, mas pode atingir outros níveis e formas de expressão da vida privada ou colectiva. Muitas vezes acontece que os processos de negociação e de interrelação entre as culturas podem assumir mais do que uma destas formas, sendo por exemplo, simultaneamente transculturais e multiculturais ou simultaneamente interculturais e de cruzamento cultural. A distinção entre estas diferentes

[14] Cf. Ian Watson, "Introduction. Contexting Barba", pp. 3-6.

formas é importante para termos em conta a natureza específica do resultado do pluralismo cultural nas formas de expressão artística como o teatro, a música ou a dança. Com efeito, a procura do transcultural, que marca alguns dos projectos no âmbito do teatro contemporâneo, como teremos oportunidade de ver, não tem o mesmo sentido ou significado que a realização de acções e eventos interculturais de que resultam produtos culturalmente híbridos ou mestiços.

4. Ainda a um nível introdutório, e antes de entrarmos mais especificamente na análise das relações entre teatro e interculturalidade, parece-me importante reter aquilo que considero os principais operadores do diálogo intercultural. A activação de um ou outro operador tem consequências significativas no tipo de interacção cultural que se realiza num determinado processo ou num determinado evento e também no êxito obtido nessa interacção. São três os operadores do diálogo intercultural que podem merecer a nossa atenção: a episteme, o pensamento mítico-simbólico e o ritual.

A episteme diz fundamentalmente respeito às pretensões de verdade de uma cultura e à forma como essas pretensões entram em negociação nos processos de interacção cultural. Toda a cultura se caracteriza por implicar uma determinada mundividência em que ganham sentido as representações do mundo e os saberes sobre o mundo e sobre os seus aspectos específicos. Isto significa que toda a cultura tem, explícita ou implicitamente, um conteúdo cognitivo através do qual tomamos posse da verdade acerca da realidade que se exprime em conceitos (concretos e abstractos), em teorias e em ideias. É exactamente a esse nível do pensamento que chamo nível epistémico e é ele que é muitas vezes mobilizado nos debates interculturais, sendo também, na maior parte dos casos, o nível em que se registam maiores dificuldades e obstáculos à realização desses mesmos debates e à efectivação de entendimentos ou de consensos, devido, precisamente, àquilo a que chamámos a incomensurabilidade, pois são epistemes diferentes que se revelam frequentemente profundamente incomensuráveis entre si: os conceitos não são os mesmos e as relações dos conceitos com as coisas também não, pelo que dois interlocutores marcados por epistemes diferentes têm dificuldade em compreender-se mutuamente e em traduzirem reciprocamente, na matriz da própria cultura, o que é dito a partir da matriz de uma cultura estranha ou diferente.

O pensamento mítico-simbólico constitui um segundo operador da interacção cultural. Quando falamos deste tipo de pensamento, falamos fundamentalmente de estruturas narrativas de carácter simbólico. Os traços apresentados por José María Mardones para o definir são bastante expressivos no contexto em que nos movimentamos: "É de carácter colectivo, primordial, não conscientemente racional nem inventado de modo interesseiro para um objectivo. Os símbolos que o exprimem são inconscientes, colectivos, não privativos de nenhum indivíduo e, presumivelmente, universais. Exprimem, portanto, as dimensões sociais, culturais e do psiquismo profundo mais importantes da vivência acumulada do ser humano no seu processo de humanização e de personalização"[15]. No pensamento mítico-simbólico condensam-se, de forma comprimida e, muitas vezes, sob a forma de narrativas, tradições culturais através das quais o homem foi capaz de exprimir a sua relação com o mundo e com o que está para além do mundo, sob a forma de sagrado ou religioso. Além disso, do pensamento mítico-simbólico derivam estruturações que configuram o comportamento humano nas relações que o indivíduo tem consigo mesmo, com os demais e com o mundo. A relação do pensamento mítico-simbólico com a teoria não é tão explícita como acontece com a episteme, sendo a sua natureza muitas vezes inconsciente ou pré-consciente e, por isso, a chamada incomensurabilidade não actua aqui da mesma forma e com o mesmo peso conceptual. Por outro lado, ainda que os mitos não sejam universais em pleno sentido do termo, já que cada cultura pode ter os seus mitos e os seus símbolos específicos, é possível, no entanto, encontrar traços comuns entre os mitos de uma cultura e os mitos de outra cultura, pelo que as pontes ao nível do pensamento mítico-simbólico são mais fáceis e mais acessíveis. Encontramo-nos, por isso, perante um operador da interacção cultural que activa caminhos, recursos e sensibilidades diferentes daqueles que são activados pelo operador epistémico. Se o operador epistémico reclama um entendimento ao nível lógico, o operador mítico-simbólico reclama uma imersão nas estruturas míticas de uma cultura e, por isso, pode dizer-se com Panikkar, que "para 'compreender' outra cultura não é suficiente conhecer os seus conceitos, é necessário

---

[15] José María Mardónez, *O retorno do mito*, trad. de Anselmo Borges, Coimbra, Almedina, 2005, p. 51.

'compreender' também o seus símbolos. Ou, dito de outra maneira, não é suficiente penetrar no *logos* (de outra cultura), mas há que participar também do seu *mythos*"[16].

Afastando-nos ainda mais da esfera lógica e do domínio da *theoria*, encontramos por fim um terceiro operador da interacção cultural a que chamamos ritual. O homem e as culturas humanas não são apenas pensamento, mas são também acção, comportamento, participação, emoção e vida. Rituais são os eventos em que o homem vive a sua relação com o mundo e com os outros com uma intensidade que inscreve, no fluir quotidiano, momentos fortes em que a energia da vida rompe as fronteiras do espaço e do tempo profanos e instaura relações qualitativamente diferentes e vivências antropologicamente marcantes. O ritual é, como muito bem referiu Johan Huizinga, um jogo sagrado, ao reconhecer que "os conceitos rito, magia, liturgia, sacramento e mistério entrariam no campo do conceito 'jogo'"[17]. Ora é precisamente pela mediação do "jogo" que o ritual se aproxima de artes como a dança, a música ou o teatro. Aliás, como bem reconheceu Gadamer no seu texto *Die Aktualität des Schönen*, a base antropológica da nossa experiência da arte é marcada por três conceitos: jogo, símbolo e festa[18]. Ora são precisamente estes três conceitos que marcam também a experiência humana do ritual. No ritual joga-se, no ritual participa-se na comunidade ontológica característica do símbolo e no ritual celebra--se festivamente a vida. Por isso, as celebrações rituais são momentos propícios à reactivação dos fundos mítico-simbólicos das diversas culturas e à participação na profunda unidade de sentido para que eles nos remetem. Uma certa convertibilidade entre arte e ritual permite-nos assim captar a fecundidade que os rituais podem assumir no contexto das interacções culturais e artísticas. E se ao nível do pensamento essas interacções podem registar dificuldades ou obstáculos mais ou menos evidentes, ao nível dos gestos com que se celebra artisticamente a vida em cada cultura essas dificuldades e esses obstáculos tendem a dissolver-se para dar lugar à convergência na liturgia da nossa comum humanidade.

---

[16] R. Panikkar, *ob. cit.*, p. 82.

[17] Cf. Johan Huizinga, *Homo ludens*, trad. de E. Imaz, Madrid, Alianza Editorial, 2002, p. 24.

[18] Cf. H.-G. Gadamer, "Die Aktualität dês Schönen", in *Gesammelte Werke, VIII. Aesthetik und Poetik.I*, Tübingen, J. C. B. Mohr, 1993, pp. 94-142.

Os três operadores referidos podem ocupar o centro dos processos de interacção cultural. E, apesar de no domínio das artes parecer ser sobretudo o ritual e, em alguma medida, também o pensamento mítico--simbólico os operadores mais comuns e mais em evidência, isso não significa, todavia, que em alguns casos não seja mobilizado o nível epistémico, sempre que é a componente cognitiva das culturas que passa para um lugar relevante, como é o caso do recurso a textos teóricos, a corpos conceptuais específicos, a representações da realidade que são assumidas sob a forma de crenças verdadeiras ou de concepções com pretensões de verdade e de justificação racional. Daí que, quando falamos do diálogo intercultural no contexto das manifestações artísticas, não devamos descartar nenhum destes operadores.

5. As formas de aproximação da interculturalidade no âmbito das artes e, mais especificamente, do teatro, são muitas e diversificadas, sendo umas mais adequadas que outras consoante a natureza específica do objecto artístico em causa, as formas de presença das interacções interculturais, o momento do processo em que se dão os cruzamentos, as coexistências, as interacções ou as fusões, os modelos ou as metáforas a partir das quais as relações são pensadas e os operadores activados nesses processos de cruzamento. Pode, assim, realizar-se uma aproximação mais semiótica, uma leitura de natureza sociológica, uma perspectivação marcada sobretudo pela matriz antropológica, todas elas legítimas na conceptualização da interculturalidade artística, com as suas virtualidades, mas também, naturalmente, marcadas pelos respectivos limites de abordagem. Patrice Pavis, num conjunto de estudos que já tem mais de duas décadas, sobre o lugar do teatro no cruzamento das culturas, opera uma análise que poderíamos considerar realizada a partir de uma matriz semiótica, inspirada fundamentalmente no modelo e nos processos de tradução[19]. Tomando como referência alguns dos principais expoentes da interculturalidade teatral no panorama da cena europeia, como é o caso de Ariana Mnouchkine, Peter Brook e Eugenio Barba, oferece-nos uma análise minuciosa dos mecanismos, das estratégias e dos procedimentos através dos quais cada um destes encenadores realiza a interculturalidade. É de salientar que, à partida,

---

[19] Cf. Patrice Pavis, *Le théâtre au croisement des cultures*, já anteriormente citado.

aquilo que é explicitamente visado pelo autor, entre o que poderíamos designar interculturalismo, multiculturalismo ou transculturalismo, é o intercultural pois é justamente o conceito de interculturalismo que parece corresponder ao fenómeno a que os encenadores referidos dão corpo nos seus trabalhos: "o termo de *interculturalismo* parece-nos, mais ainda do que os de *multiculturalismo* ou *transculturalismo*, próprio para captar a dialéctica das trocas de bons procedimentos entre as culturas"[20]. Por outro lado, é o próprio autor que declara privilegiar uma análise inspirada no modelo semiótico, embora afirme que o grande desafio está em articular esse modelo com uma perspectiva antropológica: "Mas a junção mais difícil de realizar é a do modelo sócio-semiótico e da aproximação antropológica, muito tempo consideradas como exclusivas e incompatíveis. Ora esta junção é tanto mais imperativa quanto a produção teatral da *avant garde* procura superar o modelo da historicidade por uma confrontação das culturas mais diversas, recorrer (não sem risco de foclorização) ao ritual, ao mito e à antropologia como modelo integrador de todas estas experiências (Barba, Grotowski, Brook, Schechner)"[21].

A grande metáfora recorrente ao longo de quase todos os estudos que integram esta obra de Patrice Pavis é a da ampulheta, constituída por duas bolas, uma superior e uma inferior, e por um estreitamento entre as duas que permite a lenta passagem da areia de uma para a outra. Dado que é o modelo da tradução que é aqui privilegiado, cada uma das bolas da ampulheta corresponde a uma determinada cultura: a bola superior corresponderá à cultura-fonte, que é o ponto de partida para o trabalho de cruzamento cultural, e a bola inferior corresponde à cultura-alvo ou cultura-destino, consistindo os processos de negociação e intercâmbio cultural na passagem de um determinado produto (lendas, mitos, símbolos) da bola superior para a bola inferior. Todavia, esta passagem não se faz de uma forma directa e imediata mas através de um conjunto de filtros que se encontram tanto na esfera correspondente à bola superior como na esfera correspondente à bola inferior. No que se refere aos filtros que intervêm no quadro da cultura-fonte há a registar, em primeiro lugar, as modelizações culturais e as modelizações

---

[20] *Idem, ibidem*, p. 8.
[21] *Idem, ibidem*, pp. 8-9.

artísticas que se prendem com as subculturas ou com as artes específicas cuja transposição está em causa neste processo de interacção cultural. A estas há que acrescentar, no seio da cultura-alvo ou cultura-destino, um conjunto de outros oito filtros, entre os quais Pavis se refere expressamente aos adaptadores e ao que com eles é visado, ao trabalho de adaptação, ao trabalho preparatório dos actores, à escolha das formas teatrais, à representação teatral da cultura, aos adaptadores de recepção através dos quais se dá a apropriação de cultura em processo de transferência, aos níveis de legibilidade privilegiados (narrativo, temático, formal, ideológico, etc.) e ainda também às modelizações sociológicas e/ou antropológicas e culturais (que, intervindo sobre o material passado por todos estes filtros podem dar lugar a uma bricolage cultural, a uma cultura de influência, a uma fusão de géneros e materiais ou a uma cultura de laços entre materiais de origens diferentes) e ao trabalho de reconstrução ou de transformação que o espectador realiza no fim de todo este processo. Como vemos, a transposição de elementos culturais (sejam eles mitos, narrativas ou mesmo produtos teatrais já constituídos) é um processo complexo, de sucessivas clivagens e sedimentações que se vão condicionando umas às outras, processo esse que é susceptível de uma análise minuciosa capaz de explicar minimamente como se chega a um resultado final que, em último caso, depende ainda e sempre das formas de apropriação do próprio espectador, o que marca com algum relativismo os processos de transferência cultural no âmbito do teatro: "Todos estes testemunhos revalorizam aparentemente a função do espectador e do receptor, mas desembocam também num relativismo e num cepticismo teórico. A teoria da recepção anula-se a ela própria se confere ao receptor o poder absoluto de produzir o seu percurso crítico sem ter suficientemente em conta dados objectivos da obra, sob pretexto de que, entregue ao bom prazer do texto, ele poderia servir-se à vontade no self-service do sentido"[22]. A análise de cada um dos filtros referidos e do seu papel no processo de interacção cultural permite justamente acautelar este relativismo total a que poderia conduzir uma absolutização dos filtros que pertencem exclusivamente ao domínio do espectador. Esta teoria da recepção permite também concluir que o processo de transposição cultural não é um processo automático,

---

[22] *Idem, ibidem*, p. 24.

mas comandado pela activação sobretudo dos filtros da cultura-alvo que acabam por procurar activamente na cultura-fonte aquilo de que tem necessidade e aquilo que mais a cativa. Por outro lado há que salientar que este processo oscila entre dois extremos: um que se traduz numa actividade profunda destes filtros que, triturando a cultura-fonte, a podem descaracterizar totalmente, e outro que corresponde a uma assimilação passiva do material em transferência, não operando assim as respectivas adaptações à cultura-alvo através dos seus filtros, de tal maneira que o resultado final corresponde mais a um enxerto artificial e não organicamente assumido.

No estudo em que Patrice Pavis analisa concretamente os problemas específicos de natureza intergestual e intercultural da tradução teatral em sentido próprio e restrito[23], são avançados mais uma série de elementos e procedimentos entre o texto-fonte na cultura de origem e o texto-resultado na cultura-alvo que são extremamente interessantes e que nos dão uma ideia de como o processo de tradução, já em si, não é um processo que se possa considerar exclusivamente centrado no texto, mas supõe outras mediações que influenciam significativamente o resultado final. Assim, para além da concretização textual, há que ter em conta a concretização dramatúrgica e a concretização cénica, determinantes para a concretização receptiva como resultado final de transformação de texto em processo de transformação. Há, assim, um conjunto de elementos que transformam esta operação em algo mais que uma mera operação translinguística. O tradutor terá de operar, para além de uma "tradução textual", uma apropriação dramatúrgica que se prolonga numa adaptação cénica e se actualiza, finalmente, numa situação de enunciação receptiva em que o espectador assimila o resultado final deste processo. Por isso, como refere Pavis, "assim, o espectador não se apropria do texto senão no termo de uma cascata de concretizações, de traduções intermediárias e incompletas que, elas-próprias, em cada etapa, reduzem ou alargam o texto-fonte, fazem dele um texto sempre a encontrar, sempre a constituir. Não é exagerado dizer que a tradução para a cena é, ao mesmo tempo, uma análise dramatúrgica, uma encenação e um envio ao público"[24]. O público, como destinatário da tradução, porá depois

---

[23] Esse estudo intitula-se "Vers une spécifité de la traduction théâtrale: la traduction intergestuelle et interculturelle", pp. 135-170.

[24] *Idem, ibidem*, p. 141.

em prática aquilo que se poderá chamar a sua competência hermenêutica, mas também a sua competência rítmica, psicológica e auditiva, que condicionam, de alguma forma retroactivamente, o próprio processo de tradução. Isto significa que a tradução em teatro (e, com muito mais razão, a transposição intercultural de elementos culturais sob a forma de espectáculos teatrais), não pode descartar a importância da encenação e de tudo o que condiciona o encenador no seu processo de colocação em cena de um determinado texto ou de uma determinada cultura. Citando mais uma vez Patrice Pavis, "um texto, original ou traduzido, é sempre suficientemente aberto para se prestar a encenações diferentes; mas a sua reescrita através de uma tradução impõe escolhas – simultaneamente restrições e aberturas – que o tradutor efectua necessariamente e que são outras tantas análises dramatúrgicas e opções de encenação"[25].

Em todo este processo há que ter em conta que se joga simultaneamente ao nível pré-verbal e ao nível explicitamente verbal, adquirindo especial relevo os processos de transformação ao nível pré-verbal entre a "colocação em jogo" do texto-fonte e a "colocação em jogo" do texto-alvo, correspondente à passagem da concretização textual para a concretização dramatúrgica e que se prolonga depois, já pela mediação da verbalização na língua-alvo, na futura encenação. Nesses processos, merece destaque especial aquilo a que Patrice Pavis chama a teoria do verbo-corpo, considerando este "a aliança da representação da coisa e da representação da palavra, o que, aplicado à enunciação teatral, é pois, a *aliança do texto pronunciado e dos gestos (vocais e físicos) que acompanham a sua enunciação*, o laço específico que o texto mantém com o gesto". Ou seja: "o *verbo-corpo* é uma regulação, específica de uma língua e de uma cultura, do ritmo (gestual e vocal) e do texto. É simultaneamente uma *acção falada* e uma *palavra em acção*"[26]. Um processo de tradução (e, diríamos nós, qualquer processo de transposição cultural através de um espectáculo de teatro) implica sempre uma visualização do verbo-corpo na cultura de origem e a sua transposição para o verbo-corpo na cultura-alvo, o que significa que quer o trabalho de tradução quer o processo de transferência cultural cénica implica não só uma tradução de palavras, mas também uma "tradução" de gestualidades, pois a cultura em teatro não se diz apenas

---

[25] *Idem, ibidem*, p. 145.
[26] *Idem, ibidem*, p. 151.

através da linguagem verbal, mas diz-se também e sobretudo através da linguagem corpórea, do discurso como movimento, da entoação e do ritmo, da palavra e de todo o seu suporte físico. Por esse motivo, não é apenas o tradutor que traduz, mas, de alguma forma, o actor é igualmente um tradutor, pois também ele participa de forma significativa e expressiva neste processo de transferência de uma "colocação em jogo" de um texto-cultura de origem para uma "colocação em jogo" de um texto-cultura destinatário. E não são só as palavras que são traduzíveis, mas também os gestos e os corpos são susceptíveis de tradução.

Através do conceito de verbo-corpo e do seu papel na tradução e na transposição cultural em situação de representação compreendemos como é extremamente importante completar uma semiótica da cultura e uma semântica da cultura por uma pragmática da cultura que comporta, necessariamente, aquilo que poderíamos designar como uma somática da cultura: as culturas passam pelo corpo e dizem-se também através do corpo e, por isso, mesmo quando se faz uma análise da interculturalidade em teatro a partir do modelo da tradução, não se passa de modo algum ao lado da importância que a somatização da cultura assume e do modo como o diálogo intercultural se inscreve não apenas na linguagem verbal, mas também na linguagem corpórea e no ritmo gestual de que ela é feita.

6. Apesar da fecundidade e das virtualidades que a análise de Patrice Pavis comporta, não posso deixar de considerar de algum modo redutor o modelo da tradução a partir do qual é realizada, sobretudo porque considero que o processo de tradução implica, de algum modo, um primado e um domínio de uma determinada cultura, aquela que nesta análise aparece referida como cultura-alvo, e, por isso, estender este modelo aos processos de cruzamento de culturas, tanto em termos gerais, como no campo especificamente teatral, significa, de algum modo, reconhecer que há relações de poder e de força que estão sempre presentes no diálogo intercultural e que não é possível conceber os processos de interacção entre culturas diferentes fora das assimetrias que transformam uma cultura em dominadora de outra cultura. É certo que há determinados fenómenos de transposição cultural que legitimamente podem ser analisados com base neste modelo. O próprio Patrice Pavis faz essa análise no último texto do seu livro, procurando demonstrar como o interculturalismo se concretiza como uma forma de tradução no *Mahabharata* de Peter Brook, na *Indiade* e na *Noite de Reis* de Arianna

Mnouchkinne e no *Fausto* de Eugenio Barba e exemplificando, em cada um destes casos concretos, a intervenção mediadora de cada um dos filtros referidos entre a cultura-fonte e a cultura-alvo. Há que referir, no entanto, que nem todos os trabalhos de cada um destes encenadores no âmbito do diálogo intercultural se reduzem ao modelo de que estas peças são exemplo, nem toda a interculturalidade presente nestas peças é suficientemente captada, em todas as suas estratégias e em todas as suas consequências, pela análise empreendida pelo autor francês. Nem sempre o trabalho teatral no âmbito de interacção entre culturas implica a assunção e o exercício de uma assimetria de poder como aquela que o modelo da tradução postula. E os casos, nomeadamente de Peter Brook e de Eugenio Barba, demonstram isso mesmo. É no trabalho intercultural destes dois encenadores que gostaríamos de nos concentrar na segunda parte deste estudo.

7. A interculturalidade como projecto e como realidade presentifica--se no trabalho teatral de Peter Brook através fundamentalmente de três tipos diferentes de estratégias e opções, cada uma delas dando origem a processos de intercâmbio cultural distintos, cujos objectivos não são necessariamente coincidentes, mas com alguns aspectos, pressupostos e princípios em comum que lhe dão alguma unidade, coerência e consistência. Distinguiríamos, assim, entre a criação e a composição do Centre International de Recherche Théâtrale, as viagens ao Irão, a África e à América e as peças em que o encenador procura efectivamente realizar um processo de negociação cultural que se concretiza em espectáculos que acabam por realizar uma transposição de universos culturais próprios de uma cultura para outras culturas em que os espectáculos são apresentados.

O Centre International de Recherche Théâtrale (CIRT) é precedido de uma curta experiência, dois anos antes, que terá servido para amadurecer a ideia e delinear melhor os seus contornos. Efectivamente, em 1968, depois de uma já longa experiência teatral de Peter Brook em Inglaterra, tanto no Teatro como na Ópera, Jean-Louis Barrault, que então dirigia o Théâtre des Nations, convida-o para aí coordenar um workshop. Brook considera o convite, mas com a contraproposta de um atelier mais prolongado no tempo e com uma composição internacional. Barrault aceita, o que leva Peter Brook a instalar-se em Paris com um grupo de que fazem parte Delphine Seyrig, Samy Frey, Victor Garcia e Nestor de

Arzadun entre outros. O grupo começa a trabalhar em torno da *Tempestade* de Shakespeare, mas os acontecimentos de Maio de '68 determinam a interrupção do projecto, levando Peter Brook a transferir-se para Londres, onde continua a trabalhar sobre a mesma peça, numa linguagem corporal explosiva. Dois anos depois, nasce a ideia do Centro que Peter Brook em colaboração com Micheline Rozan acaba por instalar em Paris, com o apoio da Fundação Ford, da Fundação Calouste Gulbenkian e do próprio Governo Francês. Dois conceitos fundamentais estruturam o trabalho do Centro: a ideia de investigação e a sua composição internacional. Como o encenador dirá anos mais tarde, não sendo um grupo permanente (há sempre actores que saem, que entram, outros que regressam), "a sua base é constituída por uma mistura de actores ingleses, franceses, europeus, por vezes americanos, e provenientes dos países em que o actor sai de fontes tradicionais: africano, balinês, japonês"[27]. No horizonte estão duas ideias-chave, tanto uma como outra presentificando a sua dinâmica intercultural. Por um lado, o Centro constitui-se como um ponto em que convergiam as mais diversas culturas, mas, por outro lado, assume-se como um centro nómada que leva o seu elenco heterogéneo a povos e regiões onde o teatro ocidental nunca tinha chegado[28]. No entanto, mais do que visar uma fusão de culturas, desde o princípio que Brook assume como perspectiva de trabalho a investigação daquilo que está por detrás das culturas, ou seja, através de uma estratégia intercultural, visava-se uma espécie de realidade transcultural: "não estávamos a tentar intercambiar métodos ou técnicas; não pretendíamos que se pudesse inventar uma linguagem comum somando pedacitos e peças do acervo de cada um. O que importa não são os signos e as séries procedentes de diferentes culturas; o que dá sentido aos signos é o que está por detrás deles"[29]. Neste contexto, desempenha um papel central o princípio da complementaridade: o homem é um ser limitado e pode encontrar nos outros aquilo que em si não encontra

---

[27] Peter Brook, *Climat de Confiance. Entretiens menés par Pierre Macduff*, Paris, Les Éditions de l'Instant Même, 2007, p. 56.

[28] Cf. Peter Brook, *Más allá del espacio vacío. Escritos sobre teatro, cine y ópera (1947-1987)*, trad. de E. Stupía, Barcelona, Alba Editorial, 2001, p. 182.

[29] *Idem*, *Hilos de Tiempo*, trad. de Susana Cantero, Madrid, Ediciones Siruela, 2003, p. 190.

nem consegue realizar[30]. Tal complementaridade manifesta-se, antes de mais, entre o primado da linguagem e o primado do corpo. Como refere o encenador, "há culturas em que se dá mais importância ao corpo que na nossa. Culturas em que as relações entre espírito e emoções são muito diferentes das nossas. A nossa sociedade ocidental está dominada pela razão, desde há séculos, pela análise, a argumentação. [...] Sendo vários, enriquece-se não apenas as suas capacidades, mas a sua compreensão e no fim o tema central será sempre mais bem percebido pelo conjunto do que teria sido indivíduo por indivíduo"[31]. Esta complementaridade que caracteriza o grupo e que caracterizou sempre o trabalho no Centro, repercute-se naturalmente nas suas produções, de tal maneira que uma obra realizada por um grupo de pessoas oriundas das mais diversas culturas acaba por ser enriquecida pelo contributo que cada um, devido aos traços específicos da sua própria cultura, transporta para o trabalho colectivo. Neste quadro é de salientar que o formato do Centro é, sobretudo, o de uma comunidade orgânica, mais do que propriamente o de uma instituição: tal como o teatro é fundamentalmente acontecimento e vida, o grupo que constitui o Centro deve responder a essa prerrogativa incarnando princípios de vida e de articulação orgânica interna que o transformem num ser comunitário e internamente complementar, onde relações ideais se estabelecem e se solidificam através de experiências comuns solidariamente partilhadas e de formas de comunicação permanentemente intensificadas, em que a construção do teatro e da vida quotidiana se equivalem. É essa equivalência que as palavras de Monique Borie sublinham com acentuada pertinência: "Para Brook, com efeito, há um laço estreito entre a atenção ao outro na vida quotidiana e a atenção ao outro no trabalho teatral. Todos estes níveis de treino em relações interpessoais autênticas se interpenetram. Explorar as possibilidades de retorno a relações verdadeiras e voltar às raízes dramáticas do teatro é no fundo uma só e mesma coisa, porque o acto teatral joga-se ao nível desta qualquer coisa a partilhar através da qual se restaura a dimensão comunitária perdida"[32].

---

[30] Cf. *Idem, Entre deux silences*, trad. de Marie Hélène Estienne, Paris, Actes Sud-Papier, 2006, p. 59.

[31] *Idem, ibidem*, pp. 60-61.

[32] Monique Borie, "Les origines et l'être du théâtre", in G. Banu (ed.), *Peter Brook, Les voies de la création théâtrale*, XII, Paris, CNRS, 1985, p. 128.

As viagens que o Centro empreende constituem a segunda estratégia de realização da interculturalidade pelo próprio grupo. Elas começam logo no início e a sua primeira fase é marcada pela viagem ao Irão, no contexto da apresentação da peça Orghast. Para além da própria experiência que foi este espectáculo, cuja dinâmica intercultural está presente desde o início, há que registar o contacto que o grupo teve com formas populares tradicionais de teatro, como o Ta'zieh e, sobretudo, o Ruhozi, no qual Peter Brook reconhece o espírito do "teatro bruto" e o recurso a técnicas assentes fundamentalmente numa dimensão corporal. São feitas algumas deslocações a aldeias em que o grupo procura representar, começando a emergir aqui a "improvisação" como forma de contacto com povos e gentes com as quais se não tem uma língua em comum. Trata-se, no fundo de perceber até que ponto o teatro tem ou não um poder efectivo de comunicação e de mobilização da atenção dos espectadores sem recorrer à linguagem verbal que aqui se revela como relativamente supérflua e inútil.

Esta experiência vê-se profundamente acentuada com a viagem a África, durante três meses, no final de 1972 e no início de 1973, atravessando cinco países do Oeste Africano. O objectivo é simples: aprofundar a relação do teatro com o público, um público absolutamente aberto e disponível, sem quaisquer hábitos de teatro e, portanto, respondendo com toda a espontaneidade às solicitações que são feitas. Na bagagem, nenhuma peça de teatro: apenas a capacidade de improvisação e de, através da improvisação, estabelecer uma relação viva com aqueles que se deslocavam ao centro da aldeia onde estes jogos teatrais aconteciam. O processo era simples e ocultava uma intenção claramente intercultural. Como refere Peter Brook no seu livro de memórias *Threads of time*, o grupo chegava a uma aldeia e dirigia-se ao chefe da aldeia que queria saber o que desejavam: "Estamos a tentar ver se é possível a comunicação entre gente de muitas partes diferentes do mundo". Uma vez traduzido este esclarecimento, os anciãos abanavam compreensivamente a cabeça e o chefe respondia: "Boa coisa é essa. Sois então muito bem-vindos"[33]. A partir daí, criava-se uma área de representação no centro, demarcada por um tapete, e iniciava-se o processo à frente de crianças, jovens e anciãos estabelecendo uma relação

---

[33] *Idem, Hilos de Tiempo*, p. 233.

profunda e estreita: "através da representação, era perfeitamente possível que, em menos de uma hora, a relação se tornasse enormemente cálida, que cada vez fosse mais ampla e profunda e que progredisse, porque efectivamente havia acontecido alguma coisa"[34]. Se a presença e a energia dos actores faziam uma parte importante do trabalho, a outra parte era feita pela forma como os africanos conseguem aliar a imaginação à vida real e como conseguem compreender um significado que lhes é proposto, simplesmente através de sons na sua dimensão física, corporal e emotiva: "a coisa mais comovedora que nós descobrimos", dirá Peter Brook numa entrevista a propósito destas experiências, "é que a relação mais profunda que nós estabelecemos com alguém de África pôde existir graças a certos sons – ou a certos movimentos que se poderiam qualificar de abstractos – e, mais precisamente, um certo tipo de cantos interpretados de maneira particular. Isto representava o fim de uma longa busca de uma relação entre a respiração e a produção de um som que correspondia exactamente a um som emitido por uma certa tribo africana"[35]. É este som, que é sempre emoção ou que corresponde sempre a uma certa emoção e que se apresenta carregado de sentido, que permite comunicar, porque é um som produzido pelo corpo, insusceptível de ser traduzido em palavras. E, tal como o som, também os gestos iam revelando essa propriedade de instaurar uma comunicação quase instantânea, carregada de força e de energia. Deste modo, a comunicação intercultural conseguida nesta experiência africana reforçava a possibilidade da existência de uma dimensão transcultural em que homens e povos de culturas diferentes se podem entender e comunicar.

Finalmente, a terceira etapa deste nomadismo intercultural é marcado pela experiência do centro nos Estados Unidos e no encontro com o Teatro Campesino de Luís Valdez em 1973. Sentindo que era a investigação em torno da energia do trabalho teatral que os reunia, desenvolveram uma série de sessões conjuntas, alargando o raio de intercâmbio, que incluiu a reserva índia de Lech Lake no Colorado, The Native American Theatre Ensemble no Minnesota e ainda sessões diversificadas com vários tipos de grupos, americanos, chineses e até membros do teatro laboratório de Grotowski, em Nova Iorque. Com esta experiência americana chegava

---

[34] Idem, *Más allá del espacio vacío*, p. 209.
[35] Margaret Croyden, *Conversations avec Peter Brook*, trad. de Véronique Gourdon, Paris, Éditions du Seuil, 2007, pp. 108-109.

ao fim um ciclo da aprendizagem intercultural do Centro que deixaria marcas em todo o percurso de Peter Brook e do grupo por ele fundado.

O terceiro tipo de interculturalidade promovido pelo trabalho teatral de Peter Brook pode encontrar-se num conjunto significativo das suas peças, de que sobressai, naturalmente, o *Mahabharata*, mas que encontra no primeiro trabalho do Centro apresentado em Persépolis um marco também extremamente significativo. *Orghast*, para além da pluralidade de etnias e nacionalidades que caracteriza o grupo de trabalho (artistas e técnicos eram provenientes de vinte países diferentes) e para além de ser representada num espaço (Irão e, mais concretamente, as ruínas da cidade de Persépolis) que acaba por ser um símbolo ou uma ponte entre o oriente e o ocidente, é, efectivamente, tanto pela sua experimentação em torno da linguagem, como pelos materiais reunidos e trabalhados na peça, um exemplo claro do projecto intercultural deste encenador. Toda a peça é baseada num idioma imaginário criado pelo poeta Ted Hughes, designado pelo próprio título do espectáculo, "Orghast", dando assim continuidade à experiência sobre a sonoridade não verbal com o bash-ta-hon-do, língua imaginária utilizada pelo grupo nos seus processos de trabalho, criação e improvisação em Paris. Era o som um dos centros de atenção de Peter Brook nesta fase, entendido como revelador de uma identidade e como fonte de participação teatral. Tratava-se de uma espécie de regresso às fontes da linguagem, à sua musicalidade e à sua emotividade, à sua capacidade de criar e transmitir sentimentos e percepções da realidade, independentemente de a língua que cada actor tem como sua ser o francês, o inglês ou o alemão. Optando por uma língua inventada, em que a dimensão física da gestualidade sonora era um dos traços mais relevantes, Peter Brook criava assim a possibilidade de um entendimento transcultural tanto dos actores entre si, como entre os actores e o público. Com refere Margaret Croyden, "empregando uma linguagem desprovida de qualquer palavra reconhecível, Hughes e Brook forçam o espectador a escutar a peça como se escutasse música, a olhar a acção como se se tratasse de uma experiência religiosa"[36]. A peça assenta assim no desenvolvimento de uma capacidade emocional por parte do público que ultrapassa as barreiras que a comunicação meramente linguística tende a instaurar entre os povos. Por outro lado,

---

[36] *Idem, ibidem*, p. 58.

os materiais com que é construída a peça, embora assentando no mito de Prometeu que, de alguma forma, comanda parcialmente a intriga, incorporam outros filões antigos como abstracções retiradas de fontes literárias, alusões a outros mitos gregos e romanos, rituais zoorastrianos e lendas orientais, introduzindo uma diversidade de tradições culturais na sua própria constituição.

Outras experiências entretanto levadas a cabo com um claro cunho intercultural são *Os Iks* e a *Conferência das Aves*. No caso de *Os Iks*, trata-se de uma peça baseada num livro de Turnbull, que conta a história de uma tribo africana do Norte do Uganda, que, tendo perdido o seu território de caça tradicional, não consegue adaptar-se à agricultura, começando a faltar-lhe a alimentação e perdendo assim a sua cultura e a sua estrutura social. Mas, ao mesmo tempo que a peça procura narrar esta história bem africana, fá-lo de um modo tal e com tais recursos que o público, através de um processo a que Peter Brook chama a dupla imagem, consegue ancorar-se no presente e reconhecer simultaneamente na cena uma parte da vida de África e uma parte da sua vida quotidiana. Como ele dirá comentando a inscrição da peça na actualidade do espectador, "à medida que a narração vai progredindo, sabe-se que é de Africanos que se trata; cada um experimenta, em certa medida, preservar a natureza africana da narrativa. Mas por outro lado, tenta-se preservar o contacto convosco, não se abandona a sala para a África, faz-se de modo que a África se torna realidade: a África somos nós, aqui e agora. Porque nós somos aqui e agora, nós vamos ser aqui e agora em conjunto. É pela interacção constante, a tensão, o conflito, a harmonia entre aqui e agora, e a dupla imagem – convirjam ou não as duas imagens – que se produz algo que é, fundamentalmente, uma impressão teatral"[37].

A *Conferência das aves* é um espectáculo que comporta também uma clara dimensão intercultural: correspondendo à adaptação de um poema de Farid Uddin Attar, é uma fábula alegórica que conta a forma como as aves partem à procura do seu rei até que descobrem que são elas próprias a encarnação desse rei, sendo complementada por outras histórias que dramatizam as fraquezas e as manias das aves. É o tema do conhecimento e da consciência que atravessa esta história que é representada numa cena nua, em que os actores representam tanto as diversas aves como

---

[37] *Idem, ibidem*, p. 182.

as diversas personagens na história que é contada pelos chefes e em que há o recurso quer a marionetas de aves, quer a máscaras balinesas.

Todavia, o projecto de maior fôlego no quadro da interculturalidade no teatro é, sem dúvida, o *Mahabharata*, adaptação por Jean-Claude Carrière da célebre epopeia indiana, na qual o encenador procura transpor para o mundo ocidental este poema hindu que é o mais longo da literatura mundial e que apresenta a história da luta entre os Pandava e os Kaurava, sob o olhar e o acompanhamento do deus Krishna. O espectáculo, dividido em três partes, tem a duração de nove horas e foi objecto de uma cuidadosa preparação, não só por parte do encenador e do adaptador, que nele trabalharam durante anos, mas também de todos os intervenientes, desde actores a músicos e figurinistas que em deslocações à Índia se procuraram impregnar da atmosfera que rodeava este poema para depois a poderem traduzir na sua encarnação em cena, não como quem imita, mas como quem tem a capacidade de sugerir uma cultura diferente da sua e um património cultural que só podia ter nascido na Índia, mas no qual transparecem ecos de toda a humanidade[38]. O espaço cénico despojado de *Mahabharata* transforma a representação em algo que se situa entre o rito e a cerimónia num jogo que é simultaneamente uma viagem, uma história e uma teologia. Pode dizer-se que com este espectáculo Peter Brook desenha uma incursão intercultural em busca de núcleos verdadeiramente transculturais. Os problemas do *Mahabharata* são os problemas ditos através de um fundo cultural que pertence à cultura hindu, mas são, simultaneamente problemas de toda a humanidade e de todos os tempos. O trabalho teatral de Brook é, assim, devolver um tesouro localizado num núcleo específico da humanidade a toda a humanidade através de um conjunto de actores que representam essa mesma universalidade na sua diversidade específica e contraída[39].

---

[38] Cf. Peter Brook, *Más allá del espacio vacío*, p. 275.

[39] Deve sublinhar-se que o *Mahabharata* não encerra o percurso intercultural de Peter Brook no âmbito do teatro. *Le costume*, do escritor sul-africano Can Themba, estreado em 1999, que se desenrola em Sophiatown, município negro da África do Sul, e *Tierno Bokar*, baseado num texto de Amadou Hampaté Bâ, encenado em 2004, e que trata do ensino de Tierno Bokar, um mestre do sufismo na África Negra no contexto da colonização francesa, são dois exemplos de como o encenador continuará a percorrer caminhos em que procura entrar em diálogo com a vida e a cultura de povos africanos.

É por isso que tal trabalho poderá ser analisado por Patrice Pavis como se se tratasse de uma transposição de fundos culturais específicos da Índia para o quadro da cultura ocidental, aplicando-lhe, por isso, o modelo da "tradução" a que anteriormente fizemos referência. E é também por isso que Peter Brook poderá ser acusado por outros autores e intérpretes do seu trabalho[40] de realizar, com esta sua tendência orientalista, uma espécie de sucedâneo do imperialismo inglês, um certo "colonialismo cultural", apropriando-se da cultura indiana e de um texto religioso que é marcante para essa cultura para o oferecer numa adaptação ao gosto dos espectadores ocidentais e talvez sem estabelecer previamente a devida familiaridade com essa cultura. Ao fazê-lo, opera uma descontextualização da obra para operar a sua contextualização em termos europeus. Mas Brook responderá aos seus críticos dizendo que pretende apenas devolver à humanidade um dos seus tesouros em que estão latentes os grandes valores universais e a partir dos quais é possível questionar o mundo contemporâneo e reafirmando o seu direito a reclamar "um teatro que seja baseado na fusão de tradições (aí incluindo a mistura de actores de diferentes línguas e culturas num mesmo espectáculo) em que os espectadores são confrontados com uma verdade tão específica quanto universal pelo próprio facto da representação que mistura diversas culturas"[41].

8. Uma vez esclarecidos os diversos tipos de estratégias características da dimensão intercultural do trabalho teatral de Peter Brook, é agora possível enumerar alguns princípios, pressupostos ou traços mais característicos da sua estética intercultural, para depois nos debruçarmos sobre alguns dos dispositivos por ele privilegiados para concretizar essa mesma estética.

---

[40] Cf., por exemplo, Rustom Bharucha, *Theatre and the world: performance and politics of culture*, London, Routledge, 1993, em que é desenvolvida uma crítica à tendência orientalista de alguns encenadores europeus. Cf. também, a este propósito, Marita Foix, *Peter Brook. Teatro sagrado y teatro inmediato*, Buenos Aires, Atuel, 2008, pp. 61-64.

[41] Afirmação de Peter Brook aquando do XV Congresso do Instituto Internacional da Unesco, citada por Carl Weber, "ACTC: Currents of Theatrical Exchange", in *Interculturalism and Performance*, New York, PAJ Publications, 1991, *apud* Josette Féral, *ob. cit.*, p. 242.

O primeiro princípio, que é determinante na atitude intercultural do autor, é uma concepção estereoscópica da verdade teatral. Ou seja, para Peter Brook, a verdade não é susceptível de ser encontrada apenas a partir de um ponto de vista, mas só multiplicando os pontos de vista sobre a realidade se pode ter um acesso à natureza profunda das coisas e da realidade. O olhar de uma pessoa é sempre perspectivístico e limitado e por isso carece da complementaridade de outros olhares. É ele próprio que o refere no primeiro capítulo de *The Shifting Point*: "Uma pessoa deve ser fiel a si mesma, crer no que faz, mas sem deixar de ter a certeza de que a verdade está sempre noutra parte. Só então uma pessoa poderá avaliar a possibilidade de estar, de ser, consigo mesma e para além de si mesma, e assim verá que este movimento de ir de dentro para fora se acrescenta com o intercâmbio com os demais e que é o fundamento da visão estereoscópica da existência que pode oferecer o teatro"[42]. Neste sentido, deve considerar-se que a verdade no teatro não é uma verdade monocórdica, mas sim uma verdade múltipla[43] que acontece quando se dá a combustão de todos os elementos que concorrem para a produção da obra teatral e o cruzamento dos contributos com que os diversos participantes a enriquecem, quer com o seu ponto de vista teórico, quer com o seu comportamento prático em cena ou a sua intervenção para que o espectáculo aconteça. É assim que o título da obra se prolonga na perspectiva que ela adopta sobre o teatro: um *shifting viewpoint*, ou seja, não só um olhar múltiplo, mas um olhar em mutação, flutuante, em movimento. Como refere Georges Banu, "a verdade não pode ser o fruto do olhar simplesmente frontal, directo, sobre si mesmo, mas do olhar que muda, que altera a perspectiva e o ângulo. Ao olhar fixo opõe-se o olhar em movimento. E assim revela-se não tanto a relatividade, mas a ambiguidade das obras". É esse o sentido da expressão "shifting viewpoint: O *shifting viewpoint* é, em todo o caso, a lição de uma idade em que se desaprendeu a intransigência do olhar seguro de si próprio em proveito da liberdade do olhar que se move, porque duvida de cada uma das suas verdades. É da sua adição que se faz a verdade" [44].

---

[42] Peter Brook, *Más allá del espacio vacío*, p. 23.
[43] Cf. *idem, ibidem*, p. 188.
[44] Georges Banu, *Peter Brook, de Timon d'Athènes à la Tempête ou le metteur en scène en cercle*, Paris, Flammarion, 1991, p. 13.

Um segundo princípio de uma atitude intercultural no âmbito do teatro tem a ver com a importância do silêncio. O silêncio é a condição para que algo aconteça, para que uma voz surja, para que o discurso irrompa na sua pluralidade de perspectivas e na sua riqueza e fecundidade. O que significa que o silêncio não tem de ser necessariamente nem um silêncio sem vida, nem um silêncio sem expressão, nem um silêncio opaco. Pelo contrário, o silêncio pode ser meio de união e de reunião das pessoas e, assim, ponto de partida para uma descoberta partilhada da existência e da sua transformação em arte. É essa a distinção que o autor estabelece entre "o silêncio de chumbo" e "o verdadeiro silêncio", de que brota a vida: "Há dois silêncios, talvez haja mais mas fundamentalmente não há senão dois. O silêncio de chumbo, este silêncio sem vida, que não nos ajuda, e o outro, o verdadeiro silêncio, aquele que reúne misteriosamente e inegavelmente pessoas habitualmente divididas. É um verdadeiro momento, um momento de partilha. Entre estes dois silêncios, entre este silêncio sem vida – o do aborrecimento no teatro, quando se deixou o espectáculo e se adormeceu – e este silêncio em que nos sentimos 'ajustados', em conjunto, este silêncio pleno de vida, mil questões se levantam"[45]. Um princípio complementar deste silêncio é a atitude de escuta. É a partir da escuta, ou seja, fazendo silêncio e deixando que a voz do outro chegue até nós, que se cresce em direcção ao outro e em direcção à verdade teatral. Peter Brook refere-o de um modo muito explícito: "A falar verdade, creio que temos sempre todo o interesse, na vida, em escutar, totalmente e o melhor possível, uma outra pessoa, porque cada uma traz em si alguma coisa que se pode compreender e tomar, se ela está pronta a abrir-se. O princípio de estar à escuta de uma outra pessoa é, por isso, fundamental"[46]. É a atitude de escuta que constitui o ponto de partida para um diálogo entre pessoas que sabem que não são exclusivas, mas que se completam na abordagem que fazem

---

[45] Peter Brook, *Entre deux silences*, p. 5. Em *Threads of time*, o autor referir-se-á a estes dois silêncios nos termos seguintes: "Porque existem dois silêncios: um silêncio que pode não ser mais do que a ausência de ruído, pode ser inerte, ou, no outro extremo da escala, há um nada que está infinitamente vivo, e todas as células do corpo podem ser penetradas e vivificadas pela actividade deste segundo silêncio". (Peter Brook, *Hilos de tiempo*, p. 165).

[46] *Idem*, *Climat de confiance. Entretiens menés par Pierre Mac Duff*, Québec, L'Instant Même, 2007, p. 49.

da realidade e na forma como sentem e pressentem o mundo. Esta atitude que é recomendável em qualquer pessoa, é imprescindível no caso de um director ou de um encenador de teatro, pois é ela que lhe permite reconhecer os seus erros, descartar-se do que se revela inútil ou supérfluo e reconhecer, no momento respectivo, o lume que se acende e a chispa que salta no processo de construção de um espectáculo: "O que o director necessita de desenvolver mais no seu trabalho é um sentimento da escuta. Dia após dia, à medida que intervém, comete erros ou contempla o que acontece na superfície, deve escutar por dentro os movimentos secretos, o processo oculto. Por causa desta escuta, permanecerá constantemente insatisfeito, aceitando, e não deixará de aceitar e recusar coisas até que de repente ouça o som secreto de que está à espera e veja a forma interior que esperava. [...] O director trabalha e escuta e ajuda os actores a trabalhar e a escutar"[47]. A atitude de escuta é, em certo sentido, um mistério[48], mas é dela que depende a capacidade de um grupo "se tornar um instrumento único, aberto, flexível, através do qual qualquer coisa de mais profundo pode aparecer. Uma atitude parceira desta atitude da escuta é aquilo a que poderíamos chamar a humildade da "douta ignorância". Esta "douta ignorância" corresponde ao reconhecimento do carácter finito do nosso conhecimento e apreensão da realidade, de que há muitas coisas que nos ultrapassam, de que, afinal, não sabemos tudo. É ela que está na base da melhoria progressiva da nossa compreensão do mundo e das coisas. E é nela que se encontram os espíritos que querem sempre descobrir mais e saber mais. Este princípio enuncia-o Peter Brook em termos bastante simples: "Creio que há só um ponto de partida na vida para todos, em não importa que estádio da vida, que é dizer: 'Eu não sei grande coisa... vivi certas experiências mas não posso pensar que sei tudo o que não é evidente. A partir do momento em que se tomou consciência disto – que formulei da maneira mais simples e rudimentar – compreende-se que muitas coisas, no céu e na terra, ultrapassam a nossa compreensão. Não posso comunicar senão com alguém que, como eu, crê que há mais coisas que aquelas que compreendemos. A partir daí, pode pelo menos dizer-se que, qualquer que seja o domínio no qual

---

[47] Idem, *La puerta abierta. Reflexiones sobre la interpretación y el teatro*, trad. de G. M. Bartolomé, Barcelona, Alba Editorial, 1999, p. 139.

[48] Idem, *Entre deux silences*, p. 69.

se trabalha, é potencialmente um domínio no qual se pode melhorar a sua compreensão"[49].

Um outro princípio fundamental da estética teatral de Peter Brook, condicionante incontornável da sua interculturalidade, é o princípio da relação. Desde o primeiro dos seus livros, desde a sua primeira página, que o autor procura deixar claro que o facto teatral é, fundamental e essencialmente, um facto relacional: "Posso chegar a um espaço vazio e usá-lo como espaço de cena. Uma pessoa atravessa esse espaço vazio enquanto outra pessoa observa – e nada mais é necessário para que ocorra uma acção teatral"[50]. A relação que o actor estabelece com o espaço em que se movimenta, por um lado, e a relação que o actor estabelece com o público que o observa, por outro, constituem a essência do teatro e por isso, ele não se cansará de repetir que "a relação entre o actor e o público é a única realidade do teatro"[51]. Aquilo para que tende, em última análise, é para uma espécie de fusão que assenta na incompletude de qualquer um dos dois grupos[52]. No entanto, para além de esta relação entre os actores e o público, há outras conexões que são determinantes no evento teatral. Peter Brook refere expressamente, para além dela, a conexão que se estabelece entre o actor e o seu espaço interior e a conexão entre um actor e os outros actores[53]. Esta última relação assume, no contexto em que nos movimentamos, um papel especial se tivermos em conta que, no caso dos actores com os quais Peter Brook trabalha, nos encontramos perante um tecido interétnico e intercultural cujas consequências no acontecimento do facto teatral são naturalmente incontornáveis. A dinâmica relacional do teatro assenta, no fundo, na dinâmica relacional do ser humano: "O ser humano tem necessidade da ajuda de outros seres humanos. Na sua procura individual, ele não apenas tem necessidade de um companheirismo, mas até mesmo de se consciencializar que uma

---

[49] Margaret Croyden, *Conversations avec Peter Brook*, pp. 280-281.

[50] Peter Brook, *O espaço vazio*, trad. de Rui Lopes, Lisboa, Orfeu Negro, 2008, p. 7.

[51] Margaret Croyden, *Conversations avec Peter Brook*, p. 42. Cf. também Peter Brook, *Entre deux silences*, p. 52: "Que fait le théâtre? Il établit des relations. Nous ne pouvons pas les 'faire', nous pouvons seulement les laisser se faire, car c'est de cela que toute histoire, toute description, tout ce qui est humain est fait: la relation".

[52] Cf. Peter Brook, *Más allá del espacio vacío*, pp. 215-216.

[53] Cf. Idem, *Puerta abierta*, pp. 42-43.

outra pessoa pode trazer-lhe o que ele, sozinho, não pode desenvolver. É o que há de mais interessante no trabalho com pessoas que vêm de países muito diferentes"[54]. É por isso que a dinâmica intercultural se inscreve como uma necessidade na dinâmica inter-relacional de um grupo de teatro: "Nada há mais vital para a cultura teatral do mundo do que o trabalho conjunto de artistas de diferentes raças e origens"[55]. Em última análise, o teatro, como toda a arte, é essencialmente e constitutivamente relação, não uma relação simples, unidireccional, mas frequentemente um feixe de relações múltiplas e multipolares[56].

Um outro princípio da estética teatral brookiana é o que poderíamos chamar a mestiçagem conatural do teatro, ou seja, a ideia de que o teatro não pode ser puro. O teatro, em si, é feito de materiais múltiplos, é comparado ao estômago onde o alimento se metamorfoseia tanto em excrementos como em sonhos[57], é feito de matéria viva e por pessoas vivas que são diferentes, finitas e complementares. É por isso que o encenador lhe chama uma "arte bastarda"[58]. A heterogeneidade é a condição natural do teatro e por isso ele reenvia à impureza, ao passo que "a pureza enfraquece o teatro, afasta-o da vida, seca as forças da cena"[59]. É na impureza que reside a ambiguidade do teatro, que não é uma das suas fraquezas mas justamente uma das suas potencialidades e virtudes.

Finalmente, e na sequência de todos estes princípios e como princípio--ponte em que se suporta a sua interculturalidade, há que registar o internacionalismo como um dos traços fundamentais da estética teatral de Brook. Este internacionalismo é, antes de mais, a inscrição no trabalho teatral do que é a rua de qualquer cidade no mundo contemporâneo: "É a heterogeneidade das cidades que serve de fundamento a este grupo voluntariamente refractário à pureza que destila, separa, exclui. Se o internacionalismo aparece como reflexo de um mundo deslocado, ao adoptá-lo como princípio inicial Brook tenta, ao mesmo tempo, reunir ao nível do grupo o que outrora esteve separado: o grupo como

---

[54] *Idem, Entre deux silences*, p. 59.

[55] *Idem, La puerta abierta*, p. 113.

[56] Cf. Georges Banu, *Peter Brook, Du Timon d'Athènes à la Tempête*, p. 124.

[57] Cf. Peter Brook, *Más allá del espacio vacío*, p. 107.

[58] Cf. Peter Brook, "La merde et le ciel", *Théâtre 1968*, n° 1, éd. Bourgois, 1968, p. 14, apud Georges Banu, *Peter Brook, Du Timon d'Athènes à la Tempête*, p. 160.

[59] Georges Banu, *Peter Brook, du Timon d'Athènes à la Tempête*, p. 160.

figura do presente e apelo da diegese"[60]. Este internacionalismo intervém, antes de mais, na própria constituição do grupo, de que o CIRT é o exemplo, mas intervém também na natureza dos materiais que entram na constituição do espectáculo e na escolha dos públicos perante os quais o espectáculo é apresentado. Através desse internacionalismo, o encenador dá corpo a um dos princípios fundamentais da sua estética que assenta, afinal, na visão do teatro como convergência e coexistência de contrários.

9. Com base nestes princípios e pressupostos, Peter Brook desenvolverá o seu trabalho assente numa série de dispositivos e procedimentos que podemos encarar como estando ao serviço da sua estratégia intercultural.

Um dos primeiros dispositivos que podemos referir é o do tapete como espaço de representação. O tapete é a condensação do solo, de todos os solos, e na sua simplicidade e tecitura acolhe uma abertura a todos os solos possíveis, aos solos de todos os povos e aos solos de todas as culturas. No tapete se enraíza o jogo teatral brookiano, seja ao nível dos exercícios e do trabalho de treino dos actores, seja ao nível da improvisação que se desenvolve perante o olhar atento e curioso das populações africanas que se juntam para participar nessa forma de comunicação e de celebração das relações entre os homens que é o teatro, seja ao nível de dispositivo cénico de alguns dos espectáculos, que com pouco mais contam do que com um tapete no chão ou tapetes constituindo o fundo do espaço cénico. Por outro lado, colocado no chão, o tapete traduz uma abertura do espaço teatral para todos os lados e para o público que assim o pode rodear para se integrar na representação[61]. Tecido de múltiplos fios, o tapete é um símbolo do carácter plural daqueles que o ocupam e das relações plurais que permite estabelecer com um público diferente e heterogéneo na sua constituição.

Outro dispositivo ou procedimento da estética de Peter Brook profundamente articulado com a sua dinâmica intercultural é a improvisação como forma de comunicação e como metodologia para a construção de um espectáculo. Porque a improvisação não é apenas a criação de gestos, movimentos, jogos e interacções entre actores e dos actores com o público. O que define, antes de mais nada, a improvisação

---

[60] Georges Banu, "Peter Brook et la coexisence des contraires", in G. Banu (Ed.), *Peter Brook. Les voies de la creation théâtrale*, XIII, p. 31.

[61] Cf. Georges Banu, *Peter Brook, de Timon d'Athènes à la Tempête*, p. 38.

é a sua abertura e a sua disponibilidade para o imprevisto[62]. A improvisação é a instauração do vazio para que uma tripla relação aconteça: a relação do actor consigo mesmo, a relação do actor com os outros actores e a relação dos actores com o público: eu, nós, eles são os três pólos de uma verdadeira improvisação. É simultaneamente uma libertação e uma circulação de energias, é o estabelecimento da fluidez no interior de um grupo. Mesmo no espaço de Bouffes du Nord, a improvisação não é apenas um estratagema para a preparação e construção de um espectáculo, mas é também frequentemente uma forma de estabelecer contacto com grupos seleccionados de espectadores que são convidados a participar no trabalho teatral do CIRT. Assim, a improvisação é sempre um reencontro com o outro, "um outro real – o público – ou fictício – a personagem"[63]. Sendo feita em grupo, ela reforça a dinâmica comunitária do trabalho teatral que conduz a um entretecimento de relações criadoras entre vários eus que se constituem num "nós": "A improvisação em círculo, onde se exige que não haja tempos mortos, atesta esta vontade de fazer aparecer uma expressividade comum a partir de uma espontaneidade individual. Assim passa-se do *Eu* ao *Nós* sem sacrificar nenhum termo, bem pelo contrário. É da sua expansão comum que surge a criatividade do grupo"[64].

Um terceiro dispositivo a que recorre Peter Brook na dinâmica intercultural da sua estética corresponde às sonoridades vocais pré--verbais, utilizadas tanto nos exercícios do grupo como em alguns espectáculos ou a sonoridades verbais mas em línguas desconhecidas que exercem a sua eficácia precisamente a um nível extra-vocal ou pré--vocal. É todo o jogo corporal em que essas sonoridades se enraízam que se torna expressivo e susceptível de induzir em comunicação os diversos intervenientes, independentemente das suas filiações étnicas ou culturais: "Um diz alguma coisa numa língua africana e o outro responde em japonês, mas pela sonoridade, a expressão dos olhos, o ritmo, chega-se à compreensão. Através deste processo constata-se que uma compreensão é possível, e os tiques exteriores das culturas tornam-se cada vez menos importantes"[65]. É a dimensão emotiva do

---

[62] *Idem, ibidem*, p. 138.
[63] *Idem, ibidem*, p. 140.
[64] Georges Banu, "Peter Brook et la coexistence des contraires", pp. 57-58.
[65] Peter Brook, *Climat de confiance*, p. 62.

som que passa para primeiro plano e que permite concluir que, por exemplo, quando se interage com uma tribo africana, com os seus cantos e os seus sons, é possível encontrar uma comunidade de sentido. "O som é sempre emoção", diz o autor comentando a experiência africana, "ele está carregado de sentido. Mas não se pode traduzir em palavras. Não é um som que fala. É um som produzido pelo corpo de uma certa maneira e que corresponde a uma certa emoção. E a comunicação foi instantânea"[66]. É por isso que uma canção pode ter um elevado poder de comunicação: a sua carga é extraordinariamente emotiva e quando a ela se recorre para estabelecer uma ponte com uma cultura diferente, no meio de uma cerimónia fúnebre, por exemplo, o seu poder dialógico é enorme[67]. E é também por isso que a música reenvia para uma linguagem análoga à do mito: uma linguagem que pode criar a comunicação antes e acima da compreensão intelectual, remetendo para estruturas profundas que se situam por detrás das palavras[68]. Trata-se, noutros termos, de um esforço por restabelecer a energia das fontes, com a consciência de que o homem é um arco-íris, dado que cada homem transporta em si todos os grãos do género humano, de tal maneira que o africano, o europeu, o asiático fazem internamente parte da sua paleta de cores e da sua constituição. A palavra é, assim uma forma de comunicação mas não é a comunicação enquanto tal. Como refere Monique Borie, para Brook, com efeito, "a palavra não é senão a parte visível de um processo mais vasto, está ligada a um impulso que ultrapassa os meros limites da palavra em si mesma"[69]. É também a dimensão física do som e da voz que é sublinhada, a sua dimensão corporal, pois a palavra como som é algo que é produzido pelo próprio corpo e percebido pelo próprio corpo e é nessa produção e nessa percepção que se pode dar uma verdadeira convergência intercultural no quadro das fontes profundas do teatro e do espectáculo. Daí que, citando ainda a mesma autora, "no itinerário de Brook são etapas essenciais estes momentos raros e privilegiados em que, para lá das diferenças raciais e culturais, nos encontramos em torno de 'grandes coisas preciosas longe e por detrás

---

[66] Margaret Croyden, *ob. cit.*, p. 109.
[67] Cf. Peter Brook, *Más allá del espacio vacío*, p. 213.
[68] Cf. Monique Borie, *ob. cit.*, p. 134.
[69] *Idem, ibidem*, p. 131.

das palavras' onde atingimos este estado de ser puro e sem esforço que certas aves têm o segredo de captar"[70].

Um dispositivo complementar do dispositivo sonoro é, naturalmente, o dispositivo corpóreo. É no corpo, nos seus recursos, na sua capacidade expressiva que se enraíza a capacidade de o homem comunicar com outros, superando a barreira das diferenças culturais e linguísticas. Porque, como refere Brook, "os corpos de todas as raças do nosso planeta são mais ou menos iguais [...] O instrumento do corpo é o mesmo em todas as partes, o que muda são os estilos e as influências culturais"[71]. O importante é saber escutá-lo, saber ouvir os códigos e os impulsos que nele se esconderm e que estão na raiz das formas culturais. Trazendo esses códigos à superfície, deixá-los exprimir-se através do corpo é o caminho para um entendimento mais profundo para lá das diferenças[72]. Sob este ponto de vista. Peter Brook é bem um continuador da estética de Artaud[73] que, profundamente impressionado pelas representações do teatro e da dança do Bali a que assistiu em 1931, começa a postular um teatro físico, feito de gestos e de movimentos, em que os corpos em evolução no espaço são autênticos hieróglifos vivos que inventam uma nova linguagem, novas formas de expressão e novas formas de comunicação teatral[74].

Um último dispositivo utilizado como recurso na dinâmica intercultural do trabalho de Peter Brook é a figura do contador de histórias. Contar histórias é uma das expressões que melhor traduz a realidade do teatro, na medida em que a narrativa é uma das formas mais expressivas e poderosas para partilhar um interesse comum, para fixar a atenção num mundo e numa realidade que se pretende transmitir. É por isso

---

[70] *Idem, ibidem*, p. 135.

[71] Peter Brook, *Puerta abierta*, p. 27.

[72] Cf. *Idem, Hilos de tiempo*, p. 218.

[73] Podem, em certa medida, considerar-se os dois textos de Artaud inseridos em *Le théâtre et son double*, o texto sobre o teatro balinês e o texto sobre o teatro ocidental e o teatro oriental, os primeiros manifestos em torno daquilo que seriam as bases para uma atenção à multiculturalidade no teatro e à possibilidade de, transpondo determinadas técnicas do teatro oriental para o teatro ocidental, realizar o que hoje consideramos a interculturalidade no âmbito do teatro.

[74] Cf. Antonin Artaud, *Le théâtre et son double*, Paris, Éditions Gallimard, 1964, pp. 81-103, para as notas sobre o teatro balinês, e pp. 105-113, para o texto sobe o teatro oriental e o teatro ocidental.

que o trabalho do teatro é assimilável ao trabalho do contador[75]. Esse trabalho assenta na capacidade transportar os ouvintes para uma outra realidade, de mobilizar a atenção em torno da dupla imagem, a imagem do presente, aqui e agora, em que o contador se inscreve e ocupa um lugar central, e a imagem do mundo da imaginação projectada pela narrativa: "Quando um contador entra em relação com um público, ele tenta, com tudo aquilo de que dispõe, transportar o público para um mundo imaginário, sem que ele mesmo desapareça"[76]. Neste sentido, um grupo de teatro é como se fosse um contador de histórias, com muitas vozes e muitas cabeças e um contador de histórias é uma das imagens prototípicas do trabalho teatral, como os actores do CIRT tiveram, na prática, a possibilidade de experimentar nas viagens que fizeram à Índia no processo de preparação do *Mahabharata*, dado que foram os contadores de histórias um dos meios mais fascinantes do seu encontro com as narrativas dessa epopeia[77]. Duas das peças mais significativas da interculturalidade de Peter Brook, o *Mahabharata* e *A conferência das aves* recorreram a este dispositivo como forma de tradução da dinâmica intercultural que as atravessa. São bem expressivas as considerações de Georges Banu sobre a particularidade e a especificidade do contador: "O contador tem isto de particular: ele não é nem completamente exterior à história, nem completamente implicado. Conta como uma testemunha e joga/representa, homens e mulheres, jovens e velhos, sempre por blocos, nunca numa continuidade. O contador não é, de maneira nenhuma, prisioneiro de uma personagem, é o prisioneiro da história que exige a progressão sem descanso e sanciona toda a paragem excessiva. O contador domina o conjunto e proporciona a cada um uma liberdade limitada a fim de não desequilibrar a narrativa, de lhe assegurar um bom andamento, mas isto não o impede de diminuir ou acelerar o ritmo, de operar em grandes mutações no espaço, de introduzir ou fazer desaparecer personagens; ele dispõe das técnicas da narração e experimenta prazer em coexistir com estes seres imaginários"[78]. Esta função de testemunha viva de uma história, de uma cultura e de

---

[75] Cf. Margaret Croyden, *ob. cit.*, p. 179.
[76] *Idem, ibidem*, p. 219.
[77] Cf. Peter Brook, *Más allá del espacio vacío*, p. 274.
[78] Georges Banu, *Peter Brook, du Timon d'Athènes à la Tempête*, p. 81.

uma tradição faz do contador um dos principais mediadores do diálogo intercultural que o teatro de Peter Brook pretende promover.

Gostaria de concluir estas referências aos dispositivos e à estratégia intercultural de Peter Brook chamando a atenção para o processo através do qual ele trabalha perante a diversidade de culturas para chegar a um resultado que em vez de diluição, sincretismo difuso ou mistura folclórica é um verdadeiro enriquecimento. Esse processo é aquilo a que poderíamos chamar o processo da remoção ou da eliminação do que é superficial, estereotipado, sem profundidade e de centração no que aparece assim à vista por debaixo do estereótipo. "Quando pessoas muito diferentes – Americanos, Africanos, Europeus, Asiáticos – trabalham em conjunto, a primeira coisa que se vê é que o que confere aparentemente a cada um a sua identidade repousa em estereótipos sem interesse. E quando, por um trabalho de purificação, cada um perde este lado caricatural da identidade, em vez de chegar a uma espécie de *no man's land*, aparecem pelo contrário as verdadeiras diferenças, magníficas e gloriosas. A questão das cores declina-se então como na luz: chega-se a um vermelho mais vermelho, a um branco mais branco, a um negro mais negro; cada tom pode, por esta razão, concordar com um outro tom conservando mais a sua identidade"[79]. Isto implica que cada actor, ao mesmo tempo, tome alguma distanciação em relação à sua cultura e aos seus estereótipos para poder atingir e revelar o seu essencial. Trata-se, no fundo, de procurar aquilo que dá efectivamente vida a uma cultura para que se possa assim estabelecer uma interacção fecunda com outras culturas e com o que também lhes dá vida. Mas trata-se, simultaneamente, de reconhecer que o homem é muito mais do que aquilo que é definido pela sua roupagem cultural, de que há algo mais profundo a que se pode chegar e que o teatro tem exactamente como função revelar: "cada cultura exprime uma parte distinta do atlas interior; a verdade humana completa é global e o teatro é o lugar onde se juntam as peças do quebra-cabeças"[80]. Diríamos, então que a atitude de Peter Brook perante a multiculturalidade do mundo contemporâneo é simultaneamente o de uma procura de uma transculturalidade que define o humano enquanto tal, que ele encontra por detrás das diferenças culturais e étnicas de quem assiste aos seus

---

[79] Peter Brook, *Climat de Confiance*, pp. 29-30.
[80] *Idem, Más allá del espacio vacío*, p. 222.

espectáculos e dos actores que entram na respectiva montagem e o da intensificação de uma interculturalidade que assenta na descoberta das verdadeiras diferenças que uma vez articuladas e conjugadas fazem do processo de criação teatral um espaço de enriquecimento, de harmonia e de concerto humano numa polifonia de vozes, de gestos e de mitos e fundos culturais distintos.

10. Um outro marco incontornável da dinâmica intercultural que caracteriza o panorama teatral do século XX é, sem dúvida alguma, Eugenio Barba. O seu próprio percurso biográfico acaba por ser uma expressão de um nomadismo profundo e de um cruzamento de culturas que, antes de se escrever no seu teatro, se declina na sua vida e na sua experiência pessoal. Com efeito, tendo nascido em Itália, onde passa a sua infância e a sua juventude, desloca-se com a idade de 18 anos para o Norte da Europa, fixando-se logo a seguir em Oslo, como soldador. Passado um ano, embarca na marinha mercante, regressando mais tarde à profissão de soldador. Entretanto candidata-se a uma bolsa da Unesco, que obtém para estudar teatro na Polónia. Desiludido com os estudos, continua a viajar, até que numa das suas incursões dentro da Polónia vai a Opole, uma pequena cidade a 60 milhas de Varsóvia, onde descobre o teatro das 13 filas dirigido por Grotowski. Reencontra, anos mais tarde, Grotowski num bar de Cracóvia e apercebem-se então dos seus interesses comuns, nomeadamente pelas práticas de teatro oriental. Abandona a escola de teatro que frequentava e vai viver para Opole onde permanece durante três anos a trabalhar com Grotowski, de quem se torna um dos discípulos mais significativos e um dos divulgadores mais salientes. Em 1963 empreende uma viagem ao Oriente, com a sua futura mulher e mais dois companheiros, que lhe permite entrar em contacto com as formas de teatro hindu, nomeadamente o Kathakali, levando-o a introduzir no Teatro-Laboratório de Grotowski um conjunto de exercícios derivados da prática teatral indiana. Em 1964 abandona a Polónia e instala-se na Noruega para procurar constituir um grupo de teatro próprio, a partir das suas intuições, da sua aprendizagem com Grotowski e do conhecimento das tradições orientais entretanto adquirido. Sem grandes credenciais para poder entrar num grupo já consagrado, decide fundar o seu próprio grupo com os rejeitados das escolas de teatro. É assim que nasce o Odin Teatret em Outubro de 1964. Um ano depois, o grupo desloca-se da Noruega para a Dinamarca, instalando-se na pequena Vila de Holstebro, que lhe oferece uma quinta propondo-se como objectivos a criação de espectáculos de teatro, o estudo e a investigação do fenómeno teatral e a circulação de grupos e vultos importantes do teatro pela Dinamarca. Quando o Odin Teatret foi fundado, todos os membros do grupo eram norugueses. Com a sua transferência para a Dinamarca, começou a integrar actores daquele país e, depois, na sequência do desenvolvimento das actividades, foi integrando actores de diversas partes do mundo, tanto provenientes dos países ocidentais como oriundos dos países orientais.

A investigação do Odin Theatret parte de um centro complementar das actividades do grupo, o NTL (Nórdik Theater Laboratorium), sendo este o responsável pela dinamização das sessões da ISTA (International School of Theatrum Anthropology), normalmente com uma duração de várias semanas e que se transformaram na principal forma de concretização do diálogo intercultural promovido pelo Odin Teatret e por Eugenio Barba, na medida em que tinham como objectivo pôr em contacto tradições de teatro e dança das mais diversas culturas, sendo realizadas em várias cidades do mundo, desde a Europa à América Latina (tendo mesmo uma das sessões tido ligar, há alguns anos, em Portugal, em Montemor-o-Novo). Outra das actividades do NTL foi a realização de oficinas teatrais na Dinamarca, reunindo e fazendo convergir para lá algumas das companhias mais afins ao trabalho desenvolvido por Eugenio Barba e alguns dos nomes mais significativos do trabalho inovador que se desenvolvia na Europa, na África e na Ásia, como, por exemplo, Grotowski e Dario Fo. Durante os mais de quarenta anos da sua existência, o Odin Teatret montou mais de três dezenas de espectáculos e fez digressões na Europa e na América, estabelecendo sobretudo uma relação especial com a América Latina, onde se deslocou por diversas vezes para apresentar os seus espectáculos e onde realizou também algumas das sessões da ISTA[81].

Se o trabalho de Peter Brook dificilmente se adequava, na sua totalidade, à proposta de análise de intercâmbios culturais centrados nas relações entre uma cultura-fonte e uma cultura-alvo e tomando a

---

[81] Sobre as relações de Barba com a América Latina e a sua realidade teatral, vejam-se os seus dois livros de testemunhos: Eugenio Barba, *Arar el cielo. Diálogos Latinoamericanos,* Fondo Cultural Casa de las Américas, 2002; idem, *La conquista de le diferencia,* Lima, Editorial San Marcos, 2008.

tradução como modelo para essa mesma análise, a dinâmica intercultural de Eugenio Barba ainda mais dificilmente se adequa a esse tipo de abordagem. Com efeito, tal dinâmica conta, fundamentalmente, com três frentes de trabalho: por um lado, aquilo a que Barba chamou expressivamente as acções de troca (ou, para recorrer à palavra italiana utilizada pelo autor, "il baratto"), por outro lado as sessões da ISTA e, finalmente, a sua investigação teórico-prática sobre os princípios fundamentais da Antropologia Teatral no seu aprofundamento do comportamento pré-expressivo e extra-quotidiano dos actores/dançarinos em situação de representação.

11. A descoberta da troca/baratto como forma de intercâmbio cultural surgiu aquando da residência que o Odin Teatret fez durante vários meses em Carpignano, uma aldeia de cerca de 2000 habitantes no Sul de Itália. A certa altura, durante um passeio em que o grupo de actores se deslocou para encontrar alguns amigos que julgava estarem nas redondezas, viram-se seguidos e envolvidos por muita gente à espera que fizessem alguma coisa. Não tendo nenhum espectáculo preparado para essa ocasião, os actores optaram por oferecer aos habitantes da região um conjunto de canções populares escandinavas e algumas improvisações vocais do género daquelas a que recorriam nos seus exercícios de treino quotidiano. No final, e após um longo aplauso, foram os actores surpreendidos pela reacção dos populares: "Agora far-vos-emos ouvir nós as nossas canções". E, como refere Barba narrando esta experiência, "começaram a cantar, as pessoas que estavam em redor, canções de trabalho, canções que com o seu ritmo particular acompanham o gesto de colheita do tabaco e das azeitonas e, depois, cantos de amor infeliz e de morte. Desta situação imprevista nasce a nossa ideia do 'baratto'"[82]. A partir daí esta prática tornou-se habitual, não só durante os meses restantes da residência em Carpignano, mas em todas as deslocações que o Odin Teatret fez às mais diversas regiões do mundo e em contacto com os mais diferentes tipos de povos e de culturas.

O que é a troca ou o "baratto"? Uma celebração, em dom recíproco, das diferenças culturais, partindo da ideia simples de que duas culturas

---

[82] Eugenio Barba, *Teatro. Solitudine, mestiere, rivolta*, Milano, Ubulibri, 1985, p. 114.

estranhas, uma perante a outra, são desafiadas a entrar em relação e esse entrar em relação significa antes de mais nada, capacidade e disponibilidade para dar alguma coisa e para receber alguma coisa em troca. Estas situações de troca começaram apenas com canções, depois acrescentaram-se-lhes algumas danças ou tipos especiais de dança como aqueles que os actores faziam no seu treino teatral, e depois apareceram cenas breves e sketches improvisados. Tudo isto num clima de festa e de celebração colectiva. O que está em primeiro plano não é a esteticização do acontecimento, como se houvesse profissionais que cantam e dançam e espectadores que observam, mas a participação das duas comunidades num acto de entrega mútua. Ou seja, é a acção de trocar que dá valor à transacção e não a qualidade do que se troca. É o processo que tem a prioridade e não propriamente o produto. Assim, pode dar-se o caso de, num destes processos de troca, a experiência poder ser, em termos estéticos, de valor relativamente reduzido, mas, em contrapartida, ser, em termos emotivos, profundamente marcante como experiência de solidariedade. Foi, por exemplo, o que aconteceu no Terceiro Encontro de Teatro em Bahía Blanca, em que um grupo, formado por camponeses de uma aldeia de uns sessenta habitantes do sul do Chile, apresentou uma obra chamada vivências camponesas para os seus colegas. O interesse artístico da obra era extremamente escasso, mas, como refere Ian Watson, "quando a obra terminou todo o público – umas trezentas pessoas – se pôs de pé para aplaudir durante muito tempo. O valor da obra residiu no intercâmbio e na solidariedade comunitária que gerou, mais do que na 'qualidade' do que foi trocado"[83].

Estas operações de troca tornam-se assim, aos olhos de Barba, um mecanismo fundamental para a sobrevivência do próprio teatro. O teatro é como um corpo que perde continuamente sangue, gosta de dizer o encenador, e que necessita continuamente de transfusões. O intercâmbio com outros grupos e com outras culturas corresponde precisamente a essas transfusões e é desse modo que os grupos se fortalecem e se enriquecem na sua caminhada[84]. Claro que este não é um processo fácil, porque, como acentua o autor, "a dimensão intercultural do mundo em que vivemos não é uma conquista: é uma condição de

---

[83] Ian Watson, *Hacia un tercer teatro. Eugenio Barba y el Odin Teatret*, trad. de Susana Epstein, Ciudad Real, Ñaque Editora, 2000, p. 52.
[84] Cf. *Idem, ibidem*, pp. 121-122.

perigo"⁽⁸⁵⁾. Tanto pode gerar o interesse no conhecimento mútuo, como pode gerar a indiferença, como pode mesmo desencadear reacções de revolta e de hostilidade. O "baratto" visa justamente desenvolver a disponibilidade para acolher o diferente através do recurso às formas de expressão das múltiplas culturas em confronto.

Uma das principais características destas acções de troca corresponde à troca de papéis que se verifica durante a sua execução. Os participantes, que são fundamentalmente de três categorias, os membros do grupo de teatro que desencadeia a troca, os habitantes locais que participam activamente na troca através da apresentação de danças e canções e os restantes membros da comunidade, não mantêm o mesmo estatuto durante o evento, e vão progressivamente trocando de papéis, até que esses papéis se dissolvem completamente⁽⁸⁶⁾. Os membros de um grupo de teatro podem começar por ser actores e performers durante uma parte do evento, podem passar a espectadores quando assistem à intervenção dos grupos locais e, depois, podem juntar-se a esses mesmos grupos, participando nos seus cantos e nas suas danças: "a troca é um encontro de culturas em que a comunidade de troca subsume as culturas separadas e homogéneas envolvidas através da performance e do contacto pessoal"⁽⁸⁷⁾. Os locais privilegiados para a troca são locais com especial significado dentro da comunidade, pela memória que transportam e, normalmente, uma acção destas começa pela chamada e congregação das pessoas no espaço escolhido para a sua realização, a que se segue a execução das performances por cada uma das partes intervenientes no intercâmbio, chegando-se, no final, à constituição de uma única comunidade, dissolvendo as fronteiras e as delimitações entre grupos específicos, de modo a transformar a acção de troca numa verdadeira celebração e participação comunitária que pode, inclusivamente, terminar numa refeição comum partilhada por todos no espaço público.

Deve salientar-se que, embora as primeiras experiências de troca tenham surgido de uma forma muito espontânea e ainda incipiente, elas foram-se tornando mais estruturadas e mais bem preparadas pelo próprio Odin Teatret que passou a incorporar nas suas performances, para além

---

⁽⁸⁵⁾ *Idem, ibidem*, p. 147.
⁽⁸⁶⁾ Cf. Ian Watson, "The dinamics of the barter", in Ian Watson, (Ed.), *Negotiating cultures. Eugenio Barba and the intercultural debate*, p. 96.
⁽⁸⁷⁾ *Idem, ibidem*, p. 98.

de cantos tradicionais, danças, pequenos sketchs, números de clown, que acentuaram a complexidade da participação do grupo e melhoraram a sua capacidade de oferta em contextos tão diversificados como aldeias de Itália, povoações de França ou localidades da América Latina, por onde passava o Odin Teatret ou onde eram organizados os encontros do Terceiro Teatro[88]. Noutros casos, as acções de troca poderiam ser realizadas por uma só pessoa no seio de uma determinada localidade. Iben Nagel Rasmussen, uma das principais actrizes do Odin Teatret, realizou uma dessas acções de troca numa pequena aldeia de Sarule, no Sul de Itália, conhecendo a população local através de incursões, usando uma máscara e vestindo o seu fato de treino, tocando tambor e flauta e conversando com as pessoas numa partilha da sua existência e vida quotidiana. Outras acções eram muito mais programadas como as trocas que ocorreram em algumas sessões da ISTA em que os actores e dançarinos presentes no encontro realizavam uma sessão de contacto e partilha com a população da localidade onde as sessões tinham lugar. Deste modo, as acções de troca foram um dos principais mecanismos engendrados por Eugenio Barba para um diálogo intercultural com as povoações que visitava com o seu grupo num clima de festa, celebração e quase ritual.

Outra estratégia adoptada por Barba para o diálogo intercultural foram as sessões da ISTA (International School of Theatre Anthropology). O que é a ISTA? Uma universidade de teatro e dança, sem os tradicionais

---

[88] "Terceiro teatro" foi um conceito criado pelo próprio Eugenio Barba para designar os grupos que, como o Odin Teatret, procuravam desenvolver um trabalho teatral no seio das suas comunidades, centrado nas relações e interacções dentro do próprio grupo, e com uma dinâmica distinta do teatro oficial dos teatros nacionais e dos grupos experimentais de vanguarda demasiado centrados apenas na dimensão estética inovadora das suas performances. São os grupos do terceiro teatro que constituem arquipélagos de ilhas flutuantes que circulam, anonimamente, num vasto oceano onde emergem, pela sua relevância, os grupos do primeiro teatro, o teatro oficial, e os grupos do segundo teatro, o teatro experimental de vanguarda. Uma parte do diálogo intercultural empreendido por Barba centrou-se em reuniões destes grupos de Terceiro Teatro, realizadas na Europa e na América Latina. Sobre a noção de terceiro teatro cf. Ian Watson, *Hacia un tercer teatro, Eugenio Barba y el Odin Teatret*, pp. 45-48. Cf. ainda os textos "Terceiro teatro" e "Teatro-cultura" em Eugenio Barba, *Teatro. Solitudine, Mestiere, Rivolta*, pp. 165-167 e 173-191.

condicionalismos de uma universidade, como um calendário lectivo, um corpo docente rígido, um corpo discente perfeitamente estratificado. A primeira ISTA surgiu na sequência de um dos encontros do Terceiro Teatro de Belgrado e de Bérgamo, a partir da necessidade sentida por Barba de organizar um encontro de um outro tipo e com um conjunto de participantes distintos. Realizou-se em Bona durante o mês de Outubro de 1980 e teve uma estrutura que, com algumas variações, se foi mantendo ao longo das ISTAS posteriores (na década de '80 tiveram lugar seis ISTA's, em Bona, Volterra e Pontedera, Blois e Malakoff, Holstebro, Salento e Bolonha[89]). As sessões das ISTA's eram constituídas normalmente por três tipos de actividades: oficinas com mestres e especialistas de diversas tradições teatrais que apresentavam as suas técnicas de representação e os seus processos de trabalho sobre o corpo--em-cena, colóquios e debates com teatrólogos sobre o tema escolhido para cada ISTA, e sessões abertas ao público. Em alguns casos, como na ISTA de Bolonha e de Salento, o processo foi ainda complementado pela criação de espectáculos transculturais, encenados por Eugenio Barba e desenvolvidos durante as várias semanas que durava o encontro. Os participantes eram, assim, também de diversos tipos: por um lado, mestres de teatro e dança, nomeadamente oriental, da Índia, do Bali, do Japão que constituíam o núcleo central das oficinas pedagógicas; por outro lado, actores e encenadores de diversos grupos de vários pontos do globo, que participavam nessas oficinas pedagógicas, em ordem a descobrirem novas técnicas de representação e a implementarem-nas no seu próprio trabalho e no seu próprio treino; por outro lado, especialistas, investigadores, professores provenientes de diversas universidades e centros de estudo e investigação do fenómeno teatral, que participavam activamente nos debates que eram promovidos; e, finalmente, público local que se deslocava para assistir às sessões abertas.

As sessões da ISTA são assim momentos centrais no percurso de Eugenio Barba em torno da construção do seu projecto de Antropologia Teatral, que assenta na descoberta e na comparação das diversas codificações dos actores e dos bailarinos em situação de representação

---

[89] Sobre as diversas sessões da ISTA, cf. Ian Watson, *Hacia um Tercer Teatro. Eugenio Barba y el Odin Teatret*, pp. 174-196. Cf. Também Miella Schino, "Ríen", *Máscara. Cuaderno Iberoamericano de reflexión sobre escenología*, n° 19-20, 1994-1995, pp. 110-127.

tal como essas codificações se apresentam nas mais distintas tradições culturais, desde a Ásia à América Latina. Correspondem, no fundo, a momentos fortes em que, através de uma estratégia intercultural (dado que reuniam gente do teatro e da dança de múltiplos países e culturas), se visava, no fundo, ir ao encontro do transcultural (e até mesmo do pré-cultural) que se ocultava por detrás das práticas específicas de actuação, em cujo centro está a noção de Barba de identidade profissional que diz respeito à técnica específica de cada actor. Como refere Nicola Savarese, num pequeno ensaio sobre as demonstrações das ISTA's, "aspecto importante da ISTA é o diálogo transcultural que promove através da multiplicidade de tradições performativas que estão no centro de cada encontro. Este diálogo é afirmado a partir da noção de Eugénio Barba de 'identidade profissional' em que ele privilegia o treino, o trabalho artesanal e a experiência prática acima da identidade nacional, de crenças políticas e religiosas ou da personalidade individual"[90]. Portanto, mais do que uma universidade em que eram desenvolvidos conhecimentos teóricos, uma parte significativa da ISTA estava de facto relacionada com a dimensão prática da actuação, num diálogo intercultural profundo entre actores, bailarinos, mestres, artistas, que procuravam dar a conhecer reciprocamente como actuavam e como dançavam no interior das respectivas tradições culturais. Naturalmente que, nestes exercícios e nestas sessões, a dimensão verbal passava para um plano relativamente secundário, sendo o intercâmbio intercultural baseado fundamentalmente na observação e na performance[91]. Mais uma vez o corpo assume uma dimensão central no diálogo intercultural promovido nas artes performativas, mesmo quando a concretização desse diálogo passou pela utilização de uma peça de teatro da tradição europeia, como no caso da ISTA de Salento em que se procedeu, sob a direcção de Barba, à montagem de um Fausto cujas personagens principais eram representadas por artistas de outras tradições culturais:

---

[90] Nicola Savarese, "Transcultural dialogue: lecture / demostrations at ISTA", in Ian Watson (Ed.), *Negotiating Cultures. Eugenio Barba and the intercultural debate*, p. 37.
[91] Cf. *Idem, ibidem*, p. 44.

Katsuko Azuma, especialista em Nihon Buyo era Fausto e Sanjukta Panigrahi, dançarina de Odissi era Mefistófeles[92].

12. Todavia, o contributo mais expressivo dado por Barba para o diálogo intercultural no seio das artes performativas tem a ver com criação de uma nova disciplina designada "Antropologia Teatral" e o lançamento das suas bases numa dinâmica profundamente intercultural. Segundo o autor, "a antropologia teatral estuda o comportamento fisiológico e sócio-cultural do homem numa situação de representação"[93], sendo, por isso, "o estudo do comportamento cénico pré-expressivo que se encontra na base dos diferentes géneros, estilos e papéis, e das tradições pessoais ou colectivas[94], o que pressupõe que o comportamento do homem em situação de representação não é idêntico ao comportamento do homem em situação comum, sendo de salientar que, em situação de representação, o homem não tem apenas um corpo-que-vive, tem aquilo que Barba designa como um corpo-em-vida, pois "um corpo--em-vida é mais do que um corpo que vive. Um corpo-em-vida dilata a presença do actor e a percepção do espectador"[95]. Um corpo-em--vida é um corpo dilatado em que as suas sílabas e o seu movimento se vêem profundamente agitados provocando uma alteração no fluxo das energias que caracteriza o nosso comportamento quotidiano, pois "as partículas que compõem o comportamento quotidiano foram excitadas e produzem mais energia, têm subitamente um incremento de movimento, distanciam-se, atraem-se, opõem-se com mais força, mais velocidade, num espaço mais amplo"[96].

A base para a distinção característica do corpo dilatado encontra-a Eugenio Barba na diferença, dento da estética indiana, entre *lokhadarmi* e *natyadharmi*. *Lokadharmi* corresponde ao comportamento (*dharmi*) da

---

[92] Uma análise da forma como se dá o cruzamento de culturas nesta encenação pode encontrar-se em Patrice Pavis, *ob. cit.*, pp. 171-193.

[93] Eugenio Barba, "Antropologia teatrale", in Eugenio Barba e Nicola Savaresi, *L'arte segreta dell'atore. Un dizionario di antropologia teatrale*, Milano, Ubulibri, 2005, p. 6.

[94] Eugenio Barba, *La canoa de papel. Tratado de Antropología teatral*, trad. de Rina Skeel, Buenos Aires, Catálogos, p. 25.

[95] Eugenio Barba, "Il corpo dilatato", in Eugenio Barba e Nicola Savarese, *ob. cit.*, p. 32.

[96] *Idem, ibidem*, p. 32.

gente comum (*loka*); *natyadharmi* corresponde ao comprtamento (*dharmi*) do homem que dança (*natya*). Por exemplo: um bailarino que queira demonstrar a sua técnicca, mesmo que não esteja a exprimir nada, num mero exercício, provoca o olhar do espectador com uma força invulgar, o que mostra que a sua técnica é uma manifestação extraordinária da sua presença. Significa isto que quotidianamente utilizamos o corpo de uma forma diferente daquela que caracteriza a sua utilização numa situação de representação. Mas aqui há que salvaguardar algo de especial: no caso do teatro e da dança orientais (Japão, Índia, China, Bali) há uma codificação muito precisa de gestos e de movimentos; em contrapartida, no caso do teatro ocidental (à excepção do mimo e da dança clássica, em que os códigos de representação estão estabelecidos com uma grande precisão) tal codificação é como que resultado de uma intuição espontânea dos actores.

A Antropologia Teatral assenta assim na distinção entre técnicas quotidianas e técnicas extra-quotidianas, sendo as primeiras caracterizadas fundamentalmente pelo princípio do mínimo esforço e as segundas caracterizadas pelo princípio do desperdício da energia ou da utilização máxima da energia para um resultado mínimo (é por isso que, no Japão, uma das formas de cumprimentar os actores no fim de uma representação, sem ferir a etiqueta, é utilizando a expressão *otsukaràsama*, cujo significado é "tu estás cansado!").

Por detrás desta distinção entre técnicas quotidianas e técnicas extra-quotidianas estão as noções de técnicas resultantes da aculturação e técnicas resultantes da enculturação, desenvolvidas por Eugenio Barba. As técnicas de enculturação correspondem à absorção, pelo actor, dos gestos, dos movimentos, da forma de usar o corpo na cultura em que nasceu e em que cresceu e foi educado: "o actor usa a sua espontaneidade, elaborando aquilo que é natural segundo o comportamento que absorveu pelo nascimento na cultura e no ambiente social em que cresceu"[97]. Pode considerar-se que o método de Stanislavski é um método de aperfeiçoar e tornar cenicamente eficazes os gestos, os movimentos, os comportamentos adquiridos através das técnicas de enculturação. As técnicas de aculturação correspondem a um comportamento que se introduz a contrapé no modo de ser habitual e previamente enculturado:

---

[97] Eugenio Barba e Nicola Savaresi, *ob. cit.*, p. 195.

"em todas as culturas pode observar-se um outro caminho para o actor--dançarino: a utilização de técnicas específicas do corpo distintas daquelas que se usam na vida quotidiana. Os bailarinos clássicos ou modernos, os mimos ou os actores dos teatros tradicionais da Ásia recusaram a 'natureza' e impõem-se um outro modo de comportamento cénico. Submeteram-se a um processo forçado de 'aculturação', imposto de fora com modos de estar em pé, de caminhar, de se firmar, de olhar, de estar sentado, que são diferentes dos quotidianos"[98]. O que é mais significativo é que a aculturação, apesar de tornar artificial o comportamento dos actores e dos dançarinos, cria uma outra qualidade de energia e de presença em palco. A técnica da aculturação é, assim, uma forma de contrariar o que a cultura natural nos ensina, de distorcer a aparência normal, de recriar uma outra presença mais enérgica e mais eficaz.

O trabalho téorico-prático de Barba vai procurar identificar, no seio de culturas teatrais distintas da cultura ocidental e da sua utilização das técnicas de enculturação, codificações explícitas do corpo e da sua forma de estar e de se movimentar. Nesse percurso vai encontrar princípios que representam o achado transcultural que é possível descobrir por detrás das mais diferentes formas de comportamento extra-quotidiano em situação de representação. Parafraseando o mimo Étienne Decroux, que dizia que"as artes se assemelham nos seus princípios, não nas suas obras", Eugenio Barba dirá que "os teatros não se assemelham nos seus espectáculos, mas nos seus princípios" e que "os actores também não se assemelham nas suas técnicas, mas nos seus princípios". Esses princípios, a que chama "princípios que retornam" por surgirem presentificados em diferentes culturas apesar das suas diferentes codificações, Barba sintetiza-os em três: 1° a alteração do equilíbrio quotidiano e a procura de um equilíbrio precário ou de luxo; 2° a dinâmica das oposições; 3° o uso de uma incoerência coerente, constituindo a base de todos eles a ideia de que não se trabalha sobre o corpo mas sobre a energia[99]. Eles incidem na gestão do peso, no equilíbrio, no uso da coluna vertebral e dos olhos e constituem o nível da pré-expressividade[100], na medida

---

[98] *Idem, ibidem*, p. 196.

[99] Para uma apresentação sucinta destes três princípios e a sua exemplificação, cf. Eugenio Barba, *La canoa de papel. Tratado de Antropología teatral*, pp. 31-62.

[100] Barba definirá nestes termos o nível da pré-expressividade: "O nível que se ocupa de como tornar cenicamente viva a energia do actor, ou seja, de

em que são captados e mobilizados não no próprio acto ou intenção de o actor transmitir alguma coisa, ideias ou emoções, mas numa dimensão que é anterior à da própria expressão cénica e representativa. Correspondem, de algum modo, a uma instância logicamente prévia à da própria representação teatral e modulam o *bios* cénico do actor a fim de manter a atenção do espectador antes de transmitir qualquer mensagem. Esse nível da pré-expressividade constitui um campo de investigação intercultural em busca do transcultural que se presentifica em técnicas específicas e singulares em cada uma das culturas: "A Antropologia teatral postula que o nível pré-expressivo esteja na raiz das diversas técnicas de actuação e que, independentemente da cultura tradicional, exista uma 'fisiologia' transcultural. [...] Assim a antropologia teatral confronta e compara as técnicas dos actores e dos dançarinos a nível transcultural e através do comportamento cénico revela que alguns princípios da pré-expressividade são mais comuns e universais do que à primeira vista se possa imaginar"[101].

Em certo sentido, poderia dizer-se que todo o trabalho teórico e prático de Eugenio Barba, ou seja, tanto a sua investigação no quadro do que designa como antropologia teatral, como o seu trabalho específico de encenador com o Odin Teatret postulam uma dramaturgia intercultural. Com efeito, no seu livro mais recente, Barba estende o conceito de dramaturgia muito para lá dos limites a que estamos habituados a circunscrevê-la (numa operação análoga àquela pela qual Patrice Pavis introduz o conceito de verbo-corpo numa teoria da tradução teatral). A sua ideia central é a de que os níveis de organização do espectáculo são bastante diversificados e, por isso, não há apenas uma dramaturgia, aquela que se centra no texto e no argumento de um espectáculo, mas uma pluralidade de dramaturgias que ele agrupa fundamentalmente em três níveis: o nível da *dramaturgia orgânica* ou *dinâmica*, o nível da *dramaturgia narrativa* e o nível da *dramaturgia evocativa*. O primeiro é "um nível elementar e diz respeito ao modo de compor e tecer os dinamismos, os ritmos e as acções físicas e vocais dos actores, com o objectivo de estimular sensorialmente a atenção dos espectadores";

---

se tornar uma presença que atinge imediatamente a atenção do espectador, é o nível pré-expressivo e é o campo de estudo da antropologia teatral." (Eugenio Barba e Nicola Savarese, *ob. cit.*, p. 194).

[101] *Idem, ibidem*, p. 194.

o segundo tem a ver com o "entretecer de acontecimentos que orientam os espectadores sobre o sentido ou os vários sentidos do espectáculo"; o terceiro corresponde à "faculdade do espectáculo para gerar ressonâncias íntimas no espectador"[102]. Assim os materiais da dramaturgia orgânica são os corpos dos actores, as acções físicas e vocais, os fatos, os adereços, os sons, as luzes e outros aspectos relacionados com o espaço de representação; os materiais da dramaturgia narrativa são os textos, os diálogos, as personagens, as histórias, os mitos e as lendas envolvidas no espectáculo; a dramaturgia evocativa inscreve-se sobretudo no interior de cada espectador e desenvolve-se através do modo como nele reverbera um espectáculo, no cruzamento de emoções, crenças, expectativas, mitos e tabus de que se tece a sua memória pessoal. Por isso, acrescenta Barba, "a dramaturgia orgânica faz dançar cinestesicamente o espectador no seu lugar, a dramaturgia narrativa põe em movimento conjecturas, pensamentos, valorações, perguntas; a dramaturgia evocativa faz viver uma mudança de estado"[103]. Pode, pois, considerar-se que o nível da pré-expressividade estudado pela antropologia teatral corresponde fundamentalmente ao nível da dramaturgia orgânica. Estamos aqui no domínio da gestão da expressividade corporal através das diversas técnicas de enculturação e de aculturação e no quadro do comportamento extra-quotidiano em que são geridos os equilíbrios, os gestos, os movimentos, os olhares numa canalização da energia em que radica a presença do actor e a manifestação do sei *bios*. É algo que se inscreve, quer da parte do actor, quer da parte do espectador, no registo dos sentidos e, por isso, Barba considera que "a *dramaturgia orgânica* é a força que mantém em conjunto as diversas componentes de um espectáculo, transformando-o em experiência sensorial." E acrescenta: "A dramaturgia orgânica é constituída pela orquestração de todas as acções dos actores consideradas como sinais dinâmicos e cinestésicos. O seu fim é a criação de um *teatro que dança*"[104]. Um espectáculo assenta, pois, antes de mais, na sua dramaturgia orgânica, mais do que na sua história, no seu texto e nos seus diálogos, pois é nela que se revela o "corpo-em-vida" do actor.

---

[102] Cf. Eugenio Barba, *Bruciare la casa. Origini di un regista*, Milano, Ubulibri, 2009, p. 32.
[103] *Idem, ibidem*, p. 33.
[104] *Idem, ibidem*, p. 52.

Devemos, no entanto, reconhecer que a interculturalidade pode desenhar-se ao nível das três dramaturgias: pode estar nas codificações culturais pelas quais é moldado o corpo do actor em situação de representação, pode estar também nas narrativas e nos mitos que são postos em cena através de um espectáculo e está, naturalmente, subjacente à dramaturgia evocativa, na medida em que joga com todo o mundo de pressupostos, ecos, ressonâncias e cruzamentos culturais que caracterizam o espírito do espectador quando assiste a uma peça. Todavia, um dos níveis mais significativos e expressivos dessa interculturalidade e aquele para o qual Barba chama a atenção com mais originalidade é sem dúvida alguma o da dramaturgia orgânica que vem também reclamar, tal como já acontecera com a dinâmica intercultural característica do trabalho de Peter Brook e com a aproximação semiótico-antropológica operada por Patrice Pavis, uma especial atenção ao corpo e aos seus dinamismos como verdadeiro agente do diálogo intercultural. Ou seja, é mais uma vez uma somática da cultura que se impõe como complemento incontornável de uma sintaxe da cultura e de uma semântica da cultura, quando se fala de interculturalidade no âmbito das artes e, mais especificamente, no âmbito das artes performativas.

Como é natural, esta dinâmica intercultural que caracteriza toda a obra de Eugenio Barba não poderia deixar de se repercutir nos seus espectáculos que, nalguns casos, sob esse ponto de vista, são um verdadeiro exemplo de diálogo intercultural. E repercutem-se ao nível das duas dramaturgias que são fundamentalmente da responsabilidade do encenador: a dramaturgia orgânica e a a dramaturgia narrativa. Ao nível da dramaturgia orgânica esses espectáculos são expressões de uma prática intercultural na medida em que as codificações dos comportamentos extra-quotidianos próprios das mais diferentes práticas teatrais, desde o Nô e o Kabuki ao Kathakali, à Arte Malinesa, ao Candombe e à dança dos Orixás, são apropriados pelos actores, inscrevendo-se nos seus estilos de representação. Em alguns casos, como aconteceu na ISTA de Salento, com a montagem do Fausto a que já fizemos referência, os espectáculos são mesmo protagonizados por actores oriundos de culturas orientais cujas codificações e técnicas são utilizadas num texto do património teatral ocidental. Ao nível da dramaturgia narrativa poderiam citar-se alguns espectáculos que, pela forma como cruzam temas e invocam memórias de diferentes culturas são verdadeiros exemplos de mestiçagem cultural. Podiam referir-se, a título de exemplo, o espectáculo *Ferai*, estreado em 1969, que cruza histórias da mitologia grega com lendas da cultura dinamarquesa, o espectáculo *Vem e o dia será nosso!*, estreado em Maio de 1976 em Caracas, baseado no choque de culturas dos finais do século XIX na América do Norte, entre os imigrantes europeus e os índios, e que tinha uma clara dimensão intercultural em toda a sua construção cénica, musical e dramatúrgica, a peça *O milhão*, datada de 1978, que resulta das viagens que os actores do Odin Teatret fizeram por todo o mundo e pelas mais diferentes culturas e que se traduz numa "viagem pelos carnavais das culturas, da Índia a Bali, do Japão ao Brasil, da África aos bailes de salão europeus"[105], ou a encenação de *O Evangelho de Oxyrhincus*, estrado em 1985, que cruza mitos gregos com personagens da cultura grega e cristã, com figuras da história latino-americana e com materiais literários diversificados: em todos estes casos, ao mesmo tempo que nas técnicas de representação se operacionaliza uma dramaturgia orgânica intercultural, operacionaliza-se também, pelas personagens, mitos e filões culturais mobilizados, uma verdadeira dramaturgia narrativa igualmente intercultural.

13. Depois de este percurso efectuado por algumas aproximações à interculturalidade desenvolvida pelas artes performativas e ao trabalho teórico e prático de duas grandes figuras do teatro do século XX, Peter Brook e Eugenio Barba, podemos concluir que o teatro se apresenta realmente como um campo fecundo para a implementação do diálogo intercultural. No seio do teatro, esse diálogo pode passar pela operacionalização sobretudo ao nível do que chamámos o pensamento mítico--simbólico ou ao nível do ritual, e o corpo, nos seus gestos, comportamentos, expressões e movimentos constitui um dos principais dispositivos para a realização desse diálogo. Nessa interacção cultural, umas vezes consegue realizar-se um produto verdadeiramente intercultural, que se traduz em algo que, de um modo mestiço, cruza tradições diferentes, materiais díspares, mitos com origens muito diversas, outras vezes pesquisa--se mais o transcultural do que propriamente o intercultural: aquilo

---

[105] Fernando Taviani, "La obscuridade es um camino", *Máscara, Cuaderno iberoamericano de reflexión sobre escenología*, nº 19-20, 1994/95, p. 76.

que é comum a várias culturas e que no respectivo confronto revela a sua universalidade.

Pode, pois, concluir-se que, no contexto da multiculturalidade em que nos movimentamos e que caracteriza profundamente o mundo em que vivemos, o pensamento e a teoria não são o único campo em que o intercâmbio cultural é possível, sendo antes um dos campos em que a incomensurabilidade entre culturas mais difícil torna esse intercâmbio. Para lá dos debates teóricos e ideológicos há as experiências artísticas que nos mostram que é possível um mundo em que a cultura transportada pelos nossos corpos, pelas nossas festas e pelas nossas experiências performativas converge em rituais de unidade e em celebrações das diferenças que pontuam a nossa comum humanidade.

Paradela da Cortiça, Setembro de 2011

A ARTE DO ENSAIO: A VOCAÇÃO SOCRÁTICA DE PROTEU

1. Introdução

O que é o ensaio? De um ponto de vista essencialista, é indefinível. Centrado no sujeito da escrita e nos seus destinatários-interlocutores (reais ou imaginários) furta-se à mensurabilidade e a uma compreensão que fica sempre além da desejável. Mas se é indefinível não quer dizer que não seja identificável. Não é um paradoxo, nem uma contradição. Podemos não saber definir, essencialmente, um objecto (um frigorífico, por exemplo), mas essa ignorância não impede que saibamos identificá--lo. E sabemos identificá-lo pelos "usos" e função da linguagem que utilizamos para o designar. O mesmo acontece com o "ensaio".

Mas os usos da linguagem são indissociáveis dos seus usuários e estes, relativamente, à linguagem, usam-na como sua, como própria, como parte de si mesmos. Dito de outro modo, linguagem e pensamento são, vulgarmente, para os seus usuários, uma e a mesma coisa, ou melhor, fazem parte do mesmo "corpo", ainda que saibam – embora façam de conta que não sabem – que não são. Mas esta identificação habitual não se fica por aqui. Também, habitualmente, os usuários da linguagem, identificam as palavras com as coisas, crêem que aquelas reflectem ou espelham estas, embora a convicção desta correspondência seja, continuamente, perturbada pela prática linguística quotidiana. Não o fazem por estupidez, pois seria absurdo que alguém se interrogasse,

---

* Universidade do Minho.

cada vez que pensa num determinado objecto, se a palavra que, usualmente, utiliza para o designar, é verdadeiramente essa ou podia ser outra (por exemplo, se não poderia designar o objecto "cadeira" não pela palavra "cadeira" mas pela palavra "jornal"). Palavras, pensamentos e "coisas" parecem ter, pois, usualmente, um invisível cordão umbilical a unificá-las, como se fossem faces de uma mesma realidade (como acreditava Bonald, por exemplo). Ainda hoje é cómodo agir como se assim fosse; o que mostra, entre outras coisas, que a "verdade" só é importante para a vida, quando é um caminho "estreito".

Mas a unidade triádica supracitada só é sustentável numa *Weltanschauung* (incluindo a natureza, o homem e a sociedade), holista e fechada, onde os "universais" se impõem ou pela *fé* nos seus dogmas (como a mundividência aristotélico-escolástica) e/ou pela *razão* imanente das suas ideias claras e distintas (como a pró-naturalista saída das Luzes). Todavia, a partir do século XVI, a unidade entre a fé e a razão, entrou num conflito irreversível (ainda não encerrado) e, com ela, oscilou e desmoronou-se o paradigma que a sustentava e legitimava – o aristotélico-escolástico. Como consequência, entre outras, daquela rotura, a linguagem *adjectivou-se* (perdeu a sua natureza eidética), o seu referente (Jakobson) passou a ser um "objecto" exterior a ela (a natureza) e a razão ficou entregue a si própria, solitária (muito embora invocasse, como caução para a sua autoridade, ser um "prolongamento da razão divina"). Desta revolução epistemológica, resultou, sem dúvida, que o homem ficou mais só (mas mais adulto e autónomo, dirá Kant). Perdeu a "protecção" imediata da Providência divina – que lhe permitia viver numa eterna infância – e deixou de ter outras "luzes" a não ser as que podia encontrar em si e na "outra parte dele" (a Natureza). Foram essas luzes – conquistadas através de uma razão experimental e mecanicista (paradigmaticamente, de inspiração newtoniana) – que o levaram ao conhecimento de "constantes invariáveis" ou "leis" que lhe permitiram repor a unidade perdida (a linguagem, o pensamento e as "coisas"). Mas a unidade reposta se sobejava em razão, minguava de fé. Tornou-se, pois, uma unidade controversa, arrastando, consigo, dúvidas e críticas sobre a linguagem, o pensamento e as "coisas". E a insegurança. É neste contexto de emergência de um paradigma pró-naturalista de inteligibilidade da natureza, do homem e da sociedade – cujas "leis" a razão natural diz serem a "ordem oculta" de Deus no mundo (mas leis susceptíveis de progresso e, portanto, "débeis" como diria Vattimo) – que surge a precedê-lo e/ou, a par dele, a *crítica* e o *eu*, pressupostos desse novo *modo de pensar*; questionamento radical e *meditativo*, nuns casos (como em Montaigne), em outros, de "compromisso" com a natureza e *argumentativo* (como em Bacon, Locke, Hume, etc.).

2. Crítica à "forma mentis" dos séculos XVI e XVII

A *crítica* emerge com o Humanismo e a Renascença, as Descobertas, o Protestantismo e a Revolução científica dos séculos XVI e XVII. Por via dela, o mundo torna-se aberto, infinito, em constante e regular movimento (muito diferente do "organismo" essencialista, aristotélico-escolástico), o critério de inteligibilidade do mundo desloca-se da "revelação" e da fé para a "razão natural" (alegadamente um prolongamento da "razão divina"), subjectiva e inter-subjectiva, e o ponto de partida do conhecimento deixam de ser os "universais" e a síntese para passarem a ser a observação e a análise, o elemento e não o conjunto, a parte e não o todo, não Deus mas a sua "imagem" (o homem), etc. Ora, ao contrário do que muitas vezes pensaram Descartes, Boyle, Newton, S'Gravesande, entre tantos outros, a razão natural estava longe de ter a força do dogma e a análise a força da síntese. Por isso a nova visão do mundo ou mundividência que trouxe a revolução científica dos séculos XVI e XVII não foi pacífica – e nunca o será – mas controversa, e, em absoluto, inconclusiva e inacabada, em suma, em contínuo progresso (quando não retrocesso, como advertiu Kant e Rousseau). Como não podia deixar de acontecer, também a *linguagem* registou esta revolução. Num primeiro momento, as "gramáticas filosóficas" procuraram fixá-la, derivando o funcionamento da linguagem de "ideias claras e distintas", inscritas na natureza humana (como se houvesse em nós uma gramática profunda, natural) e descobertas pela razão analítica, onde as anomalias, a prazo, acabariam por ser explicadas (assim o fizeram o Brocense e os port--royalistas, entre outros). Também apareceram "físico-teologias" (como a de Derham) e filosofias (como a de Kant) que pretendiam explicar a razão pura e a razão prática, à maneira newtoniana. A linguagem perdera o seu hermetismo, o seu encanto fugidio, metafórico e alusivo, deixara de ser um *rito* para ser uma "representação" verdadeira do mundo. A verdade tornou-se inconcebível sem a mediação da razão; e a razão, para afirmar, incontestavelmente, a sua fiabilidade metodológica e ontológica, tornou-se matemática. Assim apareceu a linguagem "científica", como a expressão da verdadeira representação objectiva do mundo. Mas também não se ignorava, nos séculos XVI e XVII (e di-lo-á, entre outros, Diderot na *Encyclopédie*, em meados do século XVIII) que a razão não esgotava a nossa compreensão do mundo e que seria descabido generalizar o paradigma racionalista e analítico a problemas onde não tinha cabimento: como os sentimentos. Havia uma auto-crítica e uma lógica do "eu" (mais tarde reafirmada por Pascal) a que a razão não tinha acesso. Era o campo expressivo das Artes e dos seus géneros; e também desse novo modo de expressão que será o ensaio.

3. A emergência do ensaísmo de Montaigne

A montante do paradigma pró-naturalista e mecanicista das Luzes e no horizonte agónico do paradigma aristotélico-escolástico, agiganta-se a figura do "eu", irredutível condição incondicionada, quer da compreensão essencialista e qualitativa do homem quer da sua explicação fenomenalista e quantitativa. Tendo ambas a experiência como seu ponto de partida, dedutiva ou indutivamente, constroem uma concepção do mundo, que pressupõe uma realidade "em si", metafísica (sobrenatural ou natural). O conhecimento, num ou noutro desses paradigmas, constrói-se como uma "teia de Penélope", objecto exterior ao sujeito, ainda que mero pretexto ou mediação. Mas existe. Mas essa relação cognitiva está imersa (o que esquecem ou desvalorizam aqueles paradigmas) num espaço amniótico que a precede e condiciona, a *vida* (como diria Simmel), o "eu" concreto, singular, vivido e pensado, em suma, poliédrico e indissoluvelmente, sincrético, que o pensamento, convencionalmente, dissocia (e, ao fazê-lo, de certo modo, desfigura e debilita) mas que o Humanismo, a Renascença e a revolução protestante reabilitarão, tornando-o "o centro de tudo", ponto de partida e ponto de chegada do indivíduo *humano*, com as suas grandezas e misérias, onde o homem-humanidade está nele incluso e não o inverso[1]. Mas se o "eu" tem toda a força da vida, tem, simultaneamente, a fraqueza do caos que

---

[1] Sílvio Lima, *Ensaio sobre a essência do Ensaio*, Coimbra, Arménio Amado, Editor, 1944, pp. 52-53.

lhe é inerente. Assim é o *ensaio* inaugurado por Montaigne – que poderíamos definir como "um género de discurso escrito que permite ao escritor pensar, livremente, fora dos constrangimentos da autoridade estabelecida e das normas retóricas tradicionais"[2] – vagamente, tributário nas suas formas de expressão, de Plutarco, Séneca, Erasmo e de sentenças e adágios renascentistas[3], mas de modo algum, portador de uma doutrina. A sua força vital não está no seu ponto de partida, ou seja, na experiência (própria ou comparada, vivida ou livresca, mas nunca ficcional), que é sempre contingente, fugaz e descontínua[4]; afirmá-lo, dizer que, à ilogicidade do mundo, o ensaísta contrapõe o "eu", "como único fio condutor a que nos podemos acolher, como uma espécie de "bóia" de salvação (e de redenção também, ainda que para consumo próprio)" (Sílvio Lima), é crer que o ponto de chegada do ensaio *não é* o próprio "eu", mas *outra coisa* (que o ensaio nunca pretendeu ser). O "eu" de Montaigne não tem a substância metafísica do "ser" aristotélico--escolástico nem um *upokeimenon* de matriz cartesiana e / ou newtoniano; é um "eu" débil, co-substancial à obra do seu autor, mergulhado em incertezas, que faz mais perguntas do que dá respostas e que, quando quer ir para além das aparências, recorre à metáfora, à figura de estilo: alude mas não mostra, porque é, intrinsecamente, incapaz de o fazer; por isso a escrita do "eu" é o voo de um pássaro de asas cortadas; reduz-se a uma possibilidade impossível, mais *sentida* que pensada. O seu campo é o campo da incerteza, atravessado pela vontade do ensaísta, que acentua a relativização que é inerente à sua forma. Estrutura-se como se pudesse suspender-se a qualquer momento (como anota Adorno). A descontinuidade é-lhe intrínseca e encontra a sua unidade através de roturas e suspensões. Daí que a "primeira característica que salta à vista, na emergência do *ensaio* é a sua *negatividade* [mão não a de um "puro pirronista"], a dissociação que exprime

---

[2] Michael L. Hall, "The emergence of the essay and the idea of discovery", in Alexander J. Butrym (dir.), *Essays on the Essay: Redefining the Genre*, Athenas and London, University of Georgia Press, 1989, p. 78 e André Tournon, *Montaigne. La glose et l'essai*, Paris, Honoré Champion Éditeurs, 2000, pp. 7-9.

[3] François Rigolot, *Les metamorfoses de Montaigne*, Paris, PUF, 1988, pp. 79-94.

[4] Sobre o papel da experiência nos *Essais* de Montaigne, ler Kuisma Korhonen, *Textual Friendship. The essay as impossible encounter*, N.Y., Humanity Btooks, 2004, pp. 173-186.

entre o *eu* e o mundo, o *sujeito* e o objecto, o *particular* e o universal, a expressão da "falta de sentido imanente do mundo" em que surge (Sílvio Lima), levada a cabo por "uma espécie de redução fenomenológica", que re-orienta o veredicto pronunciado sobre um determinado facto para a instância do juízo, "quase pirrónico" que o pronuncia[5]. Por isso escrita do ensaio é, radicalmente, crítica e anti-autoritária, errante e *testemunhal*, hostil a qualquer método lógico-discursivo (como as regras do método cartesiano)[6]. Mas esta prisão do "eu" à contingência e à dúvida, por necessidade e por desígnio, não quer dizer que o ensaio não procure a verdade ou seja alógico. Mas a verdade do ensaio é como a da pintura de um retrato: não está na sua correspondência com uma determinada realidade ou objecto, mas na intensidade da *vida* que representa, é configurativa de um campo de forças. Por isso, a verdade, no ensaio, não é um fim – afasta-se da ilusão de um mundo sensível, no fundo lógico, pré-estabelecido, regido por uma inexorável necessidade ou vontade – mas um processo regido por uma lógica incerta e indeterminada, onde ela se revela e progride, por aproximações sucessivas, por via de uma hermenêutica onde o *sentido* se sobrepõe à verificação. Por isso, nem o ensaio nem a sua visão devem tomar-se como leitura verdadeira; são apenas variações na série aberta das aproximações, que possibilita percorrer não só a distância mas também o outro rosto do percebido, aquela história que nunca aconteceu. Essa distância relativamente ao evidente é o que faz do ensaio a forma crítica por excelência; o seu exercício é uma provocação do ideal da *clara et distinta perceptio* e da certeza livre de dúvida. Por isso o ensaio é uma obra aberta, anti--dogmática e assistemática, profunda quando metafórica, trivial quando

---

[5] André Tournon, *Montaigne en toutes lettres*, Paris, Bordas, 1989, p. 79. Esta debilidade metódica dos *Essais* de Montaigne não fazem deles um modo de escrita, meramente, negativista, recreativo e inócuo; uma síntese breve e arguta das suas virtualidades, pode ler-se em Graham Good, *The Observing Self. Rediscovering the Essay*, London, Routledge, 1988, pp. 2-9.

[6] Idem, *Montaigne. La glose et l'essai*, Paris, Honoré Champion Éditeurs, 2000, p. 129 e François Rigolot, *ob. cit.*, pp. 100-101. É na *Apologie de Raimond Sebond* onde Montaigne leva a cabo a sua crítica mais contundente à ciência e ao poder da razão em geral (ver Elaine Limbrick, "Doute sceptique, doute methodique: vers la certitude subjective", in *Montaigne. Regards sur les Essais*, ed. por Lane M. Heller e Felix R. Atance, Ontario (Canadá), Wilfrid Laurier University Press, 1986, pp. 47-59).

conotativa. Antecipando de vários séculos o cepticismo sobre as virtualidades salvíficas do cientismo, que as Luzes iniciaram sob a forma da ideia do "progresso", o ensaio é tributário quer da herança de Vico sobre o papel determinante do homem na construção da sua própria história, quer da *crítica* (que vem da exegese bíblica renascentista e da Reforma protestante) que erigem o "eu" em medida do que *deve ser*, subsumindo nele o que *é*. O ensaio não aparece, pois, em contra-ciclo com o seu tempo; pelo contrário: acompanha a revolução científica e filosófica, mas refreia as suas ambições, aponta as suas limitações e, por fim, perante um mundo cujo conhecimento, mais certo, se fica por aparências (em devir) cujo maior proveito é "instrumental", desloca o "humanismo" para o sujeito – mas para um sujeito desprovido de dogmas e com uma racionalidade de curto alcance; um sujeito frágil, que se constitui, constituindo-se, num contínuo fazer e desfazer, em incessantes ensaios e erros, em *corsi e ricorsi* sem fim. Parece um "eu" perdido, sem bússola; e na verdade, o "eu" do ensaio é um "eu" perdido, que vai conquistando e reecontrando o seu caminho andando, cuja desorientação é o caminho da sua crescente orientação; daí o "eu" do ensaio não ser um ponto fixo, arquimédico, mas ser um "eu" que se vai construindo com o futuro, com a sua multiplicação; o "eu" só nos outros "eus", interactiva e dialogicamente, vai *sendo* (como diria Heidegger), se constitui, se vai transformando no que *é*, ganha substância; por isso, a sua eideticidade, contraditoriamente, está na sua transitoriedade e alteridade, na sua finitude, na mudança, no problema, na errância, em suma, na precariedade. Não é, pois, descabido dizer-se que o traço mais característico do ensaio é a sua subjectividade[7]. Mas não se reduza esta subjectividade ao "eu", porque este não pretende ser mais do que um ponto de vista, uma *perspectiva* sincrética do *ethos* do enunciador (mas não um relato confessional, ainda que eventualmente, o possa ser como coadjuvante da autenticidade daquela perspectiva e possa ter um valor genérico, porque a experiência vivida de cada homem encerra, como diz Montaigne, "a forma inteira da condição humana"), ainda que não desdenhe dos modos de persuasão da retórica aristotélica – como a *phrónesis* (sensatez intelectual, saber

---

[7] Elena Arenas Cruz, "El ensayo como clase de textos del género argumentativo: un exemplo de Ortega y Gasset", in *El ensayo, como género literario*, eds. Vicente Cervera, Belén Hernandez y M.ª Dolores Adsuar, Universidade de Murcia, 2005, p. 55.

raciocinar bem, ser claro e atractivo no estilo), a *areté* (franqueza, sinceridade, o amor pela justiça e pela verdade) e a *eunoia* (respeito pelo auditório, diante do qual se deve mostrar modéstia, cortesia, moderação)[8] – o que põe sob suspeita a sua neutralidade diante da realidade, ou seja, que não pretenda ser mais do que uma *pintura* do seu "eu individual", em toda a sua singularidade e irredutibilidade aos outros[9], onde o círculo do homem e do universal está incluso e se revela no círculo do indivíduo e do particular. A ser assim, não teria razão Emerson, citado por Sílvio Lima, quando diz que "o ensaio é o livro menos escrito que existe", porque o ensaísta procura viver – ainda que criticamente – o próprio livro, ser parte e protagonista dele, como se essa história, fosse, também, a sua história. Mas Montaigne vai mais longe. Como, finamente, notou Sílvio Lima, Montaigne escalpeliza o *eu*, não para mostrar um documento pungente, mas como um cirurgião; e compara-o a Vesálio: assim como este estudou, directamente, sobre o cadáver, a fábrica do corpo humano – ainda que em busca da sua anatomia impessoal e "ideal" (ainda que fiável), "Montaigne – propulsado pelo mesmo sopro individualista do Renascimento e pelo culto do concreto – estudou, directamente, sobre si próprio a 'fábrica' do eu humano"[10], operando sobre a experiência vivida e pensada, na sua imediatez. Por isso o ensaísmo de Montaigne não pode derivar de um qualquer sistema[11]; é rebelde a qualquer sistema, porque o "eu" – e a vida de que se alimenta – é, em grande parte, da ordem do indeterminado e irredutível à racionalidade; quando se exprime *testemunha* mais do que argumenta, aponta, simplesmente, saídas possíveis, conclusões provisórias, problemáticas e subjectivas[12]. Mas não basta que o ensaio seja a escrita de um "eu" para ser um ensaio. Se assim fosse, tínhamos nas *Confissões* de Santo Agostinho, um exemplar acabado de ensaísmo. Para que a escrita do "eu" seja um ensaio é preciso que o protagonista do "eu" seja o seu *autor*, isto é, "que pertença a uma dada unidade criativa que, embora tenha carácter representativo,

---

[8] *Idem, ibidem*.

[9] Sílvio Lima, *ob. cit.*, p. 50; ver André Tournon, *Montaigne. La glose et l'essai*, Paris, Honoré Champion Éditeurs, 2000, p. 285.

[10] *Idem, ob. cit.*, pp. 80 e 82.

[11] André Tournon, *Montaigne. La glose et l'essai*, Paris, Honoré Champion Éditeurs, 2000, p. 292.

[12] Sílvio Lima, *ob. cit.*, p. 54.

o obtenha como consequência da sua própria obra autobiográfica ou confessional ou ensaística"[13]. Deste modo é a *obra* que vai criando a categoria de *autor* (como diz Chartier) e o "eu" vai além de sujeito da representação, tornando-se, também, o seu objecto.

Certamente o ensaio não obedece a uma ordem lógica perfeita, nem a uma ordem retórica sem falhas; mas permanece estruturado formalmente: a sua constituição baseia-se, fundamentalmente, em "cruzamentos", isto é, descontinuidades temáticas, no interior de um processo de roturas, derivas e ziguezagues. Montaigne deu o tom ao dizer que era inimigo de uma narrativa extensa, e que não valia a pena a composição e a explicação fosse qual fosse. Portanto, do seu ponto de vista, o ensaio devia resistir, "por natureza", à retórica (pelo menos a dos discursos de Cícero, não a das *Cartas* de Séneca) e construir-se, inclusivé, contra ela, ainda que a anáfora seja a figura retórica mais frequente na sua sintaxe, a par da apóstrofe e da interrogação[14]; assim como o seu ordenamento se devia edificar contra a tradição da *dispositio*[15] e contra as regras (exaustividade, totalidade e continuidade de longas cadeias de raciocínios) do método cartesiano, protótipo da *mimesis*[16]. Deste modo, o ensaísmos de Montaigne, parece "uma forma ambulatória que desenvolve, à aventura, uma série de tópicos que se oferecem ao

---

[13] José Mª Pozuelo Yvancos, "El género literario 'ensayo'", in *El ensayo, como género literario*, eds. Vicente Cervera, Belén Hernandez y Mª Dolores Adsuar, Universidade de Murcia, 2005, p. 184. Sobre as diferenças entre o ensaio, por um lado, e o "diário" e a "confissão", por outro, ver Graham Good, *ob. cit.*, p. 27.

[14] André Tournon, *Montaigne. La glose et l'essai*, Paris, Honoré Champion Éditeurs, 2000, pp. 116-117 e 288. Sobre o papel da retórica nos *Essais* de Montaigne ver Kuisma Korhonen, *ob. cit.*, pp. 89-114 e François Rigolot, *ob. cit*, pp. 112-148; para uma síntese ler Mary McKinley, "Montaigne'Reader: A Rhetorical and Phenomenological Examination", in *Montaigne. Regards sur les Essais*, ed. por Lane M. Heller e Felix R. Atance, Ontario (Canadá), Wilfrid Laurier University Press, 1986, pp. 69-77.

[15] Pierre Glaudes e Jean-François Louette, *L'Essai* (1999), 2ª ed., Paris, A. Colin, 2011 p. 249. Ver André Tournon, *Montaigne. La glose et l'essai*, Paris, Honoré Champion Éditeurs, 2000, p. 117.

[16] Ver Elaine Limbrick, in *ob. cit*, pp. 47-59.

acaso do seu caminhar"[17], "sem desígnio e sem promessas"[18], como a zetética de um projecto que se opõe a todo o discurso e a toda o sistema[19], à margem das filosofias codificadas e sistemáticas; ausência de plano – como se o ensaio não tivesse nada para dizer e não passasse de uma mera diversão linguística – que lhe dá uma instabilidade essencial, como sublinhou Adorno[20].

Mas se a retórica é afastada por Montaigne e a suspensão do juízo e a incerteza são a bússola da auto-reflexão vivencial, só o dialogismo com um interlocutor que *conviva* com ele, com os seus pontos de vista, pode densificá-los e enriquecê-los (que não é o mesmo que resolvê-los). Por isso, o estilo não é indiferente ao ensaísta. Não o estilo com a finalidade de convencer o seu destinatário, mas apenas com a finalidade de o aliciar, de o desafiar e comprometer; de *re-viver*, com ele, os desafios que põe sobre a mesa[21]. O estilo acaba por ser uma arte de sedução. Daí o seu recurso ao biográfico, ao narrativo, ao poético, ao *encantamento do leitor* de modo a torná-lo receptivo a uma experiência entimemática (que põe juízos conceptuais) para o levar a forjar a sua própria verdade[22]. O estilo não torna apenas perceptível a ideia, "faz a ideia"; a sua aparente desordem é um modo de chamar a atenção do leitor, dado que lhe impõe que não proceda a uma leitura linear, o obriga a repensar as ideias que lhe vão aparecendo e a reflectir, recorrentemente. Embora o ensaio adopte um estilo, aparentemente, espontâneo e natural, na verdade é um estilo trabalhado. O leitor é sempre invocado como testemunha, por vezes, apostrofado, e a sua cumplicidade como interlocutor virtual cria um

---

[17] Pierre Glaudes e Jean-François Louette, *L'Essai* (1999), 2ª ed., Paris, A. Colin, 2011, p. 249. Ver Claire de Obaldia, *L'Esprit de l'Essai* (1995), Paris, Éd. du Seuil, 2005, pp. 13 e 73.

[18] *Apud* Pierre Glaudes e Jean-François Louette, *L'Essai* (1999), 2ª ed., Paris, A. Colin, 2011, p. 250.

[19] André Tournon, *Montaigne. La glose et l'essai*, Paris, Honoré Champion Éditeurs, 2000, p. 292.

[20] Theodor Adorno, "L'essai comme forme", in *Notes sur la Littérature*, trad. do alemão por Sibylle Muller, Paris, Flammarion, 1984, p. 20 e Pierre Glaudes e Jean-François Louette, *L'Essai* (1999), 2ª ed., Paris, A. Colin, 2011, pp. 250-251.

[21] Aline Geyssant e Nicole Guteville, *L'essai, le dialogue et l'apologie*, Paris, Ellipses Éditions, 2001, pp. 43-44.

[22] *Idem, ibidem*, p. 44.

modo deliberativo que permite a passagem do *eu* ao *nós*, do subjectivo ao objectivo[23]. Por isso, o ensaio é um género polifónico.

Enfim, a dimensão experimental e provisória apresentada pelo ponto de vista do ensaio dá agora lugar a uma forma aberta de organização da realidade, como uma atitude intelectual e existencial que suspeita da linearidade unívoca e conclusa (como a linearidade da História, os sistemas filosóficos e um certo conceito de causalidade), preferindo a valoração e o reconhecimento do incompleto e do fragmentário. Com ele procura-se dar resposta à crise do pensamento teórico sistemático, isto é, à crise das certezas absolutas da ciência e da filosofia. O diagnóstico desta perda abre caminho àquelas experiências de pensamento que se situam na própria consciência da crise e que exigem uma nova estratégia discursiva, representada pelo ensaio e pelas vanguardas artísticas. Musil, Benjamin, Bloch proclamarão o carácter plural e mutável do real, a inexistência de um verdadeiro rosto do ser para além das máscaras do devir, a inconsistência de uma realidade ou verdade dada, para afirmar, em seu lugar, as infinitas interpretações, a permanente modificação da ordem dos possíveis; desta posição nasce a necessidade de tratar da realidade como uma tarefa e uma invenção, de abandonar toda a proposição indicativa, isto é, toda a asserção absoluta e definitiva, para passar às formas do conjuntivo, no sentido da possibilidade. O ensaio organiza-se assim como um discurso do incompleto, do não resolvido; é uma incessante emancipação do particular diante da totalidade, onde a negatividade, na ordem dos fragmentos, é entendida como laboratório de uma experimentação, cujo tempo não nos é dado predizer. O ensaio sustenta a tensão entre o negativo da experiência e a forma da utopia à qual aquele negativo se orienta. *Totalidade, continuidade, exaustividade* são preceitos que o ensaio subverte por completo, enfatizando as partes sobre o Todo, deixando em aberto a possibilidade de se acrescentar algo, recusando um princípio unificador e superior (tudo relativiza e imanentiza). Mas se, no ensaio, o *fragmentário* e o *parcelar* tomam, o lugar da *totalidade*, os momentos não podem ser deduzidos a partir do Todo nem o inverso. O ensaio deve iluminar a totalidade através do parcial. A irredutibilidade do fragmento ao Todo, transforma a totalidade da forma

---

[23] *Idem, ibidem*, p. 46.

ensaística numa "totalidade da não-totalidade" (antecipando a concepção romântica do fragmento como "obra inacabada", cuja unidade se faz se roturas e suspensões).

4. Na peugada das reflexões de Lukács e Adorno

O progresso e a euforia cientistas da segunda metade de Oitocentos, que conduziram o homem à apropriação da Natureza e da História (sua e alheia), viu-se, sem dar conta disso, paradoxalmente, refém, por via da liberdade de pensar, da teia que tecera, dito de outro modo, das "leis" que descobrira. De si, pouco mais restava de irredutível, ao bisturi da análise, do que a "consciência" e o "eu" – como diziam os anatomistas e fisiologistas do sistema cortical e nervoso, dos fins do século XIX. Até o "sujeito" do devir histórico se subsumira nas suas "leis". E as *leis* da natureza, ainda por conhecer e explicar, não o eram porque fossem incognoscíveis, mas por insuficiência de meios, carências de ordem vária, que o tempo acabaria por colmatar (cientismo). É certo que, no que diz respeito à sociedade (presente e passada) quer no que diz respeito à natureza, as ciências tinham renunciado ao seu conhecimento "em si"; a "realidade" deslocara-se para a esfera dos "fenómenos" e o seu conhecimento para a inteligibilidade das suas "leis". O cientismo (tanto no que diz respeito aos acontecimentos passados e presentes, como no que diz respeito ao conhecimento da natureza) não negava nem afirmava a existência de uma realidade "em si", mas considerava impossível exprimir, objectivamente, essa realidade: tudo o que podíamos saber – e sabíamos – era observar os fenómenos, o que *aparecia* ao observador e investigador, e explicá-los. Mas apesar da *realidade* ser uma *construção* e *explicação* inteligíveis, não se punha em causa (apesar de explicarem uma cadeia apenas fenoménica), o *conteúdo objectivo* e transcendente da sua representação, o seu referente objectivo.

Mas simultaneamente a este cientismo optimista (prudente, quanto às suas limitações imediatas, pois sabia que não ia além de um conhecimento fenoménico, que considerava, no entanto, preferível a teorias metafísicas mais abrangentes, mas inverificáveis) surgia a sua contestação. No que respeita à história, já os neo-kantianos da escola de Marburgo, como Heinrich Rickert (1863-1936), tinham chamado a atenção para a singularidade e irrepetibilidade dos fenómenos históricos (cujos *factos* se seleccionavam em função de "valores" que transcendiam o sujeito e o objecto) e, portanto, para a impossibilidade de os submeter a "leis", independentes do *ponto de vista* do historiador. De não menor importância que a escola de Marburgo nesta desnaturalização do conhecimento positivista e pró-naturalista, foi Dilthey (1833-1911) ao chamar a atenção para a diferença entre as ciências da natureza e as ciências do espírito, sublinhando que o objecto destas só podia ser "compreendido", porque os estados de "alma" vivem-se, são manifestações da vida, e à vida só podemos aceder através das nossas próprias experiências de vida: pelas nossas *vivências*. O historicismo e o positivismo viram-se, ainda, mais debilitados, devido à crise das próprias ciências, especialmente das matemáticas e da física, dos fins do século XIX (como mostrou Husserl), com os problemas derivados da redução da matemática à lógica (e da exigência de uma linguagem comum – sempre débil – para lhe dar sentido); com os trabalhos filosóficos de Ravaisson, Lachelier, Bergson e Boutroux que punham o acento tónico no papel activo do sujeito na construção da realidade; com a descoberta do indeterminismo micro e macrofísico (que mostrava que, afinal, as leis do "mundo normal" – como lhe chamou Reichenbach – não se aplicavam a todo o mundo); e, por fim, com o convencionalismo científico (como o de Poincaré e Pierre Duhem) que fragilizou as pretensões à descoberta e construção de um "sistema unitário do mundo" (cuja tentativa última será levada a cabo nos anos 30 e 40 do século XX, pelo empirismo lógico do *Wiener Kreis*, especialmente pelo fisicalismo de Carnap), e, concomitantemente, à ruína das meta-narrativas. Afinal, o universo "aberto" pela revolução científica do século XVII, de que nos fala Koyré, mostrava-se rebelde a todas as tentativas, ciladas e astúcias da ciência e das linguagens (formalizadas ou não), para o determinar, de uma vez por todas. As ciências físicas deixaram de ser expressão de uma pura racionalidade e a verificação e a falsabilidade um critério seguro de verdade, depois das investigações de Thomas Kuhn sobre a história social das descobertas científicas. Por sua vez, falharam as soluções pro-naturalistas para os problemas das ciências humanas e sociais, sobretudo, quando os sujeitos da análise, contrariavam os seus hábitos ou sejam quando se afastavam da "natureza". O singular e o irrepetível tornou-se não apenas incontornável, mas o que distinguia os fenómenos, especificamente, humanos dos fenómenos naturais. O homem tornou-se a *medida* da Humanidade, e a experiência passou a ser a *sua* experiência (e a dos seus semelhantes).

3.1. O ensaio: uma obra de Arte?

É a separação entre o homem e a natureza que inquietam Lukács (ainda idealista e num período pré-marxista), porque, em sua opinião, a ela se devia a perda da espiritualidade da época contemporânea, só recuperável pelo reatamento daquela unidade perdida. Mas esse reatamento, em seu entender, só seria exequível pelos artistas, na medida em que só estes eram capazes de vazarem a *vida* numa certa *forma* (ainda que reconhecesse a precariedade e problematicidade deste esforço). E entre os artistas que o podiam fazer, elegeu o crítico *ou* ensaísta (para ele sinónimos), por considerar que o ensaio era a forma artística, mais radical, a respeito das questões últimas da vida (do homem, do destino), aquela que transcendia, mais profundamente, a vida empírica, que estava mais próxima da Ideia (ao contrário da literatura, cujas formas estavam muito próximas do sensível). Mas se o ensaio tinha, sobre as restantes formas artísticas, esta vantagem, simultaneamente, ameaçava-o uma fraqueza incontornável, ou seja, arriscava-se a ser demasiado abstracto e, por isso, "a não conciliar o empírico e o essencial, mas, pelo contrário, a não apresentar senão o esqueleto abstracto da essência, desprovida da vida imediata"[24]. O ensaio valia, pois, aos olhos de Lukács, por proporcionar a espiritualidade a certas formas de escrita (como a literatura) que, por si mesmas, eram incapazes de a atingir e estas, em contrapartida, forneciam-lhe a ponderação sensível de que era desprovido. Mas o ensaio não era uma obra literária. Há experiências vividas – disse Lukács – como "a concepção [intelectual] do mundo na sua pureza imediata, como acontecimento da alma, como força motriz da vida"[25] e "experiência vivida sentimental", que nenhuma obra literária está apta a exprimir; todavia, aspiram a uma expressão. O ensaio, em seu entender, era a única forma de escrita que lha podia proporcionar; e nessa medida podia considerar-se uma espécie de obra de arte, um "género artístico"[26]. Lukács diz mesmo que o ensaio *ou* a crítica

---

[24] Georges Lukács, "A propos de l'essence et de la forme de l'essai: une lettre a Leo Popper (1910)", in *L'Ame et les Formes*, trad. do alemão de de Guy Haarscher, Paris, Gallimard, 1974, p. 11.

[25] *Idem, ibidem*, p. 20.

[26] *Idem, ibidem*, pp. 12 e 33. Para uma visão do "ensaio como arte" (incluindo um comentário às reflexões de Lukács), ler Graham Good, *ob. cit.*, pp. 9-25

(para ele são sinónimos), no seu melhor, é Arte. Como já o diziam os Gregos. Mas se Lukács falava do ensaio como uma forma de arte, fazia-o de um modo "quase puramente simbólico ou figurado" – como disse – guiado apenas pelo sentimento de que o ensaio tem uma forma, ainda que esta se distinga, inequivocamente, de todas as outras formas de arte; por isso era como forma de arte que o pretendia identificar – mostrando a sua especificidade e, deste modo, a justificação da sua eleição, para cumprir o desiderato que lhe atribuía – e não o que tinha de comum ou semelhante com as obras literárias[27].

Num tempo em que os géneros literários ainda eram concebidos como transcendentais e atemporais, Lukács interroga-se sobre a *forma* que dá unidade específica ao ensaio, se essa unidade formal é *possível* e, se no caso de o ser, se se pode considerar, autonomamente; mais: pretende ainda saber como a *forma* do ensaio o faz sair do domínio das ciências e o colocam ao lado da arte, sem todavia apagar as suas fronteiras, dando-lhe força para aceder a uma reorganização inteligível da vida[28]. Se bem entendo Lukács, o ensaio caracteriza-se por uma certa *forma* específica, que, se por um lado, o distancia das ciências, por outro o aproxima do campo das artes; todavia, não se desloca de tal modo para este campo, ao ponto de ser incapaz de forjar uma reorganização inteligível da vida, mas também não vai tão longe ao ponto de se constituir como um texto científico. Todavia, em sua opinião, há mais afinidades entre o ensaio e a arte do que entre o ensaio e a ciência; nesta imperam os conteúdos, na Arte imperam as formas; na ciência são aqueles conteúdos que agem sobre nós, na Arte é o inverso (são as formas)[29]. É certo que há uma ciência da arte, mas esta não se confunde com a arte como *expressão*. A ciência oferece-nos factos e as suas conexões, a arte oferece-nos almas e destinos. Ainda que, em tempos passados e primitivos, a ciência e a arte (e também a religião, a ética e a política) se encontrem indiferenciadas

---

(especialmente pp. 16-17); e sobre a reflexão filosófica de Lukács sobre o ensaio leia-se Claire Obaldia, *ob. cit.*, pp. 158-173; ver ainda uma interessante comparação entre o conceito de "ensaio" de Lukács e W. Benjamin em Richard Wolin, *Walter Benjamin. An Aesthetic of Redemption*, Berkeley, University of California Press, 1994, pp. 85-88.

[27] *Idem, ibidem*, p. 13.
[28] *Idem, ibidem*, pp. 10-12.
[29] *Idem, ibidem*, p. 14.

num tronco comum, a evolução histórica conduziu à sua irreversível e recíproca separação, diferenciação e independência. De tal modo que, historicamente, segundo Lukács, a oposição entre a Arte e a Ciência, acabou por se identificar com a oposição entre a *vida* (a alma) e a *forma* (salvo raras excepções, como em Platão)[30], vendo a *vida* uma restrição nos princípios ordenadores da *forma*, e a *forma* desordem e caos na *vida*. Mas a *forma*, para Lukács, é algo distinto do que entende a ciência: é o lugar de reconciliação da vida empírica e da essência da vida (em termos lukacsianos: de *a* vida e da *vida*). Por isso, a tarefa do artista (como o poeta e o ensaísta), consiste em recuperar a vida pelas suas formas de expressão, em suscitar, em sugerir a "ilusão da vida", percebendo que essa "ilusão" produzida pelas suas formas exprime mais a vida "essencial" do que a vida "real" (de que é parte, todavia). Por outras palavras, a arte (a literatura, o ensaio) não têm que representar *a* vida (empírica), mas ultrapassá-la em direcção *à* vida (essencial). O estatuto desta superação, na óptica de Lukács, dependerá da forma, e o ensaio estará em condições privilegiadas de o assumir, mais do que quaisquer outras formas, se for capaz de dar à opacidade da vida empírica (de que está refém a literatura) ou ao seu determinismo (ciência), "uma visão do Sentido (da vida ou do nossos tempo na sua 'situação transcendental'")[31]. Ora o ensaio, segundo Lukács, consegue, simultaneamente, insuflar *vida* na forma (sem isso seria uma mera abstracção) e dar uma *forma* à vida (que sem isso se perderia na imediatez incoativa). O paradoxo do ensaio é quase o mesmo que o do retrato: tal como diante deste não nos perguntamos se corresponde a alguma *realidade*, todavia, a questão da sua *semelhança* com uma determinada *realidade* ocorre-nos (ainda que não saibamos qual seja)[32]. Perante outros quadros, que não sejam retratos, não somos tocados senão pelas suas cores e pelas linhas, e não temos curiosidade pela sua semelhança com alguma coisa; mas os retratos, verdadeiramente, artísticos, além de outros sentimentos que despertam em nós, produzem ainda o sentimento da *vida* de um

---

[30] *Idem, ibidem*, p. 27.

[31] Guy Haarscher, "introdução" a Georges Lukács, "A propos de l'essence et de la forme de l'essai: une lettre a Leo Popper", in *L'Ame et les Formes*, trad. do alemão de de Guy Haarscher, Paris, Gallimard, 1974, p. 9; ver ainda Claire Obaldia, *ob. cit.*, pp. 160-165.

[32] Georges Lukács, *ob. cit.*, pp. 24-25.

homem que realmente viveu, ainda que *não* saibamos quem seja[33]. Ora, diz Lukács, a representação da "verdade" no ensaio é afim da do retrato, não está numa relação de correspondência (a não ser *intencionalmente*, no sentido husserliano) mas na *expressão da vida* representada[34]. Pode comparar-se este esforço do ensaio por atingir a verdade, à busca de Saul pelos burros do seu pai, que, em vez deles, encontrou um reino; também o ensaísta atingiu, na sua busca da verdade, um "reino" que não procurava: a vida[35]. E esta, para Lukács, é a grande diferença do ensaio, enquanto obra de arte, relativamente à obra de arte poética: enquanto esta confere ao que representa uma ilusão de vida, e não imaginamos, em parte alguma, coisa ou alguém que lhe possa servir de "medida", o personagem do ensaio viveu numa certa época, a sua vida tem, portanto, uma configuração; e se é verdade que o ensaio, tal como a poesia, é *interior* à sua obra – pois não há uma medida objectiva e exterior da vida (*Lebendigkeit*) – é mais abstracto e universal que ela, e cria – ao contrário desta – os pressupostos relativos à eficácia e à validade do seu objecto de contemplação[36]. As suas semelhanças com a poesia ficam-se, pois, por uma mesma *atitude* perante a *vida*[37]. Quanto ao resto não há qualquer contacto entre elas. Por sua vez, a ambição do ensaísta em ultrapassar o objecto que lhe serve de pretexto (seja um quadro ou livro), dando-lhe uma forma nova (mas não criando uma nova, a partir do amorfo) e o seu compromisso com a verdade (que é indiferente ao poeta) ainda reforçam mais a sua independência relativamente à poesia. Enfim, o ensaio (a que Lukács também chama "poema intelectual") e a poesia, ainda que sejam ambas obras de arte e não se contradigam, criam, no entanto, mundos diferentes.

Mas o ensaio tem outras diferenças, relativamente, à literatura. O ensaio é *errante* – por isso tanto se aproxima da vida! – situa-se entre o que Lukács chamou *forma como destino*[38] e *forma como totalidade independente* (como são os sistemas científicos e filosóficos); a forma como destino

---

[33] *Idem, ibidem*.
[34] *Idem, ibidem*, p. 25.
[35] *Idem, ibidem*.
[36] *Idem, ibidem*.
[37] *Idem, ibidem*, p. 33. Ver Claire de Obaldia, *ob. cit.*, p. 25.
[38] *Idem, ibidem*, p. 20.

é "o princípio criador do seu próprio destino" (este esgota-se nela)[39]. Esta nova "forma" de *vida* ou *destino* – e não a verdade – é a meta do ensaísta. O ensaísta, embora ligado a um caso determinado, levanta questões *à* vida, às quais, também, só *o* destino dá a resposta. A vida e o destino de Sócrates, segundo Lukács, oferecem uma imagem paradigmática dessa forma de destino que é a *forma* do ensaio[40]. Platão, com Sócrates – que sempre viveu mergulhado no seio das questões supremas da vida, que viveu, com energia vital imediata, os conceitos dentro dos quais compreendia a vida na sua totalidade (sendo *todo o resto* apenas uma metáfora dessa única realidade, não tendo valor senão enquanto meio de expressão dessas experiências vividas) – pôde dar "forma" ao seu mito e tirar partido do seu destino, fazendo dele o protagonista das questões que punha *à* vida sobre o destino. Distintamente da poesia como destino (que recebe deste a sua forma e perfil e não põe questões, porque trata de "puras coisas") a forma do ensaio "torna-se destino"[41], é um "tribunal", onde o essencial é a sentença (como no "sistema") e não o processo[42]; esta é a sua lógica, que não é uma lógica bivalente e formal, mas uma lógica de paradoxos, de contradições, de incertezas e hesitações, em ziguezague (como dirá Roland Barthes), cuja aspiração à forma não tem que ter um fim (que faria dela uma pretensiosa tautologia), pois "todo o verdadeiro (*wahr*) fim do ensaio, é um fim verdadeiro (*wahrhafting*)"[43]. Por isso, ainda que o verdadeiro fim do ensaio não avance, lado a lado, com o seu fim verdadeiro, coexiste, porém, com ele, porque aquele "é impensável e irrealizável sem o percurso sempre renovado do caminho, não consiste numa paragem, mas numa sucessão, é uma ascensão e não um repouso"[44]; o que implica a renúncia do ensaio "ao direito absoluto do *método* e à ilusão de poder resolver, na forma do *sistema*, as contradições e tensões da vida"[45], apresentando-se, em contrapartida,

---

[39] *Idem, ibidem.*
[40] *Idem, ibidem*, pp. 27 e 29.
[41] *Idem, ibidem*, p. 20.
[42] *Idem, ibidem*, p. 33.
[43] *Idem, ibidem*, p. 32.
[44] *Idem, ibidem.*
[45] Francisco Jarauta, "Para una filosofía del ensayo", in *El ensayo, como género literario*, eds. Vicente Cervera, Belén Hernandez y Ma Dolores Adsuar, Universidade de Murcia, 2005, p. 38.

de um ponto de vista metódico, próximo do *Umweg* benjaminiano[46]. Por isso a *síntese de vida* que o ensaio exprime, não é, para Lukács, uma síntese transcendental, mas uma expressão recorrente, inacabada e provisória, forjada no interior da dinâmica efectiva dos elementos da vida, que, na impossibilidade de se deixar cativar por uma qualquer forma, oferece-se como síntese de formas possíveis e errantes.

Finalmente, esta dicotomia que Lukács estabelece entre ensaio (almas e destinos) e ciência (relações, conceitos e valores) é, como ele mesmo diz, uma distinção heurística, uma necessidade teórica; na prática – sublinha – corresponde apenas a uma diferença de acentuação, porque a superação da oposição entre a arte (na qual se inclui o ensaio) e a ciência, entre o artístico e o científico – no próprio interior da arte – pressupõe a superação de uma concepção da Arte – no sentido estreito e exclusivo da palavra – numa outra, onde se unem a sensibilidade e a razão, o sensível e o conceptual. O que significa, como dirá Musil, em 1914, que o ensaio é, simultaneamente, arte *e* ciência[47].

3.2. O ensaio: nem arte nem ciência

Diz-nos Adorno que, na Alemanha do seu tempo, a arte, em geral, era remetida para o domínio da irracionalidade, enquanto o conhecimento era assimilado "à ciência organizada" que procurava esvaziar – como se de impurezas se tratasse – tudo o que não se submetesse a essa antítese[48]. Ora, em sua opinião, era uma ingenuidade crer-se, que *todo o saber* devia ter, necessariamente, a forma de uma *ciência organizada*. Por várias razões. A verdade não é monopólio da ciência e esta, quando considerada em absoluto não só é falsa e dogmática como é também falsa e dogmática a tendência "positivista" do espírito científico para estabelecer um "rígida" divisão entre a forma e o conteúdo,

---

[46] *Idem, ibidem.* Sobre o método ensaístico de W. Benjamin leia-se Richard Wolin, *ob. cit.*, pp. 84-90.

[47] R. Musil, *Essais: conferences, critique, aphorismes et reflexions*, Paris, Ed. du Seuil, 1984, p. 334.

[48] Theodor Adorno, "L'essai como forme", in *Notes sur la littérature*, trad. de Sibylle Muller, Paris, Flammarion, 1984, p. 5. Ver, sobre "O ensaio como Forma", de Adorno, Claire Obaldia, *ob. cit.*, pp. 173-205 e Graham Good, *ob. cit.* pp. 176-178.

porque este nunca é indiferente à forma, como esta não é uma pura convenção nem a sua eventual "expressão" uma ameaça à objectividade científica, como reclama "o purismo científico"[49]. Orientada contra toda a consciência antropomórfica e vivencial, *a ciência* esteve sempre aliada ao *princípio de realidade* e foi sempre, como este, inimigo da felicidade[50]. É, pois, de um simplismo inaceitável considerar "impuro" qualquer texto que caia fora da antítese arte (reserva da irracionalidade) e ciência (racional). Apesar destas reservas feitas ao cientismo, Adorno não julgava possível atribuir um domínio específico ao ensaio quer porque este não produzia quaisquer resultados científicos ou artísticos e tinha, como elementos essenciais, os jogos de linguagem e a felicidade, quer porque parava e mudava de assunto, quando lhe aprazia e cria nada mais ter a dizer (mesmo que o assunto ficasse muito aquém de ser esgotado)[51]. Por sua vez, os seus conceitos não derivavam de um princípio nem eram induzidos de um conjunto de observações particulares (o que quer dizer que não se fundamentavam, como a razão científica, no juízo predicativo da inerência ou da inclusão, com pretensões à universalidade)[52]. O ensaio não reflectia, pois, a partir dos elementos para o todo, nem do todo para os elementos, circunscreve-se à errância do "juízo de relação", cuja consistência ontológica é débil, porque assenta nos usos da linguagem e nas vivências recíprocas. Apesar destas debilidades, Adorno reconheceu ao ensaio uma *autonomia formal* relativamente à Arte e à ciência; à arte, quanto aos meios (conceitos) e aos fins (uma verdade despojada de efeitos estéticos)[53]; à ciência, quanto à lógica e aos seus métodos (recusa da indução e dedução). Vejamos, mais de perto, estas diferenças. A forma do ensaio, diz Adorno, não se

---

[49] Theodor Adorno, "L'essai comme forme", in *Notes sur la littérature*, trad. de Sibylle Muller, Paris, Flammarion, 1984, pp. 7-8.

[50] *Idem, ibidem*, p. 26.

[51] *Idem, ibidem*, p. 6.

[52] *Idem, ibidem*, pp. 6-7.

[53] *Idem, ibidem*, p. 7. Para Adorno (em contraposição a Lukács) – diz Marc Jimenez – a forma (*Die Form*) é o rigor antagónico do artefacto que o separa do puro existente – sentido distinto do conceito tradicional e idealista de forma – aproximando-o das noções de técnica (no sentido de Benjamin), nas suas relações com o processo (*Verfahrungsweise*). Em suma, é "a linguagem polémica da obra" e "a síntese não violenta do disperso", *Theodor W.-Adorno: art, idéologie et théorie de l'art*, Paris, Union Générale d'Éditions, 1973, pp. 199-201 e 203).

confunde com a forma artística, pelo menos por duas razões: a irreversibilidade da separação entre arte e conhecimento, entre a intuição e o conceito, entre o eu e o objecto (devido à objectivação do mundo, decorrente da sua desmitologização) que, sempre que, ao longo da história, se tentou abolir, gerou uma queda numa "verborreia cultural"[54]; e em segundo lugar, a arte não tem uma função (o que não acontece com o ensaio e com a ciência)[55], ainda que a valorização da forma de *expressão* textual, pelo ensaio, gere uma fruição *estética*, mas que não basta para fazer dele uma obra de arte. Quanto às diferenças do ensaio (que menorizam este) relativamente às ciências, recorda Adorno que a pretensão destas de que todo o conhecimento, mais tarde ou mais cedo, cairá sob a sua alçada, é falso, não só porque não é "científico" apenas o conhecimento que reivindicam como tal (desmentem-nas, por exemplo, as obras de Proust e Bergson) mas porque o critério da objectividade científica não é, exclusivamente, a verificação das teorias[56]. O que fundamenta aquele desiderato da ciência é a crença (falsa) de que a *ordo idearum* é a *ordo rerum*, quando aquela não é uma realidade imediata, mas mediata; as próprias obras de imaginação, diz Adorno, que cremos livres do espaço e do tempo, remetem, ainda que indirectamente, para a existência individual; eis a razão pela qual o ensaio "não se deixa intimidar pela ideia falsamente profunda de que a verdade e a história se opõem de modo irreconciliável"[57]. A experiência individual (ponto de partida da consciência) e irredutível, sob muitos aspectos, ao escalpelo científico, é uma relação mediatizada pela experiência mais vasta da humanidade histórica e, nessa medida, uma categoria que faz, do conteúdo histórico, o seu momento integral, convertendo como pretendia Fichte, o *a posteriori* num *a priori*[58]. O ensaio é, pois, distinto da obra de arte assim como de uma qualquer obra científica. Mas a sua

---

[54] *Idem, ibidem*, pp. 9-10.
[55] *Idem, ibidem*, p. 10. Pese embora estas diferenças, a obra de arte é, também, para Adorno, uma crítica ao "sistema", mostra as contradições do devir empírico, é um protesto radical contra todo o constrangimento e dominação, uma maneira de introduzir uma nova ordem no caos (depois de introduzir o caos na ordem) (Marc Jimenez, *ob. cit.*, pp. 50-51, 99, 105 e 150).
[56] *Idem, ibidem*, pp. 10-11.
[57] *Idem, ibidem*, pp.13-14.
[58] *Idem, ibidem*, p. 14.

diferença, nem por isso lhe confere uma especificidade clara e, muito menos, ontologicamente, subsistente. Ao contrário das ciências – que, embora partam de uma experiência descontínua e contingente, chegam a "leis" e, a partir delas, arquitectam sistemas de intelecção dos seus fenómenos (passados, presentes ou futuros) – o ensaio recusa-se a assumir esse direito; sem o dizer, reconhece "a não-identidade da consciência: é radical no seu não-radicalismo, na sua maneira de se abster de qualquer redução a um princípio, pondo o acento no parcial sobre a totalidade, no seu carácter fragmentário", insubmisso ao "jogo da ciência organizada e da teoria", às "filosofias da identidade" (como a de Platão ou a aristotélico-escolástica) e ao "direito absoluto do método" (indutivo ou dedutivo), porque não visa "uma construção fechada"[59]. É em nome do seu respeito pelo individual idiossincrático, pelo contingente e pelo efémero, que o ensaio – o que mostra quanto há nele de pós-moderno – condena a violência dogmática do conceito das "filosofias da identidade (indiferentes à evidência de que não há conceito que não remeta para a factualidade e vice-versa)"[60], rejeita a separação do intemporal e do temporal, da filosofia primeira e da filosofia cultural, do abstracto do concreto. Além de que censurar o ensaio – como se faz, vulgarmente – só por ser "fragmentário e contingente" é postular que, a montante dessa descontinuidade e fragmentação há uma "totalidade", na qual sujeito e objecto se identificam e que somos capazes de a conhecer[61]. Ora o ensaio, como assinala Adorno, não tem esta pretensão essencialista, "não quer procurar o eterno no efémero, nem destilar a sua essência, mas, antes eternizar, o efémero"[62], a sua *não-identidade* – que se revela na realidade concreta, vivida, singular – e mostrar que ela excede o conceito[63]. Por isso, no ensaio, desaparece a ideia tradicional de verdade como o conceito tradicional de método. O que faz um pensamento

---

[59] *Idem, ibidem,* p. 13.

[60] *Idem, ibidem.*

[61] *Idem, ibidem,* p. 14. Para Adorno "a totalidade" é sempre uma falsidade, é a mentira que dá a ilusão da coisa finita, civilizada e policiada, que tem a sua correspondência político-social na ilusão de "harmonia" que a burguesia pretende fazer passar para opinião pública; do mesmo modo, para Adorno, o artista que tem como ideal "acabar" a sua obra, é um artista reaccionário (Marc Jimenez, *ob. cit.,* p. 49).

[62] *Idem, ibidem.*

[63] *Idem, ibidem.*

profundo, para Adorno, não é reduzir uma coisa a outra (como fazem o método indutivo ou dedutivo) mas penetrar, profundamente, na mesma; e esse aprofundamento, como sabe o ensaio, só pela mediação temporal, pela história se pode alcançar (porque o conhecimento da "natureza" tornou-se incognoscível, a não ser "esquematicamente"). Esta renúncia do ensaio ao conhecimento do *ser*, é acompanhada, coerentemente, pela sua recusa quanto à definição dos conceitos (que se a filosofia, como a de Kant e Hegel, não ignorou, o mesmo não se pode dizer das ciências). Estas, tal como a escolástica (ou, modernamente, os neo-positivistas), permanecem, obstinadas, em partir de definições[64]. No entender de Adorno, só "por superstição" e ambição de domínio, "a ciência organizadora" pode acreditar que "os conceitos são, em si mesmos, indeterminados, que não são determinados senão pela sua definição"[65]. Ainda que a ciência, pela sua vontade de poder, tenha necessidade de conceber o conceito como *tabula rasa*, a verdade é que todos eles nos são dados na linguagem e, portanto, estão já inquinados de polissemia. Em rigor ninguém sabe, acima de qualquer suspeita, o que é um conceito; o ensaio reconhece essa ignorância, como também sabe que a exigência de definições conceptuais rigorosas é uma estratégia para eliminar o que há de "irritante e perigoso", de vital, nos conceitos[66]. Por isso, o seu procedimento, relativamente, aos conceitos é, completamente, diferente da ciência. Recolhendo "o impulso anti-sistemático" da *vida*, o ensaio serve-se dos conceitos tal como os recebe da comunidade, "imediatamente", em toda a sua riqueza polissémica; e porque os "conceitos gerais" estão fora do seu alcance, atribui mais importância ao "como" da sua experiência do que ao método de acesso a ela, sem que isso implique a entrega do que pretende dizer, ao arbítrio de conceitos, definidos uma vez por todas; Benjamin, para Adorno, foi nisso "um mestre inigualável"[67]. Esta valorização da polissemia intertextual pelo ensaio não retira rigor, profundidade e intensidade às suas formas de expressão. O ensaísta – diz Adorno – escreve como alguém que, no estrangeiro, fosse obrigado a falar a língua do país a que se acolhe, sem recorrer a uma formação escolar; é algo de semelhante a uma leitura sem dicionário: depois de se

---

[64] *Idem, ibidem*, pp. 16-17.
[65] *Idem, ibidem*, p. 16.
[66] *Idem, ibidem*.
[67] *Idem, ibidem*.

ler uma mesma palavra, várias vezes, em contextos diferentes, o seu sentido é mais rigoroso do que os significados que possamos ter dela nesse dicionário. É evidente que o ensaio como forma está exposto ao erro, como qualquer processo de aprendizagem; é o preço da sua afinidade "com a experiência intelectual aberta, é a ausência de certeza que a norma do pensamento estabelecido receia como a morte"[68]. Mas não só. O ensaio preza mais o seu ideal do que a certeza, e sabe que é "no seu movimento – que o leva a superar-se a si mesmo – que se torna verdadeiro, e não na investigação obsessiva de fundamentos, semelhante à de um tesouro escondido. O que ilumina os seus conceitos é um *terminus ad quem*, que permanece oculto a si mesmo, e não um *terminus a quo*: é nisso que o seu método exprime a intenção utópica"[69]. Por isso, o ensaio é um "campo de forças" ou uma "configuração" – que não é "uma estrutura nem uma construção" – que se apresenta, desafiador, "ao ideal da *clara et distincta perceptio* e à certeza isenta de dúvida"[70]. No seu conjunto – diz Adorno – o ensaio poder-se-ia interpretar como uma objecção radical "às quatro regras estabelecidas pelo *Discours de la méthode* de Descartes nos inícios da ciência ocidental moderna e da sua teoria", que permite assimilar a estrutura do ser a esquemas conceptuais (postulando uma "totalidade" que o ensaio rejeita), que recorre à análise exaustiva dos elementos a partir do todo e vice-versa (enquanto o objecto do ensaio se furta à análise), que parte do simples para o complexo (e o ensaio procede de modo inverso), e que tudo vincula a um princípio superior e essencial (enquanto o ensaio é descontínuo e não sai fora do círculo do contingente e do efémero)[71]. Estas regras – e as da ciência em geral – assentam no postulado de uma correspondência e continuidade entre o sujeito e o objecto. Ora, o que mostra o ensaio, com a sua rebeldia ao cânone, com o seu carácter fragmentário e, essencialmente, descontínuo, é a necessidade de ultrapassar a continuidade abstracta e lógica do pensamento e mergulhar nas contradições e antagonismos do

---

[68] *Idem, ibidem*, p. 17.

[69] *Idem, ibidem*.

[70] *Idem, ibidem*, pp. 17-18.

[71] *Idem, ibidem*, pp. 18-20. Um comentário e interpretação interessante às relações estabelecidas por Adorno entre o ensaio e o método cartesiano pode ler-se em Claire de Obaldia, *ob. cit.*, pp. 84-85 e 177-180.

concreto, do vivido. Como a relativização é "imanente à sua forma"[72], e o seu pensamento é feito de roturas, o ensaio deve organizar-se – segundo Adorno – de modo a poder interromper-se a qualquer momento e a procurar a sua unidade para além dessas roturas e não colmatando--as[73]; deve mostrar, através de um "traço parcial" a luz da totalidade (mas não a convocando para o presente); deve corrigir o carácter contingente ou singular das suas intuições, multiplicando-as; e deve proceder, na sua escrita – como disse Max Bense (1947) – "de modo experimental, isto é, volver ao objecto em todos os sentidos, interrogá-lo, tacteá-lo, pô-lo à prova, submetê-lo, inteiramente, à reflexão, atacá-lo de diferentes lados, juntar o que se vê, sob o olhar do espírito, e traduzir, verbalmente, o que o objecto mostra nas condições criadas pela escrita"[74]. É óbvio, diz Adorno, o mal-estar que este processo poder causar, se tivermos em conta que o ensaio nada conclui e é incapaz de qualquer conclusão[75]. Mas, como adverte, o ensaio vale por outras razões e não pelo que conclui: em primeiro lugar, "a sua forma obedece à ideia crítica de que o homem não é um criador, que nada do que é humano é criação"; por isso recusa o papel de criador, refere-se sempre ao já criado e recusa a ideia de totalidade ("a sua totalidade, a unidade de uma forma, inteiramente, construída em si mesma, é a daquilo que não é total, uma totalidade que mesmo enquanto que forma não afirma a tese da identidade do pensamento e da coisa, que o seu conteúdo rejeita")[76]; e, ao livrar-se do constrangimento da identidade, alcança por vezes, "o que escapa ao pensamento oficial, o momento inextinguível da coisa, uma cor inapagável"[77]; em segundo lugar o ensaio é uma obra aberta, "na medida em que a sua própria disposição nega o sistema" e porque, devido à consciência da não-identidade da "coisa" e da sua forma de apresentação é obrigado a um esforço reiterado e sem limites[78];

---

[72] *Idem, ibidem*, p. 20.

[73] *Idem, ibidem*, pp. 20-21.

[74] *Idem, ibidem*, p. 21. Sobre "o método" do ensaio, ler R. Lane Kauffmann "The Skwed Path: Essaying as Unmethodical Method", in Alexander J. Butrym (ed.), *ob. cit.*, pp. 221-238.

[75] *Apud idem, ibidem*.

[76] *Idem, ibidem*, p. 22.

[77] *Idem, ibidem*.

[78] *Idem, ibidem*.

em terceiro lugar, o ensaio devora as teorias que lhe estão próximas, "a sua tendência é sempre a de liquidar a opinião, mesmo a que lhe serve de ponto de partida. É, desde o início, a forma crítica por excelência[79], ou, como disse Max Bense, "a forma da categoria crítica do nosso espírito"[80]; em quarto lugar, o ensaio valoriza a intertextualidade (ainda que substraindo-se, deste modo, à questão da sua referência essencial), mas não para revelar, argumentativamente, a verdade que, supostamente, escondem os textos, mas para os confrontar com as suas contradições e antagonismos, com a *não-verdade* que os inquina e conduz o ensaísta e o leitor à suspensão crítica e construtiva do juízo[81] (deste ponto de vista, o ensaio é ainda tributário de uma certa retórica, mas não de uma retórica de dominação, mas de emancipação)[82]; em quinto lugar, o ensaio "utiliza o equívoco não por negligência, não por ignorar que o cientismo o interdita, mas a fim de ter sucesso onde a crítica do equívoco, a simples separação das significações" se malogrou, aproximando-se, deste modo, de uma lógica – a "lógica musical", – onde não penetra a lógica discursiva, o que não quer dizer que o ensaio seja ilógico, mas, simplesmente, que obedece a outros critérios (de harmonia intra-textual, por exemplo) e que nele só subsistirão as contradições que sejam fundamentadas como específicas das próprias coisas; finalmente e, em sexto lugar, o ensaio – ao contrário do pensamento lógico-discursivo (como já assinalámos quando falamos das regras cartesianas do método – "não faz deduções a partir de um princípio, nem induções a partir de um conjunto coerente de observações isoladas. Coordena os elementos em vez de os subordinar; e só a essência profunda do seu conteúdo é co-mensurável a critérios lógicos, não o seu modo de apresentação"[83].

Apesar de todas estas virtualidades, a actualidade do ensaio é, para Adorno, a de "um anacronismo", porque enfrenta, por um lado, uma "ciência organizada" que tem a pretensão de controlar tudo e todos e uma filosofia acomodada "aos restos vazios e abstractos", onde essa

---

[79] *Idem, ibidem*, p. 23. Sobre as relações entre o ensaio e a doxa ver Claire Obaldia, *ob. cit.*, pp. 109 e 119.
[80] *Apud idem, ibidem.*
[81] *Idem, ibidem*, pp. 24-25.
[82] *Idem, ibidem*, pp. 25-26.
[83] *Idem, ibidem*, p. 27.

ciência ainda não investiu ou que negligencia e/ou desvaloriza[84]. É verdade que o ensaio pretende revelar, com a ajuda de conceitos, o que eles não incluem (a própria *vida* dos conceitos, no espaço e no tempo, ou seja, na sua forma concreta), que a objectividade é, simplesmente, "uma manifestação subjectiva organizada", denunciar "a ditadura dos atributos" (tal como foram fixados desde Platão)[85], valorizar o "instante" e eternizá-lo (como dizia Nietzsche: "se dizemos sim a um só instante, dizemos sim não só a nós mesmos, mas a toda a existência")[86]. Mas a verdade é que o ensaio até destes seus fins desconfia, porque a negação e a contínua incerteza a isso a levam, fazendo da *heresia* a sua "lei formal mais profunda"[87].

4. O ensaio: que género?

Poder-se-á dizer que depois dos *Essais* de Montaigne e das reflexões de Lukács e Adorno – e tantas outras que têm aparecido depois destas – estamos diante de um novo género de escrita? Certamente o leitor tem uma vaga ideia do que seja, pois não vai ao supermercado comprar ovos e fica satisfeito, ao receber, em troca do seu pagamento, umas fatias de fiambre. É verdade que quando estamos a falar de "géneros" não estamos a falar de "coisas" (e menos ainda sensíveis). Mas não é descabido colocar o problema desse modo, pois pressupõe que, para falarmos de "géneros", sabemos "os critérios que permitiriam discernir uma unidade temática ou formal quanto aos textos susceptíveis de ser agrupados num mesmo conjunto. Donde o dilema com o qual somos rapidamente confrontados: 'aparentemente não podemos decidir sobre o que pertence a um género, sem saber, previamente, o que é genérico, e todavia não podemos saber o que é genérico sem reconhecer que este ou aquele elemento pertence ao género'"[88]. Este dilema parece acrescido, no caso do ensaio, porque

---

[84] *Idem, ibidem*, p. 28.
[85] *Idem, ibidem*.
[86] *Apud idem, ibidem*, pp. 28-29.
[87] *Idem, ibidem*, p. 29.
[88] Pierre Glaudes e Jean-François Louette, *L'Essai* (1999), 2ª ed., Paris, A. Colin, 2011, p. 11 e Karl Viektor, "L'histoire des genres littéraires", in *Théorie des genres*, dir. de Gérard Genette e T. Todorov, Paris, Éd. du Seuil, 1986, p. 29.

"a especificidade deste género parece ser a de não satisfazer nenhuma norma ou desconfiar de todas ou quase"[89]. Toda a teoria genérica implica, pois, uma questão definitória (por exemplo: o género seria uma norma, identificável como uma "essência ideal", "matriz de competência ou um simples termo de classificação ao qual não corresponderia nenhuma produção textual própria", etc.[90]. Mas se não é possível estabelecer uma prévia definição dos elementos de um género e, portanto, traçar as suas fronteiras, a sua definição é impossível; será um anti-género?[91].

Mas as dificuldades dos contornos genéricos do ensaio não se ficam por aqui, pois, frequentemente, se crê que as relações entre o género e o ensaio se inscrevem nas relações entre o género e as suas possíveis definições. Ainda que, à primeira vista, esta questão pareça inocente – visto que o termo "género" parece ser o correlato a definir pelo "texto" – todavia esta conexão mistura duas questões diferentes que não têm entre si uma implicação necessária: a relação do texto aos géneros e a de um dado texto ao seu "género"[92], que, por sua vez, levantam uma outra questão – as relações entre os fenómenos empíricos e os conceitos – que é uma questão filosófica controversa, na medida em que o debate sobre a teoria dos géneros se muda para o campo da batalha da *querela dos universais*, com os seus protagonistas habituais que são o idealismo e o realismo (sem esquecer o último recém-chegado, o construtivismo)[93]. O debate deixa de ser literário e epistemológico, para passar a ser ontológico, visto que se trata da *teoria do ser*[94]. Ora, do ponto de vista de Schaeffer, para resolver esta questão do género do ensaio, temos de abandonar a questão da sua definição específica e, correlativamente, a ideia de uma exterioridade de ordem ontológica entre o texto e o

---

[89] *Idem, ibidem.*

[90] Jean-Marie Schaeffer, "Du texte au genre", in *Théorie des genres*, dir. de Gérard Genette e T. Todorov, Paris, Éd. du Seuil, 1986, pp. 179-180.

[91] Pierre Glaudes e Jean-François Louette, *ob. cit.*, p. 11 e Kuisma Korhonen, *ob. cit.*, pp. 31-47. Ver, também, Gunther Muller, *Philosophischer Anzeiger*, III, p. 136, citado por Karl Viktor, "Histoire des genres litteraires" (1931), trad. por Jean-Pierre Morel, in *Poétique*, nº 32, nov. de 1977, p. 502; uma atitude divergente desta pode ler-se em Marielle Macé, *Le temps de l'essai. Histoire d'un genre au XXᵉ siècle*, Paris, Belin, 2006, pp. 42-48.

[92] Jean-Marie Schaeffer, *art. cit.*, p. 180.

[93] *Idem, ibidem*, pp. 180-181.

[94] *Idem, ibidem*, p. 181.

género[95]. Em sua opinião, as dúvidas que recaem sobre a teoria do género não têm objecto real, porque "fundam-se sobre dois postulados supérfluos e inadequados: o texto como *analogon* do objecto físico e o género como exterioridade transcendente (ou, no caso das teorias nominalistas, pseudo-exterioridade, isto é, de facto puro nada)"[96]. Por isso é preciso afastar o problema da exterioridade do "género", definido quer como descrição teórica, quer como discurso normativo, optando por considerar como "exterioridade" simplesmente a que existe entre dois textos (sendo um deles o metatexto); "desse modo o género é construído a partir de uma *"projecção retrospectiva"*[97]. Há, pois que abandonar a tese do *texto-analogon* de objecto físico, o que tem, como consequências, abandonar, a suposição de que se apoia numa qualquer essência secreta e convertê-lo num acto prescritivo, expressivo através de um texto aberto, descontínuo e heteronómico, relevando de uma leitura imanente e não referencial[98]. Ficamos, no entanto, perante um dilema, que é *o* dilema da história dos géneros (um círculo sem saída) para o qual já Dilthey advertira, ao assinalar que é a partir das palavras isoladas e das suas conexões que o todo de uma obra se deve compreender, ainda que a total compreensão daquelas palavras pressuponha a compreensão do todo de que fazem parte; é um círculo que a compreensão nunca percorre, completamente, e a torna, inevitavelmente, inacabada[99]. Por isso a relação de uma obra individual – como os *Essais* de Montaigne – a um determinado género literário é um problema, teoricamente, insolúvel do ponto de vista da interpretação, ainda que *praticamente*, não levante grandes problemas (e menos ainda aos comerciantes de livros)[100]. Mas esta circularidade hermenêutica, quanto ao género do ensaio, não me leva a subscrever a opinião de Max Bense, que o seu problema fundamental seja a questão das suas *fronteiras*[101].

---

[95] *Idem, ibidem*, p. 184.
[96] *Idem, ibidem*, p. 185.
[97] *Idem, ibidem*, p. 188.
[98] *Idem, ibidem*, pp. 191-192.
[99] *Apud* Karl Viektor, "L'histoire des genres littéraires", in *Théorie des genres*, dir. de Gérard Genette e T. Todorov, Paris, Éd. du Seuil, 1986, pp. 29-30.
[100] *Idem, ibidem*, p. 30.
[101] *Apud* Pierre Glaudes e Jean-François Louette, *ob. cit.*, p. 36.

5. Conclusão

O ensaio aparece (e reaparece) nos tempos de crise das *filosofias da identidade*, incluindo nestas os cientismos de distintos matizes. Trabalhando sobre fontes de segunda ordem, não tendo princípio nem fim, fragmentário, essencialmente, descontínuo, o ensaio exprime melhor do que qualquer outro modo de escrita, a *vida* no que tem de mais intensa, precária, contingente, incerta e profunda, aquela vida que os conceitos não cativam, a não ser contraditória e residualmente: a vida de cada um, quando este "um" é o "eu" idiossincrático e irrepetível, que reflecte sobre si, despojado de uma linguagem convencional ou lógico-discursiva, num contínuo movimento de aproximações "experimentais" (como as concebe Benjamin e Max Bense) que sublinham a sua "não-identidade" (a não ser como processo, não como "dado") e a sua "ausência", a que só a *alteridade* dá consistência ontológica. É, a meu ver, um modo de escrita, vivencialmente, suicidário. Enquanto categoria crítica, mais ou menos expressiva, da precariedade e finitude dos sistemas do mundo e dos fundamentos da sua inteligibilidade e valorização da *vida concreta* e *singular* parece-me aceitável (e mesmo desejável). Graham Good diz mesmo que o ensaio é a forma de escrita que se aproxima mais da forma natural de pensar[102]. De pensar, sim, mas não como opção de "forma" de vida, ou, dito de outro modo, como texto "profético". Precisamos de um mundo inteligível – ainda que seja apenas a "fazer de conta" – como pão para a boca. É verdade que os princípios, as teorias e os argumentos, em suma, a racionalidade lógico-discursiva, está para as nossas vidas, como a ponta do *iceberg* está para a montanha de gelo que ele esconde. Mas não é menos verdade que é da ponta visível do *iceberg* que vemos em que direcção nos movemos e que caminhos queremos seguir. É navegar à vista, sem dúvida, mas pior é não ver nada, não ser capaz de ver nada, porque se está debaixo da linha de água. Como está o ensaísta.

---

[102] Graham Good, *ob. cit.*, pp. 41-42.

Varia

ANA VAZ MILHEIRO*

ESCOLAS EM ANGOLA DURANTE O ESTADO NOVO: ARQUITECTURA E ARTE

1. Construções escolares na metrópole

O Estado Novo introduz reformas significativas no sistema educativo português. Entre as que se repercutem directamente na construção de novos edifícios escolares destinados ao ensino secundário e liceal, encontram-se os planos de 1938 e de 1958, que cronologicamente acertam com investimentos em equipamentos semelhantes nos espaços coloniais portugueses. Procura-se então definir uma rede educativa fora da metrópole, cujo principal objectivo é promover condições mínimas para a criação de elites locais. Nesse sentido, o próprio edifício é portador de valores estéticos, mas principalmente funcionais, que incutem uma maior proximidade à cultura metropolitana enquanto interpretam as especificidades locais procurando soluções arquitectónicas adequadas ao clima.

O ensino em Portugal, considerado uma peça fundamental na construção de uma ideologia de regime, conhece logo em 1936, pela mão do ministro da Instrução Pública[1] António Carneiro Pacheco (1887-1957),

---

* Docente do ISCTE. Instituto Universitário de Lisboa e investigadora do Dinâmia_CET.

[1] Cujo Ministério passará a ser designado como da Educação Nacional pela Lei nº 1941, de 11 de Abril, promulgada nesse mesmo ano (Rosas; Brito, 1997: 571).

uma remodelação do Ministério de Instrução Pública que "privilegia a educação moral ao serviço da Família e do Estado" (Moniz, 2007: 138)[2]. O ano de 1936 é igualmente marcado pela formação da Mocidade Portuguesa (MP), a 19 de Maio, cujo objectivo, como explica Gonçalo Canto Moniz em *Arquitectura e Instrução*, é "moldar [através da escola], a juventude aos ideais do Estado Novo" (Moniz, 2007: 138). A partir da sua fundação, a MP tem um lugar privilegiado na escola portuguesa, quer em termos ideológicos quer materiais, beneficiando inclusive de instalações próprias fixadas nos programas arquitectónicos que orientam as novas construções (Marques, 2003: 127).

Num tempo próximo à formação do Estado Novo, ainda em 1928, toma-se uma primeira medida, que visa precisamente "resolver o problema das instalações liceais", criando a Junta Administrativa do Empréstimo para o Ensino Secundário (JAEES)[3], lançada quando Duarte Pacheco (1899--1943)[4] ocupa o cargo de ministro da Instrução Pública (Marques, 2003: 62; Moniz, 2007: 135). A sua missão inaugural passa pelo levantamento das "condições materiais em que [funcionam] os liceus" de modo a elaborar um orçamento que respeite projectos já existentes, assim como os pareceres dos reitores e dos respectivos conselhos escolares (Marques, 2003: 63). Em 1930, são lançados concursos para a edificação de novos liceus[5]. O período corresponde à aplicação de um ideário moderno e simultaneamente ao aprofundamento de um "conjunto de documentos que [funcionam] como um programa-tipo" (Moniz, 2007: 143), reunidos

---

[2] A relação entre arquitectura e instrução no período que vai desde 1836, ano da criação oficial dos liceus em Portugal, a 1936, quando se assume o vínculo do ensino liceal ao novo regime político foi tratada por Gonçalo Canto Moniz (Moniz, 2007).

[3] Também conhecida por "Junta dos Quarenta Mil", já que tinha como "objectivo administrar e aplicar um empréstimo de 40.000.000$00 a contrair à Caixa Geral de Depósitos" (Moniz, 2007: 136).

[4] Futuro Ministro das Obras Públicas de Salazar entre 1932 e 1936 e depois novamente de 1938 a 1943.

[5] Resultam deste processo os liceus de Beja, Coimbra e Lamego. O Liceu feminino D. Filipa de Lencastre, contemporâneo das anteriores realizações, é consequência de uma encomenda directa, primeiro ao arquitecto Carlos Ramos, depois a Jorge Segurado (Alegre, 2009: 230 ss.).

sob o título *Condições Gerais*⁽⁶⁾. Obtém-se assim um suporte normativo que homogeneíza as soluções arquitectónicas, tornando-as reproduzíveis em novos edifícios – o que corresponde à criação de uma "cultura de projecto" desenvolvida a partir de uma visão funcionalista e apoiada numa estrutura técnica centralizada em Lisboa.

É também em 1930, que a JAEES transita para a tutela do Ministério das Obras Públicas (MOP), e a 10 de Agosto de 1934 passa a designar-se Junta das Construções para o Ensino Técnico e Secundário (JCETS), nome que mantém até 1969 (Marques, 2003: 66-69). A alteração é justificada, como adianta o investigador Fernando Moreira Marques na sua síntese sobre os liceus estado-novistas, por uma mudança estratégica. Abandona-se uma política de gestão de empréstimos contraídos na banca, realizada pela JAEES na "melhoria das instalações" existentes, para a obrigação atribuída à JCETS de promover o "estudo e construção de novos edifícios" (Marques, 2003: 68).

Até 1937, a JCETS encerra os processos entretanto iniciados e no ano seguinte estão criadas as condições que permitem lançar um plano de trabalhos mais ambicioso, repartido entre a obra nova⁽⁷⁾ e a requalificação do património existente. *O Programa de construções, ampliações e melhoramentos de edifícios liceais* arranca então com a aprovação do Decreto-Lei nº 28.604 de 21 de Abril, tornando-se conhecido como Plano de 1938. A maioria dos projectos promovidos pela JCETS, é da responsabilidade de um conjunto de arquitectos que integra o seu quadro técnico, casos de José Costa Silva, José Sobral Blanco, António José Pedroso e Francisco Assis (Marques, 2003: 110; Alegre, 2009: 253)⁽⁸⁾.

⁽⁶⁾ Este conjunto de documentos inclui as *Condições Especiais*, e as *Bases para a Construção de Liceus (Acabamentos)* (Moniz, 2007: 142-143; Alegre, 2009: 237-240).

⁽⁷⁾ "O plano previa, na primeira versão, a edificação de 10 liceus novos completos ainda sem projecto, em Castelo Branco, Chaves, Faro, Lisboa (2), Santarém, Viana do Castelo, Viseu, Porto e Coimbra" e a finalização do Liceu Filipa de Lencastre, já mencionado (Marques, 2003: 70). A concretização deste programa abrangia "uma população escolar correspondente a 197 turmas (aproximadamente 6895 alunos)" (Marques, 2003: 71).

⁽⁸⁾ Embora tenham sido encomendados vários projectos a arquitectos não vinculados à JCETS, apenas dois dos edifícios construídos correspondem a recrutamentos externos: Jorge Segurado que está encarregue do Liceu D. Filipa de Lencastre e Januário Godinho que projecta o Liceu Gonçalo Velho para Viana do Castelo (Marques, 2003: 110; Alegre, 2009: 253).

Como refere ainda Moreira Marques, "novas práticas de trabalho [são] então introduzidas, contribuindo para a unidade de concepção arquitectónica dos novos liceus, onde são visíveis as marcas de influência nacionalista" (Marques, 2003: 69). Na prática isto significa substituir o figurino moderno seguido nos liceus resultantes dos concursos públicos de 1930, por um novo formulário arquitectónico, próximo de uma estética mais representativa do Estado Novo e por isso de maior cunho monumental e historicista.

O Plano de 1938 prolonga-se até 1952, com a inauguração dos últimos dois liceus, entretanto concluídos. Em 1958 surge um novo plano, que corresponde a uma segunda fase, aprovado pelo Decreto-Lei nº 41.572 de 28 de Março (Alegre, 2009: 263) destinado à realização de 16 novos liceus a construir num prazo de oito anos (Marques, 2003: 72). Como esclarece Maria Alexandra Alegre, na sua tese de doutoramento sobre o edifício *Liceu* em Portugal, "a equipa inicial [...] é reforçada com a entrada dos arquitectos Augusto Brandão e Maria do Carmo Matos" no final da década de 1950, reflectindo-se em "novas premissas associadas à concepção dos estudos normalizados e projectos-tipo desenvolvidos" (Alegre, 2009: 263)[9].

Novas orientações são elaboradas como as *Normas para as instalações dos Liceus* ou o *Estudo de Composição dos vários Tipos de Liceus*. É no primeiro documento que se faz a "defesa de uma tipologia linear assente na organização dos espaços lectivos ao longo de um corredor central [...] ou lateral para as salas destinadas ao ensino teórico" (Alegre, 2009: 265). A organização linear é igualmente dominante na maioria das concretizações de edifícios escolares realizados no mesmo intervalo de tempo, entre 1956 e 1960, pelo Gabinete de Urbanização do Ultramar (GUU), que trabalha em exclusividade para os territórios coloniais. Só que aqui o corredor fechado é substituído por galerias abertas – mais apropriadas aos trópicos – que correm ao longo das fachadas. Reforça-se contudo a ideia de que existe uma organização funcional padrão que se reflecte nos edifícios promovidos pelos dois organismos estatais, JCETS e GUU, embora estes, à época, não partilhem os mesmos profissionais.

---

[9] Luís Benavente, autor do Liceu de Guimarães, Ruy d'Athouguia, projectista do Liceu Padre António Vieira e António Maria Matos Veloso, responsável pelo Liceu da Guarda são os únicos arquitectos contratados fora da JCETS (Alegre, 2009: 263).

No final dos anos de 1930, antes portanto do Gabinete existir, José Costa Silva, funcionário da JCETS, é encarregue dos projectos de liceu construídos nas principais capitais das colónias africanas, Luanda e Lourenço Marques, actual Maputo, como se verá.

2. José Costa Silva e o novo edifício para o Liceu de Luanda

Segundo Moreira Marques, deve-se ao arquitecto José Costa Silva, o contributo mais importante na definição de uma feição arquitectónica para os novos liceus da JCETS. O investigador refere-se naturalmente ao estabelecer de uma "uniformidade de princípios arquitectónicos" (Marques, 2003: 110) capaz de celebrar uma linguagem evocativa do regime, sem colocar em causa a continuidade da aplicação, ao serviço das novas construções escolares que avançam com o Plano de 1938, de critérios económicos e funcionais, testados nos concursos dos anos de 1930. Responsável por seis dos treze projectos executados entre 1939 e 1948, desenha o primeiro edifício liceal a ser concretizado em território metropolitano no âmbito deste programa – o Liceu Sá da Bandeira, de 1939, em Santarém – que "fixou muitas das características gerais do modelo" (Marques, 2003: 112).

Da sua autoria são ainda os liceus Nuno Álvares (Castelo Branco, 1940), S. João de Deus (Faro, 1942), Gil Vicente e D. João de Castro (Lisboa, 1944 e 1945, respectivamente), e José Estêvão (Aveiro, 1947) (Marques, 2003: 111), realizações posteriores ao arranque do projecto do liceu angolano Salvador Correia. Entre as tipologias manipuladas por Costa Silva, destaca-se o pátio fechado que caracteriza três das soluções propostas. O recurso compositivo à simetria axial, corrente na disposição geral destes liceus, é consequência da "interpretação natural do programa", como se lê na memória descritiva do projecto de Santarém (Silva in Marques, 2003: 122) e que se detecta nas suas diversas obras. A distribuição interna reflecte, como era prática corrente nos projectos da Junta, "uma racionalidade funcional baseada na separação dos espaços de ensino e de circulação de acordo com a estrutura curricular, na frequência masculina e feminina e na centralidade dos espaços de direcção, administração e representação" (Marques, 2003: 124).

Estas soluções são em parte antecipadas na proposta que Costa Silva desenvolve a partir de 1936 para as novas instalações do Liceu Salvador

Correia, em Luanda. A influência desta experiência africana nos liceus metropolitanos que desenha depois não deve ser ignorada.

A "construção de um edifício próprio para o Liceu" na capital angolana é determinada pelo Decreto-Lei nº 22.793 de 30 de Junho de 1933 (Carvalheira in Correia, 2009: 21)[10]. No ano seguinte, o arquitecto Sá Menezes[11] surge como responsável pelo *Anteprojecto do Liceu Central Salvador Correia*, realizado localmente, com uma proposta que passa por distribuir os diversos componentes programáticos por um conjunto de pavilhões independentes. Não foi ainda localizada uma planta que dê informações quanto à composição geral deste complexo escolar, nem dados quanto à sua implantação, muito embora os terrenos tivessem sido escolhidos em 1933, situando-se então fora do perímetro urbanizado da cidade, na Avenida Brito Godins, actual Avenida Lenine (Maria in Correia, 2009: 15). São todavia conhecidos os desenhos existentes no Arquivo Histórico Ultramarino (AHU), destinados ao Pavilhão para Aulas, Reitoria e Biblioteca; Laboratórios; Oficinas; e Ginásio, reproduzidos entre Julho e Outubro de 1934. O traçado manifesta uma forte inclinação pela linguagem *art deco* que assinala parte da produção arquitectónica qualificada nas regiões ultramarinas sob jurisdição portuguesa anterior à Segunda Guerra. Trata-se de uma solução programática sem correspondência na metrópole, onde a organização pavilhonar não só não se insere nos esquemas funcionais do Plano de 1938, como não integra a tradição anterior. Provavelmente é esta a razão que determina o parecer desfavorável emitido pela JCETS, inviabilizando a sua construção (Carvalheira in Correia, 2009: 23)[12].

---

[10] A existência deste equipamento escolar na capital da antiga província ultramarina remonta a 15 de Setembro de 1919, tendo ocupado diferentes edifícios não vocacionados para o ensino antes do ano lectivo de 1941-1942, data da conclusão do projecto de Costa Silva (Santos, 1998: 463).

[11] O mesmo autor aparece ligado ao projecto do Palácio do Comércio, em Luanda, datado de Janeiro de 1930, em co-autoria com o arquitecto Batalha, segundo Relação das Obras referidas no telegrama 763 de 4 de Outubro de 1944, de Sua Excelência, o Ministro das Colónias [1142 1H MU DGOPC 1937-1948 ANG]. Arquivo Histórico Ultramarino.

[12] Posteriormente, na memória descritiva do novo Liceu, justifica-se o abandono de uma estrutura pavilhonar por questões economicistas e disciplinares, considerando-se genericamente que pode esta tipologia "promover uma grande dispersão dos vários serviços liceais, dificultando a manutenção

Na sequência da recusa do projecto, António Lopes Mateus (1877--1955), Governador-Geral de Angola entre 1935 e 1939, solicita ao Ministério das Colónias (MC), presidido por Francisco Machado (1898--1972), que a nova proposta seja da responsabilidade da JCETS, o que será decidido em despacho ministerial de 2 de Dezembro de 1936. Pela primeira vez, desde a sua fundação, a Junta enfrenta a construção de um liceu nos trópicos. Não tomando a si a responsabilidade do projecto, permite todavia que este seja "executado pelo [seu] pessoal técnico, sem intervenção oficial da mesma". É neste contexto que Costa Silva é incumbido de o executar, ficando o projecto "concluído no mês de Julho de 1937" (Carneiro, 1940: 2)[13]. Completam a equipa projectista, para lá dos desenhadores, os engenheiros José Frederico Ulbrich, estruturas de betão armado; Aguiar, cálculo da cobertura metálica; e Lopes Monteiro, cálculo e desenhos da instalação eléctrica[14]. As obras são adjudicadas à Sociedade Técnica de Engenharia de Angola, Limitada, por contrato de 10 de Novembro de 1938, decidido pelo Governador-Geral, em delegação do ministro das Colónias.

O *Estudo do Liceu Salvador Correia para Luanda*[15] elaborado em Lisboa descreve um edifício realizado para acolher uma população escolar de 560 estudantes distribuídos por 16 turmas (Programa, s/d: 1). Tal como acontece nos liceus metropolitanos, o número de alunos por turma reflecte-se na organização da planta assim como nas dimensões das diversas unidades. A intenção de que as condições gerais adoptadas sejam idênticas às seguidas em Portugal surge no ponto 2 do

---

da disciplina" (JCETS, *Estudo do Liceu Salvador Correia para Luanda*, Memória Descritiva, s/d: 4) [1142 1H MU DGOPC 1937-1948 ANG]. Arquivo Histórico Ultramarino.

[13] Ruy de Sá Carneiro [Director Geral], Repartição Obras Públicas, Portos e Viação – A construção do novo Liceu Central de Luanda, Lisboa 10 de Abril de 1940 [1169 1H SEMU_MU DGOPC 1897-1950 ANG]. Arquivo Histórico Ultramarino.

[14] Folha de pagamentos redigida por José de Lencastre e Távora e dirigida ao Director Geral do Fomento Colonial, 26 de Julho de 1937 [1169 1H SEMU_MU DGOPC 1897-1950 ANG]. Arquivo Histórico Ultramarino.

[15] Informações referentes ao Programa e Memória Descritiva encontram-se no documento, *Estudo do Liceu Salvador Correia para Luanda*, da responsabilidade da JCETS, s/d, s/a [1169 1H SEMU_MU DGOPC 1897-1950 ANG]. Arquivo Histórico Ultramarino.

programa[16]. O novo equipamento escolar é sinalizado como o "centro intelectual de toda a colónia" (Programa, s/d: 2) reforçando o significado político e simbólico da sua presença urbana em Luanda.

O "problema arquitectónico", propriamente dito, é reportado na memória descritiva. Reconhece-se a inexperiência da JCETS em projectos destinados aos territórios ultramarinos, e que as informações reunidas "acêrca das construções desta natureza existentes nas regiões de clima análogo, como as Índias inglesas, neerlandesas, Congo Belga, etc." são insuficientes. Opta-se, por isso, por uma solução "à ratione" inscrita na tradição projectual da Junta (Memória Descritiva, s/d: 3). É também neste documento que se justifica porque se abandonam as "normas arquitecturais modernas", provavelmente herdadas dos liceus modernistas do início dos anos de 1930, preteridas em função da "conveniência em dar à construção um carácter que evocasse a Mãi-Pátria" (Memória Descritiva, s/d: 3-4). Dentro da mesma lógica, justifica-se a adopção de "um tipo de construção inspirado nas edificações conventuais" portuguesas, ou seja, elege-se o pátio fechado: "As galerias que o circundam funcionariam naturalmente como recreios cobertos: e, para provocar uma fácil ventilação, o claustro típico seria ligeiramente modificado pelo rasgamento de uma das suas faces, transformada em 'loggia' destinada também a recreio coberto" (Memória Descritiva, s/d: 4-5).

---

[16] "a) isolamento das repartições acessíveis ao público das repartições propriamente escolares; b) isolamento parcial das instalações correspondentes a cada um dos ciclos do curso geral, e destes do curso complementar; c) localização adequada das instalações comuns a todos os alunos (biblioteca, museu, refeitório, associação escolar, ginásio, balneário, etc.); d) atribuição de uma sala de aula privativa (aula normal) a cada turma; e) atribuição de um anfiteatro de demonstrações para o 2º ciclo, e de laboratório para o curso complementar; f) máxima concentração das repartições, mínimo de espaço para cada uma, mínima distância entre elas" (Programa, s/d: 1-2). Quanto às "condições especiais, dependentes do clima de Luanda", estas são expostas na página seguinte: "a) grandes possibilidades de arejamento de todas as suas repartições; b) grande superfície de recreios cobertos, ou de galerias desempenhando essa função; c) defeza das paredes exteriores e coberturas contra a insolação e a humidade; isolamento hidrófugo entre as fundações e as paredes em elevação; grande caixa de ar subjacente ao 1º pavimento; d) desenvolvimento das repartições destinadas a balneários" (Programa, s/d: 3) [1169 1H SEMU_MU DGOPC 1897-1950 ANG]. Arquivo Histórico Ultramarino.

Na busca por uma arquitectura simultaneamente evocativa dos valores nacionais e adaptada ao clima angolano, Costa Silva propõe uma solução para os vãos inspirada na arquitectura tradicional alentejana, recorrendo a "adufas em cerâmica, ou moldadas em cimento" (Memória Descritiva, s/d: 5). Já a pluviosidade corrente nestes climas reflecte-se na forte inclinação dos telhados. A introdução da torre sineira, que marca vertical e urbanamente o liceu, surge como um "'elemento tradicional' com o fim de imprimir ao edifício um cunho de nobreza e dignidade compatíveis com o primeiro edifício cultural da colónia" (Memória Descritiva, s/d: 14). Admite-se que os técnicos locais possam sugerir modificações, não pretendendo, como se afirma, "apresentar uma solução definitiva" (Memória Descritiva, s/d: 6).

Em Luanda, a Comissão de avaliação da Secretaria da Repartição Central dos Serviços de Obras Públicas, constituída por Afonso Brandão de Vasconcelos, Luiz Aguiar e Mário de Oliveira e Castro manifesta-se favoravelmente ao projecto enviado de Lisboa, em parecer datado de 24 de Setembro de 1936, reforçando o carácter diferenciado que este ostenta face à tradição colonial da década de 1930.

> "E assim, embora não sejam previstas varandas, como é vulgar nos climas tropicais, é de crer que o emprego de paredes duplas contribua para diminuir o efeito dos raios solares, sendo também de esperar que o sistema das persianas ou adufas empregadas nos dois terços superiores das janelas contribua para permitir uma ventilação intensa que torne frescas as salas. De modo que, parecendo-nos que as disposições adoptadas satisfazem às exigências do clima, também o efeito arquitectónico obtido merece o nosso aplauso, porquanto, não só o edifício tem uma certa imponência, adequada à importância do objectivo a que se destina, de liceu da capital da nossa maior Colónia, como oferece um aspecto novo aqui, evocativo de alguns dos aspectos mais característicos da Mãe Pátria, como se diz na memória descritiva" (Comissão, 1936: 1)[17].

Consagra-se assim uma expressão nacionalista e, paralelamente, lançam-se princípios que podem nortear o projecto de construções oficiais

---

[17] Afonso Brandão de Vasconcelos, Luiz Aguiar e Mário de Oliveira e Castro, comissão de avaliação da Repartição Central dos Serviços de Obras Públicas, Luanda, 24 de Setembro de 1936 [1169 1H SEMU_MU DGOPC 1897-1950 ANG]. Arquivo Histórico Ultramarino.

em solo colonial, através da sugestão de uma arquitectura inspirada nas expressões regionais portuguesas e adaptável às condições locais. Considerações mais aprofundadas sobre a construção em climas quentes são dadas aquando do projecto do Liceu Salazar para Lourenço Marques, actual Maputo, Moçambique[18], já de 1944 – cujo arranque ter-se-á dado entre 1939-1941 –, também da autoria de Costa Silva[19], reflectindo a experiência entretanto acumulada. Aqui, o "regresso" a soluções mais modernas verifica-se, p.e., na opção do uso de coberturas planas, "tendo em vista o efeito estético da construção" (Memória Descritiva, 1944: 20)[20], neutralizando-se aparentemente o cunho "regional nacionalista" do projecto angolano. Uma análise comparativa com o Liceu lisboeta Gil Vicente, do mesmo ano, de traçado notoriamente historicista, levanta novamente a questão estilística, ao interpelar o relacionamento dos arquitectos integrados nos organismos públicos com as obrigações de representatividade dos equipamentos oficiais.

Costa Silva será ainda o responsável pelo projecto das instalações de Educação Física do Liceu de Salvador Correia, datado de Novembro de 1945, não construídas. Justifica a sua importância no programa que submete a 15 de Setembro de 1943 ao Director Geral do Fomento Colonial, comparando a situação portuguesa com a África do Sul, que pontualmente surge como modelo de referência no tratamento programático e não estilístico: "Tanto mais que o Liceu de Luanda é o primeiro edifício cultural de Angola, e que no território visinho da União Sul Africana as escolas dispõem de instalações modelares para a educação física" (Programa, 1943: 2)[21]. Neste âmbito, projecta uma piscina coberta,

---

[18] Actual Escola Secundária Josina Machel.

[19] José Costa Silva e Américo Pedrosa Valente, Liceu Salazar, Lourenço Marques, Tomo 1, Memória Descritiva e Justificativa: 6-8 [2613 1C MU DGOPC MÇ 1944 MOÇ]. Arquivo Histórico Ultramarino.

[20] "Por outro lado não se compreende que num edifício onde se exibe a técnica da construção de hoje em toda a sua exuberância se lance mão de um sistema de cobertura de expressão de certo modo primitiva" (Memória Descritiva, 1944: 20) [2613 1C MU DGOPC MÇ 1944 MOÇ]. Arquivo Histórico Ultramarino.

[21] José Costa Silva, Ministério das Colónias – Direcção Geral de Fomento Colonial, Repartição de Obras Públicas, Portos e Viação, Colónia de Angola, Estabelecimento de Ensino, Liceu de Salvador Correia, em Luanda, Instalações de Educação Física, 15 de Setembro de 1943 [1142 1H MU DGOPC 1937-1948 ANG]. Arquivo Histórico Ultramarino.

dentro de um regime de excepção em relação aos "programas dos Liceus da Metrópole [...] considerando porém as circunstâncias que fazem dos liceus das colónias de Angola e Moçambique um caso especial" (Memória Descritiva, s/d: 1)[22]. Admite-se, portanto, a excepcionalidade dos liceus africanos nos seus contextos regionais.

Progressivamente, os princípios reguladores das construções para os territórios ultramarinos ganham autonomia face aos programas metropolitanos. O panorama clarifica-se com a criação do Gabinete de Urbanização Colonial (GUC) através do Decreto nº 34.173 de 6 de Dezembro de 1944, por Marcelo Caetano (1906-1980), que ocupa a tutela do MC entre 1944 e 1947 (Milheiro; Dias, 2009: 82). Actuando em exclusividade para as regiões coloniais, a partir de Lisboa, o GUC reúne ao longo dos seus 30 anos de existência, equipas de projectistas que vão marcando diferentes abordagens quer programáticas, como estilísticas e mesmo construtivas. A partir de 1956, quando ostenta a designação de Gabinete de Urbanização do Ultramar (GUU), na sequência das alterações constitucionais de Maio de 1951 (Milheiro; Dias, 2009: 85), e com o ingresso de uma geração mais nova, onde sobressaem arquitectos como Luiz Possolo ou Fernando Schiappa de Campos, as construções escolares merecem uma atenção redobrada.

3. Das escolas dos Gabinetes de Urbanização Colonial às obras projectadas em Angola

Na segunda metade da década de 1950, intensificam-se os projectos escolares destinados a liceus e escolas do ensino profissional desenvolvidos pelos Gabinetes de Urbanização[23] do Ministério do Ultramar (MU) como comprovam os 18 processos à guarda do AHU[24] destinados

---

[22] Liceu Salvador Correia – Luanda, Projecto da Piscina, vol. 1, s.d. [1142 1H MU DGOPC 1937-1948 ANG]. Arquivo Histórico Ultramarino.

[23] A primeira designação deste organismo é Gabinete de Urbanização Colonial (GUC, 1944-1951); segue-se o Gabinete de Urbanização do Ultramar (GUU, 1951--1957) sob a tutela do Ministério das Colónias e do Ultramar, respectivamente. A reforma de 1957 dá lugar à Direcção de Serviços de Urbanização e Habitação (DSUH) sob tutela da Direcção Geral de Obras Públicas e Comunicações (DGOPC) do MU. O organismo é extinto em 1974 com a revolução de Abril.

[24] O número total de projectos escolares que pode ser atribuído ao GUU não é ainda conclusivo, encontrando-se a decorrer um projecto de investigação que

às diversas províncias que compõem o quadro colonial português da época e que abrange, para lá do continente africano, Macau, Timor e a então Índia Portuguesa. A década coincide também com um momento "representativo quanto ao desenvolvimento da instrução pública, em Angola [...] aumentando o número de estabelecimentos [,] alargando os respectivos quadros docentes [e] a população discente" (Santos, 1998: 544). Neste mesmo período assiste-se ao crescimento do ensino técnico e profissional em Portugal, condição que se reflecte nos territórios coloniais. Em *Cultura, Educação e Ensino em Angola*, Martins dos Santos descreve a introdução deste grau de ensino na província, esclarecendo que a reforma promulgada na metrópole a 19 de Junho de 1947 é "tornada extensiva ao Ultramar, embora com inúmeras alterações" a 15 de Março de 1952 (Santos, 1998: 543)[25].

Liceus e Escola Profissionais projectadas pelos serviços centrais de Lisboa, para as regiões ultramarinas, entre 1934 e 1960, a partir dos projectos existentes no AHU (Ana Vaz Milheiro, 2010)

---

visa conhecer a totalidade da sua produção e do qual sou investigadora responsável (PTDC/AUR-AQI/104964/2008).

[25] É "aplicada também a lei que [regula] o ensino industrial e comercial, sob a designação de *Estatuto do Ensino Profissional Industrial e Comercial*, de 25 de Agosto de 1948, com alterações diversas, adaptando-a ao condicionalismo dos territórios africanos" (Santos, 1998: 543).

Paralelamente, as comunidades africanas começam a exigir estruturas que as equiparem à sociedade metropolitana, utilizando para o efeito a imprensa local. Estas reivindicações acabam muitas vezes por ter receptividade junto do poder de decisão sediado em Lisboa, até porque se inserem nas medidas desenvolvimentistas tomadas pelo regime durante os anos de 1950 com objectivo de travar a pressão dos movimentos independentistas que começam a surgir nos meios internacionais. [Fig. 1] Ainda em 1941, p.e., o jornal *Notícias da Huíla* dá conta da escassez de serviços públicos na região, destacando a falta de uma rede educativa, indispensável na formação de uma elite colonial e que incentive a fixação das populações.

"Recebeu [...] a Huíla a visita do ministro das Colónias, sr. Dr. Vieira Machado, que aqui se demorou uns dias verificando pessoalmente as necessidades da população, a urgência dos seus problemas, as condições do meio e as vantagens para a Colónia da instalação de dois estabelecimentos de ensino de carácter prático, que, juntamente com o Liceu, completariam um todo educacional em que poderia ingressar a mocidade aqui nascida e cuja utilização na vida da Colónia é um problema para o qual de há muito vem sendo chamada a atenção dos dirigentes".
(*Noticias da Huíla*, 07/03/1941: 1)

No início de 1950, são construídas duas escolas comerciais e industriais que correspondem a um primeiro modelo desenvolvido pelos arquitectos do Gabinete de Urbanização Colonial para equipamentos de ensino: a Escola Industrial e Comercial Sarmento Rodrigues para Nova Lisboa[26] (Alberto Braga de Souza, 1952) [Fig. 2], e a Escola Comercial e Industrial de Luanda[27] (José Manuel Galhardo Zilhão, 1952) [Fig. 3]. Os dois edifícios, que mantêm afinidades entre si apesar de assinados por arquitectos diferentes, conjugam um certo atavismo figurativo – representado pela torre que, em cada um, marca o acesso principal – com uma estrutura dinâmica, decorrente da organização funcional em planta. Estas realizações contribuem para fixar um ideário estético e programático associado aos equipamentos públicos promovidos pelo Estado Novo neste período.

---

[26] Actual Instituto Politécnico do Huambo.
[27] Actual Instituto Médio Industrial de Luanda.

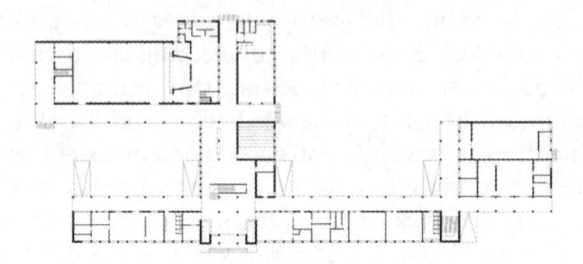

1956 – Escola Técnica Elementar de Silva Porto
Fernando Schiappa de Campos/GUU

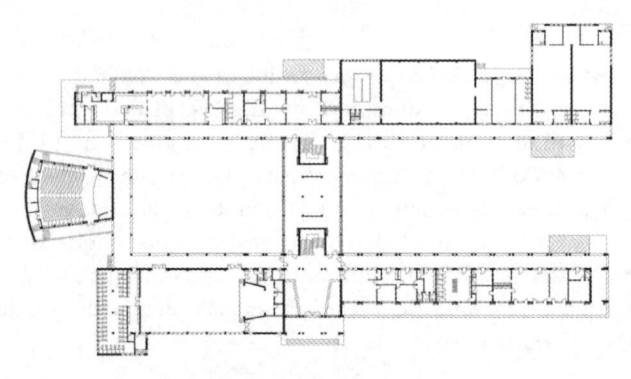

1958 – Escola Comercial do Lobito
Fernando Schiappa de Campos/GUU

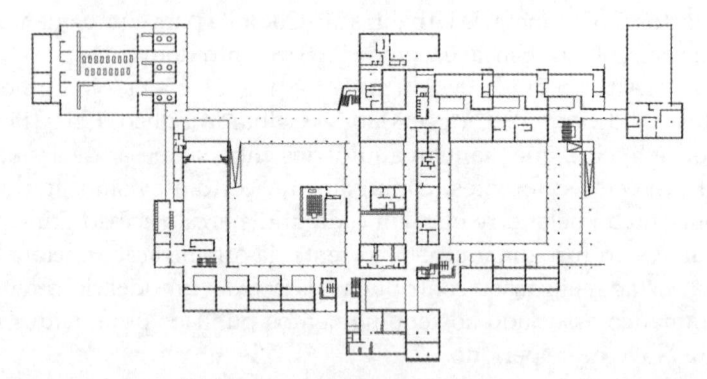

1964 – Escola Técnica Elementar, Luanda
Manolo Potier

Figura 1 – Evolução das plantas nos equipamentos escolares em Angola, redesenho: Débora Félix e Bruno Macedo/ PTDC/AURAQI/104964/2008.

Figura 2 – Escola Industrial e Comercial Sarmento Rodrigues para Nova Lisboa, actual Instituto Politécnico do Huambo, Alberto Braga de Souza/ /GUU, 1952 [Foto: Luiz Possolo, 1960s].

Figura 3 – Escola Comercial e Industrial de Luanda, actual Instituto Médio Industrial, José Manuel Galhardo Zilhão/GUU, 1952 [Foto: Ana Vaz Milheiro, 2009].

Na continuidade desta experiência, e de modo a corresponder às novas exigências que se colocam com o final da Segunda Guerra, o Gabinete de Urbanização aprofunda métodos racionais de execução dos projectos para os novos equipamentos escolares do ensino secundário. Em 1956, são redigidas as *Normas para as instalações dos Liceus e Escolas do Ensino Profissional nas Províncias Ultramarinas*. Estas abrangem os Liceus e os diversos desdobramentos do ensino profissional, repartido por escolas técnicas elementares (ciclo preparatório); escolas industriais; escolas comerciais (onde pode também ser ministrado o curso de formação feminina); e escolas industriais e comerciais (as três últimas podem estar igualmente associadas ao ciclo preparatório) (Normas, 1956: 2).

O documento é assinado por uma comissão de três elementos: o arquitecto João António Aguiar, à época director do GUU, o engenheiro civil Eurico Gonçalves Machado da Direcção Geral dos Serviços de Urbanização do MOP em serviço no GUU, e Schiappa de Campos, recentemente admitido como arquitecto tarefeiro. Recém-licenciado da Escola Superior de Belas Artes de Lisboa (ESBAL), Schiappa de Campos defendera a tese de final de curso em 1954, precisamente com um colégio para Torres Novas onde se destacava o recurso a uma linguagem internacional e a um esquema organizativo linear. Tinha ainda exercido o cargo de professor do ensino técnico e preparatório na metrópole. Estas experiências habilitam-no a participar na elaboração das *Normas*. Consequentemente, torna-se um dos profissionais mais solicitados na realização destes projectos, assinando isolado ou em parceria, oito dos 18 processos analisados. Quando não integra a equipa projectista, participa nas Comissões de Revisão que são montadas nesta mesma época para analisar a qualidade dos projectos escolares executados internamente pelo GUU.

Neste documento estratégico pretende-se, como sugere a sua introdução, "constituir programas-base gerais", sem conter "disposições muito rígidas que [possam] retirar interesse ao trabalho do projectista ou restringir a importância dos seus estudos" (Normas, 1956: 2). A sua base assenta nos "ensinamentos facultados pela bibliografia sobre construções escolares" e na experiência da JCETS, "principalmente através da consulta dos seus programas-tipo e de alguns dos seus projectos mais recentes". Consideram-se igualmente os programas enviados pelos Governos Gerais de Angola e de Moçambique (Normas, 1956: 4).

Entre os princípios enunciados sobressai o facto de se "omitirem quaisquer disposições de carácter estético", aspecto fundamental na avaliação do nível de ingerência oficial nas definições plásticas. Ressalta-se todavia a "importância dos edifícios em causa e a sua natural contribuição para a feição dos núcleos urbanos a que se destinam" (Normas, 1956: 3), reforçando o papel dominante que as escolas detêm no plano da qualificação urbanística colonial. Valorizam-se as instalações destinadas à MP, "com que se procura traduzir [...] os propósitos de intensificação da sua actividade no Ultramar" (Normas, 1956: 6) numa atitude análoga ao que se passa no território metropolitano.

Por fim, as *Normas* reflectem o crescimento populacional, consequência de políticas de incentivo migratório, que se verifica entre 1940 e 1950 na generalidade das províncias africanas, com destaque para Angola e Moçambique. É expressivo o esforço em dotar os esquemas arquitectónicos de dispositivos que permitam futuras ampliações ou facilitem a introdução de maior diversidade de cursos, acompanhando a evolução da procura profissional. Limita-se todavia a lotação das escolas a uma população estudantil de 1.000 alunos (Normas, 1956: 7).

Aparentemente, a construção de edifícios escolares está entregue a um pequeno núcleo de técnicos do GUU[28]. Entre a geração mais nova que integra o Gabinete, formada depois de 1949, encontram-se envolvidos com estes projectos, para lá de Schiappa de Campos, Eurico Pinto Lopes, formado nesse ano na Escola de Belas Artes do Porto (EBAP) e Luiz Possolo, graduado na ESBAL em 1953. João Aguiar e Lucínio Cruz, cujas assinaturas surgem regularmente a acompanhar a dos mais jovens, são já personagens influentes no Gabinete e muito provavelmente responsáveis pela persistência da linguagem monumental que é imprimida à maioria dos projectos, homogeneizando-os (isto, apesar das *Normas* serem, como vimos, ambíguas quanto a orientações estéticas). Alberto Braga de Souza e José Manuel Galhardo Zilhão aparecem, nesta altura da investigação, apenas ligados às duas escolas comerciais e industriais citadas.

---

[28] Entre 1951 e 1957, encontram-se envolvidos com projectos do GUU os arquitectos Alberto Braga de Souza, António Saragga Seabra, António Sousa Mendes, Eurico Pinto Lopes, Fernando Batalha, Fernando Schiappa de Campos, João António Aguiar, José Manuel Galhardo Zilhão, Leopoldo de Almeida, Lucínio Guia da Cruz, Luiz Possolo e Mário de Oliveira (Milheiro; Dias, 2009: 87).

Os princípios que dominam as *Normas* são de expressão puramente "técnica". Inicia-se a descrição dos diversos componentes programáticos, defendendo uma organização constituída pelo somatório dos diversos elementos arquitectónicos, autonomizados por núcleos de ensino (Normas, 1956: 15). Esta distribuição é nitidamente racional e insere-se numa abordagem "moderna". Entre as preocupações inerentes a projectar para os trópicos, em climas húmidos ou secos, estão a insolação e a ventilação transversal. Nas disposições construtivas gerais privilegiam-se alguns parâmetros como a modulação, "por forma a permitir tirar partido económico da repetição" e o recurso a estruturas em betão armado que exige "uma íntima colaboração entre arquitectos e engenheiros" (Normas, 1956: 46). Soluções que envolvam materiais aplicados em paredes, pavimentos e outros revestimentos estão igualmente preestabelecidas.

Não existem indicações quanto ao arranjo das fachadas, elemento potencialmente catalisador do discurso linguístico que se pretende transmitir. No entanto é possível, a partir da descrição de cada projecto, traçar um enquadramento plástico para as soluções que desde 1952 vão caracterizando a produção escolar do GUU.

O Liceu Feminino D. Guiomar de Lencastre[29], desenhado por Lucínio Cruz e Eurico Pinto Lopes a partir de 1954, [Fig. 4] mas finalizado depois da redacção das *Normas*, é um bom exemplo. A sua fachada principal apresenta uma composição simétrica, verificando-se a monumentalização da entrada através da simulação de um pórtico que acompanha os três pisos formados por uma sucessão de galerias sobrepostas, abertas sobre a paisagem urbana da cidade. A leitura da memória descritiva é, todavia, pouco elucidativa quanto a opções estéticas, reflectindo uma cultura moderna de projecto ao afirmar que se procurou "que o desenvolvimento [dos alçados] não só correspondesse às exigências funcionais da planta como também às outras que derivam fundamentalmente das condições locais" (Memória Descritiva, 1956: 13)[30].

O enunciado do D. Guiomar de Lencastre é corrente nas demais memórias descritivas dos outros projectos, evidenciando os aspectos "racionais" da composição em detrimento dos estéticos, o que explica que arquitectos de diversas gerações, com diferentes formações e inclinações

---

[29] Actual Escola Secundária Njinga Mbande.

[30] Projecto do Liceu de D. Guiomar de Lencastre, Luanda [Trab. 455, AHU, MU, DGOP, DSUH, Cx 60].

Figura 4 – Liceu Feminino D. Guiomar de Lencastre, actual Escola
Secundária Njinga Mbande, Lucínio Cruz e Eurico Pinto Lopes/GUU,
Luanda, 1954-1956 [Foto: Ana Vaz Milheiro, 2009].

plásticas pudessem co-existir no mesmo ambiente de trabalho. A sua planta assenta ainda na conformação de pátios fechados, abordagem que tenderá a ser substituída por configurações mais dinâmicas, apoiadas em organizações lineares de génese em H e suas combinações, sempre estruturadas a partir da distribuição em galeria.

O projecto do D. Guiomar foi reproduzido pelo menos em Benguela, provando a existência de edifícios-tipo disseminados pelas diversas províncias. O esquema compositivo do seu alçado repete-se, com diferenças pontuais, desde o Liceu Norton de Matos, em Nova Lisboa (actual Huambo) de Fernando Schiappa de Campos, [Fig. 5] até aos antigos liceus moçambicanos de António Enes, em Maputo, e de Pero Anaia, na Beira (os dois últimos, dos mesmos autores do D. Guiomar). O recurso ao duplo pátio, que caracteriza estes equipamentos, aponta para a existência de modelos preestabelecidos. Há registo de projectos exactamente iguais, caso das escolas técnicas elementares para as regiões moçambicanas de Nampula e Inhambane, também de 1956, que surgem

Figura 5 – Antigo Liceu Norton de Matos, Fernando Schiappa de Campos/
/GUU, Nova Lisboa, actual Huambo, 1957 [Foto: Luiz Possolo, 1960s].

como um aperfeiçoamento do edifício escolar para a cidade angolana de Silva Porto (actual Kuíto), ligeiramente anterior[31] e que por sua vez repete o esquema do anteprojecto para a Escola Técnica Elementar de Malange de 1955.

A Escola Técnica Elementar Silva Porto destinada a 360 alunos reflecte a estratégia de implementação de um sistema educativo em rede. A sua concretização é justificada tendo em consideração um plano estratégico de ocupação territorial, como se refere no item "Função regional e possibilidades de desenvolvimento", ao reconhecer-se que embora "o desenvolvimento citadino não se [tenha] operado na escala das outras cidades de Angola [...] a função administrativa e regional [...] deixa-lhe antever possibilidades de um considerável incremento populacional"

---

[31] Projecto da Escola Técnica Elementar para Silva Porto [Trab. 487, AHU, MU, DGOP, DSUH, Cx 36].

(Memória Descritiva, 1956: 2)⁽³²⁾. Como se verifica na maioria destes projectos, não "há local ainda definitivamente escolhido para a [sua] implantação". Espera-se contudo que o lote apontado pelo Governo da província permita "satisfazer as condições base que orientaram o projecto: terreno sem desníveis acentuados e orientação dos corpos de aula a Norte ou a Sul" (Memória Descritiva, 1956: 2). A distribuição do programa gera um conjunto edificado composto por "um grande bloco de dois pisos, onde estão instaladas a administração e as aulas, um anexo que se desenvolve na extremidade do lado direito, destinado às oficinas, e um corpo que se insere no eixo da entrada do lado norte, onde se situam os serviços gerais, comuns a alunos e alunas" (Memória Descritiva, 1956: 6). A área destinada a recreio é igualmente um componente programático relevante, dadas as características do clima. Em escolas de menor dimensão, como a de Silva Porto, aproveitam-se para recreios cobertos, "as galerias do R/C e para recreio ao ar livre toda a zona livre do talhão reservado à escola e que deverá ser convenientemente arborizada" (Memória Descritiva, 1956: 10). Prevêem-se campos para o exercício da educação física, pistas para o salto em comprimento, triplo salto e salto à vara, salto em altura, corrida de velocidade, e campos para a prática de hóquei em patins, voleibol, basquete e ténis (Memória Descritiva, 1956: 11). São também cogitadas as possibilidades de expansão quer em altura como em superfície horizontal. Quanto ao aspecto geral do edifício, admitem os seus projectistas, Schiappa de Campos e Lucínio Cruz, que "se possa considerar característico não só em relação ao local para onde se destina como também em relação à função que irá desempenhar" (Memória Descritiva, 1956: 14). A cobertura é em telhado.

O maior indício de que se trata de um projecto-tipo advém do facto de, apesar da memória descritiva ser assinada e datada de Maio de 1956, os desenhos ostentarem uma data anterior, de Novembro de 1955, e uma assinatura ilegível (provavelmente do desenhador). Esta data surge noutros projectos com características semelhantes. Qualquer referência à existência de um projecto-tipo é contudo omitida na memória descritiva, embora Schiappa de Campos tenha testemunhado

---

⁽³²⁾ Os censos reforçam a quase inexistência de uma população europeia: "A população civilizada da cidade era em 1940 de 1.555 indivíduos e em 1950 de 1.726. No concelho a população correspondente era em 1940 de 4.666 e em 1950 de 3.339" (Memória Descritiva, 1956: 1).

posteriormente que era prática corrente no GUU, dada a necessidade urgente de equipamentos que se vivia nas regiões coloniais.

A equipa projectista completa-se com as restantes especialidades, comprovando-se que os projectos são remetidos de Lisboa com a informação indispensável à sua concretização no local, exceptuando, na maioria dos casos, os elementos sobre as fundações, geralmente omissos dado o frequente desconhecimento do terreno de implantação. Para a escola de Silva Porto, os estudos das especialidades arrancam em Abril e terminam em Outubro de 1956. É autor do cálculo de estabilidade, o engenheiro civil João Pedro Lucas; e da instalação eléctrica, concluída em Junho, o engenheiro electrotécnico José Francisco Duarte Ferreira. Este exemplo ilustra assim a sequência de procedimentos vulgarmente seguidos no GUU.

Uma excepção neste panorama homogéneo é a evolução que sofre a Escola Comercial do Lobito em dois anos, sinalizados entre o primeiro projecto de Schiappa de Campos e de Lucínio Cruz, de 1958, e o último de Possolo, já de 1960. Uma vez mais, as memórias descritivas que acompanham as duas propostas não divergem significativamente em dados e descrições. Neste caso, existe já um lote reservado no âmbito do "Plano de Urbanização da cidade do Lobito, estudado pelo Gabinete de Urbanização do Ultramar em 1954 [...] num dos limites da zona residencial do Compão, próximo duma das artérias de penetração da cidade e dum apeadeiro do caminho de ferro" (Memória Descritiva, 1958: 2)[33]. O terreno mantém-se rigorosamente o mesmo na segunda proposta.

As diferenças de desenho pressupõem abordagens projectuais distintas, ainda que tanto Possolo como Schiappa de Campos não só pertencessem à mesma geração como tivessem beneficiado de uma formação específica na escola britânica Architectural Association, onde cursaram durante a década de 1950 estudos sobre arquitectura tropical ministrados por docentes de formação moderna (Milheiro; Dias, 2009: 87-88). A primeira indicação dessa diferença é muito subtil e ocorre na designação das peças desenhadas. O projecto da dupla Schiappa/ /Cruz segue ainda as designações convencionais na identificação dos quatro alçados: principal, posterior, lateral direito e lateral esquerdo.

---

[33] Escola Comercial do Lobito [Trab. 482 e 482/1, AHU, MU, DGOP, DSUH, Cx. 45].

Os desenhos de Possolo recusam qualquer hierarquização, assinalando as fachadas a partir dos pontos cardeais: norte, sul, nascente e poente.

Mas é ao nível da organização espacial, que se reflecte em planta, que se percebe a maior "modernidade" da solução de Possolo. Ao invés de implantar dois corpos paralelos, como é sugerido pela proposta de 1958, prefere imprimir uma maior dinâmica construtivista ao edifício, desalinhando os três blocos horizontais que acolhem o programa e que são unidos por uma galeria de distribuição que os intercepta. Nos alçados de Possolo, a retórica monumental é substituída por uma linguagem mais abstracta, decorrente do sistema construtivo. É significativo que este último projecto para equipamentos escolares promovido pelo GUU, quando é já designado por Direcção de Serviços de Urbanização e Habitação (DSUH), ainda que sob a tutela do MU, anuncie uma viragem estilística nas orientações até então praticadas pelo Gabinete.

A década de 1960 traz novas e importantes alterações, designadamente a diminuição das solicitações de novos projectos por parte dos governos provinciais ao Gabinete sediado em Lisboa. A Lei Orgânica do MU, promulgada pelo Decreto-Lei nº47.743, de 2 de Junho de 1967, atribui gradualmente um papel "consultor" à Direcção Geral de Obras Públicas e Comunicações (DGOPC) onde está inserida a DSUH para onde os técnicos do Gabinete transitam (Milheiro; Dias, 2009: 89). As repartições locais de Obras Públicas ganham autonomia com a presença crescente de profissionais especializados nos territórios africanos. Paradoxalmente, o início da Guerra Colonial que se instala em Angola em 1961 acelera um surto de desenvolvimento incentivado pelo governo de Salazar que se reflecte em investimentos económicos e na infra-estruturação crescente resultante da promoção de obras públicas e privadas.

É neste contexto que se assiste à entrada definitiva de um léxico moderno nas escolas projectadas por arquitectos fixados em Angola, casos do projecto-tipo para Escolas Técnicas Elementares em Luanda[34], de 1964, de Manolo Potier; do Liceu Nacional do Lobito ou Almirante

---

[34] Foram localizados dois estabelecimentos de ensino em Luanda, construídos a partir do projecto de Potier: Escola N'gola Mbandi, município do Rangel, Bairro do Rangel (exteriormente, encontra-se conforme o original) e Escola Secundária N'gola Kanini, município do Kilamba Kiaxi (funciona com 5ª e 6ª Classes, tendo já sofrido ampliações) [Informações fornecidas pela arquitecta Maria João Faria, Núcleo de Estudos da Universidade Lusíada de Angola (08/07/2011)].

Lopes Alves[35], de 1966, de Francisco Castro Rodrigues; ou do Liceu Nacional Paulo Dias de Novais[36], também localizado em Luanda, de Sabino Correia, realizado entre 1969 e 1972. Os três edifícios correspondem à maturidade da linguagem moderna no quadro geral da cultura arquitectónica portuguesa. Em África, o desenvolvimento que esta cultura atinge em plenos anos de 1960 é possível dada a distância da metrópole e dos debates que aí a classe profissional trava. Os círculos locais são assim poupados ao processo de revisão do Movimento Moderno que Portugal vive depois de 1957 e que interrompe o recurso a uma expressão mais "heróica". De algum modo, estas concretizações assinalam a etapa final deste tipo de equipamentos realizados durante o período colonial. Os edifícios de promoção pública abandonam progressivamente um ideário monumental para aderirem a uma linguagem mais abstracta e por isso de maior modernidade.

As escolas de Manolo Potier arquitecto radicado na cidade entre 1959 e 1975 (Milheiro, 2010) organizam-se segundo uma estrutura modular, que permite futuras ampliações sem alterar "o ponto de vista estético" (Memória Descritiva, 1964: 5)[37], distribuindo-se por dois pisos e em torno de dois pátios. Com um programa muito completo, separação por géneros, oficinas, ginásio, instalações da MP, etc., são "dotada[s] de três anfiteatros", sendo um deles "anexo a um Museu de Ciências-Geográfico-Naturais" (Memória Descritiva, 1964: 3). Possuem ainda um recreio coberto e rampas que substituem as escadas enquanto elementos de circulação vertical. Os diferentes conteúdos repartem-se por cinco blocos programáticos (de A a E), sugerindo uma composição dinâmica, todavia uniforme. As coberturas são então planas, compostas por "placas de betão devidamente isoladas e impermeabilizadas [...] exceptuando o bloco de oficinas [coberto por] placas de fibrocimento sobre estrutura [metálica] tipo 'SHED'". Segundo se esclarece, são colocados pontualmente "paramentos de grelhagens cerâmicas [...] da cor natural dos elementos que as constituem" (Memória Descritiva, 1964: 7). O recurso a materiais industriais reforça o sentido utilitário do conjunto transmitindo, como em outros edifícios que Potier constrói

---

[35] Actual Escola Secundária Comandante Saydi Mingas.
[36] Actual Escola Secundária Ngola Kiluandio.
[37] Projecto Escola Técnica de Luanda João Crisóstomo, Manolo Potier, 1964 (IPAD: 1455)

na capital angolana no mesmo período, o domínio de uma linguagem moderna corrente. Da leitura da Memória Descritiva depreende-se que o arquitecto tem grande responsabilidade na elaboração final do programa, analisando o quadro de necessidades de forma crítica. A perspectiva que sintetiza o projecto mostra o desejo de uma cidade edificada segundo princípios funcionais e constituída por blocos modernos, como será o liceu que Sabino Correia desenha pouco depois.

No Liceu do Lobito, Castro Rodrigues, [Fig. 6] residente nesta cidade a sul da capital angolana desde 1954, propõe igualmente um projecto de programa ambicioso que não será concluído[38]. Do conjunto concretizam-se dois corpos longitudinais de aulas e o volume administrativo.

Figura 6 – Liceu Nacional do Lobito ou Almirante Lopes Alves, actual Escola Secundária Comandante Saydi Mingas, Francisco Castro Rodrigues, 1966 [Foto: Ana Vaz Milheiro, 2009].

---

[38] No total, o novo liceu deveria ser constituído por 14 blocos: "dois corpos de aulas, biblioteca, anfiteatro para música e canto coral, campos de desporto e recreio, dois ginásios que seriam telheiros, para fazerem ginástica ao ar livre, piscina, apoio a alunos e salão de festas [...], habitação para reitores, jardins, etc." (Rodrigues, 2009: 399/457).

Os blocos de aulas, com três pisos, erguem-se sobre pilotis (fornecendo a área coberta para recreio); são filtrados por grelhagens e possuem galerias de distribuição que protegem igualmente as salas do excesso de insolação. Janelas são abertas nas grelhagens, recordando algumas soluções popularizadas pela arquitectura brasileira que Castro Rodrigues admira e divulga[39]. A ventilação cruzada é um dos princípios que gere o desenho, cujo resultado, apesar da sua plasticidade, se pretende "técnico". Há inclusão de novos materiais, como o revestimento das fachadas laterais, ou de práticas renovadas, também vulgarizadas pelos brasileiros, como a utilização de calçada no piso térreo. A horizontalidade que caracteriza a composição geral é somente quebrada pelas caixas de escadas. Um total domínio das condições climatéricas locais, mas também da ideia de "modernidade" transparece no artigo "Um liceu ao ar livre", de Canhão Bernardes, publicado em *A Província de Angola*, a 11 de Abril de 1967: "No moderno urbanismo, não se pode esquecer o ponto de vista aéreo" (Bernardes in Rodrigues, 2009: 403).

O Liceu luandense de Sabino Correia, [Fig. 7] cuja implantação se inscreve na tradição moderna das estruturas construtivistas e da Bauhaus, adequa-se melhor ao comentário de Bernardes. É construído no sector escolar, respeitando a visão funcionalista que domina o planeamento das cidades africanas portuguesas da época. Ao contrário da escola do Lobito, formada por volumes independentes, no caso do Paulo Dias de Novais, o arquitecto privilegia uma ideia de unidade, traçando três blocos longitudinais de três pisos, interceptados por um transversal. Se em planta o conjunto é dotado de alguma dinâmica, em alçado mantém maior estaticidade. Alguns elementos, como o corpo do anfiteatro, não são construídos. Recorre-se a soluções que se tornam entretanto correntes, como a fachada sul protegida por *brise-soleil*, em oposição ao alçado norte onde a largura das galerias de distribuição garante menor exposição solar. A insistência "atávica" (na perspectiva da metrópole) nos pilotis, que elevam todo o conjunto, reforça a adequação visceral do moderno às regiões tropicais.

---

[39] Na exposição *Arquitectura Moderna Brasileira* que Castro Rodrigues apresenta no Lobito em Junho de 1961, um dos projectos mostrados é o parque Guinle, e os edifícios Nova Cintra, Bristol e Caledônia, de Lúcio Costa de solução análoga (Rio de Janeiro, 1948-1954). (Rodrigues, 1961: s.p).

Figura 7 – Liceu Nacional Paulo Dias de Novais, actual
Escola Secundária Ngola Kiluandio, Sabino Correia, Luanda 1969-1972
[Foto: Ana Vaz Milheiro, 2009]

É portanto dentro de um panorama de continuidade que estes três últimos edifícios surgem, reflectindo a instalação definitiva de uma cultura moderna que permanecerá associada aos espaços de ensino. O seu desenvolvimento conheceu três fases numa evolução que aqui se procurou expor. Uma primeira expressão nacionalista, vinculada ainda à metrópole através da representação ideal de uma arquitectura evocativa da Pátria Mãe. Um segundo período de institucionalização desse mesmo imaginário mediante a manipulação de uma linguagem monumentalizada. Finalmente, assumindo o desígnio moderno que normalmente antecipa o nascimento das nações novas.

Agradecimentos: Ana Cannas, Manuela Portugal, Arquivo Histórico Ultramarino, Margarida Lages, Paulo Gonçalves, Instituto Português de Apoio ao Desenvolvimento, Joana Brites, Gonçalo Canto Moniz, Carla Dias, Jorge Nunes, Débora Félix, Hugo Coelho, Maria João Faria, Núcleo de Estudos da Universidade Lusíada de Angola.

Bibliografia

AGUIAR, João António; MACHADO, Eurico Gonçalves; CAMPOS, Fernando Schiappa de, *Normas para as instalações dos Liceus e Escolas do Ensino profissional nas províncias ultramarinas*, Lisboa, Ministério do Ultramar, Gabinete de Urbanização do Ultramar, 1956 [texto policopiado].

ALBUQUERQUE, António Manuel da Silva e Souza, *Arquitectura Moderna em Moçambique, inquérito à produção arquitectónica em Moçambique nos últimos vinte e cinco anos do império colonial português 1949-1974*, Coimbra, Prova Final, Departamento de Arquitectura FCTUC, 1998.

ALEGRE, Maria Alexandra de Lacerda Nave, *Arquitectura Escolar. O edifício Liceu em Portugal (1882-1978)*, Lisboa, Dissertação para a Obtenção do Grau de Doutor em Arquitectura, IST-UTL, 2009.

CAVALCANTI, Lauro, *Quando o Brasil era Moderno – Guia de Arquitetura 1928-1960*, Rio de Janeiro, 2001.

Cidade do Lobito – aqui se continua Portugal, edição comemorativa da visita de Craveiro Lopes à Província de Moçambique, Jornal Lobito, 1956.

CORREIA, Miguel Anacoreta (Coord.), *Viva a Malta do Liceu! Liceu Nacional Salvador Correia, uma memória de 90 anos*, Lisboa, Associação dos Antigos Alunos do Liceu Salvador Correia, Pangeia Editores; Luanda, Chá de Caxinde, 2009.

FERNANDES, José Manuel, *Para o Estudo da Arquitectura e do Urbanismo no espaço ultramarino português, no século XX – alguns temas sobre Angola e Moçambique*, Lisboa, Candidatura a Provas de Agregação, FA-UTL, 1999.

FERNANDES, José Manuel, *Geração Africana – Arquitectura e Cidades em Angola e Moçambique, 1925-1975*, Lisboa, Livros Horizonte, 2002.

FERNANDES, José Manuel, "O arquitecto do Lobito", *Expresso*, Actual, 18/02/2006, pp. 42-43.

FERREIRA, André Faria, *Obras Públicas em Moçambique – inventário da produção arquitectónica executada entre 1933 e 1961*, Lisboa, Edições Universitárias Lusófonas, 2008.

FONTE, Maria Manuela Afonso de, *Urbanismo e Arquitectura em Angola – de Norton de Matos à Revolução*, Lisboa, Dissertação para Doutoramento em Planeamento Urbanístico, FA-UTL, 2007.

GOODWIN, Philip L., SMITH, G.E. Kidder, *Brazil Builds – Architecture New and Old 1652-1942*, New York, The Museum of Modern Art, 1943.

MARQUES, Fernando Moreira, *Os Liceus do Estado Novo*, Lisboa, Edições Educa, 2003.
MILHEIRO, Ana Vaz, "Territórios de Sonho para a Arquitectura Portuguesa, Modelos e Miscigenação", AAVV, *Urbanidade e Património*, Lisboa, IGAPHE, URBE, 1998, pp. 19-41.
MILHEIRO, Ana Vaz, *A Construção do Brasil – Relações com a Cultura Arquitectónica Portuguesa*, Porto, FAUP Publicações, 2005.
MILHEIRO, Ana Vaz, "O Brasil Moderno e a sua influência na Arquitectura Portuguesa: a Tradição em Brazil Builds (1943) e o seu reflexo no Inquérito à Arquitectura Popular em Portugal (1955-1961)", in MOREIRA, Fernando Diniz, *Arquitectura Moderna no Norte e Nordeste do Brasil: universalidade e diversidade*, Recife, DOCOMOMO, PE, 2007, pp. 107-128.
MILHEIRO, Ana Vaz, "As coisas não são o que parecem que são". *Opúsculo 15 — Pequenas Construções Literárias sobre Arquitectura*, Porto, Dafne Editora, Novembro 2008.
MILHEIRO, Ana Vaz, "Castro Rodrigues, o arquitecto do Lobito", *JA – Jornal Arquitectos*, n° 234, Jan.-Abr. 2009, pp. 13-15.
MILHEIRO, Ana Vaz, "No Mundo do Futuro – uma creche para São Tomé por Pedro Reis", in DIAS, Manuel Graça (comissário), *Cinco Áfricas, Cinco Escolas*, 8ª Bienal Internacional de Arquitetura de São Paulo – Representação Oficial Portuguesa, Lisboa, Ministério da Cultura, Direcção Geral das Artes, 2009, pp. 116-123.
MILHEIRO, Ana Vaz, "Experiências em Concreto Armado na África Portuguesa: Influências do Brasil", *Pós – Revista do Programa de Pós-Graduação e Urbanismo da FAUUSP*, n° 25, Jun. 2009, pp. 56-79.
MILHEIRO, Ana Vaz, "Manolo Potier, o arquitecto violinista", *JA – Jornal Arquitectos*, n° 241, Out.-Dez. 2010, Ser Belo, pp. 104-109.
MILHEIRO, Ana Vaz; DIAS, Eduardo Costa, "Arquitectura em Bissau e os Gabinetes de Urbanização Colonial (1944-1974)", *arq.urb*, Revista eletrônica de Arquitetura e Urbanismo, n° 2, 2009 (http://www.usjt.br/arq.urb/numero_02/artigo_ana.pdf).
MILHEIRO, Ana; FIGUEIRA, Jorge, "*A Joyous Architecture*: as exposições de Arquitectura Moderna Brasileira em Portugal e a sua influência nos territórios português e africano", in *8° Seminário Docomomo Brasil, Cidade Moderna e Contemporânea: Síntese e Paradoxo das Artes*, Rio de Janeiro, 1-4 Set. 2009 [editado em CD].

MONIZ, Gonçalo Canto, *Arquitectura e Instrução, o projecto moderno do Liceu, 1836-1936*, Coimbra, Ed.Arq, 2007.
"Porquê? Mistério que é necessário desvendar", *Notícias da Huíla*, 07/03/1941, n° 888, pp. 1-3.
RIBEIRO, Ana Isabel de Melo, *Arquitectos Portugueses: 90 anos de vida associativa 1863-1953*, Porto, FAUP Publicações, 2002.
RODRIGUES, Francisco Castro, "A Arquitectura Moderna Brasileira", Palestra proferida pelo Senhor Arquitecto Francisco Castro Rodrigues, no dia 13 de Junho de 1961, integrada na Jornada Luso-Brasileira levada a efeito de colaboração com o Núcleo de Estudos Angolano--Brasileiros, na Cidade do Lobito [texto policopiado].
RODRIGUES, Francisco Castro, "O Betão Nú e o Lobito", *Divulgação – Boletim da Câmara Municipal do Lobito*, primeiro semestre, 1964, pp. 3-9.
RODRIGUES, Francisco Castro, *CV*, Azenhas do Mar, 2001 [texto policopiado, recortes e manuscritos].
RODRIGUES, Francisco Castro, *Um Cesto de Cerejas, Conversas, Memórias, uma vida*. Org. e introd. de Eduarda Dionísio, Lisboa, Casa da Achada, 2009.
ROSAS, Fernando; BRITO, J.M. Brandão de, *Dicionário de História do Estado Novo*, vol. II, Lisboa, Bertrand Editora, 1996.
SANTOS, Martins dos, *Cultura, Educação e Ensino em Angola*, [Edição electrónica, 1998] http://reocities.com/Athens/troy/4285/ensino.html.
SIMÕES, João, "A Profissão de Arquitecto nas Colónias", in Sindicato Nacional dos Arquitectos, *Actas do I Congresso de Arquitectura*, Lisboa, SNA, 1948, pp. 147-150.

PAULO ARCHER DE CARVALHO*

PARA UMA PERSPECTIVA DA HISTORIOGRAFIA DA CULTURA (1916-1958) JOAQUIM DE CARVALHO: METODOLOGIA E EPISTEMOLOGIA (II)**

Positivismo e antipositivismo

Se no ensino e na ideologia universitária, o positivismo visava conferir expressão filosófica à *metafisofobia* do tempo, denunciava Adolfo Coelho, Joaquim de Carvalho identificava-o com a errónea "solidez" do "sistema de ideias" de acesso ao saber e ao filosofar, que só encontrava analogia na persistência aristotélico-tomista do século XVII (*OC*, VIII, 343). O símiles, do paradigma universitário e da filosofia nos limites da ciência, com a Escolástica e a peripatética, engendraria a "didáctica filosófica de uma ortodoxia" (*OC*, I, 303), na qual se subsumia a consistência da escola e a fragilidade dogmática numa perspectiva filosófica, pois o positivismo, como o aristotelismo, "articulara-se num sistema, isto é, num edifício

---

* Bolseiro da FCT/CEIS20.
** II parte do estudo (cuja I parte se publica em *Estudos do Século XX*) do plano de investigação, na área da História da Cultura no Século XX – FCT – Ceis20 – UC, sob supervisão da Prof.ª Doutora Maria Manuela Tavares Ribeiro. Entre parêntesis, remete-se para Joaquim de Carvalho, *Obra Completa*, VIII+I vols., Lisboa, Fundação Calouste Gulbenkian, d.v. (1978-1997). Escrito e pensado antes do acordo ortográfico, vai o artigo em português "arcaico". No final do I triénio da investigação publicar-se-á a quota bibliográfica completa, do conjunto previsto de estudos.

doutrinal imponente, de estrutura fixa, cujas concepções formavam uma região própria de conhecimentos, que se situava fora e acima dos conhecimentos particulares da Natureza e do mundo histórico-cultural" (*OC*, II, 305).

Ora, a crença ocupava o "lugar primacial e subordinante" nesse edifício teórico (*OC*, II, 305 ss.), insciente metafísico em nome da heteronímica perfectibilidade, do qual só a salvaguarda das *Geisteswissenschaften*, as chamadas "ciências do espírito" e, em particular, o esteio nas *Kulturwissenschaften* (ciências histórico-culturais), fundadas numa razão crítica e metafísica, *hipótese* extrapolada da observação do real, poderiam assegurar. Por outras palavras, contra o cientismo e a normativa exigência explicativa, reduzindo a filosofia à elaboração enciclopédia do método científico, haveria que proceder ao diálogo filosófico com os complexos conceptuais científico-naturais e suas conclusões. E se a *Naturphilosophie* é afastada, Carvalho elege a neokantiana noção da *mathesis universalis*. O sema evolutivo é o corolário para atender à historicidade do pensamento científico, posto que os *phaenomena* naturais e culturais não possam ser analisados "no mesmo plano e sob as mesmas categorias", pois os "produtos culturais são ideados e não imediatamente dados à consciência reflexiva" (*OC*, II, 437)

Neste sentido, o historiador promove a cisão epistémica com o positivismo. Melhor: propõe o programa de um antipositivismo epistémico, já que o positivismo metodológico e historiográfico era matizado e assimilado, pois as grandes lições da "escola metódica", que é uma revisão operativa do criticismo, escoram toda a sistematização da investigação histórica. Carvalho deixou pistas, sem dúvida alargadas e teorizadas por Sílvio Lima (1943; 1962) – depois como réplica às novas solicitações que o ensino da cadeira de Teoria da História colocava, curricularmente introduzida pela reforma de 1957 –, para um entendimento teórico da historiografia que não prescindia do diálogo com os diversos ramos do saber. Mas defendia não só a autonomia da Filosofia – kantiana razão prática suprema da liberdade, pátria do pensamento, moto para delinear uma *História da Liberdade* que não concluiu ou porventura não chega a compilar[1] –, como avocava, na

---

[1] Cf. Barahona Fernandes, "Joaquim de Carvalho – Pessoa e Atitude Espiritual", in *Miscelânea de Estudos a Joaquim de Carvalho*, Figueira da Foz, 1959 [-1963], p. 896.

pluralidade dos escritos, a coerência, especificidade e validade do saber histórico, postergado pelo positivismo (e sociologismo) como mera variante diacrónica da sociologia, ou, em versão cientista, aplicação social de uma qualquer Lei de Lavoisier. Velhas questões nomotéticas, que o positivismo postulava, como determinismo universal, organicismo histórico e mesologia, da hierarquização das ciências ou da legalidade dos "factos", são postergadas[2].

A sua obra está embebida do sentido da *positividade*, na segurança da informação, no rigor analítico, na assertividade das fontes, de rasgo *objectivante*, não se construindo pois a partir de "abstrações e generalidades" ("remate e não o alicerce das explicações congruentes e cabais") mas da indagação do comprovado avanço dos conhecimentos exactos, nos diversos campos. Assim, não renegava liminarmente o contributo, ainda que sectorial, do "ideal historiográfico, de raiz e de sentido positivista" da geração de investigadores que o precedera, como Ricardo Jorge, no domínio da história das ciências e da literatura, Teófilo Braga, no da literatura (embora, note-se, na *bibliorreia* teofiliana acuse o estilo "desleixado até ao desalinho", a atitude metodológica "psicomáquica", a *autolatria* – cf. *OC*, III, 525-539); Leite de Vasconcelos, na arqueologia, etnografia e filologia, Gomes Teixeira, nas matemáticas, ou Maximiano de Lemos, na medicina (cf. *OC*, V, 210-211). No fundo, reclama em novos moldes e, sobretudo, em função de novos enquadramentos teóricos e críticos, a lição da erudição, do documentalismo e da filologia que desde o século XVI lera em Amato Lusitano, J. Pedro Ribeiro, J. Jacinto de Magalhães, Herculano, Gama Barros, Costa Lobo, Mendes dos Remédios, Carolina Michaëllis. Ora, a herança viera de todos os que, sob o ímpeto Humanista e Iluminista, haviam ensinado e reflectido a filosofia a partir dos saberes científicos, da metodologia experimental, da clarificação dos conceitos, como Pedro Nunes, paradigma dessa atitude, ou L. A. Verney, cuja batalha pedagógica do *Verdadeiro Método de Estudar* (1746) teria correspondência em obras de António Ribeiro Sanches (1699--1783) ou Silvestre Pinheiro Ferreira (1769-1846), abonando o primado da formação científica e crítica sobre o ideal didático da valoração da "metafísica ontológica" (*OC*, V, 225-226).

---

[2] Cf. Fernando Catroga, "Filosofia Positivista da História e História Positivista", in R. Torgal, A. Mendes e F. Catroga, *História da História em Portugal*, s.l., Círculo de Leitores, 1996, pp. 90-102.

Esse entendimento não implicava a redução da filosofia aos limites da ciência, antes admitindo que a *ciência instrui a razão*, na linguagem de Bachelard[3], ao reconhecer mais sólido suporte e, nele, a idoneidade à filosofia para o discutir. Se Descartes operara a revolução cognitiva, ao subverter o axioma de Aristóteles e a física baseada numa metafísica, numa metafísica baseada na física (*OC*, II, 4), assim a exigência reflexiva e especulativa da metafísica continuará presente, à revelia do seu primeiro mestre, Alves dos Santos, lente republicano e apóstata – que justamente considera, autenticando o pioneirismo na psicologia experimental, "talvez o último representante em Portugal do positivismo" e um expositor escolástico (cf. *OC*, VII, 83-86) –, para quem filosofar se cifrava na "sistematização e mais alta generalização das conclusões certas a que, em todos os domínios da actividade humana, chega a ciência experimental", razão pela qual aquele reputava como incompatível a metafísica com o espírito filosófico[4] e, de acordo com os preceitos comtianos acasalados com o monismo empirocriticista, reduzia o curso expositivo à "filosofia matemática", "filosofia cosmológica", "filosofia biológica" e "filosofia sociológica".

E por mais "criacionista" se queira hoje ver, numa avaliação desajustada, o plano curricular da Filosofia *imposto* por Leonardo Coimbra em 1919 (apoiado às escuras por Alves dos Santos), a matriz positivista e empirocriticista não se evadira, pelo contrário, acentuara-se, o que entre outros motivos certamente concorre com a indignação corajosa do jovem docente Joaquim de Carvalho, contra a atitude repressiva que cerrava a Faculdade de Letras[5] e *viciava* "a atmosfera serena de cultura, estrangulando ou cilindrando o espírito, que é independência e liberdade". É atendível que o ainda aluno universitário, cindido entre a tendência impulsiva do "ardente jacobinismo" republicano e a tendência contemplativa do kantismo universalista, não fosse imune à "febre programática de Comte, o maníaco genial da religião da Humanidade" (cf. *OC*, III, 527); mas sabe-se, e ele confessa, como na juventude em si vencera a "meditação assídua de Kant" (cf. *OC*, VII, 4). O curso de

---

[3] Gaston Bachelard, *La Philosophie du Non*, Paris, P.U.F., 1940, vol. VI, p. 144.

[4] Alves dos Santos, *Elementos de Filosofia Scientífica*, Coimbra, Moura Marques, 1915, p. VII.

[5] Cf. P. Archer de Carvalho, *Sílvio Lima, um místico da razão crítica (da incondicionalidade do* Amor intellectualis*)*, Coimbra, FLUC, diss. pol., 2009, pp. 21-30.

ulteriores investigações confirmará, de Leão Hebreu a Spinosa, Kant; Hegel, Antero, Locke, Dilthey, Husserl, que o positivismo, *banalidade francesa* aos olhos de Antero, também aos seus se desvia do horizonte epistemológico, pois insta "a posição especulativamente mais rasteira, derreada e incrivelmente paradoxal no contra-senso de reduzir a filosofia a pensar-se a si própria como inexistente", e na falha decisiva dos fundamentos epistemológicos nos seus "saltos mortais do mundo físico para o biológico, da Natureza para a História e da História para a Humanidade", desprezando em nome do *sistema*, as bases fecundas do *pensamento sistemático: teoria do método, teoria dos princípios ou dos fundamentos, teorias do ser, do valer, do homem e sua história* (cf. *OC*, III, 553-555).

Numa arqueologia teórica, Carvalho atava o positivismo no plano da explicação racional, relativismo e imanência, ao materialismo helénico e romano, ao nominalismo medieval, ao naturalismo imanentista do século XVI, ao Iluminismo e aos Ideólogos. Mas todos esses créditos não anulavam o défice ou a sua *impotência intrínseca* como *superação definitiva*: "É que o positivismo comteano é um dogmatismo sem crítica, se se não preferir o velho e consabido juízo de ele ser uma filosofia que não é suficientemente positiva nem suficientemente filosófica, por várias razões, mormente por ter desatendido à exigência vital do pensamento autenticamente filosófico que a cada momento carece de se justificar racionalmente a si mesmo, sem ardil nem evasivas" (*OC*, V, 227-228). Em suma, ao aceitar o contributo decisivo e o veio metodológico do positivismo na formação do espírito científico, recuperava o fundo moderno da positividade do "ideal de ciência", mas exprobrava a coisificação do conhecimento científico, que sem a gnosiologia e a filosofia todo o saber é, ou mero "cemitério de ideias", ao não aceitar o *risco* e a *vulnerabilidade* do filosofar, "como expressão mais profunda da cultura humana, essencialmente instável e sempre em crise"(cf. *OC*, II, 375). Num dos comentários ao "céptico" epistemólogo renascentista, Francisco Sanches, releva a sua finalidade metodológica "à la fois logique et épistémologique", que "consiste à mettre en évidence la stérilité des artífices logiques et l'impossibilité de l'explication scientifique de la realité par un simple système de combinaison de concepts". Quer dizer, Sanches teria uma atitude *positiva* quanto aos pressupostos, indo contra o dogmatismo metafísico, "si par positivisme on entend la *scientification* de la pensée et la necessité de fonder la science sur des bases nouvelles, de telle sorte que la philosophie et la science aient le même object et se situent sur le même plan d'intelligibilité", caindo assim, ao não explicitar uma sustentável gnosiologia, ou apenas sustentada na patente empiria, numa atitude metodológica anterior aos grandes rasgos do pensamento moderno, mormente na versão de Cartesius (*OC*, II, 428-429). Esse o risco do apólogo de "uma cultura sem alma, puramente técnica", "não libertada pela compreensão e espiritualizada pelo sentido"(*OC*, I, 364).

Carvalho destroçava não só a arquitectura sistémica e necessitarista antifilosófica que o positivismo trazia (ao arruinar o subjectivo veio da especulação e ao reduzir a realidade à Física e a Física à Mecânica; *OC*, II, 357), mas também a sua epistemologia panracional e tautológica. No comentário a Teófilo Braga, vendo no "Littré português" o soldado cívico pelas "franquias públicas", ao líder do positivismo académico considera-o "refractário" "à meditação teorética e à pura reflexão lógica", e as mesmas críticas se repercutem: "o detractor da Escolástica, foi *scholasticissimus* na estrutura intelectual" não atendeu que a filosofia é o problema não a solução, uma qualquer expressão unívoca da Verdade. E nessa revisão final, o *Curso de Filosofia Positiva* é impugnado enquanto "sistema totalitário de pensamentos e de explicações acessíveis, de estupenda base científica e hierarquicamente coordenados, mas sem os rasgos, voos e penetrações nas esferas epistemológica, ôntica e do valor que singularizam a atitude filosófica". O teor das críticas que despendeu ao positivismo e às correntes neo-positivistas, também objectivava uma mensagem contra o movimento político com o qual sempre se identificou, o republicanismo, que pela sua prática e ideologia convertera-se "à positividade num dogmatismo acrítico"[6]. O "fogo-fátuo da credulidade fácil e da superstição obstinada" (*OC*, III, 554; 566) era já ruína em 1948, entre destroços que a sindicância positivista, concorrendo com outras visões apodícticas e "iluminadas" que não prescindiam da "demonstração histórica" dessa fé na inexorável, a qualquer preço, e perfectível antropologia, abandonara no sepulcro europeu e num país banido dos direitos, liberdades e garantias públicas e individuais, sobretudo "quando se vivem tempos em que estas coisas, que são timbre da dignidade humana e flor da maturidade política, fazem figura de

---

[6] Fernando Catroga, "Joaquim de Carvalho e a História", *Boletim da Biblioteca da Universidade de Coimbra*, vol. 42, Homenagem ao Doutor Joaquim de Carvalho, 1994, pp. 11-12.

antiguidades egípcias" (*ibidem*, 567). Em suma, o positivismo filosófico, no qual as grandes paralaxes políticas totalizantes iam beber, não vira "fundo nem longe" (*OC*, II, 153). "Tanto basta para que o positivismo comtiano seja uma filosofia do passado", escreve em 57, na monografia que na *Revista Filosófica* dedica a Comte, "mas nem por isso está morto o espírito que o alentou" (*OC*, V, 228).

A historicidade como a nova matriz mundividencial

Não estranha esta posição, coerente com as alegações, a partir de Kant, dos primeiros textos. Durante a década de 40 Carvalho alargara o horizonte da crítica ao positivismo partindo do impacto da fenomenologia de E. Husserl, "dos poucos filósofos verdadeiramente instauradores de novas bases e de novos rumos", que se não explicita uma "filosofia da cultura", surge como solução para a crise epistemológica, moribunda *post* 1914, e para o buraco das visões apodícticas das quais o positivismo era (e seria) o mais vulgarizado representante. Ora, a Fenomenologia participa dessa crítica à cultura positivista e ao cientismo, propondo configurações dos valores que condicionam o agir e moldam o mundo[7] e não perspectivas analíticas fragmentárias ou eduções ilusórias das "filosofias da natureza" (*OC*, II, 473-474). Em sequência das *Investigações lógicas*, superando o formalismo em termos da "lógica pura", da analítica e da lógica matemáticas, o discurso da *Filosofia como ciência do rigor*, cuja primeira tradução mundial Carvalho promove em 1951-52 aditando--lhe incisivo estudo, casava-se com o fundo *idealista* e transcendental (que exigia uma decisão metafísica sobre o estatuto ontológico dos fenómenos; revertendo porém o apriorismo formal kantiano num apriorismo material) e com as próprias apreensões metodológicas, na sua *forma mentis* objectivante.

A fenomenologia ia assim ao encontro da sua anterior preocupação por uma *ciência das ideias* que não afastasse o diálogo epistémico entre *Natur* e *Geist* e atentasse na positividade das coisas, exigindo a "impessoalidade da investigação" filosófica contra o subjectivismo profético, ou o cepticismo

---

[7] Javier San Martin Sala, "Husserl y el concepto de cultura", in *Teoría de la cultura*, Madrid, Editorial Síntesis, 1999, p. 142.

radical e paralisante, e contra realismos escolásticos, destituindo a noção *externa* do sistema filosófico revertendo-o numa sistematicidade lógico-interna, investigatória, anterior à unilateral posição doutrinária, confirmando o itinerário epistemológico, na linha de Kant, como "condição primacial" da filosofia e do saber, contra ingénuas pretensões impressionistas, empíricas, enfim, reabilitando a metafísica como campo especulativo puro ou "energia pensativa" exilada pela positivista "naturalização das ideias" e a sua sujeição a juízos empíricos, fazendo da filosofia "subproduto científico". Ademais, Carvalho lia no texto de Husserl, em parte, o repto diltheyano à "historicidade do pensamento", à "historicité de la conscience", citando, supomo-lo pioneiro (1952) na nossa literatura especializada, Émm. Levinas e, também, P. Ricoeur, para quem "o velho Husserl não podia deixar de descobrir que o espírito tem uma história, que o espírito pode estar doente e que a história é para o próprio espírito o lugar do perigo, da perda possível" (*OC*, II, 492)[8].

Dir-se-ia que o impacto do filósofo alemão o levará a corrigir através de temas descritivos – pense-se na exegese da saudade e noutras interpretações metafísicas da existência – anteriores concepções e práticas narrativas que, para o que aqui interessa, incidiam sobretudo sobre as mundividências, superando ontologia e axiologia tradicionais, erigidas a partir do contradito perspectivo teocêntrico/antropocêntrico, embora critique a Fenomenologia por se ater na "problemática relativa à imutabilidade das condições genéticas e evolutivas" (*OC*, II, 492). Surpreende-se mesmo no "momento" em que a leitura de Husserl lhe evoca o *cogito* cartesiano, sem cair no imediatismo do *cogitatum* (ideato) e resistindo no domínio da "consciência pura" (*OC*, II, 498-499), pedra que Ricoeur sobreleva na "gigantesca empreitada da composição do mundo sem réstia ontológica", porquanto após a viragem para as coisas é sobre si e para si que o *Ich* se vira no *Selbstauslegung*, "exegese de si mesmo"[9]. O que se compaginava com a *mundividência* diltheyana, afluente

---

[8] Cf. Paul Ricouer, "Husserl et le sens de l'histoire", *Revue de Méthaphisique et Morale*, vol. 54.°, Jul.-Out. 1949, p. 281.

[9] Paul Ricouer, "Appendice" [1954], in E. Bréhier, *Histoire de Philosophie Allemande*, Paris, L. Ph. J. Vrin, 3ª1967, p. 193.

e *in*fluente de toda a filosofia[10], cujo caudal Husserl traduziu em *historicidade*, signo de uma rede de *intencionalidades*[11].

A leitura de Husserl impeliu a reflexão sobre a nova ocorrência teórica da epistemologia e a identificar, com P. Landsberg, sinais da quebra da "estrutura apriórica do Universo" (*OC*, II, 503), contra o dual postulado racional (o Eu cognoscente e o Objecto conhecido como duas esferas de articulação variável), nas proposição da "consciência vivente" (*Erlebnis*) e da fenomenologia da consciência (*noesis*): "Mediante uma análise extraordinariamente profunda e rigorosa, Husserl mostrou que antes e fora desta relação [*eu-objecto*], tida como primordial, existe um território vastíssimo de presencialidades e, por assim dizer, de estruturas e de níveis" (*OC*, II, 498). A adopção radical do método fenomenológico implicaria, se vemos bem, a revisão da *opera omnia* décadas anteriores produzida – mormente na matriz da história das ciências e da história institucional da cultura, que teriam de ser atravessadas, na consciência do tempo, pela rede de intencionalidades e não pelo cânone da sucessividade lógica (crono-lógica, mesmo episteme-lógica), pois é a consciência no seu agora que acha o tempo[12]. Ora, nessa revisão obviamente não se abalançou, quanto mais que se empenhava então Carvalho na reedição e compilação dos dispersos. Mas sob reserva, pois "a consciência de estar no mundo não creio que seja princípio bastante e suficiente de uma explicação metafísica da realidade que se vive" (*OC*, V, 114), inflecte o trajecto: o historiador das ideias, após o desfecho da II Guerra, cedia na obra nova o passo ao sprangeriano homem teorético e à aporética filosófica cuja aproximação à fenomenologia da saudade e à unamuniana filosofia do *Zaratustra do Marão* melhor ilustra, mas não o tímido tactear nas páginas de Pessoa, onde só achará e estranha "um mundo solipsista" (*OC*, V, 95-96).

---

[10] Wilhelm Dilthey, *Teoria das concepções do mundo*, Lisboa, Edições 70, 1992, pp. 63-64.
[11] J.-F. Lyotard, *A fenomenologia* [1954], Lisboa, Edições 70, 2008.
[12] Cf. Lyotard, *ob. cit.*, p. 109 ss.

O método "genético" ou "histórico-evolutivo"

A par da aporia ética, expressa na dialéctica da liberdade em luta contra a intolerância e, no quadro global, no "grande duelo entre a natureza e a cultura" (*OC*, V, 302), o problema filosófico fundamental, de ordem gnosiológica, que guia Joaquim de Carvalho nas suas diversas investigações sintetiza-se no *quid*, a dúvida cartesiana para a qual não logra encontrar termo sintetizador, embora parta dessa indecisão criativa para insistir na demissão da ontologia tradicional pelo exame da mente cognoscível e a testificação da validade do conhecimento. Na sequência dos Humanistas, o século da dúvida ou, como Withehead o assinalou, o *século do génio*, "legara a ideia estimulante da autonomia da natureza" e, atravessando o veio do Iluminismo, "o homem, confiante em si próprio e na racionalidade do ser, examina o que sabe, interroga o que o cerca e pela alegria de criar, pelo prazer de explicar, formula um sistema do universo *more geometrico*, destrói a autoridade, substituindo-a pelo bordão ao qual se apoiará nas magníficas e inauditas jornadas: o método" (*ibidem*, 303).

Opondo-se à concepção positivista da constituição autossuficiente da Ciência, aqui convergente com a ruptura epistemológica que Bachelard enuncia, a Filosofia afigura-se-lhe como a *teoreticidade* radical capaz de indagar as questões para as quais a Ciência, "saber que não se fundamenta a si próprio", não ousa interrogar, pois comporta "uma margem de pressupostos, de problemas e de implicações, que fica aquém ou vai além da realidade sobre que incidem a problemática e metódica científicas". Dir-se-ia que o campo da interpelação (também "campo interpretativo", semiótico) deveria ser deixado para a epistemologia, ora "teoria do saber" (*OC*, II, 432-433), ora "teoria da Ciência" (*OC*, II, 299), debruçando-se sobre a historicidade do específico saber que o investigador domina, questionando utensílios teórico-metodológicos capitais (base, princípio, hipótese, razão suficiente, complementaridade), inferida numa arquitectura teórica e filosófica dos pressupostos e das implicações dos resultados científicos, "assim como a da sua correlação em função da coerência e da razão suficiente", cuja articulação a massa dos conhecimentos pode postular entre si, não por qualquer *indução* mecânica, mas através da operação hermenêutica, reflectida e correlacional.

A noção do *acesso* e, sobretudo, do *processo* do saber e suas condições constitutivas, que Piaget (1970) fundamenta no método histórico-crítico, ou "genético" (passagem de estados de mínimo conhecimento para estádios de conhecimento complexo) e a prioridade da história como campo de acesso, encontra em Carvalho a pré-enunciação. Opunha--se, também sob esta perspectiva, à solicitação positivista de constituir a filosofia numa mera síntese dos conhecimentos possibilitados pelas diversas ciências exclusivas, "visto tal síntese não poder ser verificada por métodos estritamente científicos"(cf. *OC*, II, 368-370), o que não seria tão-só uma contradição nos termos, mas a inutilização do pascaliano *raisonner*. O pressuposto é outro: dar a conhecer as condições particulares em que o saber se desenvolveu e formulou, o modo como o conhecimento *tem uma história*, o que modifica a situação do espírito interrogando-se a si mesmo, adita Bachelard em 1934[13]. Teria de ser a outro nível ou modalidade do pensamento, a que a filosofia se entrega, expresso no sintagma *metafísica*, que se poderiam interrogar os dados requeridos pelo mundo fenoménico. Colocado o problema neste campo, Carvalho via que a conexão estabelecida por Spinosa entre o método euclidiano, sintético e demonstrativo, e sistema filosófico, no seu condicionamento sinalagmático e ambíguo (Kuno Fischer), colocava dificuldades insuperáveis, apesar de reconhecer que Spinosa, "homem do seu tempo", fora além de Descartes, contrariando os que viam no procedimento matemático-metodológico da Ética face ao *Discurso do Método*, quer uma simples extensão (Brunschvicg), quer uma oposição (Léon Roth) (*OC*, II, 246), mormente na sua diligência filosófica, visão mediada por todos os que arguíam o espírito *more geometrico* de sistema (Kant, Hegel, E. Hartmann), mas não a noção em si de sistema[14]. Metafísica é uma *hypo-thesis*, uma tese mínima, indecisa *et nunc*.

Ora, na dissensão que o próprio Hegel depois suscita, *sistema* era para Carvalho o signo da "camisa de forças" que arruinava a intuição do *Benedictus*, mas não a sua metafísica, "elo de uma longa cadeia de filósofos israelitas" e da tradição da Cabala, de Maimónides a Levi ben Gerson, conjectura que Leibniz havia suscitado e que Joel e Borkowski certificavam, mormente na concepção fundamental da unidade de Deus e Natureza e na repulsa de um Deus criador (*OC*, II, 266 ss.), o que equivaleria a ver na imanência a causalidade universal, excludente

---

[13] G. Bachelard, *Le Nouvel Esprit Scientifique*, Paris, P.U.F., 1934, vol. VI, pp. 173-174.

[14] Cf. J. Maurício de Carvalho, *ob. cit.*, pp. 222-223 ss.

da "causalidade transcendente, exiente, transiente ou finalista" (*ibidem*, 298). Enfim, o determinismo filosófico que o ideal de sistema impunha, ao apelar a uma indefinida totalidade metafísica, seria ele mesmo inadequado para compreender a ligação dos fenómenos entre si, na síntese esclarecedora de Bachelard, postulada já pelo princípio de indeterminação de Heisenberg[15].

Para contestar a "epistemologia sensista", embora Carvalho assegure ao empirismo de Locke ou de Verney o mérito de destituir o inatismo escolástico (e aristotélico) que mesmo Descartes seguira na III das *Meditações Metafísicas* (*OC*, II, 341-343), no caso de um "aristotélico revisionista" (versão "essencialmente mostrativa e descritiva", na qual "a coisa se considera sabida quando é apreendida pela experiência sensível"), o do *Quod nihil scitur*, de Francisco Sanches, assente na intuição ou explicação da realidade física, Carvalho recorre a Cartesius para designar o curso do filosofar a partir da "irresistibilidade lógica da demonstração matemática como paradigma do Saber" gerando uma "concepção da Ciência essencialmente demonstrativa e explicativa, isto é um ideal de Ciência em que a coisa se torna conhecida quando se lhe conhece a sua razão de ser" (cf. *OC*, II, 561-563). É certo que "ideal" de ciência não é mesmo que dizer "ideal" de filosofia: o Figueirense impugnava a ideia muito generalizada segundo a qual as ciências tivessem sido originadas na Filosofia. Pelo contrário, acentuava, com o idealismo objectivo alemão, como era em reacção à pretensão filosófica que os diversos "horizontes de realidade" teriam delimitado e desenvolvido os seus específicos objectos científicos. A história do pensamento filosófico, ao contrário da história da ciência, encarregava-se de mostrar que a aporia própria dos grandes sistemas, a *razão apodíctica*, de Aristóteles a Descartes e a Hegel, consistiria nessa pretensão *genealógica* de terem os saberes científicos sido gerados no quadro teorizador da filosofia; e o positivismo, seguindo as pisadas de Comte no *Cours*, pretendera ao invés deduzir a convicção da *inutilidade* da Filosofia, pensamento nilificador (*OC*, II, 364 ss.) dentro de um *sistema* o qual a filosofia já não podia controlar.

---

[15] Gaston Bachelard, *L'activité rationaliste de la Phisique contemporaine*, P.U.F., 1951, *conclusion*, pp. 212-213.

Por isso mesmo, a visão retrospectiva, distinta e própria do método historiográfico, não poderia funcionar como uma "previsão ao contrário", projectando no passado uma inferência instante. Ler o mesmo Sanches, um dos autores da sua mais atenta analítica, como precursor de correntes que lhe são estranhas (no caso, o criticismo de Kant ou o experimentalismo de C. Bernard, como E. Senchet e Menéndez y Pelayo o haviam feito) e interpretá-lo à luz de ulteriores concepções, constituiria um "absurdo" conducente a "miragens vistosas, com tanto de surpreendente como de ilusório" (*OC*, II, 440). *I. e.*, longe do pirronismo epistémico, o historiador conhecia muito bem a crítica nietzschiana (*II Intempestiva*) à linearidade historicista, à obsessão "inaugural" e ao continuísmo, que na reflexão sobre Vico, exigida por Michelet e Antero, há muito expusera (cf. *OC*, III, 535-536). A linearidade impossibilitaria o sem fim da história ao conduzi--la ao cerco do tempo[16].

No caso de Antero a questão aclara-se, porquanto Carvalho é o grande anteriano, não imune à *exempla virtutis*, na primeira metade do século XX, a despeito do impacto e da fortuna crítica que Sérgio teve. O método historiográfico teria de integrar homem e obra dialecticamente "no seu tempo" mais do que inteirar a cadeia lógica e cronológica, construída de modo aleatório, em função doutras solicitações que não daquelas às quais o filósofo-poeta respondia. No ensaio *Evolução espiritual de Antero* (1929), ao classificá-lo "essencialmente metodológico", explicita o "método genético, ou histórico-evolutivo" que prossegue, de modo a esclarecer a "atitude mental com que devem ser objecto de investigação, de compreensão e, porventura, de explicação, o seu ser, o seu sentir, o seu pensar, o seu agir e o seu não-agir", correlacionando essas dimensões e "situando-as na temporalidade em que nasceram e na sucessão em que se ofereceram". Mas este método, teorizado e construído como solicitação mesma do estudo[17], não pode ser delineado abstractamente, como regra epistemológica, em função de um qualquer outro "objecto" – é exigido "pelas atitudes espirituais e pelas concepções doutrinais" do poeta-

---

[16] Em tese geral, cf. F. Catroga, *Os passos do homem como restolho do tempo*, Coimbra, Almedina, 2009, p. 129 ss.

[17] A João de Barros (I-I-1930): "este ensaio *foi publicado como tentativa de método e indicação de resultados*, porque prepara um livro (no sentido pleno da palavra) com todo o aparato de erudição e crítica" – Manuela de Azevedo, *Cartas a João de Barros*, Lisboa, Livros do Brasil, 1971, p. 243.

-filósofo pois "se há uma consciência em que as crises e as mutações se sucedem com contraste e até com polaridade, essa é a consciência de Antero".

Quer dizer, a dificuldade gnosiológica (que é problema filosófico) só se pode colocar a partir da sua própria historicidade, do nível constitutivo, de condicionalidade e acesso que só a história (desse problema) consegue aclarar, na síntese de Piaget (1970), lição da dialéctica da consciência que Carvalho buscara em Hegel, no domínio da historicidade do pensamento (*OC*, II, 463-467). Daí o percurso da investigação seguida que supera o dualismo sergiano em busca da revolta metafísica do "homem-novo", do "desesperado" e do "filósofo" (cf. *OC*, IV, 547-548 ss.) ao qual o sintagma moderno da crítica que toma a consciência da *crise*[18], hiato, não se dissocia da psicobiografia filosófica do poeta e ganha o conceito operativo para o entender. Ora, este método de análise epocal, discernindo diversos ciclos ou conjunturas culturais e tendências ideológicas, não será exclusivo da anteriana. Carvalho também prospectou a historicidade dos conceitos, indo pelo método histórico-evolutivo, no qual a "arqueologia" de M. Foucault radica a reminiscência hegeliana. Pense-se na *Formação da Ideologia Republicana*, escrito de 1930 que, se dá um quadro atido às "instituições" ao sabor ainda da Escola metódica (que noutros textos contempla, mormente nas colaborações para a *História de Portugal*, dita "de Barcelos"), arreda as concepções da *politique d'abord* historiográfica que tipifica o estertor, em longa conjuntura, do ofício positivista: a análise das correntes ideológicas, o estudo da raiz liberal e mesmo o processo de "desintegração sentimental" do liberalismo (*V. g.*, *OC*, VI, 200), a autonomização das ideias renovadoras, colocam-no na época como um dos textos historiográficos mais sólidos e reformadores, entre nós.

A tarefa historiográfica assenta basicamente em dois momentos analíticos: num, preliminar, indaga com *méthys* intrínseca e específica, numa cientificidade que ela própria estrutura e testa, os "factos" cuja verosimilitude (probabilidade, possibilidade) heurística tenta certificar à

---

[18] Sobre o par crise/crítica: Miguel Batista Pereira, *Modernidade e Tempo. Para uma leitura do discurso moderno*, Coimbra, Minerva, Maiêutica, 1990, pp. 48-75; Estêvão Rezende Martins, "Crise e crítica na história contemporânea", *Estudos do Século XX*, n.º 10, *Crises de Século*, Coimbra, Ceis20, pp. 85-99; e, na contextualização de crise, Sérgio Campos Matos, "*Finis patriae* e consciência de crise no Portugal contemporâneo", *ibidem*, pp. 359-383.

luz de certa hipótese de investigação. Num segundo, de cariz hermenêutico, formula "juízos históricos" que não podem alcançar a exactidão e o rigor dos "juízos científicos". A construção meticulosa, a concisão das ideias, a inventariação das fontes, a esquematização de processos, encontra em Herculano o paradigma, "o Mestre", "génio criador" (*OC*, III, 531; 545), mas em muito ia beber ao discurso do método e à *crítica interna* ou *crítica de interpretação* de Langlois e Seignobos[19] na inventariação minuciosa dos materiais documentais. Também ao exigir a "interpretação nos limites razoáveis do bom-senso" (*OC*, III, 531), num derradeiro artigo concluído (Páscoa de 1958), reforçava o fundo da lição hermenêutica herculaniana (que a escola metódica coloca na *crítica interna*): a "reconstrução e valoração histórica nunca pode considerar-se definitiva e acabada, porque a história é uma reconstituição em permanente revisão e os juízos com que ela se constrói são intrinsecamente correlações dependentes de múltiplas circunstâncias, desde o volume e densidade dos factos considerados à consciência intelectual e à capacidade imaginativa do historiador" (*OC*, V, 212-213). I. e., ao postular um *racionalismo epistémico*, que impugna o indemonstrável (lógico ou epistemológico), submete os puros dados da consciência e um crivo gnosiológico e posterga a descrição do transcendente, na coetânea interpelação de Vieira de Almeida (na própria *Revista Filosófica* que Carvalho dirigia), para quem com acerto tal posição não se pode verter numa ilusória "teoria da razão", inabilitada para afirmar ou infirmar a existência, mas numa *teoria do racional*, quer dizer, focada na articulação ou substantiva *relação* das existências. O corolário da atitude indagatória, e do postulado crítico, inviabilizaria a apreensão metafísica das "essências" [*atemporais*] no inquérito historiográfico [da *temporalidade*] e o acesso à "verdade absoluta", independente do sujeito e do seu quadro referencial de valores e representações, é conceito relativo decorrente do carácter subjectivo ou intersubjectivo das "evidências" e, até, das suas implicações formais: "falar da verdade já pode induzir em erro". Ora, a epistemologia, a par da história do saber, tenderia a reformular – na sequência do programa de Brunschvicg, que denunciava a dramática cisão da intuição da inteligência, como "um dos acidentes infelizes da

---

[19] Cf. Ch. Seignobos, *La Métode Historique apliquée aux scienses sociales*, ob. cit., pp. 21-26.

história" –, a *série intuitivo-racional* de modo a captar a variabilidade das noções tidas como estáveis e fundamentais, isto é, como "verdade"[20].

Não era outra a tarefa, no campo da história do saber, a que Carvalho se lançara. A *verdade*, também do *objecto* e da *narrativa* historiográfica, é *variável* dependente do intersubjectivo juízo sobre equações *constantes* por sua vez objectos de *desenvoluções* diacrónicas. Superado o historicismo, matriz oficiosa do *métier* e a busca da cassação obsessiva da sucessividade, seria superado o conceito de *verdade* absoluta: mas restaria o problema seignobosiano de *verdade científica* para discernir do que é fantasia, declarada falsidade ou deturpação grosseira? A resposta aclara-se: o trabalho heurístico e hermenêutico, operações complementares e indispensáveis, encarregar-se-ia de eliminar o fantástico, sobrenatural e efabulatório, ou o erro, trabalho infundamentado, "impressionismo", mas não a imaginação histórica (a re-presentação kantiana é mesmo a condição da memória, ao dar-lhe a conhecer uma ausente percepção sensível[21]) que tenta a verosimilhança. A imaginação histórica, distanciada da explicação, destinar-se-ia a sublinhar a tarefa hermenêutica como instância fundamental da historiografia, plano que o *regresso a Kant*, desde Windelband a Cassirer, propiciara[22].

Qualquer outra estratigrafia semântica da "verdade", escapando à positividade historiográfica, seria inapreensível fora da ética. À maneira kantiana o problema da aproximação à verdade, embora Ortega exigisse o campo historiográfico como o único onde o problema mesmo se colocaria, será remetido para o *ethos*, pois só através da "razão prática" se desenreda. Mas o (ausente) referente praxilógico, o de um Deus que participa numa comunidade moral e na Paz Perpétua, à Kant (*A religião nos limites da razão*), ou num "fundo moral", à Locke, não poderá ser objecto de qualquer norma investigatória ou evidência empírica. É certo que a dominante mediação neokantiana desvinculara-se da *Moraltheologie*, discernindo na metafísica, com Lotze, o elemento poético-religioso, simbólico, do elemento especulativo, filosófico. Mas não seria esse o

---

[20] Cf. Vieira de Almeida, "Pontos de referência", *Revista Filosófica*, vol. V, ano 4°, n.° 12, 1954, 218-228; republicado in *Obra Filosófica*, vol. III, *1948-1961*, Lisboa, Fundação Calouste Gulbenkian, 1988.

[21] Cf. Hannah Arendt, *Juger. Sur la philosophie politique de Kant*, "L'Imagination", Paris, Éditions du Seuil, 1991, pp. 120-121 ss.

[22] Cf. F. Catroga, *Os passos do homem como restolho do tempo*, ob. cit., p. 86.

caso limite de autores, que bem marcaram a formação filosófica de Carvalho, como H. Cohen ou E. Cassirer: o oculto, não se pode entificar ou desocultar na temporalidade, esse o dramático e espinosiano corolário de um Deus da consciência, *sive Natura*, autoconsumido ou autodestruindo--se em hierofanias ou teofanias, perdendo aí, súbito, a sua razão-de-ser (infinito, abscôndito, coeterno) e metamorfoseando-se num *modo* ou *demonstração* irreversível do ateísmo. A funda aproximação psicológica e filosófica ao problema anteriano da descrença ou "desilusão" (cf. *OC*, IV, 569-580), compartilhado pela *geração iconoclasta* que o poeta norteava, restará como problema irresolúvel até aos últimos escritos de Carvalho. O que contesta é qualquer forma de *autocracia do espírito* (*ibidem*, 580) que se imponha sobre a "positividade dos saberes" e a imanência da consciência e sobreleve, subvertendo-a portanto, a proposta de indagação muito específica da tarefa historiográfica como acesso singular ao saber do ser. Não perturbará o seu programa epistemológico por essa aporia, dir-se-á, metahistórica. O trabalho da filosofia é pura irresolução, como sugere Ricoeur, na aporética da temporalidade. E a história quando a estuda, estuda a irresolução.

História da filosofia

Como consequência da sua atitude de investigador, no quadro mais relevante da episteme historiográfica, que utiliza "um estilo do pensamento dialógico" (*OC*, I, 364), os estudos culturais só fariam sentido numa grelha hermenêutica cruzada racionalmente com a história da filosofia, não já da fase "proto-histórica" (Brucker, Degerando), mas do pêndulo crítico (Zeller, Kuno Fischer, Fouillée, Windelband, Höffding, Brunschvicg, Bréhier), focada, na pista de Hegel (e de H. Ritter), como autêntico problema filosófico, *historiação que pretende ser filosófica*, testificando na historicidade a "condição categorial do pensamento" ("Hegel e o conceito de História da Filosofia" *OC*, II, 457-467), ápice em que "o pensamento se pensa a si próprio sob forma objectiva" e se conceptualiza "sob forma distinta" (*OC*, I, 143). Mantém-se admirador (é o termo: *a admiração é a madre do saber*, redizendo Aristóteles – *OC*, III, 381) do racional "génio alemão – do de Weimar, bem entendido", nota em 1949, "sem o qual a cultura não alcança profundidade e plena interiorização" (*OC*, II, 349). Não se errará na releitura da *opera omnia*, mesmo a filosófica, do autor de *António de Gouveia*, "apenas um modesto historiador da Filosofia e um amante apaixonado da história da cultura portuguesa", à luz da diligência historiográfica, cujo programa enunciou, pois "o estudo histórico da evolução das ideias em Portugal está, por assim dizer, numa fase preliminar". O plano expunha a íntima aporia da "natureza qualitativamente superior" do *facto* cultural que, dada a sua condição histórica, não só é irredutível à identidade, dada a unicidade, irreversível e singular, mas implica uma grelha teórica de "dificílima determinação" na "trama de abstracções simbólicas" que suscita (cf. *OC*, V, 298-299).

Urgia partir para "a caça paciente e lúcida dos factos"(*OC*, I, 337), contra o ensaísmo impressionista que inúmeras vezes denuncia (Oliveira Martins, Agostinho de Campos) na formulação de Montaigne, Sérgio, Sílvio Lima ou Leonardo Coimbra. "Ciência sem objecto", falha unívoco sentido histórico à filosofia, pois esta inscreve-se, ao invés, na historicidade das culturas; a tarefa do historiador das ideias, em resposta à necessidade lógica de investigação histórica da filosofia, seria a de erigir um "objecto tal que a torne cientificamente possível, isto é, que não se confunda com a mera exposição, descontínua e individualizada, das opiniões de pensadores isolados" (*OC*, II, 221), caso em que se saldaria em "cemitério da individualidade dos filósofos" (*OC*, I, 467). Cifrar-se-ia essa, aduz em 1952, apenas na *operação* preliminar ou instrumental, "acentuadamente biográfica, bibliográfica e, por vezes, filológica", enquanto a *segunda operação* adensaria a "capacidade de repensar o pensamento", mormente "de lhe apreender os rasgos originais e de lhe estabelecer as correlações e o significado", "pois não há História da Filosofia onde não houver historiação do pensamento filosófico", tarefa que Aristóteles (*Metafísica*) e Hegel (*Fenomenologia do Espírito*, *História da Filosofia*) tornaram irredutível (*OC*, VIII, 237-238).

Não admira que, ao destituir o *atomismo* analítico elegendo na diacronia o diálogo da filosofia com sintaxes científicas e culturais, se possa afirmar em rigor o *primeiro grande historiador das ideias* entre nós, embora não se liberte por completo do historicismo hegeliano que exige na concretude a realização do universal[23]. É a *eidética* que atesta a neokantiana unidade, *Weltanschauung*, mundividência (neologismo

---

[23] Catroga, "Joaquim de Carvalho e a História", *ob. cit.*, pp. 9 e 13.

seu) que abarca a obra. A filosofia *usa* apenas uma das linguagens possíveis do pensamento (aquele que se distingue pela sua *subjectiva singularidade* e *objectiva intencionalidade universal, OC*, III, 222), que o historiador intenta apreender na globalidade do processo histórico. Mas é uma visão do mundo que *vai dentro* dessa linguagem: "penso que é nas modificações que se operam no homem vivo e real", escreve em 1932, acentuando o segundo andamento "real", objectivo, da sinfonia hegeliana do *Spiritus*, "e não nas relações entre conceitos do pensamento abstracto que devemos procurar a evolução das concepções gerais, que orientam a conduta" (*OC*, V, 299). A dialéctica da consciência não abstrai da – mas não se reduz à – dialéctica da Natureza, fundamento mesmo da *épochê* fenomenológica[24]. A leitura de Hegel abrira o fundamento e a metodologia da investigação, no modo como evidenciara a "historicidade do pensamento" (*OC*, II, 431). Porém, historiosofias ou historiografias teleológicas, recobertas de apologéticas ou indemonstráveis *topoi*, como aquela que o hegelianismo postulava, contestada na base do mesmo vício epistémico pela visão marxiana, seriam exercícios inexequíveis (*folie du logis*) para a aplicação do método.

Por outras palavras: apenas a *história da filosofia* é frutuosa e necessária, embora patenteie a sua não-suficiência, conquanto "jamais a história" possa "fundamentar uma definição da filosofia" ou cair na versão diminutiva ou policial da delação da "história de escolas ou de seitas" (*OC*, III, 222-223), tanto mais que as "criações do pensamento são fulgurações na opacidade da ignorância ou da incompreensão"(*OC*, V, 135) fugindo a predições lógicas da historicidade. Carvalho legitimava o primado historiográfico na investigação cultural da filosofia, num quadro em que a "filosofia" desgarrada do chão histórico seria *coisa* inerte para o vivo [actual, actuante] espírito indagador, apesar de autenticar a *contemporaneidade virtual* dos grandes textos fundadores do cogito (*OC*, II, 2), espécie de intemporalidade geradora de uma miragem ôntica em terra de ninguém.

Daí contrariar essa paralaxe e enraizar no *topos* a filosofia; por vezes usando a expressão "história da cultura filosófica em Portugal", porquanto o historiador da filosofia "carece de percorrer e examinar as

---

[24] Maurice Merleau-Ponty, *Elogio da filosofia,* Lisboa, Guimarães, 5ª1998, p. 62 ss.

manifestações religiosas, científicas, literárias e políticas da comunidade portuguesa, assim como sondar as condições psicológicas, colectivas e individuais, que tornam possível a reflexão autónoma e sua persistência sob forma de escolas ou directrizes de pensamento" que no específico caso de estudo não foram autenticadas pelo "selo da tenacidade" (OC, III, 222-223).

Com Dilthey, "o génio admirável das correlações espirituais" (OC, II, 431) – na didáctica historiográfica da captura dos problemas filosóficos e na crítica à *Monadologia* – admite que "o homem só se conhece verdadeiramente na história e não na introspecção" (prefácio a Wilhelm Dilthey, *Leibniz e a sua época*, 1947, XX), postulando, no esforço teórico de uma *filosofia das filosofias* mediante a elucidação racional de problemas que irrompem da factualidade, que "só a história nos pode dar, assim, a totalidade da natureza humana, mediante a morfologia do comportamento da consciência e a diversidade estrutural das concepções do mundo", a cujo acesso está vedada a *abusiva* extrapolação (positivista ou cientista) da ciência físico-natural (*ibidem*, XXII-XXIII). Como instância epistémica (conhecimento actual do *passado* saber humano e suas sintaxes, numa diacronia evolutiva[25] que abria o rasgo à antropologia da cultura) e guia do método, divisar a *razão histórica* colocava-se no horizonte e na *praxis* investigatória em perspectiva dupla: "Sob o acontecer humano, tão vário e contingente, flúi sem dúvida o *sumus*, ou seja a relação sociologicamente impessoalizada de homem para homem; mas flúi também o *ego*, ou seja o homem concreto e pessoal" (OC, V, 305-306). Ou seja, aflora a antinomia diltheyana esgrimida entre a necessidade da liberdade e *unitas compositionis*, a conexão da totalidade[26]. A narrativa histórica (sumida na *duração* instante), inquirindo a oposição hegeliana, continuidades/descontinuidades (OC, V, 306), é a "poeira" da qual se devem resgatar "os conteúdos e formas de vida que servem de fundamento ao processo histórico" (*ibidem*, 299). Refutando *infradeterminações* ou reduções sociologistas e economicistas à história da cultura, tal como o materialismo as exigia, não deixa de ler exemplarmente a versão sombartiana da *biografia moderna do capital* que Marx indiciara. Mas na exegética da *decadência* e resistência dos arcaicos

---

[25] Cf. Dilthey, *Teoria das concepções do mundo*, ob. cit., IV secção, pp. 67-99.
[26] *Idem, ibidem*, pp. 101-103.

códigos clerical-nobiliárquicos face à irrupção Moderna do mundo (Renascença, o *século do génio*, Luzes) e à experiência burguesa do Tempo, aduz: "a imobilidade nas condições materiais da vida foi acompanhada, ou antes precedida, da imobilidade sentimental", pois "as ideias não se transmitem mecanicamente como coisas exteriores ao homem" (*ibidem*, 305-306). O conceito *formas de vida* ganha uso estratégico no discurso analítico. Se nas *Lebensformen* (E. Spranger) intuía a matriz neokantiana das filosofias da *Existenz*, subliminar ou explícita temporalidade ôntica, o existencialismo é-lhe estranho como *pensée* (também historiográfico). A variabilidade da razão, longe de gerar irracionais ruídos, induzirá à análise diacrónica da racionalidade na prospecção historiográfica, a qual só a história das ideias se capacita para federar. Noutros termos, historiar a cultura seria incindível de historiar a filosofia, lendo na obra de Latino Coelho o paradigma oitocentista, sob influência de A. Schwegler, *Estudo sobre a Civilização da Grécia* (1879, 3^a1914), pese o "manifesto defeito dos seus esquematismos, de acentuada configuração lógica" (*OC*, I, 150 ss.).

Objectivou o plano cotejando visível solidez nos estudos de conjuntura (europeia, ibérica, portuguesa), arguindo quaisquer exegeses culturais, científicas, ou políticas, que abstraíssem dos quadros conjunturais//estruturais e da leitura crítica de conceitos-matriz (Teocracia, Inquisição, Absolutismo; Modernidade, Liberalismo, Imanência); avocando o signo *intradisciplinar* – que certa historiografia positivista, *v. g.* Consiglieri Pedroso, já avocava no final do século XIX, então sob a égide científico--natural – das ciências sociais e dos saberes *nosológicos* (históricos, filosóficos, psicológicos, artísticos), movidos e confederados em leitura historiográfica de grande rigor num jogo de escalas e temporalidades diferenciadas: da minuciosa biobibliografia, fundo do "absorvente sentido da positividade" (*OC*, V, 201), a esboços de "grandes sínteses" e "instituições de cultura", *terminus* do acesso analítico (porto teorético para nova ida, funcionando como hipótese), aclarando subliminares e correspondentes visões do mundo; enfim, apelou à *diacronia dos conceitos* e à analogia como suporte não-restritivo (nem normativo) da episteme historiográfica.

Assim, Carvalho situa a síntese no acume da tarefa analítica, posição consensual entre metodologismo e positivismo na hierarquização ordenadora da complexidade dos problemas. Este seria o fundamento, na dura recensão crítica (1944) a *Geschichte der Philosophie im Portugal*, de Lothar Thomas – na tradução de António José Brandão, *Contribuição para a História da Filosofia Portuguesa*, lapso grave na compilação da *Obra Completa* – para o historiador registar a "leviandade que, em trabalhos desta natureza, ora dá pelo nome de ignorância, ora de inconsciência": o "livro não dá as elementares condições de qualquer trabalho histórico – conhecimento crítico das fontes directas, correlações epocais e histórico-culturais, exposição dos factos de uma forma consistente e coerente – e muito menos da problemática preliminar e correlativa da História da Filosofia em Portugal – exame da formação intelectual e moral dos Portugueses, recursos e conexões da sua actividade filosófica com as exigências da sociedade portuguesa e com as correntes filosóficas coetâneas". A falha no estudo das fontes, até pela incapacidade hermenêutica, o recurso a simplificadas sínteses sobre a cultura portuguesa, o desconhecimento da língua que se escreve e do latim dos tratadistas impossibilitava um acesso mais sério e coerente do que aquele que tinha sido disponibilizado pelo investigador germânico[27].

É inegável ser em função desta objectiva avaliação negativa, e como modo de superação ao obstáculo de detectar sérios e consolidados hábitos intelectuais (editoriais, académicos, escolares) de livres estudos filosóficos e em réplica ao desafio crítico que se impôs, que Carvalho em 1946 procede ao inventário analítico da historiografia filosófica em Portugal, da narrativa à crónica, da crónica à história e desta à interpretação crítica e filosófica. Essa insuficiência assinala-a nos primórdios, da *Historia Scholastica* de Comestor à *Summa Collacionum* de João de Gales, que se limitavam à recolha de *exempla* na exortação moral da dogmática; e se o renascimento alargou o horizonte histórico, a despeito de passar "inadvertidamente pelos problemas implícitos na concepção da História, notadamente a reflexão sobre o pensamento que pensa", o conhecimento mais exacto dos textos Antigos (como o *De Vitae et Moribus philosophorum* de Diógenes de Laércio), a divulgação impressa, a tradução para a língua vulgar, contribuíram para a difusão letrada de textos filosóficos. Quando em 1577 Pedro da Fonseca inicia o *Comentário* à *Metafísica*, depois seguido pelos confrades jesuítas do Colégio das Artes de Coimbra, à obra do Estagirita, esforço "monumental" de aproximação às fontes mas sem o rasgo da investigação histórico-filosófica, inicia-se

---

[27] Cf. Joaquim de Carvalho, *Biblos*, vol. XX, 1944, pp. 497-499.

a fase de intenção sistemática "sem similar, sequer longínquo, com a obra de qualquer outro filósofo" (*OC*, II 122-126), em parte aclarando a fixação escolástica e o censório expurgo dos *livros novos* que em séculos dominaram o ensino filosófico.

Mas só na Reforma Pombalina, a "refundação universitária", oficializando o repto pedagógico lançado pela Carta VIII do *Verdadeiro Método* e sobretudo sistematizado pelo *Apparatus* de Verney (depois vertido em português por Teodoro de Almeida na *Recriação Filosófica*), se propõe, com intenção propedêutica, "o resumo de História Filosófica" no curso de Filosofia Racional e Moral, sob inspiração dos densos tomos de Thomas Brucker (*Historia critica philosophiae, Insitutiones*), contraposto à gravitação ideológica da Academia Real da História "em torno da concepção centrípeta e providencial da realeza, que despojava a História de correlações e nexos causais para a render aos desígnios da Providência ou ao arbítrio espectacular e pomposo do monarca e dos poderosos". No sentido iluminista da *scientia, cognitio naturalis rerum omnium*, naturalizava-se o conceito de filosofia e tornava-se a matemática a sua linguagem, como Inácio Monteiro propusera; mas nem por isso Pombal prescindira de oficialmente impor *uma* metafísica, cuja unilateralidade "sufocava o espírito de independência mental" e coibia "o desenvolvimento dos estudos histórico-filosóficos, objectivamente considerados", reduzindo-os à "história de seitas" e pretéritas "aberrações do espírito" inabilitadas, já se vê, para alcançarem a visão da Luz (cf. *ibidem*, 127-136). Não admira que a ulteriores tentames sistematizadores (F. L. Leal, L. A. Azevedo, Fr. M. de Santa Ana, J. Agostinho de Macedo; M. Pires Vaz), mesmo numa linha individualizante, falhassem a perspectiva histórica, a problemática e a crítica objectiva que apenas a reflexão sobre *História da Filosofia* de Hegel, mediada por Heinrich Ritter, encontraria em Silvestre Pinheiro Ferreira, "o notável pensador" que libertava a filosofia da mera compilação cronológica e a entendia metodologicamente, em função dos diversos saberes, embora nele sobreleve mais o filósofo ligado ao espírito de sistema do que o historiador. E se, com o liberalismo, o Setembrismo não incutira eficaz reforma nos estudos filosóficos, o triunfo do Cartismo trouxera o eclectismo espiritualista de Victor Cousin à cena, sem uma clara concepção da história da filosofia mas reacendendo contudo, pela mão liberal de Pereira Jardim e do célebre *Relatório*, a urgência da propedêutica filosófica, bem expressa nas obras ecléticas de Silva Ferraz, Lopes Praça e Costa e Almeida (cf. *ibidem*, 137-153).

Se foi longo o excurso, terá a utilidade de patentear, em primeiro lugar, que a lição epistémica de Carvalho, a par do neohegelianismo (Croce, Collingwood), cifrava-se em evidenciar a historicidade mesma da historiografia, neste caso, filosófica, o seu grande objecto analítico, destinando-se a interrogar, em tese geral, o saber em função da condicionalidade do que se sabe[28]; em segundo lugar, elucida como a historiografia filosófica não conhecera em Portugal, até ao século XX, autêntica investigação disciplinadora, nem tivera a seu favor uma cultura institucional, o que reflectia de resto a geral debilidade da formação filosófica do nosso ensino e da República das Letras, da qual, por motivações e propósitos diferentes, exceptuava até ao final do século XIX, Pedro da Fonseca, Camões, F. Sanches, Verney, Herculano, Pinheiro Ferreira, Antero, poucos mais. O plano distante de 1916 confirma-se, quando denuncia o acrítico culto da *fonte* ao reconhecer que "a história não é o documento, embora sem documentos se não possa fazer história" (*OC*, V, 307) – e enuncia a base do problema historiográfico, recolhido na prioritária metodologia de Langlois e Seignobos, de "arrumar primeiro o armazém documental", que seguirá com obstinado método ao longo da vida: *a inventariação das fontes e a sua interpretação* para alicerçar o que então denomina "estudos [...] de História da Filosofia Portuguesa", "apesar de contestada por uns, indiferente à maior parte, mas aproveitada por estranhos" (*António de Gouveia e o aristotelismo da Renascença*, 1916; *OC*, I, 3).

Qual o móbil da refutação, em termos muito duros[29], da geração *nacionalizadora* dos anos 1950 e da reivindicação, aparentemente, similar? A tardia questão suscita a intrínseca e paradoxal apologia da "universalidade" portuguesa, onticidade na qual não caiu (*não se pode voar para onde já se está*, ripostaria do Brasil o antigo discípulo Eduardo

---

[28] Cf. Fernando Catroga, *Os passos do homem como e restolho do tempo*, ob. cit., pp. 109-111.

[29] Anota à beira da morte, in J. Montezuma de Carvalho, "Joaquim de Carvalho e a miséria da Universidade que padeceu", *Mar Alto*, n° 406.°, 29-V--1974: "O Estado Novo como todos os governos absolutos, fiscalizou e entorpeceu a investigação política e filosófica, desenvolvendo a história e a investigação histórico-filosófica. Estas são inocentes. Chegou a escrever um imbecilóide – Álvaro Ribeiro – no *Diário Popular* no fim do ano de 1955 que a filosofia devia ser imposta – as Ciências naturais também o não foram – como aliás o não foram nunca quando o Estado se identifica com a Igreja".

Lourenço a Álvaro Ribeiro, um dos corifeus do movimento da chamada "filosofia portuguesa"[30]) e do isolacionismo que solfeja a excelência *nacional* da portugalidade. "Creio saber", escreverá Carvalho em 1951, "que a índole e o teor da filosofia são supranacionais, ou melhor, a-nacionais", mas tal deveria ser mediado "pela explicação metafísica da realidade que se vive", de modo a achar "problemas e filosofemas mais ou menos correlacionados com a nossa idiossincrasia" (*OC*, V, 114--115). O dissídio tem como fulcro a extrínseca avaliação da longa tradição escolástica e, *a contrario*, uma esclarecida posição sobre a Modernidade, que Carvalho ergue como ponto de viragem de todos os saberes. Se, em 1927, indicava "o inventário analítico e seguro dos factos biobliográficos e o exame parcial dos problemas e inquietações intelectuais" da *cultura filosófica* em Portugal (*OC*, I, 337), reconheceria que esta "nasceu sob o influxo do movimento das ideias que originaram a Escolástica do século XII" (*OC*, II, 374); e, em *Descartes e a cultura filosófica portuguesa*, vira na última escolástica conimbrigense (*post* Pedro da Fonseca e Suárez) "o canto do cisne do ideal científico" aristotélico; que, na dedução silogística "enleava a razão numa mecânica abstracta que a isolava de todo o sentido renovador e [...] prendia-a a um saber estático" (*OC*, V, 303).

Nessa via, Sílvio Lima confirma o movimento anti-inovador, pois concessões a qualquer ex-cêntrica novidade foram "neutralizadas, dentro dos dogmáticos princípios da tradição metafísico-peripatética"[31]. Ontologizar ou adjectivar a questão, não cindindo Carvalho (e a *geração de 1914* do primeiro Ortega, Marañon, Marías) o arreigado patriotismo, mesmo das "pátrias locais" (cf. *OC*, V, 127), do convicto europeísmo e, como "Europeu, sempre atento ao apelo da conciliação e da unidade espiritual do Mundo" (*OC*, III, 349), seria desvirtuar o que, *ab ovo*, constituía o inovador requisito metodológico do programa que originara.

---

[30] Eduardo Lourenço, "Cultura e realidade nacional ou uma querela sem sentido" [*O Jornal do Brasil*, 13-VI-1957], *Ocasionais I*, Lisboa, A Regra do Jogo, 1984, pp. 19-23: "A realidade nacional não é algo do qual se possa *sair* e por isso mesmo também não é nada no qual se possa *entrar* com essa quimérica mercadoria que é a Cultura. O que é abstracção e por isso falência não é a vontade de acompanhar uma Europa mítica, mas o poder de imaginar como real esse falso voo. Não se pode voar para onde já se está".

[31] Sílvio Lima, *Obra Completa*, Lisboa, F. C. Gulbenkian, 2002, vol. II; sobre esta questão cf. Paulo Archer, *Sílvio Lima...*, *ob. cit.*, pp. 539-550.

Parece hoje claro que o seu "universalismo" é uma versão eurocêntrica do mundo, de matriz greco-romana e cristianizada, não falha da afirmação de "toda a superioridade do europeu" (*OC*, V, 38). Mas a bipartição singular/universal não é resolúvel num, nem por um, dos seus termos, ou pela eliminação de um deles (sem o qual o par não fará sentido); e a "querela dos universais" não se pode reduzir à ficcional abstracção do concreto para iludir o fluir da existência. É certo admitir que "uma filosofia é sempre uma réplica às interrogações das coisas e da vida" que, ao corresponder a uma "insatisfação do mundo concebido ou dos valores assentes", tenta arquitectar "nova visão do mundo" (*OC*, I, 356); mas só no mais vasto campo pluridisciplinar dos estudos históricos da cultura a inquirição filológica, doxística e hermenêutica da filosofia completaria o sentido.

Ademais, quando lança a prática, embargada pela morte, da *Revista Filosófica* (1951-1958, que apenas na década de 1990 terá continuador, em novos moldes, no filósofo Miguel Baptista Pereira), em pleno auge da monologia que a oficiosa ideologia académica exacerbava, ao som salazarista da *política do espírito* e em clima de "fervoroso nacionalismo patrioteiro", Carvalho abria à internacionalização universitária da filosofia, como foi notado, rasgando os sulcos à investigação filosófica em mais latos horizontes[32], destituindo o paroquialismo e a obsessão da mesmidade, que minavam qualquer hipótese de filosofia. No início da etapa, note-se, do que seria a epigonal experiência de intercâmbio filosófico (com autores brasileiros, chilenos, espanhóis, franceses), escreve (Setembro de 1949) a Barahona Fernandes: "A comissão de Censura – com que tristeza e revolta tive de escrever isto – autorizou há pouco a publicação"[33]. Na evocação do mestre, Eduardo Lourenço reconhecerá

---

[32] Miguel Real, "Joaquim de Carvalho (1892-1958) – um liberal ortodoxo", *Litorais. Revista de estudos figueirenses*, vol. IX, XI-2008, p. 34.

[33] E caracterizava noutra carta (de 26-V-1949): "o meu intento não é sistemático, ou se quiser, apologético de uma doutrina e embora entenda que devemos desentorpecer a modorra que nos ficou do Positivismo […]. Por isso intitularia a Revista modestamente de filosófica, e não de Filosofia, para poder abranger tudo o que ultrapassa a mera *empiria*, seja na ciência, seja na doutrina cultural" – sublinhe-se a ultrapassagem da "doutrina cultural" – B. Fernandes, "Joaquim de Carvalho", *art. e ob. cit.*, p. 906.

o desafio do *locus* atado na universalidade[34], bem patente, ao longo de décadas, na Biblioteca Filosófica que edita em parceria com a Atlântida, onde os clássicos puderam ser lidos em português, muitas vezes em primeira mão (traduzidos por Carvalho, Sérgio, Proença, Lima, entre outros). Impõe-se a conclusão – o "objecto" *desobjectivara*-se: "o que importa não é que haja uma coisa com o nome de História da Filosofia em Portugal", regista em 1952, "mas o que se fizer com este título se faça pela única forma séria segundo a qual as coisas se devem fazer, que é fazê-las bem feitas" (*OC*, VIII, 239).

Epistemologia compreensiva ou humanista

Era, é, a questão substantiva, mesmo se obstruída pela adverbiação sofística. Ora, os estudos culturais, "portugueses" ou não, nem essa é a questão determinante (pense-se, para desmitologizar e desdramatizar o debate, em *cultura lituana*, por exemplo), só podem ser objecto de uma *operação historiográfica e de cariz reflexivo, i. e.*, "instância teorética" (*OC*, II, 375) e não alvo aleatório de discursos mitológicos, apologéticos, ou pretexto da onticidade "nacional", culturalista, fixista, predeterminada, finalista. É o problema historiográfico da cultura – acume das sínteses sectoriais ou disciplinares, melhor, "visão convergente de interpretações coerentes e plausíveis", escreve em *Saber e Filosofar* – mesmo que se equaciona, no rigor metodológico que Carvalho usa e na dialogia epistemológica que atiça, reservando à historiografia o primeiro e decisivo nível para o "campo de interpretação" e observação da passagem de planos ou etapas do conhecimento, em empírica convergência com o plano piagetiano. Einstein, viciado em Kant, com lúcido humor afinado pela meditação, referia que "cada filósofo tem o seu Kant". Pensamos adequado o aforismo a Carvalho, numa copulativa indicativa: *e tem o seu Spinosa*. À maneira estóica do hebraísmo messiânico, mas na libertadora revelia de qualquer ortodoxa *Yeschiba*, e ao arrepio dos manuais de instrução *politico-missionários* para uso de profetas e profecias do passado, Carvalho viu bem, por vezes arriscando,

---

[34] Eduardo Lourenço, "A Invenção da Filosofia como Praxis Cultural", in Fernando Pernes (ed.), *Panorama da Cultura Portuguesa no século XX*, vol. I, Porto, Afrontamento, 2002, pp. 11-23.

o *risco filosófico* que a filosofia corre e acorda e que corporação científica alguma agenceia segurar. Autodisciplina semiológica, linguagem *do* ser e *sobre* o ser e a vida, na Filosofia circula a ideia espinosiana da salvação ética da existência [*voluntas libertatis,* a anteriana libertação final pelo Bem], pois no *individuum* se dá a síntese perceptiva da temporalidade e da duração[35], da ontologia e da história (Arendt, sobre Heidegger) – e nessa autodisciplina se sintetiza o problema espinosiano da virtude (cf. OC, V, 114), decisão pela indivisa Fortuna do seu "povo eleito", leia-se, da *humanitas.*

Joaquim de Carvalho, na arqueologia da epistemologia compreensiva, *humanista,* "que aspira a ser nos nossos dias de obscurantismo uma afirmação de confiança no que dignifica o Homem"[36], partiu de uma filosofia do sujeito, por mais poluída ou oculta se encontre hoje a palavra *humano* nos vocabulários da filosofia, no prontuário político ou na bíblia mediocrática. E por mais que o *humano,* gasta recitação formal de si mesmo, guardião do Ser que a si insiste enviar cartas protectoras[37], elocução erosiva na querela *post*-moderna, abstraia da primária antropologia abissal, não a da Fortuna dos seres, sã diversidade, mas a da concreta e extrema dissensão – do piso zero da pobreza à míngua do húmus até à raiz. E se o pensamento social de Carvalho é assaz pobre, no confronto com a riqueza informativa, crítica e especulativa das suas perspectivas culturais, para quem atender ao mundo em que se é, este aspecto devastador – a redução do humano – reedita o inumano nas exíguas prestações quotidianas da vida e da morte e contagia o mundo numa persistente nuvem tóxica irrespirável que no azul não se dilui ou o olvido apaga. Ao centrar-se no combate intelectual pela cidadania filosófica, do qual o esforço epistémico foi a tradução, e na luta contra a perversão totalitária e os Leviatãs que esmagam a vida em nome da Salvação da vida, semeando morte, terror, exclusão, Carvalho tentou desconstruir os modos contemporâneos ou travestidos do arcano *pactum subjectionis.*

---

[35] Sobre Gilles Deleuze, *Spinoza. Philosophie pratique,* Paris, Éd. du Minuit, 2003, pp. 109-111.

[36] Carta de 11-V-1946 a Barahona Fernandes, "Joaquim de Carvalho", *art. e ob. cit.,* p. 906.

[37] Cf. a polémica obra de Peter Sloterdijk, *Regras para o parque humano,* Coimbra, Angelus Novus, 2007, pp. 42-43.

RECENSÕES CRÍTICAS

Filipe Ribeiro de Meneses – *Salazar. Uma biografia política*. Tradução de Teresa Casal. Lisboa, Publicações Dom Quixote, 2010.

1. Ortega y Gasset, no seu famoso discurso sobre a "missão da Universidade", publicado originariamente, em primeira edição, num periódico, *El Sol,* apesar de explicar o sentido das suas palavras, lamentando ter de as dirigir aos seus "companheiros jornalistas", afirmava:

> "Cuanto más importancia substantiva y perdurante tenga una cosa o persona menos hablarán de ella los periódicos, y en cambio destacarán en sus páginas lo que agota su esencia con ser un 'suceso' e y dar lugar a una noticia".
> *Misión de la Universidad,* Madrid, Revista de Occidente, 1930, p. 142

Pela minha parte, peço desculpa ao autor desta "biografia política" sobre Salazar e ao diário *Público,* de que sou leitor assíduo, pelo facto de, quiçá injustamente e de forma inconveniente, começar por esta citação, com vista a salientar a opinião de me parecer que a obra ficou prejudicada pela adjectivação exagerada e até sensacionalista com que foi caracterizada, quer quando foi ali apresentada, em 29 de Outubro de 2009, na altura em que saiu a sua edição em língua inglesa (*Salazar. A Political Biography*, New York, Enigma Books, 2009. "The First English-Language Portrait of Portugal's Ruler"), quer quando apareceu a tradução portuguesa (*Público,* 20 de Dezembro de 2010). A obra foi, como facilmente se percebe pela leitura do periódico, colocada num patamar de excepcionalidade, passando o seu autor, até aí quase praticamente desconhecido entre nós, a ser apresentado como uma estrela de primeira grandeza entre os historiadores.

Na verdade, o livro, que agora se aprecia, com objectividade, e o seu autor – *senior lecturer* na National University of Ireland, em Dublin, e que publicou outros livros, um deles de correspondência diplomática no tempo do Estado Novo, e outros sobre o sidonismo e sobre Afonso Costa –, devem ser considerados no seu justo lugar, no âmbito da historiografia portuguesa e, mais especificamente, da historiografia portuguesa sobre o Estado Novo. Só desta forma se pode conceder-lhes um lugar correcto, não lhes insuflando demasiada importância, mas não caindo também numa crítica por ventura demasiado contundente, que felizmente não foi feita, nem mesmo na recensão de Manuel Loff, no *Público* de 10 de Julho de 2011, ao invés do que pode parecer indiciar o comentário do próprio periódico.

2. A toda esta inconveniente propaganda não foi, no entanto, de todo inocente (mesmo que inconscientemente) o autor da obra, que procurou sublinhar a importância do seu "produto". Notou que Salazar permanecia "um mistério no mundo anglófilo" (p. 12) – asserção que se poderia repetir para qualquer outro "mundo" onde domine outra língua (como o francês ou o alemão) e que reflecte afinal o império que hoje tem a língua inglesa (pp. 12-13); afirmou que eram "escassas as biografias académicas em português", que atribuiu (claro está) à pressão dos "modelos marxistas e dos *Annales*"; notou que a biografia de Franco Nogueira (ministro dos Negócios Estrangeiros de Salazar) era de uma "extensão desmesurada" – um "monstro de seis volumes" (pp. 13 e 14) –, o que jamais alguém ousaria dizer da obra científica de Renzo de Felice sobre Mussolini, com sete ou oito volumes, o que não impediu Meneses de citar por várias vezes a obra de Nogueira, sem, todavia, a incluir na biografia final (!); não deixou (é certo) de falar na "excelente investigação histórica sobre as estruturas e funcionamento do Estado Novo", que diz ter sido "em muito" a base do seu trabalho (p. 13), mas a verdade é que a bibliografia que vai citando e a bibliografia final é de uma evidente pobreza relativamente a esses estudos, esquecendo muitos e não sabendo utilizar outros no decorrer da sua leitura sobre Salazar.

É notório que faltava um trabalho académico sobre Salazar (mesmo em língua portuguesa), mas seria no mínimo correcto citar os longos estudos que o tiveram como objecto nos dois dicionários sobre o Estado Novo que, evidentemente, não deixou de referir e de usar (Fernando Rosas e José Maria Brandão de Brito, *Dicionário de História do Estado Novo*, 2 vols., Lisboa Círculo de Leitores, 1996, e António Barreto e Maria Filomena Mónica, *Dicionário de História de Portugal, Suplemento*, 3 vols., Porto, Livraria Figueirinhas, 1999-2000). Refiro-me às biografias apresentadas por dois dos coordenadores desses dicionários, Fernando Rosas (vol. 1, pp. 861-876) e António Barreto (vol. IX, pp. 283-390). Esqueceu-se também de mencionar o trabalho inicial, simples mas correcto, concretizado num estudo de síntese seguido de uma antologia, de Jorge Ramos do Ó (*O lugar de Salazar. Estudo e antologia*, Lisboa, Publicações Alfa, 1990), e mesmo as fotobiografias de dois jornalistas que, embora passíveis de críticas e de correcções (que obra não o é?), não devem ser esquecidas, dado que a imagem tem um lugar fundamental como fonte histórica (Fernando Dacosta, *Salazar. Fotobiografia*, Lisboa, Editorial Notícias, 2000, e Joaquim Vieira, *Salazar*, "Fotobiografias. Século XX", Lisboa, Círculo de Leitores, 2001).

Essa falta de referências – que, como se disse, é evidente em toda a obra e na bibliografia final (como veremos) – dá-nos conta de um defeito fundamental, ou seja, a incapacidade de dialogar com a longa série de estudos que saíram sobre Salazar e o Estado Novo. Em poucas palavras, Filipe Ribeiro de Meneses padece de um defeito muito comum na historiografia de Época Contemporânea portuguesa a que chamo a "síndrome das Descobertas" (em contraponto ao que Vitorino Magalhães Godinho me confidenciava, nos anos oitenta, relativamente à historiografia portuguesa em geral, a que chamou "síndrome da *Monarquia Lusitana*", por, segundo dizia, descer às mais remotas origens históricas e tudo citar), ou seja, o erro de abordar um tema como se fosse o primeiro a fazê-lo (embora não o dizendo exactamente assim), esquecendo o trabalho que foi até então desenvolvido – e com grande esforço – por muitos historiadores e alguns publicistas (cf. a nossa comunicação, em fase de publicação, "O Estado Novo na historiografia. Uma perspectiva crítica", apresentada no colóquio internacional "Historiografia, memória e sociedade. Séculos XIX e XX", realizado pelo Centro de História da Universidade de Lisboa, em 24 e 25 de Janeiro de 2011).

O autor quis fazer valer a "originalidade" do seu estudo – que é um facto em certos aspectos –, mas, ao mesmo tempo, para se defender de possíveis críticas, referiu logo duas limitações: por um lado, sublinhou que o "livro foi pensado e escrito para um público de língua inglesa" (p. 19); por outro lado, quis acentuar que "o presente volume [com mais de 600 páginas] nunca foi concebido como uma biografia exaustiva de Salazar" (p. 16).

A propósito destes dois pontos, comentarei, em relação ao primeiro, que um livro de História não deve ser feito para um público de uma língua e de uma cultura específicas. Não o foram assim, com certeza, as várias biografias realizadas por historiadores, de diversas nacionalidades, sobre Hitler, Mussolini ou Franco. Quando muito, poderá publicar-se uma obra com objectivos de "divulgação", para um público menos académico, "divulgação" no seu verdadeiro sentido, tendo em conta que (como tenho dito) só "divulga" (tendo como objectivo tornar um tema estudado por académicos de "conhecimento vulgar") quem, efectiva e profundamente, investigou, o que em certo sentido é o caso do autor. No que diz respeito ao segundo ponto, direi que nenhuma biografia é "exaustiva", o que não significa que não tenha necessariamente de abordar alguns aspectos (de forma significativa e significante), sob pena de nos dar uma visão fragmentada ou pouco estruturada do biografado. Assim, de resto, sucedeu com a sua "biografia" sobre Afonso Costa (*Afonso Costa*, Alfragide, Texto Editores, 2010), que, sendo apresentada como tal (pelos menos no domínio editorial – o título deveria ter sido mais detalhado), é tudo menos uma biografia sobre o líder do Partido Democrático da Primeira República, mas apenas uma investigação sobre o político e o diplomata republicano a partir da Primeira Guerra Mundial, em especial sobre a sua acção na Conferência de Paz, como, aliás, o autor acaba por confessar e como o leitor descobre com uma facilidade meridiana.

3. O facto de não pretender ser uma "biografia exaustiva", não podia afastar o autor de uma análise correcta e profunda do início de vida de Salazar, sobre a qual só diz trivialidades ou lugares comuns.

Na verdade, não analisou com originalidade os aspectos peculiares da sua infância e a aprendizagem inicial na sua aldeia do Vimieiro e na vila de Santa Comba Dão ou a sua vida no seminário de Viseu (onde encontrou um dos seus amigos e colaboradores, Mário de Figueiredo) ou a sua preparação como prefeito no Colégio da Via Sacra, dirigido pelo cónego António Barreiros, e a influência que era ali exercida pelo modelo de ensino de tipo inglês, por via do pensamento e da prática de Edmond Demolins, autor que acabaria por exercer uma grande influência na ideologia de Salazar, ideologia que jamais é analisada com profundidade e rigor. Ao falar da sua licenciatura em Direito, nunca aparece uma referência à sua formação, aos seus professores, às suas classificações e aos livros que terá lido; ao referir-se à sua vida coimbrã, não analisou o significado do seu convívio com a família Perestrelo, de quem o pai era feitor, e com Serras e Silva, lente de Medicina, professor da Faculdade de Letras e interessado pela Sociologia, ou com o ideólogo católico Diogo Pacheco de Amorim, autor de uma obra de referência, *A Nova Geração* (Coimbra, França & Arménio Livreiros-Editores, 1918); não valorizou devidamente a sua militância no CADC, que não caracteriza com devido cuidado, como não deu significado verdadeiro à "república" em que viveu, de "homens católicos" (Manuel Gonçalves Cerejeira e os convidados frequentes, de que se destacam José Nozolini, Mário de Figueiredo, Fezas Vital, Manuel Rodrigues Júnior), no antigo "Colégio dos Grilos" (assim chamado, não porque se localizasse na rua dos Grilos, a que o colégio deu o nome, mas sim porque ocupava o colégio outrora dos eremitas descalços de Santo Agostinho, cujo tipo de hábito originou a alcunha de "grilos"). Bissaya Barreto que acompanhou a doença da mãe de Salazar, sendo um dos seus poucos amigos fiéis e visita regular, e que exerceu sobre ele grande influência, pouco é referido, apesar de citar a dissertação de mestrado, publicada, de Jorge Pais de Sousa (*Bissaya Barreto. Ordem e Progresso*, Coimbra, Minerva, 1999), passando-se o mesmo com Artur Águedo de Oliveira, cuja tese de doutoramento terá seguido e que veio a ser um dos seus "homens de mão" nas Finanças. O mestre de Salazar, José Marnoco e Sousa, nunca é citado pelo seu nome nem é dado relevo à sua obra; também passa ao de leve pela sua ligação ao Centro Católico Português e à teoria política neo-tomista que ali apresentou num dos congressos mais significativos (Lisboa, 1922); nunca se refere às teses de consenso, que fizeram despertar um nacionalismo de direita, da Cruzada Nacional D. Nuno Álvares Pereira, embora cite o livro fundamental de Ernesto Castro Leal; na ascensão de Salazar, esquece a importância do diário de Ivens Ferraz, publicado por César Oliveira (*A ascensão de Salazar*, Lisboa, Editora O Jornal, 1988), e não dá a devida importância a António Ferro, a quem Salazar deu entrevistas de grande significado ideológico e propagandístico, que tornaram a sua obra o maior *best-seller* do tempo, ao mesmo tempo que polémica, pelo menos na sua tradução inglesa (*Salazar. Portugal and her Leader*, London, Faber and Faber, 1939), em que, embora a cite na bibliografia final, não capta o sentido da introdução, redigida por Sir Austen Chamberlain; apesar de não deixar de falar dos "camisas azuis" de Rolão Preto, não releva que deles proveio um grupo significativo de salazaristas (curiosamente, apesar de muito citar António Costa Pinto, por ser o autor mais traduzido no estrangeiro, não refere na bibliografia a sua obra principal – *Os Camisas Azuis. Ideologia, elites e movimentos fascistas em Portugal 1914-1945*, Lisboa, Estampa, 1994)...

Foi, entretanto, referindo alguns textos de época, não captando profundamente o seu significado. O Coronel Egerton, cuja obra sobre Salazar foi encomendada pelo Estado Novo (F. Clement C. Egerton, *Salazar: rebuilder of Portugal*, London, Hodder & Stoughton, 1943) vai sendo referido, transcrevendo-se aqui e ali o seu testemunho, ao mesmo tempo que omite outros, mesmo de língua inglesa (evidentemente o do militante comunista Ralph Fox, *Portugal now*, London, Lawrence and Wishart, 1937, cuja tradução portuguesa foi editada recentemente); diz que Salazar fez em Viseu o "ciclo preparatório" (*sic* – p. 25) e que foi "professor" no Colégio da Via Sacra, querendo referir-se aos "estudos preparatórios" do seminário, onde veio a completar o curso de Teologia, e à função de prefeito na escola do Padre Barreiros; para o autor, todos os estudantes de Coimbra se conheciam e formavam uma elite, que não soube caracterizar na sua complexidade; não cita uma das obras de estudo do CADC que teve duas edições (João Paulo Avelãs Nunes, Jorge Seabra e Rafael Amado, *O C. A. D. C. de Coimbra, A Democracia Cristã e os inícios do Estado Novo 1905-1934*, Coimbra, Faculdade de Letras, 1993. 2.ª edição: Lisboa, Colibri, 2000) e que o ajudariam a compreender em que medida o pensamento católico contribuiu para formar uma linha integrista, importante para a formação de autoritarismo de direita; nem uma palavra escreve (como se afirmou) sobre o magistério de José Marnoco e Sousa, o seu mestre de Direito, nem mesmo cita o livro em que Marnoco tentou, com José Alberto dos Reis, defender e caracterizar a Faculdade de Direito no ano dramático de 1907 (Alberto dos Reis e Marnoco e Sousa, *A Faculdade de Direito e o seu ensino*, Coimbra, França Amado, 1907); não trabalhou, com certeza (não o cita na relação dos arquivos consultados – p. 773), no Arquivo Distrital de Viseu, assim como não visitou o Arquivo da Universidade de Coimbra, onde encontraria todo o processo académico de Salazar, como não viu ou não citou sequer o *Anuário* da referida Universidade...

Pode dizer-se, aliás, que há um erro metodológico fundamental no livro de Filipe Meneses. Vai citando fontes caso a caso, sem reflectir maduramente sobre o seu significado, nunca procurando – e isso deveria ter sido a sua preocupação primeira – distinguir com nitidez o mito de Salazar e a sua "realidade". Ao invés, a condução da sua análise leva-nos a pontos de que talvez devesse fugir – a ideia finalista de que Salazar nasceu para ser "chefe". Como diz, logo no início da biografia, "Salazar politicamente ambicioso foi obrigado a marcar passo até 1926, já que as suas predilecções católicas não contavam com as boas graças da I República" (p. 21).

4. Dessa forma, e apesar de ter compreendido as contradições de Salazar, a ideia que o autor pretende afirmar – numa argumentação desgarrada e ambígua – é que ele foi, acima de tudo, um estadista conservador e católico (nem especifica bem que tipo de católico), afastado do totalitarismo e de qualquer tipo de fascismo, só entrando na linha "fascizante" por pressão da guerra civil de Espanha. Mais: deseja mesmo menorizar o "corporativismo" do regime, não tendo lido ou citado fontes fundamentais, como algumas obras de Marcello Caetano (por exemplo, *O Sistema Corporativo*, Lisboa, 1938) ou de Castro Fernandes (*O Corporativismo Fascista*, Lisboa, Edições Império, 1938), ou mesmo, por outro lado, o estudo pioneiro de Manuel de Lucena sobre o corporativismo (*A Evolução do Sistema Corporativo Português*, vol. I, *O Salazarismo*, e vol. II, *O Marcelismo*, Lisboa, Perspectivas e Realidades, 1976). Outras fontes impressas, como o *Decálogo do Estado Novo* (1934), atribuído a João Ameal (autor que nunca cita!), ou vários outros livros de autores que se poderiam chamar "homens de Salazar", como Carneiro Pacheco, Águedo de Oliveira, Manuel Rodrigues Júnior, Mário de Figueiredo, o próprio António Ferro, não são referidos ou são-no de forma escassa e dispersa. Teria então percebido que mesmo eles tinham dificuldade em entender que o sistema salazarista não era "totalitário" (em certo sentido). Parece mesmo

que Ribeiro de Meneses não leu muita bibliografia recente sobre o fascismo, nem participou nos debates havidos em muitos colóquios, que o levariam por certo a ser mais interrogativo e a tornar mais complexas as suas reflexões, que por vezes são de um simplismo evidente.

De resto, o que pretende ainda mostrar de uma forma quase elementar é que não houve uma doutrina salazarista ou então, se houve, não constituiu uma clivagem com o passado. Tendo como base o *Diário da Manhã* e seguindo a própria posição de Salazar, escreveu Filipe Ribeiro de Meneses: "O salazarismo, a ter existido como doutrina, não representou uma ruptura clara com os fundamentos do nacionalismo português da viragem do século" (p. 108). É como se o salazarismo não representasse nada de novo do ponto de vista ideológico ou como se o "salazarismo" não tivesse mesmo existido. É uma ideia facilmente posta em causa pelas palavras e pelos factos do salazarismo, que procurei apresentar no meu livro *Estados Novos, Estado Novo* (2.ª ed., Coimbra, Imprensa da Universidade, 2009), que não havia sido ainda publicado quando saiu a edição inglesa de *Salazar – Uma biografia política*, mas que já viera à luz aquando da publicação da edição portuguesa. Evidentemente não afirmo, reservando-me uma posição mais modesta, que esse livro e alguns dos seus capítulos (antes publicados sob a forma de artigos que poderiam ter sido consultados), tenham de servir de referência, embora considere que essa obra deveria ser analisada, como as obras de Fernando Rosas, Manuel Braga da Cruz, António Costa Pinto, João Medina, Manuel Loff, Irene Pimentel, e tantos novos e velhos historiadores de que vai citando algumas obras, parecendo desconhecer completamente outras.

Obviamente que o nacionalismo de Salazar era diferente – com o que parece consolar-se, deixando cair a palavra "felizmente" (p. 109) –, porque a realidade era outra, dos nacionalismos mais violentos da Europa, como era diferente a sua lógica totalitária, ou o seu corporativismo, ou sua concepção de "Chefe", mas o certo é que havia pontos de semelhança que Meneses prefere não pôr em confronto e muito menos em destaque. Salazar navegava na lógica paradoxal, bem captada por Eduardo Lourenço, do "fascismo que nunca existiu" (ver *O Fascismo nunca existiu*, Lisboa, Publicações Dom Quixote, 1976), ou da caracterização do "fascismo sem movimento fascista", na expressão de Manuel Lucena (*ob. cit.*, vol. I), ou da "retórica da invisibilidade" segundo José Gil (*Salazar: A retórica da invisibilidade*, Lisboa, Relógio de Água, 1995). Por vezes vale muito a pena ler ensaístas, sociólogos, filósofos... Mas, mesmo que Filipe Meneses não quisesse apelidar de "fascismo" (em sentido genérico) o pensamento e a prática de Salazar, no que é acompanhado por vários historiadores portugueses e estrangeiros (quando se querem confrontar com o problema, o que é raro), é indubitável que ele tem sinais característicos bem contornados. É difícil, perceber as suas origens e características ideológicas, que pairam entre uma teoria da educação de Demolins, uma concepção neotomista em ligação com uma teoria de "Razão de Estado Católica", uma prática política de Maurras (que Salazar diz recusar ou menorizar), uma concepção sociológica conservadora e terapêutica do tipo de Le Play, uma concepção corporativista católica com uma inversão estatizante, uma ideia sócio-jurídica bebida na Faculdade de Direito sobretudo no seu mestre Marnoco e Sousa, e uma prática económico-política pragmática própria de uma "economia de guerra" ou, mais latamente, de uma "economia de crise". E seria preciso consultar a bibliografia, que por certo Salazar manuseou, como estudante e como professor, que se encontra no Instituto Jurídico de Coimbra, para ir mais longe na observação do seu caso.

Ainda que seja verdade, como diz, que é preciso distinguir Salazar do "Estado Novo" (p. 193) – o salazarismo como doutrina para ele não existiu –, o certo é que nunca isso fica claro na análise de Meneses. O que sempre vem ao de cimo é a sua tendência para o afastar das tendências marcantes da política do tempo. Já nem quero falar de Mussolini, que Salazar considerou em 1938, um "génio político", num discurso público ("Preocupação da paz e preocupação da vida", discurso proferido em 27 de Outubro de 1938, *Discursos*, III, p. 105). Mesmo que fale da "Política do Espírito" de António Ferro (que dizia num seu artigo que havia que escolher entre Moscovo ou Roma – "Esquerda e direita", *Diário de Notícias*, 7 de Novembro de 1932), procura desvanecer essa ligação, assinalando pelo menos o seu fracasso ou o fracasso da "Política do Espírito" (p. 199). É como se a acção de propaganda doutrinária – que é uma das características mais marcantes do salazarismo – fosse alguma coisa que não dizia respeito a Salazar, mas tão só ao Estado Novo, de que afinal foi o principal construtor.

Se no domínio das fontes se deve assinalar a leitura (por assim dizer) sistemática, feita por Ribeiro Meneses, do Arquivo Salazar existente na Torre do Tombo (não deixando eu de assinalar que ele é incompleto, pois faltam-lhe, pelo menos, elementos como aqueles, mais ligados às suas férias e por certo menos importantes, que se encontram em poder da biblioteca de Santa Comba Dão), ressalta a falta de leitura apurada dos discursos de Salazar. Se cita alguns, mesmo alguns deles que não se encontram nos seis volumes publicados com a chancela do próprio Salazar (*Discursos e notas políticas*, Coimbra, Coimbra Editora, 1935-1967) e sim em jornais ou os que se agrupam na série publicada pelo SPN/SNI denominada "O Pensamento de Salazar", também é verdade que cita muitas vezes os discursos em segunda mão, não percorrendo de forma continuada e significativa as densas e calculadas palavras proferidas pelo estadista, nos referidos *Discursos* e nas *Entrevistas* de 1960-1966 (Coimbra, Coimbra Editora, 1967) e outras anteriores, que constituem fontes fundamentais para entender a complexidade, a originalidade e a ambiguidade da sua doutrina.

5. Para além de ser significativo (como se acabou de dizer) o esforço de Ribeiro de Meneses no sentido de percorrer o Arquivo Salazar – estranhamente (talvez por erro de tradução) usa o termo "diário" em referência às *agendas* de Salazar –, o ponto forte da obra é o seu estudo sobe as relações externas do Estado Novo. De resto, foi esse sobretudo o alvo dos seus estudos anteriores. Mas não deixa de ser sintomático que não tenha citado as obras escritas em português ou em castelhano sobre Salazar e a Guerra Civil de Espanha. Refiro-me às teses de doutoramento de César Oliveira (*Salazar e a Guerra Civil de Espanha*, Lisboa, O Jornal, 1987), de Alberto Pena Rodríguez (*El Gran Aliado de Franco. Portugal y la guerra civil española: prensa, radio, cine y propaganda*, Corunha, Edicios Castro, 1998) ou a que citaremos de Manuel Loff. O mesmo se pode dizer de algumas obras sobre as relações externas durante a Segunda Guerra Mundial. Embora refira António José Telo, algumas obras deste autor, que se dedicou especialmente ao tema e às relações de Portugal com a NATO, ficaram por mencionar, assim como não foram citadas outras obras sobre o tema da guerra e do pós-guerra, que originou congressos, com actas publicadas, que se realizaram por altura do cinquentenário do início o do fim do conflito mundial, e obras sobre diplomatas e questões diplomáticas. Um exemplo flagrante é o facto de não ter referido alguns livros e artigos significativos sobre Aristides de Sousa Mendes e documentos diplomáticos de Veiga Simões, ministro em Berlim antes e nos primeiros anos da guerra, nomeadamente os notáveis relatórios que dali enviou, que se encontram no Arquivo Histórico-Diplomático e que foram transcritos numa obra de Lina Madeira (*Correspondência de um diplomata no III Reich. Veiga Simões: ministro acreditado em Berlim de 1933 a 1940*, Coimbra, Mar da Palavra, 2005). É curioso ainda que tenha citado a obra com intuito ideológico coordenada (e não "editada", que em português significa outra coisa) por Jaime Nogueira Pinto, *Salazar visto pelos seus próximos* (Lisboa, Bertrand, 1993) e se tenha esquecido de obras publicadas no tempo de Salazar, que surgiam também com a intenção manifesta de provar a relevância que o estadista tinha na política internacional (*Salazar perante o mundo*, Editora Portugal-Ultramar, Ano XVIII da Revolução Nacional, 1944, e *Projecção de Salazar no estrangeiro*, Porto, UN, 1949). Se citou, na sua edição inglesa, a obra de Luís Teixeira sobre a política de Salazar na guerra (*Portugal e a Guerra. Neutralidade colaborante*, Lisboa, 1945), não fez o mesmo acerca da obra, em vários volumes, *Dez anos de Política Externa*, que contém muitos documentos político-diplomáticos escritos no contexto da Guerra e que foi publicada para comprovar esta posição política. Aliás, o seu título completo é sintomático:

Dez Anos de Política Externa. 1936-1947. A Nação Portuguesa e a Segunda Guerra Mundial. Também não referiu ainda livros sobre a política externa de admiradores de Salazar, portugueses (como Matos Gomes, *Política Externa de Salazar*, Lisboa, Edições Além, 1953) e estrangeiros. Teses de mestrado como a de Helena Janeiro, *Salazar e Pétain. Relações Luso-Francesas durante a II Guerra Mundial (1940-44)* (Lisboa, Cosmos, 1998), ou a de Manuel Loff, *Salazarismo e Franquismo na época de Hitler (1936-1942)* (Porto, Campo das Letras, 1996), ou de doutoramento, como a de Luís Vieira Andrade, *Neutralidade colaborante* (Ponta Delgada, Coingra, 1993), não foram também considerados.

Claro que Meneses não teria de estar de acordo com os historiadores que escreveram sobre o tema ou à volta do tema. Mas, assim, dá a ideia que esqueceu o que havia sido escrito ou recusou-se a dialogar com a historiografia portuguesa, pois o certo é que nunca omitiu nada (ou pouco) do que se escreveu em língua estrangeira, mesmo que se tratassem de obras de época ao serviço do regime ou obras muito simples, ou mesmo simplistas, de historiadores (ou politólogos) que escreveram noutras línguas, nomeadamente em inglês. A ideia com que por vezes se fica – com certeza injustamente – é que Filipe Meneses pegou nas obras que tinha à mão, sem procurar outras, ou então, em alguns casos, as obras que, de uma maneira ou de outra, poderiam justificar as suas teses. E, neste caso, a tese que se destaca é que Salazar esteve mesmo acima de todas as linhas ideológicas que se debateram, mantendo sempre uma atitude de neutralidade ou de neutralidade colaborante. A sua posição, logo definida no início do capítulo IV, com que começa o estudo da II Guerra Mundial, é que tudo estaria confuso entre os historiadores, no mundo da interpretação do posicionamento de Salazar e, obviamente, o seu objectivo era de um recto esclarecimento dessa situação (p. 249). Daí que tenha concluído o que já era consabido, embora tenha sido interpretado de modos diferentes.

Nada de novo surge na investigação sobre o pós-guerra, nem sobre as políticas da oposição ou das oposições, onde mais uma vez esqueceu o que já se escreveu sobre a matéria. E, quanto ao período da Guerra Colonial, nada de original também, esquecendo-se de citar as mais importantes obras saídas sobre o tema, como as de Aniceto Afonso e Carlos Matos Gomes.

6. Quando saliento que em vários aspectos nada (ou pouco) de novo existe na obra de Filipe Ribeiro de Meneses, não pretendo ser demasiado duro. Existe algo de novo: é afinal a tentativa de estudar globalmente Salazar. Por outras palavras: muito já se sabia, até pela pena (custe ou não admiti--lo, até porque a obra tem um cunho naturalmente ideológico salazarista e segue uma metodologia pouco científica, não citando as fontes) de Franco Nogueira. Mas, se quisermos ater-nos à bibliografia escrita por universitários

ou não universitários – pouco importa, desde que a metodologia histórica seja aplicada –, muito foi publicado e era por aí que o autor deveria ter começado. Escrever uma obra "para inglês ver" – e para português se comprazer, como tudo o que se faz no estrangeiro – foi um mau processo seguido pelo autor. Por isso comecei por dizer que a imprensa lhe fez um mau serviço e à sua obra, com uma adjectivação exagerada, tal como: a "obra que faltava na historiografia internacional", a obra que nos dá "uma ideia mais desapaixonada do homem e do regime de quase meio século", "Salazar era um buraco negro da historiografia portuguesa: há mais de quatro décadas que o país esperava pela biografia da figura mais importante do século XX português"..., e por aí além.

A obra é o que pode ser, com as suas qualidades e os seus defeitos. Neste caso parece desconhecer muito do que se fez sobre o Estado Novo, o salazarismo e Salazar, desde a obra de Manuel de Lucena sobre o corporativismo e desde os vários volumes do "Livro Negro sobre o Regime Fascista" (de que, todavia, cita alguns), passando por um sem número de obras, de números de revistas especializadas, de dicionários, de cronologias, de actas de colóquios que se realizaram até hoje. Procurou analisar Salazar por uma via sempre perigosa quando se elabora uma biografia, ou seja, pelo testemunho do próprio Salazar ou dos seus próximos, investigando a parte tratada do Arquivo de Oliveira Salazar, mas esquecendo, por exemplo, o arquivo da PVDE/PIDE. Usou de uma forma limitada a historiografia portuguesa ("fontes secundárias", como lhe chama, numa linguagem para mim mais do que discutível, embora usada sobretudo em países anglo--saxónicos – *secondary sources*), o que prejudica necessariamente a imagem da obra e, o que é mais lamentável, a imagem da historiografia portuguesa.

Enfim, a obra de Filipe Ribeiro de Meneses é mais uma obra sobre o Estado Novo, desta vez, intencionalmente, sobre a sua figura cimeira, António de Oliveira Salazar, que, obviamente deve e tem de ser lida. Espero, porém, que surjam outras, para que se torne cada vez mais evidente – embora já o seja – a figura do estadista que governou o país cerca de quarenta anos, numa lógica autoritária, de totalitarismo "à portuguesa" ou mesmo de "fascismo". Este "olhar de língua inglesa" é apenas mais um passo, adequado, no entanto, à de um país que foi aliado do Portugal salazarista e que tinha sempre de o justificar. É um passo em frente? Sem dúvida, porque toda a obra historiográfica é um passo em frente, mesmo que não traga muito de novo, ao contrário do que a imprensa propagou e propagandeou, parecendo dar razão ao que disse Ortega y Gasset há mais de setenta anos.

Coimbra/Figueira de Lorvão, 14 de Agosto – 8 de Setembro de 2011

Luís Reis Torgal

Fernando Catroga e Pedro Tavares de Almeida (coords.) – *Res Publica – Cidadania e Representação Política em Portugal, 1820-1926*, Lisboa, Assembleia da República-Biblioteca Nacional de Portugal, 2010, 335 pp.

A comemoração do centenário da República foi objecto das mais diversas iniciativas e realizações, algumas das quais extremamente apelativas, bem concebidas e dignas de nota e aplauso. Exposições, colóquios, evocações, cerimónias de aparato, por todo o país se assistiu, com maior ou menor realce, a actos que celebraram a centúria do regime instituído em 1910. Dezenas de livros foram publicados, revestindo-se de particular interesse algumas monografias de âmbito local, geralmente editadas sob a égide de câmaras municipais, que resgataram do esquecimento figuras ou factos menos conhecidos da nossa História recente ou trouxeram a público documentação inédita. Infelizmente, não foi feito – pelo menos, por ora – um inventário do muito que se publicou por ocasião deste centenário, actualizando o utilíssimo "Guia" de Oliveira Marques, o que bem teria valido a pena, já que vieram a lume obras de grande interesse, se descontarmos a vaga avassaladora dos livros "oportunistas" de ocasião, obras de valor efémero que encheram os escaparates das livrarias e que, de um modo geral, são destituídos de méritos científicos, já que, não raras vezes, foram incapazes de ultrapassar o registo polemizante que ainda hoje caracteriza muitos dos olhares que são lançados sobre o turbulento período que vai de 5 de Outubro de 1910 a 28 de Maio de 1926.

A obra *Res Publica – Cidadania e Representação Política em Portugal, 1820-1926*, coordenada por Fernando Catroga e Pedro Tavares de Almeida, pode ser considerada, a justo título, como das melhores que em 2010 foram publicadas. Provavelmente, a melhor – o que não deixa de constituir um notável feito, já que, como se disse, muito foi editado, por vezes sem outro critério que não fosse o do sucesso comercial imediato. Este livro situa-se nos antípodas dessa preocupação. Desde logo, porque se configura como uma obra de cariz "institucional" – sem que, todavia, possua o formato, tantas vezes vazio de conteúdo ou meramente apologético, que marca os textos dessa natureza. Por outro lado, porque, a par dessa raiz "institucional", existiu a preocupação de produzir textos de grande qualidade, profundidade e rigor. O livro teve como pretexto próximo uma exposição patente em dois pólos – a Assembleia da República e a Biblioteca Nacional de Portugal –, mas de modo algum pode considerar-se um "catálogo", no sentido em que não procura percorrer o itinerário dessa mostra ou cingir-se a uma descrição das peças nela exibidas. A exposição a que se fez referência constituiu, tão-só, um "pretexto" para o presente livro. Ou, melhor dizendo, um "pré-texto", intróito de uma obra colectiva que se caracteriza pela densidade e profundidade dos contributos que nele se contêm.

Merece igualmente destaque a originalidade da abordagem proposta. Nela se intui que, muito para lá de uma celebração da República, os coordenadores tiveram em mente um propósito mais vasto – ou, pelo menos, bastante distinto. Como fio condutor dos diversos artigos encontramos um "programa", uma "perspectiva", que se entrevê nos dois tópicos anunciados no subtítulo: cidadania e representação política. É em torno destes conceitos que toda a obra se articula e desenvolve, o que lhe confere uma notável coerência interna, pese a diversidade – e, reconheça-se, o desigual valor – dos textos publicados. Assim, encontramos aqui artigos sobre a cidadania e a representação no Império (Cristina Nogueira da Silva), a representação orgânica (António Manuel Hespanha), o conceito de representação no direito constitucional (J. J. Gomes Canotilho), a iconografia parlamentar (Paulo Jorge Fernandes), a instituição castrense e a representação política liberal (Luís Salgado de Matos), os juristas e a representação (Fátima Moura Ferreira), os médicos e a saúde pública no Parlamento (Rita Garnel), os partidos e a representação no liberalismo português (Fernando Farelo Lopes), europeu (Raffaele Romanelli), espanhol (Carlos Dardé Morales) e brasileiro (Keila Grinberg).

Em termos cronológicos, o âmbito diacrónico de análise abrange, como se vê, um período mais vasto do que o da Primeira República, situando-se os diversos textos no espaço e no tempo do liberalismo português, de 1820 a 1926. Por outro lado, procuraram-se esclarecer confluências ou dissidências com o que ocorria noutros lugares, com destaque para o Brasil e para Espanha. O resultado final foi um livro de invulgar qualidade científica que, sem dúvida, ficará como obra marcante, de referência e detentora de indiscutível perenidade.

Num cômputo global, se a perspectiva dominante é histórica, toda a obra é atravessada por uma abordagem que poderíamos, por comodidade de expressão, designar de "conceptual". É que, mesmo sem trilharem os caminhos da *Begriffsgeschichte*, os diversos autores seguiram, salvo excepções pontualíssimas, o "guião" traçado pelos coordenadores, o qual, como se disse, assentava em dois pilares mnemónicos: cidadania e representação. Tal "guião" é como que preanunciado nos ensaios com que o livro abre: "Em nome da Nação", de Fernando Catroga, e "Eleitores, votos e representantes", de Pedro Tavares de Almeida.

Sob o manto aglutinador da História – e o horizonte da historicidade nunca se perde nas mais de trezentas páginas que compõem o volume –, os textos oscilam entre um pólo, por assim dizer, mais "filosófico" e reflexivo e outro mais próximo de uma aproximação afim da ciência política, de pendor mais "empírico". Numa simplificação naturalmente redutora, Fernando Catroga protagoniza a primeira linha, na esteira de anteriores estudos dedicados ao republicanismo, à laicidade ou à "religião civil", e Pedro Tavares de Almeida privilegia o segundo enfoque, que já havia marcado os seus trabalhos sobre partidos, elites, caciquismo, eleições e representação.

A representação política liberal foi construída conceptualmente em torno de dicotomias, que Fernando Catroga apreende e descreve de forma admirável: *physis* e *nomos*, representantes e representados, poder constituinte e poder constituído. Pese o facto de nos situarmos no domínio da esfera "pública" da *polis*, importa, no entanto, não perder de vista o valor, também ele "político", da esfera "privada" do *oikos*, já que, na lição de Hannah Arendt, a génese do totalitarismo reside justamente na diluição das fronteiras entre esses dois espaços. Além disso, situando-se hoje o ideal de "bem viver" (*eu zeen*) cada vez mais no âmbito do espaço privado, será talvez essa a *fons et origo* dos "défices de cidadania" que caracterizam o nosso tempo. A contraposição entre a "liberdade dos antigos" e a "liberdade dos modernos", explorada no celebérrimo texto de Constant que palidamente ecoa nos dois conceitos de liberdade de Isaiah Berlin, afigura-se como um momento fundamental – e fundante – do liberalismo moderno. E como salutar barreira contra a "tirania da cidadania" que encontramos em algumas versões do civismo militante, mas antiliberal. Tal tirania pode surgir quase sempre ordenada à prossecução de valores meta-subjectivos, como o jacobinismo ou o nacionalismo autoritário bem demonstram, o que evidencia que uma certa *radicalidade do eu* ainda é o melhor antídoto com vista à preservação da democracia, tal como a conhecemos na sua feição "liberal". Questão que permanece em aberto é a de saber se, nos nossos dias, o individualismo não foi extremado a tal ponto que as revisitações contemporâneas do projecto republicano, assentes num ideal de participativismo activo, exigente e quotidianamente interpelante, são ainda exequíveis. Se tal suceder, a rememoração dos diversos republicanismos – da antiga Roma à Florença renascentista – possuirá, decerto, valor histórico ou nostálgico, mas será de duvidosa praticabilidade no plano político ou, melhor, da cultura cívico--política. A *virtú* republicana não pode ser imposta "de cima". À semelhança de crenças de outro jaez (como a fé religiosa), o civismo implica sempre um momento de adesão individual, sendo esse momento muito mais relevante do que os "momentos" que Pocock descortinou nos *Discorsi* de Maquiavel. Talvez tenhamos de nos conformar com o facto de tópicos como *pro patria mori* pertencerem definitivamente ao passado, o que implica um esforço de reinvenção do republicanismo que alguns autores, como Habermas, vêm empreendendo num plano que, impõe-se reconhecê-lo, ainda é puramente teórico, já que se não vislumbram sinais de um "patriotismo constitucional" vivido, cultivado e praticado nos buliçosos tempos do mundo do nosso tempo.

Num livro notável sobre o conceito de representação, Pitkin mostrou que esta não se pode cingir – de modo algum! – à ideia, avançada por Mirabeau, segundo a qual o Parlamento deveria ser o "espelho da nação", ideia para mais utópica nas sociedades contemporâneas, fragmentadas num pluralismo cujos limites se desconhecem. Mas, sendo assim, que lugar reservar ao Parlamento enquanto espaço privilegiado de cumprimento do mandato representativo? A dúvida adensa-se se tivermos presente as condições de selecção e recrutamento dos deputados. Já não as que radicam no plano dos princípios mas aquelas que decorrem de uma análise realista, pragmática e empiricamente sustentada, como a que Pedro Tavares de Almeida nos oferece no seu texto "Eleitores, votos e representantes". A comprovação histórica de fenómenos como o caciquismo, a escassez da participação, as irregularidades do sufrágio ou as manipulações do desenho dos círculos introduz, inquestionavelmente, um elemento des-legitimador para todos quantos almejaram a uma "republicanização da soberania nacional" (F. Catroga). Com a agravante de a severidade deste juízo se manter nos nossos dias, não se vislumbrando alternativas político-constitucionais susceptíveis de alicerçarem uma re-legitimação institucional feita à margem dos desejos, dos interesses e da vontade cívica dos membros da *polis*. As suspeições outrora lançadas sobre o presidencialismo não perderam por inteiro a sua razão de ser. A que acresce o facto de também em regime presidencialista se poderem verificar os vícios atrás descritos, a que outros se juntariam, mormente o de uma personalização do poder que, levada ao extremo, sempre poria em causa os frágeis equilíbrios em que assenta um sistema político cuja democraticidade nunca devemos ter por inteiramente adquirida – ou irreversivelmente consolidada.

Tal não significa ressuscitar o espectro da ditadura, até porque os constituintes de 1976 foram suficientemente avisados para escutar os alertas de Bentham sobre os riscos de reeleições sucessivas. A História do século XX português demonstrou, em todo o caso, que a lição de Bentham nem sempre foi escutada. E poderá demonstrar que, mesmo sendo a renovação dos titulares dos cargos objecto de consagração formal, sempre existem expedientes e artifícios que permitem converter em "eterno" o que, por imperativo republicano, se desejava efémero ou transitório.

Há que contar, por outro lado, com riscos decorrentes de uma recuperação velada do organicismo e das suas traduções políticas. Não é por acaso que, na última linha do seu artigo, António Manuel Hespanha não descarta em absoluto essa hipótese. A representação orgânica, pese não estar consagrada na arquitectura constitucional da nossa democracia, emerge sob diversas formas, as quais permanecem vivas e actuantes – sendo até saudadas por alguns sectores como expressão mais "autêntica" da realidade do país, da sua identidade histórica ou da pluralidade dos seus modos de vida. As teses sobre o "neocorporativismo" fizeram curso nas academias, há alguns anos, mesmo quando destituídas de quaisquer propósitos laudatórios. Hoje, passaram de moda. A realidade que retratavam, todavia, subsiste intocada. E pese o facto de, como salienta Gomes Canotilho, a lei fundamental de 1976 ter "solucionado" a questão da representação, os riscos de um regresso larvar ao organicismo não estão por completo afastados dos nossos horizontes.

Há, pois, que aprofundar o esforço de salvaguarda da Res Publica, o que implica bem mais do que tecer inconsequentes laudas ao *Verfassungspatriotismus*. Num plano muito prático, e sem quaisquer intuitos de restaurar o conceito medievo de que Kantorowicz se ocupou, poder-se-ia, por exemplo, ponderar as vantagens da instituição de um serviço cívico obrigatório, numa linha que foi preconizada noutras paragens por autores como Luc Ferry. E se tal imposição pode parecer "arcaica" ou "reaccionária" para alguns sectores, importa relembrar-lhes que a tivemos logo após a revolução de Abril.

Encerrando esta breve nota, dir-se-á que muitos sinais apontam para uma necessidade de reinvenção do republicanismo, agora porventura a uma escala que transcende os artificiais limites com que no passado erigimos os Estados-nação. Para dar resposta a essa necessidade, é imprescindível um maquiavélico *ridurre ai principi*, para o que se afigura essencial uma redescoberta cívica do passado, tal como empreendida no presente livro. *Res Publica*, obra coordenada por Fernando Catroga e Pedro Tavares de Almeida, é um livro republicano, pelo pretexto que o fez nascer e pelo eixo primordial em torno do qual se desenvolve. Mas também pelas potencialidades cívicas que desperta. Até por isso, se aconselha vivamente a sua leitura.

António Araújo

LIVROS OFERECIDOS
À REVISTA DE HISTÓRIA DAS IDEIAS
EM 2010

ABREU, Adélio Fernando – *D. Américo Ferreira dos Santos Silva, Bispo do Porto (1871-1899). Igreja e sociedade no Porto no fim do século XIX*, Porto, Faculdade de Teologia, 2010.

Actas do Colóquio Rocha Peixoto no centenário da sua morte, Póvoa de Varzim, Câmara Municipal, 2010.

A arte da independência... e algumas reflexões sobre o heróico, Humbolt 102, Goethe-Institut, 2010.

Artistas Portugueses em França. Pintura. Escultura. 8 de Maio a 13 de Junho de 2010, Amadora, Galeria Municipal Artur Bual, 2010.

CASADEI, Thomas e MATTARELLI, Sauro (a cura di) – *Il senso della Repubblica Schiavitù*, Milano, Franco Angeli, 2009.

CASTAÑEDA DELGADO, Paulino e LOMAS MIER, Josémaría de (Coords.) – *La Iglesia y la II Republica. Actas del XVIII Simposio de Historia de la Iglesia en España e América*, Cordoba, Caja Sur Obra Social y Cultural, 2009.

CATROGA, Fernando e ALMEIDA, Pedro Tavares de (Coord.) – *Res publica. Cidadania e representação política em Portugal, 1820-1926*, Lisboa, Assembleia da República, 2010.

FANTI, Giovanni e MARI, Maurizio – *Giuseppe Garibaldi a Ravenna*, Ravenna, Edizioni Capit, 2009.

FARIA, Miguel Figueira de e MENDES, José Amado – *Actas do Colóquio Internacional "Industrialização em Portugal no Século XX. O caso do Barreiro"*, Lisboa, EDIUAL, 2010.

FELTRI, Vottorio e BRUNETTA, Renato (a cura di) – *Le Coop Rosse. Il più grande conflitto di interessi nell'Italia del dopoguerra*, s.l., Edizione speciale per Free Foundation for Research on European Economy, 2007.

FERREIRA, Nuno Simão – *A primeira República e os Integralistas: a visão de Alberto de Monsaraz*, sep. de *Lusíada*, série II, nº 5/6, 2009.

FERREIRA, Nuno Simão – *O reinado de D. Carlos segundo as visões historiográficas de João Pinheiro Chagas, de Júlio de Vilhena e de Alberto de Monsaraz*, sep. de *XVIII Colóquio de História Militar 3-6 Novembro*, 2008.

FREIRE, João – *A marinha e o poder político em Portugal no século XX*, Lisboa, Edições Colibri, 2010.

GUERRA, António Joaquim Ribeiro – *Os diplomas privados em Portugal dos séculos IX a XII. Gestos e atitudes de rotina dos seus autores materiais*, Lisboa, Centro de História da Universidade de Lisboa, 2003.

LACERDA, Daniel – *Isabel de Portugal, Duquesa de Borgonha*, Queluz de Baixo, Editorial Presença, 2010.

MARQUES, José dos Santos – *Histórias do meu tempo*, Póvoa de Varzim, Câmara Municipal, 2010.

MIRANDA, Lino de – *S. Pedro de Rates e outros casos verdadeiros*, 3ª ed., Póvoa de Varzim, Câmara Municipal, 2010.

MOREIRA, Luciano Augusto dos Santos – *O bispado de Lamego na I República. Os efeitos da lei da separação do Estado das Igrejas*, s.l., ed. Autor, 2010.

MOTA, Isabel Ferreira da – *D. Maria I a Piedosa, 1777-1816*, Lisboa, Quidnovi, 2009.

MOURA, Maria Lúcia de Brito – *A "Guerra Religiosa" na I República*, 2ª ed. revista e aumentada. Lisboa, Centro de Estudos de História Religiosa, 2010.

MOURA, Maria Lúcia de Brito – *Nas trincheiras da Flandres. Com Deus ou sem Deus, eis a questão*, Lisboa, Edições Colibri, 2010.

NETO, Vítor – *A questão religiosa no Parlamento. Vol. I: 1821-1910*, Lisboa, Assembleia da República/Texto Editores, Ldª, 2009.

OLIVEIRA, António Resende de – *D. Afonso X, Infante e trovador. I. Coordenadas de uma ligação à Galiza*, sep. de *Revista de Literatura Medieval*, Alcalá de Henares, vol. XXII, 2010.

PAIVA, José Pedro – *I vescopvi portoghesi e il battesimo forzato degli ebrei nel 1497*, sep. de *Revista di Storia del Cristianesimo*, vol. 7, nº 1, 2010.

PEREIRA, José Carlos Seabra – *O tempo republicano da literatura portuguesa*, Lisboa, Colóquio Letras, 2010

PEREIRA, Miriam Halpern – *O gosto pela História. Percursos de História Contemporânea*, Lisboa, Instituto de Ciências Sociais, 2010.

PETACCO, Arrigo – *Mussolini ritrovato. Storia di una collezione proibita*, Bologna, Minerva Edizioni, 2009.

POGGIALI, Andrea e MALDINI, Mario – *Ombre di giovani. La memoria dei caduti della IV Guerra di Indipendenza in un angolo di Romagna, 1915-1918*, Ravenna, Claudio Nanni Editore, 2009.

PORTOCARRERO, Gustavo – *Braga na Idade Moderna: Paisagem e Identidade*, Tomar, Centro Europeu de Investigação da Pré-História do Alto Ribatejo, 2010.

Portugaliae Monumenta Misericordiarum, vol. 8: *Tradição e modernidade: o período da monarquia constitucional (1834-1910)*, Lisboa, União das Misericórdias Portuguesas, 2010.

PRIETO SOLER, José María e LOMAS MIER, Josémaría García de (Coords.) – *La iglesia en tiempos difíciles.(1926-1939). Actas del XIX Simposio de História de la Iglesia en España y América*, Cordoba, Caja Sur Obra Social e Cultural, 2009.

RIBEIRO, Maria Manuela Tavares – *Outros combates pela História*, Coimbra, Imprensa da Universidade, 2010.

RIBEIRO, Maria Manuela Tavares (Coord.) – *2009: (Re)pensar a Europa*, Coimbra, Almedina, 2010.

RIBEIRO, Maria Manuela Tavares (Coord.) – *De Roma a Lisboa: A Europa em debate*, Coimbra, Almedina, 2010.

RIBEIRO, Maria Manuela Tavares (Coord.) – *Imaginar a Europa*, Coimbra, Almedina, 2010.

SAENZ DE UGARTE, José Antonio Badiola – *La voluntad de Dios Padre en el Evangelio de Mateo*, Vitoria-Gasteiz, Editorial ESET, 2009.

SOUZA, José António de C. R. de – *As relações de poder na Idade Média tardia. Marsílio de Pádua, Álvaro Pais e Guilherme de Ockam*, Porto/Porto Alegre, Faculdade de Letras/EST Edições, 2009.

THOMAS, Lothar – *Contribuição para a História da Filosofia Portuguesa*, vol. I, Lisboa, Imprensa Barreiro/Livraria Clássica Editora, 1944.

VALENTE, Isabel Maria Freitas e RIBEIRO, Ana Maria Reis (Orgs.) – *Debater a Europa*, Aveiro, Centro de Informação Europe Direct de Aveiro, 2010.

REVISTAS RECEBIDAS EM PERMUTA

Almansor (Montemor-o-Novo)
Analecta Sacra Tarraconensia (Barcelona – Espanha)
Anales de Historia Contemporánea (Múrcia – Espanha)
Análise Social (Lisboa)
Annali dell'Istituto Italo-Germanico in Trento (Bolonha – Itália)
Annali della Facoltà di Lingue e Litterature Straniere (Bari – Itália)
Annali della Fondazione Luigi Einaudi (Turim – Itália)
Annali della Scuola Normale Superiore de Pisa. Classe di Lettere e Filosofia (Pisa – Itália)
Antonianum (Roma – Itália)
Anuario de História de la Iglesia (Pamplona – Espanha)
Archivo Teológico Granadino (Granada – Espanha)
Arquipélago – História (Ponta Delgada)
Boletim da Faculdade de Direito (Coimbra)
Boletim de Trabalhos Históricos (Guimarães)
Bolletino del Museo del Risorgimento (Bolonha – Itália)
Brotéria (Lisboa)
Bulletin de la Société de l'Histoire du Protestantisme Français (Paris – França)
Cahier du CREPAL (Paris – França)
Carthaginensia (Múrcia – Espanha)
Cidade de Évora, A (Évora)
Ciencia Tomista (Salamanca – Espanha)

Colóquio – Letras (Lisboa)
Cuadernos de Historia Contemporánea (Madrid – Espanha)
Disciplinarum Scientia (Santa Maria – Brasil)
Cultura. Revista de História e Teoria das Ideias (Lisboa)
Douro – Vinho, História & Património – Wine, History and Heritage (Porto)
Educação e Contemporaneidade – Revista de FAEEBA (Bahia – Brasil)
Educação e Filosofia (Uberlândia – Brasil)
Educação e Pesquisa (São Paulo – Brasil)
Estudios Eclesiásticos (Madrid – Espanha)
Estudios Interdisciplinarios de America Latina y el Caribe (Telavive – Israel)
Estudos do Século XX (Coimbra)
Estudos Ibero Americanos (Porto Alegre – Brasil)
Eurolimes (Oradea - Roménia)
Filosofia (Atenas – Grécia)
Franciscanum (Bogotá – Colômbia)
Gestão e Desenvolvimento (Viseu)
Hispania Sacra (Madrid – Espanha)
História y Comunicación Social (Madrid – Espanha)
Huelva en su História (Huelva – Espanha)
Humanística e Teologia (Porto)
Humanitas (Coimbra)
Indice Histórico Español (Barcelona – Espanha)
Internationale Sculbuchforschung Zeitschrift des Georg-Eckert-Instituts (Braunschweig – Alemanha)
Islenha (Funchal)
Lalies – Langue & Littérature (Paris – França)
Latitudes – Cahiers Lusophones (Paris – França)
Ler História (Lisboa)
Lusitania Sacra (Lisboa)
Manuscrits (Barcelona – Espanha)
Máthesis (Viseu)
Mélanges de la Casa de Velázquez (Madrid – Espanha)
Mentalities/Mentalités (Hamilton – Nova Zelândia)
Nouvelle Revue Théologique (Namur – Bélgica)
Pasado y Memoria (Alicante – Espanha)
Philosophica (Lisboa)
Póvoa de Varzim – Boletim Cultural (Póvoa de Varzim)
Rasegna Storica del Risorgimento (Roma – Itália)

Remate de Males – Revista do Departamento de Teoria Literária (Campinas – Brasil)
Revista Agustiniana (Madrid – Espanha)
Revista Complutense de História de América (Madrid – Espanha)
Revista Crítica de Ciências Sociais (Coimbra)
Revista da Faculdade de Direito (Lisboa)
Revista da Faculdade de Letras – História (Porto)
Revista de Ciências Humanas (Florianópolis – Brasil)
Revista de Comunicação e Linguagens (Lisboa)
Revista de História Regional (Ponta Grossa – Brasil)
Revista de Letras (São Paulo – Brasil)
Revista Militar (Lisboa)
Revista Portuguesa de Filosofia (Braga)
Revista Portuguesa de História (Coimbra)
Revista Portuguesa de Pedagogia (Coimbra)
Revue des Études Sud-Est Européennes (Bucareste – Roménia)
Scriptorum Victoriense (Vitória – Espanha)
Storia della Storiografia (Turim – Itália)
Studia Storica. Historia Medieval (Salamanca – Espanha)
Synthesis (Bucareste - Roménia)
Tempo (Niterói – Brasil)
Teo-Comunicação (Porto Alegre – Brasil)
Theoforum (Otava – Canadá)
Trans/Form/Ação (Marília – Brasil)
Varia História (Belo Horizonte – Brasil)
Vértice (Lisboa)
Via Spiritus (Porto)
Vidya (Santa Maria – Brasil)

RESUMOS

João Gouveia Monteiro – *A arte militar na Europa dos séculos XI-XIII – Um* vade mecum

Nos últimos anos, os melhores especialistas mundiais da arte militar medieval têm debatido bastante os procedimentos tácticos adoptados em batalha campal pelos comandantes dos séculos XI, XII e XIII. Em particular as questões da carga da cavalaria pesada e da utilização da infantaria e dos atiradores com arco ou com besta. Este estudo considera 20 estudos de caso muito concretos, escolhidos de entre as batalhas campais mais representativas do período em causa (de Hastings-1066 a Maes Madog-1295). A partir do resumo destes 20 combates, procura extrair-se um conjunto de conclusões pertinentes, com o objectivo de iluminar um pouco melhor o problema dos modelos tácticos dominantes antes da chamada "revolução da infantaria" iniciada com a célebre batalha de Courtrai (Flandres, 1302).

Fernando Taveira da Fonseca – *As artes no Colégio e na Faculdade (Coimbra: 1535--1555)*

A fundação do Colégio das Artes, em 1548, pode considerar-se como o coroamento da reforma humanista da universidade portuguesa, levada a cabo sob a protecção e com o empenhamento pessoal do rei D. João III. O artigo procura delinear o contexto cultural e institucional dessa fundação – especialmente a anterior e importante experiência pedagógica dos Colégios do Mosteiro de Santa Cruz – com base em alguns textos e documentos: o discurso de Arnaldo Fabrício, na inauguração do Colégio das Artes, coloca-nos perante o modelo cultural e as grandes linhas orientadoras desta empresa; as normas e regulamentos mostram--nos as tentativas de aplicação prática desse modelo; os registos dos graus na Faculdade de Artes informam-nos sobre os resultados dessa aplicação.

José Abreu e Paulo Estudante – *A propósito dos livros de polifonia impressa existentes na Biblioteca Geral da Universidade de Coimbra*

Um dos principais entraves com que o estudo do património musical português se depara é o relativamente reduzido conhecimento das fontes musicais que nos chegaram. De facto, são poucos os catálogos hoje disponíveis relativos aos vários fundos musicais conservados nos arquivos ou bibliotecas nacionais. Por conseguinte, é revelador que o acervo musical da Biblioteca Geral da Universidade de Coimbra (BGUC), apesar de algumas iniciativas de inventariação nas últimas décadas, nos continue a surpreender com a quantidade e qualidade das fontes musicais aí conservadas. O presente trabalho pretende, assim, trazer um pouco mais de luz sobre um dos *corpus* musicais da BGUC, a colecção de polifonia impressa dos séculos XVI e XVII. Trata-se de um estudo introdutório onde, para além de levantar e relacionar alguns dos passos conducentes à reunião do actual fundo musical da BGUC, se procura não só fornecer uma ferramenta de pesquisa que possa servir de base de apoio numa futura catalogação sistemática mas, sobretudo, estimular a investigação musicológica e histórica em torno deste extraordinário acervo.

Frederico Lourenço – *Schopenhauer e a metafísica da música*

O presente artigo analisa os dois capítulos sobre a metafísica da música em *O Mundo como Vontade e Representação* de Arthur Schopenhauer, com o intuito de lhes surpreender tanto as qualidades como as limitações. Valoriza-se, em especial, o elo entre filosofia e música que ressalta da discussão de Schopenhauer.

Joana Duarte Bernardes – *A eterna repetição de Ícaro: para uma poética da dança*

Com *A Morte do Cisne*, uma nova dimensão da dança enquanto arte performativa emergia. No entanto, tal foi possível porque também nova foi a forma de fazer *acontecer* o corpo em cena. É nosso objectivo esclarecer os novos princípios para *o corpo que dança* – e para o palco –, mais tarde trabalhados por Merce Cunningham na sua poética da resistência e que tiveram em Mikhail Fokine um momento decisivo.

Luís Calheiros – *A metade nocturna do belo: o horrível nas artes (subsídios críticos para um estudo diacrónico da* **fealdade** *artística)*

Sinopse, texto necessariamente mais reduzido no esforço interpretador, mas mais alargado no âmbito perspéctico enquadrador (e de modo que se quis não redutor), da investigação que temos em curso, intitulada *Elogio do Feio nas Artes. Fealdade no Século XX*, uma proposta de hermenêutica estética dos últimos tempos. O Belo-feio artístico como epifania última, intempestiva e triunfante, de uma continuidade genealógica, metade estética nocturna da Beleza, que se consegue detectar, em episódios marginais e subliminares, por todo o tempo longo da

História da Arte. Aponta-se o *Belo-feio*, um belo paradoxal, no seu abrangente registo axiológico, como a sub-categoria estética hegemónica e generalizada da arte novecentista. Confirmada a transfiguração verista que as artes fizeram da tragédia continuada que dominou todo o século que acabámos de viver. Retrato testemunhal sem alienações escapistas, que denuncia um consequente olhar crítico, de imperativa urgência denunciadora. E que é, ainda, um indício revelador de uma pressentida proximidade entre beleza e pessimismo. Chamemos-lhe uma estética "negativa". Uma *Estética do Não*.

Maria de Lurdes Craveiro – *Arte, história da arte e historiografia artística*

A Arte, a História da Arte e a historiografia artística movimentam-se na complexidade de um circuito que integra a obra, a estrutura orgânica que a observa ou a palavra que organiza a inteligibilidade do "objecto" num tempo e num espaço. Discute-se, assim, uma relação dinâmica entre as forças em tensão e equilíbrio, ao mesmo tempo que se perspectiva uma ciência contaminada pela emoção ou pela fabricação do mito. Por outro lado, os códigos da acessibilidade ao artístico foram assumindo diferentes expressões que se enraizaram no discurso político, social e cultural como estruturas de pensamento dominante extensível a outras áreas. No universo lato que incorpora o artístico, os "estilos" ou a matéria patrimonial são evidências exemplares da inoperância ou fragilidade com que se debatem hoje o pensamento crítico e a historiografia.

Anabela Bravo – *Ensaio sobre o mundo da arte e a sua relação com a crítica institucional*

Visa-se com este texto levantar questões sobre a relação que a arte e as suas instituições mantêm com o artista e o poder político e económico. O percurso inicia-se nas vanguardas históricas e na sua relação com as neovanguardas, o que nos permite pensar toda esta problemática a partir dos anos 60 do século XX até aos dias de hoje. Questiona-se a instituição, essencialmente o museu e a sua autonomia, mas também a academia e o seu papel na formação do jovem artista, numa relação directa com o mercado e a sociedade. Convoca-se a Crítica Institucional para reflectir sobre a forma como os problemas são levantados pelos artistas e vislumbrar a posição da arte autónoma. Na relação directa que a arte mantém com a política, o artista não é excluído e levantam-se algumas questões éticas e morais a esse respeito. Termina-se com alguns apontamentos sobre o Novo Institucionalismo e a sua viabilidade ou não no mundo da arte actual.

Maria João Cantinho – *Da fotografia e dos seus efeitos*

A partir da análise de dois textos paradigmáticos sobre a fotografia, um de Charles Baudelaire e outro de Walter Benjamin, procura-se, aqui, analisar a mesma enquanto forma artística emergente em meados do século XIX e quais os efeitos que ela provocou no campo da arte e da estética, então dominada pelo purismo da arte. Controversa, inquietante e perturbadora, sintoma de um mundo que declinava, o da experiência aurática da arte, a fotografia arrasta consigo a admiração apaixonada das massas, por um lado, e a condenação de estetas como Baudelaire. Porquê? O que significa o seu aparecimento? Afinal a fotografia é arte ou não? São precisamente estas questões que procuro tematizar, à luz de um autor paradigmático como Walter Benjamin.

Delfim Sardo – *Retrovisor*

Partindo da ideia de que a História de Arte é uma disciplina que, na abordagem da contemporaneidade, se encontra confinada a um período a que correspondem as grandes narrativas do moderno, o texto procura encontrar, a partir de dois exemplos históricos (de Tatlin e da história do ateliê de artista no século XIX) a possibilidade de conceber uma história de arte que não se constrói como grande narrativa, mas como pequenas narrativas de micro-acontecimentos.

Seguindo uma matriz warburguiana, o conceito de micro-acontecimento é proposto como o reconhecimento de que a arte contemporânea segue uma performatividade que possui um correlato na possibilidade da História da Arte enquanto performatividade de zonas liminais, fora de um contexto estilístico.

Fausto Cruchinho – *Cinema e Portugal: não reconciliados*

O tema quer ser o ponto de partida para a problematização e discussão da existência de uma relação causal entre o cinema e a nação. Isto é, quer interrogar a identidade da nação que o cinema fornece a essa nação e também saber até que ponto a nação se constitui como identidade desse cinema. Dito de outro modo, quer questionar a existência de um cinema nacional, distinto de outros cinemas nacionais pela sua reiterada referência à nação ou da existência de uma nação que o cinema enforma. Vem interpelar também o tema do cinema nacional em Portugal. A própria ideia de nação aparece como problemática na actual conjuntura portuguesa.

Jorge Seabra – *Análise fílmica*

O texto consiste na apresentação de um modelo de análise, assente em dois princípios básicos, que são a necessidade de dominar a forma como a narrativa fílmica se organiza, e por outro, recolher dados sobre a dinâmica interna e externa das unidades. Com o modelo pretende-se também caminhar no sentido da objectividade, nomeadamente pela demonstrabilidade dos raciocínios e pela constância dos processos, requisitos necessários a qualquer área de conhecimento.

Sérgio Dias Branco – Film Noir, *um género imaginado*

O *film noir* existe como um género identificável no presente, mas é uma criação crítica. Estudiosos como James Naremore já investigaram a invenção do *film noir* como conceito. Este ensaio parte desta investigação, mas centra-se especificamente no que levou um grupo de críticos franceses a imaginar este género. Dissecar o significado actual deste conceito genérico, e entender a sua falta de suporte histórico, confronta-nos com a singularidade dos filmes. Foram as qualidades únicas destas obras de cinema que justificaram a sua categorização. O artigo propõe um regresso aos filmes que motivaram a imaginação deste género, em particular a uma das obras que a subsequente teorização excluiu do cânone do *noir*, The Lost Weekend (*Farrapo Humano*, 1945), realizado por Billy Wilder. Tal exclusão tornou o agrupamento menos heterogéneo, procurando conter o seu poder desestabilizador e obscuro, o que demonstra a importância de uma redescoberta das obras originalmente denominadas como *film noir* através da análise fílmica.

Abílio Hernandez Cardoso – *Cinema e poesia, ou o coração da memória*

Que traços unem (e separam) o filme e o poema? Que fronteiras separam (e unem) o cinema e a poesia? Porque sabemos de cor a imagem e a palavra? A imagem como espaço habitável da palavra. O espectador/leitor enquanto sujeito trespassado pela imagem/palavra.

Ricardo Revez – *Fialho de Almeida e as correntes estético-literárias no final do século XIX em Portugal*

Neste artigo, procuramos estudar a evolução da reflexão desenvolvida pelo escritor e jornalista José Valentim Fialho de Almeida (1857-1911) em torno das diversas correntes literárias existentes no Portugal de finais do século XIX: Romantismo, Realismo-Naturalismo, Simbolismo-Decadentismo. Em simultâneo, estabelecemos uma relação entre as suas opiniões expressas sobre essas várias estéticas enquanto crítico e as suas próprias opções, nesse âmbito, enquanto criador.

Paulo Archer de Carvalho – *Mitopeia. Notações para uma poiética do tempo e da história nos estilhaços da antropodiceia pessoana*

Mitopeia, criação pessoana de irrealidade, o mito como legibilidade derradeira do mundo. Nessa superrealidade, dada a julgada incapacidade da metafísica clássica, a superação possível – *ingenium* – da matéria, substância da arte, é a "ciência virtual" quanto metarreal ao superar mutáveis explicações ou a ilusória cientificidade da *physis*. Só operando a partir do conceito de arte poética (tarefa horaciana deixada a Ricardo Reis, corporizando o pensar abstrato nas *três dimensões* da palavra) se despertam imperceptíveis autorreferentes que as ciências, ou outras artes mecânicas e lógicas de uma racionalidade in-sensível, não detetam. Mas só a assunção de uma *antropodiceia*, uma Idade dos homens, permite compreender o sentido libertador dessa mitopeia.

Maria António Hörster e Isabel Pedro dos Santos – *Memórias culturais na literatura infanto-juvenil portuguesa contemporânea. O caso da série "Triângulo Jota", de Álvaro Magalhães*

No contexto da crescente tendência de valorização da literatura infanto-juvenil, o presente artigo debruça-se sobre a série "O Triângulo Jota", de Álvaro Magalhães, procurando identificar e analisar, nos seus diversos volumes, uma vasta rede de relações transtextuais de diversa natureza (arquitextos e intertextos, a nível de géneros literários, títulos, personagens, motivos e referências) que recuperam memórias culturais das mais variadas origens (desde clássicos da literatura mundial à música rock contemporânea, passando por títulos do cinema e outros produtos artísticos). Descrevem-se alguns dos modelos narrativos activados na série, especialmente o "policial" e o seu antecessor, o romance gótico, e exploram-se em mais detalhe algumas relações intertextuais que convocam obras/textos específicos da tradição literária ocidental.

António Pedro Pita – *Da centralidade política da arte no século XX português*

A centralidade política da arte instalou-se na cena cultural portuguesa com a grande reordenação de 1933 e assim vai permanecer, para além de todas as transformações por que passam as noções de *arte* e de *política*.

É a bagagem conceptual produzida desde os anos 30 – relida, recontextualizada, por vezes mesmo negada – que vai alimentar, à maneira de princípios estruturantes, as problemáticas das décadas de 50 e 60 e ficar disponível, com as actualizações necessárias, para os artistas dos anos 70 e seguintes, com o trabalho artístico e a reflexão ensaística centrados num velho e renovado problema: quais as formas adequadas ao restabelecimento de ligações com o real?

Este artigo consagra-se, sobretudo, ao modo de instituição de uma problemática.

Maria João Simões – *Impressões do sensível: elos entre literatura e estética*

Abordar as relações entre a Literatura e a Estética implica reconhecer a complexidade do objecto da Estética enquanto disciplina e perceber o caminho que conduziu à autonomia da Literatura como domínio artístico. Neste sentido, revisitar-se-á o processo de afirmação quer da Literatura quer da Estética e mostrar-se-á a complexidade do objecto de estudo da Estética, o carácter múltiplice dos seus domínios e os variegados aspectos e elementos de que se compõe. Serão salientadas as noções, os conceitos e os valores estudados pelos estetas que revelem ser de grande contributo para o estudo da obra de arte literária. Por seu turno, abordar-se-ão os contributos dos poeticistas, das reflexões metaliterárias apresentadas por várias correntes da Teoria da Literatura para o estudo do fenómeno artístico e, em geral, do fenómeno estético. Sublinhar-se-á a importância da investigação de Gérard Genette nomeadamente as suas distinções relativas aos regimes da obra de arte, as suas reflexões sobre os predicados estéticos (com a sua particular pregnância técnica no caso das obras de arte) e ainda a sua importante destrinça entre relação estética e relação artística. Apontar-se-á a relevância do literário para a compreensão dos *sistemas de modelização secundária* que caracterizam a configuração articulada dos domínios artísticos dependentes dos seus códigos próprios e das convenções específicas. Questionar-se-á, por fim, a capacidade cognitiva da Literatura e a sua relevância para o modo como ela se relaciona com o mundo contemporâneo onde a Arte desempenha um papel crucial.

João Maria André – *Artes e multiculturalidade: o teatro como campo de diálogo intercultural*

O objectivo desta conferência é demonstrar como o diálogo intercultural, que parece ser dificultado pela incomensurabilidade entre culturas no campo do pensamento e das ideias, não só é possível, mas tem sido mesmo uma realidade no campo das artes, merecendo-nos uma atenção especial entre elas, as artes performativas e do palco. Para isso contribuem determinados pressupostos, princípios e operadores que procuraremos explicitar e que podem fazer luz sobre as condições em que esse diálogo acontece e sobre os exemplos que o permitem concretizar. Uma vez analisados esses pressupostos, procurar-se-á fazer, primeiro, uma aproximação a este tema, através da análise semiótico-antropológica de Patrice Pavis, acentuando as virtualidades e as limitações de um modelo que assenta fundamentalmente no conceito de tradução. Esse modelo será depois confrontado com os princípios de uma estética intercultural que procuraremos extrair do percurso, dos pressupostos, do trabalho de encenação e dos dispositivos nele aplicados, de dois encenadores e teatrólogos contemporâneos: Peter Brook e Eugenio Barba, marcos incontornáveis do teatro na segunda metade do século XX. Procuraremos demonstrar como a interculturalidade no teatro, para além de uma sintáctica e de uma semântica da cultura, implica também uma "somática da cultura" que reconheça ao corpo o seu lugar nas artes contemporâneas.

Norberto Ferreira da Cunha – *A arte do ensaio: a vocação socrática de Proteu*

A crítica permanente às "filosofias de identidade", em crise desde o século XVI, permitiu a emergência de uma nova forma de escrita, antropocêntrica, centrada no "eu" – o ensaio – que teve o seu início com Montaigne. A contingência e precariedade do "eu", a sua incomensurabilidade, conduziram a uma forma de expressão "experimental", solitária, anti-dogmática, dubitativa e céptica, assistemática, hostil à lógica discursiva (tanto indutiva como dedutiva) optando, em contrapartida, pela escrita descontínua, finita, fragmentária e inacabada, que privilegia os processos e não os resultados. Ora esta forma do ensaio, sem renunciar ao conhecimento da realidade – o ensaio não ficciona – deslocou, contudo, esse conhecimento para o concreto imediato e polissémico – que irrompe, informe, no "eu" – e a verdade para a intertextualidade. Esta deslocação, colocou, contudo, vários problemas: o método do ensaio (que não sendo alógico, recusa, contudo, o pressuposto do das ciências, ou seja, a correspondência entre a *ordo idearum* e a *ordo rerum*, que tem o seu protótipo nas "regras do método" de Descartes); as relações do ensaio com a retórica (cujas "figuras" recusa, como auxiliares da argumentação), com o leitor (interactividade dialógica, solicitada pela dúvida quase pirrónica em que o ensaísta se coloca), com a obra de arte (Lukács) e com a ciência (Adorno). Mas ainda que, actualmente, se reconheça *autonomia formal* ao ensaio e se saiba que não é uma obra de arte (a não ser na sua *atitude* perante a vida) nem uma obra científica (não recorre à indução nem à dedução), o seu género continua indefinível, revelando-se, a sua definição genérica, em última instância, uma questão onto-filosófica.

Ana Vaz Milheiro – *Escolas em Angola durante o Estado Novo: arquitectura e arte*

O investimento em Angola na criação de uma rede escolar liceal e técnico profissional foi parte da estratégia para o desenvolvimento de uma elite local. A arquitectura de promoção pública nas regiões ultramarinas, também interpretada como uma "arte institucional", contribuía, acreditava-se, para consolidar o espírito de unidade entre a metrópole e os territórios então sob administração portuguesa. Todavia os valores funcionais prevaleciam sobre os estéticos. Inicialmente, os projectos eram realizados por arquitectos recrutados na JCETS. Nos finais de 1944, foi criado em Lisboa o Gabinete de Urbanização Colonial, responsável por este tipo de equipamentos. Com a reforma de 1957, os projectos passaram a ser executados nas repartições provinciais. Esta passagem fortaleceu a consolidação de uma cultura moderna local em oposição ao desenho "conservador" dos arquitectos metropolitanos. Apresentam-se aqui casos de estudo levantados em Luanda, Lobito e Benguela.

Paulo Archer de Carvalho – *Para uma perspectiva da historiografia da cultura (1916-1958). Joaquim de Carvalho: metodologia e epistemologia (II)*

Como consequência da sua atitude de investigador, no quadro mais relevante da episteme historiográfica, que utiliza *um estilo do pensamento dialógico*, os estudos culturais só fariam sentido numa grelha hermenêutica cruzada racionalmente com a história da filosofia, não já da fase "proto-histórica" (Brucker, Degerando), mas do pêndulo crítico (Zeller, Kuno Fischer, Fouillée, Windelband, Höffding, Brunschvicg, Bréhier), focada, na pista de Hegel (e de Ritter), como autêntico problema filosófico, *historiação que pretende ser filosófica*, testificando na historicidade a "condição categorial do pensamento". Os debates teóricos com o positivismo metodológico e o empirismo impressionista, sem perder o rigor e a *positividade* dos saberes, e a estruturação de uma episteme historiográfica são os alicerces da mais sólida historiografia das ideias e da cultura que entre nós Joaquim de Carvalho melhor materializou na 1ª metade do século.

ABSTRACTS

João Gouveia Monteiro – *Military art in XI-XIII centuries Europe* – A vade mecum

In the last years, the best world specialists in military medieval art have discussed tactic procedures which were adopted by XI, XII and XIII commanders in the battlefield. Their attention has been particularly focused on questions such as the charge of heavy cavalry and the use of both infantry and archers with bow or crossbows. This study takes into account 20 concrete study cases, chosen among the most representative battles in our particular period (Hastings 1066 – Maes Madog – 1295). Our aim is to extract a group of pertinent conclusions, able to clarify the question of dominant tactic models before the so-called "infantry revolution", which started with the famous battle of Courtrai (Flanders, 1302).

Fernando Taveira da Fonseca – *The Arts: the College and the Faculty. (Coimbra: 1535-1555)*

The foundation of the College of Arts, in 1548, can be regarded as the completion of the humanist reform of the Portuguese university, carried out under the protection and with the personal engagement of King John III. This article attempts to outline the cultural and institutional context of this foundation – especially the previous and important educational achievement in the Colleges of the Monastery of Santa Cruz – based on some texts and documents: the speech of Arnold Fabricio, at the inception of the College of Arts, presents us with the cultural model and the main guidelines of this undertaking; rules and regulations give evidence of the attempts to put this model into practice; the records of the graduations from the Faculty of Arts tell us about the results of model and practice.

José Abreu e Paulo Estudante – *The University of Coimbra's Library 16th and 17th Centuries Printed Polyphony*

Portuguese Musicology still has a poor understanding of the extant music sources. It is, indeed, compelling to acknowledge how few are the available catalogues of the several national music collections. Even when facing such an important music collection as the one preserved at the University of Coimbra Library, so often mentioned in the literature, it is amazing how little we do know about its contents. Thus, this paper aims to bring forward one of the music *corpus* of Coimbra's Library, the 16th and 17th centuries printed polyphony. Through an introductory study, the authors put together some of the most important steps concerning the collection formation. They also try to systematize data about those printed music books thriving both for a tool which can be helpful for an upcoming catalogue, and a stimulus for a more thorough musicological and historical research into the University of Coimbra Music Library.

Frederico Lourenço – *Schopenhauer and the metaphysics of music*

The present article analyses two chapters on the metaphysics of music in *The World as Will and Representation* by Arthur Schopenhauer, with the aim of discovering their qualities as well as their limitations. The tie between philosophy and music in Schopenhauer's discussion will be particularly valued.

Joana Duarte Bernardes – *The eternal repetition of Icarus: towards a poetics of dance*

With *The Dying Swan*, dance as a performative art emerged in a new dimension. However, this was made possible because the body too was taken into a new form of *happening* in scene. It is our goal to enlighten the principles of this new *dancing body* – and of the stage –, lately worked by Merce Cunningham in his poetics of resistance and which had in Mikhail Fokine their decisive moment.

Luís Calheiros – *The nocturnal half of Beauty: horrible in the arts (critical subsidies towards a diachronic study on artistic ugliness)*

An abstract. A necessarily reduced text in what respects the interpretative effort, but more enlarged concerning the perspective scope of our research – *The praise of ugliness in the arts. Ugliness in the XX century* – a proposal of an aesthetic hermeneutics of recent times. The artistic beautiful-ugly will be treated as the ultimate epiphany, untimely and triumphant, continuously genealogical, the nocturnal and aesthetic half of Beauty, that can be detected in marginal and subliminal episodes, throughout the long duration of the History of Art. We will point the beautiful-ugly as the hegemonic and generalized aesthetic sub-category in the XX century art in its broad axiological frame. Testimonial portrait without escapist alienations, it discloses a consequently critical and urgent regard, revealing the proximity between beauty and pessimism. Let us call it negative aesthetics. The *Aesthetics of No*.

Maria de Lurdes Craveiro – *Art, History of Art and artistic historiography*

Art, History of Art and artistic historiography move through the complexity of a circuit which encompasses the work of art, the organic structure which observes it or the word which organizes the intelligibility of the "object" in *a* space and in *a* time. What is under discussion is the dynamic relation between balance and tensional forces, and, simultaneously, the perspective of a science contaminated by emotion or by the fabrication of myths. On the other side, the codes of accessibility to the artistic have been assuming different expressions, rooted on political, social and cultural speeches as dominant thinking structures which are extendable to other areas. In the broad universe that incorporates the artistic, "styles" or patrimonial issues are exemplar evidences of the inoperability or fragility on which critical thinking and historiography are discussed.

Anabela Bravo – *Essay on the art world and its relation to the institutional critique*

This article intends to raise questions about the relationship that art and its institutions have with the artist and the political and economic power. It starts with the historical vanguards and its relationship with the neo-vanguards, which allows us to think the whole issue from the 1960s until today. It questions the artistic institution, essentially the museum and its autonomy, but also the academy and its role in shaping the young artist, in direct relation to the market and society. It mentions the Institutional Critique to reflect on how issues are raised by artists and what the position of autonomous art is. In the direct relationship that art has with politics, the artist is not excluded and some ethical and moral issues are raised in this regard. The article ends with some notes on the New Institutionalism and its practicability or lack thereof in the art world today.

Maria João Cantinho – *About Photography and his effects*

By the analysis of the two paradigmatic texts about photography, one of them by Charles Baudelaire and the other by Walter Benjamin, we will attempt to analise it as an artistic form that emerged in the middle of XIX century, as well the effects produced in the fields of art and aesthetic, clearly dominated at that time by the purity of art. Controversial, it is the subject of constant and though discussion, as well as worrying and disturbing, symptom of a declining world, the auratic experience of art, the photography has been an issue which brings the passioned admiration of mass culture, on the one hand, and the aesthete condemnation like Baudelaire. Why? What does it means its appearance? After all is it or not photography an art? These are precisely the main questions which I attempt to focusing, under the light of such a paradigmatic author like Walter Benjamin.

Delfim Sardo – *Rear Mirror*

Taking into account History of Art as a subject which, in the contemporary approach, is confined to a period to which the great narratives of the "modern" correspond, this article attempts to find, from two historical examples (Tatlin and the history of the artist's atelier in XIX century), the possibility of conceiving an idea of History of Art which cannot be built as a great narrative, but as small narrations of micro-events.

According to the Warburguian matrix, the concept of micro-event is suggested as the recognition that contemporary art follows a performativity which can be correlated with History of Arte and its possibility as performativity of luminal zones, out of an stylistic context.

Fausto Cruchinho – *Cinema and Portugal: not reconciled*

The subject aims to be the starting point for the discussion of the existent causal relationship between cinema and nation. It is our goal to interrogate what national identity cinema offers to the nation, as well as to know to what extent the nation constitutes itself as the identity of cinema. In other words, we want to question the existence of a national cinema, diverse from other national cinemas by its reiterated reference to the nation, or the existence of a nation to which cinema gives shape. We also aim to confront the issue of the national cinema in Portugal. The idea of nation emerges here as problematic in the current Portuguese scenery.

Jorge Seabra – *Filmic analysis*

The present article consists in the presentation of a model of analysis, supported by two basic principles: the necessity of dominating how filmic narrative is organized and the gathering of data on internal and external dynamics of unities. With this model, it is also our goal to meet objectivity, namely in what concerns the demonstrability of reasoning and the constancy of procedures, required in every field of knowledge.

Sérgio Dias Branco – Film noir, *na imagined genre*

Film noir exists as an identifiable genre in the present, but it is a critical creation. Scholars like James Naremore have already researched the invention of *film noir* as concept. This essay arises from this research, but centers specifically on what lead a group of French critics to imagine this genre. Dissecting the present-day meaning of this generic concept, and understanding its lack of historical support, bring us face to face with the singularity of the films. It was the unique qualities of these film works that justified their categorization. The article proposes a return to the movies that prompted the imagination of this genre, particularly to one of the works that the subsequent theorization excluded from the *noir* canon, *The Lost Weekend* (1945), directed by Billy Wilder. Such an exclusion has made the grouping less heterogeneous, trying to contain its destabilising and obscure power, which demonstrates the importance of a rediscovery of the works originally denominated as *film noir* through film analysis.

Abílio Hernandez Cardoso – *Cinema and poetry, or the heart of memory*

What traces unite (and divide) the film and the poem? What borders divide (and unite) cinema and poetry? Why do we know by heart the image and the word? The image as the inhabitable space of word. The spectator / reader as the Subject who is pierced by the image / word.

Ricardo Revez – *Fialho de Almeida and the literary-aesthetic currents in the end of the XIX century in Portugal*

The aim of this paper is to study the evolution of the reflection developped by the writer and journalist José Valentim Fialho de Almeida (1857-1911) on the different literary movements that existed in Portugal at the end of the 19th century: Romanticism, Realism / Naturalism, Symbolism, Decadence. Simultaneously, it establishes a relation between his opinions on those various aesthetics as a critic and his own options, on that field, as a literary creator.

Paulo Archer de Carvalho – *Mitopeia. Notations for a poietic of time and of history in the splinters of Fernando Pessoa's* **anthropodyssey**

Mitopeia, creation of unreality, the myth as the last legibility of the world. In that supereality, because of the so-called incapacity of classical metaphysics, the possible overcoming – *ingenium* – of the material, art's substance, it is the "virtual science" when *metareal*, since it surmounts mutable explanations or the illusory scientificity of the *physis*. Only by operating from the concept of poetic art (the Horatian task left to Ricardo Reis, embodying the abstract thinking through the three dimensions of the word) it becomes possible to awake the imperceptible referents that sciences, or other mechanical and in-sensitive logical arts, cannot detect. However, only the assumption of a anthropodyssey, a human Age, allows us to comprehend the liberating meaning of that *mitopeia*.

Maria António Hörster e Isabel Pedro dos Santos – *Cultural memories in contemporary Portuguese children's literature. The case of Álvaro Guimarães "Triângulo Jota" series*

Following the growth of interest in children's literature, this article explores the series "O Triângulo Jota", by the Portuguese author Álvaro Magalhães, seeking to identify and analyse in the different volumes a vast network of transtextual relationships at various levels of reference (architexts and intertexts, in terms of genres, titles, characters, motifs, and references) mobilizing cultural memories of the most diverse origins – from literary classics to contemporary rock music, cinema and other artistic products. Some of the narrative models used in the series are identified, notably the detective novel and its predecessor the gothic novel, with more detailed attention being paid to intertextual relationships based on specific texts belonging to Western literary tradition.

António Pedro Pita – *On political centrality of the arts in the Portuguese XX century*

The political centrality of art was installed in the Portuguese cultural scene with the reordering of 1933 and so it will remain, beyond all transformations occurred in notions such as "art" and "politics".

It is the cultural background produced from the 30's – reread, *recontextualized*, sometimes even denied – that will nourish, as if structural principles, the issues of de decades of 50 and 60 and will be available, with the required actualizations, to the artists of the 70's and next decades, with the artistic work and the essayistic meditation centered in an old and renewed problem: what forms are adequate to the reestablishment of the connection with the *real*?

This article focus, above all, on the institutionalizing of a problem.

Maria João Simões – *Impressions of the sensible: bonds between Literature and Aesthetics*

The approach between Literature and Aesthetics implies the recognition of the object aesthetics as a discipline and the understanding of the path that led to the autonomy of Literature as a scientific domain. Consequently, the process of affirmation of Literature and of Aesthetics will be revisited and the complexity of its object will be demonstrated, as well as the multiple profile of its domains and the innumerous aspects and elements which constitute it. The notions, the concepts and the standards studied by the aesthetes – which are relevant to the study of the work of literary art – will be highlighted. On the other hand, we will approach the contribution of poeticists and metaliterary meditations presented by various streams of Literary Theory for the study of artistic phenomenon, and, in general, of the aesthetic phenomenon. We will also emphasize the eminent research of Gérard Genette, namely his distinctions concerning the regimens of the work of art, his reflections on the aesthetic predicates (and their particular technical impression, in the case of the works of art) and also his important distinction between the aesthetical relationship and artistic relationship. The relevance of the literary to the comprehension of the *secondary modelling systems* which characterize the configuration that is articulated in the artistic domains which depend on their own codes and specific conventions. Finally, we will question the cognitive capacity of Literature and its relevance to the way it deals with the contemporary world where the role of Art is crucial.

João Maria André – *Arts and multiculturality: theatre as a field of intercultural dialogue*

The objective of this article is to demonstrate how intercultural dialogue, which seems to be embarrassed by the incommensurability between cultures in the field of thinking and of ideas, not only can be possible, but has also been a reality in the artistic field, namely, in this case, the stage and performing arts. We will try to make explicit the principles and operative concepts that contribute to that and which can clarify the conditions on which that dialogue happens and the examples that make them concrete. Once analyzed those principles, we will try an approach to this subject through the semiotic and anthropological analysis by Patrice Pavis, emphasizing the virtues and the limitations of a model that is supported mainly by a concept of translation. This model will be confronted with the principles of an intercultural aesthetics that we will attempt to extract from the trajectory, the principles, the staging and its devices, of two contemporary directors and playwrights: Peter Brook and Eugenio Barba, crucial names in theatre in the second half of the XX century. We will essay to demonstrate how interculturality in theatre, beyond a syntax and a semantics of culture, implies a "cultural somatic" which recognizes the place of the body in contemporary arts.

Norberto Ferreira da Cunha – *The Art of Essay: the Socratic vocation of Proteus*

The permanent critic of the "philosophies of identity", in crisis since XVI century, allowed the emergence of a new form of writing, anthropocentric, centered in the "I" – the essay – and begun with Montaigne. The contingence, the precariousness and the incommensurability of the "I" led to an experimental form of expression, solitary, anti-dogmatic, dubitative and skeptical, asystematic, hostile to the discursive logic (whether it is inductive or deductive), choosing, in revenge, a discontinuous, finite, fragmentary and unfinished writing, which privileges processes and not results. Hence, this form of essay, without rejecting the knowledge of reality – the essay doesn't build fictions – has dislocated, however, that knowledge to the immediate and polysemic concrete – that breaks out, shapeless, in the "I" – and the truth to intertextuality. This dislocation, raised, despite this, various problems: the teaching method (which, not being a-logic, refuses, though, the scientific principle – the correspondence between a *ordo idearum* and a *ordo rerum*, that has in its prototype in the "rules of the method" of Descartes); the relationship between essay and rhetoric (whose "figures" it declines, as argumentative auxiliaries), the reader (dialogical interactivity, requested by the almost pirronic doubt of the essayist), the work of art (Lukács) and the science (Adorno). And even though the formal autonomy of the essay is recognized, as well as the assumption that it is not a work of art (except in its attitude towards life) nor a work of science (it does not convoke induction nor deduction), its genre remains indefinable, revealing its genre definition as an onto-philosophical question.

Ana Vaz Milheiro – *Schools in Angola during the Estado Novo: architecture and art*

In Angola, the investment in the creation of a school network concerning secondary and technical and professional levels was part of a strategy focused on the development of a local elite. The architecture of public promotion in the ultramarine regions, also interpreted as an "institutional art", was believed to contribute to consolidate the spirit of unity between the metropolis and the territories under Portuguese administration at that time. All the functional values prevailed upon aesthetics. Initially, the projects were in the hands of architects recruited in the JCETS. By the end of 1944, it was created in Lisbon the Office for the Colonial Urbanization, in charge of these equipments. With the reform of 1957, the projects started to be executed by provincial departments. This transition strengthen the consolidation of a modern local culture, in opposition to the "conservative" drawing of metropolitan architectures. The presented cases were collected in Luanda, Lobito and Benguela.

Paulo Archer de Carvalho – *Towards a perspective on the historiography of culture (1916-1958). Joaquim de Carvalho: methodology and epistemology (II)*

As a consequence of his attitude as a researcher, in the relevant scope of the historiography *episteme*, which uses a style of the dialogic thinking, cultural studies would only make sense in a hermeneutic background when articulated with the history of philosophy, not in the protohistoric phase (Brucker, Degerando), but that of the critic pendulum of Zeller, Kuno Fischer, Fouillée, Windelband, Höffding, Brunschvicg, Bréhier, focused, following the leads of Hegel (and of Ritter), as an authentic philosophical problem, on the *historiation who aims to be philosophical*, placing in historicity "the categorical condition of thinking". Theoretical debates with methodological positivism and impressionist empiricism, without losing the rigor and the positivity of *knowledges*, and the structure of an historiography *episteme* are the foundations of the most solid historiography of culture and of ideas that, among us, was best materialized in the first half of the century.

PUBLICAÇÕES

Luís Reis Torgal – *Tradicionalismo e contra-revolução. O pensamento e a acção de José da Gama e Castro*.

Jaime Raposo Costa – *A teoria da liberdade no período de 1820 a 1823*.

José Esteves Pereira – *Silvestre Pinheiro Ferreira. O seu pensamento político*.

J. E. Horta Correia – *Liberalismo e catolicismo. O problema congreganista (1820-1823)*.

J. Francisco Almeida Policarpo – *O pensamento social do grupo católico de "A Palavra" (1872-1913)*, vol. I.

Universidade(s). História, Memória, Perspectivas. Actas do Congresso História da Universidade, 5 vols.

Pedidos a: Instituto de História e Teoria das Ideias
             Faculdade de Letras 3004-530 Coimbra
             Tel. 239 859 900   E-mail ihti@fl.uc.pt

REVISTA DE HISTÓRIA DAS IDEIAS

Preço deste número:

	Portugal	Estrangeiro
Assinantes	19 €	55 €
Não assinantes	22 €	60 €

IVA não incluído

ÍNDICE

Nota de Apresentação 5

JOÃO GOUVEIA MONTEIRO, A arte militar na Europa dos séculos XI-XIII
– um *vade mecum* 7

FERNANDO TAVEIRA DA FONSECA, As artes no Colégio e na Faculdade
(Coimbra: 1535-1555) 51

JOSÉ ABREU, PAULO ESTUDANTE, A propósito dos livros de polifonia
impressa existentes na Biblioteca Geral da Universidade de Coimbra.
Uma homenagem ao musicólogo pioneiro Manuel Joaquim 81

FREDERICO LOURENÇO, Schopenhauer e a metafísica da música 131

JOANA DUARTE BERNARDES, A eterna repetição de Ícaro. Para uma
poética da dança 151

LUÍS CALHEIROS, A metade nocturna do belo: o horrível nas artes
(Subsídios críticos para um estudo diacrónico da *fealdade* artística) 173

MARIA DE LURDES CRAVEIRO, Arte, história da arte e historiografia
artística 219

ANABELA BRAVO, Ensaio sobre o mundo da arte e a sua relação
com a crítica institucional 235

MARIA JOÃO CANTINHO, Da fotografia e dos seus efeitos 249

DELFIM SARDO, Retrovisor 259

FAUSTO CRUCHINHO, Cinema e Portugal: não reconciliados 277

JORGE SEABRA, Análise fílmica 289

SÉRGIO DIAS BRANCO, *Film noir*, um género imaginado 327

ABÍLIO HERNANDEZ CARDOSO, Cinema e poesia, ou o coração
da memória 355

RICARDO REVEZ, Fialho de Almeida e as correntes estético-literárias no
final do século XIX em Portugal 363

PAULO ARCHER DE CARVALHO, Mitopeia. Notações para uma poiética
do tempo e da história nos estilhaços da antropodiceia pessoana 409

MARIA ANTÓNIO HÖRSTER, ISABEL PEDRO DOS SANTOS, Memórias
culturais na literatura infanto-juvenil portuguesa contemporânea.
O caso da série "Triângulo Jota", de Álvaro Magalhães 437

ANTÓNIO PEDRO PITA, Da centralidade política da arte no século XX
português 459

MARIA JOÃO SIMÕES, Impressões do sensível: elos entre literatura e estética 475

JOÃO MARIA ANDRÉ, Artes e multiculturalidade: o teatro como campo de diálogo intercultural 515

NORBERTO FERREIRA DA CUNHA, A arte do ensaio: a vocação socrática de Proteu 569

Varia

ANA VAZ MILHEIRO, Escolas em Angola durante o Estado Novo: arquitectura e arte 601

PAULO ARCHER DE CARVALHO, Para uma perspectiva da historiografia da cultura (1916-1958) Joaquim de Carvalho: Metodologia e epistemologia (II) 631

RECENSÕES CRÍTICAS 659

LIVROS OFERECIDOS À REVISTA DE HISTÓRIA DAS IDEIAS EM 2010 .. 675

REVISTAS RECEBIDAS EM PERMUTA 679

RESUMOS 683

ABSTRACTS 691